Word/Excel/PPT
在文秘与行政管理中的应用

凤凰高新教育 ◎ 编著

行政主管+办公高手强强联手，
告诉你从"如何工作"到"如何有效率地工作"

北京大学出版社
PEKING UNIVERSITY PRESS

内 容 提 要

Word、Excel、PPT是Office办公软件中最重要、最常用的3个组件。在文秘与行政管理工作中，经常需要使用这3个组件来完成相关事务。

本书从实际工作应用出发，以"员工资料管理→办公登记与行程安排→员工招聘与录用管理→员工培训管理→员工考勤管理→员工薪资管理→公司客户管理→办公用品管理→市场营销管理→会议管理→工作总结与报告→公司宣传与活动策划→公司外部商务管理"为线索，精心挑选多个案例，详细地给读者讲解Word、Excel、PPT在文秘与行政管理工作中的实操应用。

本书既适合在公司中从事文秘工作、行政管理工作的人员学习，也适合作为大中专职业院校文秘行政相关专业的学习用书，同时还可以作为文秘与行政办公技能培训教材。

图书在版编目(CIP)数据

Word/Excel/PPT在文秘与行政管理中的应用 / 凤凰高新教育编著. — 北京：北京大学出版社，2018.2

ISBN 978-7-301-28986-0

Ⅰ.①W… Ⅱ.①凤… Ⅲ.①办公自动化—应用软件—教材 Ⅳ.①TP317.1

中国版本图书馆CIP数据核字(2017)第304548号

书　　　名	Word/Excel/PPT在文秘与行政管理中的应用 WORD/EXCEL/PPT ZAI WENMI YU XINGZHENG GUANLI ZHONG DE YINGYONG
著作责任者	凤凰高新教育　编著
责任编辑	尹　毅
标准书号	ISBN 978-7-301-28986-0
出版发行	北京大学出版社
地　　　址	北京市海淀区成府路205号　100871
网　　　址	http://www.pup.cn　　新浪微博：@北京大学出版社
电子信箱	pup7@pup.cn
电　　　话	邮购部 62752015　发行部 62750672　编辑部 62580653
印　刷　者	三河市博文印刷有限公司
经　销　者	新华书店
	787毫米×1092毫米　16开本　23印张　531千字 2018年2月第1版　2018年2月第1次印刷
印　　　数	1–3000册
定　　　价	59.00元

未经许可，不得以任何方式复制或抄袭本书之部分或全部内容。
版权所有，侵权必究
举报电话：010-62752024　电子信箱：fd@pup.pku.edu.cn
图书如有印装质量问题，请与出版部联系。电话：010-62756370

PREFACE 前言

针对入职新员工，如何做一份员工手册及培训手册？

面对大量的客户信息，如何做一套高效的客户管理系统？

公司要搞活动邀请客户，如何快速批量制作电子邀请函？

每月底要统计员工出勤，如何快速统计出员工考勤数据？

面对月度、季度、半年度及年度工作汇报，如何编写和制作一份有吸引力、说服力的工作报告？

本书从工作应用需求出发，结合文秘与行政管理工作实际，以"员工资料管理→办公登记与行程安排→员工招聘与录用管理→员工培训管理→员工考勤管理→员工薪资管理→公司客户管理→办公用品管理→市场营销管理→会议管理→工作总结与报告→公司宣传与活动策划→公司外部商务管理"为线索，详细地给读者讲解了Word、Excel、PPT在文秘与行政管理工作中的实操应用。

本书具有以下特色。

案例引导

本书不是一本软件学习书，而是一本以解决文秘与行政管理工作中的相关问题为出发点的书籍，着重提高读者的技能。

实战经验

本书精心安排了40个"大神支招"，让读者快速掌握Word、Excel、PPT高效处理文秘与行政工作中的技巧与经验。同时也安排了46个"教您一招"和87个"温馨提示"，让读者在实际操作中不走弯路。

双目录索引

本书在内容安排及目录设计时，细心地考虑到读者学习和工作中的使用情况，为方便读者查询，设置了案例及软件知识功能索引。

Word/Excel/PPT
在文秘与行政管理中的应用

📋 双栏排版

本书在讲解中，采用N字型阅读的双栏排版方式进行编写，其图书信息容量是传统单栏图书的2倍，力争将内容讲全、讲透。

◎ 超值光盘

本书配送一张DVD多媒体教学光盘，里面包含了丰富的内容，无论是与书同步的教学视频，还是赠送的其他资源，都能帮助读者学习相关的技能。

光盘中具体内容如下：
- 与书同步的素材文件和结果文件；
- 与书同步长达8小时的多媒体视频教程；
- 与书同步的PPT课件；
- 赠送"如何学好用好Word""如何学好用好Excel""如何学好用好PPT"3个视频教程；
- 赠送200个Word办公模板、200个Excel办公模板、100个PPT商务办公模板；
- 赠送高效办公电子书，包括"微信高手技巧随身查""QQ高手技巧随身查""手机办公10招就够""高效人士效率倍增手册"；
- 赠送"5分钟学会番茄工作法"视频教程。

温馨提示：以上光盘内容，还可以打开浏览器进行下载，输入网址（https://eyun.baidu.com/s/3gfvnjdL）登录百度云盘，输入提取密码（MPZB）即可。

本书由凤凰高新教育组织编写。全书由多位MVP教师（微软全球最有价值专家）及文秘与行政办公高手合作编写，他们具有丰富的实战经验，在此对他们的辛苦付出表示衷心的感谢！同时，由于计算机技术发展非常迅速，书中疏漏和不足之处在所难免，敬请广大读者及专家指正。若在学习过程中产生疑问或有任何建议，可以通过E-mail或QQ群与我们联系。此外，您也可登录我们的服务网站，获取更多信息。

投稿信箱：pup7@pup.cn
读者信箱：2751801073@qq.com
读者交流QQ群：218192911（办公之家）、586527675（职场办公之家群2）
网址：www.elite168.top

CONTENTS 目录

第1章 员工资料管理

1.1 使用Word制作公司员工手册 2
　　1.1.1 制作封面 2
　　1.1.2 输入内容并设置格式 4
　　1.1.3 提取目录 6
　　1.1.4 设置页眉和页脚 7
　　1.1.5 添加书签 9
1.2 批量制作员工工作证 10
　　1.2.1 设置员工工作证的页面
　　　　　效果 10
　　1.2.2 添加员工工作证内容 12
　　1.2.3 创建数据源列表 15
　　1.2.4 通过邮件合并批量制作
　　　　　工作证 17
1.3 使用Excel创建公司员工信息表 19
　　1.3.1 新建员工信息表文件 20
　　1.3.2 输入员工基本信息 20
　　1.3.3 编辑单元格和单元格区域 21
　　1.3.4 设置字体、字号和对齐
　　　　　方式 22
1.4 使用Excel制作员工数据统计表 23
　　1.4.1 统计员工总人数 24
　　1.4.2 统计员工性别比例 25
　　1.4.3 统计本科以上学历的人数
　　　　　及比例 26

大神支招

01 轻松输入超大文字 28
02 输入以"0"开头的编号有妙招 28
03 利用记忆功能快速输入数据 29

第2章 办公登记与行程安排

2.1 使用Word制作信件接收记录表 31
　　2.1.1 创建表格 31
　　2.1.2 设置表格的页面格式 33
2.1.3 打印表格 34
2.2 使用Excel制作办公来电记录表 34
　　2.2.1 新建与保存工作簿 35

2.2.2　输入记录 35
　　2.2.3　美化记录表 37
　　2.2.4　排序和批注记录表 38
2.3　使用Excel制作日程安排表 39

大神支招

　　01　让每页自动重复表格标题行 44
　　02　快速一次插入多行 45
　　03　巧用双击定位到列表的最后一行 45

　　2.3.1　设置日期和时间格式 40
　　2.3.2　为表格设置单元格样式 41
　　2.3.3　插入超链接 42
　　2.3.4　保护工作表 43

第3章　员工招聘与录用管理

3.1　使用Word制作招聘启事 47
　　3.1.1　制作招聘启事标题 47
　　3.1.2　输入招聘信息 51
3.2　使用Word制作劳动合同 54
　　3.2.1　设置纸张与装订线 54
　　3.2.2　输入合同内容 55
3.3　使用Excel制作人事变更管理表 58
　　3.3.1　导入文本数据 59
　　3.3.2　设置单元格格式 60
　　3.3.3　移动单元格中的数据
　　　　　内容 62
　　3.3.4　快速设置表格边框和
　　　　　底纹 63
3.4　使用PPT制作企业宣传演示文稿 ... 64
　　3.4.1　创建演示文稿文件 64
　　3.4.2　设置幻灯片母版 65

　　3.4.3　制作幻灯片封面 68
　　3.4.4　制作目录 69
　　3.4.5　制作"发展历程"
　　　　　幻灯片 71
　　3.4.6　制作"全国分支"
　　　　　幻灯片 72
　　3.4.7　制作"设计师团队"
　　　　　幻灯片 73
　　3.4.8　制作"团队介绍"
　　　　　幻灯片 74
　　3.4.9　制作"项目介绍"
　　　　　幻灯片 75
　　3.4.10　制作"主要业务"
　　　　　幻灯片 76
　　3.4.11　制作"企业理念"
　　　　　幻灯片 77
　　3.4.12　制作封底幻灯片 78
　　3.4.13　设置幻灯片的播放 78

大神支招

　　01　对符号设置快捷键 79
　　02　使用"记录单"添加数据 80
　　03　隐藏重叠的多个对象 80

第4章　员工培训管理

- 4.1 使用Word制作培训会议通知..........83
  - 4.1.1 输入通知内容..........83
  - 4.1.2 保护通知文档..........86
  - 4.1.3 打印通知..........86
  - 4.1.4 通过邮件共享文档..........87
- 4.2 使用Word制作公司组织结构图......87
  - 4.2.1 使用SmartArt 图形制作结构图..........88
  - 4.2.2 设置组织结构图样式..........89
- 4.3 使用Excel制作员工培训计划表......90
  - 4.3.1 输入表格数据..........91
  - 4.3.2 设置表格格式..........92
  - 4.3.3 调整表格列宽..........94
  - 4.3.4 设置表格页面格式..........94
  - 4.3.5 添加页眉和页脚..........95
- 4.4 使用PPT制作员工入职培训演示文稿..........97
  - 4.4.1 根据模板新建演示文稿..........97
  - 4.4.2 添加幻灯片内容..........98
  - 4.4.3 编辑和美化幻灯片..........100
  - 4.4.4 设置幻灯片切换效果..........101

大神支招

- 01 禁止【Insert】键的改写模式..........103
- 02 转置表格的行与列..........103
- 03 使用图片作为项目符号..........104

第5章　员工考勤管理

- 5.1 使用Word制作放假通知................106
  - 5.1.1 创建模板文件..........106
  - 5.1.2 添加模板内容..........107
  - 5.1.3 定义文本样式..........113
  - 5.1.4 保护模板文件..........114
  - 5.1.5 使用模板创建文档..........114
- 5.2 使用Excel制作员工考勤表..........116
  - 5.2.1 创建员工考勤表框架..........117
  - 5.2.2 在单元格中插入符号..........119
  - 5.2.3 设置数据有效性..........120
  - 5.2.4 设置日期自动显示..........121
  - 5.2.5 计算员工的考勤情况..........123
- 5.3 使用Excel制作出差登记表..........124
  - 5.3.1 用TODAY函数插入当前日期..........125
  - 5.3.2 使用IF函数判断是否按时返回..........125
  - 5.3.3 突出显示单元格..........126

大神支招

01 将模板添加到常用列表 127
02 对手机号码进行分段显示 128
03 突出显示所有包含公式的单元格 128

第6章 员工薪资管理

6.1 使用Word编辑绩效考核方案 131
    6.1.1 美化绩效考核方案文档 131
    6.1.2 设置页眉和页脚 135
    6.1.3 插入表格 137
    6.1.4 创建员工工资图表 138
6.2 使用Excel制作员工薪酬管理系统 141
    6.2.1 输入特殊数据 142
    6.2.2 使用公式和函数计算数据 142
    6.2.3 按多个条件排序 147
6.3 使用Excel制作员工工资表并打印工资条 148
    6.3.1 制作固定工资表 148
    6.3.2 制作工资条 153
    6.3.3 打印工资条 155

大神支招

01 使用组合图表 156
02 使Excel不输入等号（=）也能计算 156
03 让输入的数据以万为单位显示 157

第7章 公司客户管理

7.1 使用Word制作客户信息保密条例 159
    7.1.1 创建新主题 159
    7.1.2 应用主题美化文档 162
    7.1.3 插入并编辑页眉和页脚 166
7.2 使用Excel制作客户信息管理系统 167
    7.2.1 创建客户信息管理总表 168
    7.2.2 制作客户信息表 169
    7.2.3 录制宏命令 172
    7.2.4 添加宏命令执行按钮 174
7.3 使用Excel制作客户月拜访计划表 176
    7.3.1 文档的默认保存设置 176

7.3.2 创建基本框架 177
7.3.3 冻结窗格 180
7.3.4 添加与编辑批注 180

大神支招

01 更改默认主题 183
02 隐藏单元格零值数据 183
03 复制单元格格式 184
04 巧妙快速输入位数较多的员工编号 ... 184

第8章 办公用品管理

8.1 使用Word制作办公用品管理
  条例 186
  8.1.1 设置段落格式 186
  8.1.2 插入书签和超链接 189
  8.1.3 文档拼写语法校对 190
  8.1.4 修订文档 191
  8.1.5 为文档添加批注 191
8.2 使用Excel制作办公用品申请单 192

8.2.1 制作申请表模板 193
8.2.2 根据模板创建申请单 194
8.2.3 打印申请表 196
8.3 使用Excel制作物资采购明细表 196
  8.3.1 创建办公用品采购表 197
  8.3.2 按名称排序 198
  8.3.3 新建表样式 199
  8.3.4 按类别汇总总价金额 201

大神支招

01 隐藏拼写错误标记 202
02 将汇总项显示在数据上方 202
03 重复打印标题行 203

第9章 市场营销管理

9.1 使用Word制作公司销售管理
  制度 205
  9.1.1 在大纲视图中编辑文档 205
  9.1.2 设置文档格式 207
  9.1.3 新建和使用编号 210

9.1.4 制作文档的页眉和页脚 211
9.1.5 制作文档目录 213
9.2 使用Excel制作销售数据
  分析表 214
  9.2.1 制作基本表格 215

9.2.2 插入图表 216
9.2.3 创建动态折线图 217
9.3 使用PPT制作年度销售报告 220
 9.3.1 在幻灯片母版中设计版式 220
 9.3.2 为封面幻灯片设置文本效果 223
 9.3.3 制作幻灯片目录 224
 9.3.4 绘制形状制作幻灯片 226
 9.3.5 制作收益分析表格 229
 9.3.6 插入图表分析数据 230
 9.3.7 播放幻灯片 232

大神支招

01 让列表以指定的值重新开始编号 233
02 将隐藏的数据显示到图表中 233
03 取消以黑屏幻灯片结束 234

第10章 会议管理

10.1 使用Word制作参会邀请函 236
 10.1.1 设置基本格式 236
 10.1.2 美化"参会邀请函" 238
 10.1.3 使用邮件合并 240
 10.1.4 制作信封 242
10.2 使用Excel制作会议议程安排表 244
 10.2.1 使用艺术字制作标题 245
 10.2.2 添加会议议程 247
 10.2.3 打印会议议程 249
10.3 使用PPT制作工作分配方案 251
 10.3.1 编辑母版幻灯片 251
 10.3.2 编辑幻灯片 253
 10.3.3 放映幻灯片 259

大神支招

01 插入屏幕截图 260
02 避免打印工作表中的错误值 261
03 将演示文稿制作为视频文件 261

第11章 工作总结与报告

11.1 使用Word制作市场调查报告 264
 11.1.1 设置报告页面样式 264
 11.1.2 使用样式规范正文样式 266
 11.1.3 插入图表丰富文档 268
 11.1.4 插入页码与目录 270

11.2	使用Excel制作产品销量管理汇总表 271
11.2.1	制作产品销售统计表......272
11.2.2	插入数据透视表汇总数据......273
11.2.3	插入切片器......275
11.3	使用PPT制作年度工作总结与计划......276

11.3.1	编辑幻灯片母版......277
11.3.2	插入SmartArt图形制作目录页......279
11.3.3	插入表格......281
11.3.4	制作图表幻灯片......283
11.3.5	制作其他幻灯片和结束页......284
11.3.6	设置切换和播放效果......286

◎ 大神支招

01 设置提取目录时不要提取页码 288
02 隐藏饼状图中接近0%的数据 289
03 切换图表的行和列 289

第12章 公司宣传与活动策划

12.1	使用Word制作促销海报......292
12.1.1	制作海报版面......292
12.1.2	添加促销内容......296
12.1.3	插入形状......299
12.2	使用Excel制作新产品调查问卷......300
12.2.1	自定义功能区......301
12.2.2	插入与编辑表单控件......301
12.2.3	保护工作表......304

12.3	使用 PPT制作投资策划方案......305
12.3.1	在母版中设计幻灯片版式......306
12.3.2	绘制形状制作目录......308
12.3.3	绘制立体图形......309
12.3.4	制作其他幻灯片......312
12.3.5	播放幻灯片......315
12.3.6	为演示文稿设置打开密码......316

◎ 大神支招

01 将字体嵌入文件 317
02 限制重复数据的输入 318
03 让文字在放映时逐行显示 318

第 13 章 公司外部商务管理

- 13.1 使用Word制作贺信 321
  - 13.1.1 定制宏按钮 321
  - 13.1.2 输入并编辑贺信 331
- 13.2 使用Excel制作通讯费年度
  计划表 333
  - 13.2.1 保护并共享工作簿 335
- 13.2.2 修订共享工作簿 335
- 13.3 使用PPT制作楼盘营销宣传 336
  - 13.3.1 设置幻灯片母版样式 337
  - 13.3.2 插入图片并设置格式 338
  - 13.3.3 设置演示文稿的动画
    效果 341
  - 13.3.4 放映演示文稿 343

大神支招

- 01 一次性删除文档中的所有空白行 344
- 02 分离饼形图的扇区 344
- 03 使用动画刷快速设置动画效果 345

附录A　Word、Excel、PPT十大必备快捷键

- 一、Word 十大必备快捷操作 346
- 二、Excel 十大必备快捷操作 348
- 三、PowerPoint 十大必备快捷操作 351

附录B　索引

- 一、Word 功能索引 354
- 二、Excel 功能索引 355
- 三、PowerPoint 功能索引 356

第1章
员工资料管理

本章导读

员工是企业的中流砥柱,也是企业的重点管理对象,本章将通过制作公司员工手册、员工工作证、公司员工信息表、员工数据统计表,介绍在员工资料管理工作中相关文档的制作方法。

知识要点

- ❖ 制作封面
- ❖ 设置页眉与页脚
- ❖ 添加书签
- ❖ 创建数据源列表
- ❖ 编辑单元格
- ❖ 使用公式统计数据

1.1 使用Word制作公司员工手册

案例背景

员工手册是企业的规章制度，是宣传企业形象的工具，也是企业内部"立法"，它不仅明确了员工的行为规范、员工的基本责任和权利，更对企业规范化、科学化管理有着至关重要的作用。同时，员工手册也是预防和解决劳动争议的重要依据，并对新员工认识企业、了解企业信息、尽快融入企业有着不可替代的作用。

本例将制作一份员工手册，并对文档添加封面与目录，以方便对该文档的保存与浏览，实例最终效果见"光盘\结果文件\第1章\公司员工手册.docx"文件。

 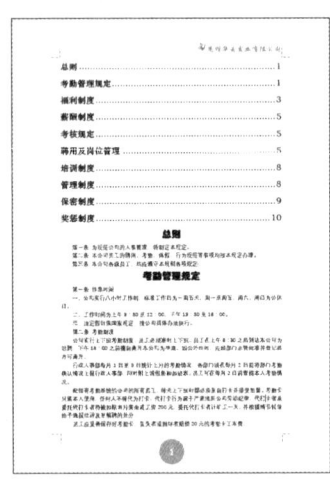

光盘文件	素材文件	光盘\素材文件\第1章\员工手册内容.txt、公司标志.jpg
	结果文件	光盘\结果文件\第1章\公司员工手册.docx
	教学视频	光盘\视频文件\第1章\1.1使用Word制作公司员工手册.mp4

1.1.1 制作封面

为了方便员工手册的保存与管理，通常需要为其制作封面，封面中应该包含公司标志、公司名称及"员工手册"字样等内容。为了让新入职场的员工也能制作出美观的封面，下面使用Word内置的封面进行编辑。

1. 插入封面

Word内置了多种美观的封面，用户可以根据需要选择内置封面，也可以自行设计制作封面，具体操作步骤如下。

第1步 启动Word程序，新建一个名为"公司员工手册.docx"的空白文档，❶单击【插入】选项卡【页面】组中的【封面】下拉按钮；❷在弹出的下拉列表中选择【怀旧】选项，

第1章
员工资料管理

如下图所示。

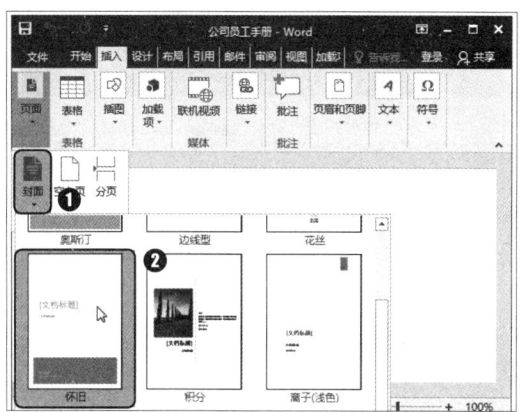

第2步 ❶ 选中副标题控件，在控件上右击；❷ 在弹出的快捷菜单中选择【删除内容控件】命令，如下图所示。

第3步 ❶ 选中封面的边框；❷ 在【绘图工具/格式】选项卡【形状样式】组中设置边框样式，如下图所示。

> **教您一招**
> **快速删除内容控件**
> 选中封面上的控件后，在键盘上按【BackSpace】键可以快速删除内容控件。

2. 插入图片

公司员工手册的封面中一般需要包含公司图标，下面介绍插入图片的操作步骤。

第1步 单击【插入】选项卡【插图】组中的【图片】按钮，如下图所示。

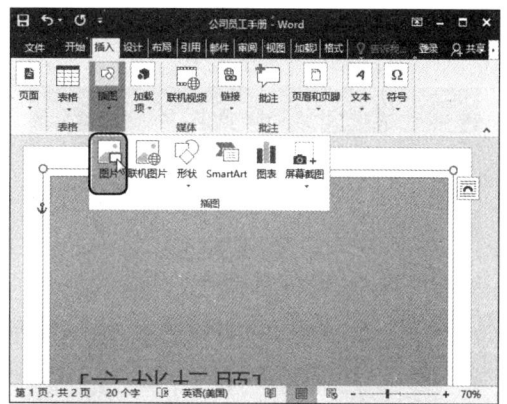

第2步 打开【插入图片】对话框；❶ 在"光盘\素材文件\第1章"下选择【公司标志】图片；❷ 单击【插入】按钮，如下图所示。

第3步 返回文档中即可看到图片已经插入，选中图片，拖动图片周围的控制点，缩小图片尺寸，如下图所示。

第4步 保持图片的选中状态,在【图片工具/格式】选项卡的【快速样式】下拉列表中选择一种图片样式,如下图所示。

3. 输入封面文字

封面文字力求简单明了,让人一目了然,下面介绍输入封面文字的操作步骤。

第1步 ❶在文档标题文本框中输入"员工手册"文本;❷设置字体为【华文行楷】,字号为【初号】,字体颜色为【蓝色】,如下图所示。

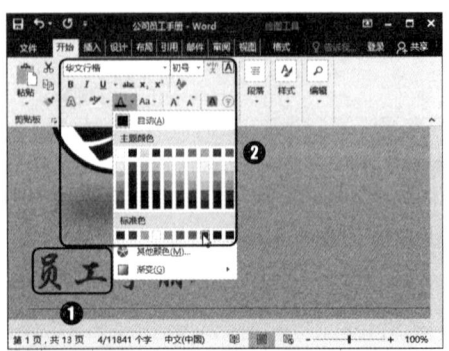

第2步 删除页面底端不需要的控件,并输入公司名称和公司地址,如下图所示。

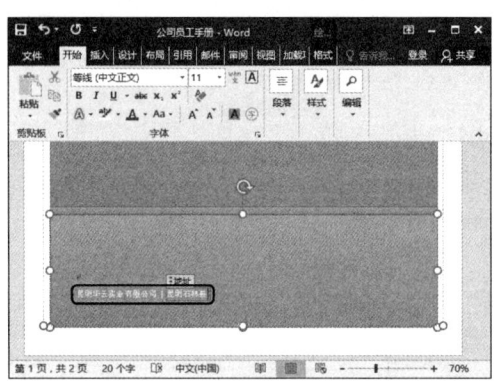

1.1.2 输入内容并设置格式

封面制作完成后,就可以对员工手册的内容进行输入了。为了提高编辑效率,需要新建章名样式,并为样式设定快捷键等,具体操作步骤如下。

第1步 ❶在下一页中输入"总则"文本;❷设置字体为【华文琥珀】,字号为【小二】,居中对齐;❸选中"总则"文本,单击【开始】选项卡【样式】组中的【样式】按钮,如下图所示。

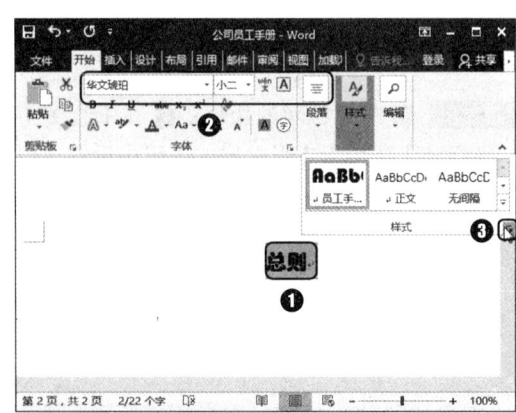

第2步 打开【样式】窗格,单击【新建样式】按钮,如下图所示。

第1章
员工资料管理

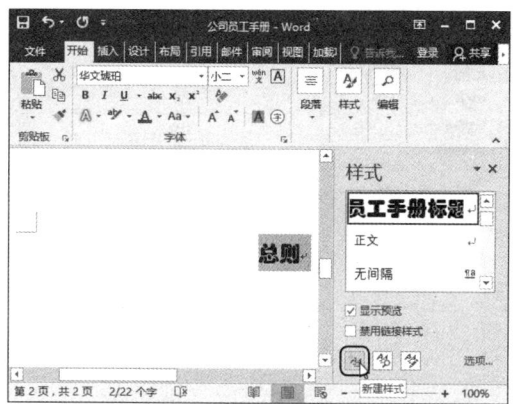

> **温馨提示**
>
> 因为本例"员工手册"中的章名格式特殊，且应用较多，所以为其新建为样式，并为其指定快捷键，以方便快速设置相同的样式。在行政与文秘的实际工作中，用户也可以创建一级标题、二级标题等多个文档样式。

第3步 ❶打开【根据格式设置创建新样式】对话框，在【属性】选项区域的【名称】文本框中输入"员工手册标题"文本；❷单击【格式】按钮；❸在弹出的列表中选择【快捷键】命令，如下图所示。

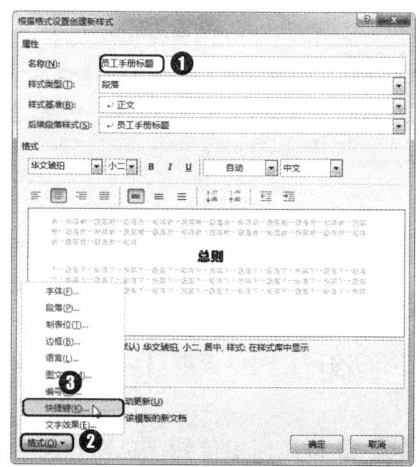

第4步 ❶打开【自定义键盘】对话框，将光标定位到【请按新快捷键】文本框，在键盘上按【Ctrl+1】组合键，文本框中将显示按下的快捷键；❷单击【指定】按钮，将为该命令指定快捷键；❸单击【关闭】按钮返回到【根据格式设置创建新样式】对话框，如下图所示。

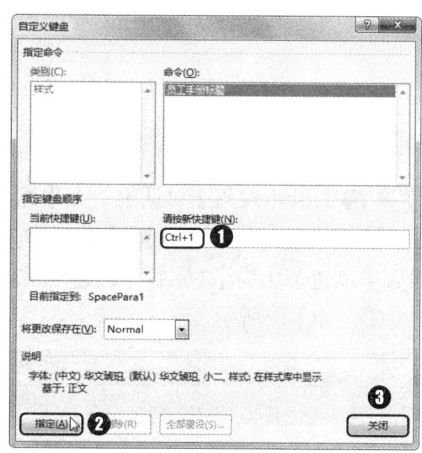

第5步 ❶在下一页中用户可以输入自己需要的员工手册内容，这里为了方便操作，直接打开"光盘\素材文件\第1章\员工手册内容.txt"文件，选中"总则"下方的内容并右击；❷在弹出的快捷菜单中选择【复制】命令，如下图所示。

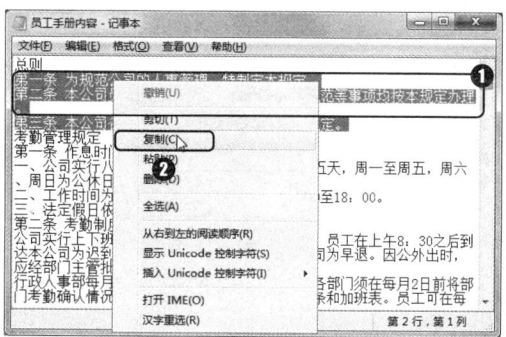

第6步 切换到Word文档窗口，按【Ctrl+V】组合键粘贴手册正文内容，粘贴完成后选中正文；单击【开始】选项卡【段落】组中的【段落设置】按钮，如下图所示。

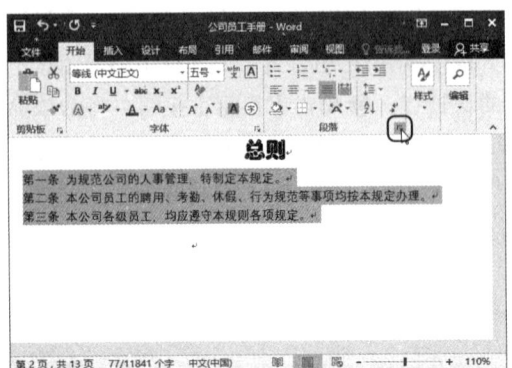

第7步 ❶打开【段落】对话框,在【缩进】选项区域中设置【特殊格式】为【首行缩进】;❷设置【缩进值】为【2字符】;❸单击【确定】按钮,如下图所示。

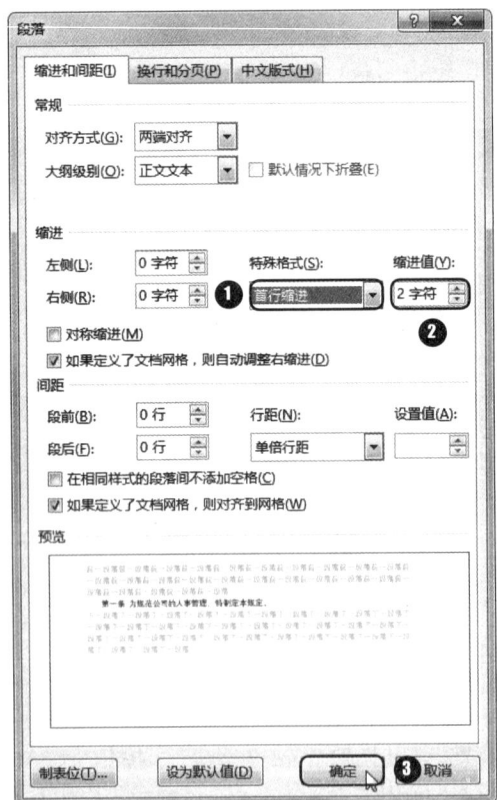

第8步 参照设置员工手册标题的方法为员工手册正文创建新样式,如下图所示。

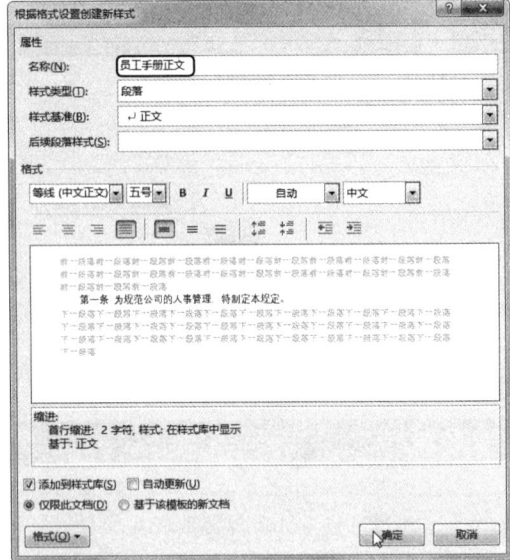

第9步 继续输入员工手册内容,输入标题时,按【Ctrl+1】组合键设置标题格式,输入正文时使用【员工手册正文】样式,如下图所示。

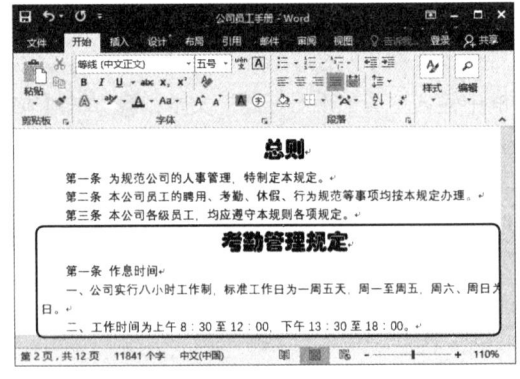

1.1.3 提取目录

员工手册内容输入完成后,因为内容较多,为了方便阅读者了解大致结构和快速查看所需的内容,可以提取目录,具体操作步骤如下。

第1步 ❶将光标定位到"总则"文本前,单击【引用】选项卡【目录】组中的【目录】下拉按钮;❷在弹出的下拉列表中选择【自定义目录】选项,如下图所示。

第1章
员工资料管理

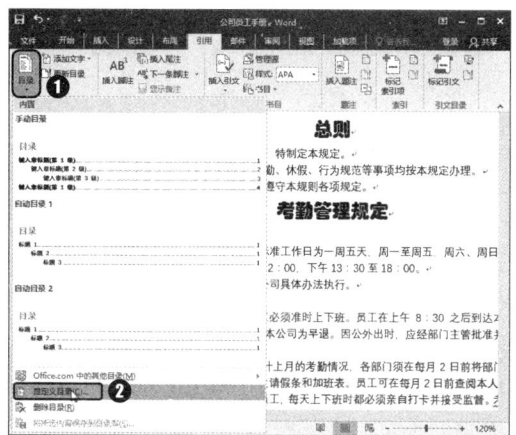

第2步 ❶打开【目录】对话框，单击【选项】按钮；❷打开【目录选项】对话框，删除【目录级别】数值框中的所有数值；❸在【员工手册标题】右侧的数值框中输入"1"；❹依次单击【确定】按钮，如下图所示。

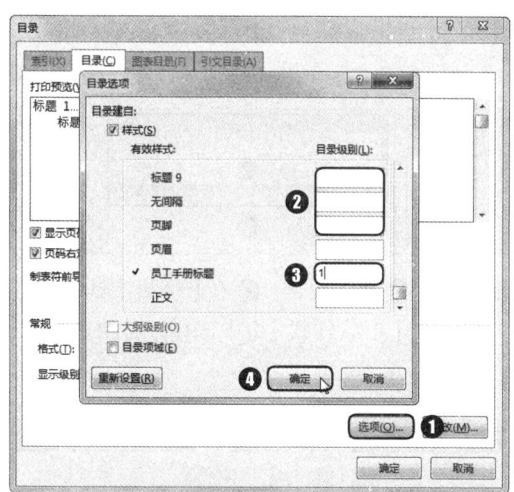

教您一招

提取自动目录

在制作该文档时，也可以为文档提取自动目录，方法为：在【引用】选项卡【目录】组中单击【目录】下拉按钮，在弹出的下拉列表中选择一种目录样式即可提取自动目录。

第3步 返回文档中，即可看到目录已经添加，选中目录文本，设置字体为【华文中宋】，字号为【三号】，如下图所示。

1.1.4 设置页眉和页脚

将公司的名称、标志、页码等信息设置在页眉和页脚中，既可以美化文档，又能增强文档的统一性与规范性，具体操作步骤如下。

第1步 ❶在第2页双击页眉位置，进入页眉编辑状态；❷在【开始】选项卡单击【字体】组中的【清除所有格式】按钮 清除页眉横线，如下图所示。

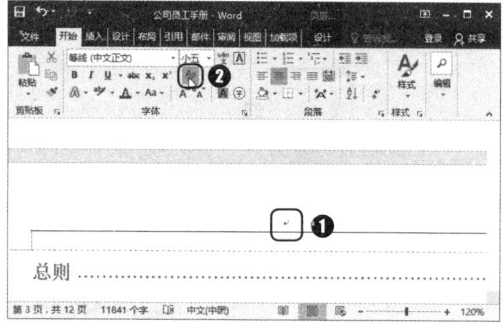

第2步 ❶输入公司名称；❷设置字体为【华文行楷】，字号为【四号】，右对齐；❸设置字体颜色为【绿色，个性色6，深色25%】，如下图所示。

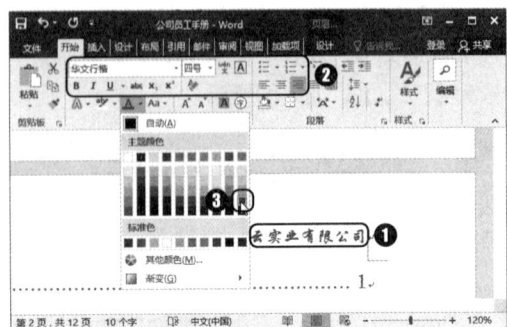

第3步 ❶将光标定位到公司名称的前方；❷单击【插入】选项卡【插图】组中的【图片】按钮，如下图所示。

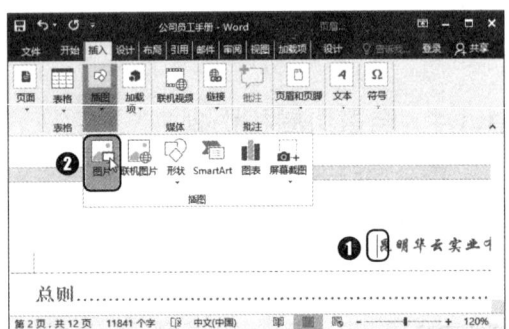

第4步 ❶打开【插入图片】对话框，在"光盘\素材文件\第1章"下选择【公司标志】图片；❷单击【插入】按钮，如下图所示。

第5步 拖动图片四周的控制点，调整图片的大小，如下图所示。

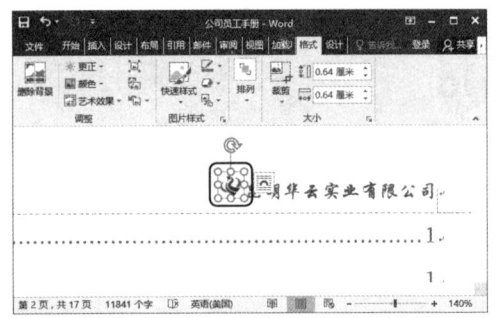

第6步 ❶将光标定位到页脚处；❷单击【页眉和页脚工具/设计】选项卡【页眉和页脚】组中的【页码】下拉按钮；❸在弹出的下拉列表中选择【页面底端】选项；❹在弹出的级联列表中选择一种页脚样式，如选择【圆形】选项，如下图所示。

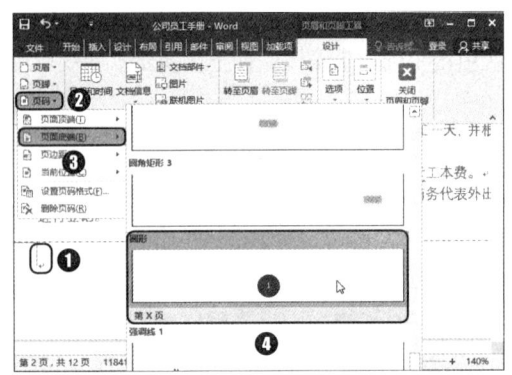

第7步 ❶选中页码；❷在【绘图工具/格式】选项卡的【形状样式】组中选择一种快速样式，如下图所示。

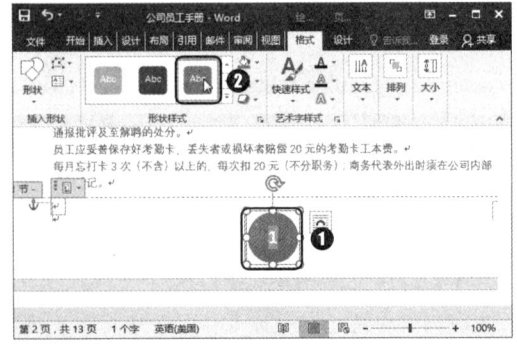

第8步 单击【页眉和页脚工具/设计】选项卡【关闭】组中的【关闭页眉和页脚】按钮，

如下图所示。

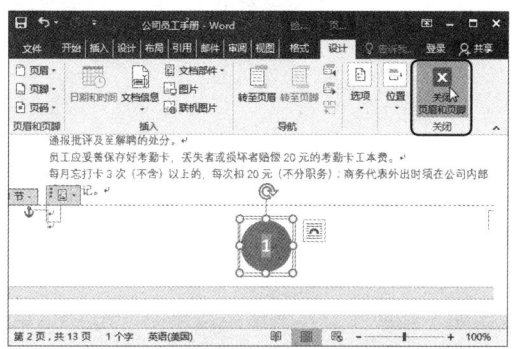

> **教您一招**
>
> **快速退出页眉页脚编辑状态**
>
> 页眉页脚编辑完成后，双击编辑区的任意位置，也可以退出页眉页脚编辑状态。

1.1.5 添加书签

员工手册中涉及的条款很多，如果需要经常查看某些条款，可以为常用、重要的条款添加书签，以便在查看时可以快速定位，具体操作步骤如下。

第1步 ❶将光标定位到"聘用及岗位管理"中的"第一节"文本前；❷单击【插入】选项卡【链接】组中的【书签】按钮，如下图所示。

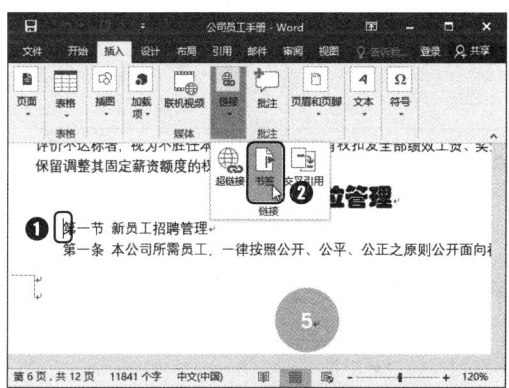

第2步 ❶弹出【书签】对话框，在【书签名】文本框中输入"招聘"文本；❷单击【添加】按钮，如下图所示。

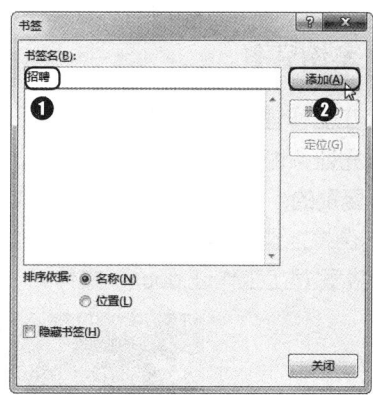

第3步 ❶如果要查找书签，可以打开【书签】对话框，选中需要定位的书签名；❷单击【定位】按钮即可定位到书签位置，如下图所示。

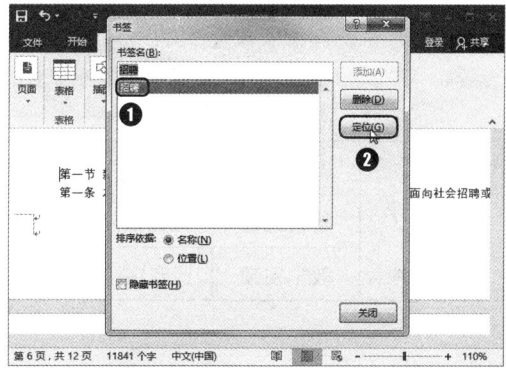

1.2 批量制作员工工作证

案例背景

员工工作证是公司或单位正式成员的证件，一种固定形式，它既是表明某人在某企业工作的一种凭证，也是一个企业形象和认证的一种标志。不同的公司，其员工工作证的大小和内容是有所区别的，但基本都包括公司名称、员工姓名、职位、编号和照片等内容。

本例将批量制作员工工作证，制作完成后的效果如下图所示。实例最终效果见"光盘\结果文件\第1章\员工工作证.docx"文件。

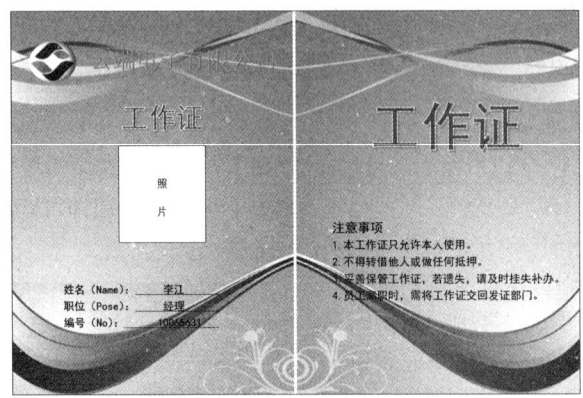

光盘文件	素材文件	光盘\素材文件\第1章\logo.jpg、背景.jpg、工作人员名单.xlsx
	结果文件	光盘\结果文件\第1章\员工工作证.docx
	教学视频	光盘\视频文件\第1章\1.2批量制作员工工作证.mp4

1.2.1 设置员工工作证的页面效果

员工工作证对页面大小是有要求的，所以，要想制作员工工作证，首先需要对文档页面大小进行设置，然后再通过插入图片来设置员工工作证的页面效果。

1. 自定义文档页面大小

下面介绍通过【页面设置】对话框自定义设置员工工作证的页面大小的操作步骤如下。

第1步 ❶ 新建一个空白文档，将其保存为"员工工作证"；❷ 单击【布局】选项卡【页面设置】组右下角的【页面设置】按钮 ，如下图所示。

第2步 ❶打开【页面设置】对话框,选择【纸张】选项卡;❷在【纸张大小】下拉列表中选择【自定义大小】选项,在【宽度】数值框中输入【26.5厘米】,在【高度】数值框中输入【18厘米】;❸单击【确定】按钮,如下图所示。

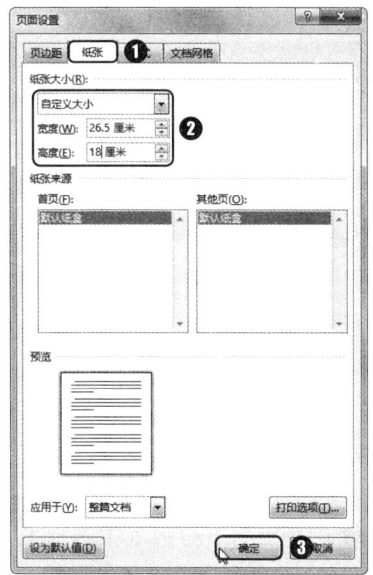

2. 插入图片美化页面

下面介绍在文档中插入图片,并对图片进行编辑的操作步骤。

第1步 ❶单击【插入】选项卡【插图】组中的【图片】按钮,打开【插入图片】对话框,选择"光盘\素材文件\第1章"下的【背景】图片;❷单击【插入】按钮,如下图所示。

> **教您一招**
>
> **快速插入图片**
>
> 在【插入图片】对话框中双击需要插入的图片,可快速将双击的图片插入文档中。

第2步 ❶选择插入的图片,单击【图片工具/格式】选项卡【排列】组中的【环绕文字】下拉按钮;❷在弹出的下拉列表中选择【衬于文字下方】选项,如下图所示。

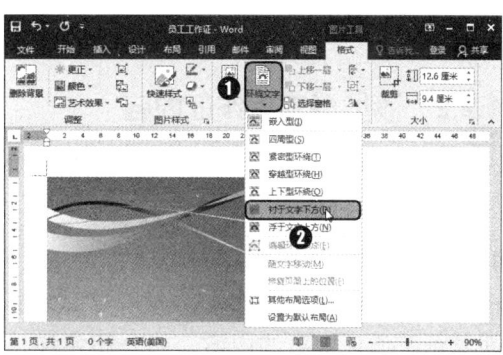

第3步 ❶选择图片,单击【图片工具/格式】选项卡【调整】组中的【艺术效果】按钮;❷在弹出的下拉列表中选择【十字图案蚀刻】选项,如下图所示。

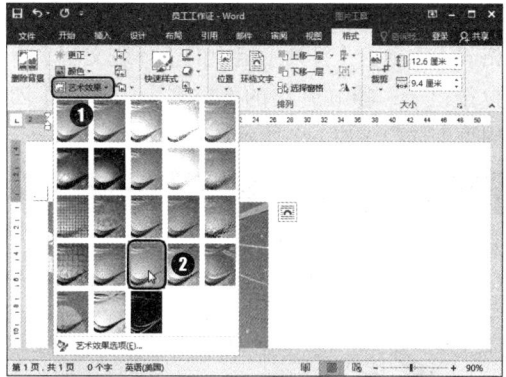

第4步 ❶复制图片,将其移动到页面右侧,选择复制的图片,单击【图片工具/格式】选项卡【排列】组中的【旋转】按钮;❷在弹出的下拉列表中选择【水平翻转】选项,如下图所示。

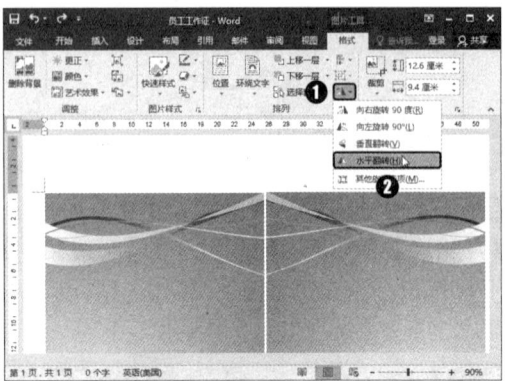

1.2.2 添加员工工作证内容

制作好员工工作证背景后，就可开始添加员工工作证需要的内容了。

1. 为员工工作证正面添加内容

员工工作证一般都有正面和背景，正面显示工作证主要的内容，如公司名称、员工照片、姓名和编号等。下面为员工工作证正面添加需要的内容，并对其进行相应的编辑。

第1步 ❶在页面中打开"光盘\素材文件\第1章\logo.jpg"，选择图片，单击【图片工具/格式】选项卡【排列】组中的【环绕文字】下拉按钮；❷在弹出的下拉列表中选择【四周型】选项，如下图所示。

第2步 ❶将图片调整到合适的大小和位置，选择图片，单击【图片工具/格式】选项卡【大小】组中的【裁剪】下拉按钮；❷在弹出的下拉列表中选择【裁剪为形状】选项；❸在弹出的级联列表中选择【椭圆】选项，如下图所示。

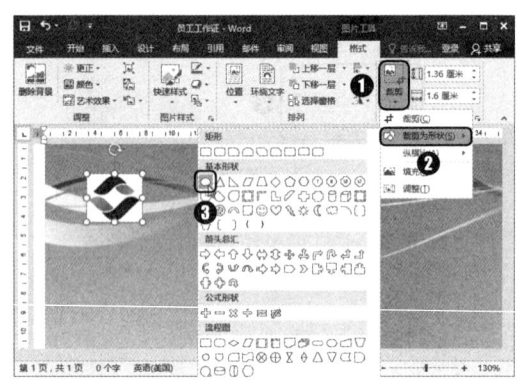

第3步 ❶选择图片，单击【图片工具/格式】选项卡【图片样式】组中的【图片效果】按钮；❷在弹出的下拉列表中选择【阴影】选项；❸在弹出的级联列表中选择【内部向右】选项，如下图所示。

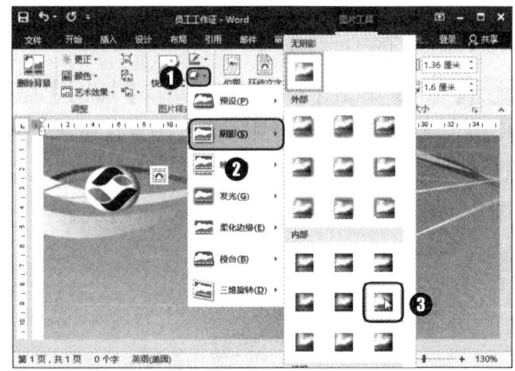

第4步 ❶单击【插入】选项卡【文本】组中的【艺术字】按钮；❷在弹出的下拉列表中选择需要的艺术字样式，如下图所示。

第1章
员工资料管理

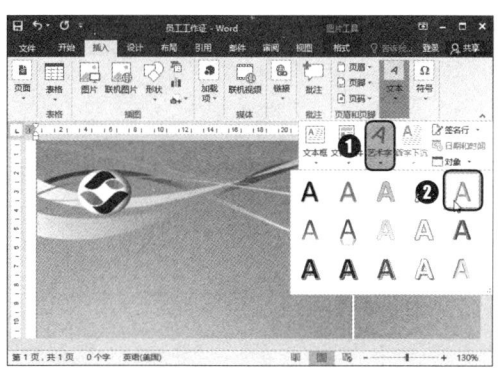

第5步 ❶ 在艺术字文本框中输入艺术字；❷ 在【开始】选项卡的【字体】组中设置字号为【二号】，如下图所示。

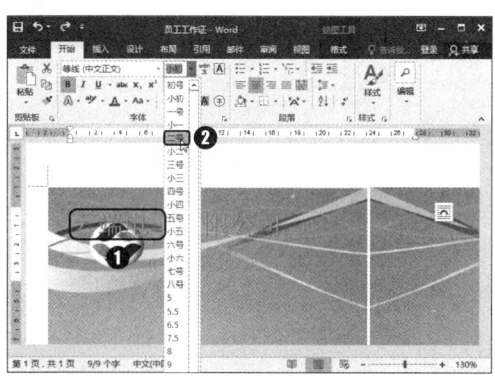

第6步 选中艺术字文本框，当鼠标指针变为形状时按下鼠标左键不放，拖动艺术字文本框至合适的位置，如下图所示。

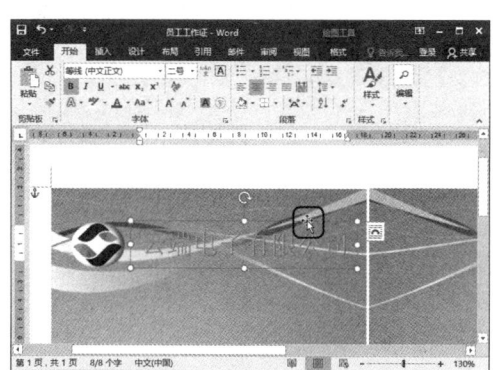

第7步 ❶ 再插入内容为"工作证"的艺术字，然后单击【插入】选项卡【文本】组中的【文本框】下拉按钮；❷ 在弹出的下拉列表中选择【绘制竖排文本框】选项，如下图所示。

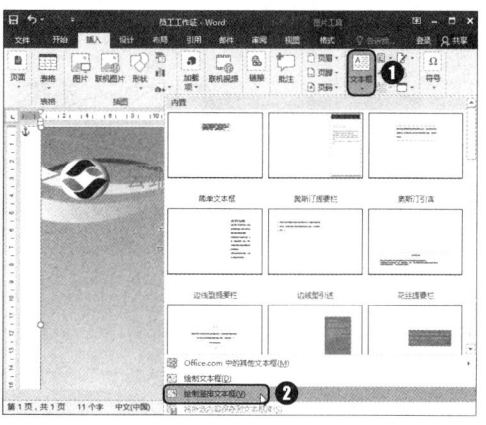

第8步 此时鼠标指针将变为+形状，在"工作证"文本下方按下鼠标左键不放，拖动鼠标绘制一个文本框，如下图所示。

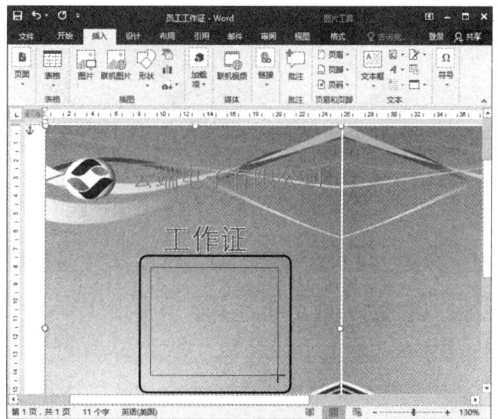

教您一招
文本框的选择技巧
绘制的竖排文本框中输入的文字默认是以垂直方式显示的，而绘制的文本框中的文字则是以水平方式显示的。

第9步 ❶ 在文本框中输入"照片"文本；❷ 单击【绘图工具/格式】选项卡【文本】组中的【对齐文本】下拉按钮；❸ 在弹出的下拉列表中选择【居中】选项，如下图所示。

| 13

Word/Excel/PPT
在文秘与行政管理中的应用

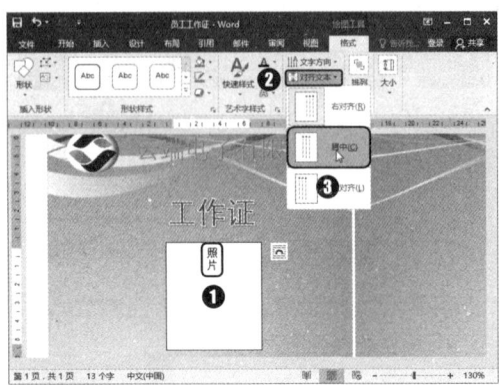

第10步 使用【Space】键将"照片"文本置于文本框的正中,如下图所示。

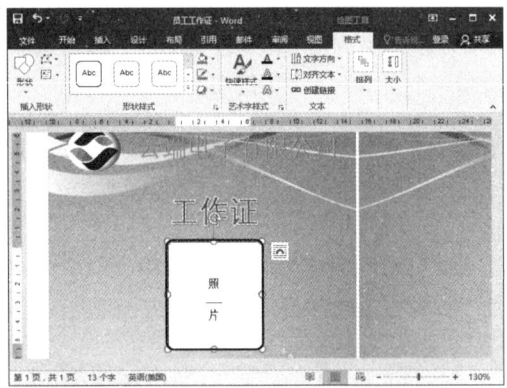

第11步 ❶单击【插入】选项卡【文本】组中的【文本框】下拉按钮;❷在弹出的下拉列表中选择【绘制文本框】选项,如下图所示。

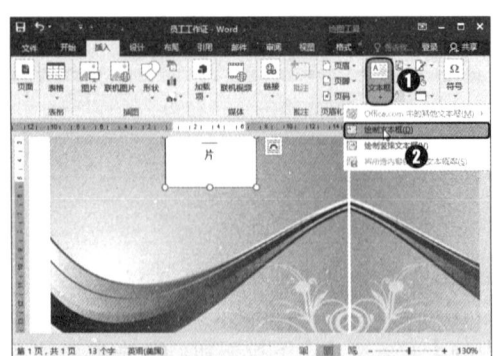

第12步 ❶在竖排文本框下方绘制一个横排文本框;❷在【绘图工具/格式】选项卡的【形状样式】组中选择【透明-黑色,深色1】样式,如下图所示。

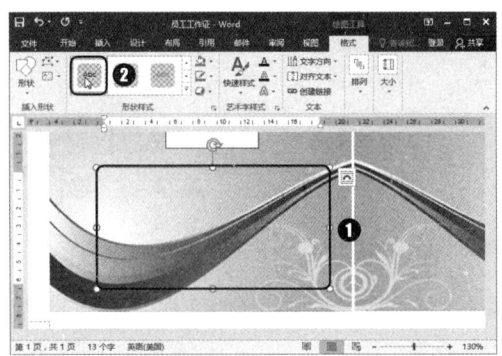

第13步 ❶在横排文本框中输入"姓名(Name):"文本;❷单击【开始】选项卡【字体】组中的【下画线】按钮 U ,如下图所示。

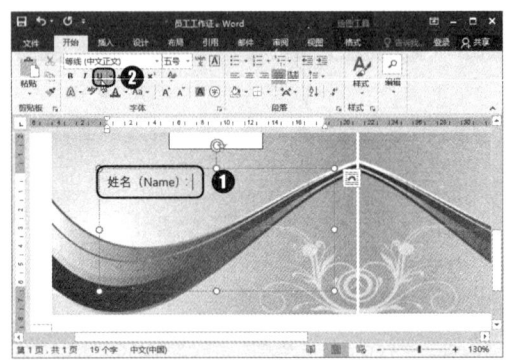

第14步 ❶按数次空格键输入下画线;❷使用相同的方法制作其他相关内容,如下图所示。

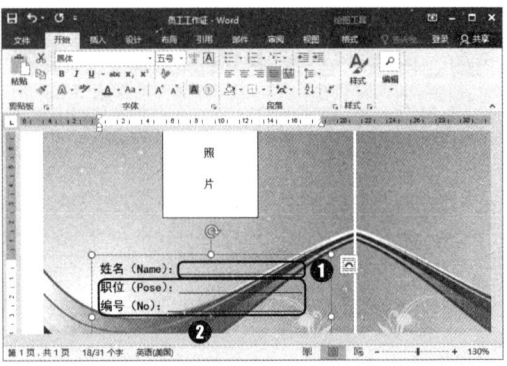

2. 为员工工作证背面添加内容

为员工工作证正面添加完内容后,就可为员工工作证背面添加相应的内容了,具体的操作步骤如下。

第1步 复制"工作证"文本到员工工作证背面,并将其字号设置为【48】,如下图所示。

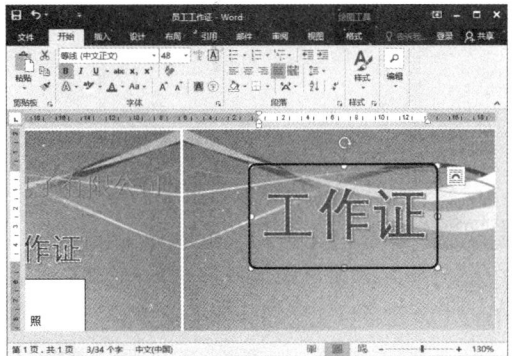

第2步 ❶单击【插入】选项卡【插图】组中的【形状】下拉按钮;❷在弹出的下拉列表中选择【横排文本框】选项,如下图所示。

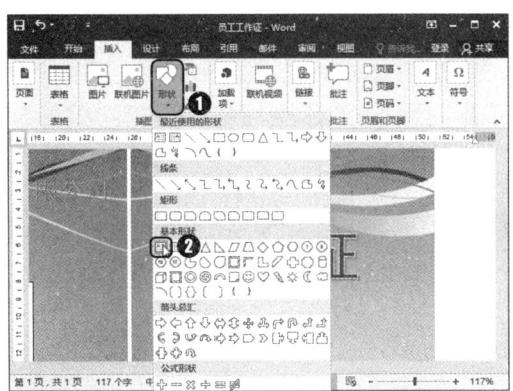

第3步 绘制一个横排文本框,在其中输入相应的内容,并对其字体格式进行设置,如下图所示。

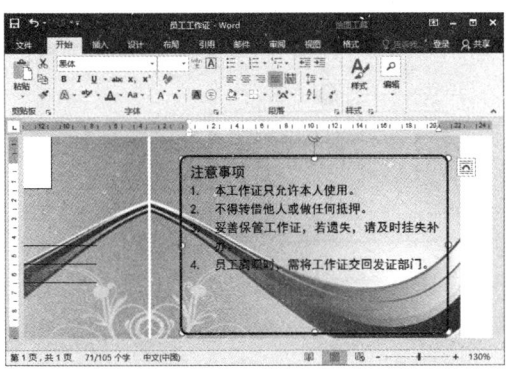

1.2.3 创建数据源列表

批量制作员工工作证是通过邮件合并功能来实现的,所以,在执行邮件合并之前,需要创建好邮件合并需要的数据源。下面将对数据源列表进行创建。

第1步 ❶单击【邮件】选项卡【开始邮件合并】组中的【选择收件人】按钮;❷在弹出的下拉列表中选择【键入新列表】选项,如下图所示。

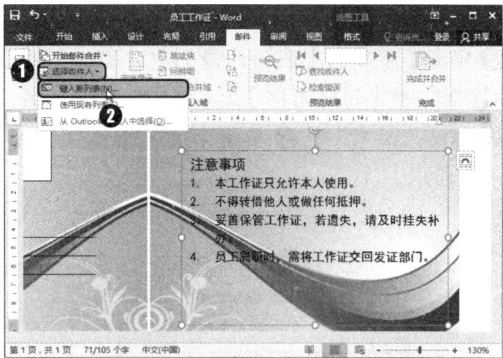

第2步 打开【新建地址列表】对话框,在其中显示了列标题,但这些列标题并不能满足需要,这时单击【自定义列】按钮,如下图所示。

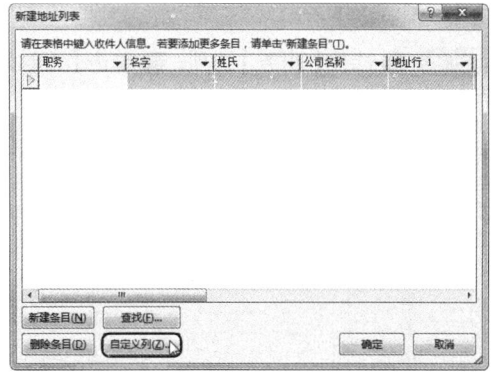

第3步 ❶打开【自定义地址列表】对话框,在【字段名】列表框中选择需要删除的字段,如选择【姓氏】选项;❷单击【删除】按钮;❸在打开的提示对话框中单击【是】按钮,如下图所示。

第4步 ❶ 使用相同的方法删除其他不需要的字段，然后选择【单位电话】选项；❷ 单击【重命名】按钮；❸ 打开【重命名域】对话框，在【目标名称】文本框中输入字段名，如输入"编号"；❹ 单击【确定】按钮，如下图所示。

第5步 ❶ 选择【职务】选项；❷ 单击【下移】按钮，如下图所示。

第6步 即可将【职务】移动到【名字】下方，单击【确定】按钮，如下图所示。

第7步 ❶ 返回【新建地址列表】对话框，在字段下方的项目中输入员工信息；❷ 然后单击【新建条目】按钮，如下图所示。

> **温馨提示**
>
> 默认情况下，【新建地址列表】对话框中只提供了一条条目，用户需要根据实际情况新建条目。

第8步 ❶ 即可新建一个条目，在新建的条目中输入相应的信息；❷ 然后使用相同的方法继续新建条目；❸ 制作完条目内容后，单击【确定】按钮，如下图所示。

第1章
员工资料管理

温馨提示

当新建的条目过多或错误时，可选择该条目，单击【删除条目】按钮，将该条目删除。

第9步 ❶ 打开【保存通讯录】对话框，在地址栏中设置保存位置；❷ 在【文件名】文本框中输入保存名称，如输入"员工信息"；❸ 单击【保存】按钮，即可对数据源进行保存，如下图所示。

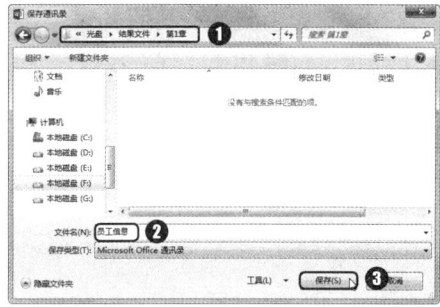

1.2.4 通过邮件合并批量制作工作证

制作好数据源后，就可通过插入域将特定的类别信息在特定的位置显示，然后执行邮件合并将文档和数据源关联起来。下面介绍用Word提供的邮件合并功能批量制作员工工作证的操作步骤。

第1步 ❶ 单击【邮件】选项卡【开始邮件合并】组中的【选择收件人】按钮；❷ 在弹出的下拉列表中选择【使用现有列表】选项，如下图所示。

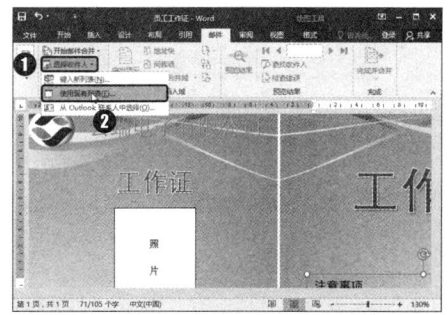

第2步 ❶ 打开【选取数据源】对话框，在地址栏中选择数据源保存的位置；❷ 选择【光盘\素材文件\第1章\员工信息.mdb】；❸ 单击【打开】按钮，如下图所示。

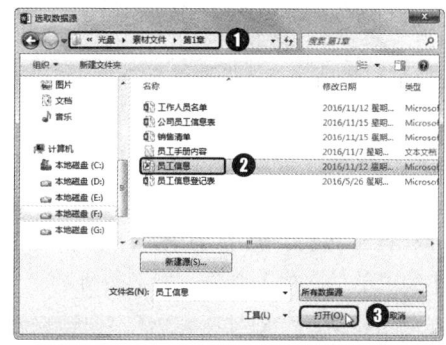

第3步 ❶ 将光标定位到"姓名"文本后的横线上；❷ 单击【编写和插入域】组中的【插入合并域】按钮；❸ 在弹出的下拉列表中选择需要的域，如选择【名字】选项，如下图所示。

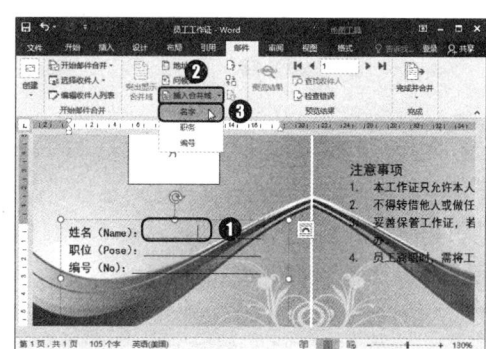

第4步 ❶ 即可将【名字】域插入到鼠标光标处，将鼠标光标定位到【职位】文本后的横线上；❷ 单击【邮件】选项卡【编写和插入域】组中的【插入合并域】按钮；❸ 在弹出的下拉列表中选择【职务】选项，如下图所示。

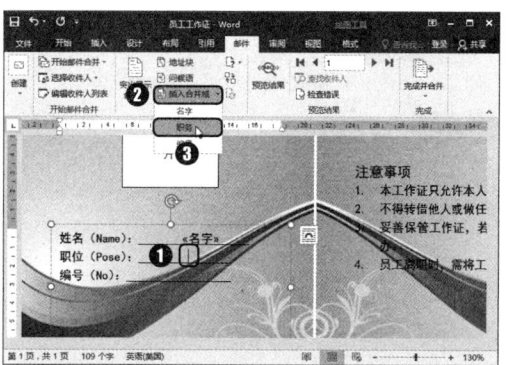

> **温馨提示**
>
> 在【插入合并域】下拉列表中显示的域选项多少与数据源列表中的字段名的多少是相同的，只有将文档中的特定文本与数据列表中的字段关联起来，才能批量创建文档。

第5步 ❶ 使用相同的方法在【编号】后插入【编号】域；❷ 然后单击【完成】组中的【完成并合并】按钮；❸ 在弹出的下拉列表中选择【编辑单个文档】选项，如下图所示。

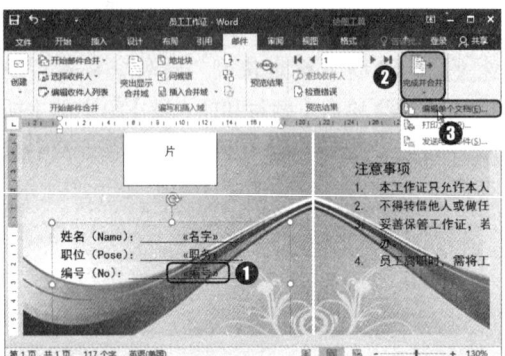

第6步 打开【合并到新文档】对话框，设置合并记录范围，这里保持默认设置，单击【确定】按钮，如下图所示。

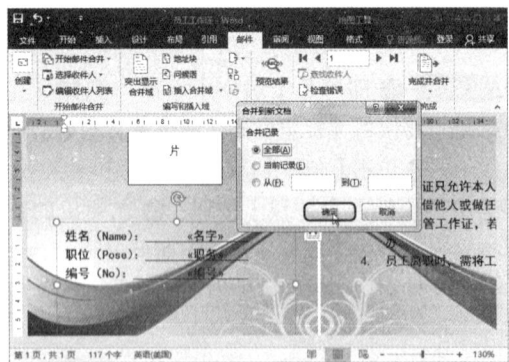

第7步 系统将新建一个文档，并切换到【另存为】窗格，单击【浏览】按钮，如下图所示。

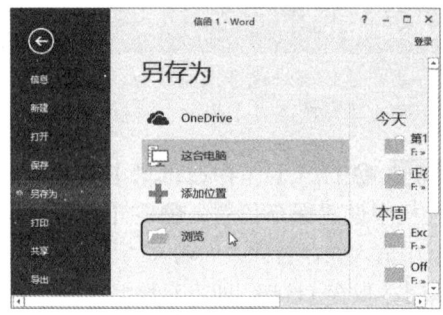

第8步 ❶ 打开【另存为】对话框，设置文档的保存位置；❷ 设置文档的名称为"批量员工工作证"；❸ 单击【保存】按钮，如下图所示。

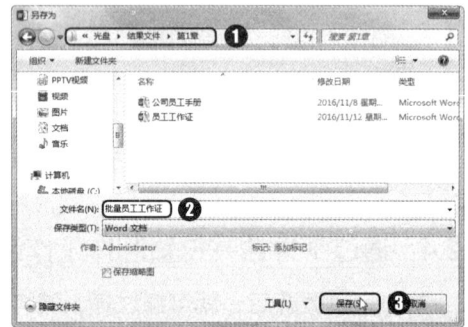

> **教您一招**
>
> **快速预览合并结果**
>
> 插入完合并域后，单击【预览结果】组中的【预览结果】按钮，可对第一个员工的工作证进行查看；单击【下一记录】按钮▶，可以对下一个员工的工作证进行查看。

第9步 选择第一个员工工作证基本信息文本框，对横线长短进行相应的调整，如下图所示。

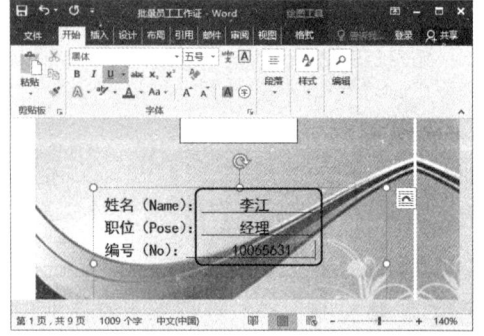

第1章
员工资料管理

第10步 继续对其他员工工作证基本信息文本框中的横线长短进行调整，如下图所示，完成本例的制作。

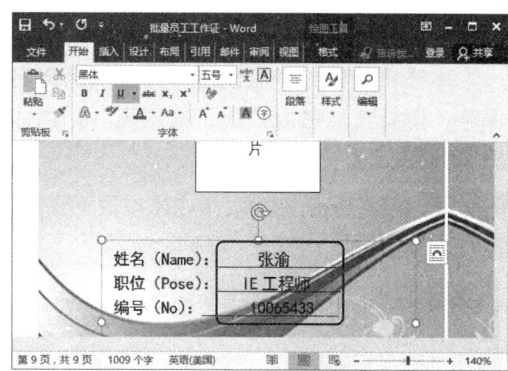

1.3 使用Excel创建公司员工信息表

案例背景

员工信息表是企业必备的表格，通过员工信息表，可以了解员工的大致情况，以方便业务的展开。员工档案表通常包括姓名、性别、籍贯、身份证号码、学历、职位、联系电话等基本信息。

本例将制作员工信息表。制作完成后的效果如下图所示。实例最终效果见"光盘\结果文件\第1章\员工信息表.xlsx"文件。

光盘文件	素材文件	无
	结果文件	光盘\结果文件\第1章\员工信息表.xlsx
	教学视频	光盘\视频文件\第1章\1.3使用Excel创建公司员工信息表.mp4

1.3.1 新建员工信息表文件

本节将新建一个空白工作簿,然后将其保存,设置文件名为"员工信息表",具体操作步骤如下。

第1步 启动 Excel 程序,单击【空白工作簿】按钮,新建空白工作簿,如下图所示。

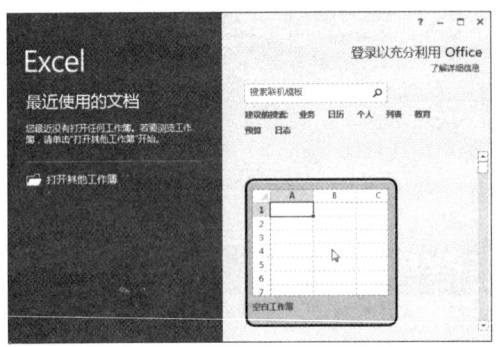

第2步 Excel 将新建一个空白的名为"工作簿1"的工作簿,在快速访问工具栏中单击【保存】按钮,如下图所示。

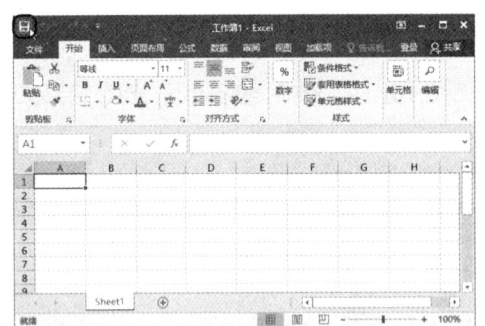

第3步 由于新工作簿未保存过,此时将自动切换到【文件】选项卡的【另存为】界面中,在右侧选择【浏览】选项,如下图所示。

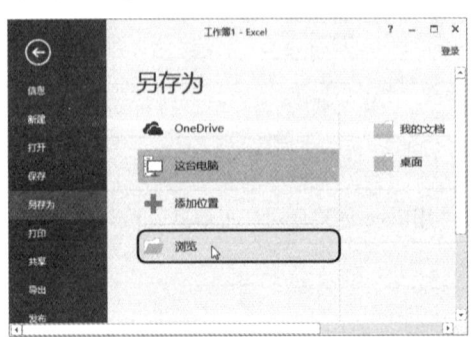

第4步 ❶ 弹出【另存为】对话框,设置文件保存路径、文件名称和文件保存类型;❷ 完成后单击【保存】按钮,如下图所示。

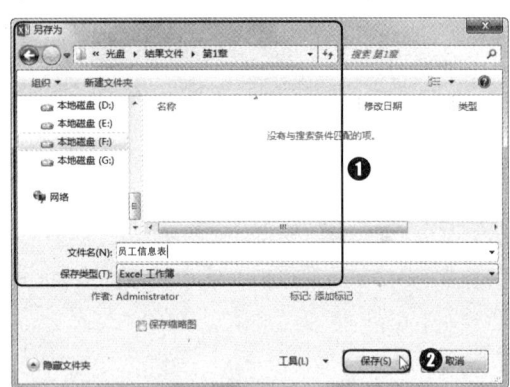

1.3.2 输入员工基本信息

按照上述操作新建空白工作簿并保存之后,用户可以手动输入和填充相应的内容,具体操作步骤如下。

第1步 ❶ 选中 A1 单元格;❷ 将光标定位到编辑栏中,输入"员工信息表",然后按【Enter】键确认输入,如下图所示。

第2步 ❶ 在 A2:I2 单元格区域内,依次输入"序号""姓名""性别""籍贯""身份证号""学历""入职时间""职位""联系电话";❷ 根据需要,输入除序号和身份证号之外的表格内容,如下图所示。

第1章
员工资料管理

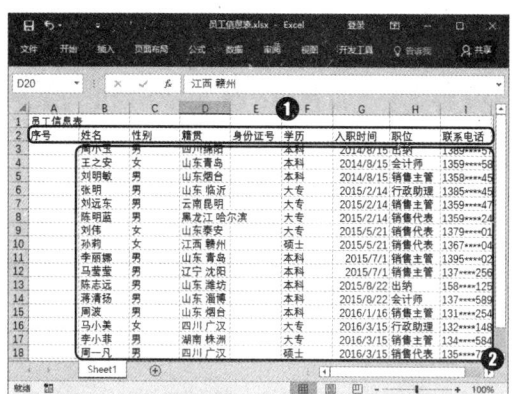

向下拖动，如下图所示。

第5步 拖动到适当位置，释放鼠标左键，将以步长为【1】的等差序列填充数据，如下图所示。

温馨提示

输入日期需要在年、月、日之间用"/"或"-"隔开，例如，在单元格中输入"16/1/10"，按【Enter】键后将自动显示为日期格式"2016/1/10"。

第3步 ❶ 在 Excel 表格中，输入超过 11 位的数字，就会自动用科学计数，所以需要设置输入身份证号码的单元格区域，选中需要输入身份证号码的单元格区域；❷ 单击【开始】选项卡【数字】组中的【数字格式】下拉按钮 ▼；❸ 在弹出的下拉列表中选择【文本】选项，如下图所示。

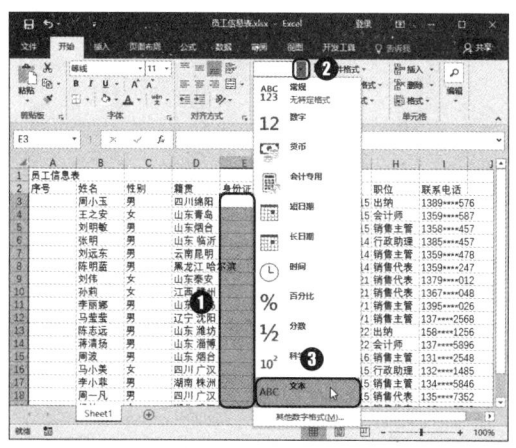

温馨提示

如果输入的数据是数值型，使用本例的方法只能复制数据，而在拖动鼠标时按住【Ctrl】键即可填充连续的数值。

1.3.3 编辑单元格和单元格区域

输入表格内容后，可以根据需要合并单元格、调整行高和列宽等，具体操作步骤如下。

第4步 ❶ 输入身份证号码；❷ 在 A3 单元格中输入"YD1001"作为起始数据；❸ 选中 A3 单元格，将鼠标指针指向 A3 单元格右下角，当鼠标指针呈+形状时，按住鼠标左键不放，

第1步 ❶ 选中 A1：I1 单元格区域；❷ 在【开始】选项卡的【对齐方式】组中单击【合并后

| 21

居中】按钮，合并单元格区域为一个单元格，如下图所示。

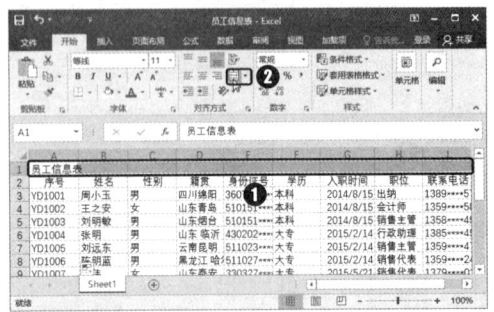

第2步 将鼠标指针移动到第1行和第2行之间，当鼠标指针呈↕形状时，按住鼠标左键不放，拖动调整标题行的行高，到适当位置释放鼠标左键即可，如下图所示。

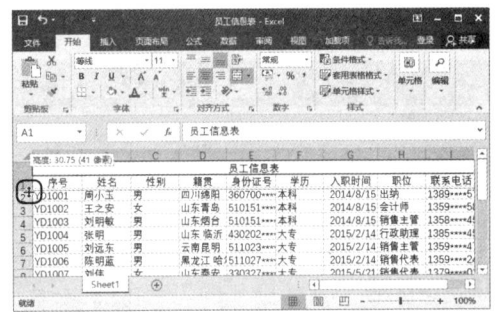

第3步 ❶选中A2：I20单元格区域；❷在【开始】选项卡的【单元格】组中单击【格式】下拉按钮；❸在弹出的下拉菜单中选择【自动调整列宽】命令，系统将根据单元格中输入的内容自动调整列宽，如下图所示。

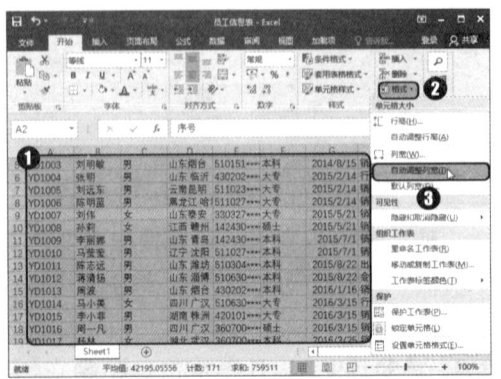

第4步 ❶保持A2：I20单元格区域的选中状态，在【开始】选项卡的【单元格】组中单击【格式】下拉按钮；❷在弹出的下拉菜单中选择【行高】命令；❸弹出【行高】对话框，设置行高为【16】；❹完成后单击【确定】按钮即可，如下图所示。

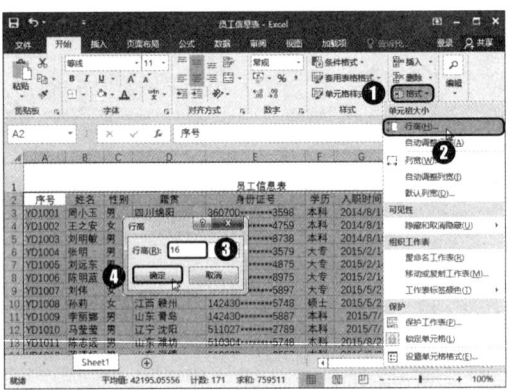

第5步 返回工作表，即可看到合并单元格、设置行高和列宽之后的效果，如下图所示。

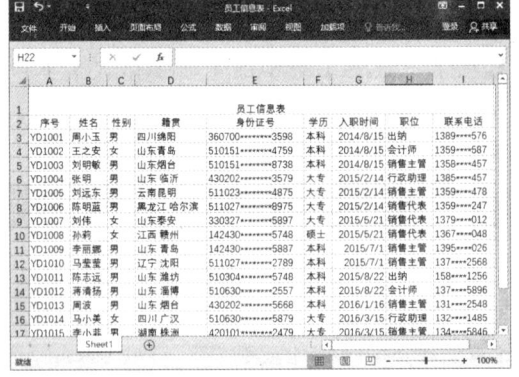

1.3.4 设置字体、字号和对齐方式

为了使表格更美观、易读，可以对字体、字号和对齐方式等进行设置，具体操作步骤如下。

第1步 ❶选中A1单元格；❷在【开始】选项卡的【字体】组中单击【字体】下拉按钮 ；❸在打开的下拉列表中根据需要设置字体，如选择【黑体】选项，如下图所示。

第1章
员工资料管理

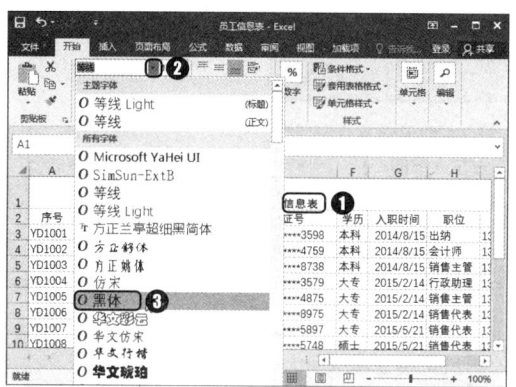

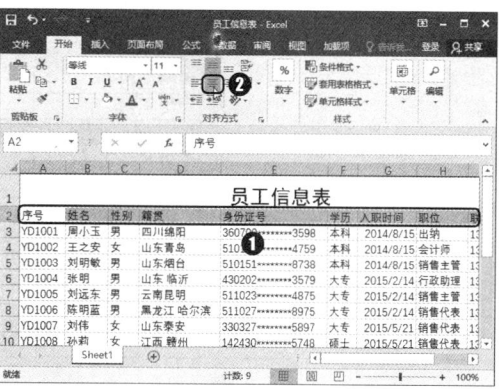

始】选项卡的【对齐方式】组中单击【居中】按钮，如下图所示。

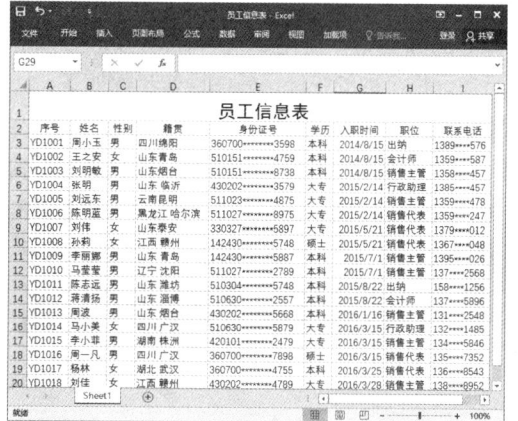

第2步 ❶ 保持 A1 单元格的选中状态，单击【开始】选项卡【字体】组中的【字号】下拉按钮；❷ 在弹出的下拉列表中设置合适的字体大小，如选择【20】选项，如下图所示。

第4步 返回工作表，即可看到本例完成后的最终效果，如下图所示。

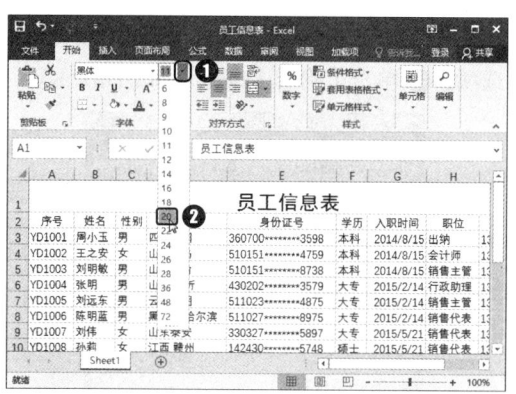

第3步 ❶ 选中 A2:I2 单元格区域；❷ 在【开

1.4 使用Excel制作员工数据统计表

案例背景

在整理员工资料时，除了对数据进行存储和管理外，常常还需要对数据进行统计和分析。在Excel中，可以应用公式和函数快速对工作表中存储的数据进行统计。

本例将使用Excel制作员工数据统计表。制作完成后的效果如下图所示。实例最终效果见"光盘\结果文件\第1章\公司员工信息表.xlsx"文件。

	A	B	C	D
1	员工数据统计表			
2				
3	员工总数：	18		
4	性别比例统计			
5	男员工数：	12	占总人数的：	67%
6	女员工数：	6	占总人数的：	33%
7	学历统计			
8	本科及以上学历：	11	占总人数的：	3/5

光盘文件	素材文件	光盘\素材文件\第1章\公司员工信息表.xlsx
	结果文件	光盘\结果文件\第1章\公司员工信息表.xlsx
	教学视频	光盘\视频文件\第1章\1.4使用Excel制作员工数据统计表.mp4

1.4.1 统计员工总人数

在对表格数据进行统计时，常常需要统计总的数据量。使用COUNTA函数，可以进行单元格个数的统计，具体操作步骤如下。

第1步 ❶打开"光盘\素材文件\第1章\公司员工信息表.xlsx"工作簿，在【员工数据统计表】工作表中定位到B3单元格；❷单击编辑栏中的【插入函数】按钮 fx，如下图所示。

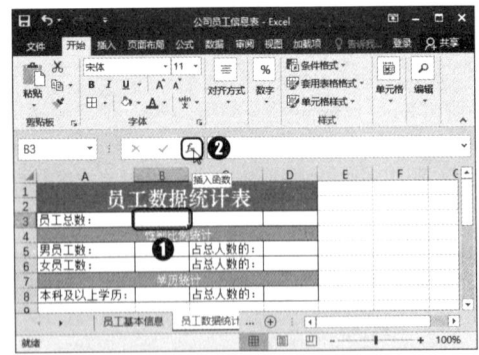

> **教您一招**
> **快速查询函数**
> 只知道某个函数的类别或功能，不知道函数名时，可以通过【插入函数】对话框快速查找函数。方法为：在【搜索函数】文本框中输入需要函数的函数功能，然后单击【转到】按钮，然后在【选择函数】列表框中就会出现系统推荐的函数。

第2步 ❶打开【插入函数】对话框，在【或选择类别】下拉列表框中选择【统计】选项；❷在【选择函数】列表框中选择【COUNTA】选项；❸单击【确定】按钮，如下图所示。

第3步 打开【函数参数】对话框，单击【Value1】文本框右侧的按钮，如下图所示。

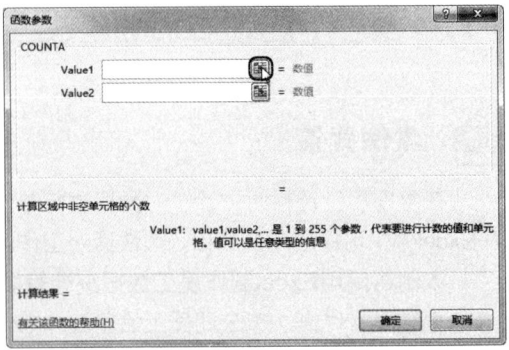

第4步 ❶在【员工基本信息】工作表中选

择"序号"列中的数据；❷然后单击【函数参数】对话框中的 按钮，如下图所示。

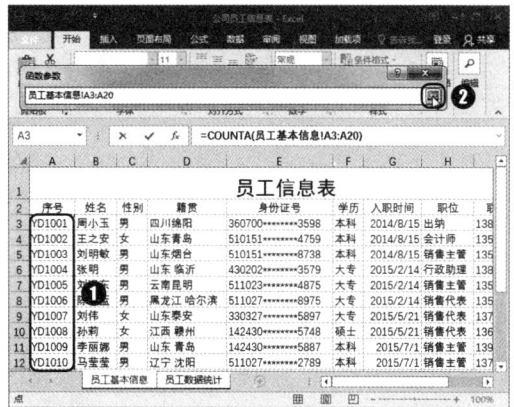

第5步 返回【函数参数】对话框，单击【确定】按钮，如下图所示。

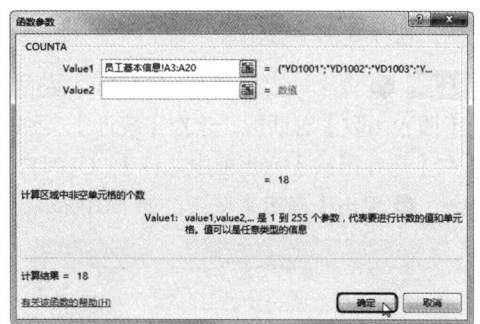

第6步 返回工作簿即可在 B3 单元格看到员工总数已经统计完成，如下图所示。

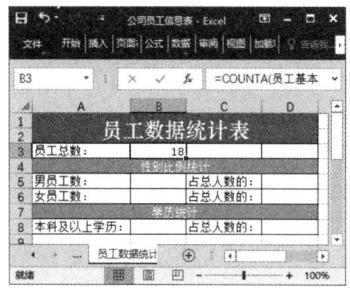

1.4.2 统计员工性别比例

在对表格数据进行统计时，经常需要根据指定条件进行数据统计，而且还需要计算出结果所占的比例。本例将使用COUNTIF函数统计男女员工的人数，并计算出男女员工占总人数的百分比，具体操作步骤如下。

第1步 ❶将光标定位到 B5 单元格，单击编辑栏中的【插入函数】按钮 f_x；❷打开【插入函数】对话框，选择【统计】类别；❸在【选择函数】列表框中选择【COUNTIF】函数；❹单击【确定】按钮，如下图所示。

第2步 ❶在【函数参数】对话框中，将光标定位到【Range】文本框中，选择【员工基本信息】工作表"性别"列中的数据；❷将光标定位到【Criteria】文本框中，单击【员工基本信息】工作表"性别"列中的任意文本为"男"的单元格；❸单击【确定】按钮，如下图所示。

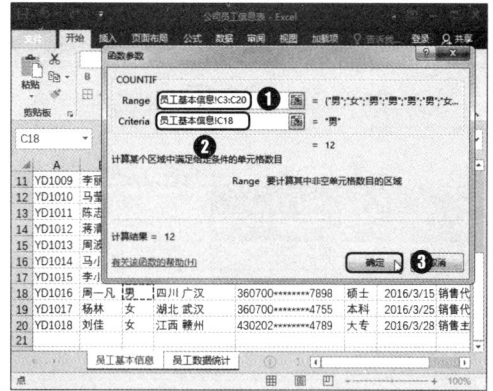

第3步 ❶将光标定位到 B6 单元格，使用相同的方法统计女员工的数量；❷将光标定位

到 D5 单元格，输入公式"=B5/B3"，如下图所示。

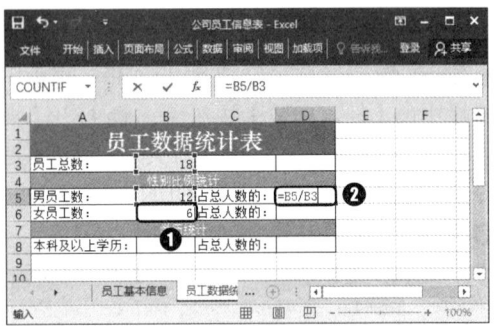

第4步 选中公式中的单元格引用【B3】，按【F4】键将其转换为绝对引用，然后按【Enter】键确认公式的输入即可得到统计结果，如下图所示。

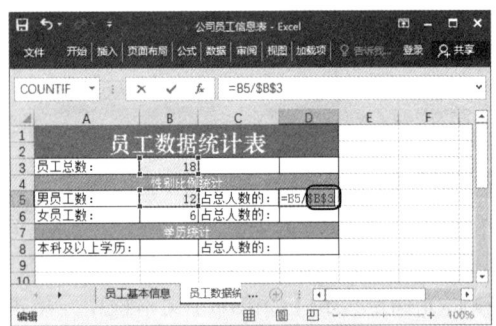

第5步 单击【开始】选项卡【数字】组中的【百分比样式】按钮%，将结果转换为百分比显示，如下图所示。

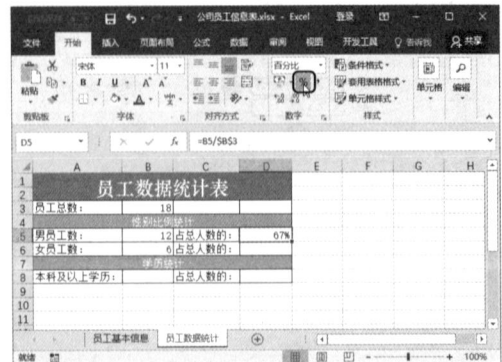

第6步 使用相同的方法统计女员工的人数比例即可，如下图所示。

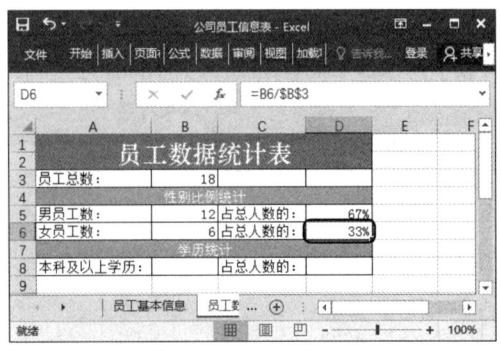

1.4.3 统计本科以上学历的人数及比例

在统计员工数据时，经常需要对员工的学历情况进行统计和分析，本例将使用 COUNTIF 函数统计本科及本科以上的人数及比例，具体操作步骤如下。

第1步 ❶ 将光标定位到 B8 单元格，然后打开【插入函数】对话框，选择【统计】类别；❷ 在【选择函数】列表框中选择【COUNTIF】函数；❸ 单击【确定】按钮，如下图所示。

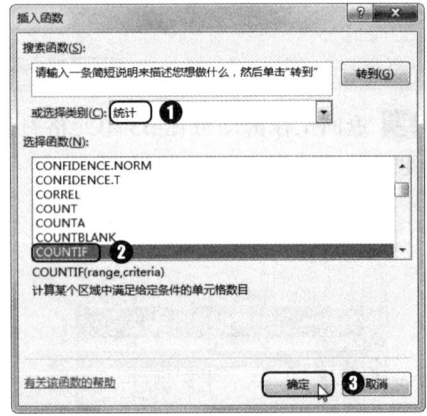

第2步 ❶ 将光标定位到【函数参数】对话框的【Range】文本框中，在【员工基本信息】工作表中选择"学历"列中的数据；❷ 将光标定位到【Criteria】文本框中，单击【员工基本信息】工作表"学历"列中的任意文本为"本科"的单元格；❸ 单击【确定】按钮，如下图所示。

第1章
员工资料管理

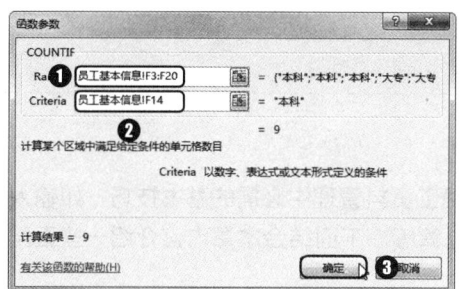

第3步 ❶在编辑栏的函数后输入"+"；❷单击编辑栏中的【插入函数】按钮 fx，如下图所示。

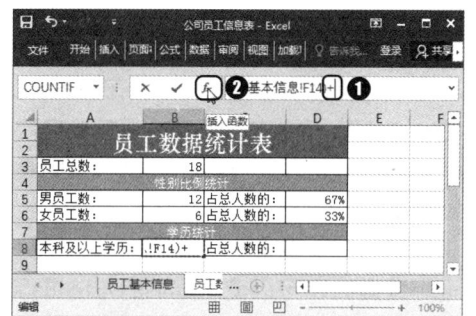

第4步 ❶使用前文的方法选择【COUNTIF】函数，打开【函数参数】对话框，将光标定位在【Range】文本框中，选择【员工基本信息】工作表中的"学历"列中的数据；❷将光标定位在【Criteria】文本框中，单击【员工基本信息】工作表"学历"列中的任意文本为"硕士"的单元格；❸单击【确定】按钮，如下图所示。

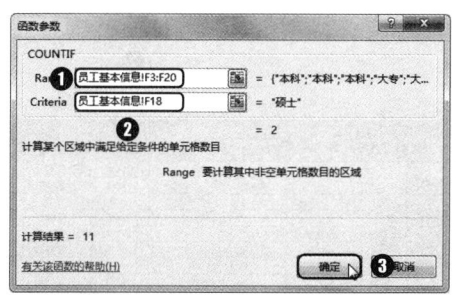

第5步 ❶按【Enter】键确认函数的输入，得到本科及本科以上学历的人数；❷将光标定位到D8单元格，输入公式"=B8/B3"，然后按【Enter】键计算出结果，如下图所示。

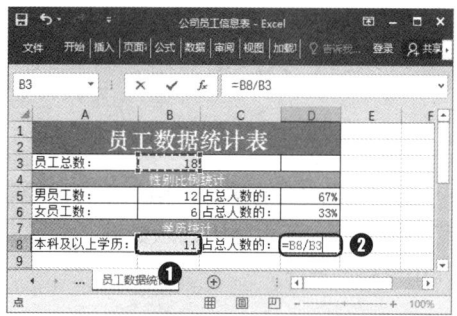

温馨提示

如果要查看工作表中的公式，可以单击【公式】选项卡【公式审核】组中的【显示公式】按钮。

第6步 ❶选择D8单元格；❷单击【开始】选项卡【数字】组中的【数字格式】下拉按钮；❸在弹出的下拉列表中选择【分数】选项，如下图所示。

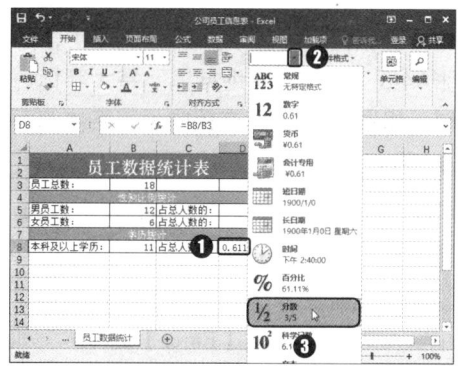

第7步 返回工作簿中即可看到数据统计表中的数据已经全部统计完成，如下图所示。

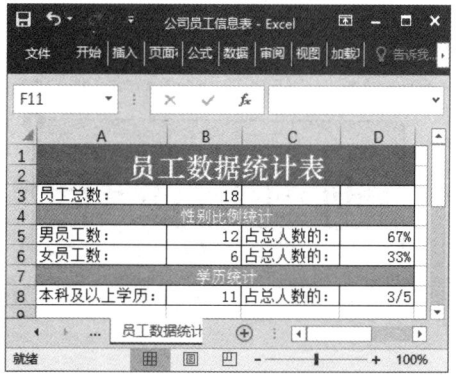

27

Word/Excel/PPT
在文秘与行政管理中的应用

 大神支招

通过前面知识的学习，相信读者已经掌握了在员工资料管理中必需的基本技巧，如输入文本和编辑文档、在表格中输入数据、简单的统计与计算等。下面结合本章内容介绍一些工作中的实用经验与技巧。

01　轻松输入超大文字

💿 视频文件：光盘\视频文件\第1章\01.mp4

在Word文档中，可以选择的最大号文字字号为【72】号，可是在工作中经常会遇到使用了【72】号字号仍然觉得字体太小的情况。

例如，在文秘与行政工作中，经常需要制作一些张贴标语，以提醒相关人士，如在一张A4纸上制作"谢绝推销"特大字标语，此时，如果要在Word文档中设置字体的字号为【150】，具体操作方法如下。

❶ 选中需要设置字号的文本；❷ 单击【开始】选项卡【字体】组中的【字号】文本框，此时文本框处于选中状态，在文本框中输入"150"，按【Enter】键即可，如下图所示。

02　输入以"0"开头的编号有妙招

💿 视频文件：光盘\视频文件\第1章\02.mp4

在设计基础表格的过程中，在Excel表格中输入以"0"开头的数字时，系统会自动将"0"过滤掉，例如，输入"001"，则会自动显示成"1"。

在工作中，当输入以"0"开头的编号、货号等数据时，可以使用以下的方法进行设置。

第1步 打开"光盘\素材文件\第1章\员工信息登记表.xlsx"文件，❶ 选中要输入"0"开头数字的单元格或单元格区域，本例中选择单元格区域"A3：A17"；❷ 在【开始】选项卡的【数字】组中单击【数字格式】按钮。如下图所示。

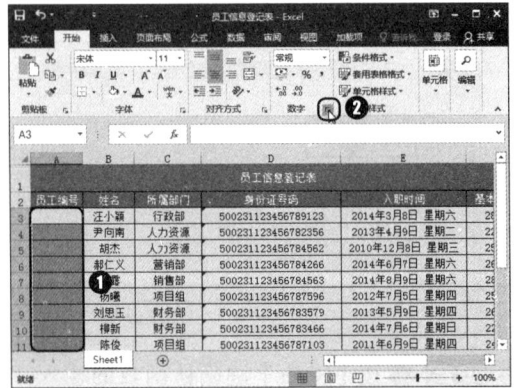

第2步 ❶ 弹出【设置单元格格式】对话框，在【数字】选项卡的【分类】列表框中选择【自

定义】选项；❷在【类型】文本框中输入"0000"（"0001"是4位数，因此要输入4个"0"）；❸单击【确定】按钮，如下图所示。

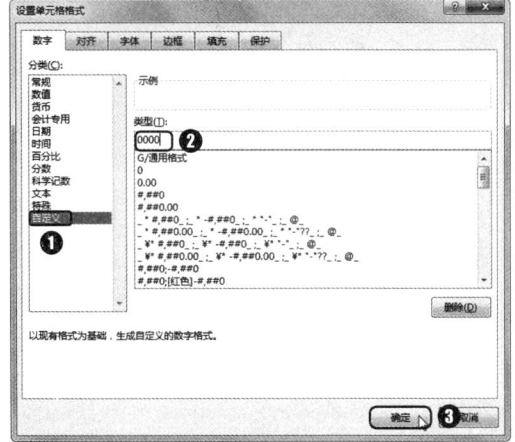

第3步 返回工作表，直接输入"1，2，…"，将自动在前面添加"0"，如下图所示。

教您一招

快速输入以"0"开头的编号

在输入编号前先输入一个英文状态下的单引号（'），然后再输入例如"001""002"等，也可输入以"0"开头的编号。

03 利用记忆功能快速输入数据

📀 视频文件：光盘\视频文件\第1章\03.mp4

在单元格中输入数据时，灵活运用Excel的记忆功能，可快速输入与当前列中其他单元格中相同的数据，从而提高输入速度。

例如，在工作中需要重复使用商品名称，就可以利用记忆功能输入数据，具体操作步骤如下。

第1步 打开"光盘\素材文件\第1章\销售清单.xlsx"文件，选中要输入与当前列其他单元格相同数据的单元格，按【Alt+↓】组合键，在弹出的列表中将显示当前列的所有数据，此时可选择需要输入的数据，如下图所示。

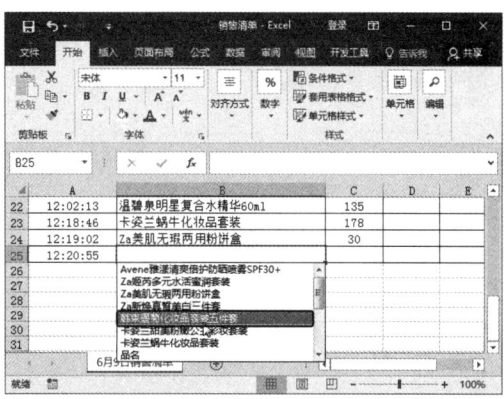

第2步 当前单元格中将自动输入所选数据，如下图所示。

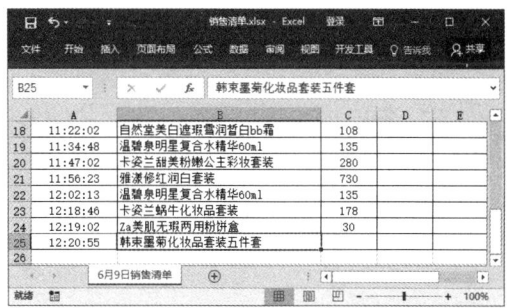

第 2 章
办公登记与行程安排

本章导读

制作办公登记与行程安排类文档是文秘和行政工作中最常见的工作文档,本章将通过制作信件接收记录表、办公来电记录表和行程安排表,介绍办公登记与行程安排工作中相关文档的制作方法。

知识要点

- ❖ 制作表格
- ❖ 打印表格文档
- ❖ 美化工作表
- ❖ 设置日期和时间格式
- ❖ 插入超链接
- ❖ 保护工作表

第2章 办公登记与行程安排

2.1 使用Word制作信件接收记录表

案例背景

在日常工作中，为了规范公司快递物品的收发管理，确保公司信件、快递的收发工作及时、准确，因此会制作值班室信件、包裹接收与发送的登记表。登记表主要是对接收的快递、快递领取情况与快递的发送进行登记，以便日后进行查询。在实际工作中，信息的接收和发送记录表应该分开进行记录，在制作记录表时，应该记录接收或发送的时间、物品、接收人等信息。

因为接收和发送记录表的制作方法相似，本例只介绍信件、包裹的接收和领取记录表。制作完成后的效果如右图所示。实例最终效果见"光盘\结果文件\第2章\信件接收记录表.docx"文件。

光盘文件	素材文件	无
	结果文件	光盘\结果文件\第2章\信件接收记录表.docx
	教学视频	光盘\视频文件\第2章\2.1使用Word制作信件接收记录表.mp4

2.1.1 创建表格

本例将在Word中创建表格，并在其中输入表头，以确定需要填写的项目，具体操作步骤如下。

第1步 ❶ 新建一个名为"信件接收记录表"的Word文档，在第一行输入"值班室信件接收登记表"文本；❷ 单击【开始】选项卡【段落】组中的【居中】按钮，如下图所示。

第2步 ❶ 按【Enter】键，光标移动到下一行，单击【插入】选项卡【表格】组中的【表格】下拉按钮；❷ 在弹出的下拉列表中选择【插入表格】命令，如下图所示。

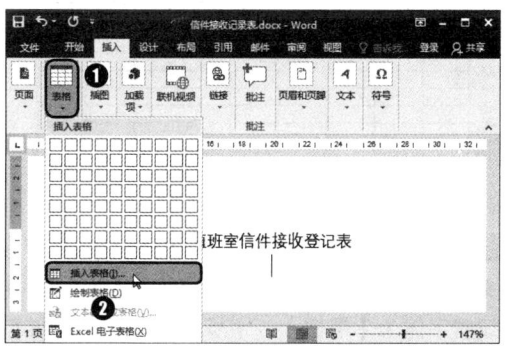

第3步 ❶ 打开【插入表格】对话框，分别设置表格的列数和行数，本例【列数】为【9】，【行数】为【21】；❷ 设置完成后单击【确定】按钮，如下图所示。

Word/Excel/PPT
在文秘与行政管理中的应用

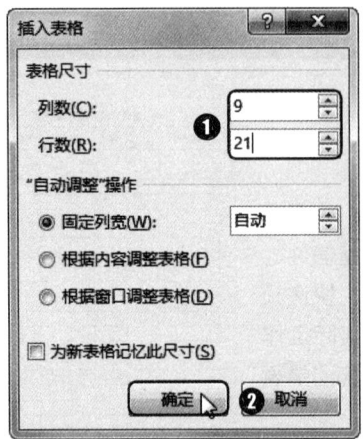

教您一招
快速插入表格
在【插入】选项卡【表格】组中的【表格】下拉列表中可以通过拖动鼠标选择插入表格的行列数。

第4步 返回 Word 文档主界面，在表格的第一行输入"序号""接收日期""类型""数量""收取人""领取日期""领取人""值班员""备注"，如下图所示。

第5步 ❶选中"值班室信件接收登记表"文本；❷在【开始】选项卡的【字体】组中设置字体为【黑体】，字号为【三号】，如下图所示。

第6步 将鼠标指针移动到表格第一行的最左侧，当指针变为➢形状时单击，即可选中第一行，如下图所示。

温馨提示
当鼠标指针变为➢形状时，按住鼠标左键不放，并向下拖动，可选择多行。

第7步 在【开始】选项卡的【字体】组中将字体设置为【宋体】，如下图所示。

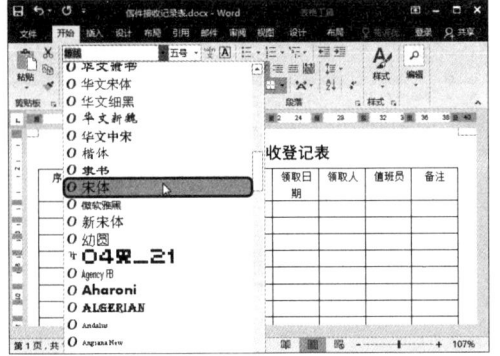

2.1.2 设置表格的页面格式

创建的表格行高一致，列宽会随着单元格中的内容而变化。在工作中，需要根据实际情况设置表格的页面格式，让表格看起来更合理、美观，设置表格的页面格式的具体步骤如下。

第1步 将鼠标指针移动到需要调整列宽的表格分隔线处，当鼠标指针变为 ↔ 形状时，按住鼠标左键不放，调整列宽到合适的宽度，释放鼠标左键即可调整列宽。使用相同的方法，根据要填写的内容调整表格所有的列宽，如下图所示。

第2步 ❶选中表格中除第一行之外的其他行；❷在【表格工具/布局】选项卡的【单元格大小】组中，通过微调框调整表格的行高到合适的高度，如下图所示。

> **教您一招**
>
> **自动调整列宽**
>
> 默认插入的表格是固定列宽的，如果单元格中需要输入的内容过多时，文本内容将显示不完整，此时在【表格工具/布局】选项卡的【单元格大小】组中单击【自动调整】下拉按钮，在弹出的下拉列表中选择【根据内容自动调整表格】选项，表格将随输入文本的多少进行调整。

第3步 ❶将光标定位到最后一行；❷在【表格工具/布局】选项卡的【行和列】组中单击【在下方插入】按钮，在下方插入一行。使用相同的方法，插入多行，直至布满整个页面，如下图所示。

第4步 ❶选中第一行；❷单击【表格工具/布局】选项卡【对齐方式】组中的【水平居中】按钮 ≡，如下图所示。

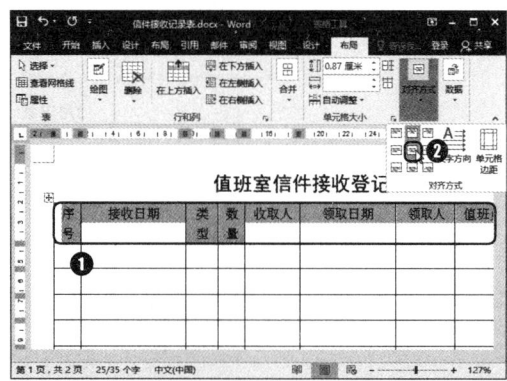

2.1.3 打印表格

制作好表格之后，就可以打印出来，以供前台或传达室使用。打印表格的具体操作步骤如下。

第1步 在打开的文档中选择【文件】选项卡，如下图所示。

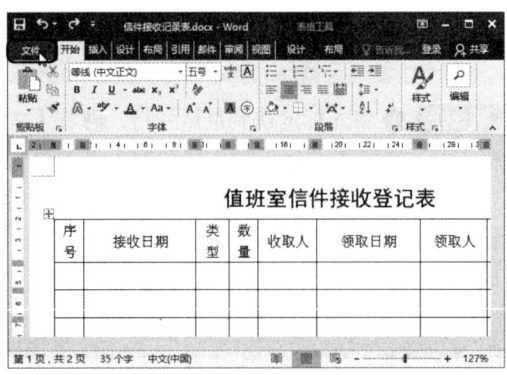

第2步 ❶ 在打开的页面中选择【打印】选项，在右侧可以预览表格的详情；❷ 选择打印机；❸ 在【份数】文本框中输入需要打印的数量；❹ 单击【打印】按钮即可开始打印，如下图所示。

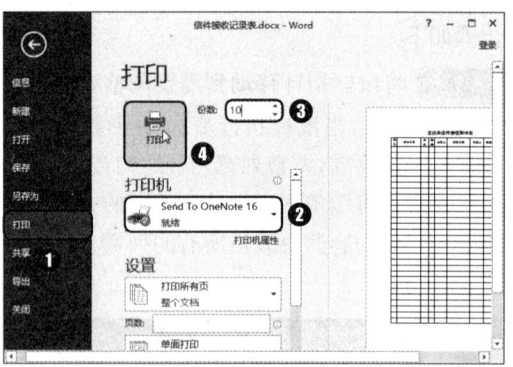

2.2 使用Excel制作办公来电记录表

 案例背景

来电记录属于事务文书的一种，因此没有规范的要求。办公来电记录表主要用于记录日常办公中接听电话或传真的情况，通过该表可以查看电话号码、来电日期、来电姓名和是否转达等信息。

本例将制作一份电话、传真接发记录表，在记录电话和传真的同时，对需要备注的内容添加批注。制作完成后的效果如下图所示。实例最终效果见"光盘\结果文件\第2章\办公来电记录表.xlsx"文件。

	A	B	C	D	E	F
1	3月电话、传真发听记录表					
2	电话号码	来电时间	来电人姓名	需要转达部门	是否转达	接听人
3	18888888888	2017/3/1	周波	财务部	是	王小梅
4	0236444455	2017/3/1	王定用	财务部	是	王小梅
5	01087895642	2017/3/1	马明宇	采购部	否	王小梅
6	02865878996	2017/3/2	周光明	技术支持部	是	王小梅
7	02958987458	2017/3/2	马明宇	设计部	否	王小梅
8	15899988888	2017/3/3	陈明莉	设计部	是	王小梅
9	15899999666	2017/3/3	刘伟	设计部	是	王小梅
10	02387896548	2017/3/5	刘明敏	设计部	是	王小梅
11	087478945612	2017/3/6	周国强	设计部	是	王小梅
12	025896321478	2017/3/6	马军	售后部	是	王小梅
13	0236987456321	2017/3/7	崔明明	销售部	是	王小梅
14	029458789545	2017/3/7	王思琼	销售部	否	王小梅
15	01025896544	2017/3/8	周光宇	销售部	是	王小梅
16	02725847987	2017/3/9	李建兴	销售部	是	王小梅
17	085198745632	2017/3/11	白小花	质检部	否	王小梅
18	13587456321	2017/3/15	李永华	质检部	是	王小梅
19	12587459632	2017/3/16	张维	总经理办公室	是	王小梅

第2章
办公登记与行程安排

	素材文件	无
光盘文件	结果文件	光盘\结果文件\第2章\办公来电记录表.xlsx
	教学视频	光盘\视频文件\第2章\2.2使用Excel制作办公来电记录表.mp4

2.2.1 新建与保存工作簿

新建工作簿的方法有很多种，下面介绍在目标文件夹中直接创建新工作簿并重命名的方法。

第1步 打开目标文件夹，在空白处右击；❶ 在弹出的快捷菜单中选择【新建】命令；❷ 在弹出的级联菜单中选择【Microsoft Excel 工作表】选项，如下图所示。

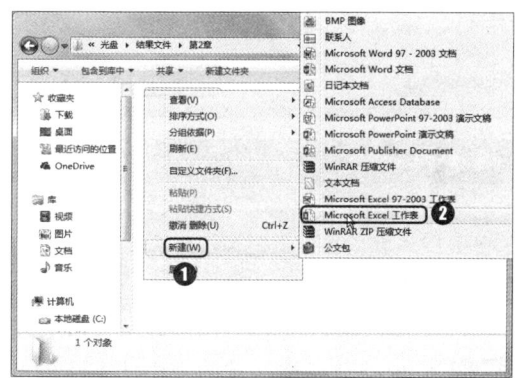

第2步 文件夹中将新建一个 Excel 工作簿，文件名呈可编辑状态，如下图所示。

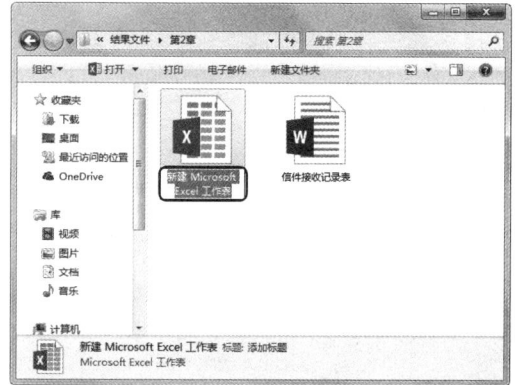

第3步 ❶ 直接输入需要的文件名称；❷ 按【Enter】键或单击空白区域即可，如下图所示。

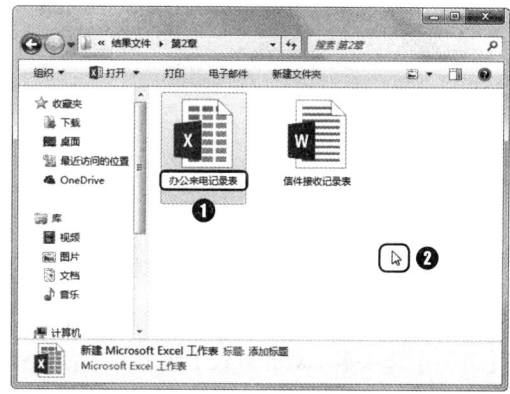

2.2.2 输入记录

工作簿创建完成后，就可以根据实际的工作情况输入需要的数据，包括来电号码、来电日期等，通过输入数据，可以掌握各种类型的数据输入方法。具体操作步骤如下。

第1步 ❶ 在 A1 单元格中输入记录表标题文本；❷ 在 A2 单元格输入表头文本，如"电话号码"，输入完成后将光标定位到 B2 单元格或按【→】键，依次输入"来电时间""来电人姓名""需要转达部门""是否转达""接听人"等，如下图所示。

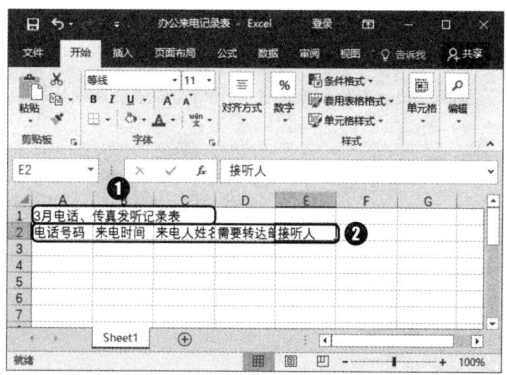

第2步 将鼠标指针移动到 C 列和 D 列的分隔线上,当鼠标指针变为 ✥ 形状时,按住鼠标左键向右拖动,调整至合适的宽度后松开鼠标左键即可调整列宽,并使用相同的方法调整其他列的列宽,如下图所示。

第3步 ❶ 选中 A1：F1 单元格区域；❷ 单击【开始】选项卡【对齐方式】组中的【合并后居中】按钮 ,如下图所示。

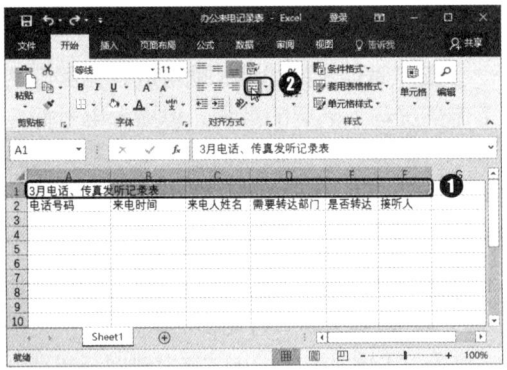

第4步 ❶ 选择 A3：A19 单元格区域；❷ 单击【数据】选项卡【数据工具】组中的【数据验证】按钮,如下图所示。

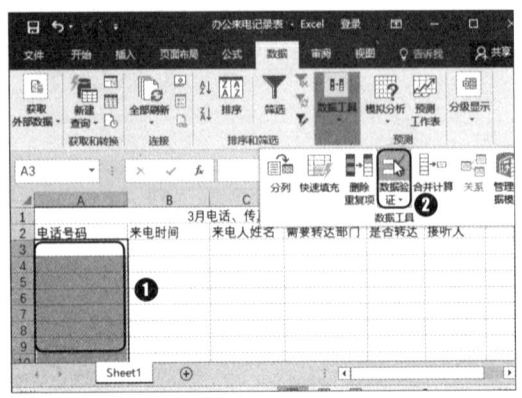

第5步 ❶ 打开【数据验证】对话框,默认定位在【设置】选项卡,在【允许】下拉列表中选择【文本长度】选项；❷ 在【数据】下拉列表中选择【小于或等于】选项；❸ 在【最大值】文本框中输入【12】；❹ 单击【确定】按钮,如下图所示。

温馨提示

　　设置数据验证后,当输入的电话号码大于12位时,将提示输入的数据为非法值,需要用户重新输入,直到输入符合条件的数据,这样可以有效防止错误输入。

第6步 保持单元格区域的选中状态,单击【开始】选项卡【数字】组中的【数字格式】按钮 ,如下图所示。

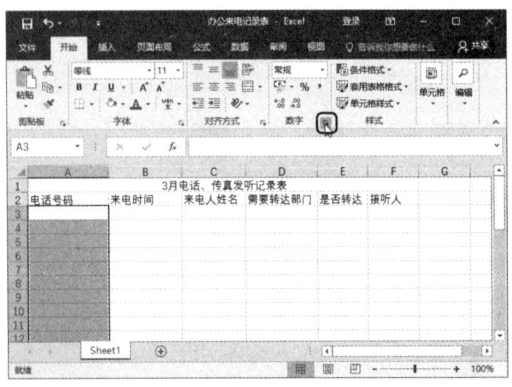

第7步 ❶ 打开【设置单元格格式】对话框,在【分类】列表框中选择【文本】选项；❷ 单击【确定】按钮,如下图所示。

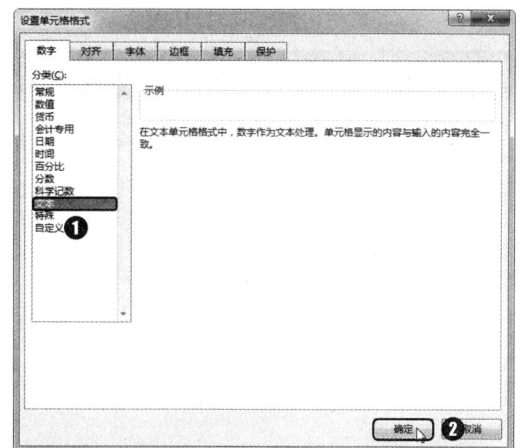

第8步 输入其他记录的内容。输入完成后的效果如下图所示。

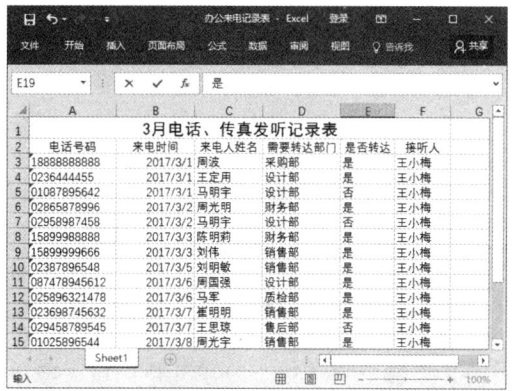

2.2.3 美化记录表

表格制作完成后，为了让表格更加美观，可以对表格设置单元格字体、边框、底纹等效果，以美化记录表，具体操作步骤如下。

第1步 ❶选择A1单元格；❷在【开始】选项卡的【字体】组中设置字体为【黑体】，字号为【16】，如下图所示。

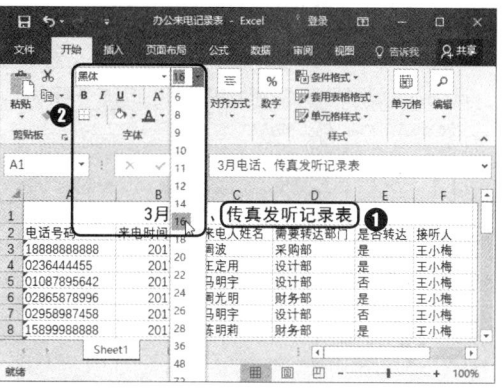

第2步 ❶选中A2：F19单元格区域；❷在【开始】选项卡的【对齐方式】组中单击【居中】按钮≡，如下图所示。

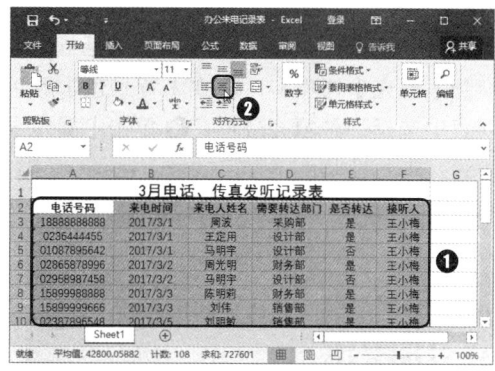

第3步 保持A2：F19单元格区域的选中状态，单击【开始】选项卡【字体】组中的【字体设置】按钮，如下图所示。

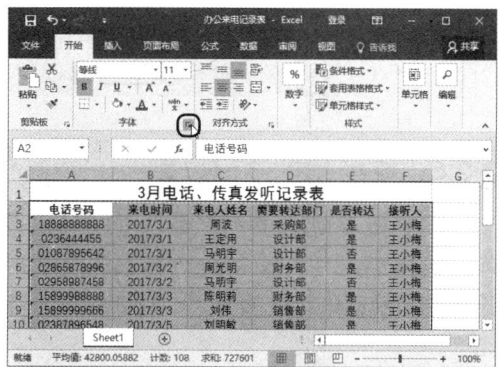

第4步 ❶打开【设置单元格格式】对话框，在【边框】选项卡的【线条】选项区域中设置样式和颜色；❷在【预置】选项区域选择【外

边框】和【内部】选项；❸单击【确定】按钮，如下图所示。

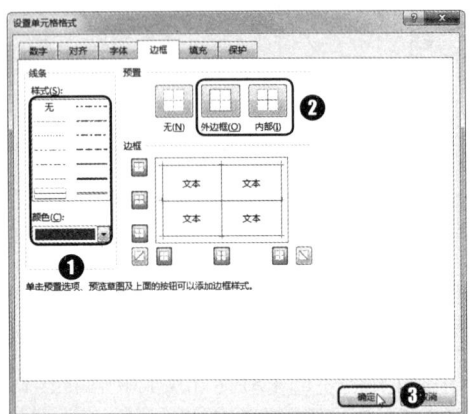

第5步 ❶选中A2：F2单元格区域，使用相同的方法打开【设置单元格格式】对话框，切换到【填充】选项卡；❷在【背景色】颜色列表中选择一种填充颜色；❸单击【确定】按钮，如下图所示。

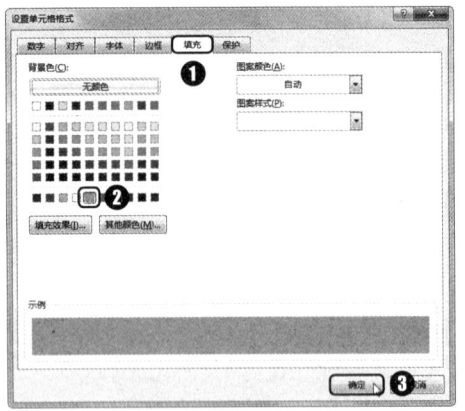

2.2.4 排序和批注记录表

在制作完成记录表之后，可以对记录表进行排序，并对没有及时转达的电话进行批注，说明未转达的原因，具体操作步骤如下。

第1步 ❶将光标定位到【需要转达部门】数据列的任意单元格；❷单击【数据】选项卡【排序和筛选】组中的【排序】按钮，如下图所示。

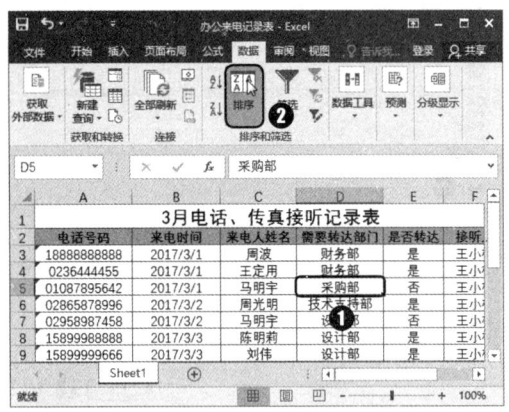

第2步 ❶打开【排序】对话框，在【主要关键字】下拉列表中选择【需要转达部门】选项；❷在【排序依据】下拉列表中选择【数值】选项；❸在【次序】下拉列表中选择【升序】选项；❹单击【确定】按钮，如下图所示。

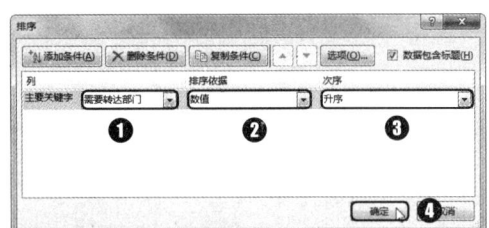

第3步 ❶选择E3：E19单元格区域；❷单击【开始】选项卡【样式】组中的【条件格式】下拉按钮；❸在弹出的下拉列表中选择【突出显示单元格规则】选项；❹在弹出的级联列表中选择【文本包含】选项，如下图所示。

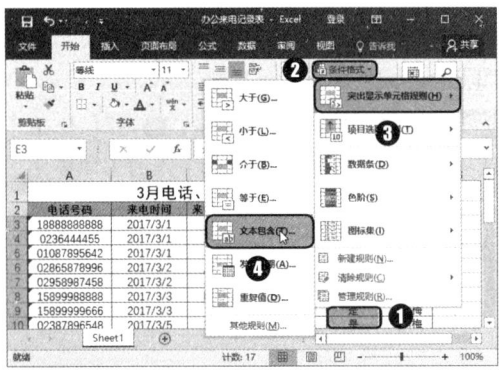

第4步 ❶打开【文本中包含】对话框，在【为

第2章
办公登记与行程安排

包含以下文本的单元格设置格式】文本框中输入"否"；❷在【设置为】下拉列表中选择想要的单元格样式；❸单击【确定】按钮，如下图所示。

第5步 ❶返回工作簿即可看到符合条件的单元格已经以规定格式显示。选择第一个突出显示"否"的单元格；❷单击【审阅】选项卡【批注】组中的【新建批注】按钮，如下图所示。

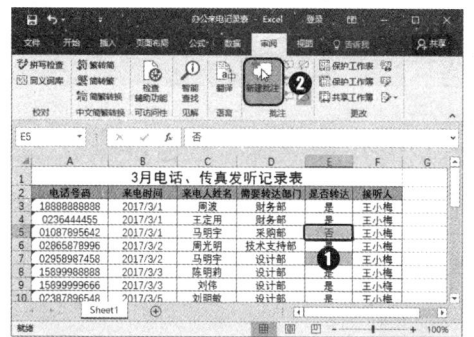

温馨提示

添加了批注之后，默认为隐藏状态，只在单元格右上角以红色小三角形标注，如果要查看批注，可以将鼠标指针移动到红色小三角形上即可显示批注内容。

第6步 ❶在选择的单元格右侧将出现批注文本框，在其中输入需要批注的内容；❷输入完成后选中任意其他单元格即可退出批注状态，如下图所示。

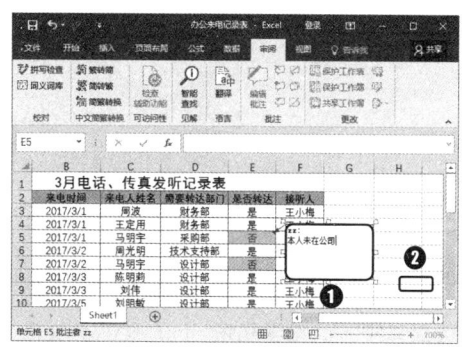

第7步 继续使用相同的方法为其他需要批注的单元格添加批注即可，如下图所示。

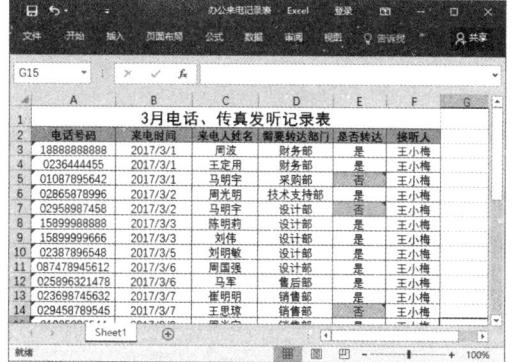

2.3 使用Excel制作日程安排表

案例背景

在文秘与行政的日常工作中，因为事务繁忙，为了不忘记每日的行程，可以制作一份行程安排表，以便合理地分配时间，不会因为遗忘而耽误工作。

本例将制作一份行程安排表，制作完成后的效果如下图所示。实例最终效果见"光盘\结果文件\第2章\日程安排表.xlsx"文件。

	A	B	C	D
1	2017年1月日程安排表			
2	日期	时间	地点	行程安排
3		9:00 AM	五楼会议大厅	新产品讨论会
4		11:00 AM	办公室	客户来访
5		2:00 PM	天宇大厦	接洽业务
6		3:00 PM	天宇大厦	拜访合作伙伴
7	2017年1月12日	6:00 PM	天星酒店	商务酒会
8		9:00 AM	三楼会议室	部门经理例会
9		10:00 AM	办公室	客户来访
10		11:30 AM	餐厅	接洽业务
11		2:00 PM	天宇大厦	拜访合作伙伴
12	2017年1月13日	4:00 PM	渝通大厦	接洽业务

光盘文件	素材文件	光盘\素材文件\第2章\新产品讨论会.xlsx
	结果文件	光盘\结果文件\第2章\日程安排表.xlsx
	教学视频	光盘\视频文件\第2章\2.3使用Excel制作日程安排表.mp4

2.3.1 设置日期和时间格式

在Excel中，可以根据需要选择多种日期和时间格式，具体操作步骤如下。

第1步 ❶ 新建一个名为"日程安排表"的Excel工作簿，输入标题和表头；❷ 选择标题，单击【开始】选项卡【对齐方式】组中的【合并后居中】按钮，如下图所示。

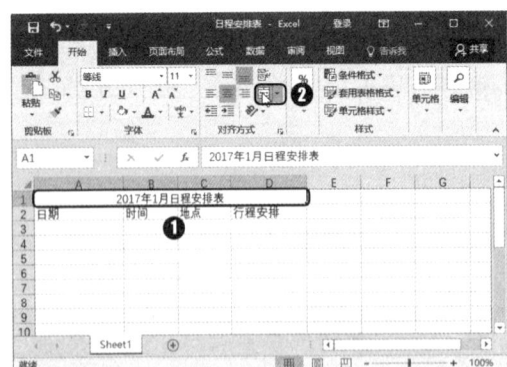

第2步 ❶ 选中A3：A12单元格区域；❷ 单击【开始】选项卡【数字】组中的【数字格式】按钮，如下图所示。

第3步 ❶ 打开【设置单元格格式】对话框，在【分类】列表框中选择【日期】选项；❷ 在【类型】列表框中选择一种日期样式；❸ 单击【确定】按钮，如下图所示。

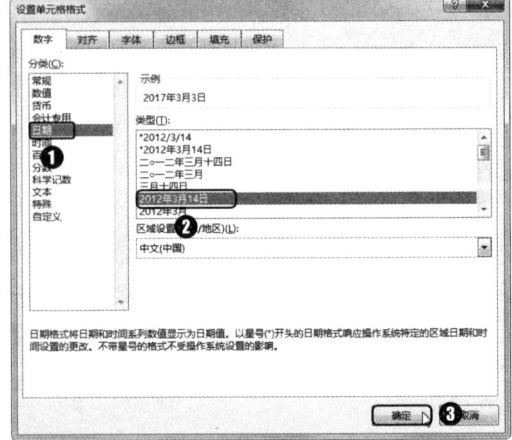

第2章
办公登记与行程安排

第4步 ❶ 选择B3：B13单元格区域，使用相同的方法打开【设置单元格格式】对话框，在【分类】列表框中选择【时间】选项；❷ 在【类型】列表框中选择一种时间样式；❸ 单击【确定】按钮，如下图所示。

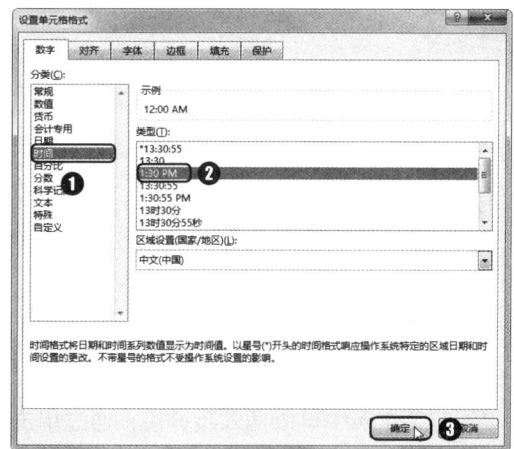

第5步 使用任意一种方法输入日期和时间，其格式将自动调整为已经设置的日期和时间格式，如下图所示。

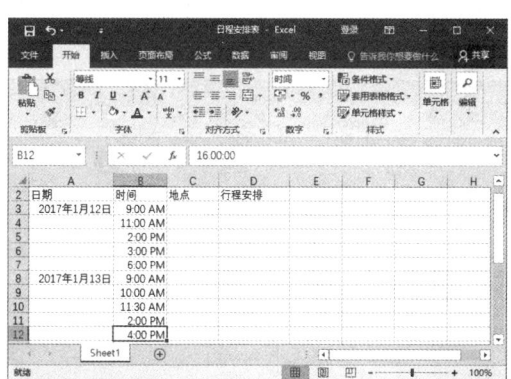

第6步 ❶ 在工作表中输入其他内容；❷ 将鼠标指针移动到列分隔线处，当指针变为╋形状时按下鼠标左键不放并拖动，调整列宽至适合的宽度即可，如下图所示。

> **温馨提示**
> 单元格样式是基于应用于整个工作簿的文档主题的，如果文档切换到另一主题，单元格样式会随之更新，以便与新主题相匹配。

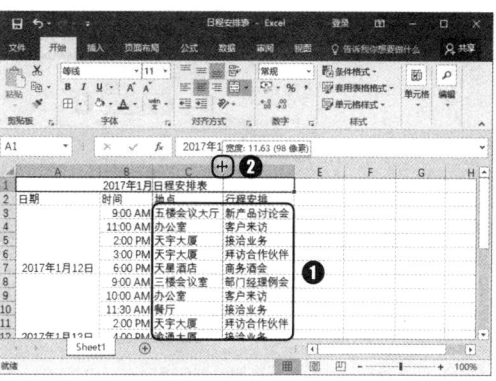

2.3.2 为表格设置单元格样式

在Excel中预置了多种单元格样式，用户可以通过为单元格设置单元格样式快速美化表格，具体操作步骤如下。

第1步 ❶ 选择A3：A7单元格区域；❷ 单击【开始】选项卡【对齐方式】组中的【合并后居中】按钮；❸ 使用相同的方法合并A8：A12单元格区域，如下图所示。

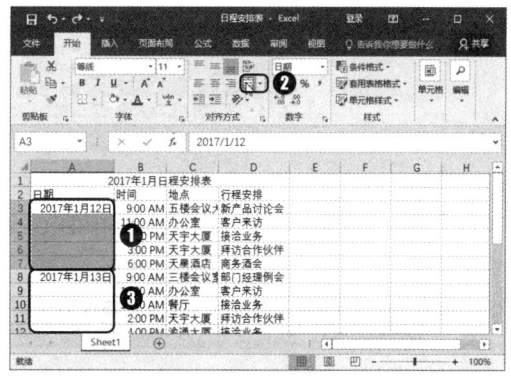

第2步 ❶ 选择A1单元格；❷ 单击【开始】选项卡【样式】组中的【单元格样式】下拉按钮；❸ 在弹出的下拉列表中选择【标题1】选项，如下图所示。

Word/Excel/PPT
在文秘与行政管理中的应用

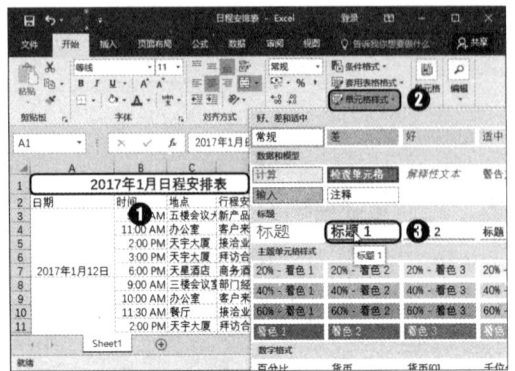

第3步 ❶ 选择A2:D2单元格区域;❷ 单击【开始】选项卡【样式】组中的【单元格样式】下拉按钮;❸ 在弹出的下拉列表中选择【40%-着色2】选项,如下图所示。

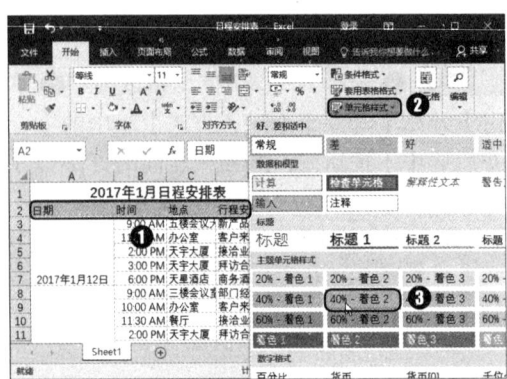

第4步 保持A2:D2单元格区域的选择状态,单击【开始】选项卡【对齐方式】组中的【居中】按钮,如下图所示。

第5步 ❶ 选择A2:D12单元格区域;❷ 单击【开始】选项卡【字体】组中的【边框】下拉按钮;❸ 在弹出的下拉菜单中选择【所有框线】命令,如下图所示。

2.3.3 插入超链接

在工作簿中可以插入超链接,通过单击该超链接,打开其他文件,查看该超链接的详细信息,具体操作步骤如下。

第1步 ❶ 选中D3单元格;❷ 单击【插入】选项卡【链接】组中的【超链接】按钮,如下图所示。

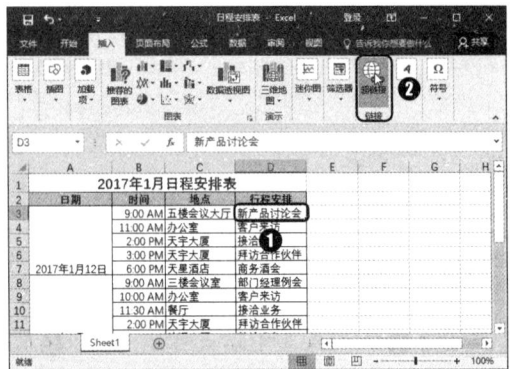

第2步 ❶ 打开【插入超链接】对话框,在【链接到】列表框中选择【现有文件或网页】选项;❷ 在【查找范围】下拉列表中选择"光盘\素材文件\第2章"下的【新产品讨论会】选项;❸ 单击【确定】按钮,如下图所示。

第2章
办公登记与行程安排

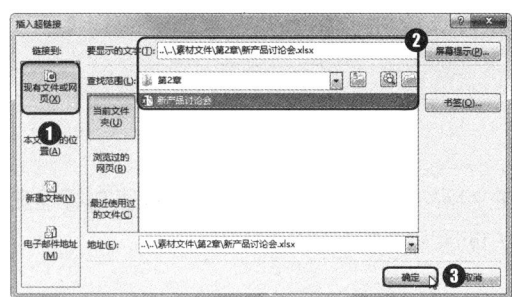

第3步 插入超链接后,该单元格中的文字将以蓝色显示,并添加了下画线,将鼠标指针移动到超链接上,鼠标指针会显示为心形状,单击该超链接,即可打开上一步中链接到的工作簿,如下图所示。

2.3.4 保护工作表

日程安排表制作完成后,为了保证工作表不会被更改,可以将工作表设置为不可编辑状态,以保护工作表,具体操作步骤如下。

第1步 单击【审阅】选项卡【更改】组中的【保护工作表】按钮,如下图所示。

> **温馨提示**
> 如果要更改工作表,则需要执行【审阅】→【撤销保护工作表】命令,在输入正确的密码后才能再次编辑。

第2步 ❶打开【保护工作表】对话框,在【取消工作表保护时使用的密码】文本框中输入密码,如输入"123";❷其他保持默认设置,完成后单击【确定】按钮,如下图所示。

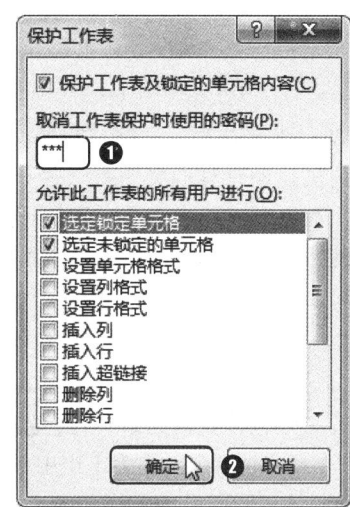

第3步 ❶弹出【确认密码】对话框,在【重新输入密码】文本框中再次输入密码;❷单击【确定】按钮即可成功设置密码,如下图所示。

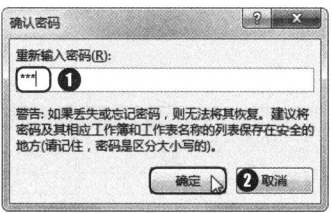

第4步 成功设置密码后,如果想要更改工作表中的数据,会弹出提示对话框,提示该工作表已经受到保护,如下图所示。

43

Word/Excel/PPT
在文秘与行政管理中的应用

通过前面知识的学习,相信读者已经掌握了在文秘与行政工作中制作办公登记表与行程安排表的相关操作。下面结合本章内容介绍一些工作中的实用经验与技巧。

01 让每页自动重复表格标题行

📀 视频文件:光盘\视频文件\第2章\01.mp4

在Word文档中插入表格,如果表格太长会发生跨页,但是其他页面默认并不显示表格标题,查看起来不太方便。可以通过设置让表格的标题重复出现在每一个页面,具体操作步骤如下。

第1步 打开"光盘\素材文件\第2章\货运合同.docx"文件,❶选中表格的标题行,且标题行必须包含表格的第一行;❷在【表格工具/布局】选项卡的【表】组中单击【属性】按钮,如下图所示。

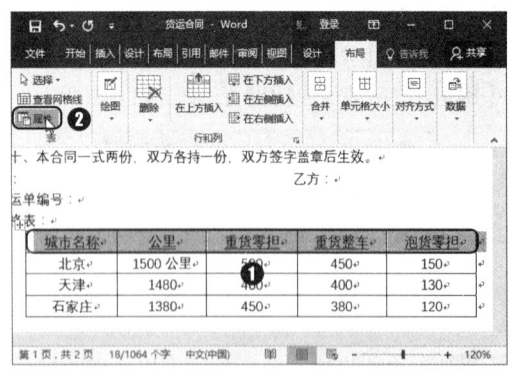

第2步 ❶弹出【表格属性】对话框,切换到【行】选项卡;❷选中【选项】选项区域中的【在各页顶端以标题行形式重复出现】复选框;❸单击【确定】按钮,如下图所示。

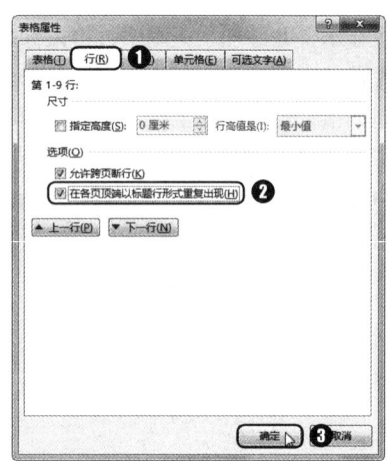

第3步 返回文档中,即可看到表格的标题已经重复显示,如下图所示。

温馨提示

选中表格的标题行,然后单击【表格工具/布局】选项卡【数据】组中的【重复标题行】按钮也可以重复显示标题行。

第2章
办公登记与行程安排

02 快速一次插入多行

视频文件：光盘\视频文件\第2章\02.mp4

在制作Excel文档时，可能会遇到一次需要插入多行的情况，而常规的插入操作只能一次插入一行，想要快速一次插入多行，操作方法如下。

打开"光盘 \ 素材文件 \ 第 2 章 \ 项目管理 .xlsx"文件，❶选中第 2 行至第 5 行并右击；❷在弹出的快捷菜单中选择【插入】命令即可一次插入四行，如下图所示。

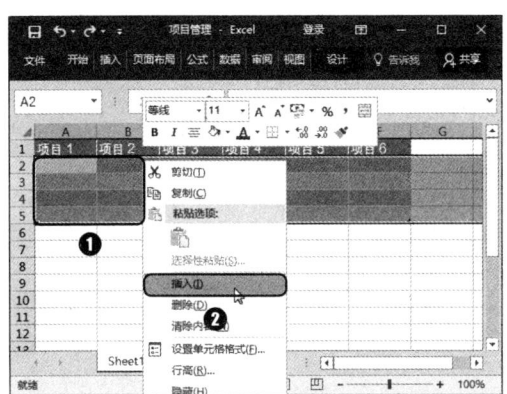

03 巧用双击定位到列表的最后一行

视频文件：光盘\视频文件\第2章\03.mp4

当Excel工作簿中的数据较多时，要查找最后一行的数据需要不断往下翻，其实，可以使用双击快速地定位到列表的最后一行，操作方法如下。

打开"光盘 \ 素材文件 \ 第 2 章 \ 库存列表 .xlsx"工作簿，将鼠标指针定位到需要查看的数据列的单元格边框上，当鼠标指针变为 形状时，双击鼠标即可定位到最后一行，如下图所示。

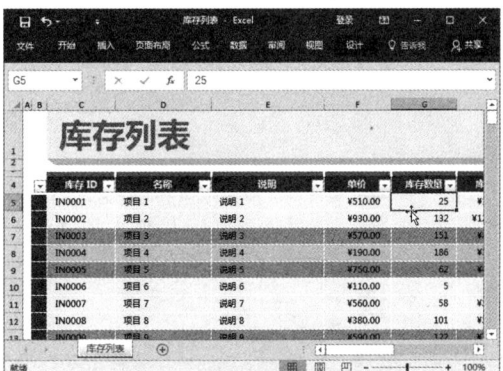

第3章
员工招聘与录用管理

本章导读

人员招聘与录用是为企业注入新鲜血液的必要途径,也是推动企业发展的重要保障。本章通过制作招聘启事、劳动合同、人事变更管理表和企业宣传演示文稿,介绍在文秘与行政工作中招聘和录用管理相关文档的制作方法。

知识要点

- ❖ 制作艺术文字
- ❖ 绘制图形
- ❖ 导入文本数据
- ❖ 设置单元格格式
- ❖ 创建演示文稿
- ❖ 美化演示文稿

第3章 员工招聘与录用管理

3.1 使用Word制作招聘启事

案例背景

招纳贤才时，制作招聘启事是有效的招聘方式之一。本例将制作一份招聘启事，在其中将公司的招聘要求、职位、条件、面试地址和联系电话等重要信息一一列出，让求职者可以明确地投递简历。

本例将通过Word制作一则招聘启事，制作完成后的效果如右图所示。实例最终效果见"光盘\结果文件\第3章\招聘启事.docx"文件。

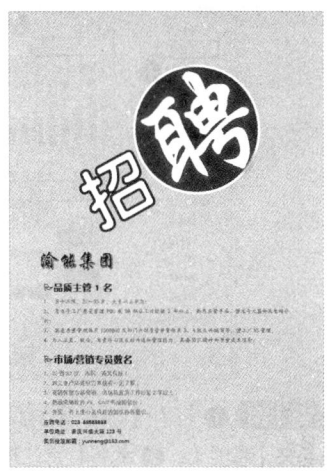

光盘文件	素材文件	无
	结果文件	光盘\结果文件\第3章\招聘启事.docx
	教学视频	光盘\视频文件\第3章\3.1使用Word制作招聘启事.mp4

3.1.1 制作招聘启事标题

为招聘启事制作一个醒目的标题，可以为公司吸引更多求职者的目光。本例将使用填充、颜色设置、效果设置等方法为招聘启事制作标题。

1. 设置页面背景填充

为招聘启事设置填充背景不仅可以美化招聘启事，还能突出显示招聘内容，下面介绍设置背景填充的方法。

第1步 ❶ 新建一个名为"招聘启事.docx"的空白文档，在【设计】选项卡单击【页面背景】组中的【页面颜色】下拉按钮；❷ 在弹出的下拉列表中选择【填充效果】选项，如下图所示。

第2步 ❶ 打开【填充效果】对话框，在【颜色】选项区域中选中【双色】单选按钮；❷ 单击【颜色1】下拉按钮；❸ 在弹出的下拉列表中选择【其他颜色】选项，如下图所示。

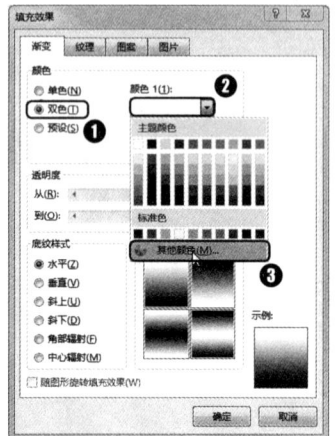

第5步 ❶在【填充效果】对话框的【底纹样式】选项区域中选择【斜上】单选按钮；❷单击【确定】按钮，如下图所示。

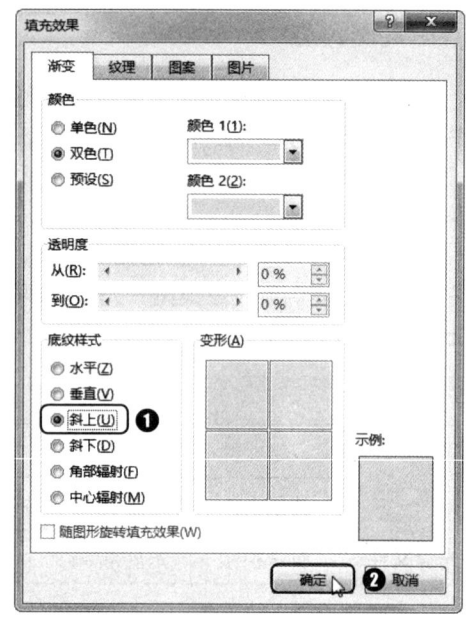

第3步 ❶打开【颜色】对话框，切换到【自定义】选项卡；❷设置【颜色模式】为【RGB】；❸分别设置RGB参数为【176】【246】【200】；❹单击【确定】按钮，如下图所示。

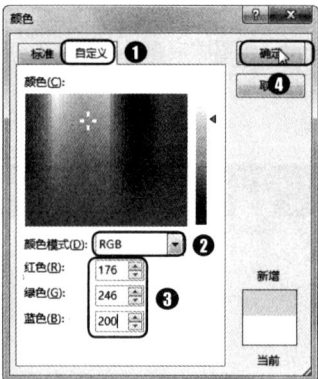

第4步 使用相同的方法设置【颜色2】，如下图所示。

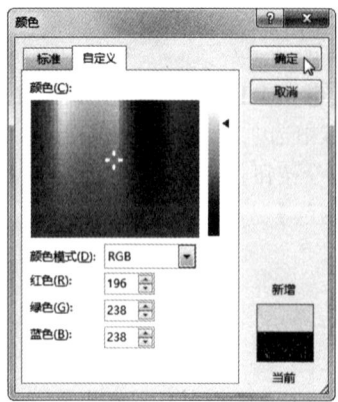

2. 在文本框中输入标题

使用文本框制作标题可以灵活地调整标题的位置，具体操作步骤如下。

第1步 ❶单击【插入】选项卡【插图】组中的【形状】下拉按钮；❷在弹出的下拉列表中选择【文本框】工具，如下图所示。

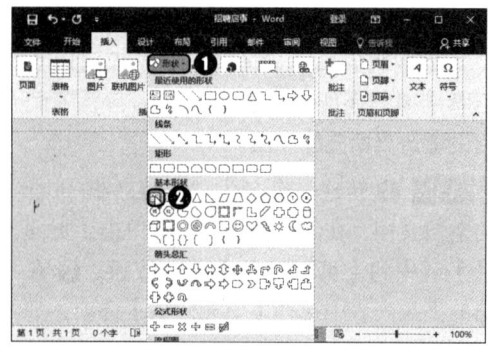

第2步 ❶在页面中绘制一个文本框，选择该文本框，在【绘图工具/格式】选项卡的【形状样式】组中单击【形状填充】下拉按钮；❷在弹出的下拉列表中选择【无填

充颜色】选项，如下图所示。

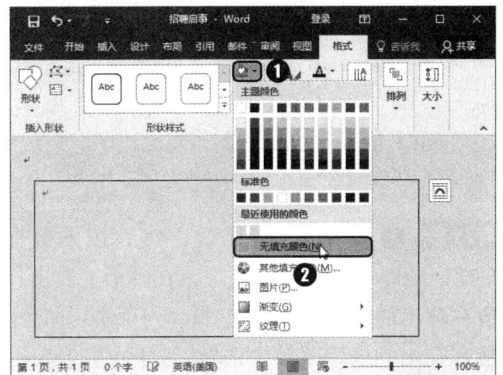

第3步 ❶ 在【绘图工具/格式】选项卡的【形状样式】组中单击【形状轮廓】下拉按钮；❷ 在弹出的下拉列表中选择【无轮廓】选项，如下图所示。

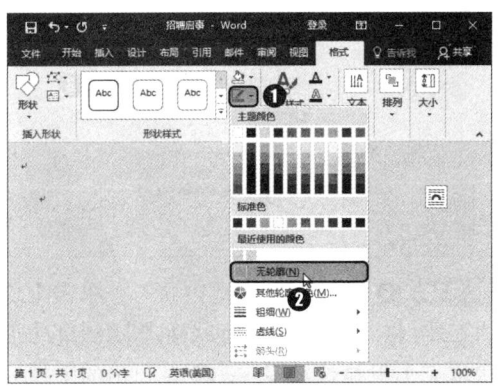

第4步 在文本框中输入"招聘"文本，选中"招"字，在【开始】选项卡设置字体为【方正粗圆简体】，字号为【130】，字体颜色为【白色】，如下图所示。

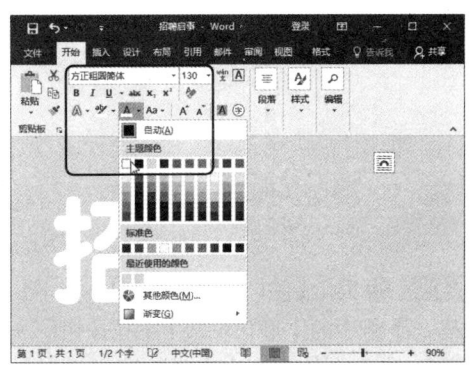

第5步 ❶ 保持"招"字的选中状态，单击【绘图工具/格式】选项卡【艺术字样式】组中的【文本轮廓】下拉按钮；❷ 在弹出的下拉列表中选择【粗细】命令；❸ 在弹出的级联列表中选择【4.5磅】选项，如下图所示。

第6步 ❶ 再次单击【文本轮廓】下拉按钮；❷ 在弹出的下拉列表中选择【深红】选项，如下图所示。

第7步 ❶ 选中"聘"字，在【开始】选项卡设置字体样式为华文新魏，240号，白色，设置完成后单击【绘图工具/格式】选项卡【艺术字样式】组中的【文本效果】下拉按钮；❷ 在弹出的下拉列表中选择【发光】选项；❸ 在弹出的级联列表中选择一种发光变体样式，如下图所示。

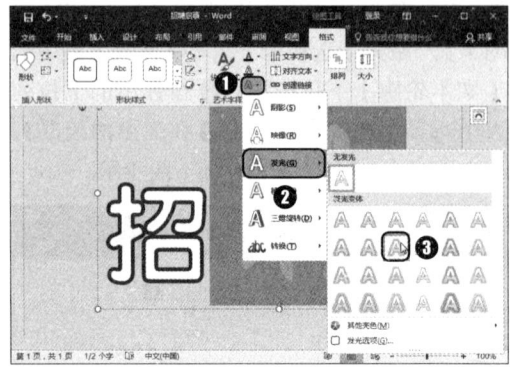

第8步 选择文本框,将鼠标指针移动到文本框上方的旋转控制点上,当鼠标指针变为形状时,按住鼠标左键向左拖动旋转文本框到合适的位置,如下图所示。

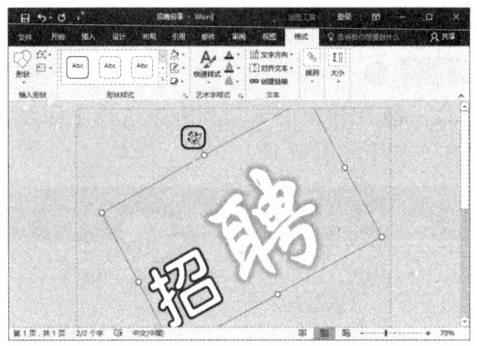

3. 绘制形状

只有文字的标题比较单调,此时可以通过绘制形状来美化标题,具体操作步骤如下。

第1步 ❶单击【插入】选项卡【插图】组中的【形状】下拉按钮;❷在弹出的下拉列表中选择【椭圆】工具○,如下图所示。

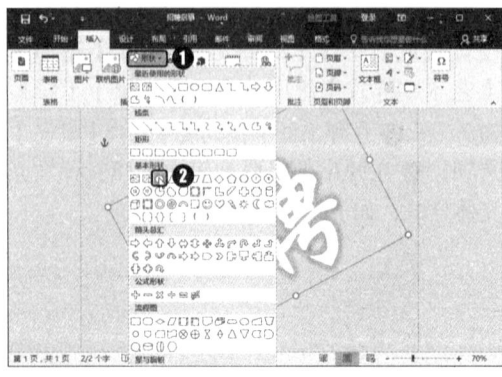

> **教您一招**
>
> **绘制正方形**
>
> 正方形是特殊的矩形,如果要绘制正方形,可以在选择【矩形】工具□后按住【Shist】键,然后按下鼠标左键拖动即可绘制出正方形。

第2步 ❶按住【Shift】键,然后按下鼠标左键拖动即可绘制一个圆形,在圆形上右击;❷在弹出的快捷菜单中选择【置于底层】命令;❸在弹出的级联菜单中选择【置于底层】选项,如下图所示。

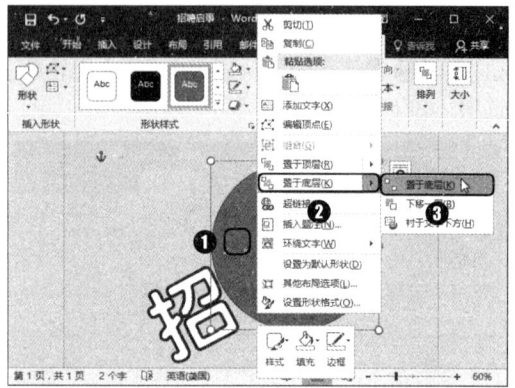

第3步 ❶保持圆形的选中状态,单击【绘图工具/格式】选项卡【形状样式】组中的【形状填充】下拉按钮;❷在弹出的下拉列表中选择填充颜色,如下图所示。

第4步 ❶单击【绘图工具/格式】选项卡【形状样式】组中的【形状轮廓】下拉按钮;❷在弹出的下拉列表中选择轮廓颜色为【白

第3章
员工招聘与录用管理

色】，如下图所示。

第5步 ❶再次单击【绘图工具/格式】选项卡【形状样式】组中的【形状轮廓】下拉按钮 ；❷在弹出的下拉列表中选择【粗细】选项；❸在弹出的级联列表中选择【4.5磅】选项，如下图所示。

第6步 ❶单击【绘图工具/格式】选项卡【形状样式】组中的【形状填充】下拉按钮 ；❷在弹出的下拉列表中选择【渐变】选项；❸在弹出的级联列表中选择一种变体，如下图所示。

教您一招

选择多个对象

在组合多个对象时，位于底层且被其他对象覆盖的对象很难被选中，此时可以打开选择窗格，然后在选择窗格中依次选择对象即可。

第7步 ❶按住【Shift】键的同时选择圆和文本框；❷在【绘图工具/格式】选项卡的【排列】组中单击【组合】下拉按钮；❸在弹出的下拉菜单中选择【组合】命令即可，如下图所示。

3.1.2 输入招聘信息

标题制作完成后，就可以开始制作招聘信息了，招聘信息包括公司名称、招聘职位、条件、公司地址、联系电话、简历投递邮箱等，输入信息之后，还需要对字体格式与段落格式进行设置，具体操作步骤如下。

第1步 在"招聘"文本下方绘制一个文本框，并取消文本框轮廓与填充，如下图所示。

Word/Excel/PPT
在文秘与行政管理中的应用

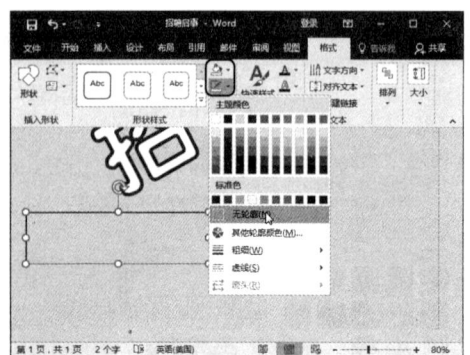

第2步 ❶输入公司名称,设置字体为【华文行楷】,字号为【小初】,选中标题文本;❷单击【开始】选项卡【字体】组中的【文本效果和版式】下拉按钮 A▼;❸在弹出的下拉列表中选择一种艺术字样式,如下图所示。

第3步 ❶在公司名称文本框下方绘制一个文本框,并取消填充与轮廓,然后输入文本并选中;❷单击【开始】选项卡【段落】组中的【行和段落间距】下拉按钮;❸在弹出的下拉列表中选择【1.15】选项,如下图所示。

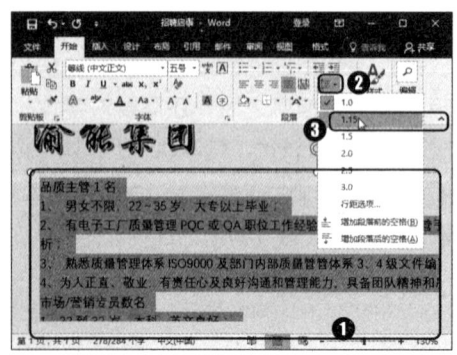

第4步 ❶将光标定位到招聘职位段落前;

❷单击【插入】选项卡【符号】组中的【符号】下拉按钮;❸在弹出的下拉列表中选择【其他符号】选项,如下图所示。

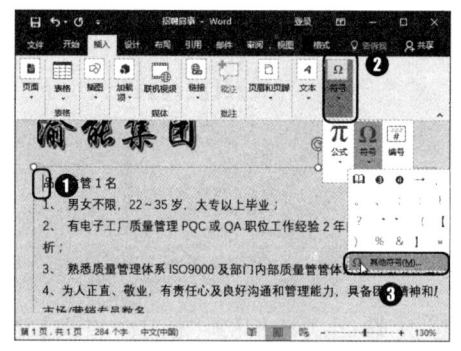

第5步 ❶打开【符号】对话框,选择一种符号;❷单击【插入】按钮即可将该符号插入文档,如下图所示。

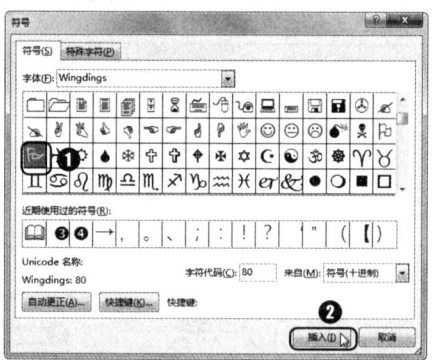

第6步 ❶将光标定位到第二个职位段落前,单击【插入】选项卡【符号】组中的【符号】下拉按钮;❷在弹出的下拉列表中会显示最近使用的符号,直接选择该符号即可,如下图所示。

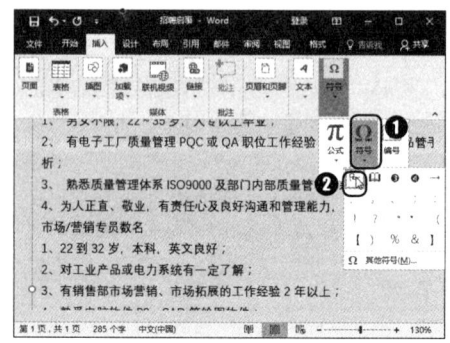

第3章
员工招聘与录用管理

第7步 选中第一个职位文本，在【开始】选项卡的字体组中设置字体为【方正粗倩简体】，字号为【小二】，字体颜色为【深红】，如下图所示。

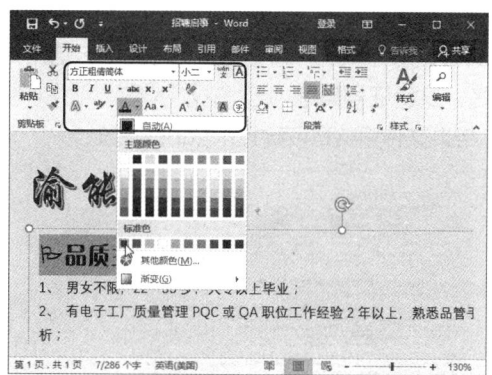

第8步 单击【开始】选项卡【剪贴板】组中的【格式刷】按钮，如下图所示。

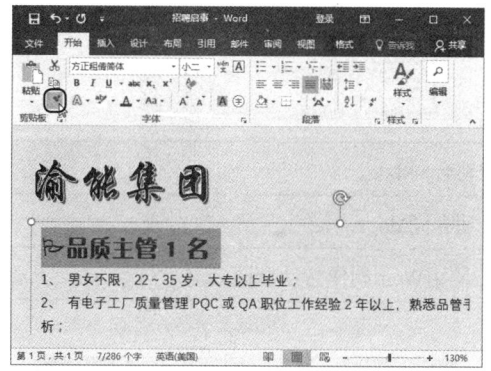

第9步 当鼠标指针变为形状时，单击第二个职位的文本段落，可以为其应用相同的字体样式，如下图所示。

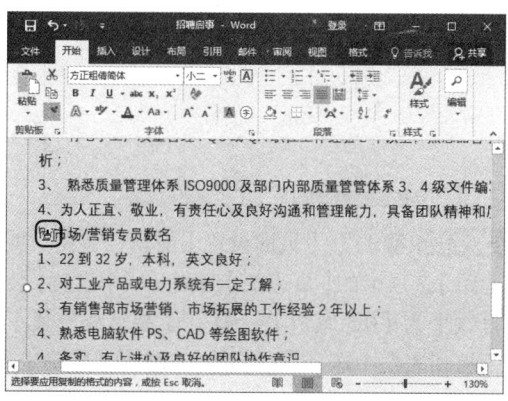

教您一招

锁定格式刷

在编辑文档时，如果需要将格式复制到多处，可以锁定格式刷，方法为：选中需要复制的文本后，双击【开始】选项卡【剪贴板】组中的【格式刷】按钮，即可锁定格式刷。当不再使用格式刷复制样式时，按【Esc】键即可解除锁定。

第10步 选中职位要求文本，在【开始】选项卡的【字体】组中设置字体为【楷体】，字号为【五号】，字体颜色为【橙色，个性色2】，如下图所示。

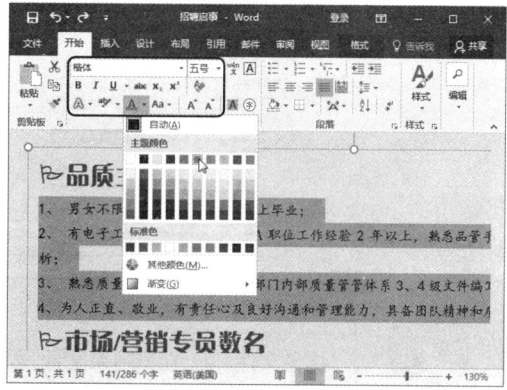

第11步 ❶将光标定位到第二个职位的文本段落中；❷单击【开始】选项卡【段落】组中的【行和段落间距】下拉按钮；❸在弹出的下拉列表中选择【增加段落前的空格】命令即可，如下图所示。

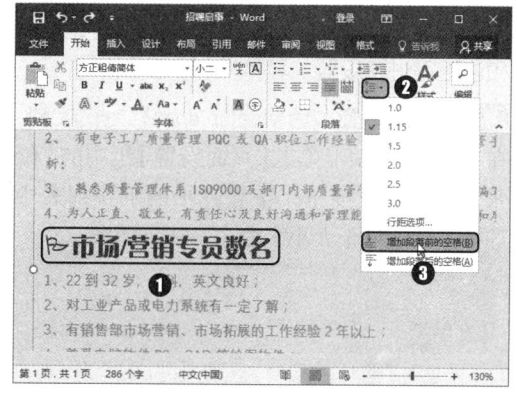

53

Word/Excel/PPT 在文秘与行政管理中的应用

3.2 使用Word制作劳动合同

案例背景

人员招聘之后需要签订劳动合同，本例将使用Word制作一份劳动用工合同，其中包括用人单位的名称、地址、法定代表人，以及劳动者的姓名、身份证号码等内容。

本节将制作劳动合同，实例最终效果见"光盘\结果文件\第3章\劳动合同.docx"文件。

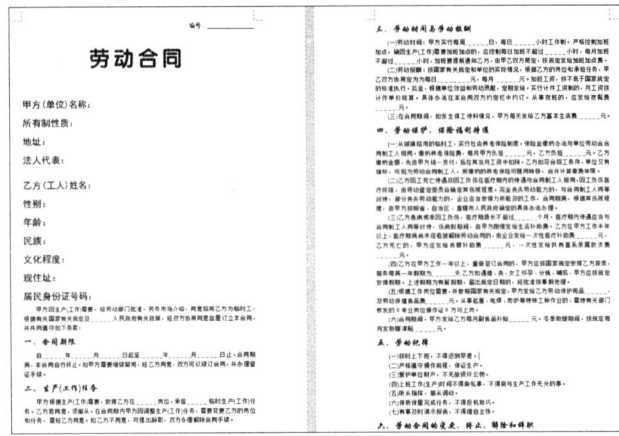

光盘文件	素材文件	光盘\素材文件\第3章\劳动合同.txt
	结果文件	光盘\结果文件\第3章\劳动合同.docx
	教学视频	光盘\视频文件\第3章\3.2使用Word制作劳动合同.mp4

3.2.1 设置纸张与装订线

一般来说，劳动合同需要多张页面，而且需要装订成册保存，所以，在制作劳动合同之前，就需要对其纸张大小、装订线位置和边距等进行设置，具体操作步骤如下。

第1步 ❶ 新建"劳动合同.docx"空白文档，在【布局】选项卡单击【页面设置】组中的【纸张大小】下拉按钮；❷ 在弹出的下拉列表中选择【其他纸张大小】命令，如下图所示。

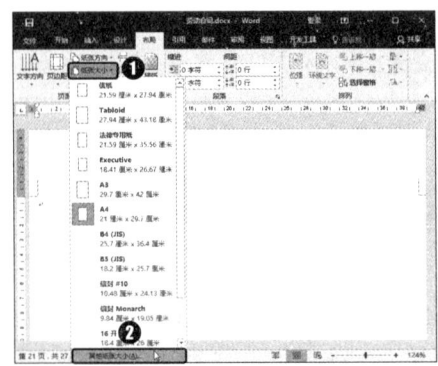

第2步 ❶ 打开【页面设置】对话框，在【页边距】选项卡的【页边距】选项区域中设置【装订线】为【0.5厘米】；❷ 在【装订线位置】下拉列表框中选择【左】选项；❸ 单击【确定】

按钮,如下图所示。

温馨提示

默认的纸张大小为A4,如果希望使用其他纸张大小格式,可以在【纸张】选项卡中设置。

3.2.2 输入合同内容

合同内容包括合同编号、标题、合同签订人信息、正文和末尾的签字、盖章等。在制作劳动合同时,要注意规范格式,不能随意撰写,写作时要参考合同法和劳动保护法的明确规定。输入合同内容并设置格式的具体操作步骤如下。

第1步 ❶ 在文档中输入合同编号、标题和合同签订人信息文本,然后将光标定位到"乙方(工人)姓名"段落中;❷ 单击【开始】选项卡【段落】组中的【行和段落间距】按钮;❸ 在弹出的下拉列表中选择【增加段落前的空格】命令,如下图所示。

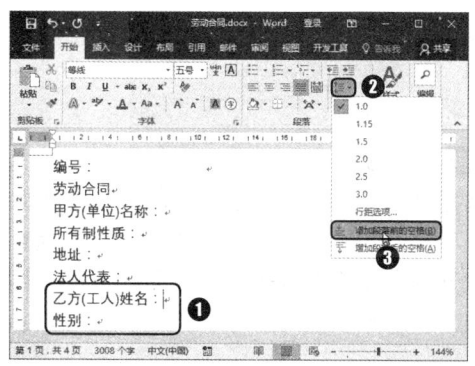

第2步 ❶ 将光标定位到"编号"文本段落,单击【开始】选项卡【段落】组中的【右对齐】按钮;❷ 单击【开始】选项卡【字体】组中的【下画线】按钮,在"编号:"后输入空格,如下图所示。

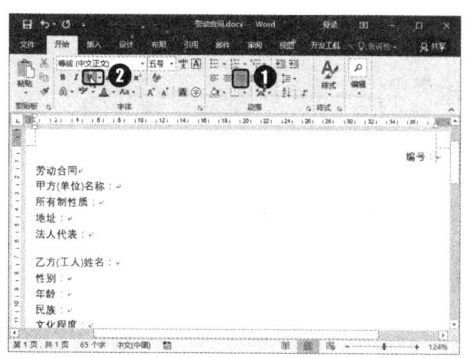

第3步 ❶ 选中"劳动合同"标题文本;❷ 在【开始】选项卡的【字体】组中设置字体格式,如下图所示。

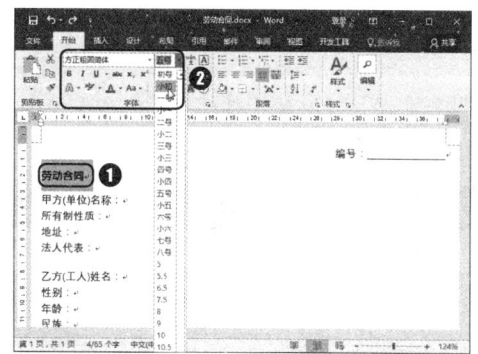

第4步 保持文本的选中状态,单击【开始】选项卡【字体】组中的对话框启动器,如下图所示。

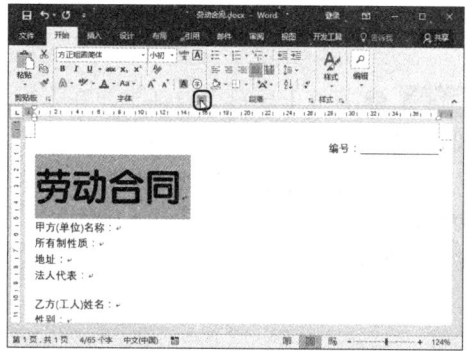

第5步 ❶打开【字体】对话框,在【高级】选项卡的【字符间距】选项区域中设置【间距】为【加宽】,【磅值】为【3磅】;❷单击【确定】按钮,如下图所示。

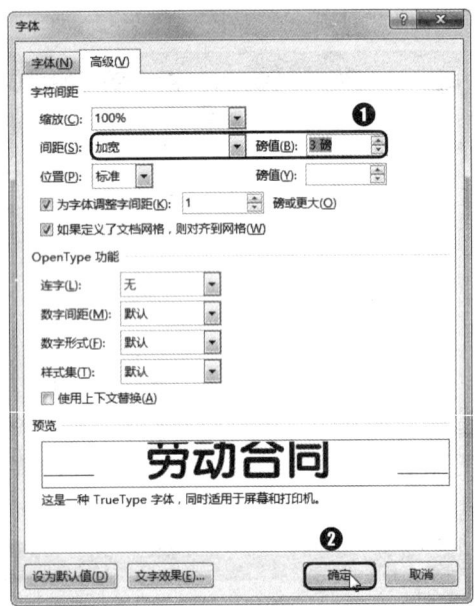

第6步 单击【开始】选项卡【段落】组中的对话框启动器,如下图所示。

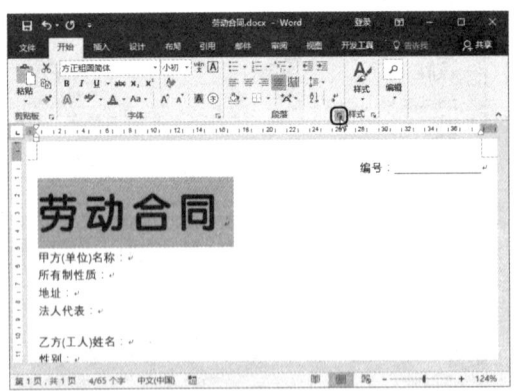

第7步 ❶打开【段落】对话框,在【缩进和间距】选项卡的【常规】选项区域中设置【对齐方式】为【居中】;❷在【间距】选项区域中设置【段前】为【1行】,【段后】为【2行】;❸单击【确定】按钮,如下图所示。

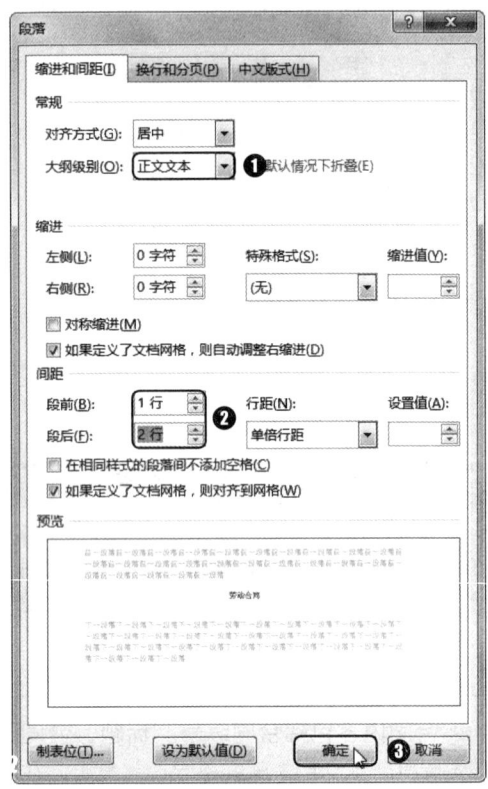

第8步 选中标题下方的所有文本,在【开始】选项卡的【字体】组中设置字体格式,如下图所示。

第9步 ❶在下方输入合同条款内容,然后选择"一、合同期限"文本;❷单击【开始】选项卡【样式】组中的对话框启动器;❸在打开的【样式】窗格中单击【新建样式】按钮,如下图所示。

第3章
员工招聘与录用管理

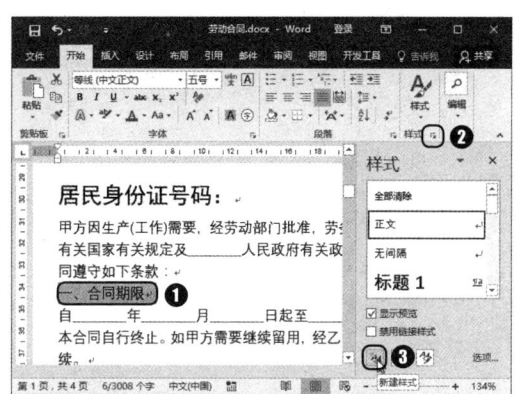

第10步 ❶打开【根据格式化创建新样式】对话框,在【属性】选项区域设置新建样式的名称为"合同条款";❷在【格式】选项区域设置字体、字号;❸单击【格式】按钮,在弹出的列表中选择【快捷键】命令,如下图所示。

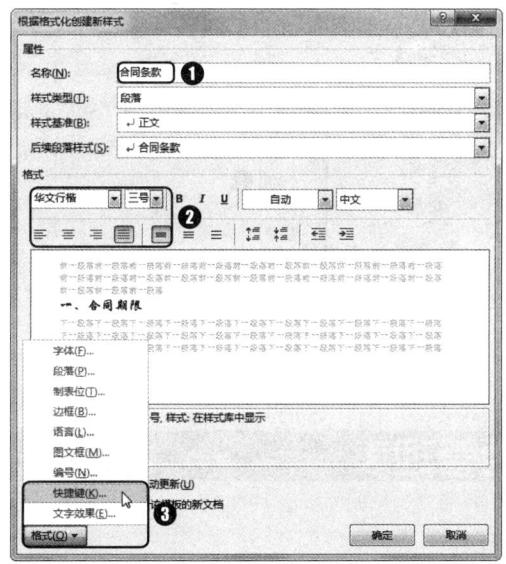

第11步 ❶打开【自定义键盘】对话框,将光标定位到【请按新快捷键】文本框中,并在键盘上按下要设置的快捷键;❷单击【指定】按钮;❸单击【关闭】按钮,如下图所示。

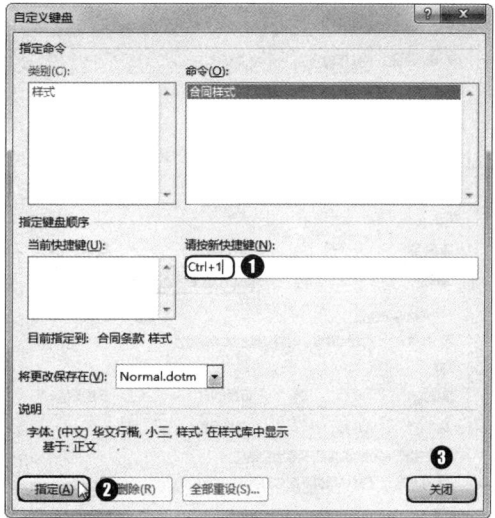

第12步 ❶选择正文中的其他文本,为其新建样式为【合同细则】,并在【格式】选项区域设置文本格式;❷单击【格式】按钮,在弹出的列表中选择【段落】命令,如下图所示。

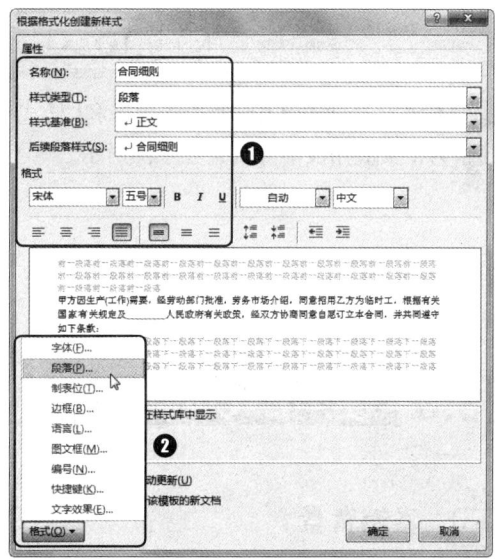

第13步 ❶在打开的【段落】对话框中为【合同细则】样式设置【首行缩进】段落格式;❷依次单击【确定】按钮,如下图所示。

Word/Excel/PPT
在文秘与行政管理中的应用

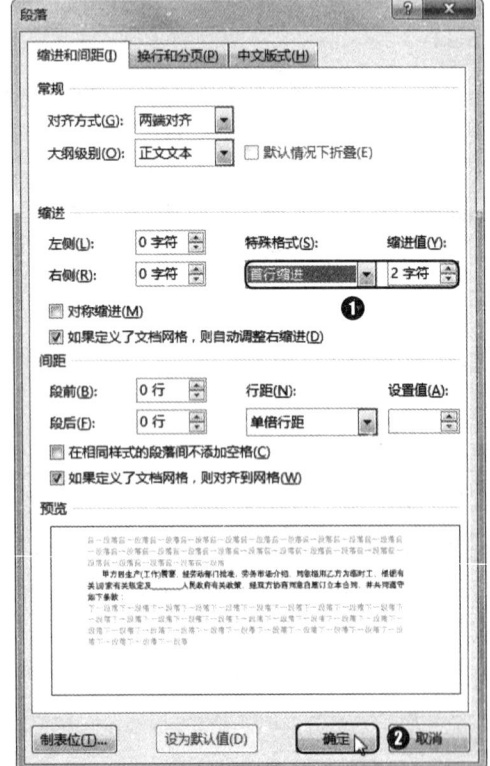

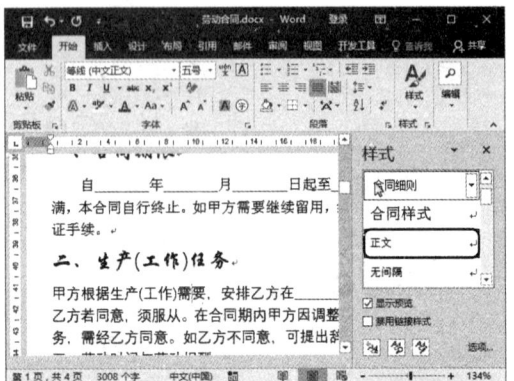

第14步 在合同正文中,使用快捷键和【样式】窗格为正文应用段落样式,如下图所示。

第15步 ❶选中末尾的签字、盖章和签订日期等文本;❷单击【布局】选项卡【页面设置】组中的【分栏】下拉按钮;❸在弹出的下拉列表中选择【两栏】命令,如下图所示。

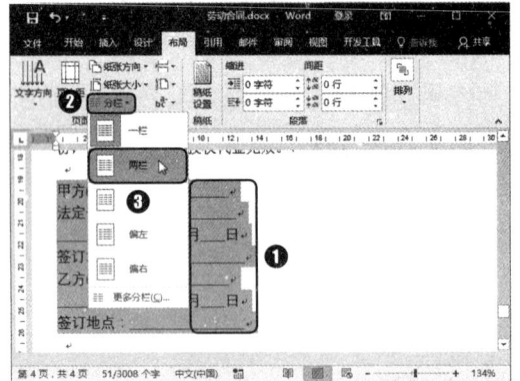

3.3 使用Excel制作人事变更管理表

案例背景

在人事管理工作中,为了方便对公司员工的变更状况做深入分析,可以制作一份简单的人事动态管理表,将员工的变更信息输入其中。

本例将制作人事变更管理表,实例最终效果见"光盘\结果文件\第3章\人事变更管理表.xlsx"文件。

第3章
员工招聘与录用管理

光盘文件	素材文件	光盘\素材文件\第3章\人事变更管理表.txt
	结果文件	光盘\结果文件\第3章\人事变更管理表.xlsx
	教学视频	光盘\视频文件\第3章\3.3使用Excel制作人事变更管理表.mp4

3.3.1 导入文本数据

有时候，用户得到的数据并不是Excel形式的，而是文本文件，此时，并不需要逐一输入，只需导入文本数据即可。本节将新建一个名为"人事变更管理表"的空白工作簿，然后将文本文件中的数据导入其中，具体操作步骤如下。

第1步 新建一个名为"人事变更管理表"的空白工作簿，在【数据】选项卡中单击【获取外部数据】组中的【自文本】按钮，如下图所示。

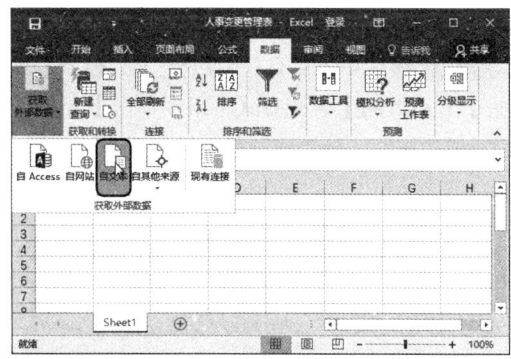

第2步 ❶弹出【导入文本文件】对话框，选择"光盘\素材文件\第3章"下的【人事变更管理表】文件；❷单击【导入】按钮，如下图所示。

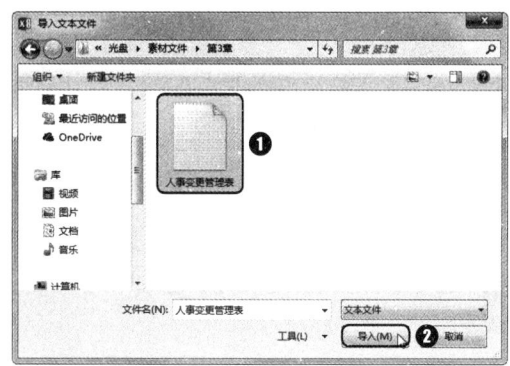

第3步 ❶弹出【文本导入向导 - 第1步，共3步】对话框，在【请选择最合适的文件类型】下选中【分隔符号】单选按钮；❷单击【下一步】按钮，如下图所示。

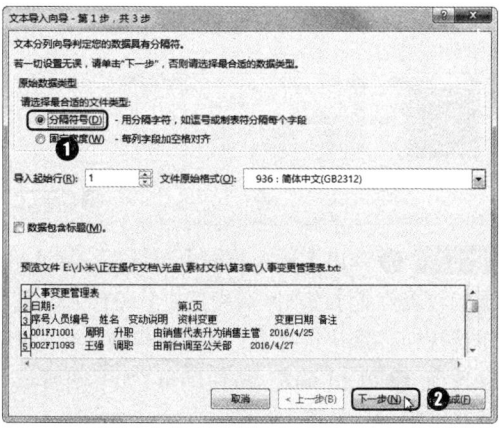

温馨提示

选中【固定宽度】单选按钮，可以根据数据的列宽来分隔数据。

第4步 ❶ 弹出【文本导入向导 - 第2步，共3步】对话框，在【分隔符号】选项区域中选中【Tab 键】和【空格】复选框；❷ 单击【下一步】按钮，如下图所示。

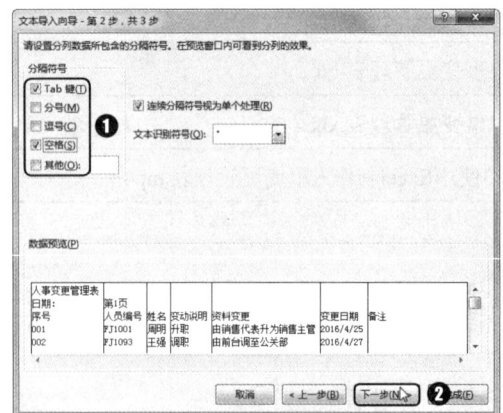

第5步 ❶ 弹出【文本导入向导 - 第3步，共3步】对话框，在【列数据格式】选项区域中选中【常规】单选按钮；❷ 单击【完成】按钮即可，如下图所示。

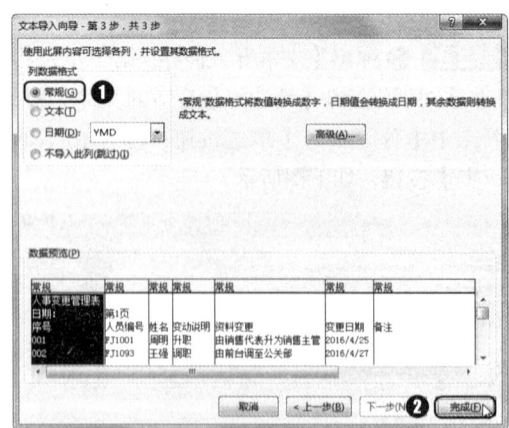

第6步 ❶ 弹出【导入数据】对话框，在【数据的放置位置】选项区域中选中【现有工作表】单选按钮，默认选择 A1 单元格存放，保持默认选择；❷ 单击【确定】按钮即可，如下图所示。

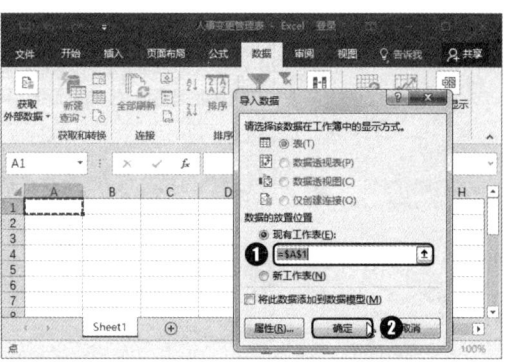

第7步 返回工作表，可以看到系统将文本文件中的数据以空格分隔导入工作表中，如下图所示。

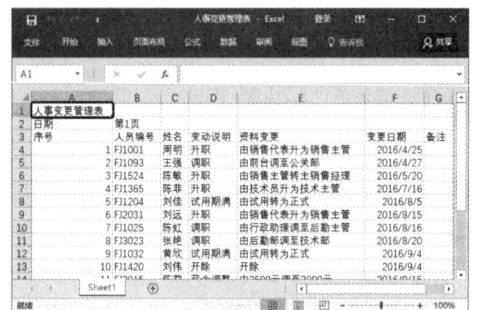

3.3.2 设置单元格格式

导入本文文件中的数据内容之后，可以根据需要对单元格格式、字体、对齐方式、数字格式等进行设置，具体操作步骤如下。

第1步 ❶ 选中 A1:G1 单元格区域；❷ 在【开始】选项卡的【对齐方式】组中单击【合并后居中】按钮，合并单元格区域为一个单元格，如下图所示。

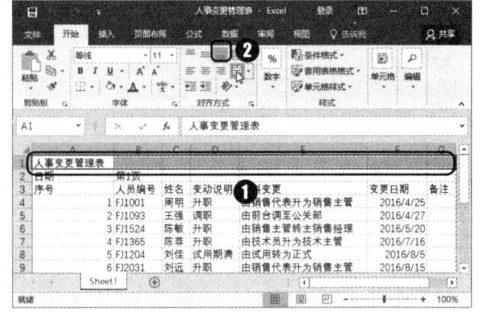

第3章
员工招聘与录用管理

第2步 选中合并后的 A1 单元格，在【开始】选项卡的【字体】组中单击右下角的【字体格式】按钮，如下图所示。

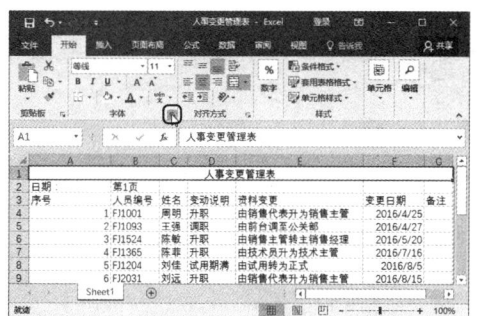

第3步 ❶弹出【设置单元格格式】对话框，在【字体】选项卡中根据需要设置字体、字号、文字颜色等；❷设置完成后单击【确定】按钮即可，如下图所示。

第4步 ❶选中要调整列宽的 A2：G2 单元格区域；❷在【开始】选项卡的【单元格】组中单击【格式】下拉按钮；❸在打开的下拉列表中选择【自动调整列宽】命令，根据单元格数据内容调整列宽，如下图所示。

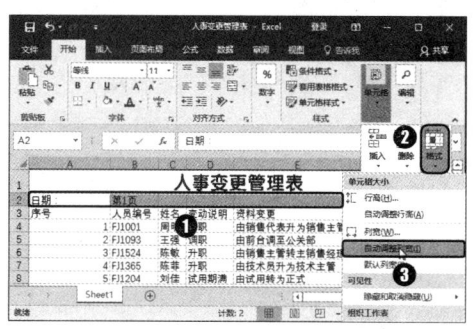

第5步 ❶选中整个工作表；❷在【开始】选项卡的【对齐方式】组中单击【垂直居中】按钮，如下图所示。

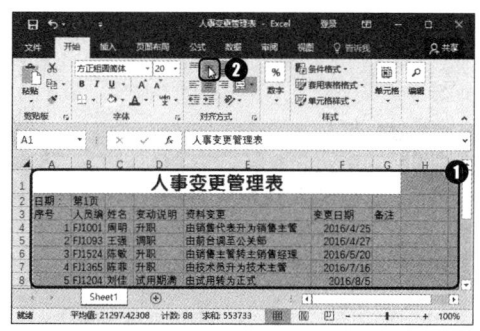

第6步 ❶选中 A3：G3 单元格区域；❷在【开始】选项卡的【对齐方式】组中单击【居中】按钮，设置对齐方式，如下图所示。

第7步 ❶选中 F4：F16 单元格区域；❷在【开始】选项卡的【数字】组中单击右下角的【数字格式】按钮，如下图所示。

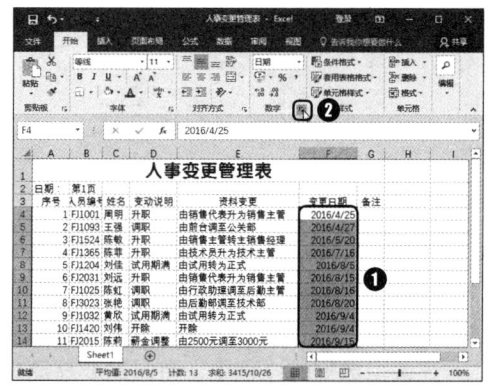

第8步 ❶弹出【设置单元格格式】对话框，在【数字】选项卡的【分类】列表框中选择【日

| 61 |

期】选项;❷在右侧对应的界面中选择需要的日期数据类型;❸设置完成后,单击【确定】按钮,如下图所示。

教您一招

快速设置数据格式

选中要设置的单元格区域,在【开始】选项卡的【数字】组中单击【数字格式】下拉按钮,在弹出的下拉列表中可以选择需要的数字格式,快速设置需要的数据格式。

第9步 返回工作表,即可看到设置单元格格式、字体、对齐方式、数字格式等之后的效果,如下图所示。

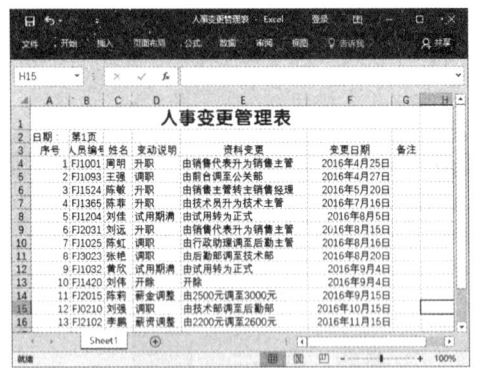

3.3.3 移动单元格中的数据内容

在编辑数据的过程中,有时需要移动单元格中的数据内容,这可以通过剪切和粘贴来实现,具体操作步骤如下。

第1步 ❶选中要移动的数据所在的单元格;❷在【开始】选项卡的【剪贴板】组中单击【剪切】按钮,如下图所示。

第2步 ❶选中移动数据的目标单元格;❷在【开始】选项卡的【剪贴板】组中单击【粘贴】按钮,如下图所示。

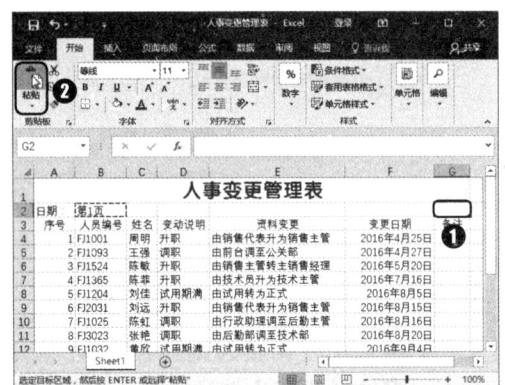

第3步 返回工作表,即可看到移动单元格中的数据内容之后的效果,如下图所示。

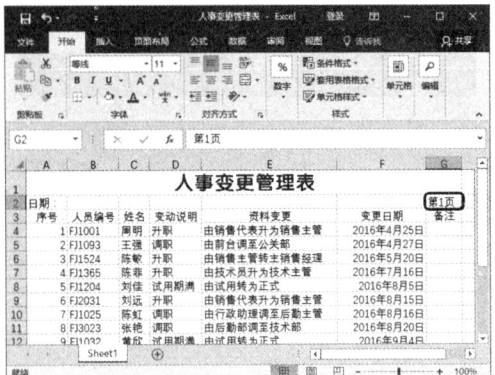

3.3.4 快速设置表格边框和底纹

为了使创建的表格更美观、易读，可以为其添加表格边框和底纹。

1. 设置边框

在设置边框之前，可以先设置边框的线条颜色，具体操作步骤如下。

第1步 ❶ 选中要设置表格边框的单元格区域，这里选择 A3：G16 单元格区域；❷ 在【开始】选项卡的【字体】组中单击【边框】下拉按钮 ；❸ 在弹出的下拉列表中选择【线条颜色】选项；❹ 在弹出的级联列表中选择一种主题颜色，如下图所示。

第2步 ❶ 再次单击【开始】选项卡【字体】组中的【边框】下拉按钮 ；❷ 在弹出的下拉列表中选择【所有框线】选项，为表格快速添加边框，如下图所示。

2. 设置底纹

为表格设置底纹可以强调显示表格内容，下面以为表头设置底纹为例，介绍快速设置底纹的操作方法。

第1步 ❶ 选中要添加底纹的单元格区域，这里选择 A3：G3 单元格区域；❷ 在【开始】选项卡的【字体】组中单击【填充颜色】下拉按钮 ；❸ 在弹出的下拉列表中根据需要选择要填充的单元格背景色即可，如下图所示。

第2步 返回工作表，即可看到快速设置表格边框和底纹之后的效果，如下图所示。

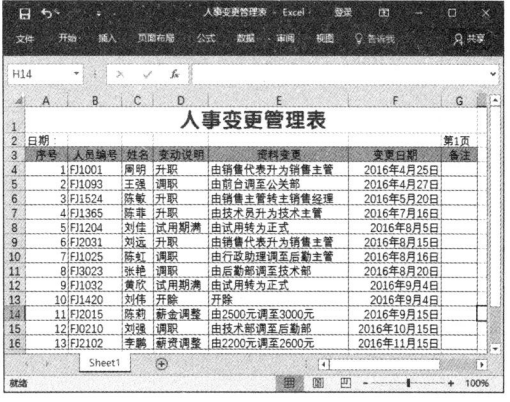

3.4 使用PPT制作企业宣传演示文稿

案例背景

为了扩大企业和社会影响、招聘到优秀的人才，企业需要制作宣传演示文稿，更好地展示品牌及形象，提高自身的知名度。企业宣传演示文稿用于介绍企业的业务、产品、企业规模及人文历史，是他人了解企业的重要途径。

本例将制作企业的宣传演示文稿。实例最终效果见"光盘\结果文件\第3章\企业宣传文稿.pptx"文件。

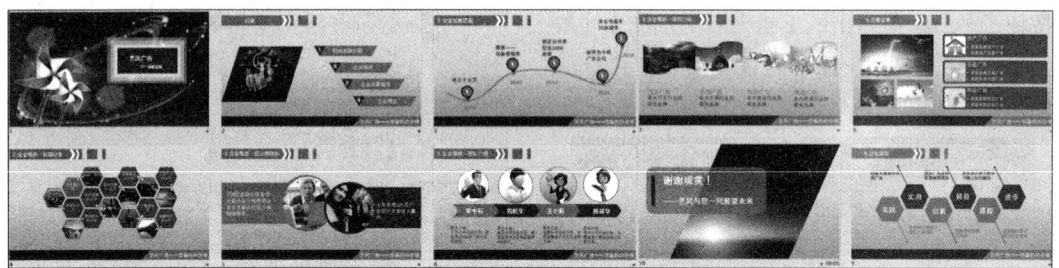

光盘文件	素材文件	光盘\素材文件\第3章\企业宣传
	结果文件	光盘\结果文件\第3章\企业宣传文稿.pptx
	教学视频	光盘\视频文件\第3章\3.4使用PPT制作企业宣传演示文稿.mp4

3.4.1 创建演示文稿文件

要制作企业宣传演示文稿，首先需要创建演示文稿，在PowerPoint 2016中常用的新建演示文稿的方法如下。

1. 新建空白演示文稿

如果要从零开始制作演示文稿，可以新建一个空白的演示文稿，具体操作步骤如下。

第1步 在【开始】菜单中单击【所有程序】→【PowerPoint 2016】图标，如右图所示。

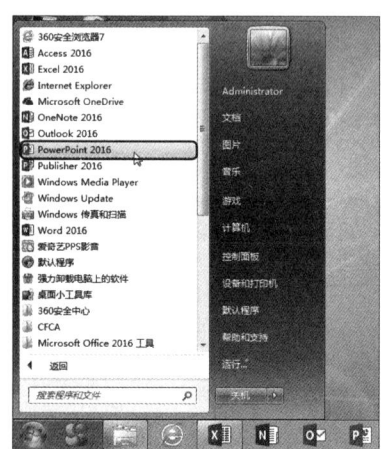

第2步 待程序启动后，按【Enter】键或【Esc】键，或者选择【空白演示文稿】选项即可进入空白演示文稿界面，如下图所示。

第3章
员工招聘与录用管理

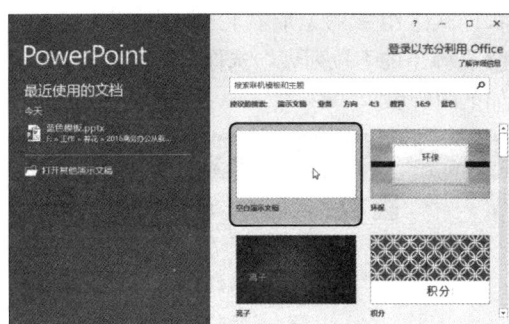

2. 保存演示文稿

在创建新的演示文稿后，可以先将文件保存，并在制作的过程中和完成制作后执行保存操作，以避免文件丢失，具体操作步骤如下。

第1步 单击【快速访问工具栏】中的【保存】按钮，如下图所示。

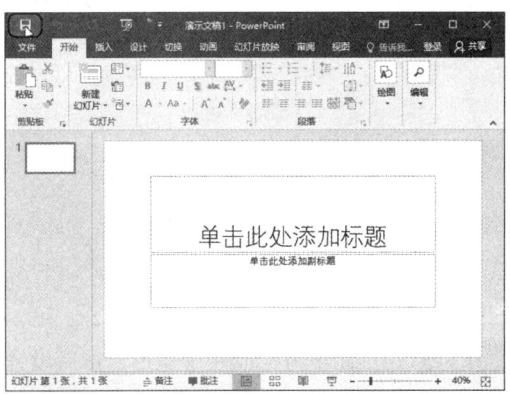

第2步 在打开的页面中单击【另存为】→【浏览】按钮，如下图所示。

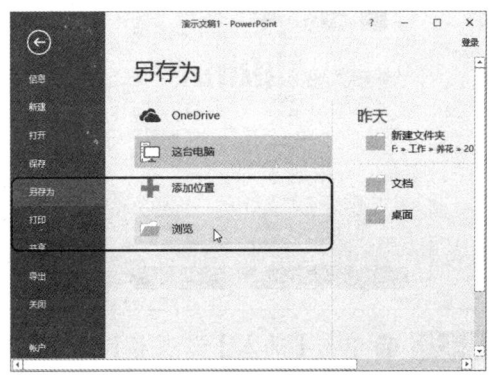

> **温馨提示**
>
> 在PowerPoint环境下，按【Ctrl+N】组合键可快速创建一个空白演示文稿。

第3步 ❶打开【另存为】对话框，设置保存路径；❷输入文件名；❸单击【保存】按钮即可，如下图所示。

3.4.2 设置幻灯片母版

设置幻灯片母版可以统一演示文稿的风格。设置幻灯片母版的具体操作步骤如下。

第1步 单击【视图】选项卡【母版视图】组中的【幻灯片母版】按钮，如下图所示。

第2步 ❶单击【幻灯片母版】选项卡【背景】组中的【背景样式】下拉按钮；❷在弹出的下拉列表中选择一种背景颜色，如下图所示。

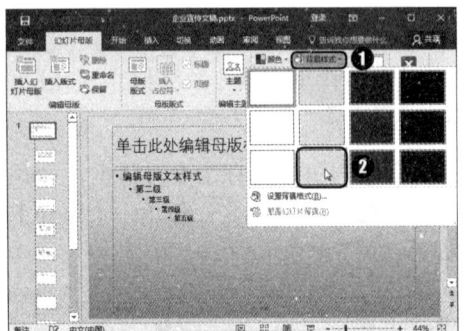

第3步 ❶在左侧窗格选择【空白版式】选项；❷单击【插入】选项卡【插图】组中的【形状】下拉按钮；❸在弹出的下拉列表中选择【矩形】工具▭，如下图所示。

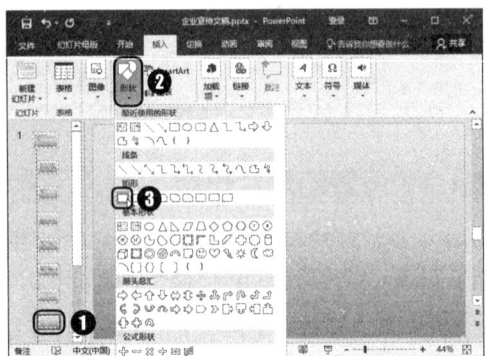

第4步 ❶在幻灯片母版中绘制一个如图所示的矩形；❷单击【绘图工具/格式】选项卡【形状样式】组中的【形状填充】下拉按钮；❸在弹出的下拉列表中选择一种合适的颜色，如下图所示。

第5步 ❶单击【绘图工具/格式】选项卡【形状样式】组中的【形状轮廓】下拉按钮；❷在弹出的下拉列表中选择【无轮廓】选项，如下图所示。

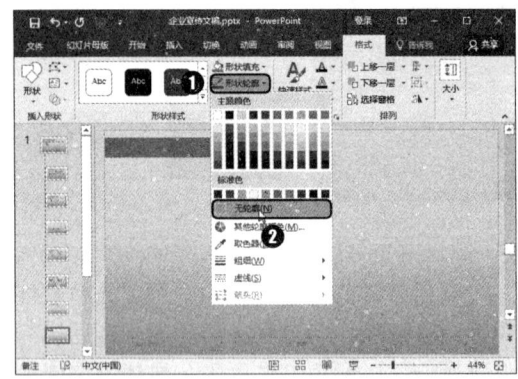

第6步 选择页面下方的页脚文本框，然后按【Delete】键，如下图所示。

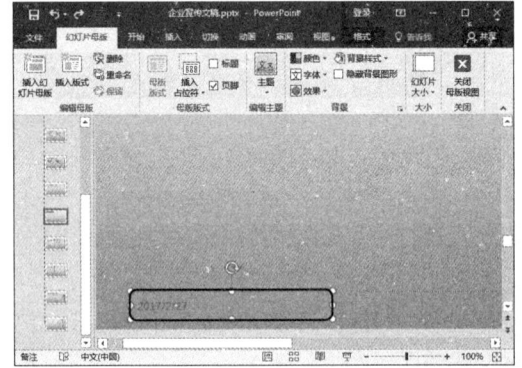

第7步 在页面下方绘制一个矩形，然后设置形状填充和形状轮廓，如下图所示。

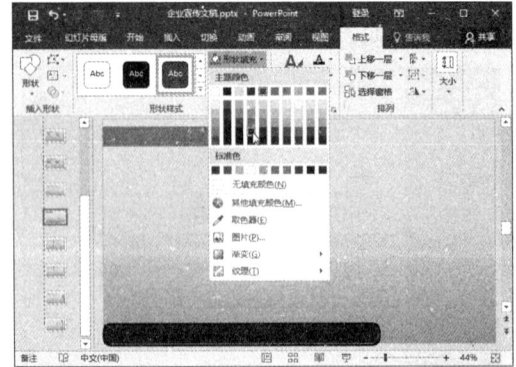

第8步 ❶单击【插入】选项卡【插图】组中的【形状】下拉按钮；❷在弹出的下拉列

表中选择【任意多边形】工具，如下图所示。

第9步 在页面下方的右侧绘制如图所示的多边形，并设置形状填充和形状轮廓，如下图所示。

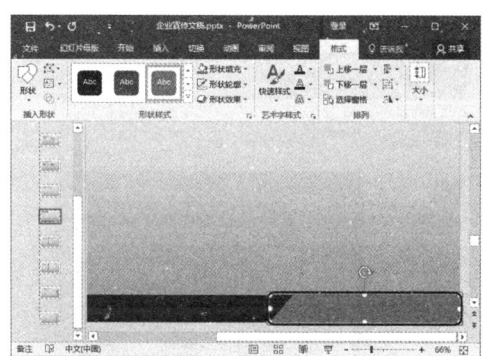

第10步 ❶单击【绘图工具/格式】选项卡【插入形状】组中的【文本框】下拉按钮；❷在弹出的下拉列表中选择【横排文本框】选项，如下图所示。

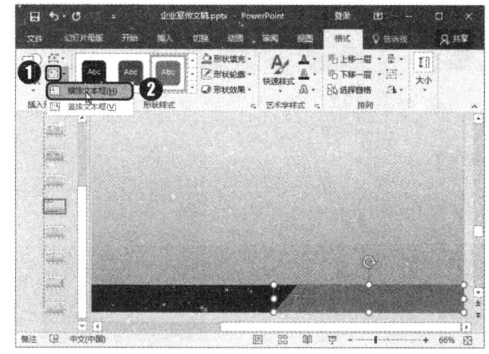

第11步 ❶在文本框中输入文字；❷在【开始】选项卡的【字体】组中设置文字格式，如

下图所示。

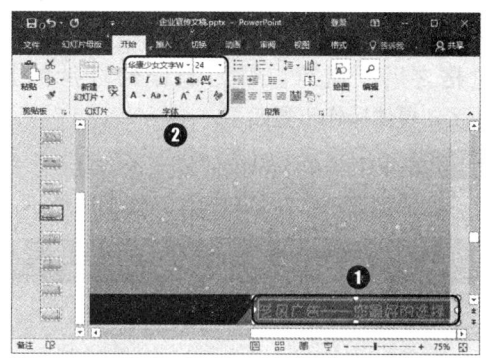

第12步 ❶在页面上方的矩形右侧绘制两个如图所示的矩形，并设置与左侧矩形相同的形状样式；❷使用【箭头】绘图工具在左侧的矩形上绘制两个箭头，并设置形状样式，如下图所示。

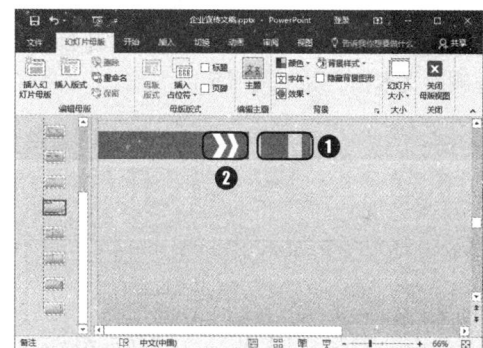

第13步 单击【幻灯片母版】选项卡【关闭】组中的【关闭母版视图】按钮退出母版视图，如下图所示。

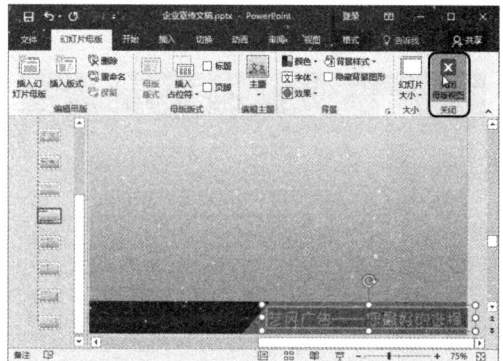

3.4.3 制作幻灯片封面

在设置幻灯片母版、统一幻灯片的风格之后，就可以开始制作幻灯片的封面了，具体操作步骤如下。

第1步 单击"单击以添加第一张幻灯片"文本，默认创建一张标题幻灯片，如下图所示。

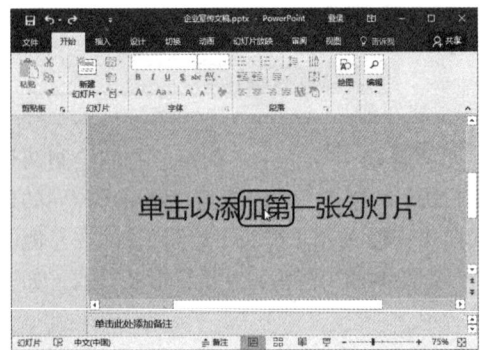

第2步 选中标题和副标题文本框，按【Delete】键删除文本框，如下图所示。

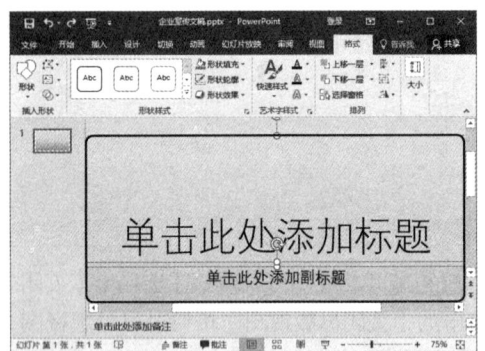

第3步 单击【插入】选项卡【图像】组中的【图片】按钮，如下图所示。

第4步 ❶打开【插入图片】对话框，选择"光盘\素材文件\第3章\企业宣传\背景.jpg"图片文件；❷单击【插入】按钮，如下图所示。

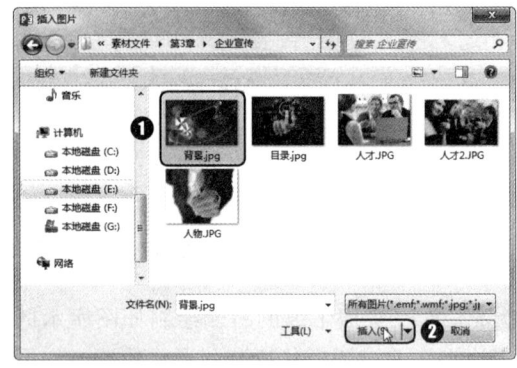

第5步 拖动图片四周的控制点，使图片的大小与页面相同，如下图所示。

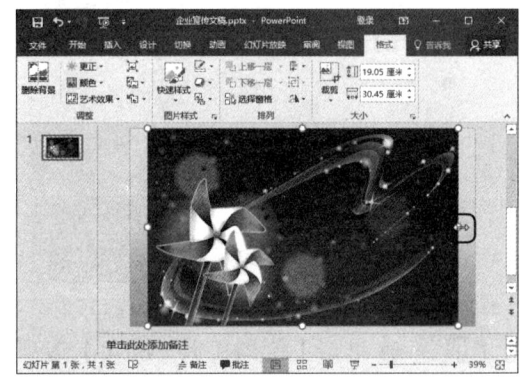

第6步 ❶单击【插入】选项卡【插图】组中的【形状】下拉按钮；❷在弹出的下拉列表中选择【矩形】工具□，如下图所示。

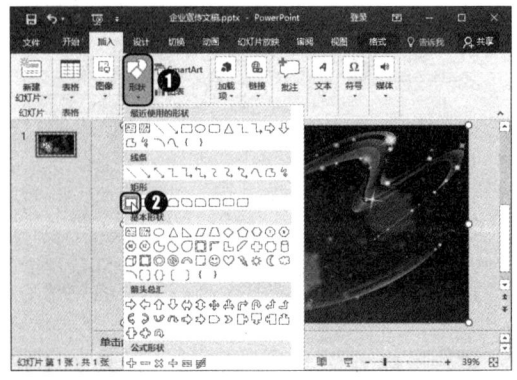

第7步 绘制一个矩形，然后在矩形上右击，

第3章
员工招聘与录用管理

在弹出的快捷菜单中选择【设置形状格式】命令，如下图所示。

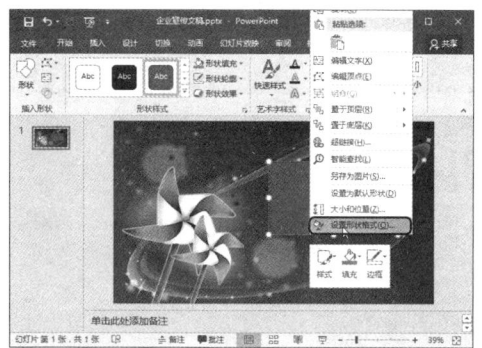

第8步 ❶打开【设置形状格式】窗格，在【填充与线条】选项卡的【填充】选项区域设置【颜色】为【白色】，设置【透明度】为【50%】；❷在【线条】选项区域选中【无线条】单选按钮，如下图所示。

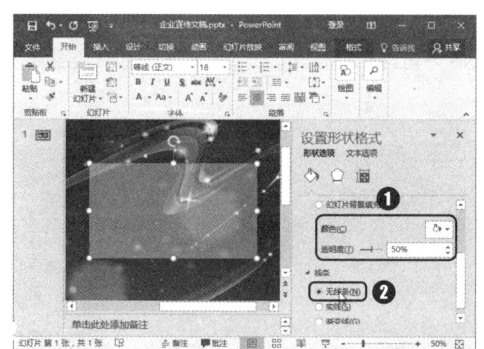

第9步 ❶使用相同的方法再绘制两个矩形，并设置相同的形状样式，大小和摆放位置如图所示；❷再次绘制一个较小的矩形，位于其他矩形的中间，并设置形状填充，设置形状轮廓为【白色】，如下图所示。

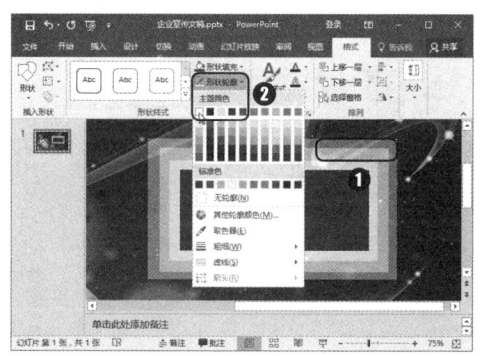

第10步 ❶单击【绘图工具/格式】选项卡【形状样式】组中的【形状轮廓】下拉按钮；❷在弹出的下拉列表中选择【粗细】选项；❸在弹出的级联列表中选择【3磅】选项，如下图所示。

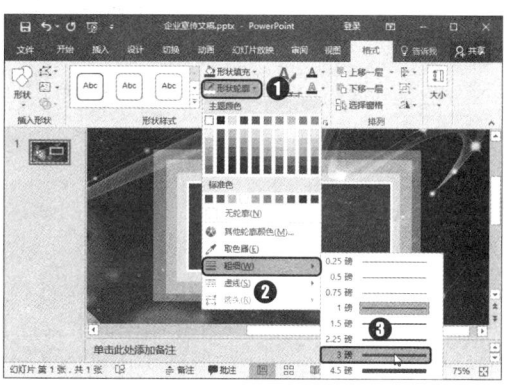

第11步 在矩形中间绘制文本框，输入标题文本，并设置文本格式。设置完成后，封面的效果如下图所示。

3.4.4 制作目录

使用形状可以组合出变化多样的目录，下面介绍为企业宣传演示文稿制作目录的操作步骤。

第1步 ❶单击【开始】选项卡【幻灯片】组中的【新建幻灯片】下拉按钮；❷在弹出的下拉列表中选择【空白】选项，如下图所示。

| 69 |

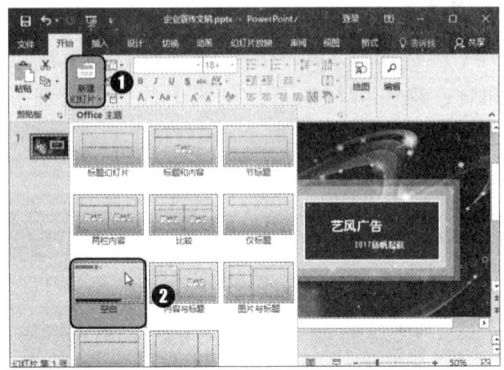

第2步 ❶插入文本框输入目录文本，并设置文本格式。插入"光盘\素材文件\第3章\企业宣传\目录.jpg"图片文件并选中，单击【图片工具/格式】选项卡【大小】组中的【裁剪】下拉按钮；❷在弹出的下拉列表中选择【裁剪为形状】选项；❸在弹出的级联列表中选择【平行四边形】工具 ，如下图所示。

第3步 选中并拖动图片上的黄色控制点，调整平行四边形的倾斜角度，如下图所示。

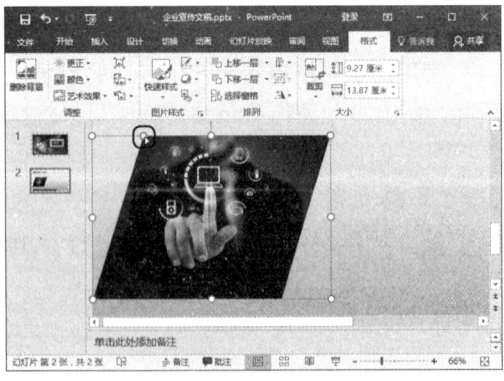

第4步 使用【等腰三角形】工具△绘制一个等腰三角形，拖动三角形上方的旋转按钮将其倒置，并设置形状填充与轮廓填充，如下图所示。

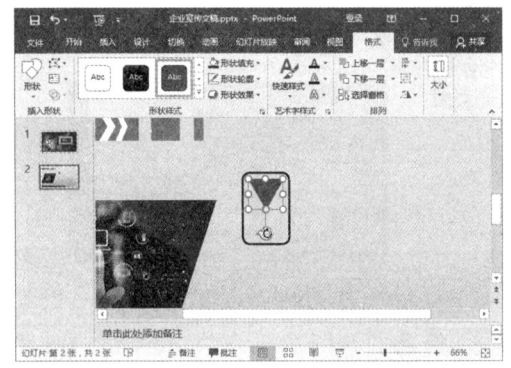

第5步 使用【平行四边形】工具 绘制一个平行四边形，并设置形状填充与轮廓填充。然后插入两个文本框，输入目录编号与文字，如下图所示。

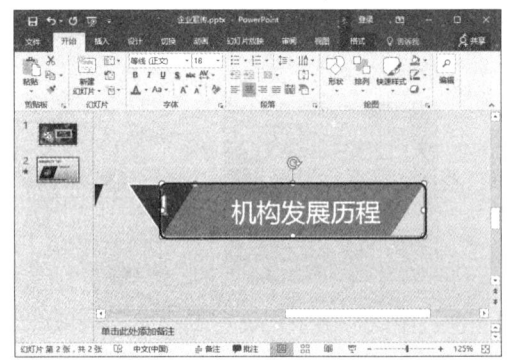

第6步 复制第一条目录的文本和形状，并将复制的文本和形状拖动到合适的位置，如下图所示。

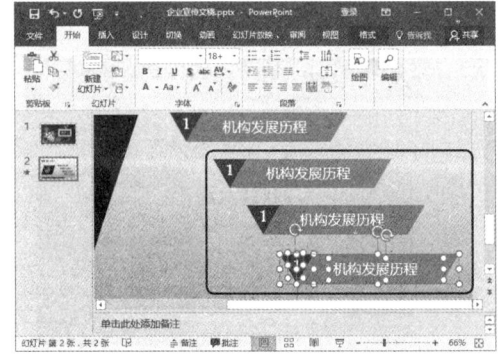

第7步 更改形状中的文本内容,如下图所示。

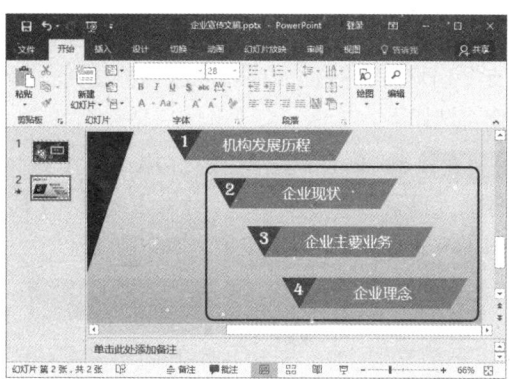

3.4.5 制作"发展历程"幻灯片

制作"发展历程"幻灯片可以使用曲线工具绘制发展曲线,具体操作步骤如下。

第1步 ❶插入一张空白幻灯片,使用【曲线】工具绘制一条曲线;❷单击【绘图工具/格式】选项卡【形状样式】组中的【形状轮廓】下拉按钮;❸在弹出的下拉列表中选择【粗细】选项;❹在弹出的级联列表中选择磅值,如下图所示。

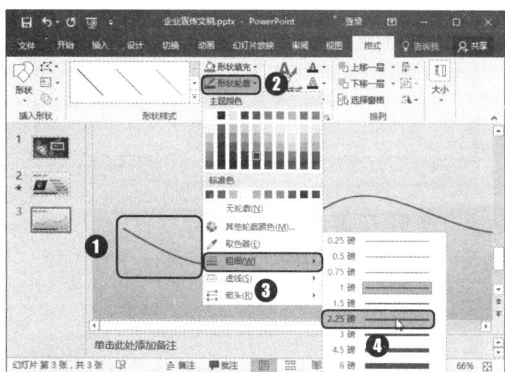

第2步 ❶单击【绘图工具/格式】选项卡【形状样式】组中的【形状效果】下拉按钮;❷在弹出的下拉列表中选择【发光】选项;❸在弹出的级联列表中选择一种发光变体,如下图所示。

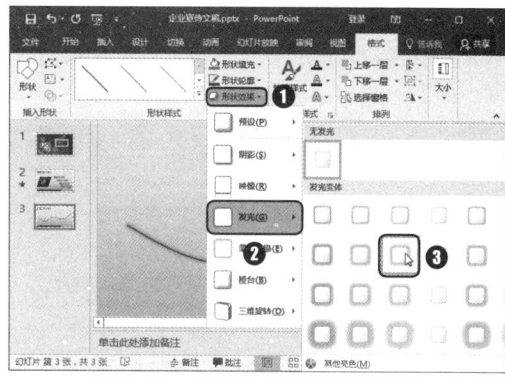

第3步 ❶使用【椭圆】工具,在曲线上绘制一个正圆形,并设置形状填充与形状轮廓;❷使用【泪滴形】工具绘制一个泪滴形状,并设置形状填充与形状轮廓,拖动旋转按钮旋转泪滴形状,如下图所示。

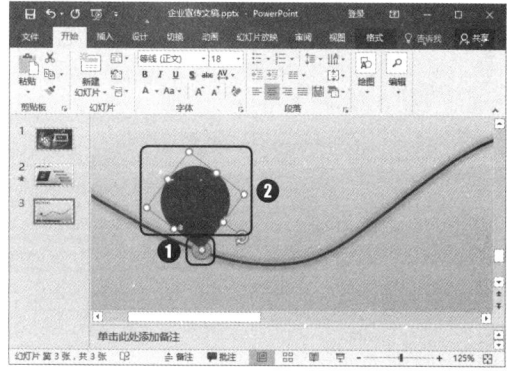

第4步 使用【椭圆】工具,在泪滴形状上绘制一个正圆形,并设置形状填充与形状轮廓,如下图所示。

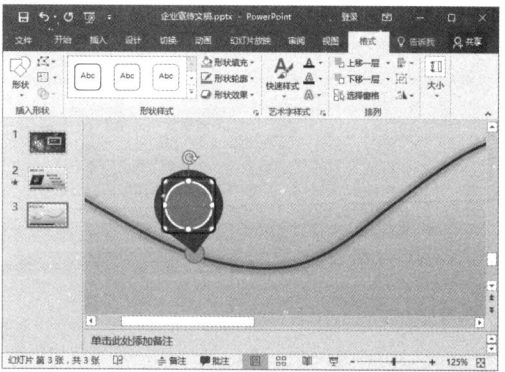

第5步 使用【箭头：上】工具在圆形中绘制一个箭头，并拖动旋转按钮旋转至合适的位置，如下图所示。

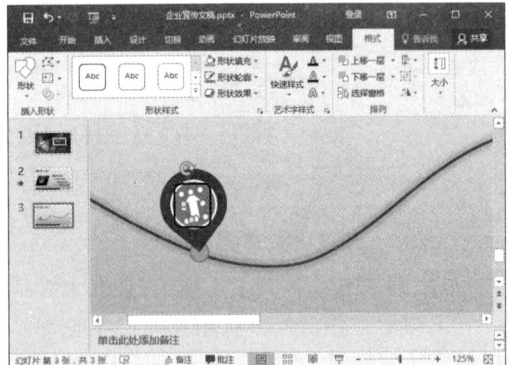

第6步 在形状的上方和下方添加文本框，输入文字并设置文本格式，如下图所示。

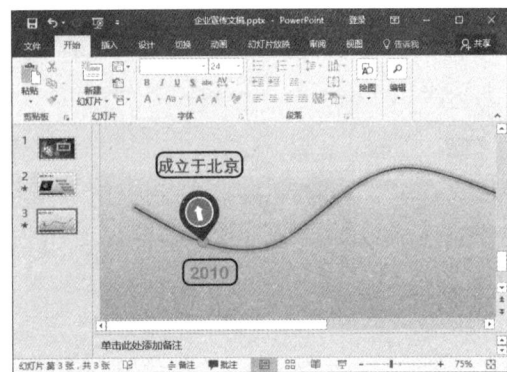

第7步 使用相同的方法绘制其他形状和文本框，如下图所示。

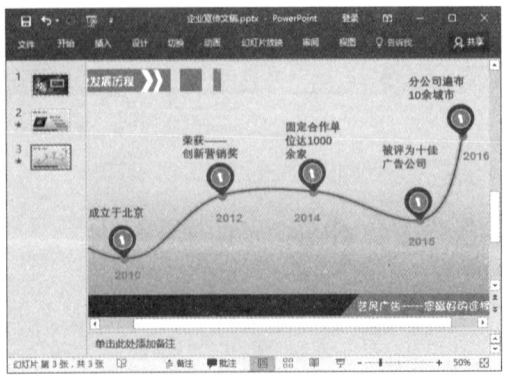

3.4.6 制作"全国分支"幻灯片

下面将使用SmartArt图形制作"全国分支"幻灯片，并插入代表地区各的图片，操作方法如下。

第1步 ❶插入一张空白幻灯片，插入文本框输入目录文本；❷单击【插入】选项卡【插图】组的【SmartArt】按钮，如下图所示。

第2步 ❶打开【选择SmartArt图形】对话框，选择【六边形群集】选项；❷单击【确定】按钮，如下图所示。

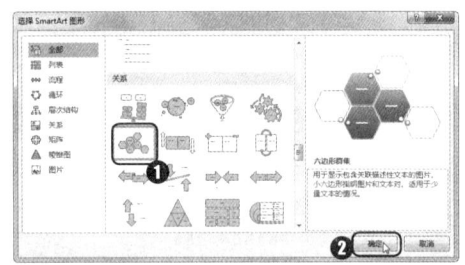

第3步 ❶在蓝色的图形中输入分公司文本；❷单击白色图形中的【插入图片】按钮，如下图所示。

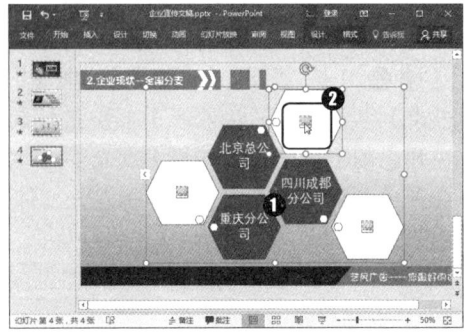

第3章
员工招聘与录用管理

第4步 ❶ 打开【插入图片】对话框,插入图片"光盘\素材文件\第3章\企业宣传\北京.jpg"图片;❷ 单击【确定】按钮,如下图所示。

第7步 使用相同的方法制作其他地区文本和图片,如下图所示。

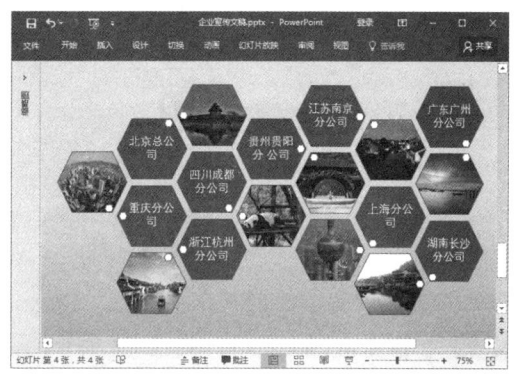

第5步 ❶ 使用相同的方法添加其他图片;❷ 单击【SmartArt工具/设计】选项卡【创建图形】组中的【添加形状】下拉按钮;❸ 在弹出的下拉菜单中选择【在后面添加形状】命令,如下图所示。

第8步 ❶ 选中【北京总公司】形状;❷ 在【SmartArt工具/格式】选项卡的【形状样式】组中设置形状样式即可,如下图所示。

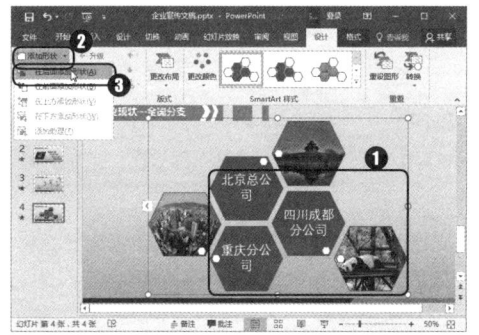

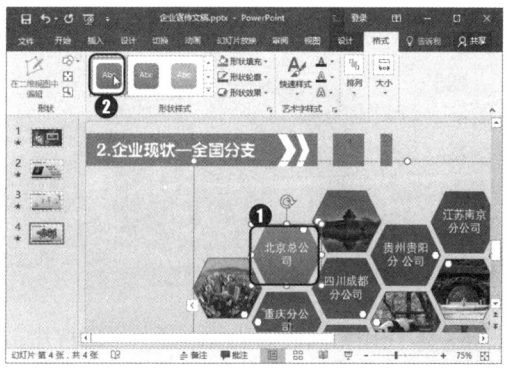

第6步 在右侧添加一个文本形状和一个图片形状,使用前文的方法添加文本和图片,如下图所示。

3.4.7 制作"设计师团队"幻灯片

下面开始制作"设计师团队"幻灯片,具体操作步骤如下。

第1步 ❶ 新建一张幻灯片,插入横排文本框并输入标题文本,然后使用【矩形】工具口和【椭圆】工具○绘制形状,并设置形状样式,在矩形形状中插入文本框,输入文本;❷ 插入图片"光盘\素材文件\第3章\企业宣传\人才.jpg"图片并选中,单击【图片工具/格式】选项卡【大小】组中的【裁剪】下拉按钮;❸ 在弹出的下拉列表中选择【裁剪为形状】选项;❹ 在弹出的级联列表中选择【椭圆】工

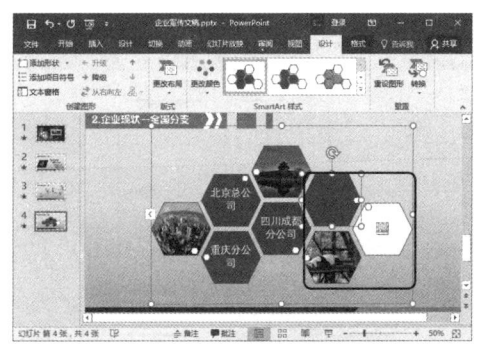

Word/Excel/PPT
在文秘与行政管理中的应用

具○，如下图所示。

第2步 ❶单击【图片工具/格式】选项卡【大小】组中的【裁剪】按钮；❷将图片裁剪成圆形，如下图所示。

第3步 使用相同的方法制作另一半幻灯片，如下图所示。

3.4.8 制作"团队介绍"幻灯片

在"团队介绍"幻灯片中需要插入设计师照片和人物介绍，具体操作步骤如下。

第1步 ❶新建一张幻灯片，插入横排文本框并输入标题文本；❷然后使用【箭头：V形】工具»绘制形状，并设置形状样式，如下图所示。

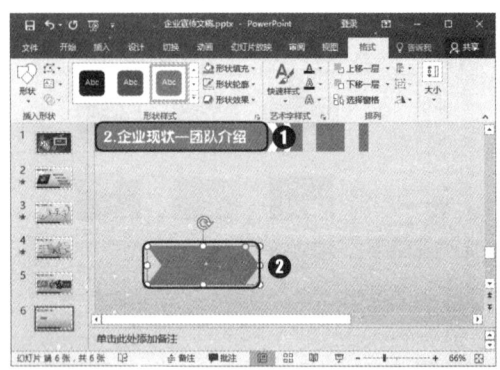

第2步 ❶在形状中插入文本框，输入文本并设置字体样式；❷插入"光盘\素材文件\第3章\企业宣传\团队1.jpg"图片，并裁剪为圆形，如下图所示。

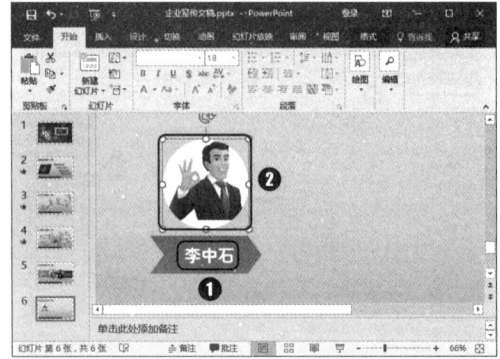

第3步 在【图片工具/格式】选项卡的【图片样式】组中设置图片边框颜色和边框粗细，如下图所示。

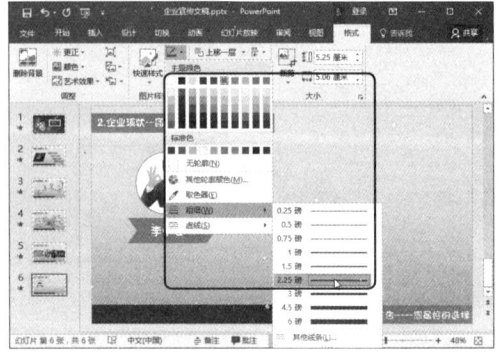

第3章
员工招聘与录用管理

第4步 在下方插入横排文本框，输入介绍文本，如下图所示。

第5步 复制形状，并更改形状填充颜色，如下图所示。

第6步 使用相同的方法制作其他设计师介绍，如下图所示。

3.4.9 制作"项目介绍"幻灯片

在"项目介绍"幻灯片中插入项目图片，然后对项目进行简单的介绍，具体操作步骤如下：

第1步 ❶ 新建一张幻灯片，插入横排文本框输入标题文本；❷ 插入"光盘\素材文件\第3章\企业宣传\广告1.jpg"图片，并将其裁剪为【流程图：资料带】形状，如下图所示。

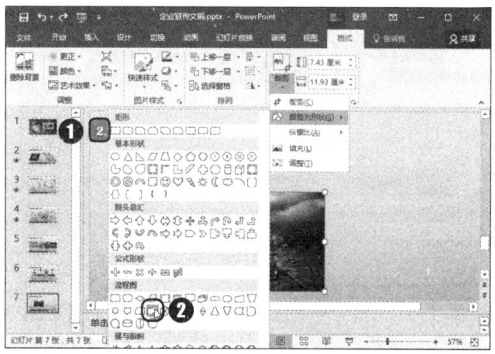

第2步 在图片下方插入文本框，输入文字并设置文本样式，如下图所示。

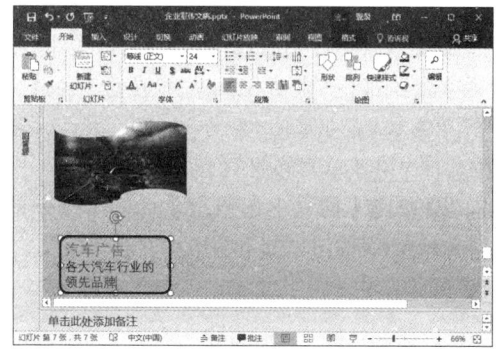

第3步 插入"光盘\素材文件\第3章\企业宣传\广告2.jpg"图片，将其裁剪为【流程图：资料带】形状，然后将图片移动到前一图片后面，如下图所示。

第4步 使用相同的方法插入文本框和其他图片，如下图所示。

3.4.10 制作"主要业务"幻灯片

在"主要业务"幻灯片中需要插入SmartArt图形，具体操作步骤如下。

第1步 ❶ 新建一张幻灯片，插入横排文本框，输入标题文本，分别插入"光盘\素材文件\第3章\企业宣传\业务1.jpg""光盘\素材文件\第3章\企业宣传\业务2.jpg""光盘\素材文件\第3章\企业宣传\业务3.jpg"图片；❷ 单击【插入】选项卡【插图】组中的【SmartArt】按钮，如下图所示。

第2步 ❶ 打开【选择SmartArt图形】对话框，选择【垂直图片列表】样式；❷ 单击【确定】按钮，如下图所示。

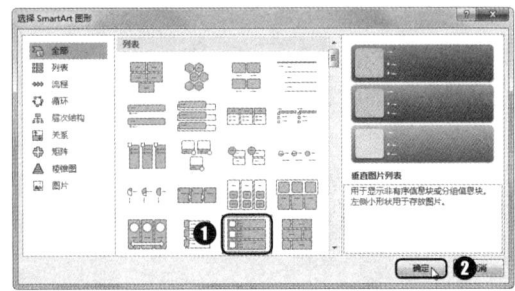

第3步 拖动SmartArt图形四周的控制点，调整图形的大小，并移动其位置，如下图所示。

第4步 单击SmartArt图形中的图标，如下图所示。

第5步 ❶ 打开【插入图片】对话框，选择"光盘\素材文件\第3章\企业宣传\图标3.jpg"图片；❷ 在右侧的文本占位符中输入文本介绍，如下图所示。

第6步 使用相同的方法插入其他图片和文本，如下图所示。

3.4.11 制作"企业理念"幻灯片

在"企业理念"幻灯片中插入形状和文本框并输入文本，具体操作步骤如下。

第1步 新建一张幻灯片，插入横排文本框，输入标题文本，使用【六边形】工具绘制一个六边形，并设置形状样式，然后在形状中插入文本，并设置字体格式，如下图所示。

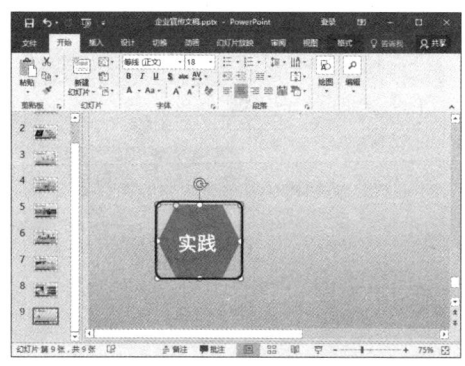

第2步 使用【直线】工具绘制直线，并在【设置形状格式】窗格中设置【箭头末端类型】为【圆形箭头】，如下图所示。

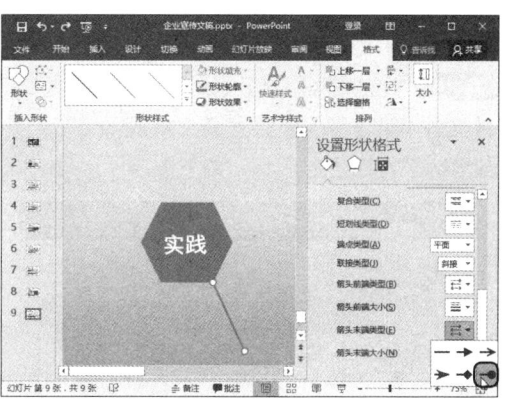

第3步 插入文本框并输入文本，然后设置文本样式，如下图所示。

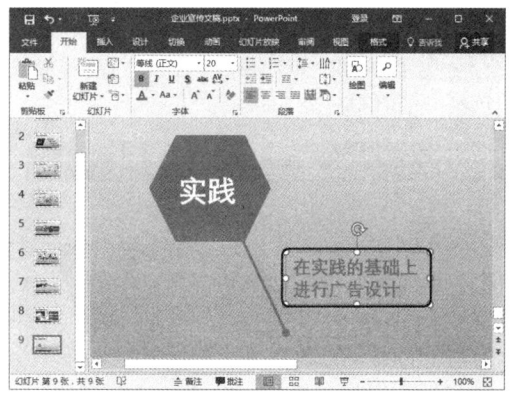

第4步 使用相同的方法绘制其他形状，并插入文本框，输入文本，如下图所示。

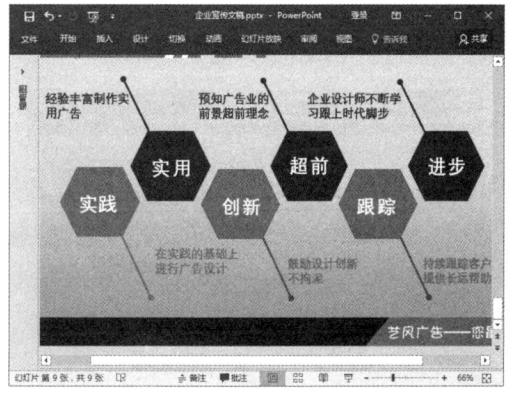

3.4.12 制作封底幻灯片

封底幻灯片作为演示文稿的完结幻灯片，多以图片和简单的文字结尾，具体操作步骤如下。

第1步 新建一张幻灯片，插入图片"光盘\素材文件\第3章\企业宣传\封底.jpg"，并裁剪为平行四边形形状，如下图所示。

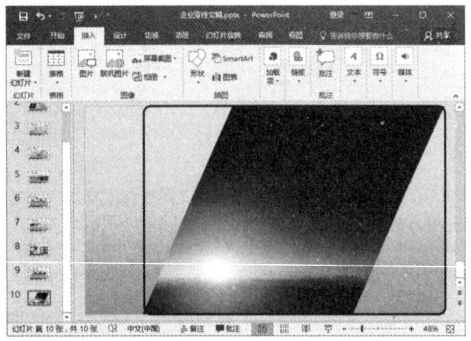

第2步 插入两个矩形形状，并分别设置形状样式，如下图所示。

第3步 在矩形中插入文本框并输入封底文本，然后设置字体样式，如下图所示。

3.4.13 设置幻灯片的播放

幻灯片制作完成后，需要为其设置切换方式，具体操作步骤如下。

第1步 ❶单击【切换】选项卡【切换到此幻灯片】组中的【切换效果】下拉按钮；❷在弹出的下拉列表中选择一种切换方式，如下图所示。

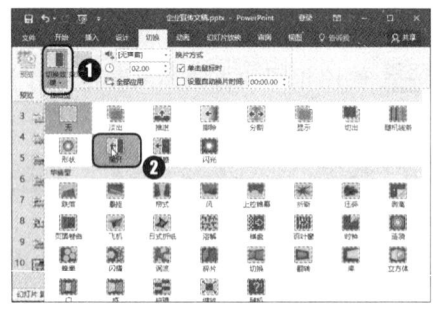

第2步 单击【切换】选项卡【计时】组中的【全部应用】按钮，将切换效果应用到全部幻灯片，如下图所示。

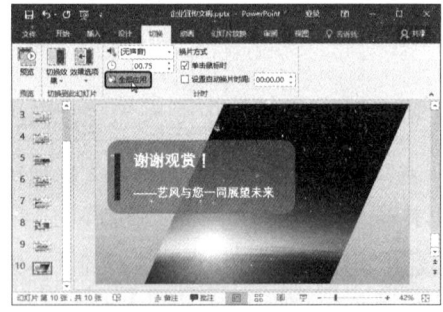

第3步 ❶在【切换】选项卡的【计时】组中选中【设置自动换片时间】复选框；❷在微调框中设置换片时间，如下图所示。

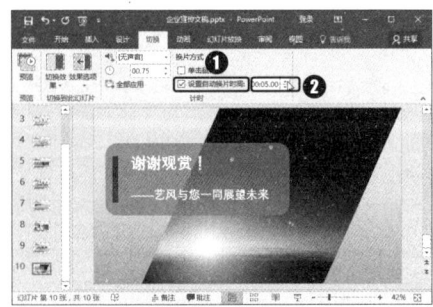

第3章
员工招聘与录用管理

第4步 设置完成后，单击【快速访问工具栏】中的【从头开始】按钮播放幻灯片，如下图所示。

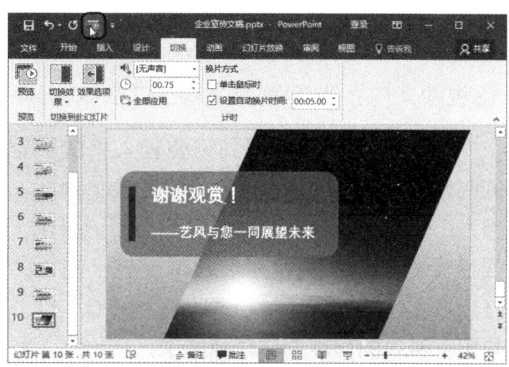

大神支招

通过前面知识的学习，相信读者已经掌握了在文秘与行政工作尤其是在招聘与录用工作中制作相关文档的基本操作。下面结合本章内容介绍一些工作中的实用经验与技巧。

01 对符号设置快捷键

视频文件：光盘\视频文件\第3章\01.mp4

在编辑文档的过程中，当需要在不同的地方重复插入同一种符号时，可以为该符号设置快捷键，以提高工作效率。为符号设置快捷键的操作步骤如下。

第1步 ❶打开【符号】对话框，选择需要设置快捷键的符号；❷单击左下角的【快捷键】按钮，如下图所示。

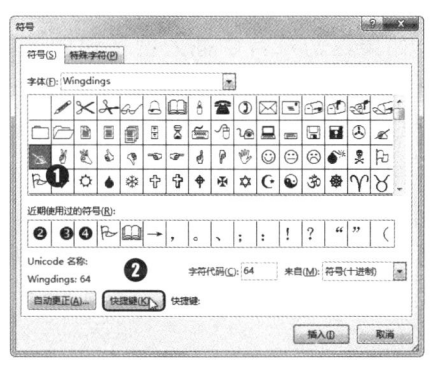

第2步 ❶弹出【自定义键盘】对话框，将光标定位到【请按新快捷键】文本框中，然后在键盘上按下需要设置的快捷键，该快捷键即可显示在文本框中；❷单击【指定】按钮，即可将所设快捷键添加到【当前快捷键】列表框中；❸单击【关闭】按钮，返回文档中使用快捷键即可为文档添加符号，如下图所示。

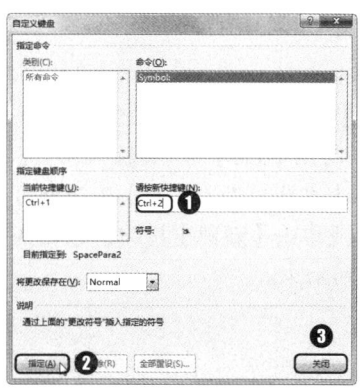

02 使用"记录单"添加数据

📀 视频文件：光盘\视频文件\第3章\02.mp4

在工作中经常会遇到需要输入大量数据的时候，此时可以使用Excel的记录单功能。因为Excel 2016的功能区默认不显示记录单，要使用此功能，需要在任意单元格上右击，然后依次按【Alt】键、【D】键和【O】键。使用记录单的具体操作步骤如下。

第1步 打开"光盘\素材文件\第3章\工资表.xlsx"工作簿，单击数据列表任意单元格，然后依次按【Alt】键、【D】键和【O】键，出现数据列表对话框，单击【新建】按钮，如下图所示。

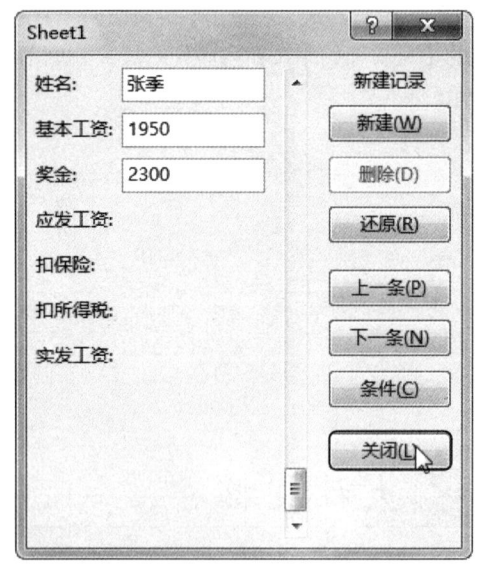

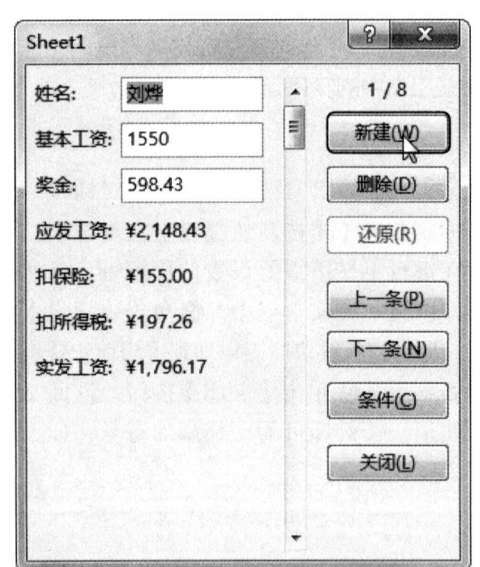

第2步 在空白的文本框中输入相关信息，用户可以用【Tab】键切换，输入完成后按【Enter】键或单击【关闭】按钮即可关闭对话框，或单击【新建】按钮继续输入数据，如下图所示。

第3步 新增的数据已经显示到数据列表中。输入数据时，应发工资、扣保险、扣所得税、实发工资项是利用公式计算的，Excel 会自动添加到新记录中，如下图所示。

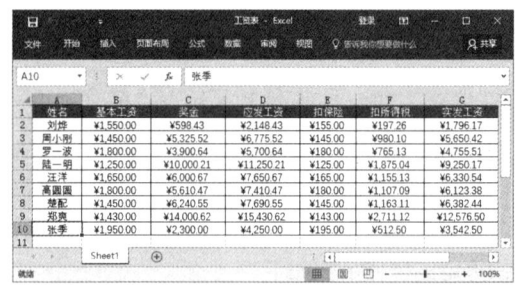

03 隐藏重叠的多个对象

📀 视频文件：光盘\视频文件\第3章\03.mp4

如果在幻灯片中插入很多对象，如图片、文本框、图形等，在编辑这些对象时将不可避免地重叠在一起，妨碍操作，为了让它们暂时消失可以通过以下方法实现。

第1步 打开"光盘\素材文件\第3章\楼盘简介.pptx"文件，在【开始】选项卡【编辑】

第3章
员工招聘与录用管理

组中选择【选择】→【选择窗格】命令，如下图所示。

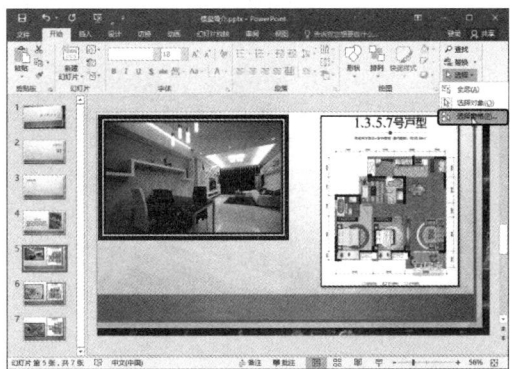

第2步 在工作区域的右侧会出现【选择】窗格。在该窗格中列出了所有当前幻灯片上的对象，并且在每个对象右侧都有一个【眼睛】图标，单击想隐藏的对象右侧的【眼睛】图标，就可以把挡住视线的【形状】隐藏起来。隐藏后图标变为 ，如果需要再次显示该形状，单击 图标即可，如下图所示。

第4章
员工培训管理

本章导读

在文秘与行政工作中,员工培训管理是必不可少的工作,本章将通过制作培训会议通知、公司组织结构图、员工培训计划表和员工入职培训演示文稿,介绍在员工培训管理工作中经常用到的文档的制作方法。

知识要点

- ❖ 绘制自选图形
- ❖ 插入与设置SmartArt图形
- ❖ 设置表格页面格式
- ❖ 在Excel中添加页眉与页脚
- ❖ 使用模板创建PPT
- ❖ 设置幻灯片切换效果

4.1 使用Word制作培训会议通知

案例背景

会议通知是上级对下级、组织对成员或平行单位之间部署工作、传达事情或召开会议等所使用的应用文。本例将制作一份会议通知，并规范通知的格式，然后通过打印、共享等方法将通知下达到各部门。

本例将制作培训会议通知，并通过共享功能传达通知，制作完成后的效果如下图所示。实例最终效果见“光盘\结果文件\第4章\员工培训会议通知.docx”文件。

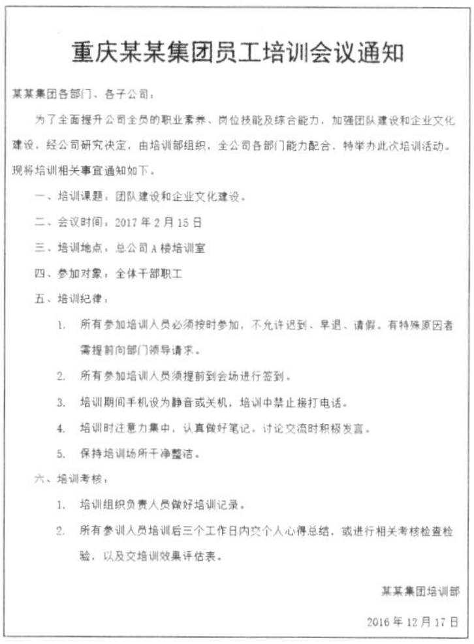
重庆某某集团员工培训会议通知

某某集团各部门、各子公司：

为了全面提升公司全员的职业素养、岗位技能及综合能力，加强团队建设和企业文化建设，经公司研究决定，由培训部组织，全公司各部门能力配合，特举办此次培训活动。现将培训相关事宜通知如下。

一、培训课题：团队建设和企业文化建设。

二、会议时间：2017年2月15日

三、培训地点：总公司A楼培训室

四、参加对象：全体干部职工

五、培训纪律：

1. 所有参加培训人员必须按时参加，不允许迟到、早退、请假。有特殊原因者需提前向部门领导请求。
2. 所有参加培训人员须提前到会场进行签到。
3. 培训期间手机设为静音或关机，培训中禁止接打电话。
4. 培训时注意力集中，认真做好笔记。讨论交流时积极发言。
5. 保持培训场所干净整洁。

六、培训考核：

1. 培训组织负责人员做好培训记录。
2. 所有参训人员培训后三个工作日内交个人心得总结，或进行相关考核检查检验，以及交培训效果评估表。

某某集团培训部

2016年12月17日

光盘文件	素材文件	光盘\素材文件\第4章\培训通知.txt
	结果文件	光盘\结果文件\第4章\员工培训会议通知.docx
	教学视频	光盘\视频文件\第4章\4.1使用Word制作培训会议通知.mp4

4.1.1 输入通知内容

培训通知的结构包括时间、地点、参加人员和培训标题等内容，内容输入完成后，还需要对文件内容的文字格式进行相应的设置。

1. 使用编号录入通知内容

在输入会议的时候，有一些条例使用编号来录入会显得条理清晰，下面介绍使用编号录入通知内容的方法。

第1步 ❶新建一个名为“员工培训会议通知.docx”的空白文档，根据“光盘\素材文件\第4章\培训通知.txt”素材文档在文档中输入标题和正文内容，并设置段落样式为【首行缩进，2字符】；❷需要插入编号时，单击【开始】选项卡【段落】组中的【编号】下拉按钮▼；❸在弹出的下拉菜单中选择一种编号样式，如下图所示。

Word/Excel/PPT
在文秘与行政管理中的应用

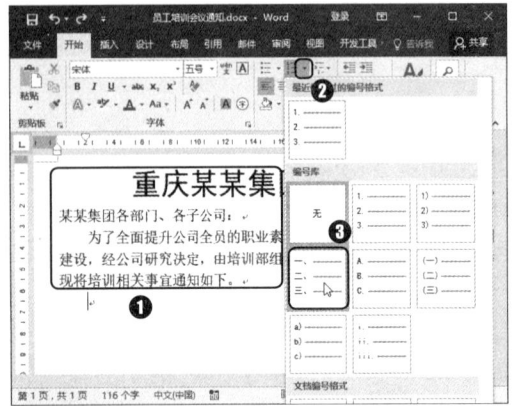

第2步 编号将插入文档中，输入通知内容后按【Enter】键将自动键入下一个编号，继续输入内容即可，如下图所示。

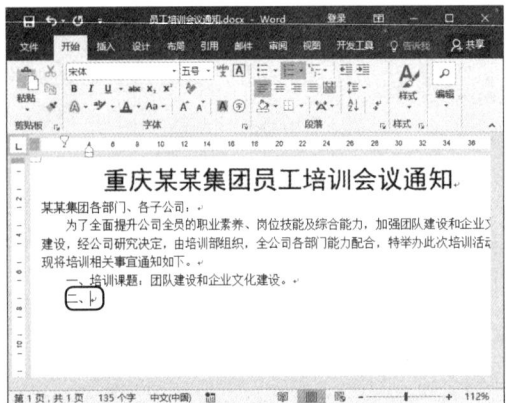

教您一招

设置编号样式

在【编号】下拉列表中选择【定义新编号样式】，在打开的【定义新编号格式】对话框中，可以设置编号的样式、字体、对齐方式等。

第3步 ❶如果需要在编号下输入二级编号，在按【Enter】键后再按【Tab】键即可自动创建二级编号，选择编号；❷单击【开始】选项卡【段落】组中的【编号】下拉按钮；❸在弹出的下拉菜单中选择需要的编号样式，如下图所示。

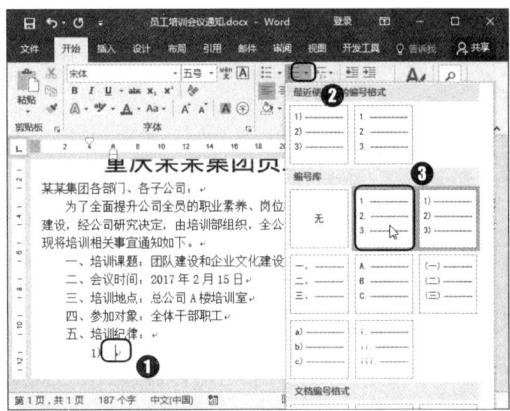

第4步 二级编号输入完成后，如果要返回一级编号，在按【Enter】键后再按【Shift+Tab】组合键即可返回一级编号，如下图所示。

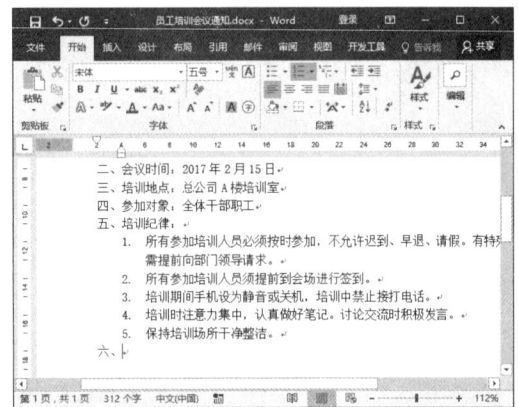

第5步 内容输入完成后，如果不再使用编号，连续按三次【Enter】键即可取消自动键入编号，如下图所示。

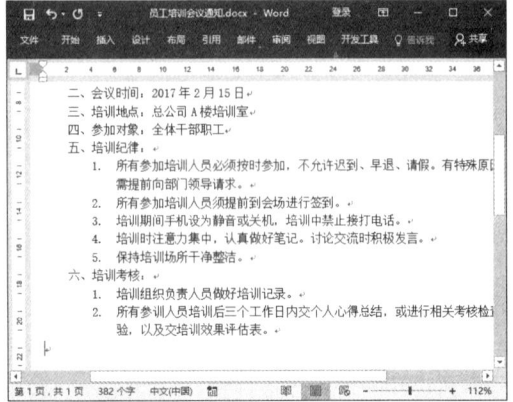

2. 自动插入当前日期

在输入了正文内容之后，需要在通知的底部插入落款和日期，操作方法如下。

第1步 ❶ 输入发出通知的部门名称，然后按【Enter】键切换到下一行；❷ 单击【插入】选项卡【文本】组中的【日期和时间】按钮，如下图所示。

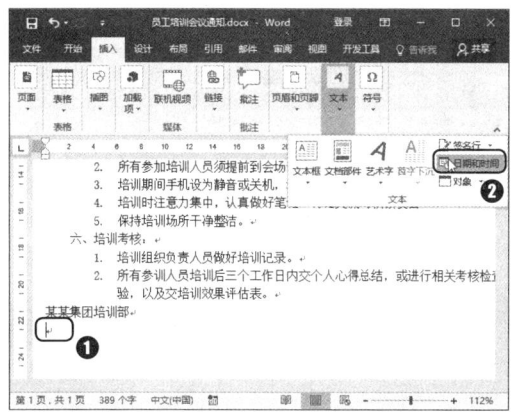

第2步 ❶ 弹出【日期和时间】对话框，在【可用格式】列表框中选择一种日期格式；❷ 单击【确定】按钮，如下图所示。

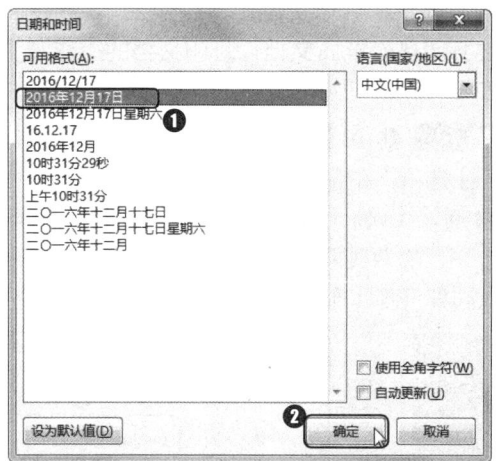

第3步 ❶ 返回文档中即可查看到当前日期已经插入，选择落款部门和日期；❷ 单击【开始】选项卡【段落】组中的【右对齐】按钮，如下图所示。

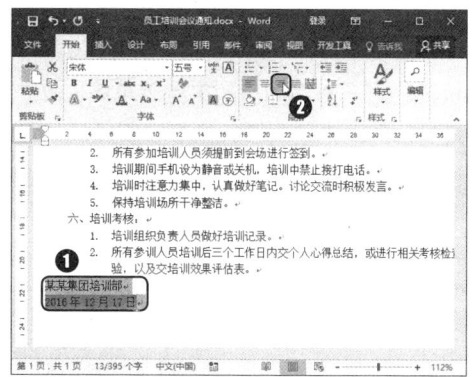

第4步 ❶ 将光标定位到标题段落中；❷ 单击【开始】选项卡【段落】组中的【行和段落间距】下拉按钮；❸ 在弹出的下拉菜单中选择【增加段落后的空格】选项，如下图所示。

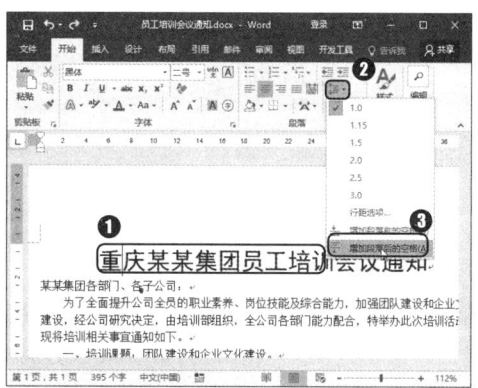

第5步 ❶ 选中正文段落；❷ 单击【开始】选项卡【段落】组中的【行和段落间距】下拉按钮；❸ 在弹出的下拉菜单中选择【1.5】选项，如下图所示。

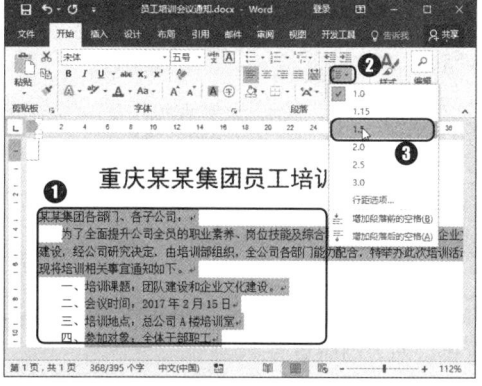

第6步 ❶选中落款和日期段落；❷单击【开始】选项卡【段落】组中的【行和段落间距】下拉按钮 ；❸在弹出的下拉菜单中选择【增加段落前的空格】选项，如下图所示。

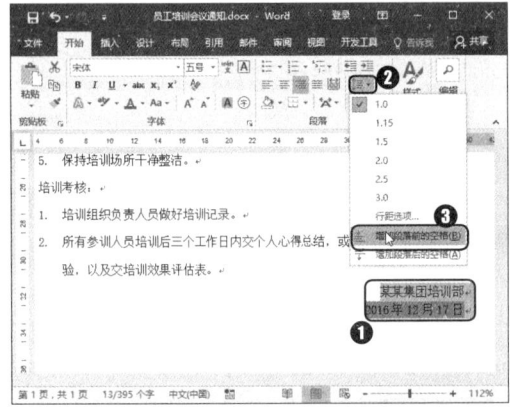

4.1.2 保护通知文档

培训通知文档制作完成后，为了防止他人不小心误操作导致的修改，可以将其标记为最终状态，操作方法如下。

第1步 ❶在【文件】选项卡中单击【信息】选项；❷单击【保护文档】下拉按钮，在弹出的下拉菜单中选择【标记为最终状态】选项；❸在弹出的提示对话框中单击【确定】按钮，如下图所示。

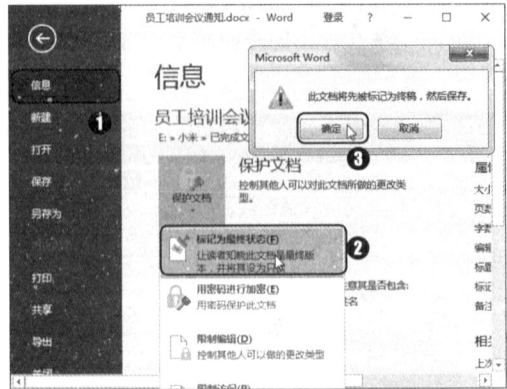

第2步 在弹出的提示对话框中单击【确定】按钮，如下图所示。

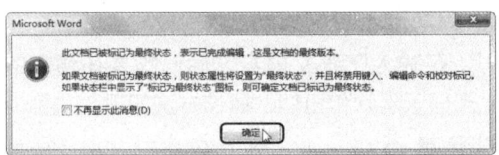

第2步 返回文档中，可以查看到菜单栏下方显示的【标记为最终版本】提示框。如果此时需要更改文档内容，可单击【仍然编辑】按钮继续编辑，如下图所示。

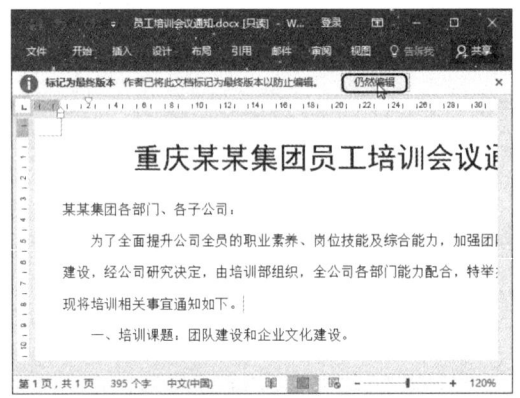

4.1.3 打印通知

为了将通知文档分发到各部门，往往需要打印多份纸质文档，打印文档的操作方法如下。

第1步 ❶在【文件】选项卡中单击【打印】选项，在右侧窗格中可以预览会议通知；❷确认无误后在中间窗格设置打印机、打印范围、份数等参数；❸完成后单击【打印】按钮即可打印通知文档，如下图所示。

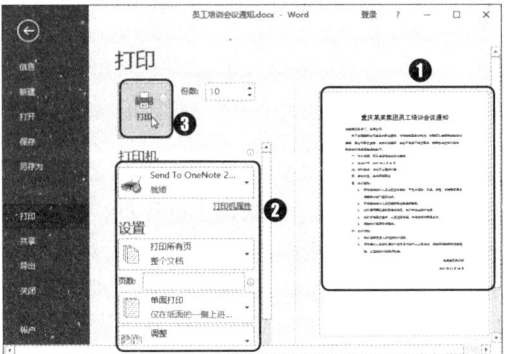

第4章
员工培训管理

4.1.4 通过邮件共享文档

在日常工作中，除了可以通过打印通知文档来分发通知文档外，还可以通过共享功能共享文档，操作方法如下。

第1步 ❶在文件选项卡单击【共享】选项；❷在中间窗格选择共享方式，如【电子邮件】；❸在右侧窗格中选择电子邮件的形式，如【作为附件发送】，如下图所示。

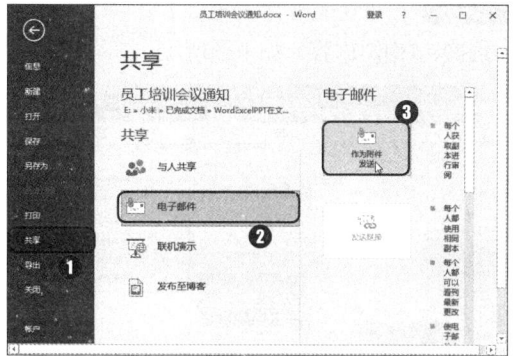

第2步 ❶将自动启动 Outlook 程序，并自动将文档添加到附件，在收件人文本框中输入收件人的电子邮件地址；❷在下方的文本框中输入电子邮件的内容；❸单击【发送】按钮即可，如下图所示。

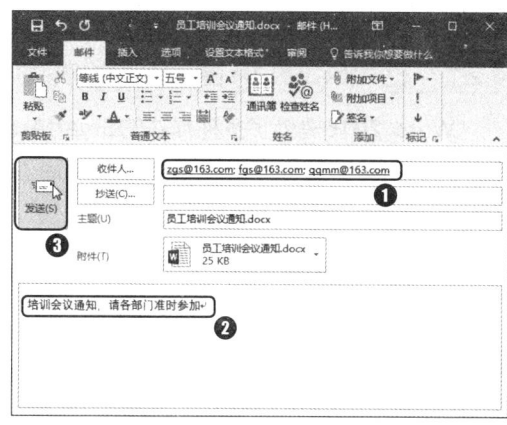

> **温馨提示**
>
> 在如果是第一次使用Outlook，在启动时需要关联电子邮箱，用户根据提示操作即可。

4.2 使用Word制作公司组织结构图

案例背景

公司组织结构图可以直观地表明公司各部门之间的关系，是公司的流程运转、部门设置及职能规划等最基本的结构依据。

本例将制作公司组织结构图，制作完成后的效果如下图所示。实例最终效果见"光盘\结果文件\第4章\公司组织结构图.docx"文件。

Word/Excel/PPT
在文秘与行政管理中的应用

光盘文件	素材文件	光盘\素材文件\第4章\公司组织结构图.docx
	结果文件	光盘\结果文件\第4章\公司组织结构图.docx
	教学视频	光盘\视频文件\第4章\4.2使用Word制作公司组织结构图.mp4

4.2.1 使用SmartArt图形制作结构图

Word 2016提供了多种样式的SmartArt图形，用户可根据需要选择适当的样式插入文档中。

1. 插入SmartArt图形

插入SmartArt图形的具体步骤如下。

第1步 ❶打开素材文件"光盘\素材文件\第4章\公司组织结构图.docx"，将光标定位到标题的下方；❷单击【插入】选项卡【插图】组中的【SmartArt】按钮，如下图所示。

第2步 ❶弹出【选择SmartArt图形】对话框，在左侧列表框中选择图形类型；❷在右侧列表框中选择具体的图形布局；❸单击【确定】按钮，如下图所示。

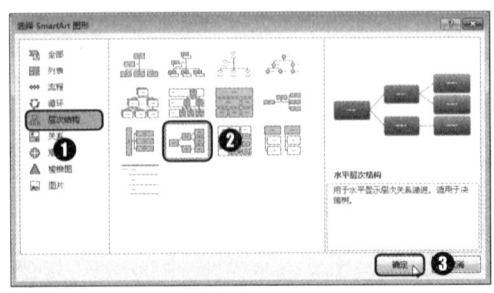

2. 添加内容文本

插入SmartArt图形之后，就可以在图形中添加文本内容了，具体操作步骤如下。

第1步 在【在此处键入文本】窗格中输入公司组织结构图内容，如下图所示。

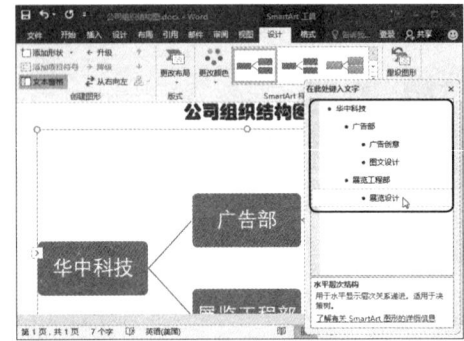

第2步 ❶单击第二级图形；❷切换到【SmartArt工具/设计】选项卡，在【创建图形】组中单击【添加形状】按钮右侧的下拉按钮 ;❸在弹出的下拉列表中选择【在后面添加形状】选项，如下图所示。

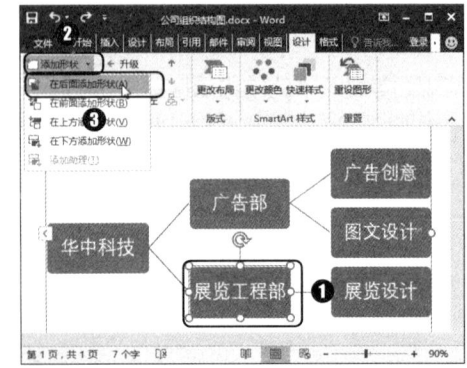

第3步 ❶单击新建的第二级图形直接输入文本；❷选择新建的图形，在【SmartArt工具/设计】选项卡【创建图形】组中单击【添加形状】按钮右侧的下拉按钮 ;❸在弹出的

第4章
员工培训管理

下拉列表中选择【在下方添加形状】选项，如下图所示。

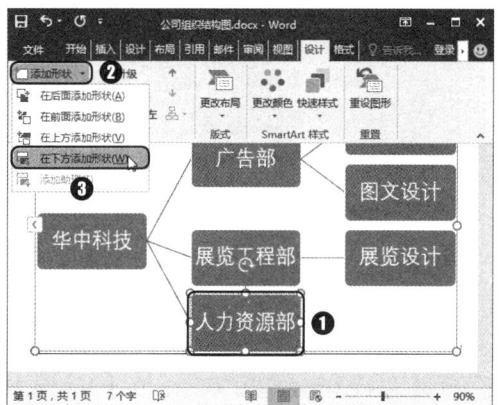

第4步 使用相同的方法在其他形状下方添加形状，并输入文本。完成后的效果如下图所示。

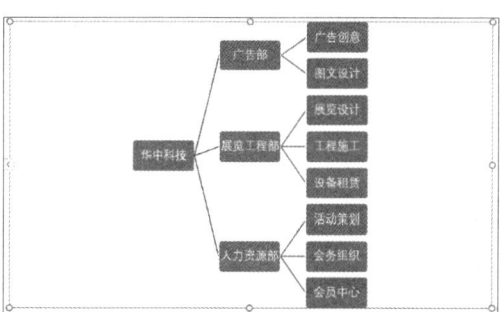

温馨提示

在SmartArt图形制作完成后，有时还需要升级或降级形状，此时单击【SmartArt工具/格式】选项卡【创建图形】组中的【升级】按钮或【降级】按钮即可。

4.2.2 设置组织结构图样式

制作好SmartArt图形之后，为了使其更加美观，可以对图形做一些修饰。下面更改组织结构图的布局，并为组织结构图添加一些修饰。

第1步 ❶选中SmartArt图形，单击【SmartArt工具/设计】选项卡【版式】组中的【更改布局】下拉按钮；❷在弹出的下拉列表中选择

需要的布局，如下图所示。

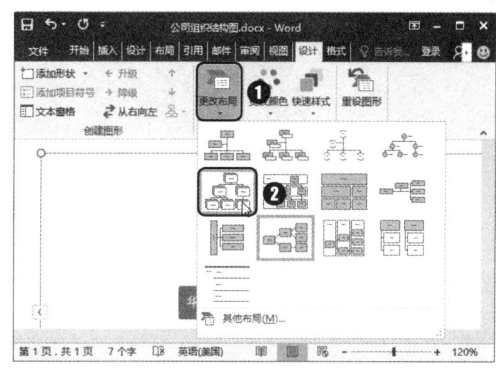

第2步 按【Crtl】键依次单击最后一个层次的形状选择全部形状，通过拖动鼠标的方式调整大小，如下图所示。

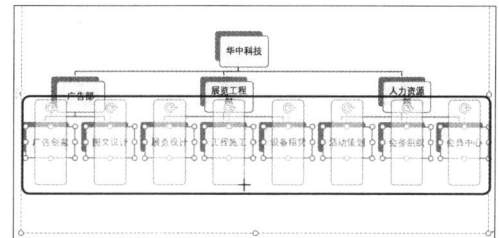

第3步 ❶选择第一层的图形；❷单击【SmartArt工具/格式】选项卡【形状】组中的【更改形状】下拉按钮；❸在弹出的下拉列表中选择【折角形】选项，如下图所示。

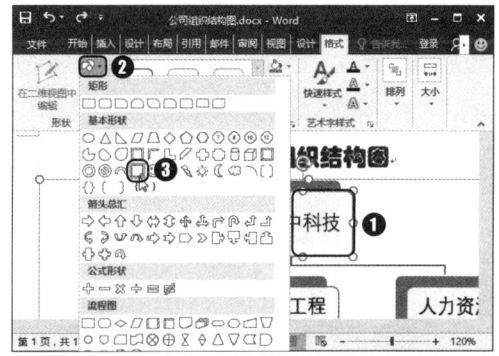

第4步 ❶选中SmartArt图形，单击【SmartArt图形/设计】选项卡【SmartArt样式】组中的【更改颜色】下拉按钮；❷在弹出的下拉列表中选择需要的颜色选项，如下图所示。

Word/Excel/PPT
在文秘与行政管理中的应用

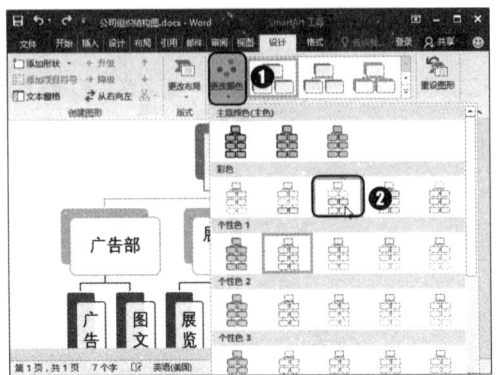

第5步 ❶ 保持图形的选中状态，单击【SmartArt图形/设计】选项卡【SmartArt样式】组中的【快速样式】下拉按钮；❷ 在弹出的下拉列表中选择需要的外观样式，如下图所示。

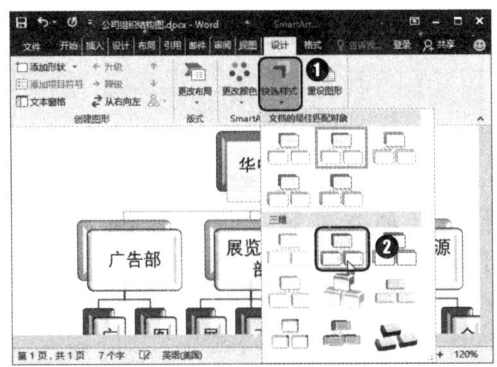

第6步 保持图形的选中状态，在【SmartArt

图形/格式】选项卡的【艺术字样式】组中选择一种艺术字样式，如下图所示。

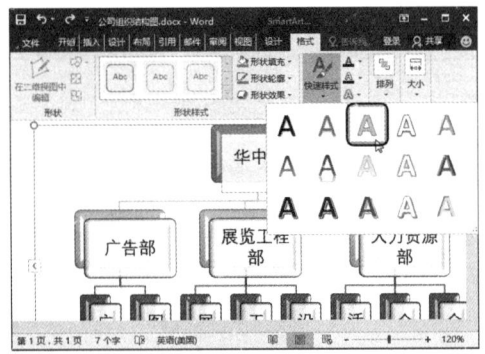

第7步 保持图形的选中状态，在【开始】选项卡的【字体】组中设置字体为【华文行楷】即可，如下图所示。

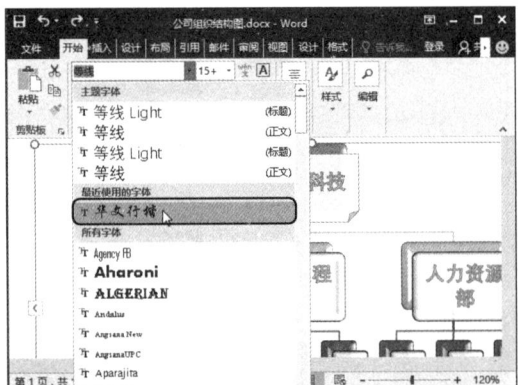

4.3 使用Excel制作员工培训计划表

案例背景

　　计划包括规划、设想、计划、要点、方案和安排等种类，是文秘办公过程中经常涉及的文档之一。制订计划能使工作有明确的目标和具体的实施步骤，从而协调大家的行动，增加工作的主动性，减少盲目性，使工作有条不紊地进行。

　　本例将制作员工培训计划表。制作完成后的效果如下图所示。实例最终效果见"光盘\结果文件\第4章\员工培训计划表.xlsx"文件。

第4章
员工培训管理

光盘文件	素材文件	无
	结果文件	光盘\结果文件\第4章\员工培训计划表.xlsx
	教学视频	光盘\视频文件\第4章\4.3使用Excel制作员工培训计划表.mp4

4.3.1 输入表格数据

首先需要新建一个空白文档，然后输入需要的表格内容。

1. 设置数据文本格式

在输入表格数据时，一些特殊的数据需要先经过设置后才能正确显示。下面介绍设置数据文本格式的操作步骤。

第1步 ❶ 新建一个名为"员工培训计划表.xlsx"的空白工作簿，输入表名和表头内容，然后选择A3单元格；❷ 单击【开始】选项卡【数字】组中的【数字格式】下拉按钮▼；❸ 在弹出的下拉菜单中选择【文本】选项，如下图所示。

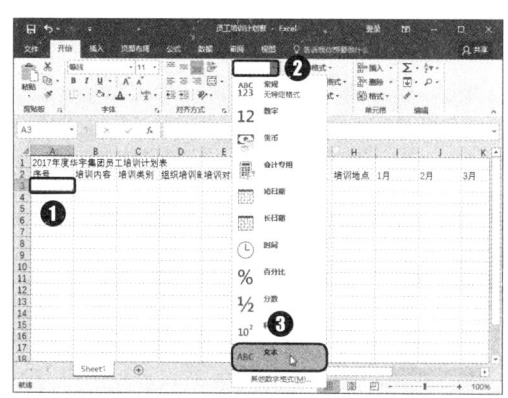

第2步 在A3单元格中输入【01】，将鼠标指针移动到A3单元格的右下角，当鼠标指针变为+形状时，按住鼠标左键向下拖动到合适的位置，然后释放鼠标左键即可自动填充数据，如下图所示。

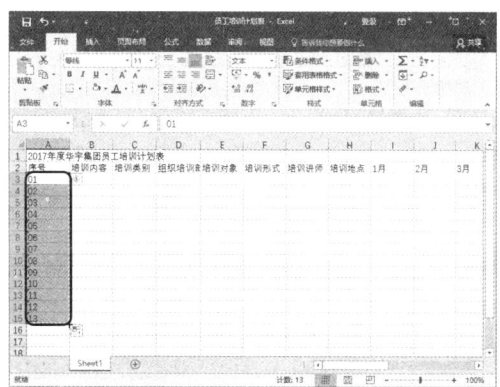

2. 插入特殊符号

在输入了表格数据后，在培训日期处添加特殊符号，以标明培训的时间，具体操作步骤如下。

第1步 ❶ 输入其他数据；❷ 选择I3单元格；❸ 单击【插入】选项卡【符号】组中的【符号】按钮，如下图所示。

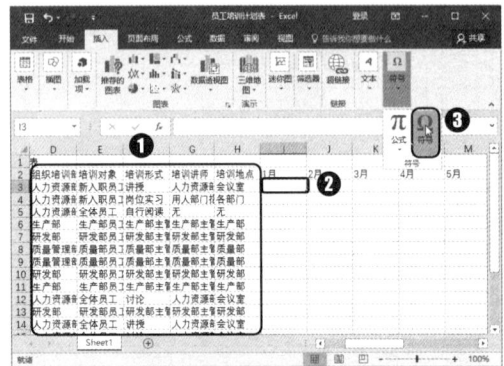

第2步 ❶ 弹出【符号】对话框，在【字体】下拉列表中选择【Adobe 仿宋 Std R】选项，在【子集】下拉列表中选择【其他符号】选项；❷ 在中间的列表框中选择【★】选项；❸ 单击【插入】按钮，如下图所示。

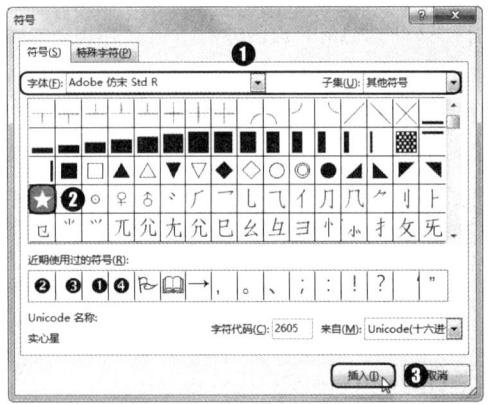

第3步 单击【关闭】按钮返回工作簿中，即可看到符号已经插入，如下图所示。

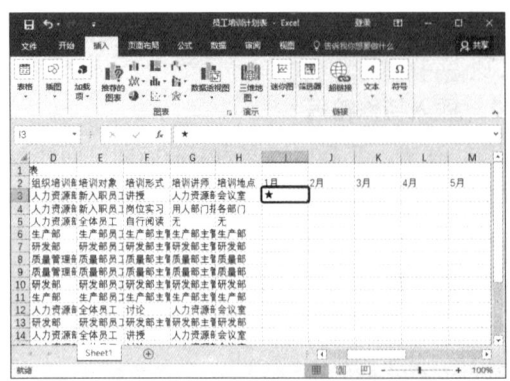

温馨提示

选择不同的字体，中间列表框的符号也会有所不同。在【符号】对话框中还会列出最近使用的符号，以方便用户选择。

第4步 使用相同的方法在其他位置插入相同的符号，如下图所示。

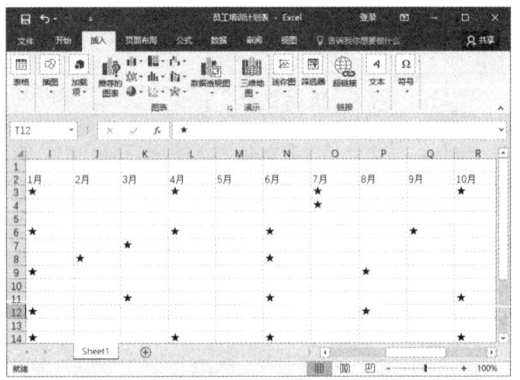

4.3.2 设置表格格式

表格数据输入完成后，还需要对表格的格式进行相应的设置。

1. 设置字体和对齐方式

设置字体和对齐方式可以突出显示表格中的各类数据，具体操作步骤如下。

第1步 ❶ 选择A1：W1单元格区域；❷ 单击【开始】选项卡【对齐方式】组中的【合并后居中】按钮，如下图所示。

第4章
员工培训管理

第2步 ❶ 选择合并后的 A1 单元格；❷ 单击【开始】选项卡【样式】组中的【单元格样式】下拉按钮；❸ 在弹出的下拉列表中选择一种主题单元格样式，如下图所示。

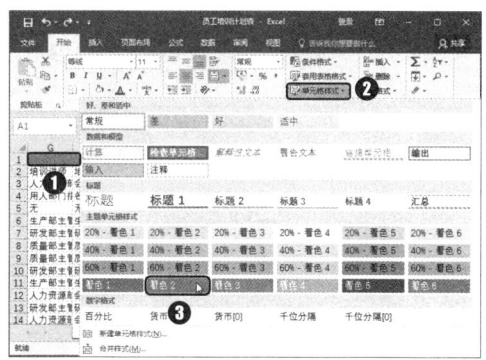

第3步 保持单元格的选中状态，在【开始】选项卡的【字体】组中设置字体为【黑体】，字号为【24】，如下图所示。

第4步 ❶ 选择 A2：W2 单元格区域；❷ 单击【开始】选项卡【字体】组中的【加粗】按钮 B，如下图所示。

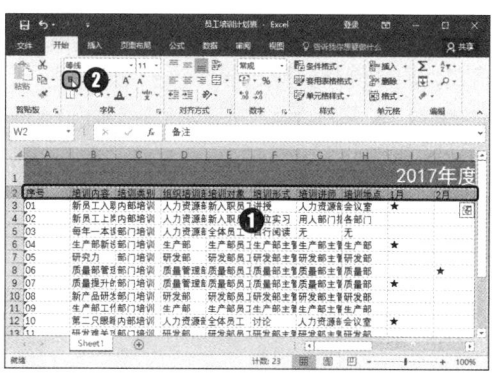

第5步 ❶ 选择所有表格区域；❷ 单击【开始】选项卡【对齐方式】组中的【自动换行】按钮，如下图所示。

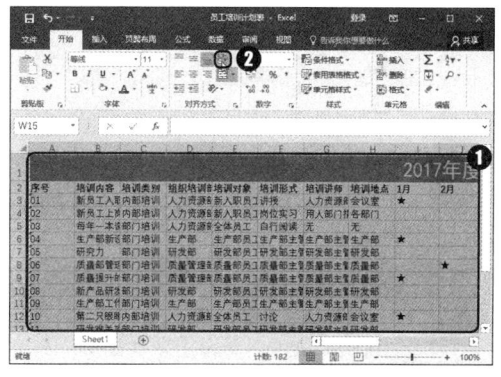

教您一招

强制换行

如果只有少数的单元格需要换行，可以将光标定位到单元格中需要的行的位置，然后按【Alt+Enter】组合键即可强制换行。

第6步 保持表格的选中状态，单击【开始】选项卡【对齐方式】组中的【居中】按钮，如下图所示。

2. 添加表格边框

表格制作完成后并没有边框线。下面介绍添加边框的方法。

第1步 ❶ 选中所有表格区域；❷ 单击【开始】选项卡【字体】组中的【边框】下拉按钮；❸ 在弹出的下拉列表中选择【所有框线】命令，如下图所示。

Word/Excel/PPT
在文秘与行政管理中的应用

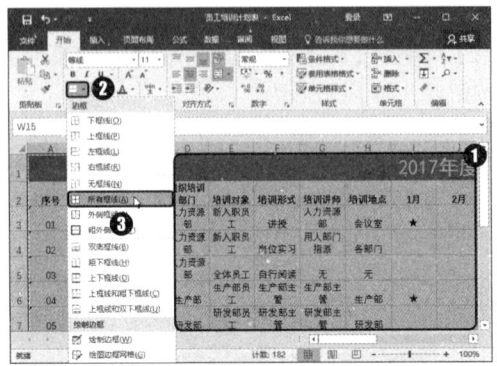

温馨提示

Excel 默认的边框图标为【下框线】，在使用了其他边框工具之后，会更改为其他边框图标。

第2步 ❶ 单击【边框】下拉按钮；❷ 在弹出的下拉列表中选择【粗外侧框线】选项，如下图所示。

4.3.3 调整表格列宽

每个单元格中的数据长短不一，但Excel会使用默认列宽，为了使表格结构更加合理，用户需要手动调整表格的列宽，具体操作步骤如下。

第1步 ❶ 选择 I2：T15 单元格区域；❷ 单击【开始】选项卡【单元格】组中的【格式】下拉按钮；❸ 在弹出的下拉菜单中选择【列

宽】选项；❹ 弹出【列宽】对话框，在【列宽】文本框中输入"3.5"；❺ 单击【确定】按钮，如下图所示。

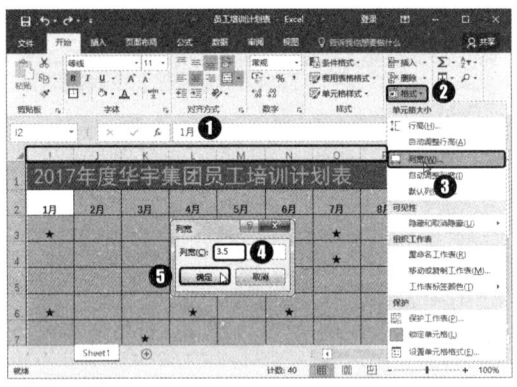

第2步 将鼠标指针移动到 A 列与 B 列之间的分隔线处，当鼠标指针变为 ✚ 形状时，按住鼠标左键不放，向左拖动鼠标，当列宽调整至合适状态时松开鼠标左键即可，如下图所示。

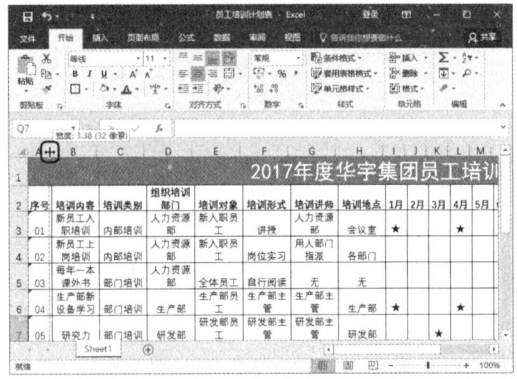

4.3.4 设置表格页面格式

在打印表格之前，可以为表格设置页面格式，具体操作步骤如下。

第1步 ❶ 单击【页面布局】选项卡【页面设置】组中的【纸张方向】下拉按钮；❷ 在弹出的下拉菜单中选择【横向】命令，如下图所示。

第4章
员工培训管理

第2步 单击【页面布局】选项卡【页面设置】组中的【页面设置】按钮，如下图所示。

第3步 ❶ 打开【页面设置】对话框，在【页面】选项卡的【缩放】选项区域中设置【缩放比例】为【80】；❷ 在【纸张大小】下拉列表中选择【A4】选项，如下图所示。

温馨提示

如果制作的Excel表格在最末一页只有几行内容，直接打印出来既不美观又浪费纸张。此时，用户可通过设置缩放比例的方法，让最后一页的内容显示到前一页中。

第4步 ❶ 切换到【工作表】选项卡；❷ 单击【顶端标题行】文本框后的 ↑ 图标，如下图所示。

第5步 ❶ 在工作簿中选择第1行和第2行；❷ 单击【关闭】按钮 返回到【页面设置】对话框，然后单击【确定】按钮，如下图所示。

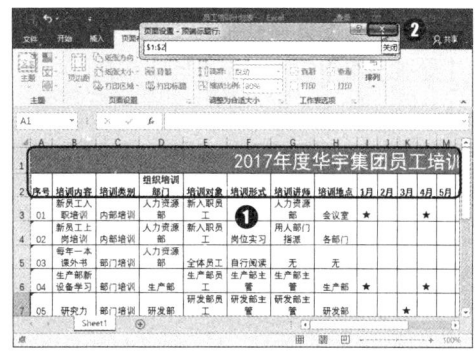

4.3.5 添加页眉和页脚

页眉和页脚可以完善表格的内容，在Excel中插入页眉和页脚的方法如下。

第1步 单击【插入】选项卡【文本】组中的

【页眉和页脚】按钮,如下图所示。

第2步 ❶进入页眉和页脚编辑模式,单击【页眉和页脚工具/设计】选项卡【页眉和页脚】组中的【页眉】下拉按钮;❷在弹出的下拉列表中选择【员工培训计划表】选项,如下图所示。

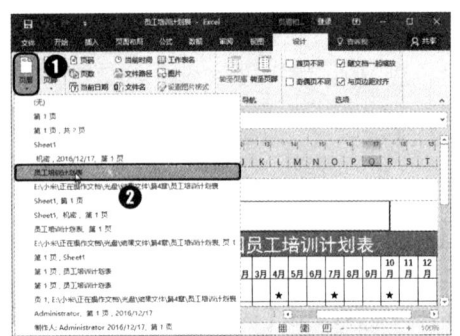

第3步 单击【页眉和页脚工具/设计】选项卡【导航】组中的【转至页脚】按钮,如下图所示。

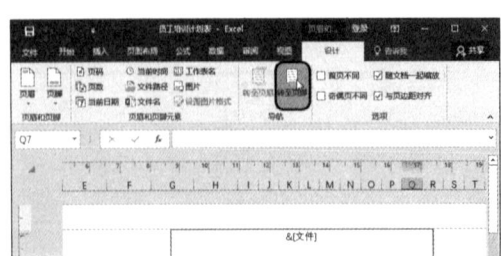

第4步 ❶单击【页眉和页脚工具/设计】选项卡【页眉和页脚】组中的【页脚】下拉按钮;❷在弹出的下拉列表中选择【机密,2016/12/17,第1页】选项,如下图所示。

第5步 ❶在页脚的左侧文本框中输入制表人和审核信息;❷在【开始】选项卡的【字体】组中设置字体为【黑体】,字号为【11】,如下图所示。

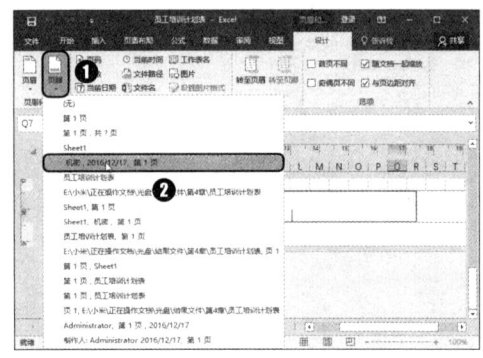

第6步 在【&[日期]】前输入【制表日期:】,并设置与上一步相同的字体格式,如下图所示。

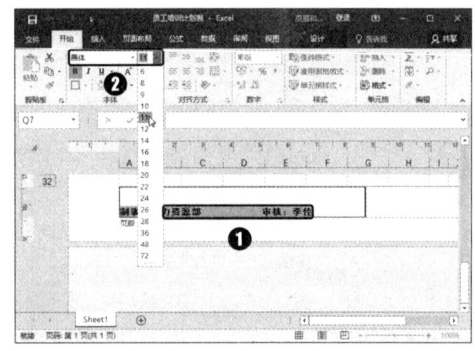

第7步 页眉页脚编辑完成后,单击【视图】选项卡【工作簿视图】组中的【普通】按钮,如下图所示。

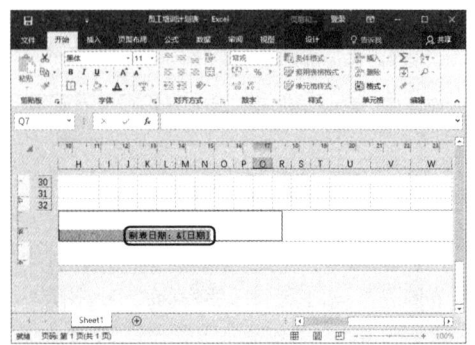

第4章 员工培训管理

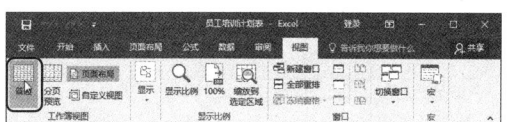
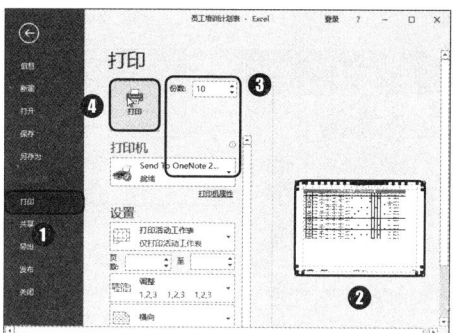

第8步 ❶在【文件】选项卡中选择【打印】选项；❷在右侧窗格中可以看到表格的预览效果；❸在中间窗格设置打印的份数、打印机等信息；❹单击【打印】按钮即可，如下图所示。

4.4 使用PPT制作员工入职培训演示文稿

案例背景

在企业中，管理层与管理层、管理层与员工、员工与员工之间都是靠沟通来掌握和传播信息、交流思想的。因此，有效沟通不仅可以解决矛盾、增进了解、融洽关系，还可以为决策者提供全面、准确、可靠的信息，保证工作质量，提高工作效率。所以，新员工进入公司后，一般都会先对其进行培训，使其掌握一定的技能，这样才能促进企业的有效发展。

本例将制作员工入职培训演示文稿，制作完成后的效果如下图所示。实例最终效果见"光盘\结果文件\第4章\新员工培训.pptx"文件。

光盘文件	素材文件	光盘\素材文件\第4章\培训演示文稿
	结果文件	光盘\结果文件\第4章\新员工培训.pptx
	教学视频	光盘\视频文件\第4章\4.4使用PPT制作员工入职培训演示文稿.mp4

4.4.1 根据模板新建演示文稿

在制作本案例时，需要先基于模板新建一个演示文稿，若在模板样式中找不到合适的内置模板，还可以通过搜索操作，下载新的模板，具体操作步骤如下。

第1步 启动PowerPoint 2016，在打开的界面右侧选择需要的模板，如选择【库】模板，如下图所示。

第2步 在打开的对话框中会显示该模板的预览图，如果确认使用该模板，可单击【创建】按钮，如下图所示。

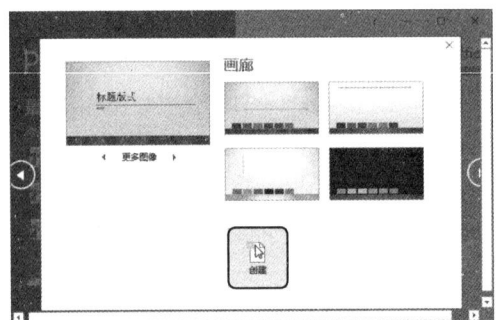

第3步 ❶此时PowerPoint窗格中将创建一个基于【库】模板的演示文稿，单击【保存】按钮，在打开的界面左侧选择【另存为】选项；❷在中间窗格选择【浏览】选项，如下图所示。

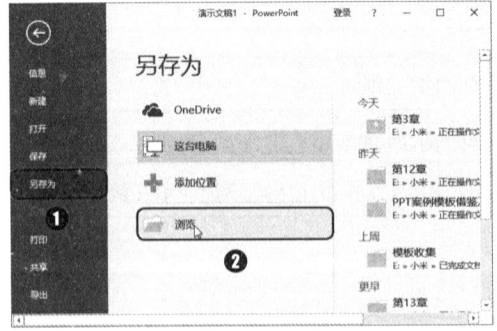

第4步 ❶打开【另存为】对话框，在地址栏中设置演示文稿保存的位置；❷在【文件名】文本框中输入"新员工培训"文本；❸单击【保

存】按钮，如下图所示。

第5步 ❶返回幻灯片编辑区，单击【设计】选项卡【变体】组中的【其他】按钮；❷在弹出的列表框中选择第3种选项，如下图所示。

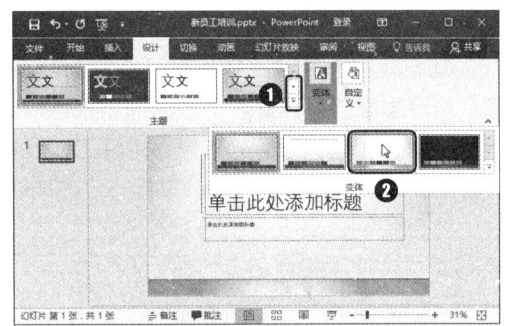

4.4.2 添加幻灯片内容

下面来介绍新建幻灯片并在幻灯片中添加相应的内容操作步骤。

第1步 在标题占位符和副标题占位符中输入标题和副标题，然后在【开始】选项卡的【字体】组中设置相应的字体格式，如下图所示。

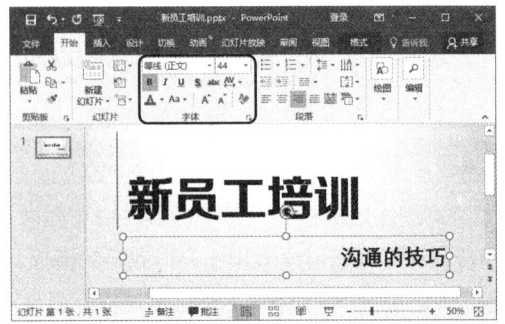

第4章
员工培训管理

第2步 按两次【Enter】键，新建第2张和第3张幻灯片，并输入相应的文本，然后选择第2张幻灯片；❶ 单击【开始】选项卡【段落】组中的【项目符号】下拉按钮；❷ 在弹出的下拉列表中选择一种项目符号样式，如下图所示。

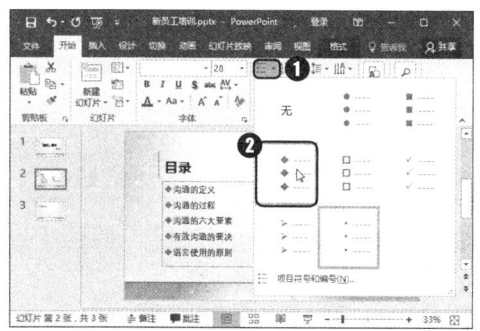

第3步 ❶ 选择内容占位符；❷ 单击【开始】选项卡【段落】组中的【添加或删除栏】下拉按钮；❸ 在弹出的下拉菜单中选择【两列】选项，如下图所示。

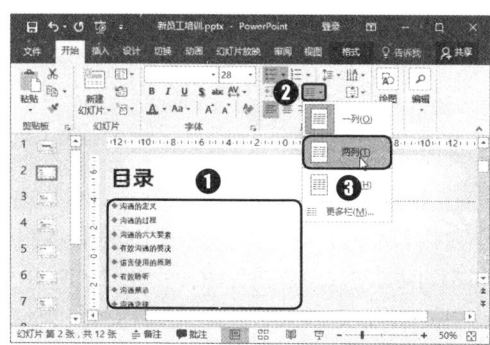

第4步 选择第3张幻灯片，选择内容占位符，使用鼠标拖动占位符四周的控制点调整占位符的大小，如下图所示。

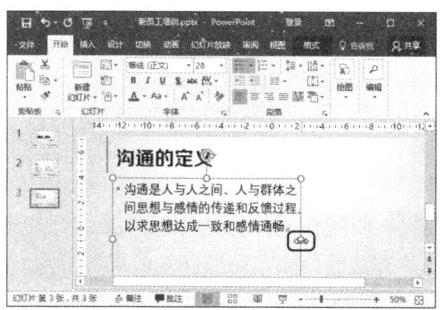

第5步 单击【开始】选项卡【段落】组中的【项目符号】按钮，取消自动添加的项目符号，如下图所示。

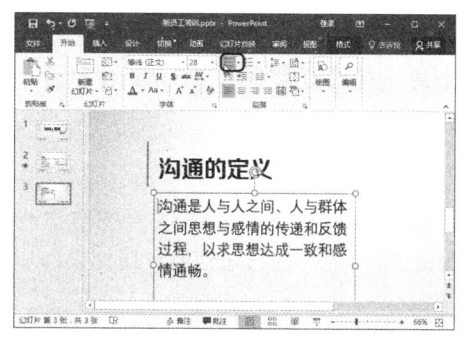

第6步 ❶ 使用相同的方法制作其他正文幻灯片，制作完成后单击【开始】选项卡【幻灯片】组中的【新建幻灯片】下拉按钮；❷ 在弹出的下拉列表中选择【标题幻灯片】选项，如下图所示。

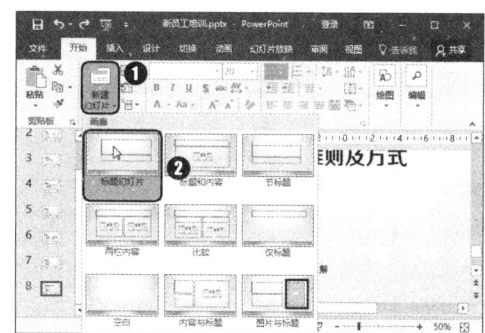

第7步 删除副标题文本占位符，在标题占位符中输入"结束！"文本，然后在【开始】选项卡的【字体】组中设置字体格式即可，如下图所示。

4.4.3 编辑和美化幻灯片

SmartArt图形是信息和观点的视觉表示形式,通过不同形式和布局的图形代替枯燥的文字,从而快速、轻松、有效地传达信息。在幻灯片中插入SmartArt图形的具体步骤如下。

1. 插入图片

在PowerPoint中插入图片的方法与在Word中插入图片的方法相似,具体操作步骤如下。

第1步 ❶选择第2张幻灯片的内容文本占位符;❷单击【绘图工具/格式】选项卡【形状样式】组中的【形状轮廓】下拉按钮;❸在弹出的下拉列表中选择【绿色,个性色1】选项,如下图所示。

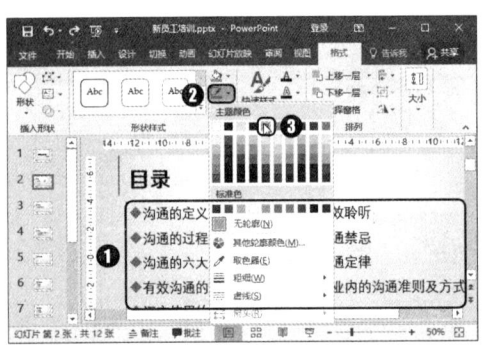

第2步 ❶选择第3张幻灯片;❷单击【插入】选项卡【图像】组中的【图片】按钮,如下图所示。

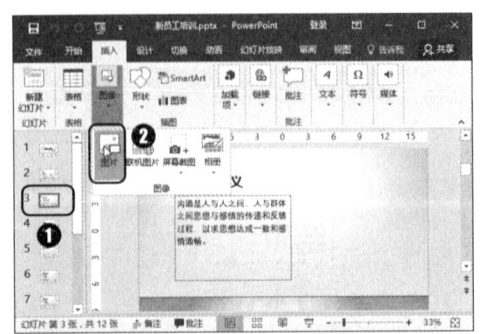

第3步 ❶打开【插入图片】对话框,选择"光盘\素材文件\第4章\培训演示文稿下"的【图片1.JPG】图片;❷单击【插入】按钮,如下图所示。

第4步 拖动图片四周的控制点,调整图片的大小,如下图所示。

第5步 ❶选择图片,单击【图片工具/格式】选项卡【大小】组中的【裁剪】按钮;❷拖动图片四周的裁剪点裁剪图片,如下图所示。

第6步 使用相同的方法在第6张幻灯片中插入图片并裁剪,插入完成后的效果如下图所示。

2. 插入SmartArt图形

在插入了SmartArt图形之后，如果对默认的颜色、样式不满意，可以随时更改，具体操作步骤如下。

第1步 ❶ 选择第5张幻灯片；❷ 单击内容占位符中的【插入SmartArt图形】按钮，如下图所示。

第2步 ❶ 打开【选择SmartArt图形】对话框，在列表框中选择图形样式；❷ 单击【确定】按钮，如下图所示。

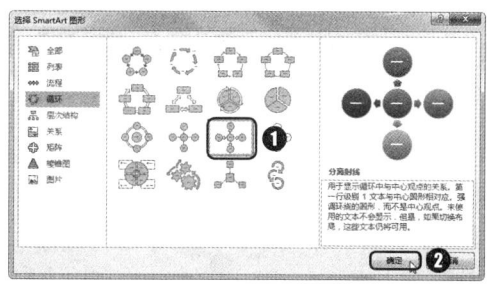

第3步 ❶ 在SmartArt图形的文本占位符中输入文本；❷ 单击【SmartArt工具/设计】选

项卡【创建图形】组中的【添加形状】下拉按钮；❸ 在弹出的下拉列表中选择【在后面添加形状】选项，如下图所示。

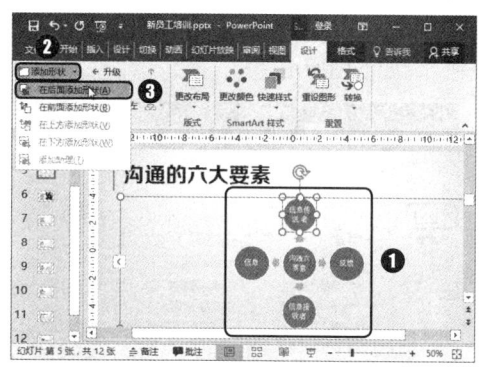

第4步 在所选形状的后方插入一个形状，直接输入文本即可，如下图所示。

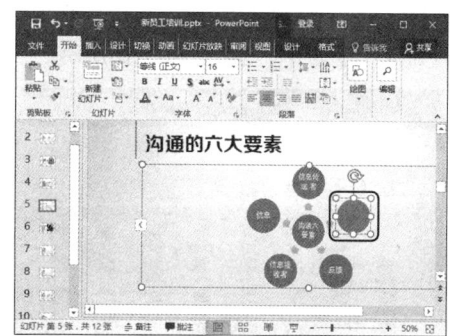

第5步 使用相同的方法再次添加一个形状，并输入文本，如下图所示。

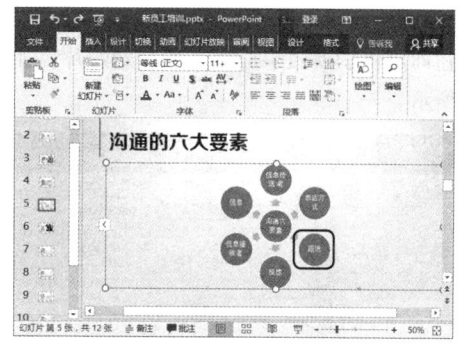

4.4.4 设置幻灯片切换效果

幻灯片切换效果是在"幻灯片放映"视图中从一个幻灯片移到下一个幻灯片时出现

的动画效果，为幻灯片添加动画效果的具体操作步骤如下。

第1步 ❶选择第2张幻灯片；❷在【切换】选项卡的【切换到此幻灯片】组中单击【其他】按钮▼，如下图所示。

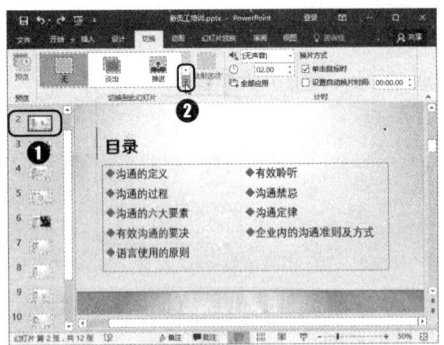

第2步 在弹出的下拉列表中选择一种切换样式，如选择【揭开】选项，如下图所示。

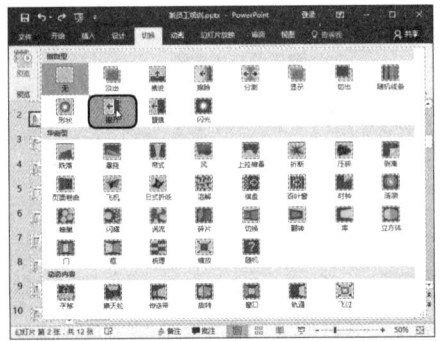

第3步 单击【切换】选项卡中的【全部应用】按钮即可将切换效果应用至所有幻灯片，如下图所示。

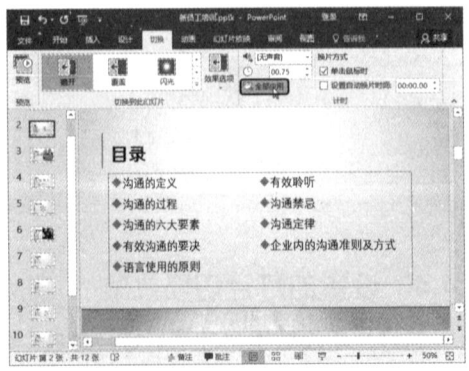

第4步 ❶选择第5张幻灯片中的SmartArt图形，单击【动画】选项卡【动画】组中的【动画样式】下拉按钮；❷在弹出的下拉列表中选择一种动画样式，如选择【旋转】样式，如下图所示。

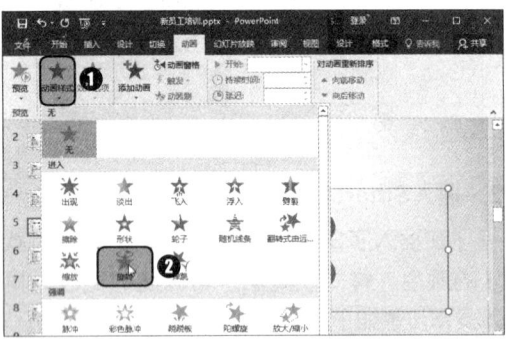

第5步 ❶单击【动画】选项卡中【动画】组中的【效果选项】下拉按钮；❷在弹出的下拉菜单中选择【逐个】选项，如下图所示。

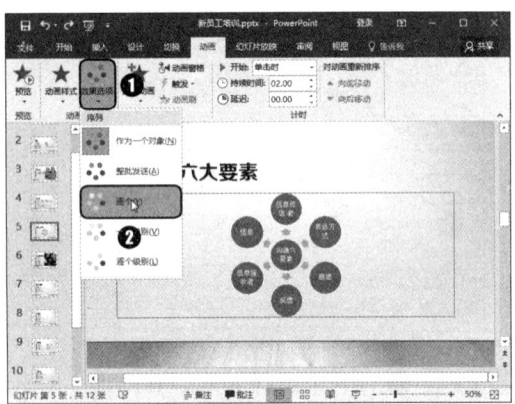

第6步 单击快速访问工具栏中的【从头开始】按钮，预览幻灯片效果，如下图所示。

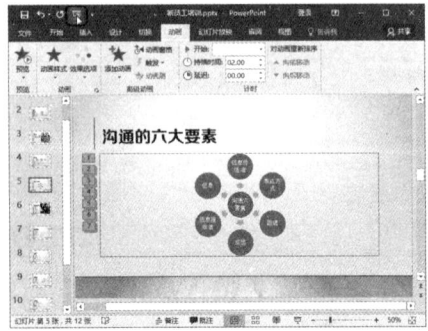

第4章
员工培训管理

大神支招

通过前面知识的学习，相信读者已经掌握了在文秘与行政工作中制作员工培训文档的方法。下面结合本章内容介绍一些工作中的实用经验与技巧。

01 禁止【Insert】键的改写模式

◎视频文件：光盘\视频文件\第4章\01.mp4

在文档中输入文字时，经常会发生误操作按下【Insert】键的情况，在输入文字时，光标插入点后原有的文字被删除了，新输入了几个字，就删除了几个原有的文字。

通常情况下，输入模式为【插入】，即将光标定位到文档中需要输入文字的位置，即可在该位置输入文字。如果将光标定位在文档中，然后按下了【Insert】键，将切换为【改写】模式，在该模式下输入文字时，会将光标插入点后的文字删除，输入几个字就删除几个原有文字。再次按下【Insert】键即可切换回【插入】模式。

为了避免误操作按下【Insert】键，造成不必要的麻烦，可以禁止通过【Insert】键切换到【改写】模式，操作方法如下。

❶打开【Word 选项】对话框，切换到【高级】选项卡；❷在【编辑选项】选项区域中取消选中【用 Insert 键控制改写模式】复选框；❸单击【确定】按钮，如下图所示。

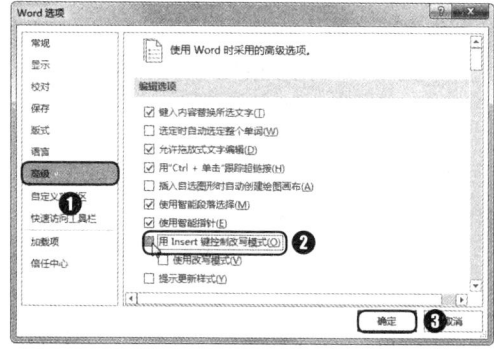

02 转置表格的行与列

◎视频文件：光盘\视频文件\第4章\02.mp4

在复制数据时，有时候需要将原本为行的单元格数据复制为以列显示，将以列显示的单元格数据复制为行的数据，即行列互换，此时可使用单元格的"转置"功能，具体操作步骤如下。

第1步 ❶打开"光盘\素材文件\第4章\价格目录表.xlsx"文件，选中数据区域，按下【Ctrl+C】组合键复制；❷选择要粘贴的单元格；❸单击【开始】选项卡【剪贴板】组中的【粘贴】下拉按钮；❹在弹出的下拉列表中选择【选择性粘贴】选项，如下图所示。

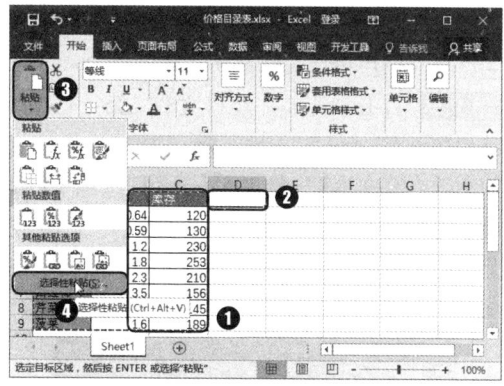

第2步 ❶打开【选择性粘贴】对话框，选中【转置】复选框；❷单击【确定】按钮，如下图所示。

Word/Excel/PPT
在文秘与行政管理中的应用

第3步 返回工作簿中，即可看到行列转置后的效果，如下图所示。

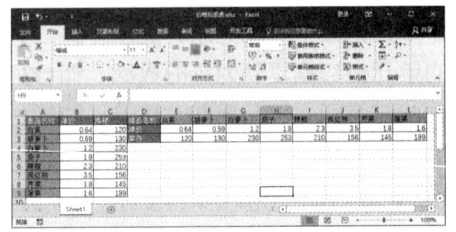

03 使用图片作为项目符号

📀 视频文件：光盘\视频文件\第4章\03.mp4

在制作PPT文档时，经常需要插入项目符号，为了使文档内容更加美观，可以使用图片作为项目符号，具体操作步骤如下。

第1步 打开"光盘\素材文件\第4章\产品销售秘籍.pptx"文件，❶选择第2张幻灯片中的内容文本框；❷单击【开始】选项卡【段落】组中的【项目符号】下拉按钮 ；❸在弹出的下拉列表中选择【项目符号和编号】选项，如下图所示。

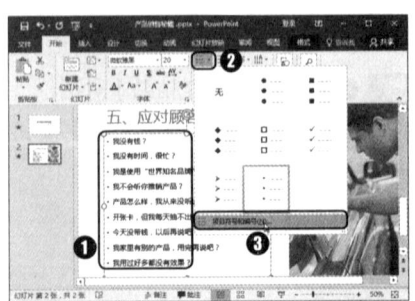

第2步 打开【项目符号和编号】对话框，单击【图片】按钮，如下图所示。

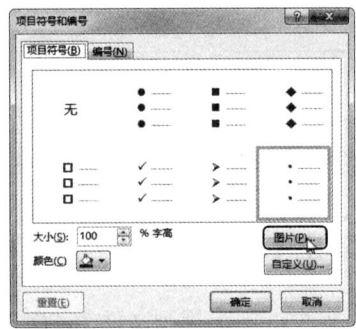

第3步 在打开的对话框中单击【来自文件】右侧的【浏览】按钮，如下图所示。

第4步 ❶打开【插入图片】对话框，选择"光盘\素材文件\第4章"下的【图标】图片；❷单击【插入】按钮，如下图所示。

第5步 返回幻灯片中，即可看到项目符号已经更改为所选图片，如下图所示。

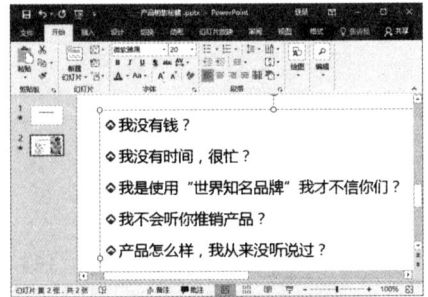

第 5 章
员工考勤管理

本章导读

在文秘与行政工作中,经常需要制作员工考勤与休假管理的相关文档,本章通过制作放假通知、员工考勤表、出差登记表文档,介绍在员工考勤与休假管理中相关文档的制作方法。

知识要点

- ❖ 创建模板
- ❖ 保护模板
- ❖ 设置数据有效性
- ❖ 设置条件格式
- ❖ 使用公式计算
- ❖ 插入函数

5.1 使用Word制作放假通知

案例背景

在文秘与行政工作中，经常需要制作一些通知、告示等文档，这类文件通常具有相同的格式及相应的一些标准，例如，有相同的页眉页脚、相同的背景、相同的字体及样式等。如果将这些相同的元素制作成为一个模板文件，再次使用时就可以直接使用该模板创建文档，而不用花费时间另行设置。

本例先通过Word制作一个企业模板，并使用模板创建放假通知，制作完成后的效果如下图所示。实例最终效果见"光盘\结果文件\第5章\国庆放假通知.docx"文件。

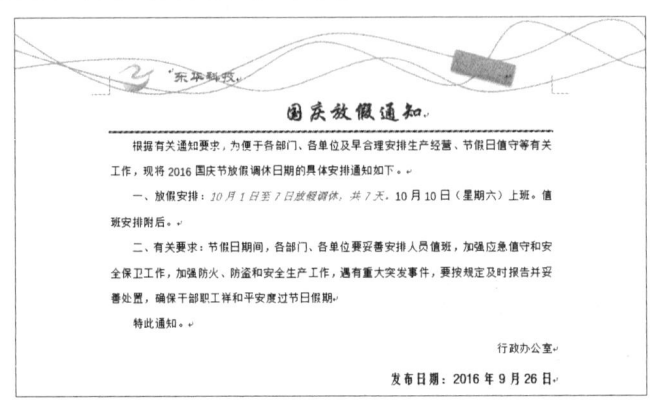

	素材文件	光盘\素材文件\第5章\公司图标.jpg、国庆放假通知.txt
光盘文件	结果文件	光盘\结果文件\第5章\企业文档模板.dotx、国庆放假通知.docx
	教学视频	光盘\视频文件\第5章\5.1使用Word制作放假通知.mp4

5.1.1 创建模板文件

要创建企业模板，需要先新建一个模板文件，然后将常用的元素添加到模板文件中，以方便使用。

1. 另存为模板文件

创建模板文件最常用的方法是在Word文档中另存为模板文件，操作步骤如下。

❶新建一个 Word 文档，然后在【文件】→【另存为】选项卡中单击【浏览】按钮，打开【另存为】对话框，在【保存类型】下拉列表中选择【Word 模板】选项；❷单击【保存】按钮，如下图所示。

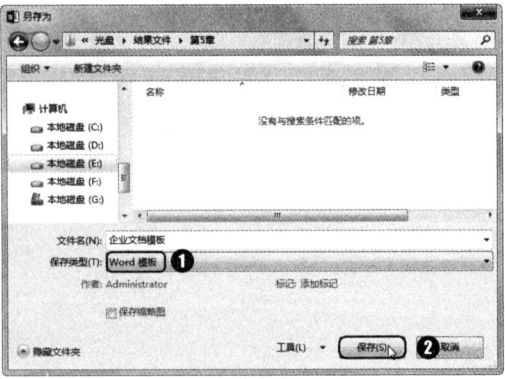

第 5 章
员工考勤管理

2. 在功能区显示【开发工具】选项卡

在制作模板文档时，需要用到【开发工具】选项卡中的功能，而【开发工具】选项卡并没有默认显示在工具栏中，需要通过以下操作来显示。

第1步 切换到【文件】选项卡后选择【选项】命令，如下图所示。

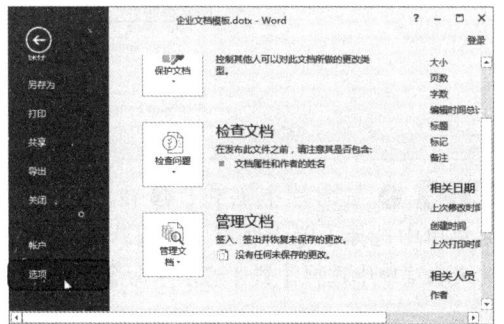

第2步 ❶ 打开【Word 选项】对话框，在【自定义功能区】列表框中选中【开发工具】复选框；❷ 单击【确定】按钮即可，如下图所示。

5.1.2 添加模板内容

创建好模板文件之后，就可以为模板添加内容并进行设置，以便以后直接用该模板创建文档。通常模板中的内容含有固定的成分，如固定的标题、背景、页面版式等。

1. 制作模板页眉

企业文档大多会使用公司的名称作为页眉，所以需要将固定的页眉格式添加到模板文件中，具体操作步骤如下。

第1步 ❶ 双击页眉位置，激活页眉页脚编辑模式；❷ 单击【开始】选项卡【字体】组中的【清除所有格式】按钮 去除页眉横线，如下图所示。

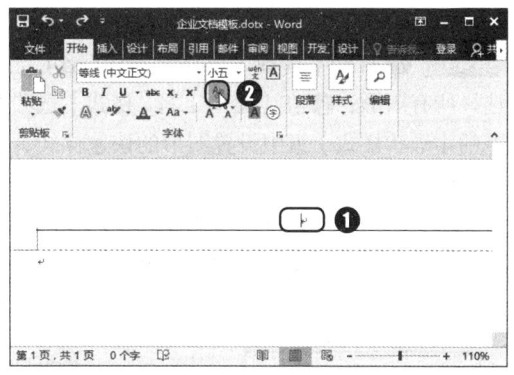

第2步 ❶ 单击【插入】选项卡【插图】组中的【形状】下拉按钮；❷ 在弹出的下拉列表中选择【曲线】工具，如下图所示。

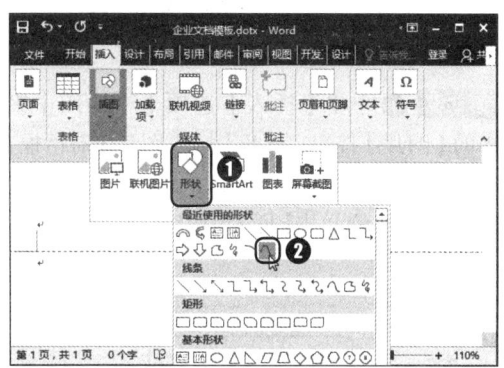

第3步 ❶ 在页眉处绘制如图所示的曲线；❷ 单击【开始】选项卡【编辑】组中的【选择】下拉按钮；❸ 在弹出的下拉菜单中选择【选择窗格】命令，如下图所示。

❷在弹出的下拉菜单中选择【四周型】选项，如下图所示。

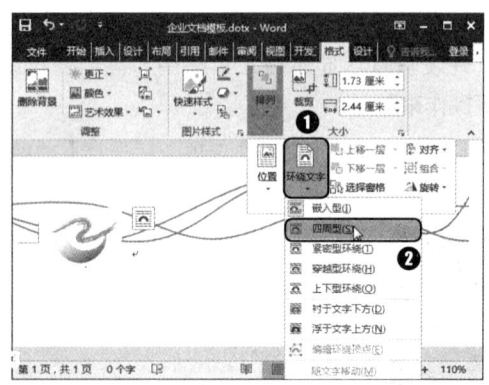

第4步 ❶打开【选择】窗格，按【Ctrl】键选择所有图形；❷在【绘图工具/格式】选项卡的【形状样式】组中设置图形的快速样式，如下图所示。

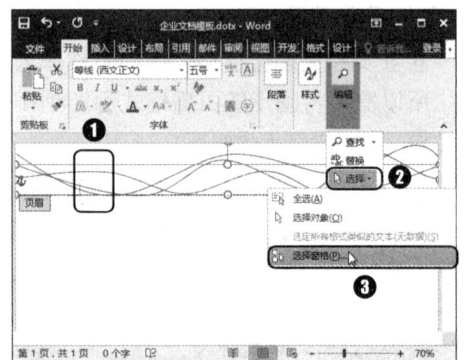

第7步 ❶在图片上右击；❷在弹出的快捷菜单中选择【置于底层】选项；❸在弹出的级联菜单中选择【置于底层】命令，如下图所示。

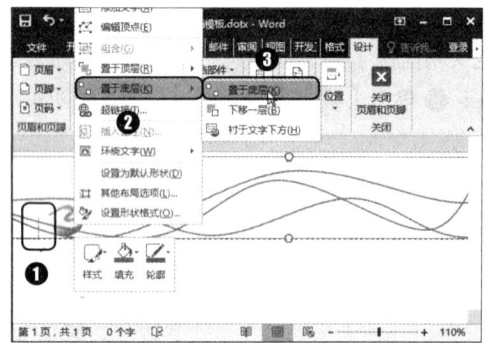

第5步 ❶单击【插入】选项卡【插图】组中的【图片】按钮，打开【插入图片】对话框，选择"光盘\素材文件\第5章"下的【公司图标】图片；❷单击【插入】按钮，如下图所示。

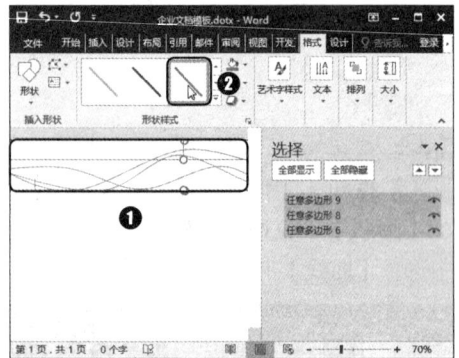

第8步 ❶单击【插入】选项卡【插图】组中的【形状】下拉按钮；❷在弹出的下拉列表中选择【文本框】工具，如下图所示。

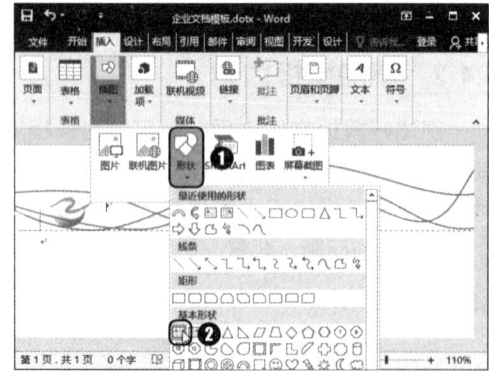

第6步 ❶选择图片，单击【图片工具/格式】选项卡【排列】组中的【环绕文字】下拉按钮；

第5章
员工考勤管理

第9步 ❶ 在公司图标右侧绘制文本框，并设置文本框格式为无轮廓和无填充颜色；❷ 在文本框中输入公司名称，如下图所示。

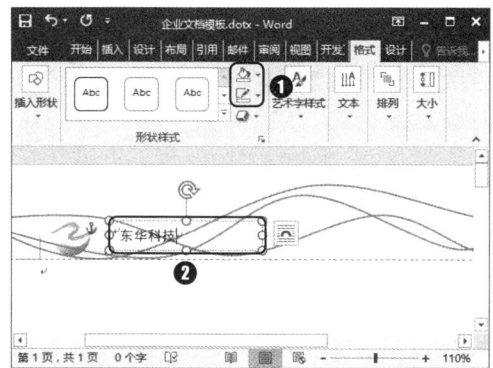

第10步 设置文字格式为字体【华文隶书】，字号【小三】，颜色【橙色，个性2，深色50%】，如下图所示。

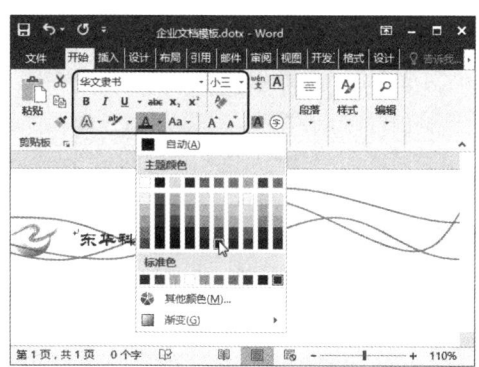

第11步 ❶ 使用相同的方法在页眉右侧插入文本框；❷ 在【绘图工具/格式】选项卡的【形状样式】组中设置形状样式；❸ 在【艺术字样式】组中设置艺术字样式，如下图所示。

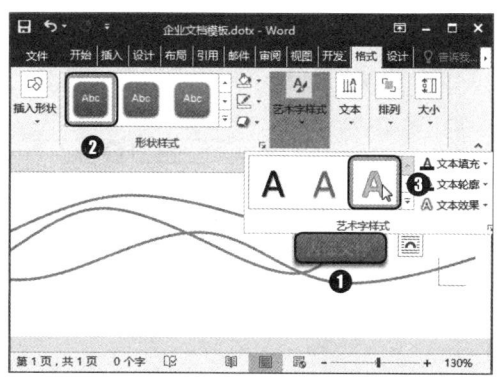

第12步 使用鼠标拖动文本框顶端的旋转按钮，直至达到想要的角度，如下图所示。

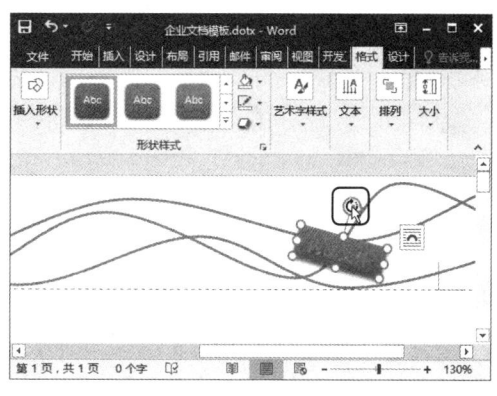

2. 制作模板页脚

在模板的页脚，大多会添加页码、公司地址、电话等，此处在页脚处添加页码，具体操作步骤如下。

第1步 ❶ 使用【矩形】工具□在页脚处绘制如图所示的矩形；❷ 在【绘图工具/格式】选项卡【形状样式】组中设置形状样式，如下图所示。

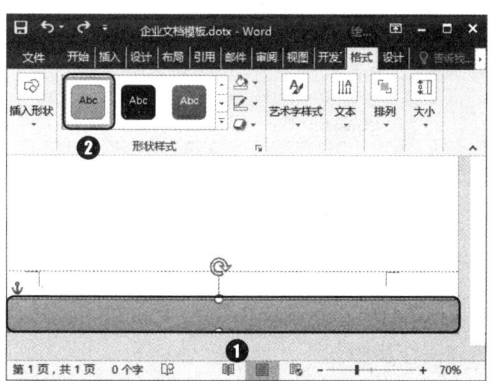

第2步 ❶ 在矩形形状的中间绘制一个椭圆形状；❷ 在【绘图工具/格式】选项卡【形状样式】组中设置形状样式；❸ 在椭圆形状上右击，在弹出的快捷菜单中选择【添加文字】命令，如下图所示。

Word/Excel/PPT
在文秘与行政管理中的应用

第3步 ❶单击【页眉和页脚工具/设计】选项卡【页眉和页脚】组中的【页码】下拉按钮；❷在弹出的下拉列表中选择【当前位置】选项；❸在弹出的级联列表中选择一种页码样式，如下图所示。

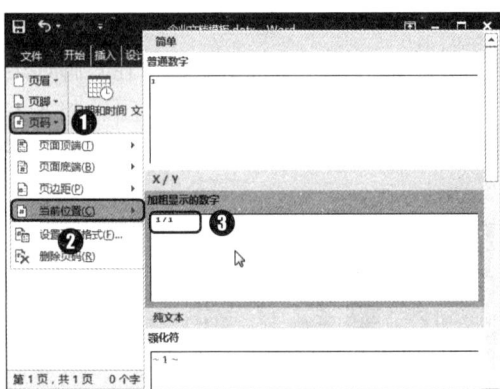

3. 添加水印图片

为了防止公司的信息被他人复制盗用，可以在模板中添加公司标志作为水印图片，具体操作步骤如下。

第1步 ❶双击页面空白处，退出页眉和页脚编辑模式，单击【设计】选项卡【页面背景】组中的【水印】下拉按钮；❷在弹出的下拉列表中选择【自定义水印】命令，如下图所示。

第2步 ❶打开【水印】对话框，选中【图片水印】单选按钮；❷单击【选择图片】按钮，如下图所示。

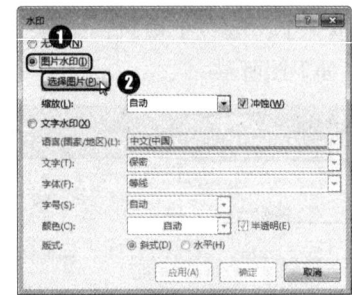

第3步 ❶在打开的【水印】对话框中，选择"光盘\素材文件\第5章\公司图标.jpg"图片，❷单击【确定】按钮，如下图所示。

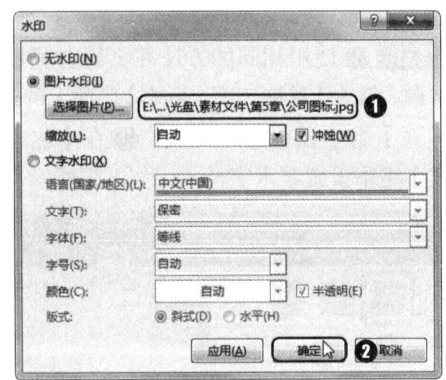

第4步 进入页眉页脚编辑状态，复制多个水印图片到页面，并调图片的大小和位置，如下图所示。

第5章
员工考勤管理

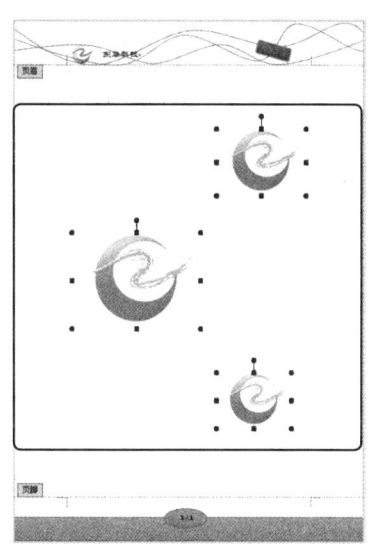

4. 使用格式文本内容控件制作模板内容

在模板文件中，通常需要制作一些固定的格式，这时可以使用【开发工具】选项卡中的格式文本内容控件来进行设置。在使用模板创建新文件时，只需要修改少量的文字内容就可以制作一份版式完整的文档，具体操作步骤如下。

第1步 ❶ 单击【开发工具】选项卡【控件】组中的【格式文本内容控件】按钮 Aa；❷ 单击【设计模式】按钮，如下图所示。

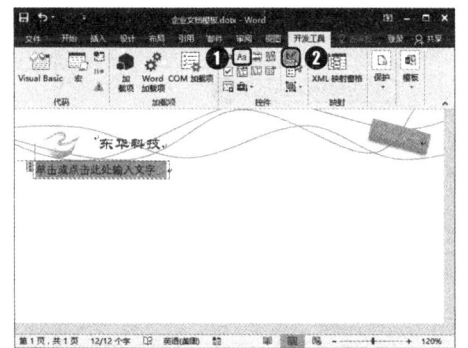

第2步 ❶ 修改控件中的文本内容为"单击此处输入标题"；❷ 选中插入的控件所在的整个段落，设置字体格式为字体【华文行楷】，字号【二号】，颜色【蓝色】，居中对齐，如下图所示。

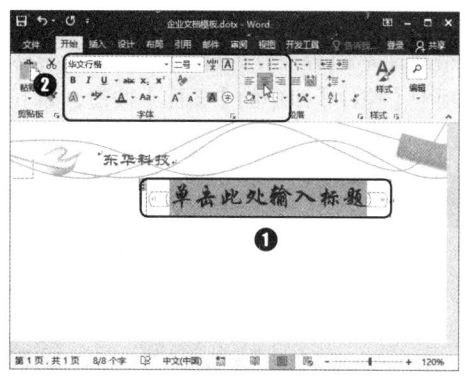

第3步 ❶ 单击【开始】选项卡【段落】组中的【边框】下拉按钮；❷ 在弹出的下拉菜单中选择【边框和底纹】命令，如下图所示。

第4步 ❶ 打开【边框和底纹】对话框，在【边框】选项卡中设置应用于【段落】；❷ 设置边框类型为【自定义】；❸ 分别设置线条的样式、颜色和宽度；❹ 单击【预览】区域中的【下框线】按钮；❺ 单击【确定】按钮，如下图所示。

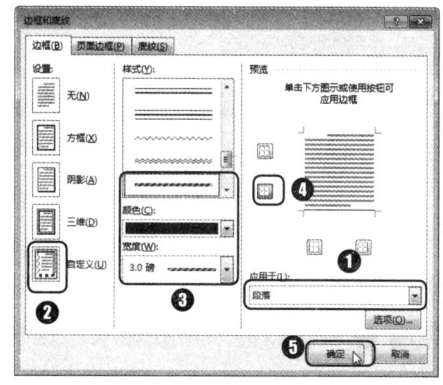

111

Word/Excel/PPT
在文秘与行政管理中的应用

第5步 ❶使用相同的方法在下方插入第2个格式文本内容控件；❷单击【开发工具】选项卡【控件】组中的【属性】按钮，如下图所示。

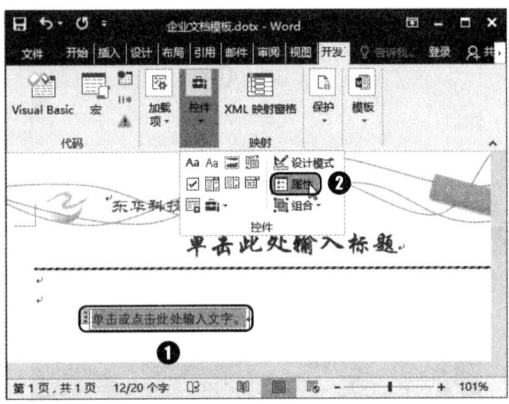

第6步 ❶打开【内容控件属性】对话框，在【常规】选项区域的【标题】文本框中设置标题为【正文】；❷选中【内容被编辑后删除内容控件】复选框；❸单击【确定】按钮，如下图所示。

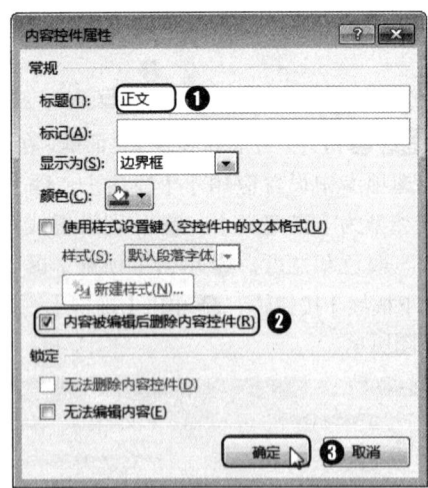

5. 添加日期选取器内容控件

为了方便公司员工方便地为文档添加日期，可以在文档的末尾添加日期选取器内容控件，具体操作步骤如下。

第1步 ❶在文档的末尾处输入"发布日期："文本；❷单击【开发工具】选项卡【控件】组中的【日期选取器】内容控件按钮；❸单击【属性】按钮，如下图所示。

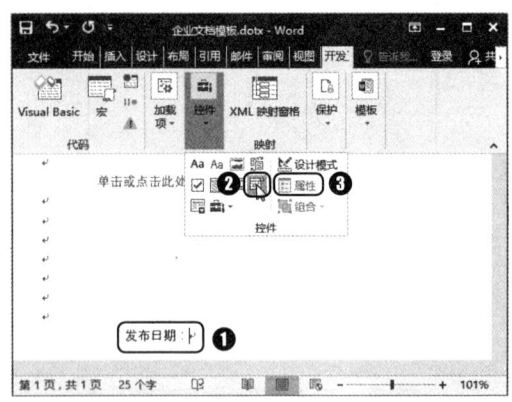

第2步 ❶打开【内容控件属性】对话框，在【锁定】选项区域选中【无法删除内容控件】复选框；❷在【日期选取器属性】选项区域选择日期格式；❸单击【确定】按钮，如下图所示。

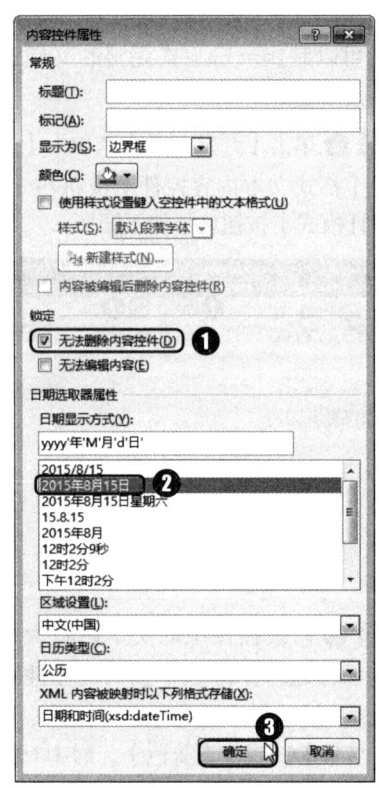

第5章
员工考勤管理

第3步 ❶ 选中日期控件所在段落；❷ 设置文本格式为字体【方正姚体】，字号【小四】，右对齐，如下图所示。

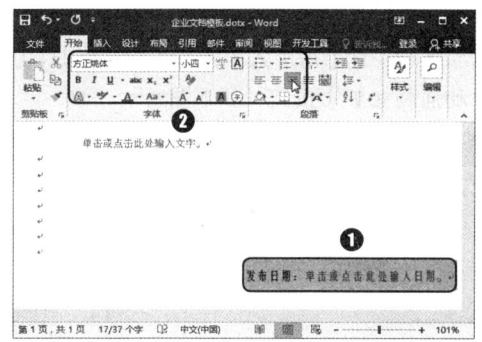

5.1.3 定义文本样式

为了方便在使用模板创建文档时，快速地为文档设置内容格式，可以在模板中预先设置一些可用的样式效果，在编辑文件时，直接选用相应的样式即可。

1. 将标题内容的格式新建为样式

如果已经在模板文档中设置了文本的样式，可以将该样式直接创建为新样式，以便日后使用，具体操作步骤如下。

第1步 ❶ 选中标题段落，单击【开始】选项卡中的【样式】下拉按钮；❷ 在弹出的下拉列表中选择【创建样式】命令，如下图所示。

第2步 打开【根据格式设置创建新样式】对话框，单击【确定】按钮，如下图所示。

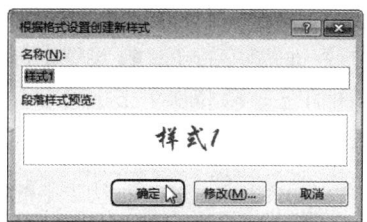

2. 修改正文文本样式

如果想要在正文文本样式的基础上修改样式，具体操作步骤如下。

第1步 ❶ 单击【样式】对话框启动器；❷ 在打开的【样式】窗格中单击【正文】右侧的下拉按钮；❸ 在弹出的下拉菜单中选择【修改】命令，如下图所示。

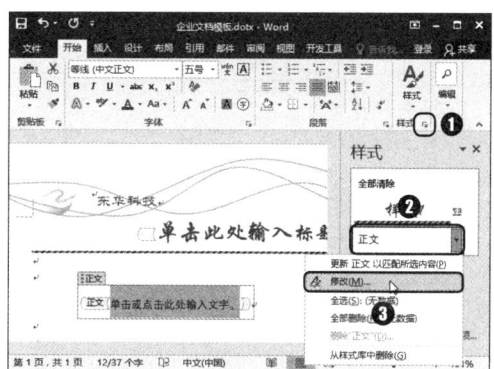

第2步 ❶ 在弹出的对话框中选中【基于该模板的新文档】单选按钮；❷ 单击【格式】按钮，在弹出的列表中选择【段落】命令，如下图所示。

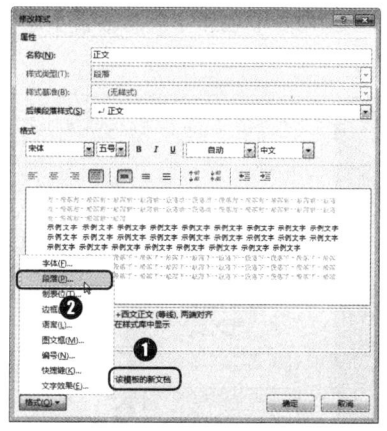

Word/Excel/PPT
在文秘与行政管理中的应用

第3步 ❶ 打开【段落】对话框，设置缩进为【首行缩进，2字符】；❷ 设置【行距】为【1.5倍行距】；❸ 依次单击【确定】按钮，如下图所示。

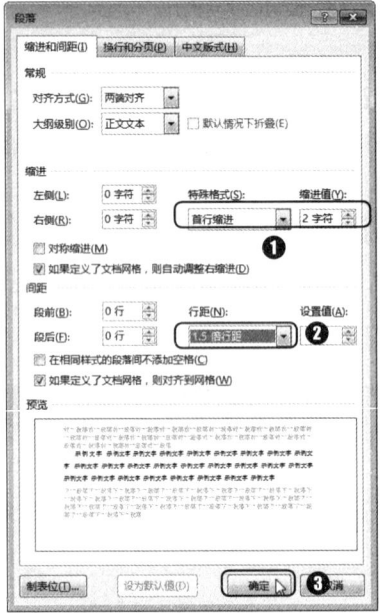

5.1.4 保护模板文件

模板制作完成后，为了避免他人随意更改模板内容，可以为其设置密码，以保护模板的安全，具体操作步骤如下。

第1步 ❶ 选择【文件】选项卡中的【信息】选项；❷ 单击【保护文档】下拉按钮；❸ 在弹出的下拉列表中选择【限制编辑】命令，如下图所示。

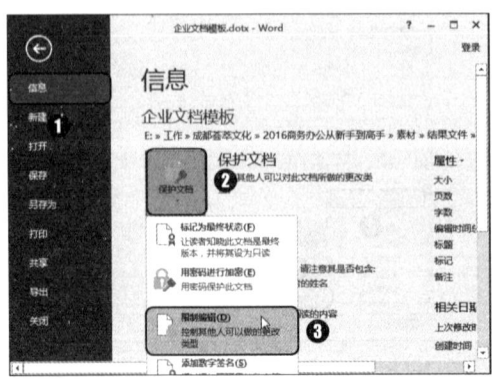

第2步 ❶ 打开【限制编辑】窗格，选中【编辑限制】选项区域中的【仅允许在文档中进行此类型的编辑】复选框；❷ 分别选中标题、正文和日期控件后，选中【例外项（可选）】选项区域中的【每个人】复选框；❸ 单击【是，启动强制保护】按钮，如下图所示。

第3步 ❶ 打开【启动强制保护】对话框，在【新密码】文本框和【确认新密码】文本框中输入密码；❷ 单击【确定】按钮，如下图所示。

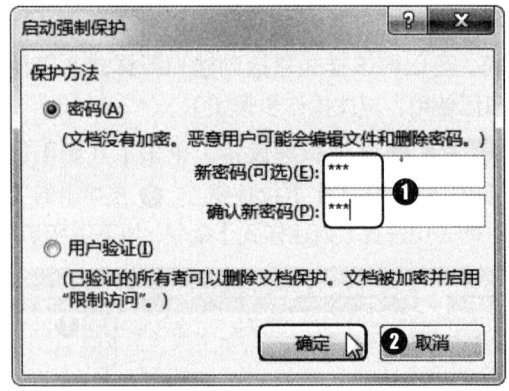

5.1.5 使用模板创建文档

要使用模板新建文档，可以在系统资源管理器中双击打开模板文件，然后在模板中添加相应的内容，也可以通过新建菜单新建文档。

1. 根据模板新建Word文档

如果想要使用模板文件创建文档，直接

第5章
员工考勤管理

找到模板文件，双击模板文件就可以新建一个以该文件为模板的Word文档。除此之外，也可以通过以下方法新建Word文档。

步骤 ❶ 启动Word软件，在右侧的窗口中选择【个人】选项；❷ 新建的模板将显示在该页面中，单击模板创建文件，如下图所示。

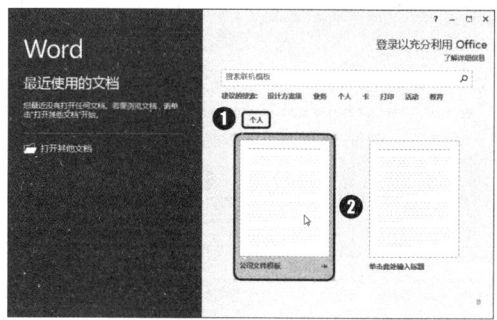

2. 在编辑区添加内容

通过模板文件新建了Word文档之后，就可以根据控件提示在编辑区添加内容了，具体操作步骤如下。

第1步 ❶ 单击标题区域的格式文本内容控件，输入标题文字"国庆放假通知"；❷ 单击正文格式文本内容控件，输入放假通知的内容，如下图所示。

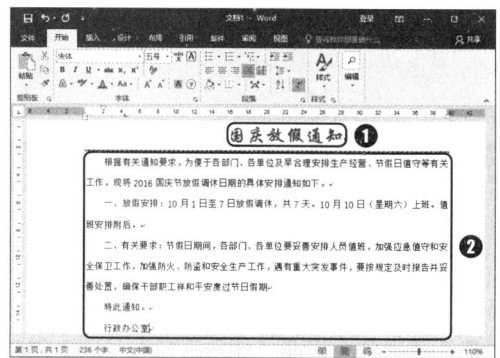

第2步 单击文档末尾的文件发布日期右侧的日期选取器内容控件，选择发布的日期，如下图所示。

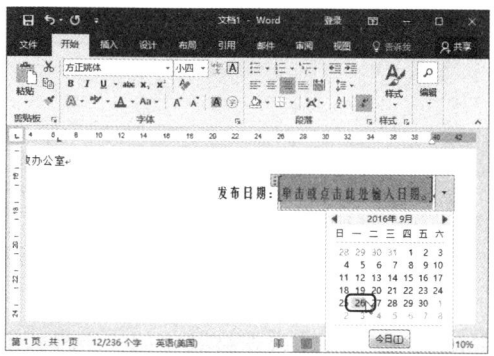

第3步 单击【开始】选项卡【样式】组中的对话框启动器，如下图所示。

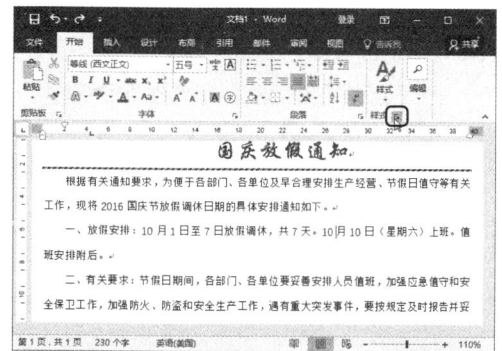

第4步 ❶ 打开【样式】窗格，在文档中选择需要应用样式的文本；❷ 单击【样式】窗格中的字体样式，如下图所示。

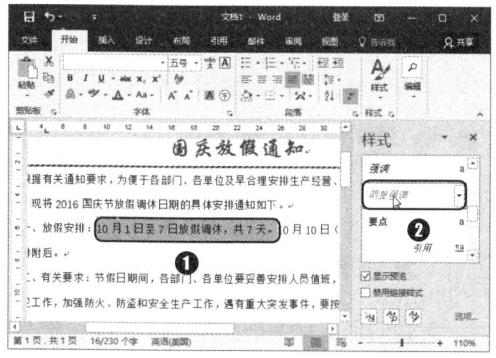

第5步 如果模板中的样式不能满足使用的需要，也可以新建样式，在【样式】窗格中单击【新建样式】按钮，如下图所示。

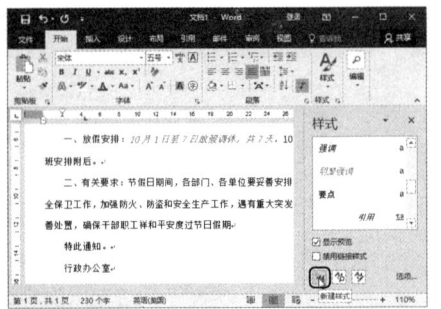

第7步 ❶ 新建的样式将出现在【样式】列表框中,选择所有需要应用该样式的段落;❷ 单击【样式】窗格中的新样式即可应用该样式。制作完成后保存为"国庆放假通知.docx"即可,如下图所示。

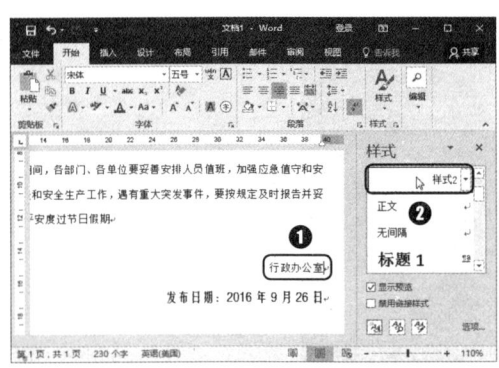

第6步 ❶ 打开【根据格式化创建新样式】对话框,在【属性】选项区域中输入名称;❷ 在【格式】选项区域中设置字体、字号、颜色和对齐方式等文本格式;❸ 单击【确定】按钮,如下图所示。

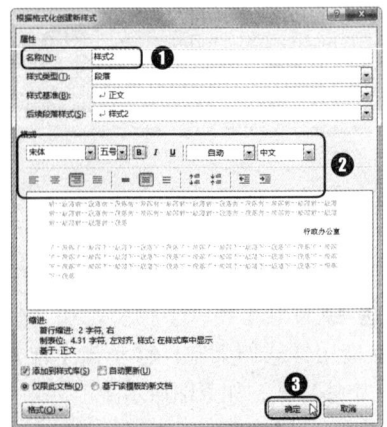

5.2 使用Excel制作员工考勤表

案例背景

考勤的目的是维护正常工作秩序,提高办事效率,严肃企业纪律,使员工自觉遵守工作时间和劳动纪律。因此,员工考勤表是公司必不可少的表格之一,在考勤过程中,涉及的考勤项目包括出勤、迟到、早退、病假、事假等。

本例将制作员工考勤表。制作完成后的效果如下图所示。实例最终效果见"光盘\结果文件\第5章\员工考勤表.xlsx"文件。

第5章
员工考勤管理

	素材文件	无
光盘文件	结果文件	光盘\结果文件\第5章\员工考勤表.xlsx
	教学视频	光盘\视频文件\第5章\5.2使用Excel制作员工考勤表.mp4

5.2.1 创建员工考勤表框架

制作员工考勤表的第一步首先要制作考勤表的框架，具体操作步骤如下。

第1步 ❶ 新建一个名为"员工考勤表"的工作簿，在A1单元格中输入"3月考勤表"，选中A1：AL1单元格区域；❷ 单击【合并后居中】按钮，如下图所示。

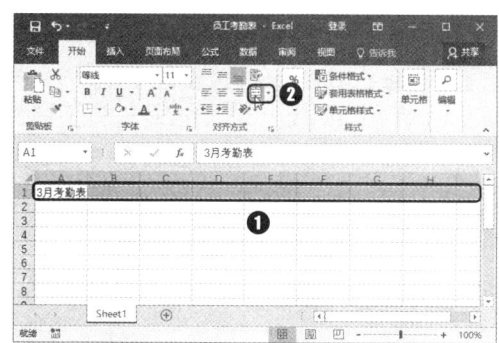

第2步 ❶ 选中合并后的A1单元格；❷ 在【开始】选项卡的【字体】组中设置字体格式为【黑体，24号】，如下图所示。

第3步 ❶ 选中A3：AL28单元格区域；❷ 单击【开始】选项卡【字体】组中的【边框】下拉按钮；❸ 在弹出的下拉列表中选择【所有框线】命令，如下图所示。

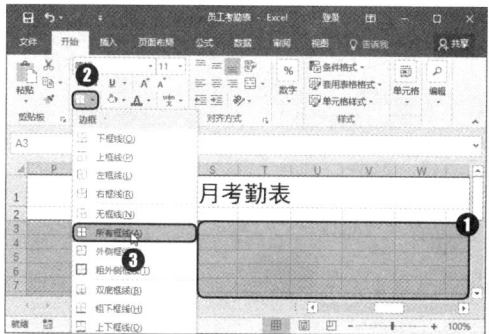

| 117 |

第4步 ❶ 选中 A3：A4 单元格区域；❷ 单击【开始】选项卡【对齐方式】组中的【合并后居中】右侧的下拉按钮；❸ 在弹出的下拉列表中选择【合并单元格】命令，如下图所示。

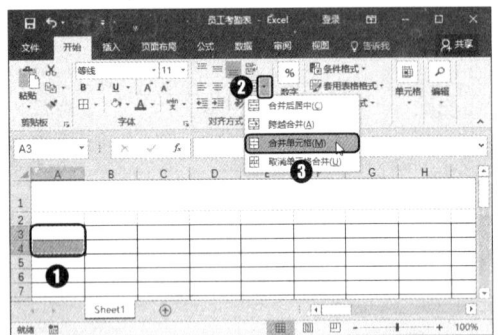

第5步 输入"日期姓名"文本，将光标定位到"日期"文本后，按【Alt+Enter】组合键换行，如下图所示。

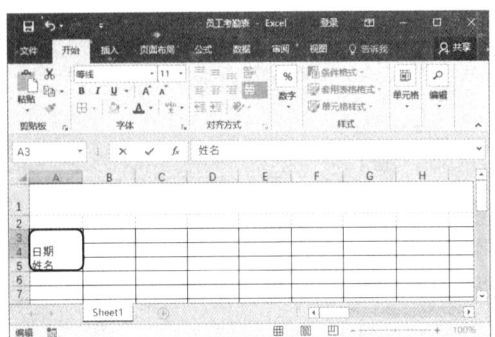

第6步 ❶ 选中合并后的 A3 单元格；❷ 在单元格上右击，在弹出的快捷菜单中选择【设置单元格格式】选项，如下图所示。

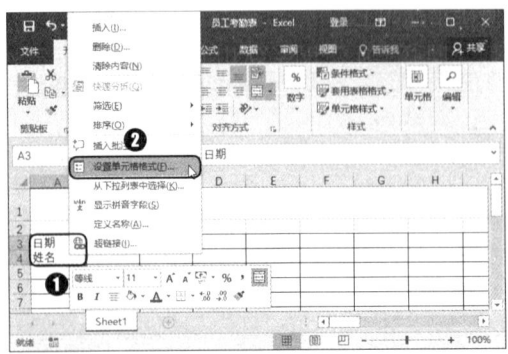

第7步 ❶ 打开【设置单元格格式】对话框，在【边框】选项卡的【边框】选项区域单击【斜框线】按钮；❷ 单击【确定】按钮，如下图所示。

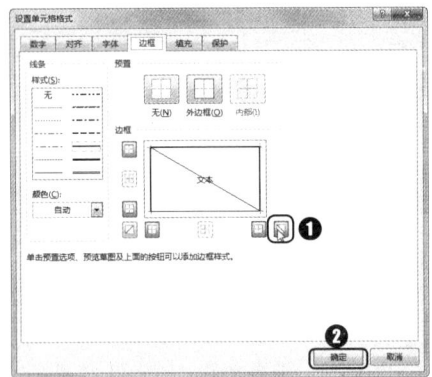

第8步 将光标定位到"日期"文本前，使用空格键将"日期"文本移动到单元格右上角，如下图所示。

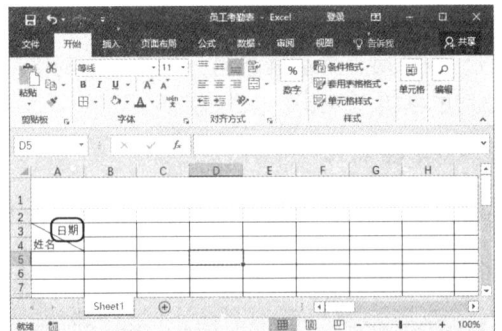

第9步 ❶ 在 B3：B6 单元格区域中输入如图所示的文本；❷ 选中 B5：B6 单元格区域，并将鼠标指针移动到单元格区域的右下角，当鼠标指针变为+形状时按下鼠标左键向下拖动鼠标填充文本，如下图所示。

第5章
员工考勤管理

第10步 使用相同的方法合并A5：A6单元格区域，并向下填充复制合并命令，如下图所示。

第11步 ❶输入员工姓名，并选择C3：AG28单元格区域；❷单击【开始】选项卡【对齐方式】组中的【垂直居中】按钮≡，如下图所示。

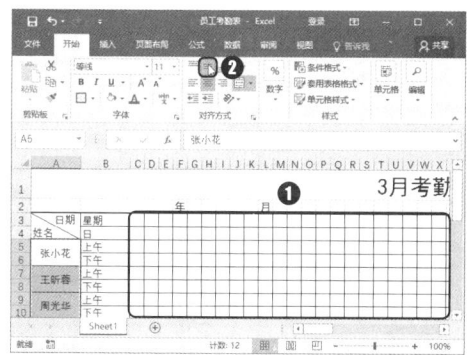

第12步 ❶选择C3：AG28单元格区域；❷单击【开始】选项卡【单元格】组中的【格式】下拉按钮；❸在弹出的下拉列表中选择【列宽】命令；❹弹出【列宽】对话框，在【列宽】文本框中输入"2"；❺单击【确定】按钮，如下图所示。

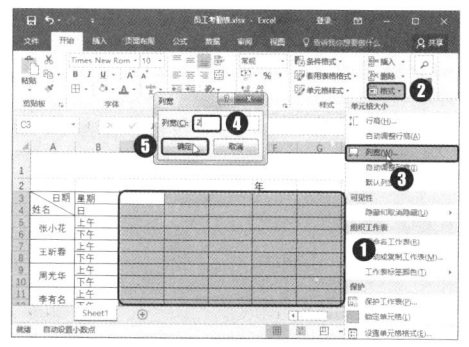

第13步 ❶选择A3：AL28单元格区域；❷单击【开始】选项卡【字体】组中的【边框】下拉按钮 ；❸在弹出的下拉菜单中选择【粗外侧框线】选项，如下图所示。

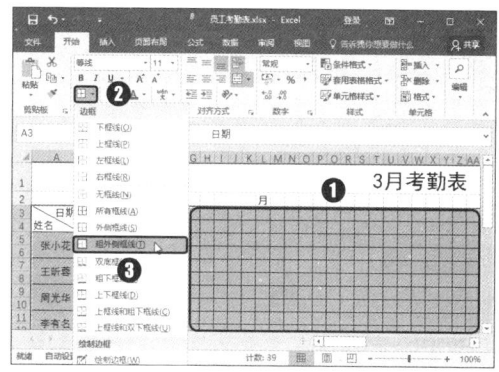

第14步 在第二行输入如图所示的文本，并根据实际情况合并单元格和调整文本格式，如下图所示。

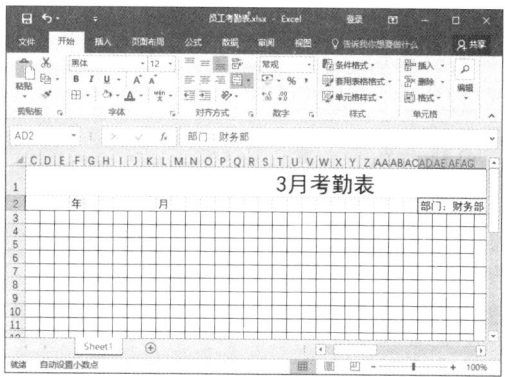

5.2.2 在单元格中插入符号

在制作考勤表时，需要插入各种符号以表示考勤状态，本例将在单元格中插入考勤项目的相关符号，具体操作步骤如下。

第1步 ❶在表格下方输入如图所示的备注文本相应内容，将光标定位到"出勤"文本右侧的单元格中；❷单击【插入】选项卡【符号】组中的【符号】按钮，如下图所示。

5.2.3 设置数据有效性

设置数据有效性可以帮助用户限定单元格中可输入的内容，并提供提示，从而减少输入错误，提高工作效率。下面将通过设置数据有效性的方法来设置制表日期和考勤状况的输入方式。

第1步 ❶将光标定位到第二行的"年"文本前方的单元格中；❷单击【数据】选项卡【数据工具】组中的【数据验证】按钮，如下图所示。

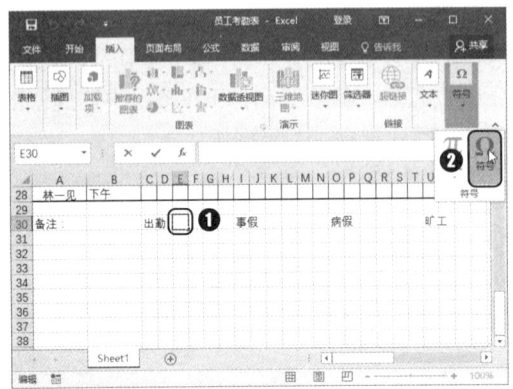

第2步 ❶打开【符号】对话框，选择表示出勤状态的符号；❷单击【插入】按钮，如下图所示。

第3步 使用相同的方法添加其他考勤符号，如下图所示。

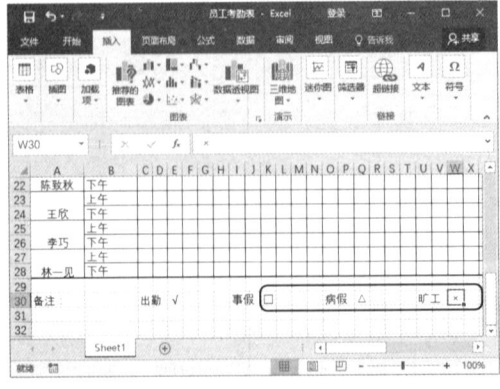

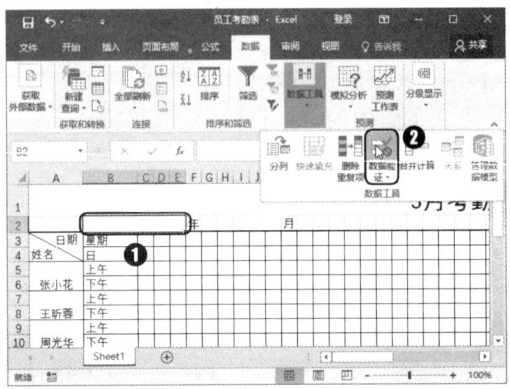

第2步 ❶打开【数据验证】对话框，在【设置】选项卡中的【允许】下拉列表中选择【序列】选项；❷在【来源】文本框中输入"2017,2018,2019,2020"；❸单击【确定】按钮，如下图所示。

第3步 ❶将光标定位到"月"文本前方的单元格中，再使用相同的方法打开【数据

验证】对话框，在【允许】下拉列表中选择【序列】选项；❷在【来源】文本框中输入"1,2,3,4,5,6,7,8,9,10,11,12"；❸单击【确定】按钮，如下图所示。

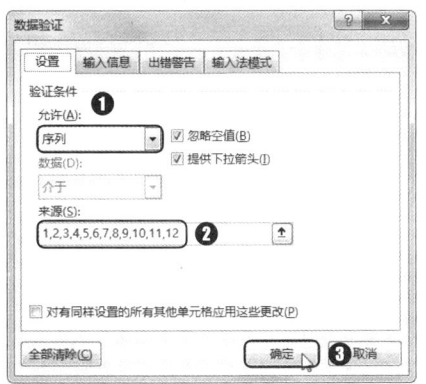

第4步 设置完成后，所选单元格的右侧将出现下拉按钮，单击该下拉按钮即可选择输入内容，如下图所示。

第5步 在AO3：AO7单元格区域中输入考勤符号，如下图所示。

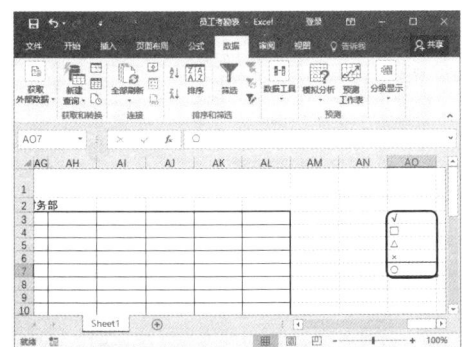

第6步 ❶选择C5：AG28单元格区域；

❷单击【数据】选项卡【数据工具】组中的【数据验证】按钮，如下图所示。

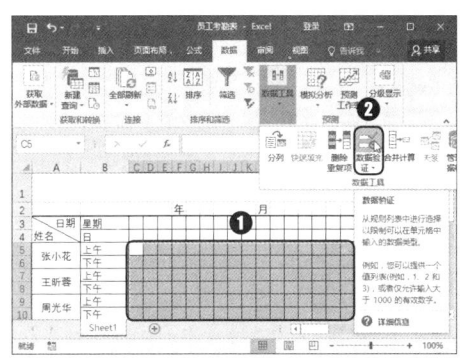

第7步 ❶打开【数据验证】对话框，在【设置】选项卡中的【允许】下拉列表中选择【序列】选项；❷在【来源】文本框中选择AO3：AO7单元格区域；❸单击【确定】按钮，如下图所示。

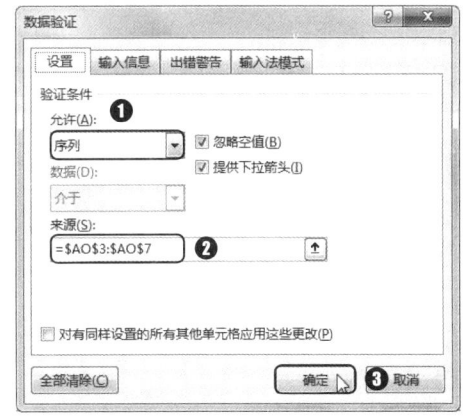

5.2.4 设置日期自动显示

通过输入函数，可以根据考勤人员选择的制表日期来自动获取该月的日期，使其以星期和日期的形式进行显示，并使用条件格式突出显示星期六和星期日的日期，具体操作步骤如下。

第1步 ❶选择C4：AG4单元格区域，然后打开【设置单元格格式】对话框，在【数字】选项卡中选择【自定义】选项；❷在【类型】文本框中输入【d】；❸单击【确定】按钮，如下图所示。

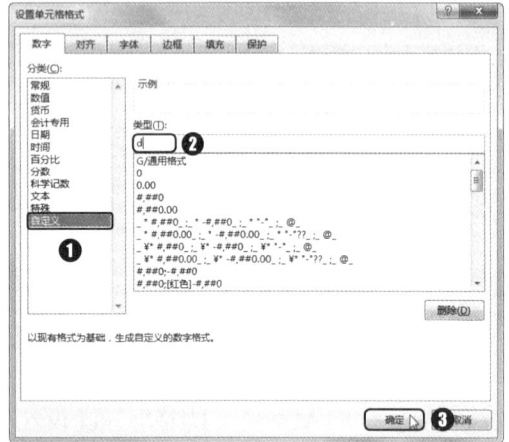

第2步 ❶ 选择 C4 单元格,在编辑栏中输入公式 "=IF(MONTH(DATE($B$2,$I$2,COLUMN(A1)))=$I$2,DATE($B$2,$I$2,COLUMN(A1)),"")";❷ 向右填充公式至 D4:AG4 单元格区域,如下图所示。

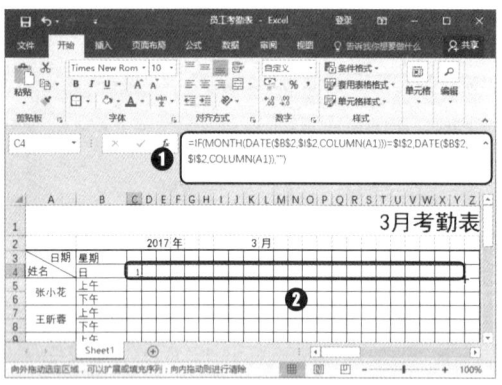

温馨提示

函数中B2和I2分别代表年和月所在单元格,用户可根据实际情况输入。

第3步 ❶ 选择 C3 单元格,在编辑栏中输入公式 "=TEXT(C4,"AAA")";❷ 向右填充公式至 D3:AG3 单元格区域,如下图所示。

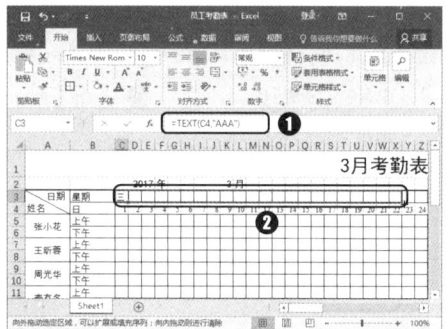

第4步 ❶ 选择 C3:AG3 单元格区域,单击【开始】选项卡【样式】组中的【条件格式】下拉按钮;❷ 在弹出的下拉列表中选择【新建规则】命令,如下图所示。

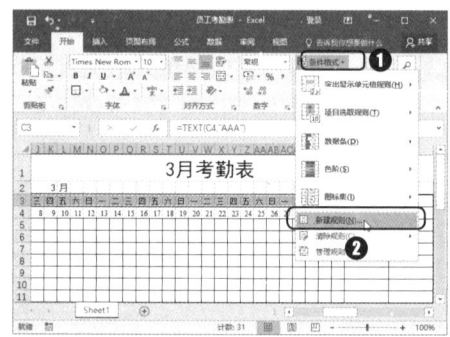

第5步 ❶ 打开【新建格式规则】对话框,在【选择规则类型】列表框中选择【使用公式确定要设置格式的单元格】选项;❷ 在【为符合此公式的值设置格式】文本框中输入公式 "=C$3="六"";❸ 单击【格式】按钮,如下图所示。

第5章
员工考勤管理

第6步 ❶ 在【设置单元格格式】对话框的【填充】选项卡中设置单元格颜色；❷ 依次单击【确定】按钮，如下图所示。

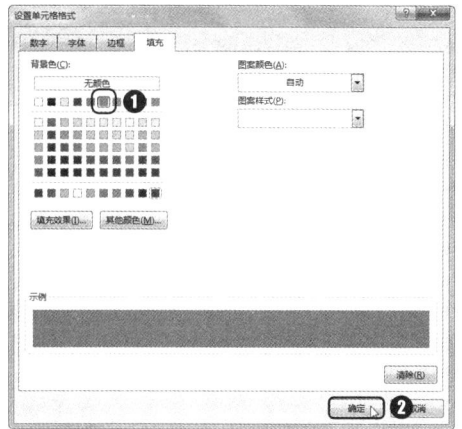

第7步 返回工作表中，即可看到日期为星期六的单元格已填充了背景色，如下图所示。

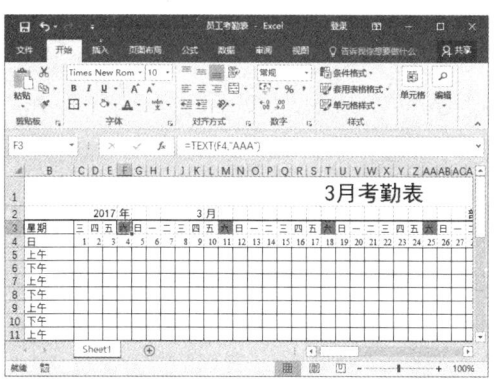

第8步 使用相同的方法为星期日填充相同的背景颜色，如下图所示。

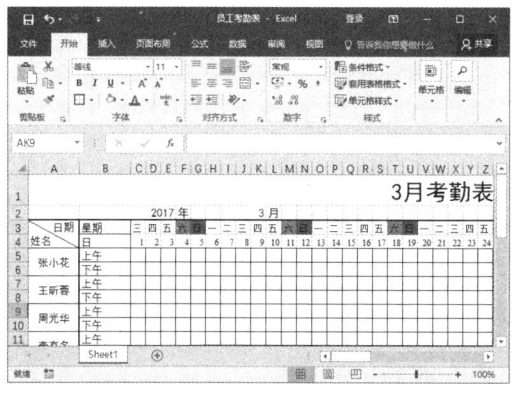

5.2.5 计算员工的考勤情况

在记录了一个月的员工考勤情况之后，可以用公式和函数自动计算出员工当月的出勤、请假、旷工的天数和迟到的次数，具体操作步骤如下。

第1步 ❶ 根据员工的实际出勤情况填写员工的出勤记录；❷ 按图所示合并AH3：AL28单元格区域，并输入文本，如下图所示。

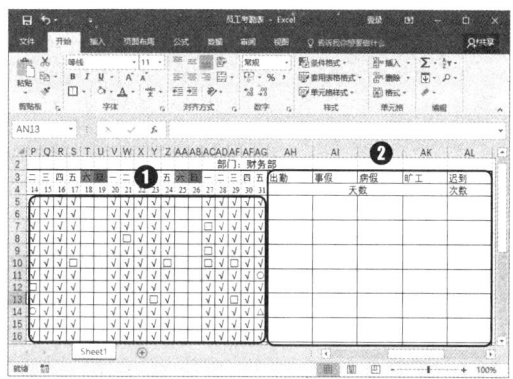

第2步 ❶ 选中合并后的AH5单元格，在编辑栏中输入公式"=(COUNTIF(C5：AG5," √ ")+COUNTIF(C6：AG6," √ "))/2"；❷ 按【Enter】键计算出第一位员工的出勤天数，如下图所示。

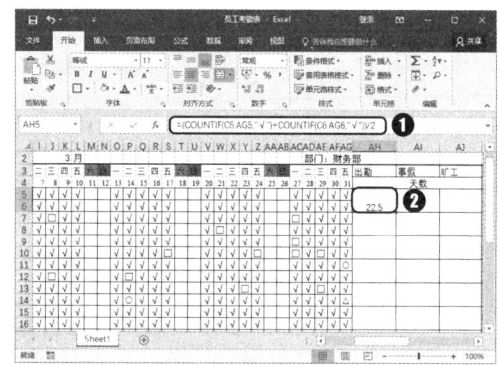

第3步 使用相同的方法计算出第一位员工的事假天数，如下图所示。

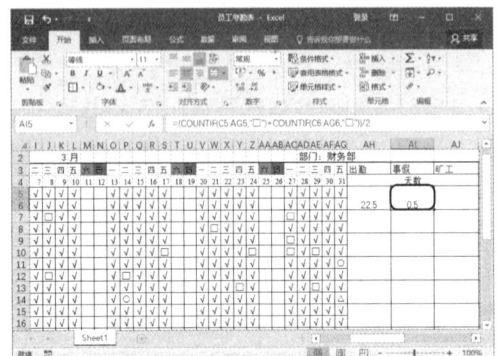

第4步 第一位员工的考勤统计完成后，选择 AH5：AL5 单元格区域，向下填充公式即可计算出其他员工的考勤情况，如下图所示。

温馨提示

输入公式时，只需要将符号更换为事假的相关符号即可。

5.3 使用Excel制作出差登记表

 案例背景

公司员工可能会因为产品宣传、工作会议、技术培训等原因而出差，因为在出差期间员工的津贴、补助和报销费用等都将另行计算。在文秘与行政工作中，为了解员工的出差情况，公司通常需要制作出差登记表。

本例将制作员工出差登记表，制作完成后的效果如下图所示。实例最终效果见"光盘\结果文件\第5章\员工出差登记表.xlsx"文件。

光盘文件	素材文件	无
	结果文件	光盘\结果文件\第5章\员工出差登记表.xlsx
	教学视频	光盘\视频文件\第5章\5.3使用Excel制作出差登记表.mp4

5.3.1 用TODAY函数插入当前日期

在制作出差登记表时，需要对其格式进行相应的设置，并使用TODAY函数插入系统当前日期，具体操作步骤如下。

第1步 ❶新建一个名为"员工出差登记表"的 Excel 文档，并在其中输入相应的数据，选中 A3：K3 单元格区域；❷ 单击【开始】选项卡【对齐方式】组中的【自动换行】按钮，如下图所示。

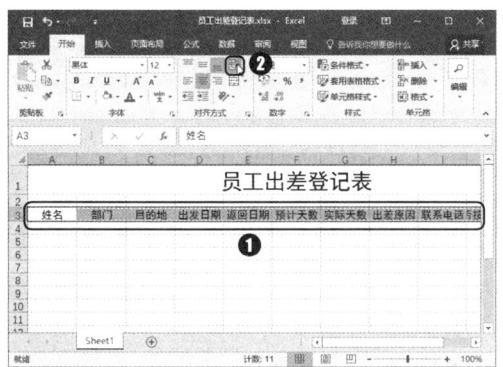

第2步 ❶ 设置后即可看到表头因为单元格列宽不够不能完全显示的单元格已经自动换行为两行显示；❷ 保持单元格区域的选中状态，单击【开始】选项卡【对齐方式】组中的【垂直居中】按钮，如下图所示。

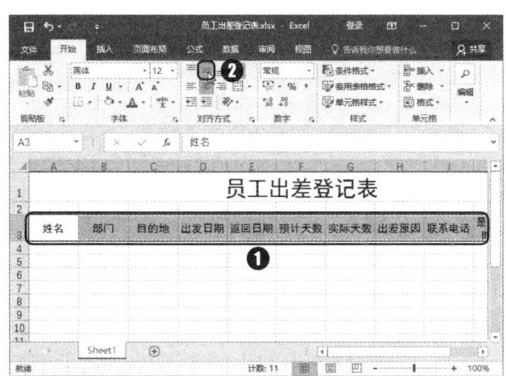

第3步 ❶ 选择 K2 单元格，在编辑栏中输入公式"=TODAY()"；❷ 按【Enter】键即可得到系统当前的日期，如下图所示。

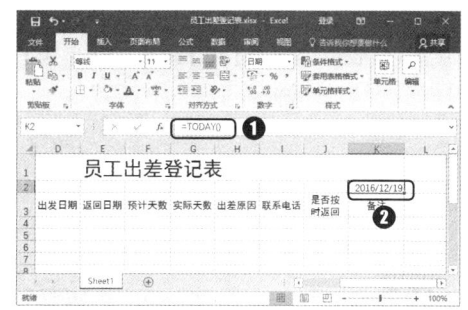

第4步 ❶ 在日期前方的单元格中输入"制表日期："文本，然后选中 J2：K2 单元格区域；❷ 在【开始】选项卡的【字体】组中设置字体格式，如下图所示。

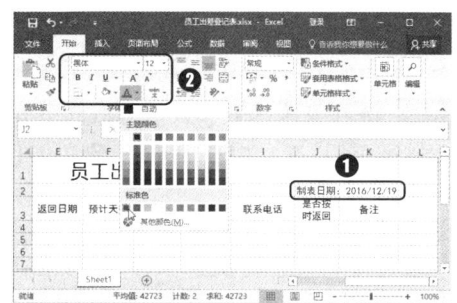

5.3.2 使用IF函数判断是否按时返回

有时候，因为客户或自身的原因，员工没有在预定的时间内返回公司，需要向人事部门报备并说明原因。下面来介绍使用IF函数判断员工是否按时返回的具体操作步骤。

第1步 ❶ 在出差登记表中输入本月的出差记录；❷ 选择 J4 单元格；❸ 单击【公式】选项卡【函数库】组中的【插入函数】按钮，如下图所示。

第2步 ❶打开【插入函数】对话框，在【选择函数】列表框中选择【IF】函数；❷单击【确定】按钮，如下图所示。

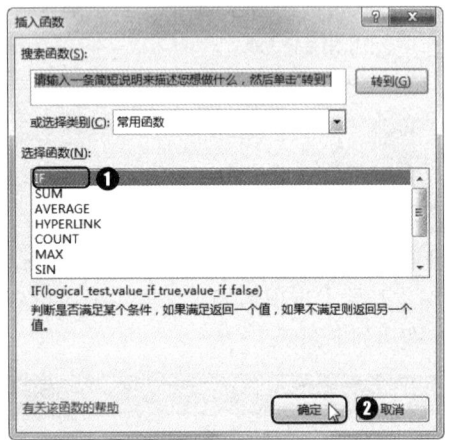

第3步 ❶在IF【函数参数】对话框中分别输入【G4>F4】【"否"】【"是"】；❷单击【确定】按钮，如下图所示。

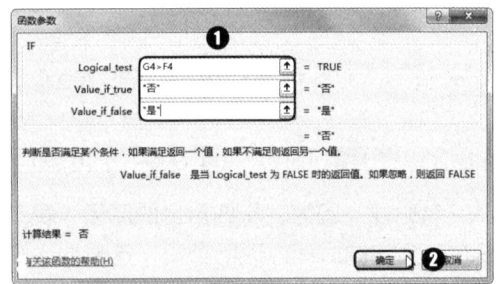

第4步 返回工作表中，即可看到J4单元格显示是否按时返回。将鼠标指针移动到单元格的右下角，当鼠标指针变为+形状时双击，即可自动向下填充公式，如下图所示。

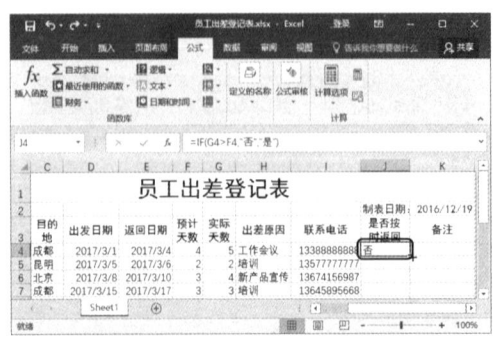

第5步 在"备注"列单元格中根据"是否按时返回"列中的数据输入未按时返回的原因，如下图所示。

5.3.3 突出显示单元格

有的公司对于出差时间较长的员工会有特别的补助，在填写了出差情况之后，可以突出显示大于某个数值的单元格，具体操作步骤如下。

第1步 ❶选中K8：G8单元格区域；❷单击【开始】选项卡【字体】组中的【边框】下拉按钮 ；❸在弹出的下拉列表中选择【粗外侧框线】选项，如下图所示。

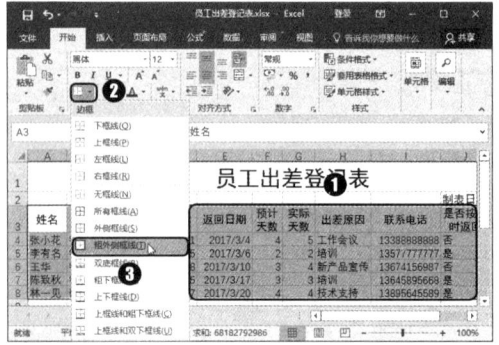

第2步 ❶选中G4：G7单元格区域，单击【开始】选项卡【样式】组中的【条件格式】下拉按钮；❷在弹出的下拉列表中选择【突出显示单元格规则】选项；❸在打开的级联列表中选择【大于】命令，如下图所示。

第5章
员工考勤管理

第3步 ❶打开【大于】对话框,设置数值为"4",在【设置为】下拉列表中选择填充颜色;❷单击【确定】按钮,如下图所示。

第4步 返回工作表中,即可看到实际天数大于4的数值已经被突出显示,如下图所示。

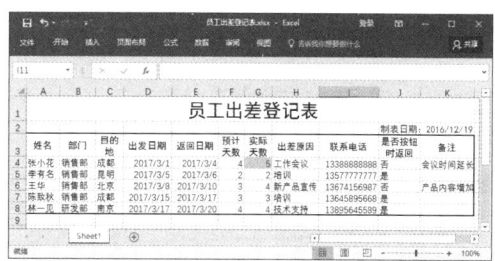

通过前面知识的学习,相信读者对员工考勤与休假管理中需要制作的文档有了一定的了解。下面结合本章内容介绍一些工作中的实用经验与技巧。

01 将模板添加到常用列表

📀 视频文件:光盘\视频文件\第5章\01.mp4

在工作中可能会经常需要用到某一模板,如"培训"模板,但这一模板又不在常用列表中,每次使用时都需要通过搜索使用该模板,难免浪费时间。其实,可以在搜索到该模板后将其添加到常用列表,那么下次再用到该模板时就可以方便地使用了,具体操作步骤如下。

第1步 ❶在【新建】页面右侧的搜索框中输入关键字,如"通知";❷单击【搜索】按钮;❸在搜索结果中将显示与通知有关的模板列表,找到要添加到常用列表中的模板,单击模板右下角的【固定至列表】按

钮即可将该模板添加到常用列表,如下图所示。

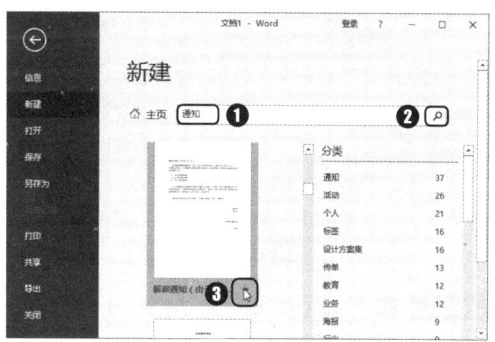

第2步 模板添加到常用列表后,如果用户不再需要该模板,也可以取消固定,方法为:单击模板右下角的从列表中【取消固定】按钮即可,如下图所示。

| 127 |

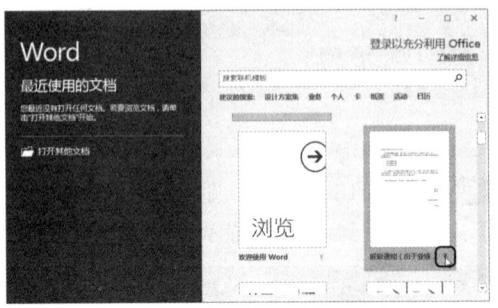

02 对手机号码进行分段显示

📀 视频文件：光盘\视频文件\第5章\02.mp4

手机号码由11位数字构成，在查看手机号码时，11位数字容易混淆，为了使手机号码更易读，在输入手机号码时，可以对手机号码进行分段显示。

对手机号码进行分段显示的具体操作步骤如下。

第1步 ❶打开"光盘\素材文件\第5章\员工信息表.xlsx"文件。选中I3：I20单元格区域；❷单击【开始】选项卡【数字】组中的对话框启动器，如下图所示。

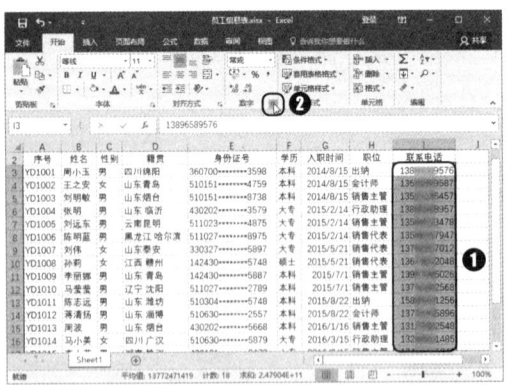

第2步 ❶打开【设置单元格格式】对话框，在【数字】选项卡的【分类】列表框中选择【自定义】选项；❷在【类型】文本框中输入【000-0000-0000】；❸单击【确定】按钮，如下图所示。

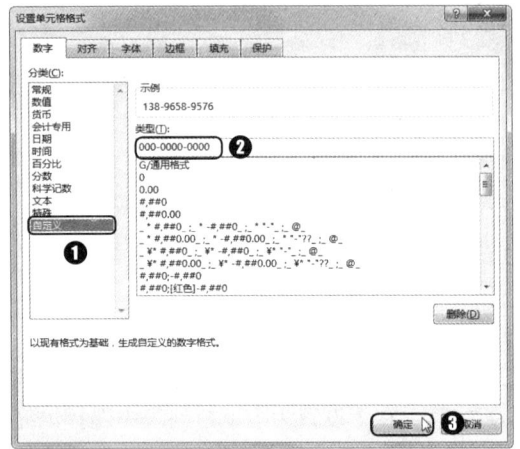

第3步 返回工作表中，即可看到所选数据已经分段显示，如下图所示。

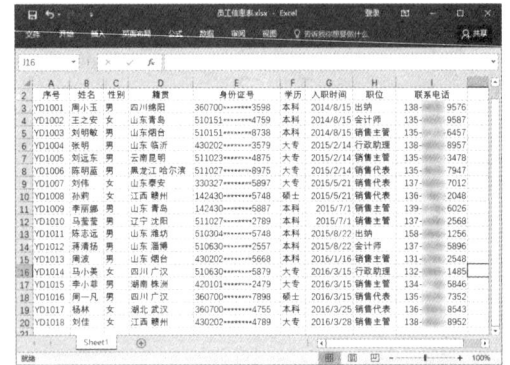

03 突出显示所有包含公式的单元格

📀 视频文件：光盘\视频文件\第5章\03.mp4

在文秘与行政工作中，经常需要处理很多表格，而某些表格中含有大量公式，在查看和编辑时，如果一不小心修改或删除了单元格中的函数，容易造成表格错误，又需要重新编辑。为了避免这种情况，可以将包含有公式的单元格突出显示，具体操作步骤如下。

第1步 ❶打开"光盘\素材文件\第5章\日常费用表.xlsx"文件。打开表格，单击【开始】选项卡【编辑】组中的【查找和选择】按钮；

❷在弹出的下拉列表中选择【定位条件】选项，如下图所示。

第3步 ❶返回工作表时包含公式的单元格已经全部被选定，为了突出显示公式可以为公式设置背景颜色，单击【开始】选项卡【字体】组中的【填充颜色】下拉按钮 ；❷ 在弹出的下拉列表中选择需要的颜色即可，如下图所示。

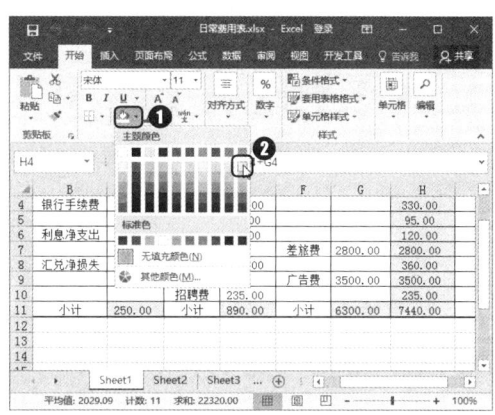

第2步 ❶在打开的【定位条件】对话框中选中【公式】单选按钮；❷单击【确定】按钮，如下图所示。

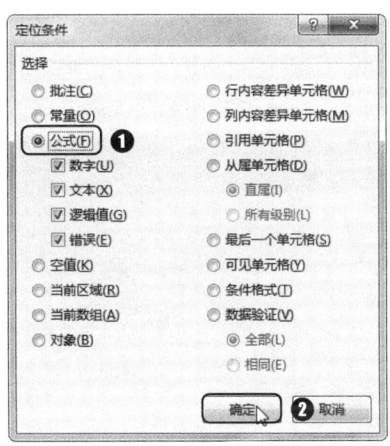

第6章
员工薪资管理

本章导读

制定规范的员工薪资管理体系,可以从员工的各个方面进行考评,作为员工晋升、加薪或辞退的有力凭据。本章将通过制作绩效考核方案、薪酬管理系统和员工工资表,介绍在文秘与行政工作中关于薪资管理文档的制作方法。

知识要点

- ❖ 使用多级列表
- ❖ 插入图表
- ❖ 使用公式和函数
- ❖ 排序数据
- ❖ 引用其他工作表数据
- ❖ 打印工作表

第6章 员工薪资管理

6.1 使用Word编辑绩效考核方案

案例背景

绩效考核也称为成绩或成果评测，是企业为了实现生产经营目的，运用特定的标准和指标，并采取科学的方法，对承担生产经营过程及结果的各级管理人员完成指定任务的工作业绩和由此带来的诸多效果做出价值判断的过程。想要绩效考核方案顺利实施，得到全体员工的同意，就应该遵循许多原则，而在此之前，必须要先制定绩效考核方案。

本例将通过Word编辑绩效考核方案，制作完成后的效果如下图所示。实例最终效果见"光盘\结果文件\第6章\绩效考核方案.docx"文件。

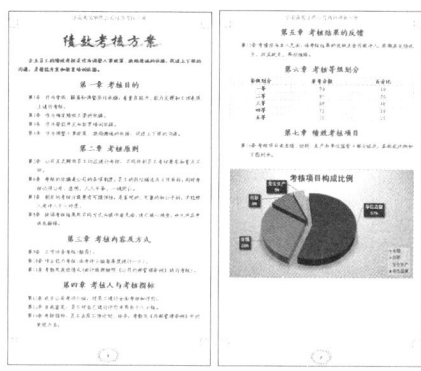

光盘文件	素材文件	光盘\素材文件\第6章\绩效考核方案.docx
	结果文件	光盘\结果文件\第6章\绩效考核方案.docx
	教学视频	光盘\视频文件\第6章\6.1使用Word编辑绩效考核方案.mp4

6.1.1 美化绩效考核方案文档

通过对文档中的标题、各级段落和文本等对象进行设置，可以增加文档层次感和可读性。

1. 设置文档格式

设置文档格式可以让文档的分级更加清晰，下面介绍设置字体格式和段落格式的具体操作步骤。

第1步 ❶打开"光盘\素材文件\第6章\绩效考核方案.docx"文档，按【Ctrl+A】组合键，选中所有文本；❷在【开始】选项卡的【字体】组中单击【字体颜色】下拉按钮▲·；❸在弹出的下拉列表中选择【其他颜色】选项，如下图所示。

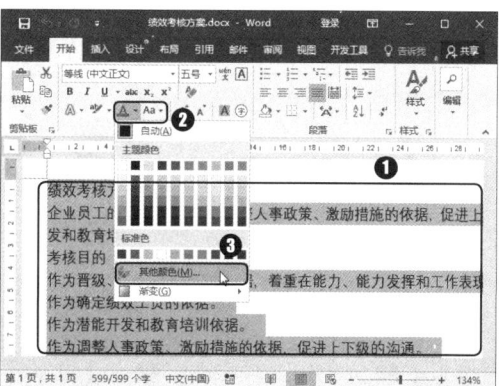

第2步 ❶打开【颜色】对话框,在【标准】选项卡中选择一种颜色;❷选择完成后单击【确定】按钮,如下图所示。

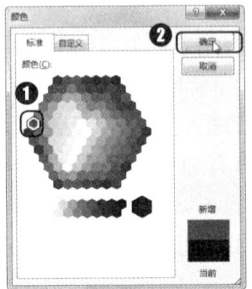

第3步 ❶选择文档的标题文本段落;❷在【开始】选项卡的【字体】组中设置字体格式为【华文行楷,小初,居中】,如下图所示。

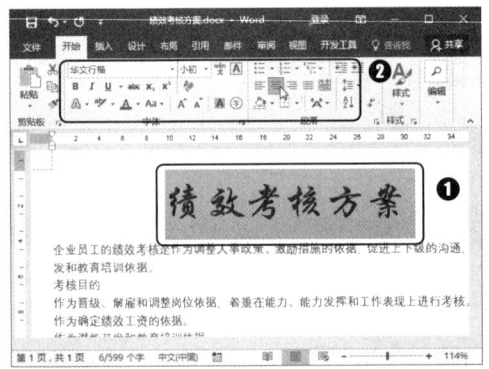

第4步 ❶保持标题文本的选中状态,单击【开始】选项卡【字体】组中的【文本效果和版式】下拉按钮;❷在弹出的下拉列表中选择【阴影】选项;❸在弹出的级联列表中选择一种阴影效果,如下图所示。

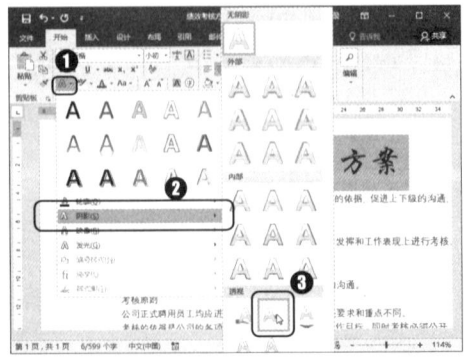

第5步 ❶选中第2段段落;❷在【开始】

选项卡的【字体】组中设置字体格式为【楷体_GB2312,小四,加粗】;❸单击【开始】选项卡【段落】组中的对话框启动器,如下图所示。

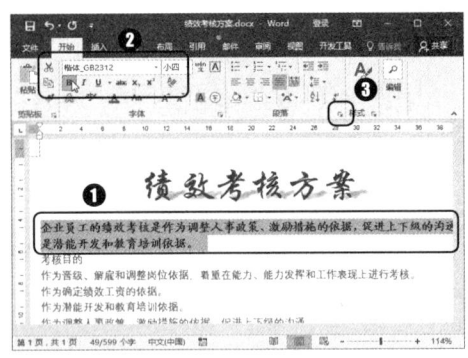

第6步 ❶打开【段落】对话框,在【缩进和间距】选项卡设置【特殊格式】为【首行缩进】,【缩进值】为【2字符】;❷设置【行距】为【固定值,20磅】;❸单击【确定】按钮,如下图所示。

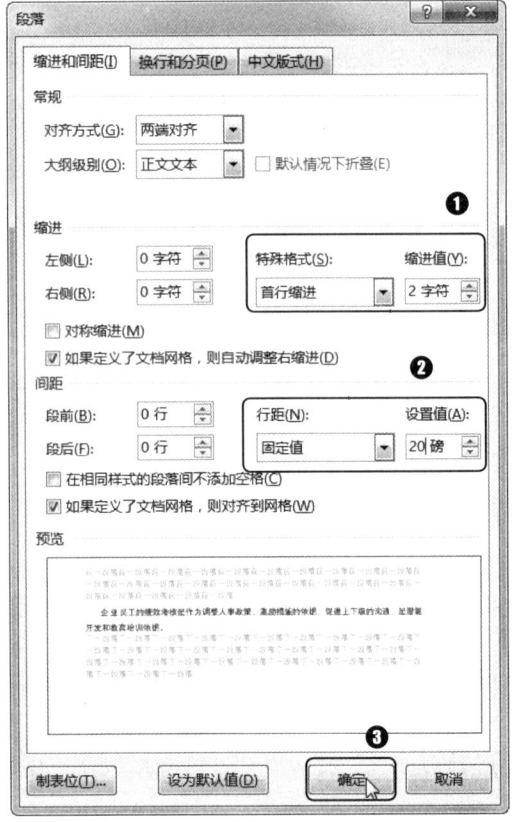

第6章
员工薪资管理

第7步 ❶选中"考核目的"段落;❷在【开始】选项卡的【字体】组中设置字体格式为【楷体_GB2312,小二,加粗】,如下图所示。

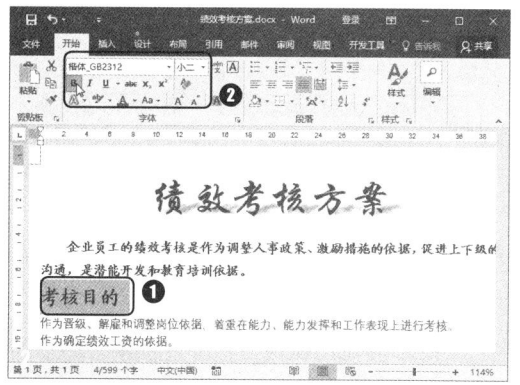

第8步 ❶打开【段落】对话框,在【缩进和间距】选项卡中设置段落格式为【居中,段前1行,段后0.5行,行距固定值20磅】;❷单击【确定】按钮,如下图所示。

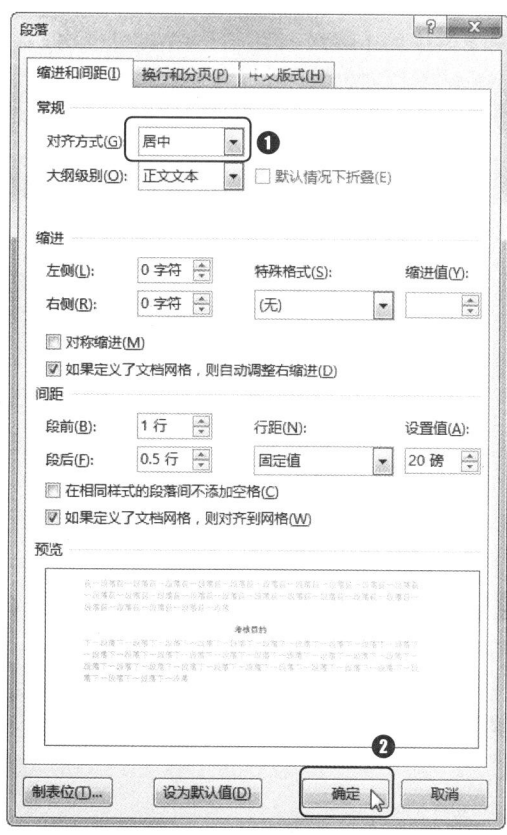

第9步 双击【开始】选项卡【剪贴板】组中的【格式刷】按钮,复制所选文本格式,并锁定格式刷,如下图所示。

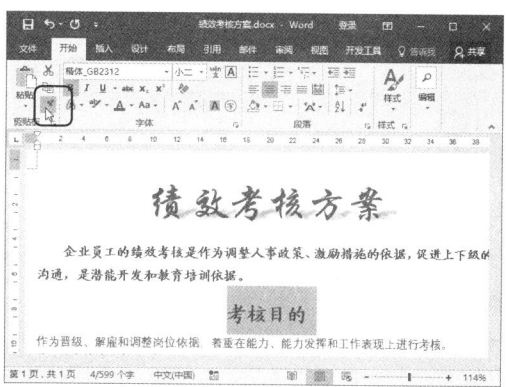

第10步 此时,鼠标指针将变为形状,使用格式刷将格式复制到其他需要应用相同格式的段落中,完成后按【Esc】键取消格式刷的锁定,如下图所示。

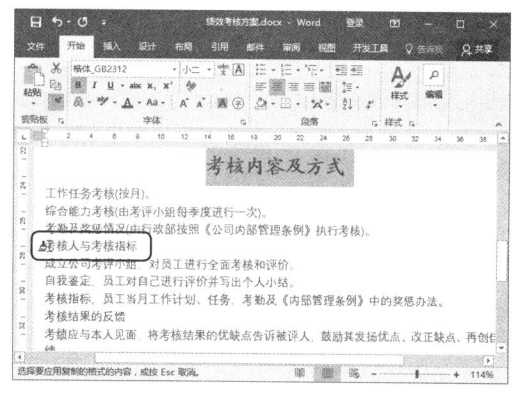

> **温馨提示**
>
> 再次单击【开始】选项卡【剪贴板】组中的【格式刷】按钮,也可以取消锁定格式刷。

第11步 ❶选中"考核目的"下方的段落;❷在【开始】选项卡的【字体】组中设置字体格式为【楷体_GB2312,小四】,如下图所示。

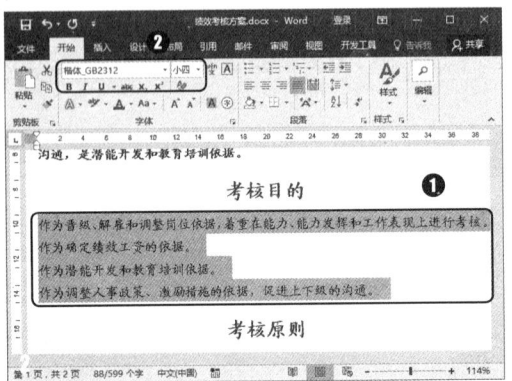

第12步 ❶ 打开【段落】对话框，在【缩进和间距】选项卡中设置段落格式为【首行缩进，2字符，行距固定值20磅】；❷ 单击【确定】按钮，如下图所示。

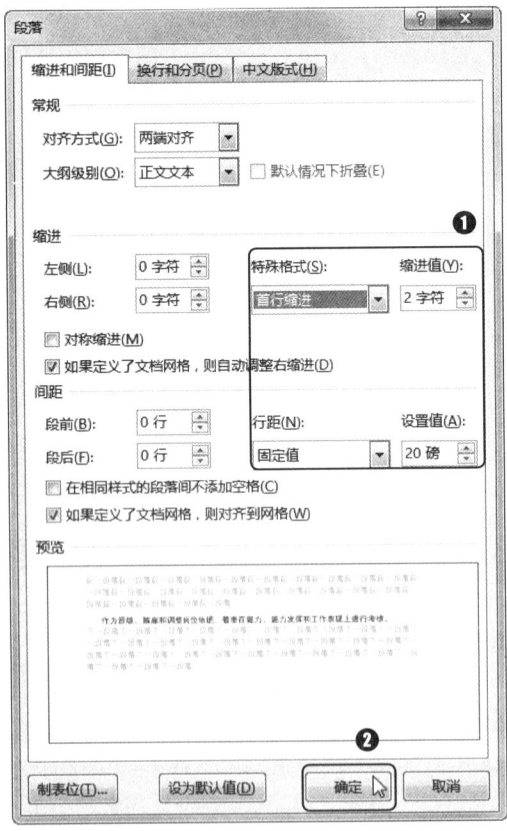

第13步 将设置好的格式复制到其他段落即可，如下图所示。

2. 创建多级列表

在使用Word编辑文档的过程中，很多时候需要插入多级列表编号，以更清晰地标识出段落之间的层次关系。创建多级列表的具体操作步骤如下。

第1步 ❶ 选择所有与"考核目的"文本段落格式相同的段落；❷ 单击【开始】选项卡【段落】组中的【多级列表】下拉按钮；❸ 在弹出的下拉列表中选择【定义新的多级列表】选项，如下图所示。

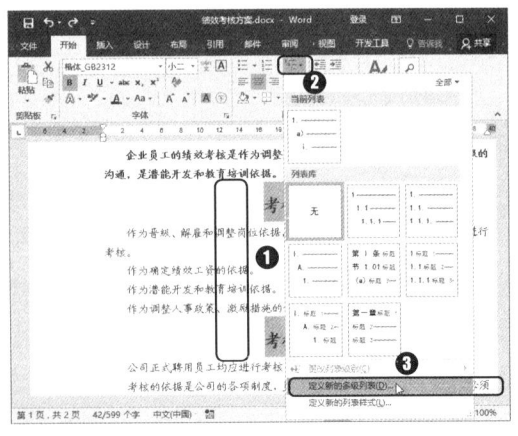

第2步 ❶ 选择【单击要修改的级别】列表框中的【1】选项；❷ 在【此级别的编号样式】下拉列表中选择【一、二、三（简）…】选项；❸ 在【输入编号的格式】文本框中将内容设置为"第一章"；❹ 单击【确定】按钮，如下图所示。

第6章
员工薪资管理

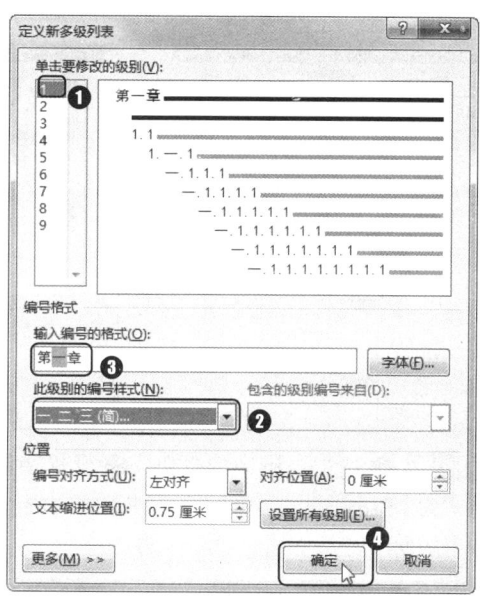

温馨提示

如果要设置两个以上的多级列表，可以在选择了文本段落之后，在【定义新多级列表】对话框的【单击要修改的级别】列表框中分别设置多级列表的样式。

3. 设置编号

使用编号可以清楚地查看方案的内容，具体操作步骤如下。

第1步 ❶ 选中"第一章"文本下方的段落；❷ 单击【开始】选项卡【段落】组中的【编号】下拉按钮；❸ 在弹出的下拉列表中选择【编号库】选项区域中的编号样式，如下图所示。

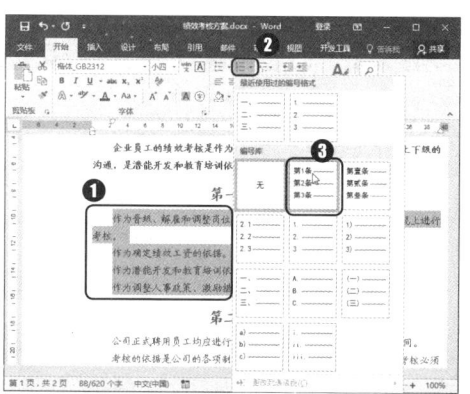

第2步 ❶ 使用相同的方法为下方的段落添加编号，默认编号从"1"开始，如果需要连接上文的编号，可以在"第1条"编号上右击；❷ 在弹出的快捷菜单中选择【继续编号】命令，如下图所示。

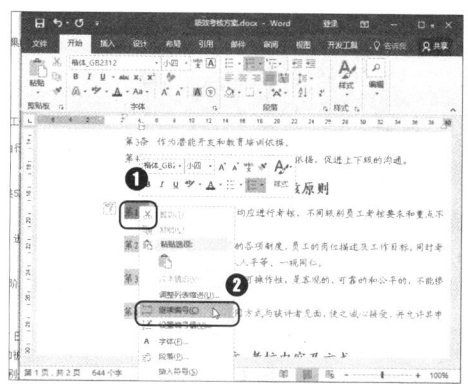

6.1.2 设置页眉和页脚

在制作文档时，一般会在页眉和页脚处添加公司名称和页码，具体操作步骤如下。

第1步 ❶ 双击文档上方的页眉位置，进入页眉和页脚编辑状态；❷ 单击【开始】选项卡【字体】组中的【清除所有格式】按钮，清除页眉横线，如下图所示。

第2步 ❶ 直接输入页眉内容；❷ 设置字体格式为【楷体_GB2312，小四】；❸ 单击【字体颜色】下拉按钮；❹ 在弹出的下拉列表

中选择【最近使用的颜色】下的字体颜色，如下图所示。

第3步 单击【页眉和页脚工具/设计】选项卡【导航】组中的【转至页脚】按钮，如下图所示。

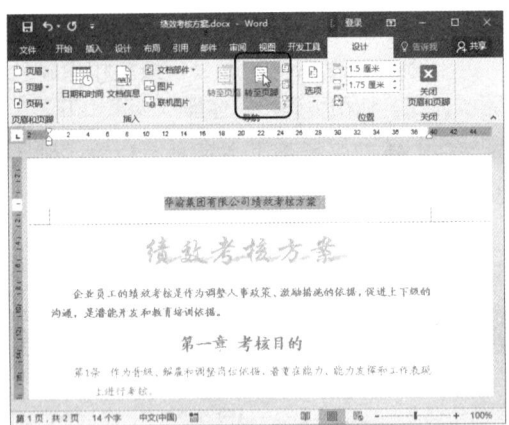

> **温馨提示**
> 在【插入】选项卡的【页眉和页脚】组中单击【页眉】下拉按钮，在弹出的下拉列表中选择【编辑页眉】选项也可以进入页眉页脚编辑状态。

第4步 ❶跳转至页脚，单击【页眉和页脚工具/设计】选项卡【页眉和页脚】组中的【页码】下拉按钮；❷在弹出的下拉列表中选择【页面底端】选项；❸在弹出的级联列表中选择一种页脚样式，如下图所示。

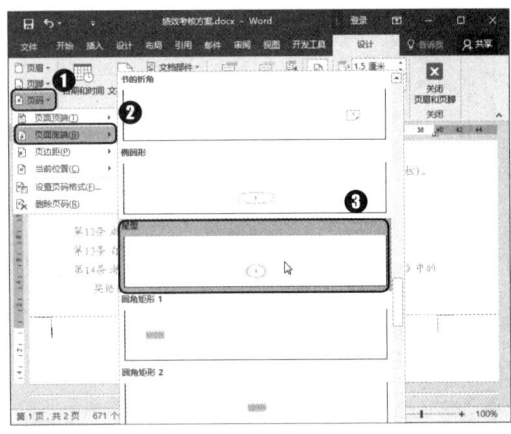

第5步 ❶选中页脚中的页码；❷设置字体格式为【Broadway，小四，最近使用的颜色】，如下图所示。

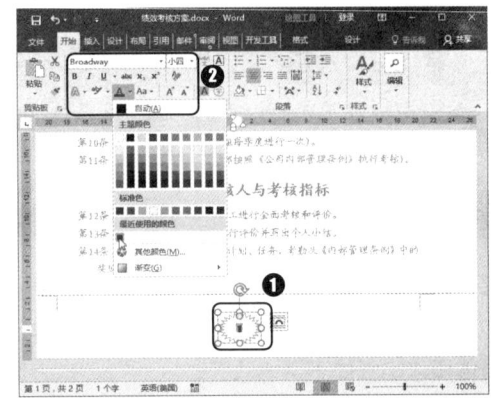

第6步 ❶选中页码的边框；❷在【绘图工具/格式】选项卡的【形状样式】组中单击【形状轮廓】下拉按钮；❸在弹出的下拉列表中选择最近使用的颜色，如下图所示。

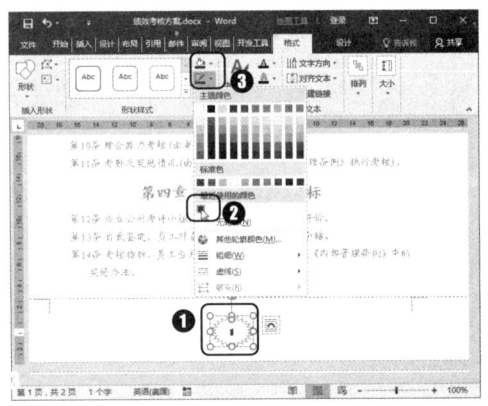

第6章
员工薪资管理

第7步 设置完成后单击【页眉和页脚工具/设计】选项卡【关闭】组中的【关闭页眉和页脚】按钮即可，如下图所示。

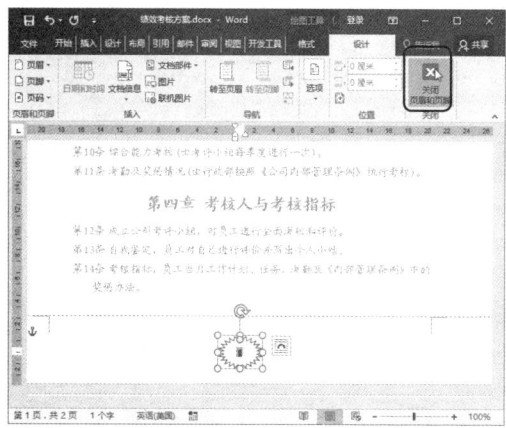

6.1.3 插入表格

利用表格排列数据可以让内容更加容易被文档使用者理解。下面介绍在文档中插入表格并设置表格的具体操作步骤。

第1步 ❶将光标定位到"第六章"段落最后的段落标记处；❷单击【插入】选项卡【表格】组中的【表格】下拉按钮；❸在弹出的下拉列表中选择【插入表格】选项，如下图所示。

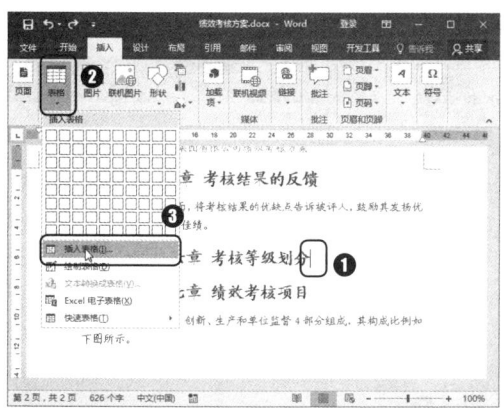

第2步 ❶弹出【插入表格】对话框，设置表格的【列数】为【3】，【行数】为【6】；❷单击【确定】按钮，如下图所示。

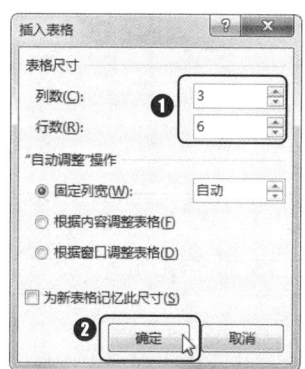

教您一招

快速插入表格

在【插入】选项卡【表格】组的【表格】下拉列表中，提供了一个10×8的虚拟表格区域可供选择，用户只要拖动鼠标选择表格的行列值即可快速插入表格。

第3步 ❶选中表格；❷单击【开始】选项卡【字体】组中的【清除所有格式】按钮，如下图所示。

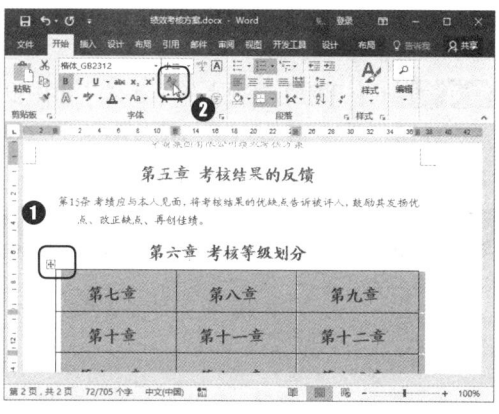

第4步 ❶在表格中输入数据，然后选中表格；❷单击【表格工具/设计】选项卡【表格样式】组中的【其他】按钮，如下图所示。

137

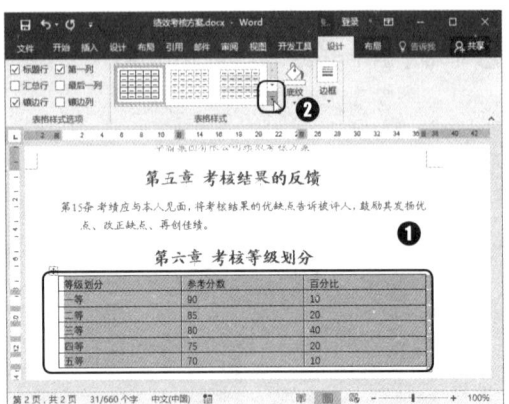

第5步 在打开的样式列表中选择一种表格样式，如下图所示。

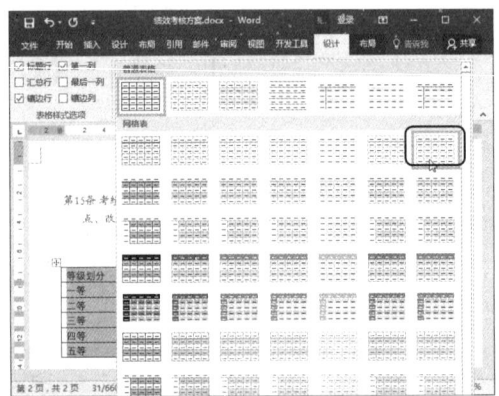

第6步 在【开始】选项卡的【字体】组中设置字体格式为【楷体_GB2312，小四】，如下图所示。

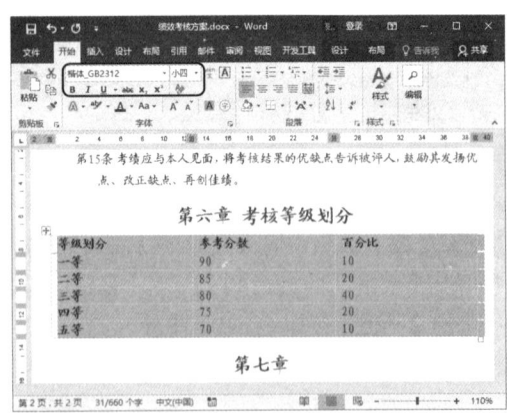

第7步 单击【表格工具/布局】选项卡【对齐方式】组中的【水平居中】按钮，如下图所示。

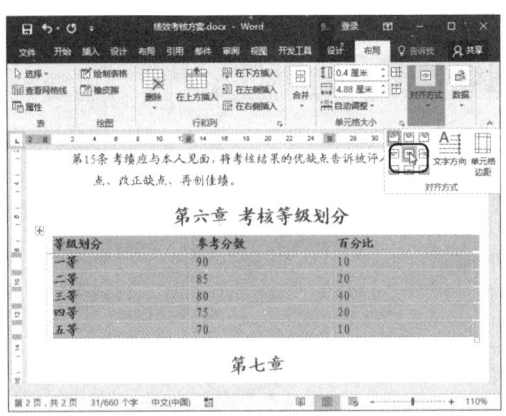

6.1.4 创建员工工资图表

图表是一种非常直观的工具，它不仅自身美观，而且对数据的体现也非常清晰，是工作中经常使用的对象。

1. 插入图表

Word为用户提供了多种图表样式，用户可以选择合适的图表插入文档中，具体操作步骤如下。

第1步 ❶将光标定位到文档的末尾处；❷单击【插入】选项卡【插图】组中的【图表】按钮，如下图所示。

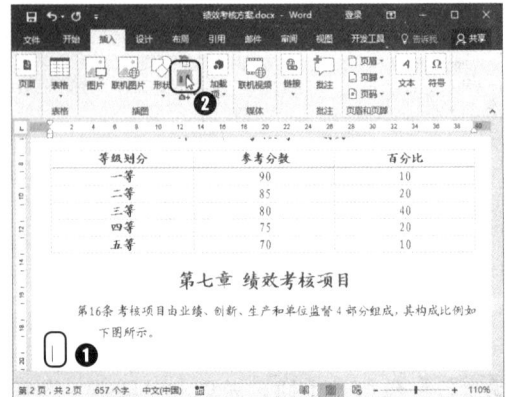

第2步 ❶打开【插入图表】对话框，在左

第6章
员工薪资管理

侧窗格中选择【饼图】选项；❷在右侧窗格中选择【三维饼图】样式；❸单击【确定】按钮，如下图所示。

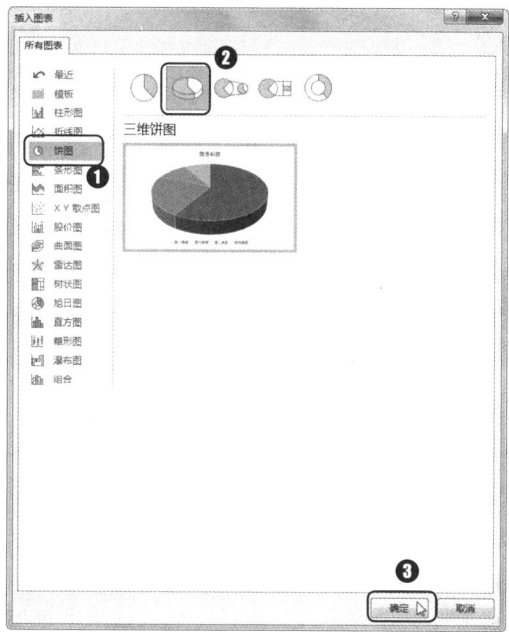

第1步 ❶选中饼图并右击；❷在弹出的快捷菜单中选择【设置数据系列格式】选项，如下图所示。

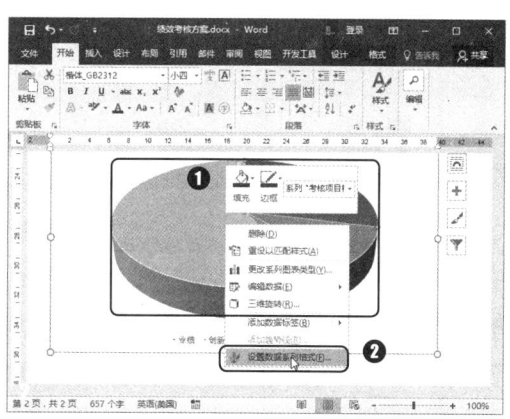

第2步 ❶打开【设置数据系列格式】窗格，在【系列选项】选项卡的【系列选项】选项区域中设置【第一扇区起始角度】和【饼图分离程度】；❷设置完成后单击【关闭】按钮，如下图所示。

第3步 ❶系统将打开 Excel 2016，在 Excel 中输入需要在图表中显示的数据；❷单击【关闭】按钮。返回 Word 文档中，即可看到图表已经插入，如下图所示。

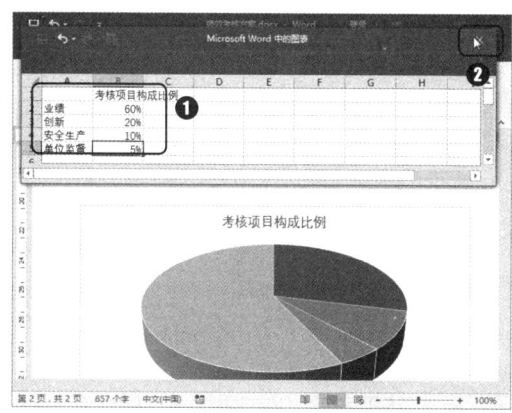

第3步 ❶选中图表；❷单击【图表工具/设计】选项卡【图表样式】组中的【更改颜色】下拉按钮；❸在弹出的下拉列表中选择一种颜色，如下图所示。

2. 编辑与美化图表

插入图表后，还可以对图表进行美化和编辑，具体操作步骤如下。

139

Word/Excel/PPT
在文秘与行政管理中的应用

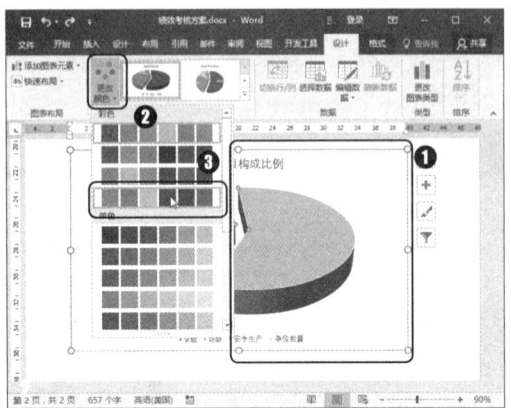

第4步 单击【图表工具/设计】选项卡【图表样式】组中的【其他】按钮，如下图所示。

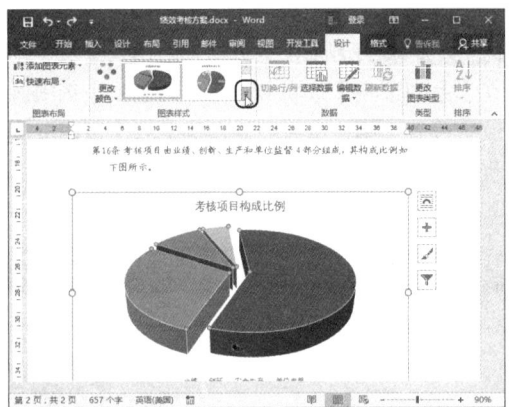

第5步 在弹出的下拉列表中选择【样式3】选项，如下图所示。

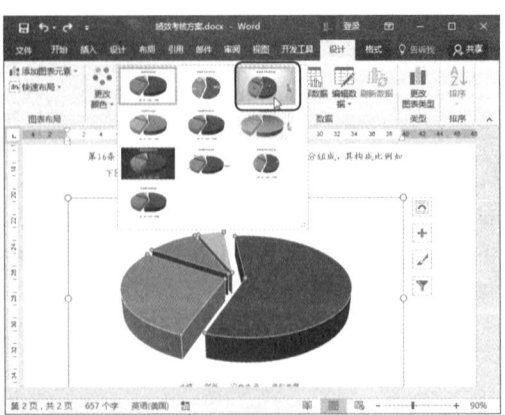

第6步 ❶选中数据标签并右击；❷在弹出的快捷菜单中选择【设置数据标签格式】选项，如下图所示。

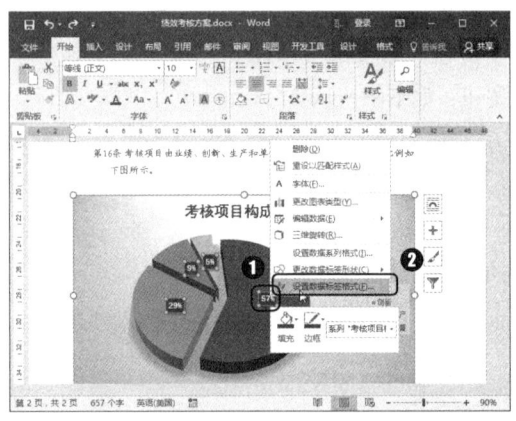

> **温馨提示**
>
> 图例体现的是对应数据系列的对象，当图表中只有一组数据系列，且图表标题或文档其他位置指明该图表的内容时，图例的作用便不大了，建议删除。如果图表中存在多组数据系列，则建议将图例显示在图表上。

第7步 ❶打开【设置数据标签格式】窗格，在【标签选项】选项卡的【标签选项】选项区域中选中【类别名称】复选框；❷单击【关闭】按钮关闭【设置数据标签格式】窗格，如下图所示。

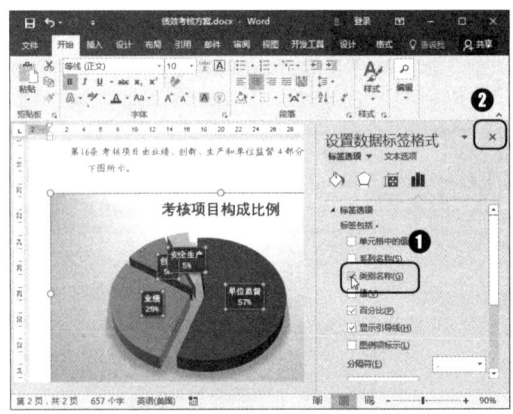

第8步 分别选中数据标签，当鼠标指针变为形状时按住鼠标左键不放，然后拖动标签到饼图的外侧，如下图所示。

第6章 员工薪资管理

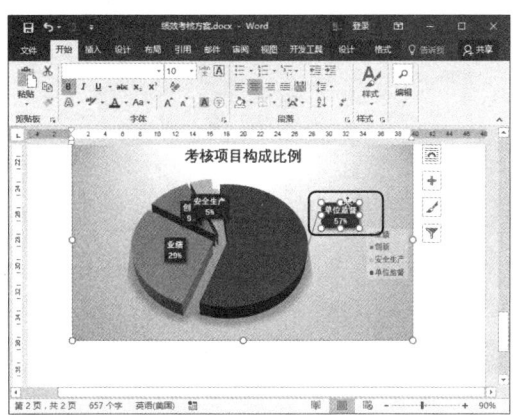
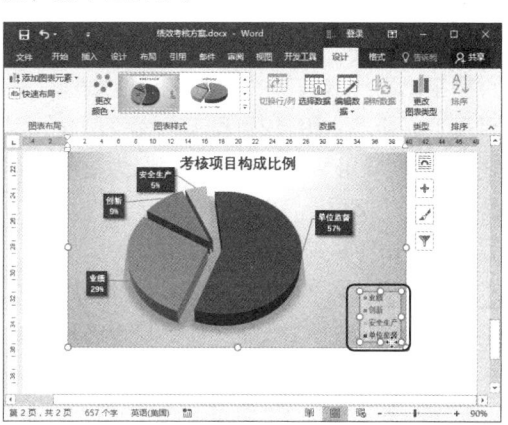

角，如下图所示。

第9步 选中图例，当鼠标指针变为形状时按住鼠标左键不放，将图例拖动到图表的右下

6.2 使用Excel制作员工薪酬管理系统

案例背景

员工的工资一般是根据员工所在职位、生产绩效及福利等方面发放的，通过规范的员工工资标准，可以使员工工资发放更加清楚和公正。

本例将制作员工薪酬管理系统，制作完成后的效果如下图所示。实例最终效果见"光盘\结果文件\第6章\员工薪酬管理系统.xlsx"文件。

光盘文件	素材文件	光盘\素材文件\第6章\员工薪酬管理系统.xlsx
	结果文件	光盘\结果文件\第6章\员工薪酬管理系统.xlsx
	教学视频	光盘\视频文件\第6章\6.2使用Excel制作员工薪酬管理系统.mp4

6.2.1 输入特殊数据

在本例中，整个员工薪酬管理系统由"2月员工出勤统计表""2月员工业绩表""2月员工福利表"和"2月员工薪资管理表"组成，并以"2月员工出勤统计表"为基础。下面先输入"2月员工出勤统计表"的基本内容，具体操作步骤如下。

第1步 ❶ 打开"光盘\素材文件\第6章\员工薪酬管理系统.xlsx"文件，其中已经创建了"2月员工出勤统计表""2月员工业绩表""2月员工福利表"和"2月员工薪资管理表"的基本框架；❷ 选中A3单元格，在编辑栏中输入【'001】，如下图所示。

第2步 ❶ 按【Enter】键确认输入，即可输入以"0"开头的员工编号；❷ 选中A3单元格，将鼠标指针指向单元格右下角，鼠标指针呈+形状时，按住鼠标左键拖动，到适当位置释放鼠标左键，以序列快速填充单元格，输入员工编号，如下图所示。

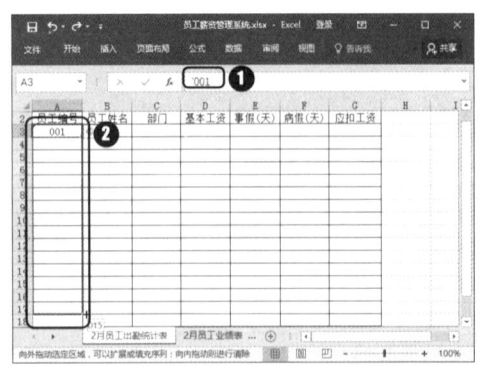

> **教您一招**
>
> **输入分数**
>
> 要在Excel单元格中输入分数，只需要在分数前加一个"0"和一个空格，例如输入"0 3/4"，按【Enter】键确认，即可得到分数"3/4"。如果在输入前将输入数据的单元格或单元格区域设置为"分数"格式，则可以直接输入"3/4"。

第3步 根据需要，在工作表中输入其他数据内容，如下图所示。

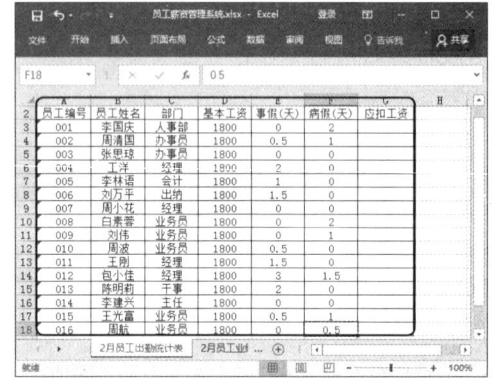

6.2.2 使用公式和函数计算数据

使用公式和函数，可以快速完成"2月员工出勤统计表""2月员工业绩表""2月员工福利表"和"2月员工薪资管理表"的制作。

1. 计算出勤记录

出勤记录作为工资的核算依据，需要在计算出勤情况后计算出应扣工资，具体操作步骤如下。

第1步 ❶ 在"2月员工出勤统计表"工作表的G3单元格中输入公式"=(D3/30)*E3+(D3/30)*0.25*F3"，按【Enter】键确认；❷ 利用填充柄将公式复制到相应单元格中，计算出2月员工请假应扣工资数据，如下图所示。

第6章
员工薪资管理

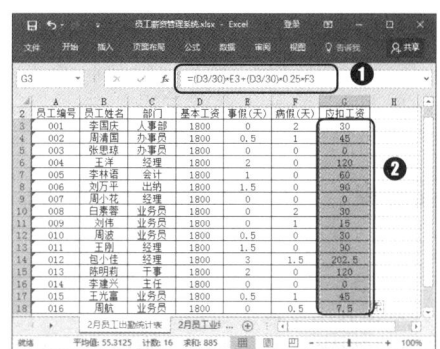

第2步 ❶ 选中 G3：G18 单元格区域；❷ 在【开始】选项卡的【数字】组中单击【会计数字格式】下拉按钮 ；❸ 在弹出的下拉菜单中选择【¥中文（中国）】选项，将【应扣工资】数据设置为货币格式，如下图所示。

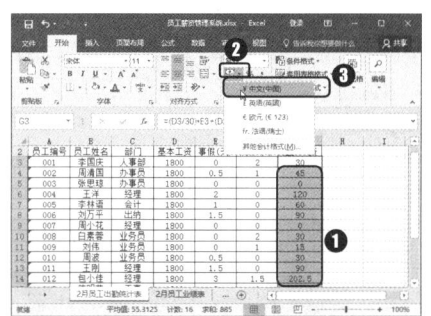

2. 计算销售业绩

公司的业绩奖金是由销售额来决定的，通常会根据销售额来确定提成比例。下面介绍计算员工销售业绩的具体操作步骤。

第1步 切换到"2月员工业绩表"工作表，其中已经创建了表格基本框架，按照输入特殊数据的方法，在【员工编号】列中输入员工编号，如下图所示。

第2步 ❶ 在 B3 单元格中输入公式"=VLOOKUP(A3,'2月员工出勤统计表'!$A$3：$B$18,2,0)"，按【Enter】键确认；❷ 利用填充柄将公式复制到相应单元格中，快速填充与员工编号对应的员工姓名数据，如下图所示。

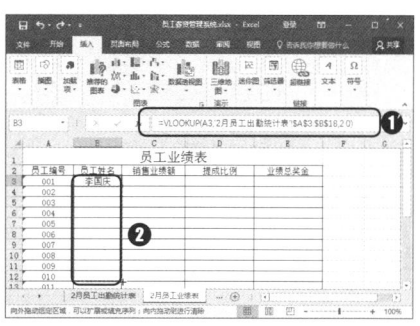

第3步 ❶ 在 C3：C18 单元格区域输入每个员工的销售额，并选中 C3：C18 和 E3：E18 单元格区域；❷ 在【开始】选项卡的【数字】组中单击【会计数字格式】下拉按钮 ；❸ 在弹出的下拉菜单中选择【¥中文（中国）】选项，将该区域数据设置为货币格式，如下图所示。

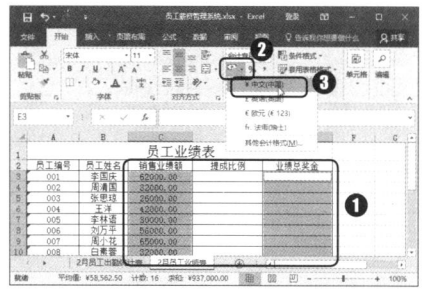

第4步 在工作表的 A21：E23 单元格区域中，可以看到已经输入了员工的提成参照比例，用户可按实际情况自行设置，如下图所示。

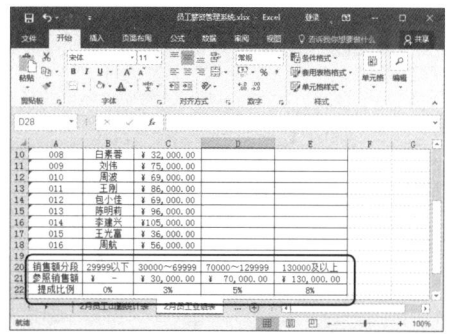

| 143 |

第5步 ❶ 在 D3 单元格中输入公式 "=HLOOKUP(C3,$B$21: $E$22,2)",按【Enter】键确认;❷ 利用填充柄将公式复制到相应单元格中,得到员工提成比例数据,如下图所示。

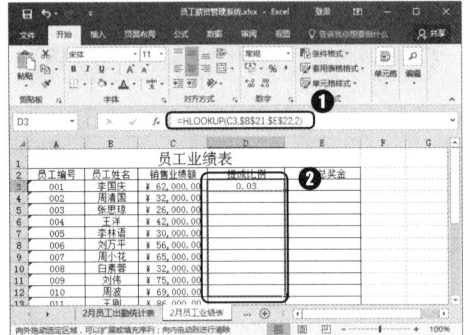

第6步 ❶ 选中 D3:D18 单元格区域;❷ 在【开始】选项卡的【数字】组中单击【百分比样式】按钮%,设置数字格式为百分比格式,如下图所示。

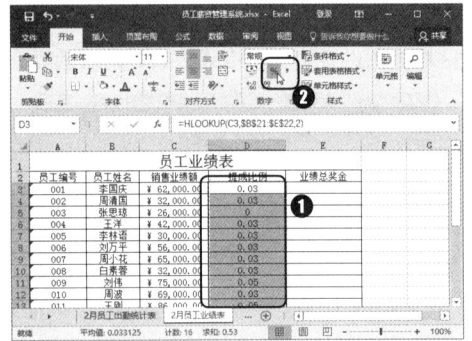

第7步 ❶ 在 E3 单元格中输入公式 "=C3*D3",按【Enter】键确认;❷ 利用填充柄将公式复制到相应单元格中,得到2月员工业绩总奖金数据,如下图所示。

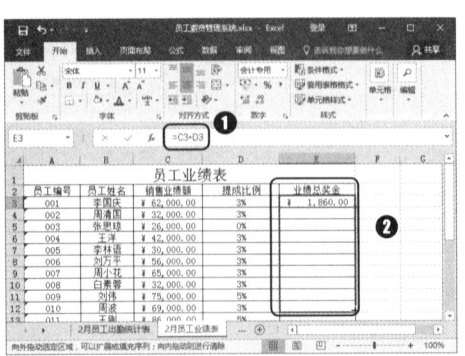

3. 计算员工福利

员工福利根据所属部门不同,福利也有所区别,在计算员工薪酬之前,先要将福利标准输入工作表中,具体操作步骤如下。

第1步 ❶ 切换到"2月员工福利表"工作表,其中已经创建了表格基本框架,按照输入特殊数据的方法,在"员工编号"列中输入员工编号;❷ 在 B3 单元格中输入公式 "=VLOOKUP(A3,'2月员工出勤统计表'!$A$3:$B$18,2,0)",按【Enter】键确认;❸ 利用填充柄将公式复制到相应单元格中,快速填充与员工编号对应的员工姓名数据,如下图所示。

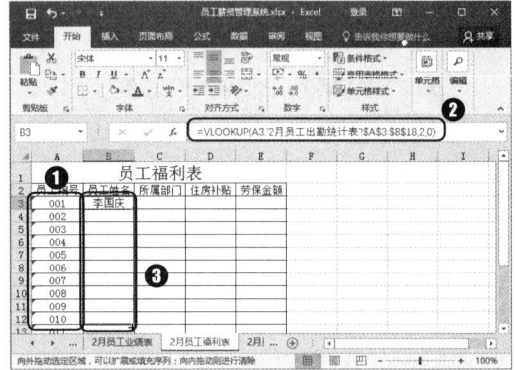

第2步 ❶ 在 C3 单元格中输入公式 "=VLOOKUP(A3,'2月员工出勤统计表'!$A$3:$C$18,3,0)",按【Enter】键确认;❷ 利用填充柄将公式复制到相应单元格中,快速填充与员工编号对应的员工所属部门数据,如下图所示。

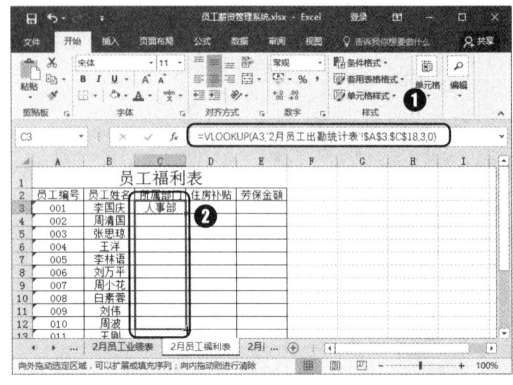

第6章
员工薪资管理

第3步 ❶在D3：E18单元格区域输入每个员工的住房补贴和劳保金额，然后选中D3：E18单元格区域；❷在【开始】选项卡的【数字】组中单击【会计数字格式】下拉按钮；❸在弹出的下拉菜单中选择【¥中文（中国）】选项，将该区域数据设置为货币格式，如下图所示。

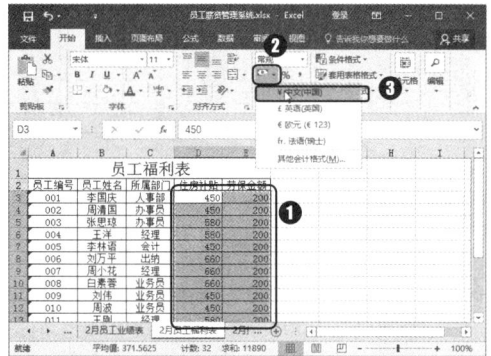

4. 计算员工薪酬

员工的薪酬是根据出勤记录、业绩、福利来计算的。下面来介绍计算员工薪酬的具体操作步骤。

第1步 ❶切换到"2月员工薪资管理表"工作表，其中已经创建了表格基本框架，按照输入特殊数据的方法，在"员工编号"列中输入员工编号；❷在B5单元格中输入公式"=VLOOKUP(A5,'2月员工出勤统计表'!$A$3:$B$18,2,0)"，按【Enter】键确认；❸利用填充柄将公式复制到相应单元格中，如下图所示。

第2步 ❶在C5单元格中输入公式"=VLOOKUP(A5,'2月员工出勤统计表'!$A$3:$C$18,3,0)"，按【Enter】键确认；❷利用填充柄将公式复制到相应单元格中，如下图所示。

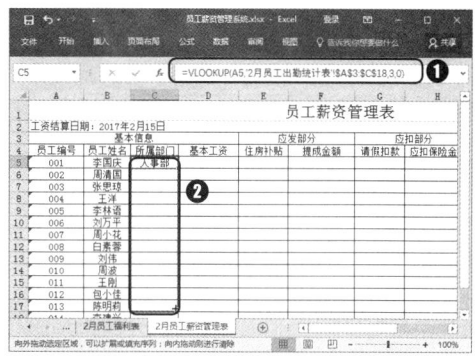

第3步 ❶在D5单元格中输入公式"=VLOOKUP(A5,'2月员工出勤统计表'!$A$3:$D$18,4,0)"，按【Enter】键确认；❷利用填充柄将公式复制到相应单元格中，如下图所示。

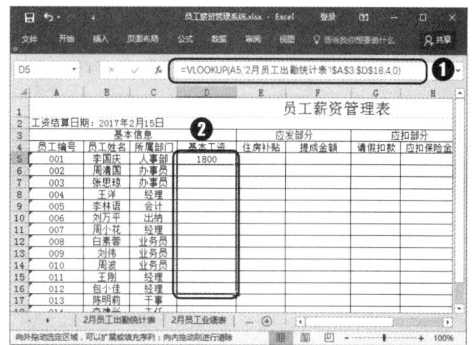

第4步 ❶在E5单元格中输入公式"=VLOOKUP(A5,'2月员工福利表'!$A$3:$D$18,4,0)"，按【Enter】键确认；❷利用填充柄将公式复制到相应单元格中，如下图所示。

第5步 ❶在F5单元格中输入公式"=VLOOKUP

(A5,'2月员工业绩表'!$A$3：$E$18,5,0)"，按【Enter】键确认；❷利用填充柄将公式复制到相应单元格中，如下图所示。

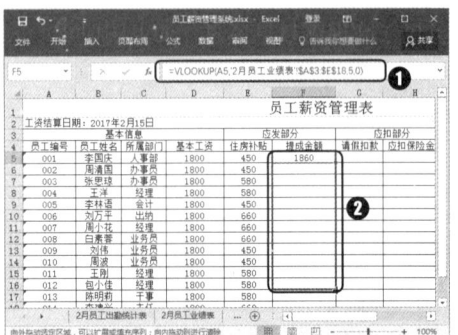

第6步 ❶在G5单元格中输入公式"=VLOOKUP(A5,'2月员工出勤统计表'!$A$3：$G$18,7,0)"，按【Enter】键确认；❷利用填充柄将公式复制到相应单元格中，如下图所示。

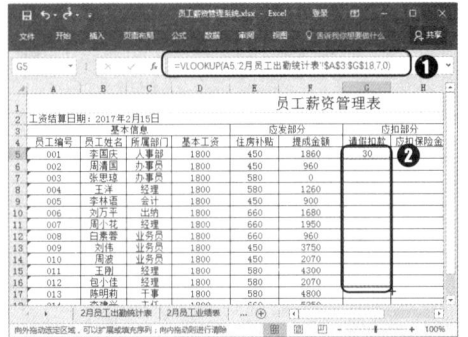

第7步 ❶在H5单元格中输入公式"=VLOOKUP(A5,'2月员工福利表'!$A$3：$E$18,5,0)"，按【Enter】键确认；❷利用填充柄将公式复制到相应单元格中，如下图所示。

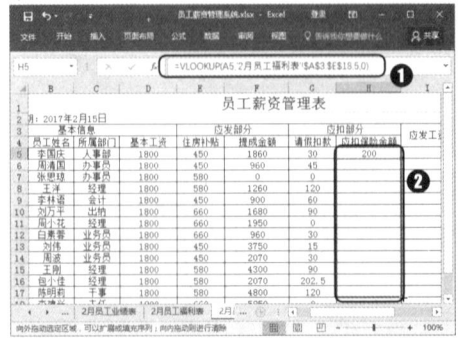

第8步 ❶在I5单元格中输入公式"=D5+E5+F5-G5-H5"，按【Enter】键确认；❷利用填充柄将公式复制到相应单元格中，如下图所示。

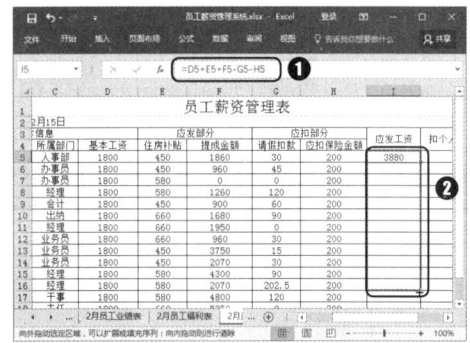

第9步 ❶在J5单元格中输入公式"=IF(I5-3500<0,0,IF(I5-3500<1500,0.03*(I5-3500),IF(I5-3500<4500,0.1*(I5-3500)-105,IF(I5-3500<9000,0.2*(I5-3500)-555,IF(I5-3500<35000,0.25*(I5-3500)-1005)))))"，按【Enter】键确认；❷利用填充柄将公式复制到相应单元格中，如下图所示。

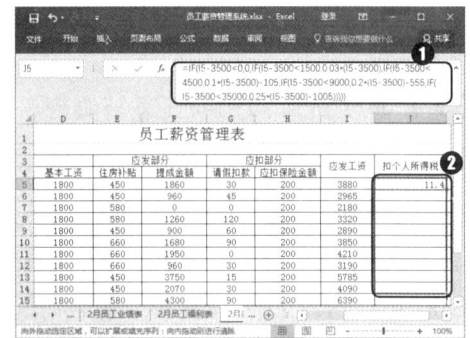

第10步 ❶在K5单元格中输入公式"=I5-J5"，按【Enter】键确认；❷利用填充柄将公式复制到相应单元格中，如下图所示。

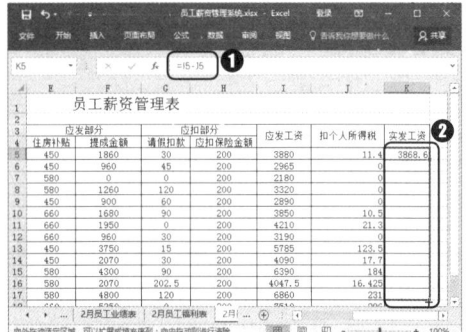

第6章
员工薪资管理

第11步 ❶ 选中 D5：E18 单元格区域；❷ 在【开始】选项卡的【数字】组中单击【会计数字格式】下拉按钮 ▼；❸ 在弹出的下拉菜单中选择【¥ 中文（中国）】选项，将该区域数据设置为货币格式，如下图所示。

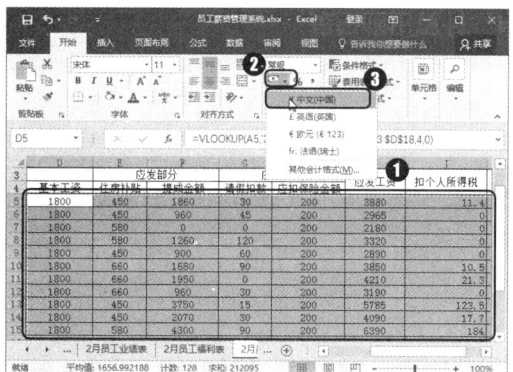

第12步 根据需要调整行高和列宽，以完整显示数据即可，如下图所示。

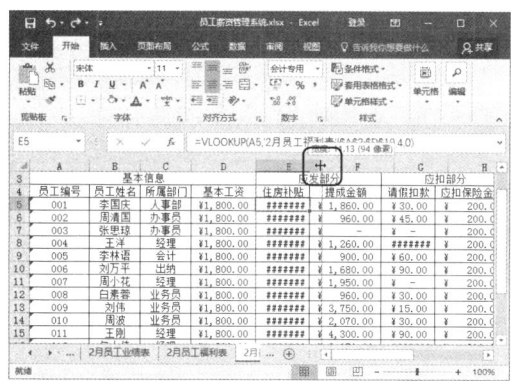

6.2.3 按多个条件排序

在制作出员工薪资管理表后，在其中可以根据所属部门和实发工资金额对表格数据排序，具体操作步骤如下。

第1步 ❶ 选中 A5：K20 单元格区域；❷ 单击【数据】选项卡【排序和筛选】组中的【排序】按钮，如下图所示。

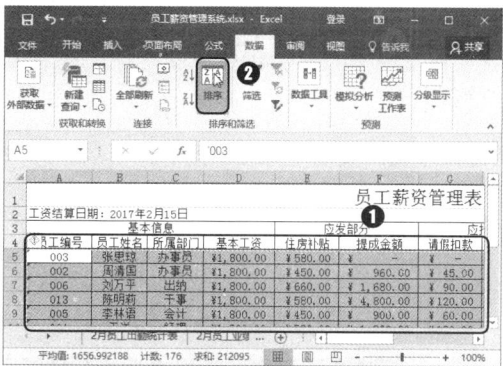

> **温馨提示**
> 由于包含合并单元格的区域无法正确进行排序和筛选工作，因此本例选中不含有表头（合并单元格）的数据区域来进行排序操作。

第2步 ❶ 弹出【排序】对话框，由于"所属部门"项在 C 列中，因此设置【主要关键字】为【列 C】；❷ 根据需要设置【排序依据】为【数值】，【次序】为【升序】；❸ 单击【添加条件】按钮，如下图所示。

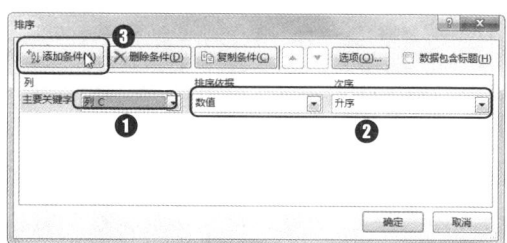

第3步 ❶ 由于"实发工资"项在 K 列中，因此设置【次要关键字】为【列 K】；❷ 根据需要设置【排序依据】为【数值】，【次序】为【升序】；❸ 单击【确定】按钮，如下图所示。

第4步 ❶ 返回工作表，可以看到表格数据按照设置的多个条件排序后的效果，如右图所示。

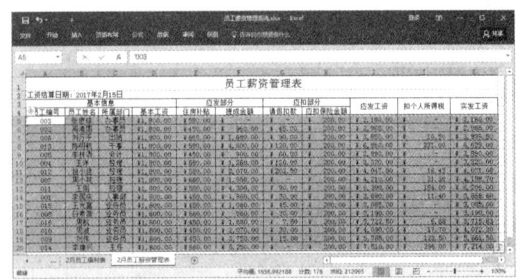

6.3 使用Excel制作员工工资表并打印工资条

 案例背景

在企业中，每个月都需要将员工的工资发放情况制作成工资表，并制作打印工资条。用户可以在Excel中应用公式对员工工资进行计算，再应用公式快速制作员工工资条并打印工资条。

本例将制作员工工资表和员工工资条，制作完成后的效果如下图所示。实例最终效果见"光盘\结果文件\第6章\员工工资表.xlsx"文件。

	素材文件	光盘\素材文件\第6章\员工工资表.xlsx
光盘文件	结果文件	光盘\结果文件\第6章\员工工资表.xlsx
	教学视频	光盘\视频文件\第6章\6.3使用Excel制作员工工资并打印工资条.mp4

6.3.1 制作固定工资表

员工的工资中除了部分固定的基本工资和固定的扣款部分外，还有一部分是根据特定的情况计算得出的，本例将计算员工的绩效奖金、岗位津贴、工龄工资等。下面分别计算员工的各项工资，并计算出实发工资。

1. 计算工龄工资

在不同的企业中，工龄工资的计算方式各有不同，本例中假设工龄工资的计算方式为：工龄5年以内者每年增加50元，工龄5年以上者每年增加100元。那么计算工龄工资的具体操作步骤如下。

第1步 打开"光盘\素材文件\第6章\员工工资表.xlsx"文件，❶将光标定位到H2单元格；❷单击编辑栏中的【插入函数】按钮 f_x，如下图所示。

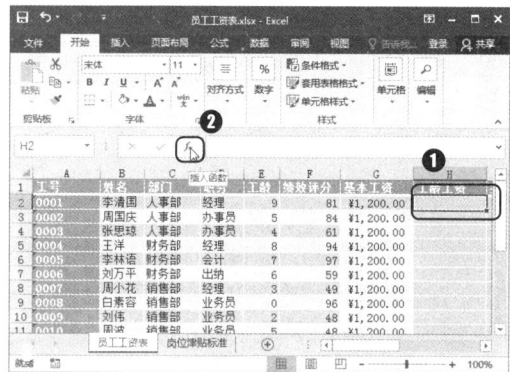

第2步 ❶在打开的【插入函数】对话框的【或选择类别】下拉列表中选择【逻辑】选项；❷在【选择函数】列表框中选择【IF】函数；❸单击【确定】按钮，如下图所示。

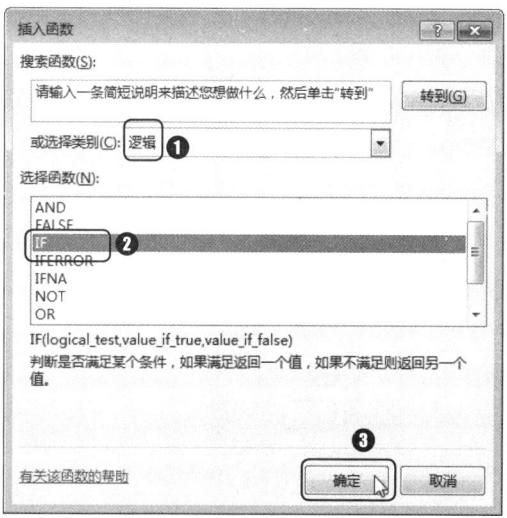

第3步 ❶打开【函数参数】对话框，设置【Logical_test】参数为【E2<5】，设置【Value_if_true】参数为【E2*50】，设置【Value_if_false】参数为【E2*100】；❷单击【确定】按钮，如下图所示。

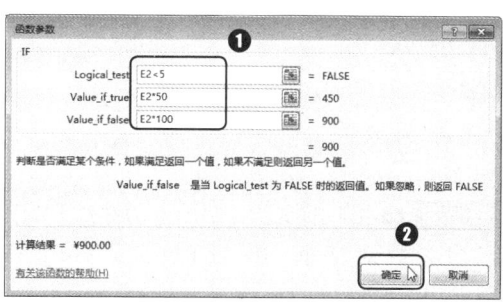

第4步 返回工作表，即可看到公式计算的结果，填充公式到下方的单元格中即可，如下图所示。

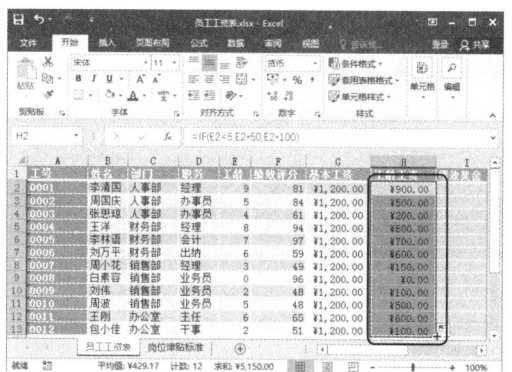

2. 计算绩效奖金

员工的绩效奖金通常根据该月的绩效考核成绩或业务量等计算得出，本例中的绩效奖金与绩效评分相关。计算方式为：60分以下者无绩效奖金，60~80分以每分10元计算，80分以上者绩效奖金为1000元。计算绩效奖金的具体操作步骤如下。

第1步 ❶将光标定位到I2单元格；❷单击编辑栏中的【插入函数】按钮 f_x，如下图所示。

Word/Excel/PPT
在文秘与行政管理中的应用

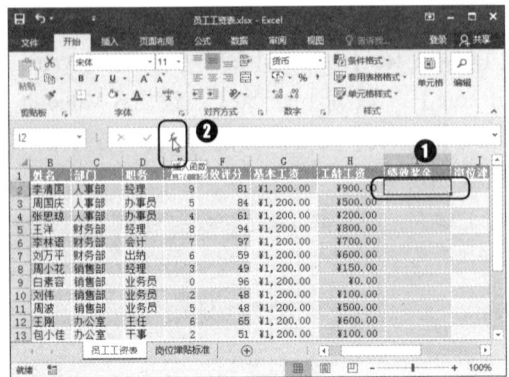

第2步 ❶按照前文所介绍的方法打开【IF】函数参数对话框，设置【Logical_test】参数为【F2<60】，设置【Value_if_true】参数为【0】，设置【Value_if_false】参数为【IF(F2<80,F2*10,1000)】；❷单击【确定】按钮，如下图所示。

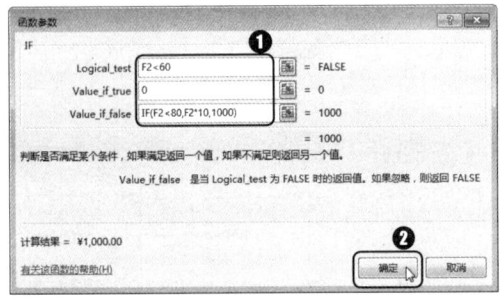

第3步 返回工作表，即可看到公式计算的结果，填充公式到下方的单元格中即可，如下图所示。

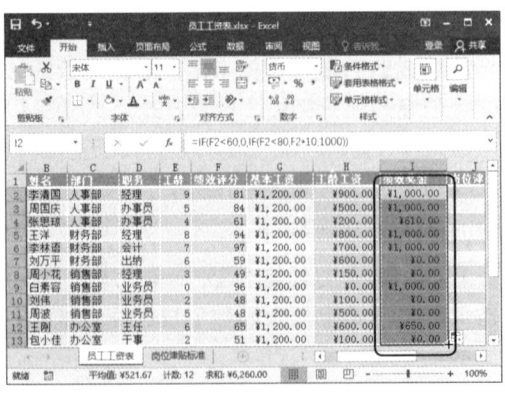

3. 计算岗位津贴

企业中各员工所在的岗位不同，其工资会有一定的差别，所以企业中大多为不同的工作岗位设置了不同的岗位津贴。为了更方便地计算出各员工的岗位津贴，可以新建一个工作表，列举出各职务的岗位津贴标准，然后利用查询函数，以各条数据中的职务数据为查询条件，从岗位津贴表中查询相应的数据，具体操作步骤如下。

第1步 单击"员工工资表"工作表右侧的【新工作表】按钮⊕新建一个工作表，如下图所示。

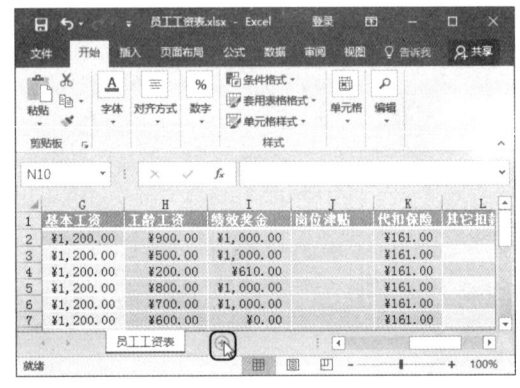

第2步 ❶新工作表默认命名为"Sheet1"，在新工作表标签上右击；❷在弹出的快捷菜单中选择【重命名】命令，工作表名称将呈编辑状态，直接输入新工作表名称即可为工作表重命名，如下图所示。

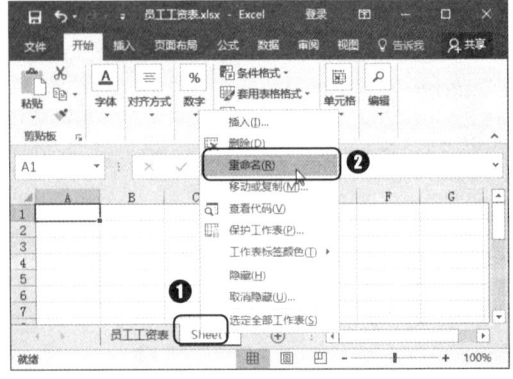

第6章
员工薪资管理

> **温馨提示**
> 双击工作表名称也可以选中工作表名称,为工作表重命名。

第3步 ❶复制"员工工资表"工作表中的"职务"列和"岗位津贴"列的表头单元格到新工作表中,选中"职务"列;❷单击【数据】选项卡【数据工具】组中的【删除重复项】按钮；❸弹出【删除重复项警告】对话框,在【给出排序依据】选项区域中选中【以当前选定区域排序】单选按钮;❹单击【删除重复项】按钮,如下图所示。

第4步 ❶打开【删除重复项】对话框,在【列】列表框中选中【职务】复选框;❷单击【确定】按钮,如下图所示。

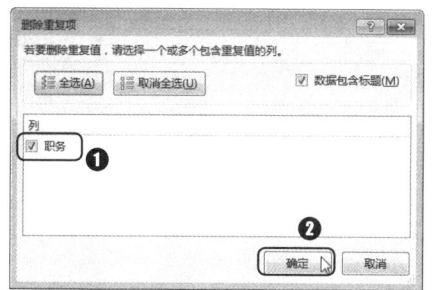

第5步 在弹出的提示框中单击【确定】按钮,如下图所示。

第6步 在"岗位津贴标准"工作表中输入相应的数据,如下图所示。

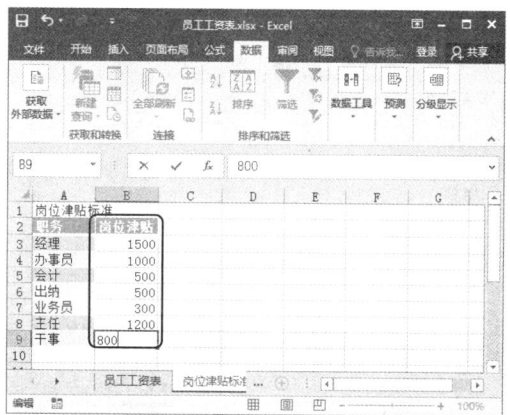

第7步 ❶将光标定位到"员工工资表"工作表的J2单元格;❷单击编辑栏中的【插入函数】按钮 f_x,如下图所示。

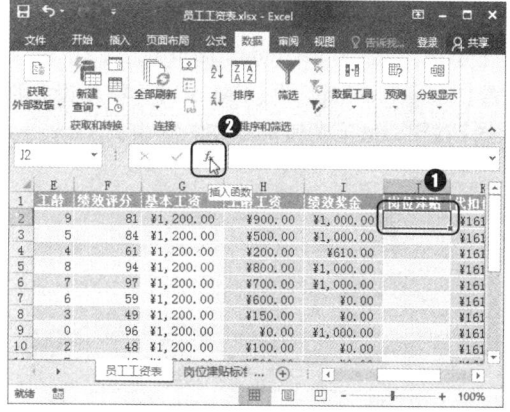

> **温馨提示**
> 在键盘上按【Shift+F3】组合键,可以快速打开【插入函数】对话框。

第8步 打开【插入函数】对话框,❶选择【查找与引用】类别;❷在【选择函数】列表框中选择【VLOOKUP】函数;❸单击【确定】按钮,如下图所示。

| 151 |

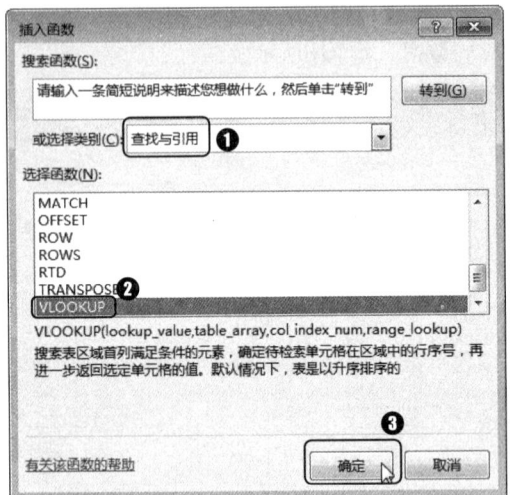

第10步 返回工作表，即可看到公式计算的结果，填充公式到下方的单元格中即可，如下图所示。

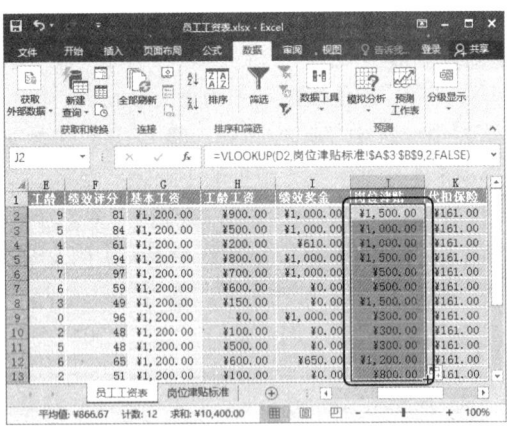

第9步 ❶ 在【函数参数】对话框中，设置【Lookup_value】为【D2】，设置【Table_array】为"岗位津贴标准"工作表中的A3：B9单元格区域，并将该单元格区域转换为绝对引用，设置【Col_index_num】为【2】，设置【Range_lookup】为【FALSE】；❷ 单击【确定】按钮，如下图所示。

4. 计算实发工资

工资的各部分计算完成后，就可以通过公式计算出员工的实发工资了，具体操作步骤如下。

第1步 ❶ 选择M2：M13单元格区域；❷ 在编辑栏中输入公式"=SUM(G2：J2)-SUM(K2：L2)"，如下图所示。

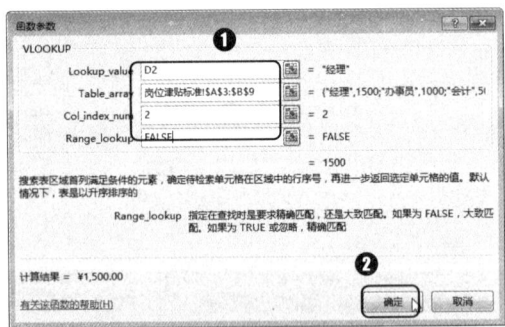

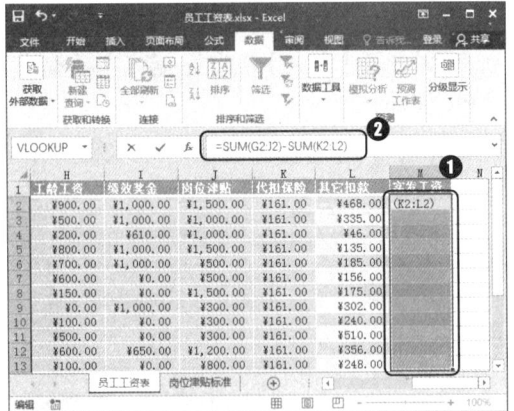

教您一招

什么是绝对引用

在绝对引用的情况下复制公式可以看到粘贴到新单元格的公式中，引用的单元格地址保持不变，并且，绝对引用的单元格地址在行号和列标前会加入符号"$"标示，形如"$A$1"。选中单元格地址后，按【F4】键即可将其转换为绝对引用。

第2步 按【Ctrl+Enter】组合键即可为所选区域填充公式，完成实发工资的计算，如下图所示。

第6章
员工薪资管理

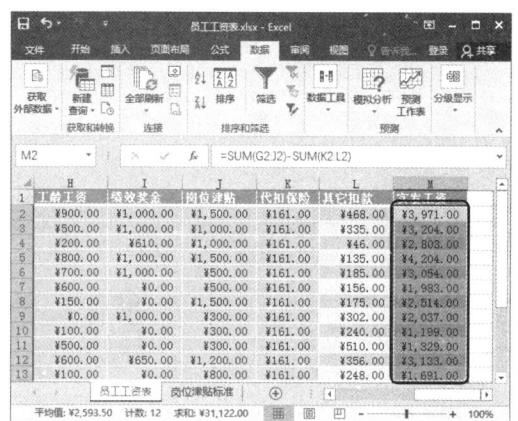

6.3.2 制作工资条

在发放工资时，通常需要同时发放工资条，使员工能够清楚地看到自己各部分工资的金额。本例使用已完成的工资表，快速为员工制作工资条，具体操作步骤如下。

第1步 ❶ 新建一个名为"员工工资条"的工作表，选中"员工工资表"工作表的第一行；❷ 单击【开始】选项卡【剪贴板】组中的【复制】按钮，如下图所示。

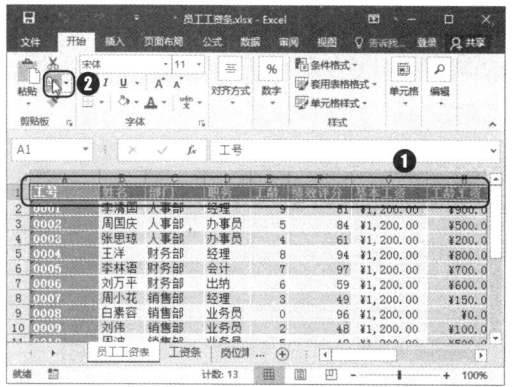

第2步 ❶ 将光标定位到"工资条"工作表的 A1 单元格中；❷ 单击【开始】选项卡【剪贴板】组中的【粘贴】按钮，如下图所示。

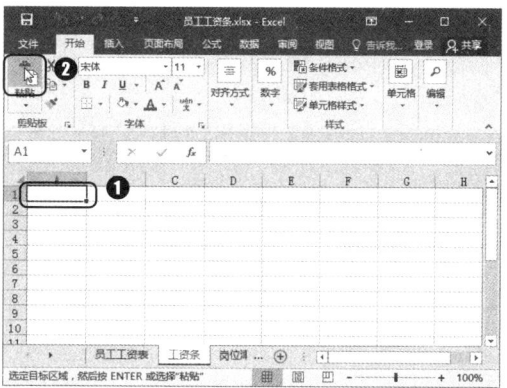

第3步 ❶ 选中 A2：M2 单元格区域；❷ 单击【开始】选项卡【字体】组中的对话框启动器，如下图所示。

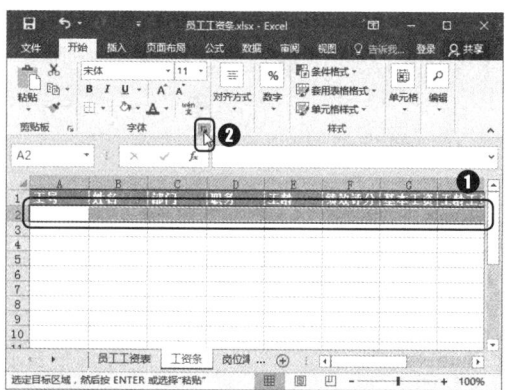

第4步 ❶ 打开【设置单元格格式】对话框，在【边框】选项卡中设置线条的样式和颜色；❷ 在【预置】选项区域选择【外边框】和【内部】选项；❸ 单击【确定】按钮，如下图所示。

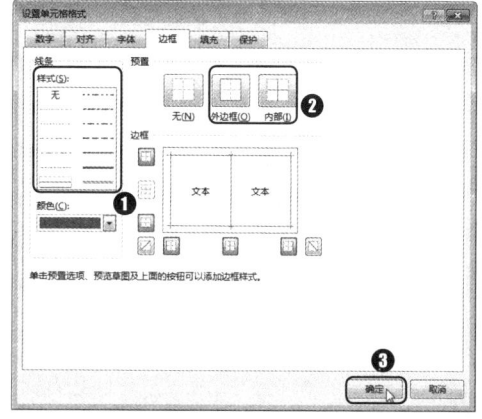

| 153

第5步 ❶将光标定位到"工资条"工作表的 A2 单元格中；❷单击编辑栏中的【插入函数】按钮，如下图所示。

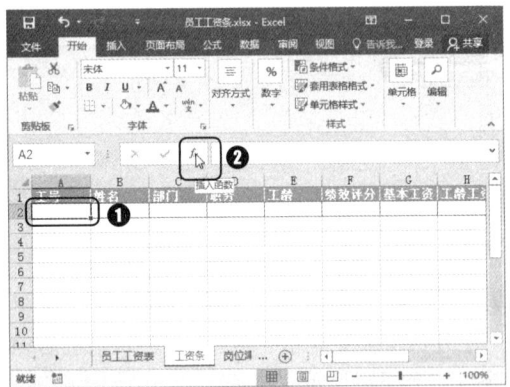

第6步 打开【插入函数】对话框，❶选择【查找与引用】类别；❷在【选择函数】列表框中选择【OFFSET】函数；❸单击【确定】按钮，如下图所示。

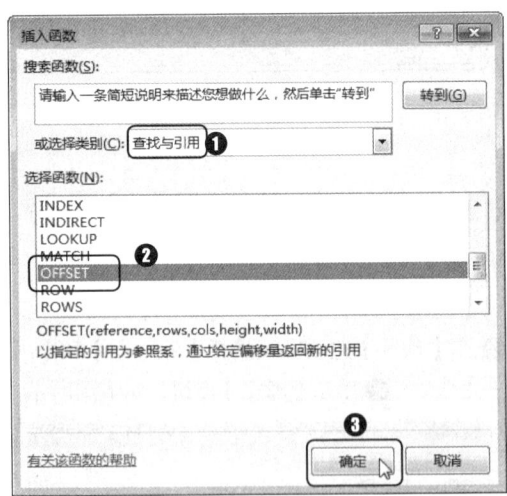

第7步 ❶在【函数参数】对话框中设置【Reference】参数为"员工工资表"工作表中的 A1 单元格，并将单元格引用地址转换为绝对引用，设置【Rows】为【ROW()/3+1】（当前行数除以 3 后再加 1），设置【Cols】参数为【COLUMN()-1】（当前列数减 1）；❷单击【确定】按钮，如下图所示。

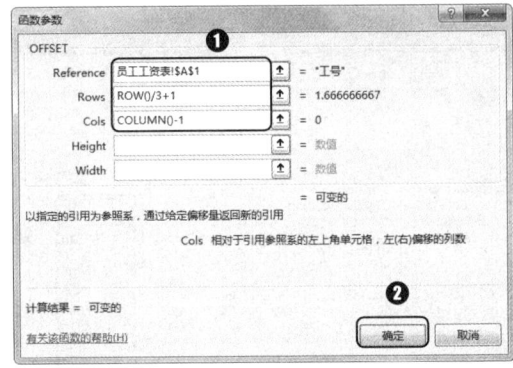

第8步 返回工作表，即可查看公式计算的结果，填充公式到右侧的单元格中，如下图所示。

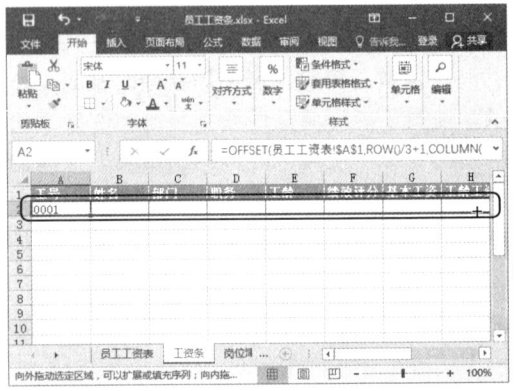

第9步 ❶选中 A1：M3 单元格区域；❷拖动活动单元格区域右下角的填充手柄，向下填充至 35 行，如下图所示。

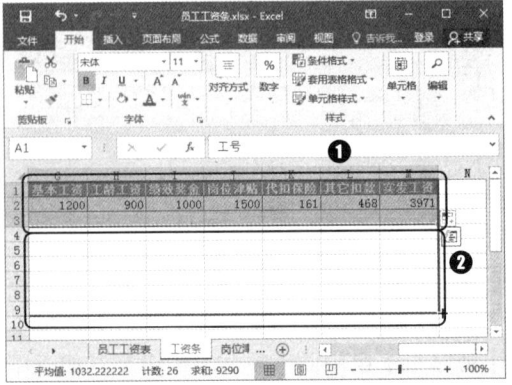

第10步 操作完成后，即可看到所有员工的工资条，如下图所示。

第6章
员工薪资管理

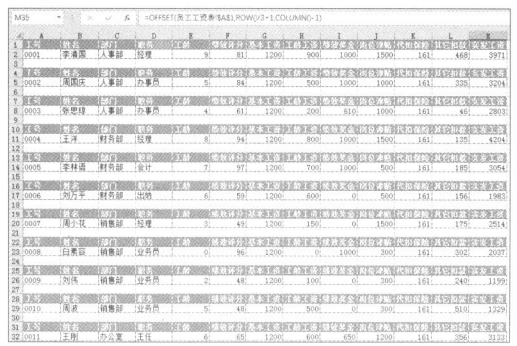

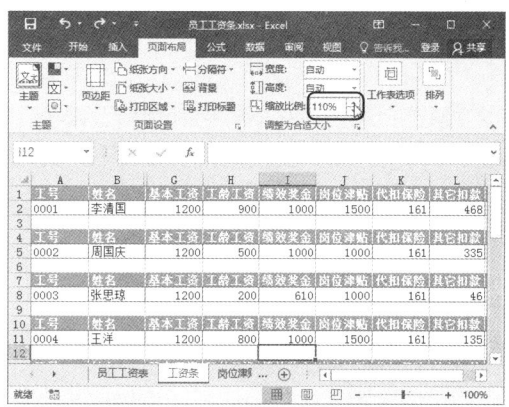

适大小】组中设置【缩放比例】为【110%】，如下图所示。

6.3.3 打印工资条

工资条制作完成后，就可以开始打印工资条了。但是在打印之前，要先将一些不需要打印的数据隐藏起来，具体操作步骤如下。

第1步 ❶选择"工资条"工作表中第C列到F列；❷单击【开始】选项卡【单元格】组中的【格式】下拉按钮；❸在弹出的下拉菜单中选择【隐藏和取消隐藏】选项；❹在弹出的级联菜单中选择【隐藏列】命令，如下图所示。

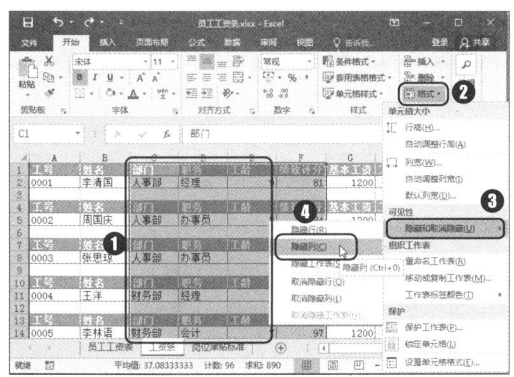

第2步 在【页面布局】选项卡的【调整为合

第3步 ❶在【文件】选项卡中选择【打印】选项；❷在中间窗格中设置打印参数；❸完成后单击【打印】按钮即可，如下图所示。

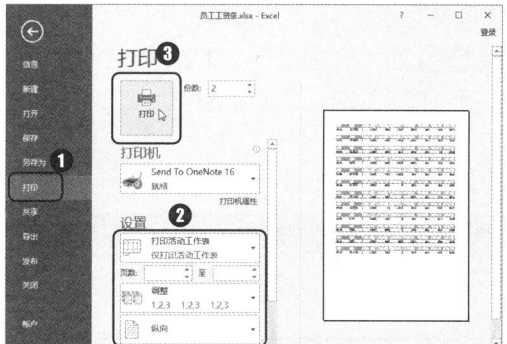

> **温馨提示**
>
> 如果要取消隐藏行或列，可以选择被隐藏的行或列相邻两侧的行或列，本例为B列和G列，在【开始】选项卡【单元格】组的【格式】下拉菜单中选择【隐藏和取消隐藏】选项，在弹出的级联菜单中选择【取消隐藏行】或【取消隐藏列】命令即可。

Word/Excel/PPT
在文秘与行政管理中的应用

大神支招

通过前面知识的学习,相信读者已经掌握了在文秘与行政工作中制作薪资管理文件的方法。下面结合本章内容介绍一些工作中的实用经验与技巧。

01 使用组合图表

💿 视频文件:光盘\视频文件\第6章\01.mp4

在创建图表时,用户可以使用单一类型的图形,也可以使用多个图形组合。例如在"光盘\素材文件\第6章\办公开支记录.docx"文件中,需要将办事员预支系列的数据用其他图形显示,具体操作步骤如下。

第1步 打开"光盘\素材文件\第6章\办公开支记录.docx"文件,❶选中图表;❷单击【图表工具/设计】选项卡【类型】组中的【更改数据类型】选项,如下图所示。

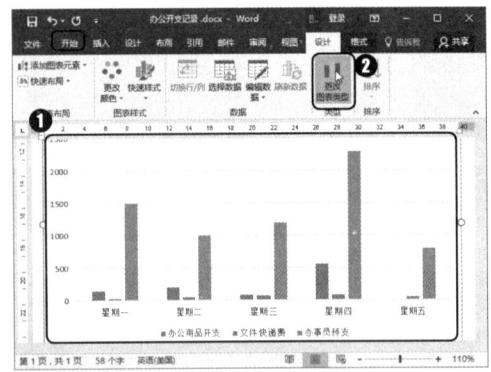

第2步 ❶打开【更改图表类型】对话框,切换到【组合】选项卡;❷在【为您的数据系列选择图表类型和轴】列表中分别设置图表类型;❸单击【确定】按钮即可,如下图所示。

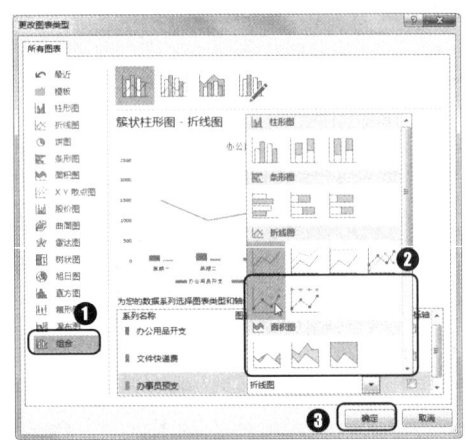

第3步 返回文档中,即可看到图表已经更改为多种图形显示,如下图所示。

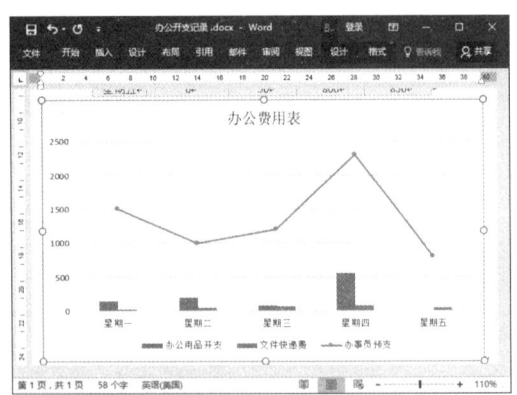

02 使Excel不输入等号(=)也能计算

💿 视频文件:光盘\视频文件\第6章\02.mp4

在日常工作中,因为Excel强大的运算

功能，很多人都喜欢将Excel当作计算器来使用。而在使用Excel计算时，一般情况下需要先输入等号（=）才能开始计算。为了提高工作效率，也可以设置Excel不输入等号也能计算。

使Excel不输入等号（=）也能计算的操作方法如下。

❶打开【Excel选项】对话框，切换到【高级】选项卡；❷在【Lotus兼容性】选项区域中设置选中【转换Lotus1-2-3公式】复选框；❸单击【确定】按钮即可，如下图所示。

具体操作步骤如下。

第1步 ❶打开"光盘\素材文件\第6章\年度表.xlsx"文件，选中要设置格式的单元格区域，按【Crtl+1】组合键；❷弹出【设置单元格格式】对话框，在【数字】选项卡中选择【分类】列表框中的【自定义】选项；❸在【类型】文本框中输入格式代码"0!.0000"；❹单击【确定】按钮，如下图所示。

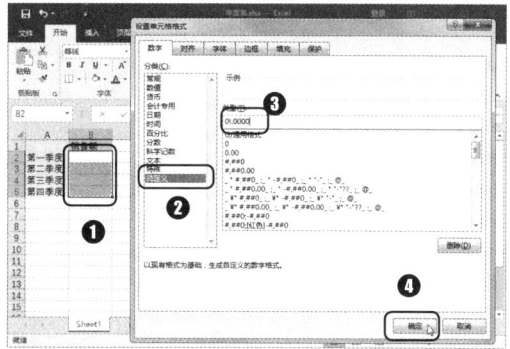

第2步 返回工作簿中，在单元格中输入"54321"，按【Enter】键即可自动以万为单位显示，如下图所示。

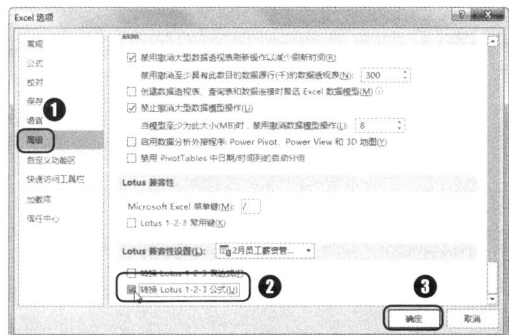

03 让输入的数据以万为单位显示

🔘 视频文件：光盘\视频文件\第6章\03.mp4

贸易公司在制作工作报表时，因为数量级别较大，所以经常以万为单位，为了方便查看数据，可以设置让输入的数据以万为单位来显示。例如，输入54321时显示5.4321，

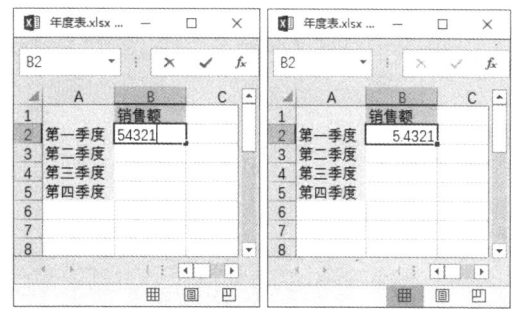

第7章
公司客户管理

本章导读

客户是企业发展不可或缺的元素,是企业的经济命脉,因此,客户的管理尤为重要。本章通过制作客户信息保密条例、客户信息管理系统和客户月拜访计划表,介绍在文秘与行政工作中公司客户管理相关文档的制作方法。

知识要点

- ❖ 创建主题
- ❖ 使用主题
- ❖ 录制宏命令
- ❖ 添加命令按钮
- ❖ 冻结窗格
- ❖ 批注的添加与编辑

第7章 公司客户管理

7.1 使用Word制作客户信息保密条例

 案例背景

客户的信息是最重要的公司信息，为了防止客户信息泄露而导致客户与公司的损失，需要制定合理的保密条例来保证客户信息的安全。客户信息保密条例应该是公司每一位员工都应该遵守的行为准则，需要制作并打印出来供员工查阅，明确自己的保密义务。

本例将通过Word制作客户信息保密条例，制作完成后的效果如下图所示。实例最终效果见"光盘\结果文件\第7章\客户信息管理制度.docx"文件。

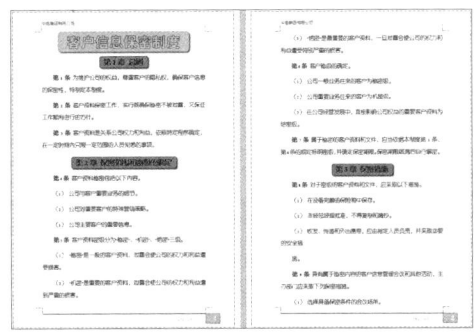

光盘文件	素材文件	光盘\素材文件\第7章\客户信息管理制度.docx
	结果文件	光盘\结果文件\第7章\客户信息管理制度.docx
	教学视频	光盘\视频文件\第7章\7.1使用Word制作客户信息保密条例.mp4

7.1.1 创建新主题

主题是一组格式选项，包括一组主题颜色、一组主题字体和一组主题效果，应用主题之前，可以根据自己的需要创建主题。

1. 新建主题颜色

主题颜色是指单击【开始】选项卡【字体】组中的【字体颜色】下拉按钮 ▲ ·后，弹出的下拉列表中显示的颜色选项，一般默认为Word的默认主题颜色。通过设置可以将这些预设的选项进行更改，具体操作步骤如下。

第1步 ❶ 打开"光盘\素材文件\第7章\客户信息管理制度.docx"文件，在【设计】选项卡单击【文档格式】组中的【颜色】下拉按钮；❷ 在弹出的下拉列表中选择【自定义颜色】选项，如下图所示。

第2步 ❶ 打开【新建主题颜色】对话框，

单击【着色1】右侧的下拉按钮；❷在弹出的下拉列表中选择【红色】选项，如下图所示。

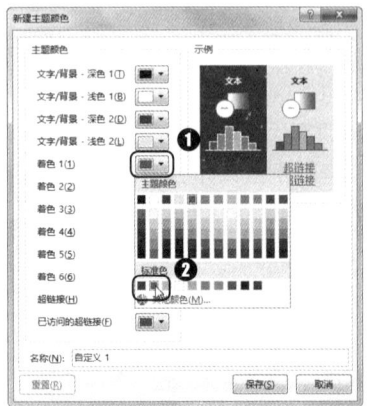

第3步 ❶使用相同的方法更改【着色2】至【着色6】的颜色为【橙色】【黄色】【绿色】【蓝色】和【紫色】；❷在【名称】文本框中设置新建主题颜色的名称；❸单击【保存】按钮，如下图所示。

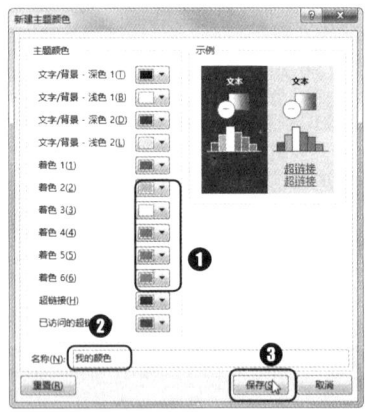

教您一招

删除主题颜色

如果对新建的主题颜色不满意，可以在主题颜色上右击，在弹出的快捷菜单中选择【删除】命令，然后在弹出的提示对话框中单击【是】按钮即可。

第4步 返回文档中，再次单击【设计】选项卡【文档格式】组中的【颜色】下拉按钮，即可看到自定义颜色，如下图所示。

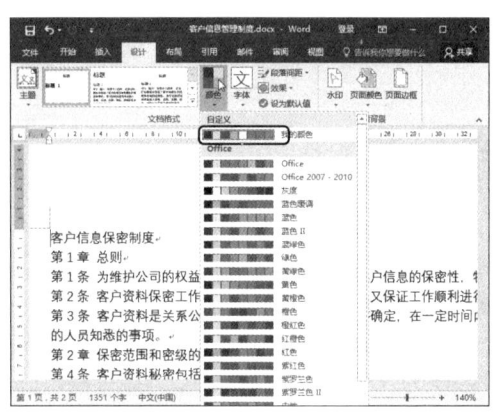

2. 新建主题字体

主题字体包括标题字体和正文字体，其中又分别包含中文字体和西文字体。主题字体是指在【开始】选项卡【字体】组中的【字体】下拉列表中显示的主题字体选项，通过设置可以更改这些选项，具体操作步骤如下。

第1步 ❶单击【设计】选项卡【文档格式】组中的【字体】下拉按钮；❷在弹出的下拉列表中选择【自定义字体】选项，如下图所示。

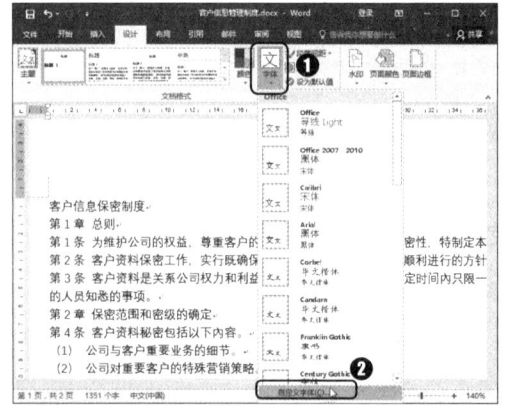

第2步 ❶打开【新建主题字体】对话框，在【西文】选项区域中分别设置【标题字体】和【正文字体】；❷在【中文】选项区域分别设置【标题字体】和【正文字体】；❸在【名称】文本框中输入新建主题字体的名称；❹单击【保存】按钮，如下图所示。

第7章
公司客户管理

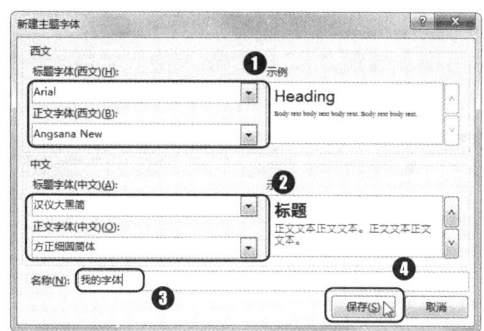

第3步 返回文档中,再次单击【设计】选项卡【文档格式】组中的【字体】下拉按钮即可看到自定义字体,如下图所示。

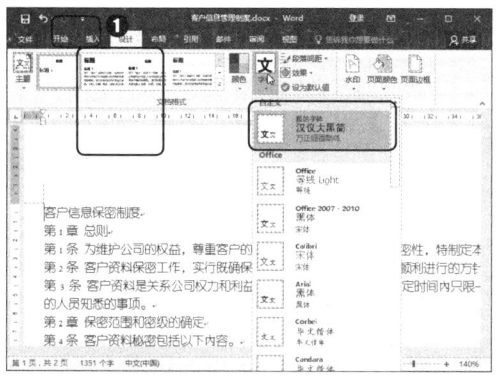

3. 选择主题效果并保存主题

主题效果是指图形对象绘制后默认的填充颜色和轮廓颜色等效果,通过设置可以更改默认的效果,具体操作步骤如下。

第1步 ❶ 单击【设计】选项卡【文档格式】组中的【效果】下拉按钮;❷ 在弹出的下拉列表中选择一种主题效果,如下图所示。

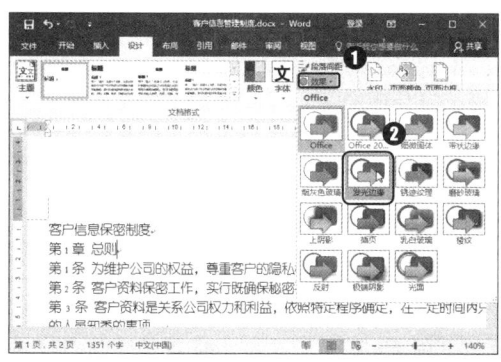

第2步 ❶ 单击【设计】选项卡中的【主题】下拉按钮;❷ 在弹出的下拉列表中选择【保存当前主题】选项,如下图所示。

第3步 ❶ 打开【保存当前主题】对话框,在【文件名】文本框中输入主题名称;❷ 单击【保存】按钮,如下图所示。

第4步 返回文档中,单击【设计】选项卡中的【主题】下拉按钮,即可看到创建的主题,如下图所示。

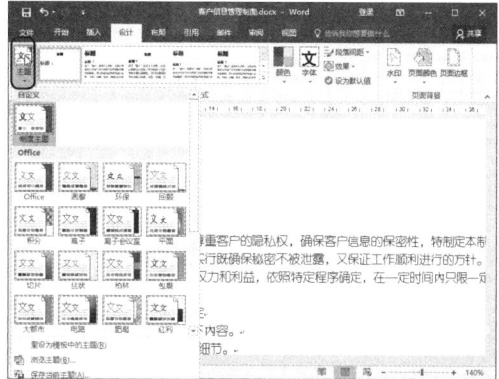

161

7.1.2 应用主题美化文档

主题创建完成后就可以使用新建的主题对文档进行美化了。

1. 设置字体格式和段落格式

每一个主题的主题字体都不相同，下面使用新建的主题字体来美化文档，具体操作步骤如下。

第1步 ❶选中第1段段落；❷单击【开始】选项卡【字体】组中的【字体】下拉按钮·；❸在弹出的下拉列表中选择【主题字体】选项区域中的标题字体，这里选择【汉仪大黑简】选项，如下图所示。

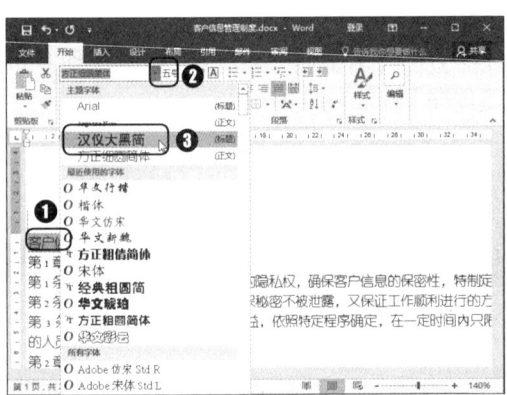

第2步 ❶单击【开始】选项卡【字体】组中的【字号】下拉按钮·，在弹出的下拉列表中选择【小初】选项；❷单击【文本效果和版式】下拉按钮；❸在弹出的下拉列表中选择一种文本样式，如下图所示。

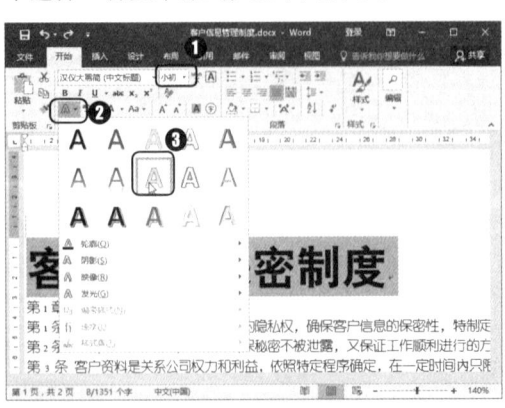

第3步 单击【开始】选项卡【段落】组中的【居中】按钮，将标题段落居中显示，如下图所示。

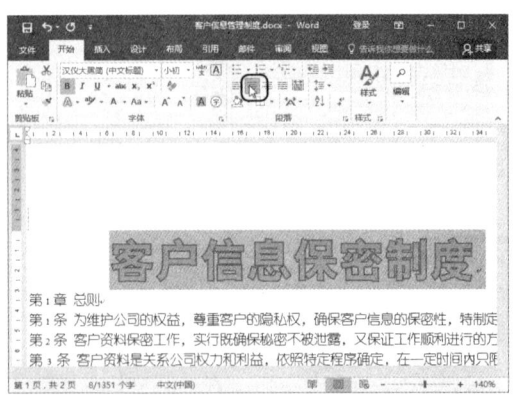

> **教您一招**
>
> **字体外观的应用**
>
> 如果为段落选择【主题字体】下中文样式的标题字体或正文字体，则段落中无论中文或西文，都将应用所选字体外观。如果选择【主题字体】下的西文样式的标题字体或正文字体，则段落中的中文文本将应用对应的中文字体外观，西文文本则将应用西文字体外观。

第4步 ❶选中第2段段落；❷单击【开始】选项卡【字体】组中的【字体】下拉按钮·；❸在弹出的下拉列表中选择【主题字体】选项区域中的正文字体，这里选择【方正细圆简体】选项，如下图所示。

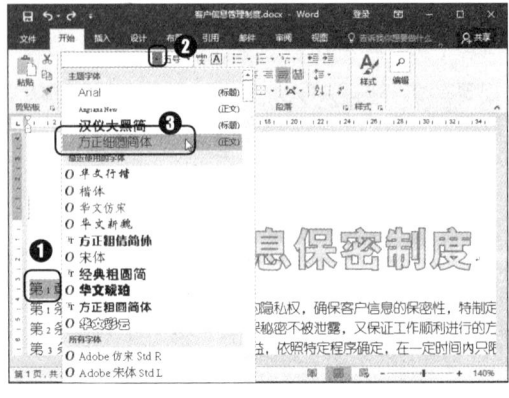

第5步 ❶单击【开始】选项卡【字体】组

第 7 章
公司客户管理

中的【字体颜色】下拉按钮▲▼；❷在弹出的下拉列表中选择一种主题颜色；❸单击【段落】组中的对话框启动器，如下图所示。

第6步 ❶打开【段落】对话框，在【缩进和间距】选项卡的【常规】选项区域中设置【对齐方式】为【居中】；❷在【间距】选项区域中设置【段前】为【0.8行】，【段后】为【0.2行】；❸单击【确定】按钮，如下图所示。

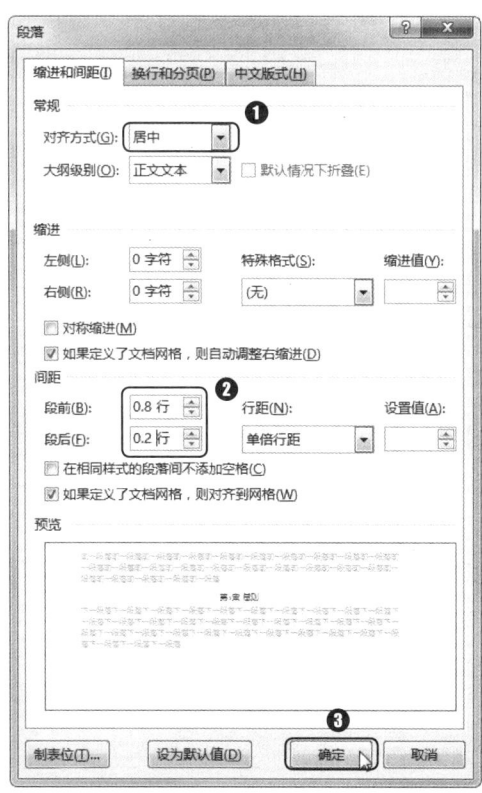

第7步 双击【开始】选项卡【剪贴板】组中的【格式刷】按钮，锁定格式刷，如下图所示。

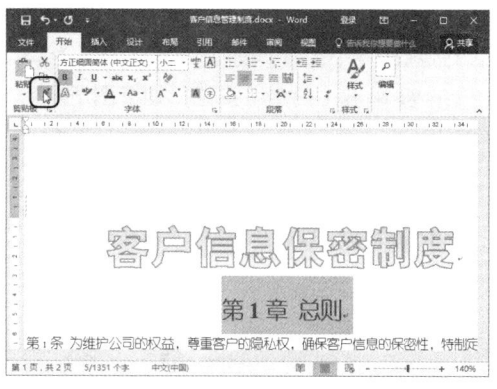

第8步 将该段落的格式复制到其他章名段落，然后按【Esc】键解除格式刷的锁定，如下图所示。

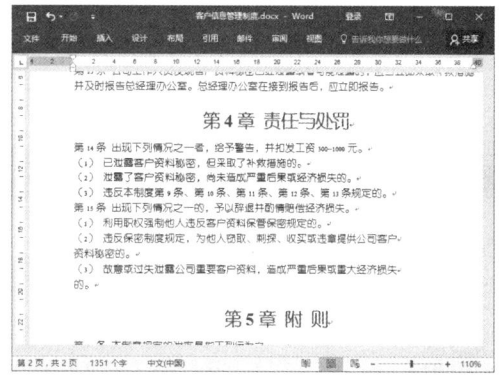

第9步 ❶选中"第1章"下方的正文段落；❷单击【开始】选项卡【字体】组中的【字体颜色】下拉按钮▲▼；❸在弹出的下拉列表中选择一种主题颜色，如下图所示。

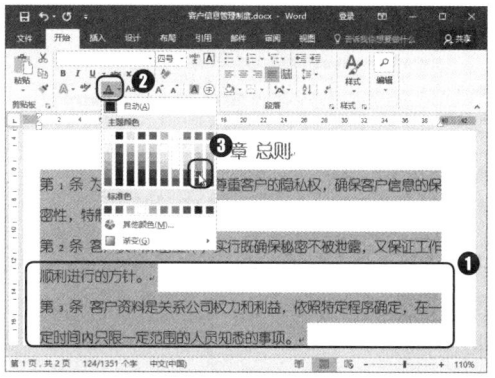

163

第10步 ❶ 打开【段落】对话框,在【缩进和间距】选项卡的【缩进】选项区域中设置【特殊格式】为【首行缩进,2字符】;❷ 在【间距】选项区域中设置【段前】和【段后】为【0.5行】;❸ 单击【确定】按钮,如下图所示。

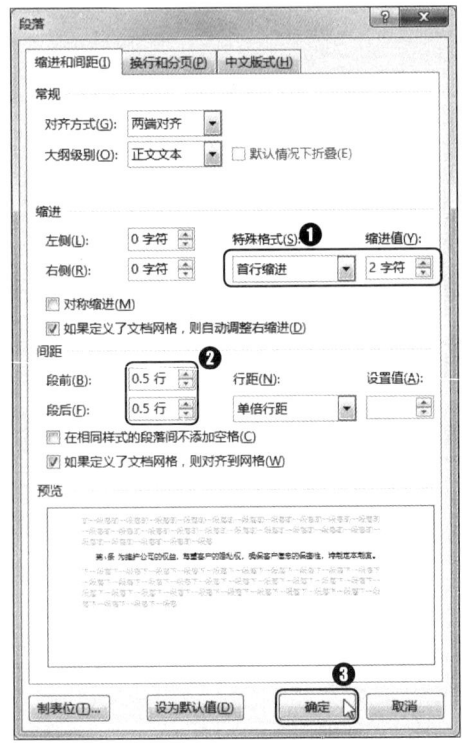

第11步 返回文档,使用格式刷将段落格式应用于其他条款段落,如下图所示。

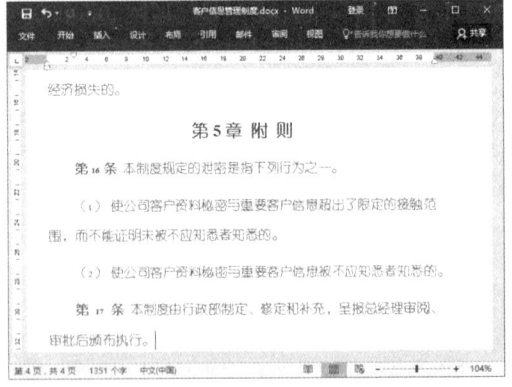

第12步 将各条款的编号字体加粗即可,如下图所示。

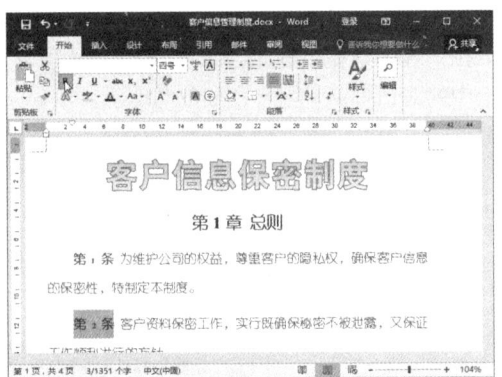

2. 绘制形状美化标题

绘制形状并将形状置于文字的下方,可以美化标题,具体操作步骤如下。

第1步 ❶ 在第1页的文档中绘制一个圆角矩形中 ❷ 单击【绘图工具/格式】选项卡【形状样式】组中的【其他】按钮,如下图所示。

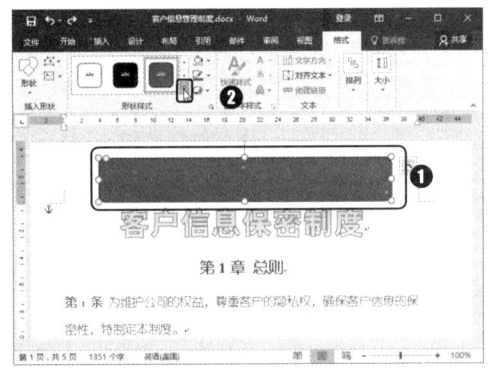

第2步 在弹出的下拉列表中选择一种形状样式,如下图所示。

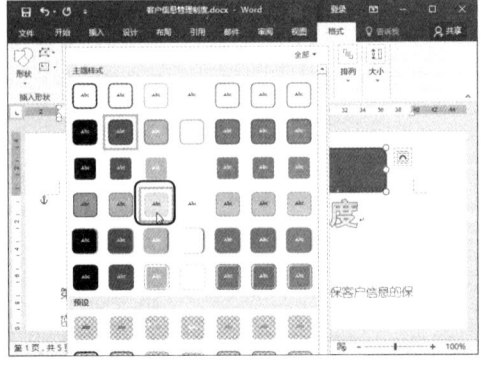

第7章
公司客户管理

> **温馨提示**
>
> 除了可以使用快速样式美化形状外，用户也可通过【绘图工具/格式】选项卡【形状样式】组中的【形状填充】、【形状轮廓】、【形状效果】菜单自定义形状样式。

第3步 ❶ 单击【绘图工具/格式】选项卡【排列】组中的【环绕文字】下拉按钮；❷ 在弹出的下拉菜单中选择【衬于文字下方】命令，如下图所示。

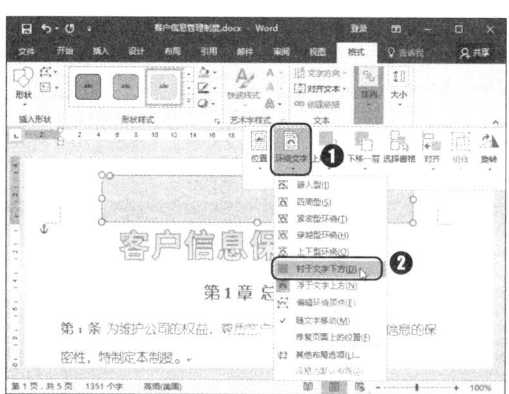

第4步 将形状拖动到标题文本下方，并适当调整位置和大小，如下图所示。

第5步 ❶ 选中形状，单击【绘图工具/格式】选项卡【形状样式】组中的【形状效果】下拉按钮；❷ 在弹出的下拉列表中选择【阴影】选项；❸ 在弹出的级联列表中选择一种阴影样式，如下图所示。

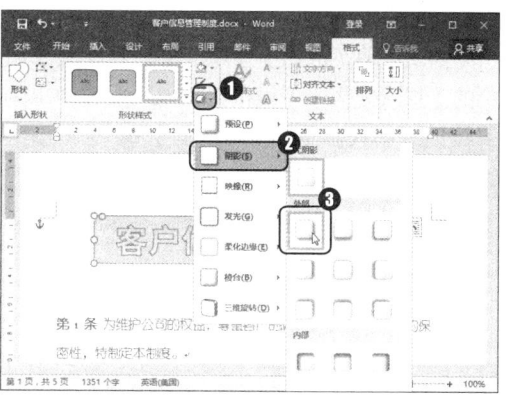

第6步 ❶ 再次绘制一个圆角矩形；❷ 在【绘图工具/格式】选项卡中的【形状样式】下拉列表中选择一种形状样式，如下图所示。

第7步 ❶ 选中形状，单击形状右侧的【布局选项】浮动工具按钮；❷ 在弹出的浮动窗格中单击【衬于文字下方】按钮，如下图所示。

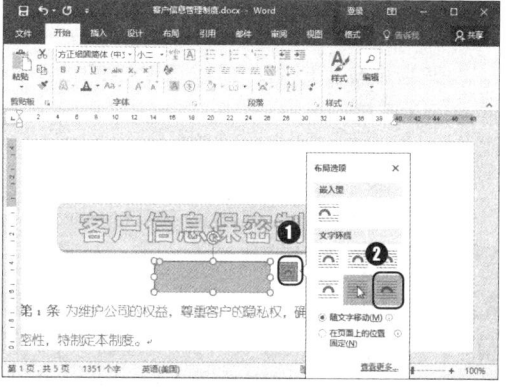

第8步 ❶ 适当调整形状的位置和大小，单击【绘图工具/格式】选项卡【形状样式】组中的【形状效果】下拉按钮；❷ 在弹出的下拉列表中选择【阴影】选项；❸ 在弹出的级联列表中选择一种阴影样式，如下图所示。

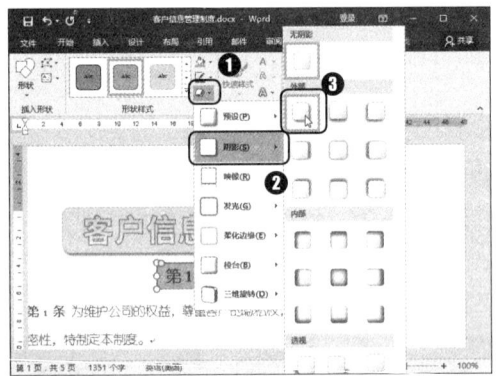

第9步 将形状复制到其他章节段落处，并适当调整位置和大小即可，如下图所示。

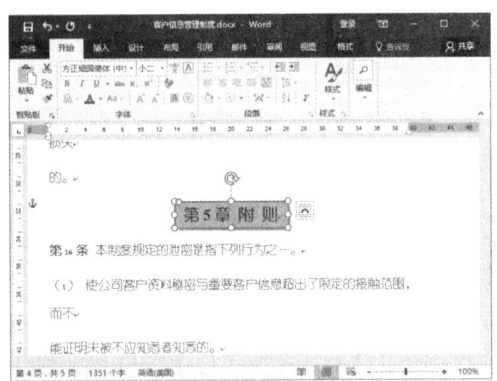

7.1.3 插入并编辑页眉和页脚

文档编辑完成后，可以在文档的顶部和底部插入页眉和页脚。

1. 插入并编辑页眉

插入页眉后，可以对页眉进行相应的编辑，具体操作步骤如下。

第1步 ❶ 双击文档顶部的空白处，进入页眉和页脚编辑状态；❷ 单击【开始】选项卡【字体】组中的【清除所有格式】按钮，去除页眉横线，如下图所示。

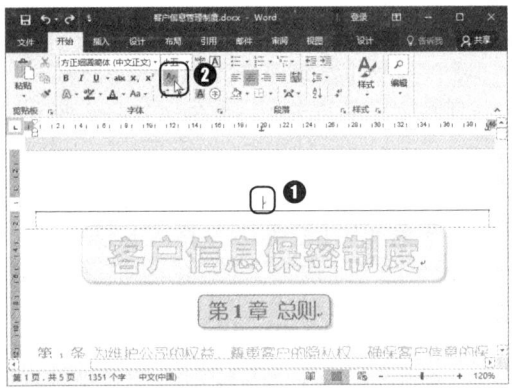

第2步 ❶ 单击【页眉和页脚工具/设计】选项卡【页眉和页脚】组中的【页眉】下拉按钮；❷ 在弹出的下拉列表中选择一种页眉样式，本例选择【奥斯汀】选项，如下图所示。

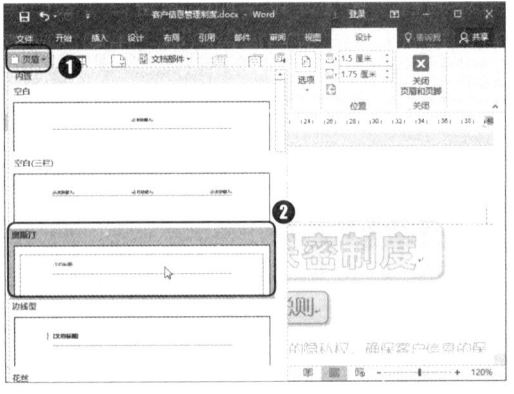

第3步 ❶ 将页眉文字更改为公司名称；❷ 选中公司名称，在【开始】选项卡的【字体】组中设置字号为【五号】，如下图所示。

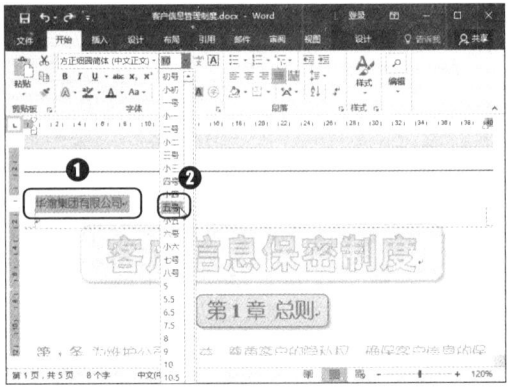

第7章
公司客户管理

2. 插入并编辑页脚

在页脚中一般可以插入文档的制作日期、页码等信息。插入页脚的具体操作步骤如下。

第1步 ❶单击【插入】选项卡【页眉和页脚】组中的【页脚】下拉按钮；❷在弹出的下拉列表中选择一种页脚样式，本例选择【母版型（水平）】选项，如下图所示。

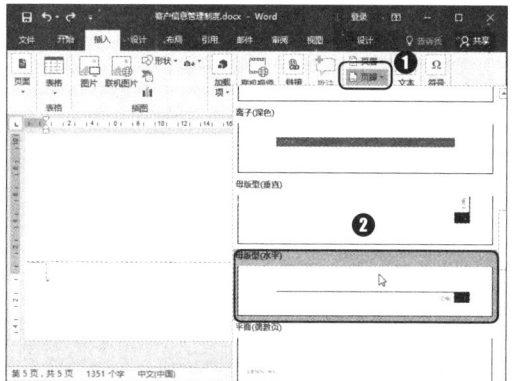

第2步 在页脚处选择日期为【今日】，如下图所示。

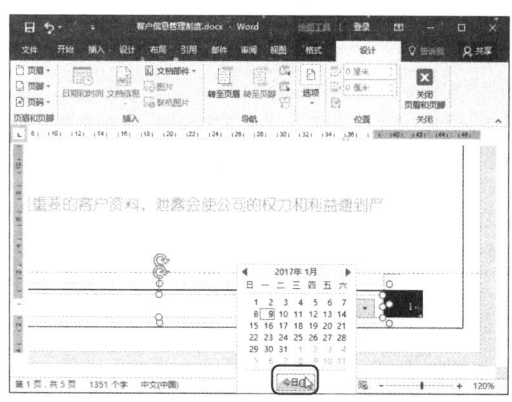

第3步 ❶选中日期和页码文本；❷在【开始】选项卡的【字体】组中设置字体为标题样式，本例为【Arial】，如下图所示。

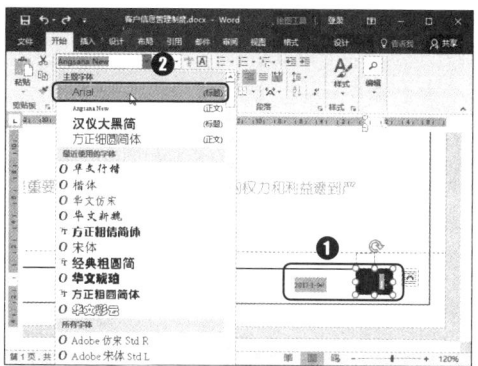

第4步 ❶选择页码处的形状；❷在【绘图工具/格式】选项卡的【形状样式】组中选择一种形状样式即可，如下图所示。

> **温馨提示**
>
> 在页眉页脚编辑状态下，单击【页眉和页脚工具/设计】选项卡【导航】组中的【转至页眉】或【转至页脚】按钮可以快速定位到页眉和页脚的编辑区。

7.2 使用Excel制作客户信息管理系统

 案例背景

企业客户信息的管理尤为重要，在对客户信息进行管理时，通过需要对信息进行输入、查询和编辑修改等。当客户信息表中的数据填写完整后,为了快速将这些数据自动输入到客户信息总表中,可以利用宏命令对表格数据的完整性进行检测,并通过录制宏功能将信息自动输入总表数据中。而在填写新的客户信息时,需要将客户信息表中现有的数据清空,同样也可以使用宏命令快速清空数据。

本例将使用Excel制作一个简易的客户信息管理系统,通过单独的"客户信息表",向"客户信息总表"中录入数据,制作完成后的效果如下图所示。实例最终效果见"光盘\结果文件\第7章\客户信息管理系统.xlsx"文件。

	素材文件	无
光盘文件	结果文件	光盘\结果文件\第7章\客户信息管理系统.xlsx
	教学视频	光盘\视频文件\第7章\7.2使用Excel制作客户信息管理系统.mp4

7.2.1 创建客户信息管理总表

为了方便客户信息数据的存储、查询与修改,可以将所有的客户信息保存于一个常规的数据表格中,也就是客户信息管理总表。

1. 制作基本表格

制作基本表格需要列举出各条客户信息所需要的字段,具体操作步骤如下。

第1步 ❶新建一个名为"客户管理系统"的工作簿,在工作表中列举出各条客户信息所需要的字段;❷修改工作表的名称为"客户信息管理总表",如下图所示。

第2步 ❶选择前两行数据单元格区域,单击【开始】选项卡【样式】组中的【套用表格格式】下拉按钮;❷在弹出的下拉列表中选择一种表格样式,如下图所示。

第7章
公司客户管理

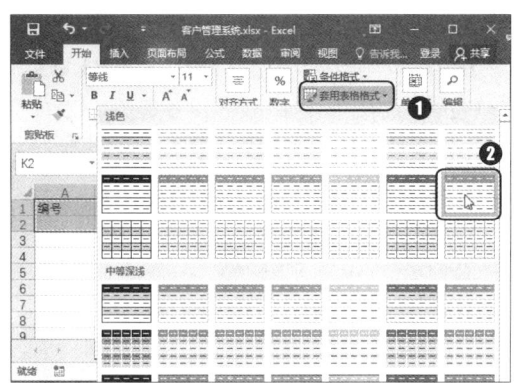

第3步 ❶在打开的【套用表格式】对话框中选中【表包含标题】复选框；❷单击【确定】按钮，如下图所示。

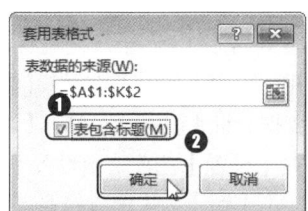

2. 编辑总表名称

将单元格区域套用表格格式后，单元格区域将自动转换为表格元素，且以"表1"为表格名称，为方便后期应用公式对表格数据进行操作，可将表格名称修改为"总表"，具体操作步骤如下。

第1步 单击【公式】选项卡【定义的名称】组中的【名称管理器】按钮，如下图所示。

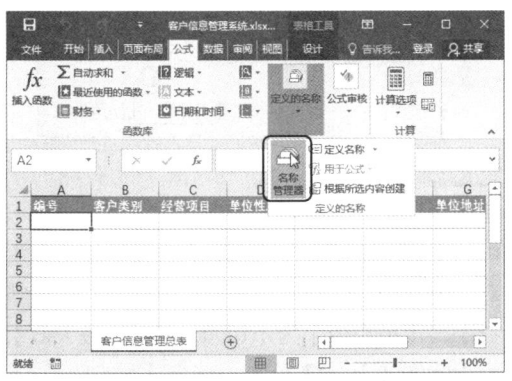

> **教您一招**
>
> **名称管理器的作用**
>
> 在Excel中，可以为指定的单元格或单元格区域自定义名称，定义名称后，在公式、函数或某些命令时，需要对这些单元格或单元格区域进行引用时，直接使用设定的名称即可。

第2步 打开【名称管理器】对话框，单击【编辑】按钮，如下图所示。

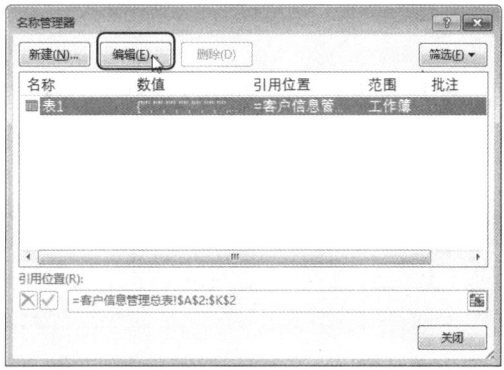

第3步 ❶打开【编辑名称】对话框，在【名称】文本框中输入"总表"；❷单击【确定】按钮，如下图所示。

7.2.2 制作客户信息表

为了使客户信息输入的过程更加方便，数据显示更加清晰，且防止在大量数据的表格中直接输入数据时导致不必要的一些错误，可以单独创建一个客户信息表，用于输入数据。

1. 制作基本表格并美化表格

首先要制作客户信息表的基本表格,并进行相应的美化设置,操作方法如下。

步骤 ❶ 新建一个工作表,并重命名为"客户信息表";❷ 在单元格区域中制作表格结构并进行相应的修饰;❸ 在表格顶部插入艺术字,并设置艺术字效果,如下图所示。

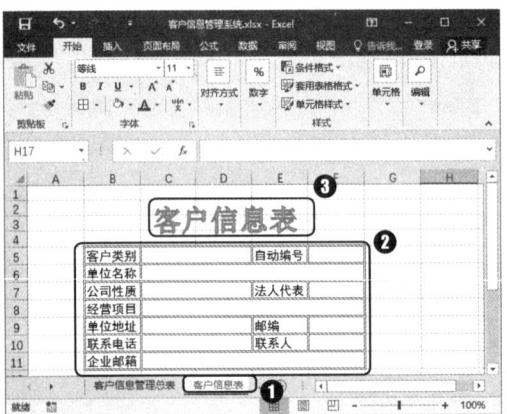

2. 设置数据验证

为了防止输入数据时单元格出现不必要的错误,可以针对部分有规则的单元格设置数据验证,具体操作步骤如下。

第1步 ❶ 将光标定位到"客户类别"右侧的单元格中(具体单元格以实际情况为准,本例为C5);❷ 单击【数据】选项卡【数据工具】组中的【数据验证】按钮,如下图所示。

第2步 ❶ 打开【数据验证】对话框,在【设置】选项卡中设置【允许】为【序列】,【来源】为【普通客户,VIP客户】;❷ 单击【确定】按钮,如下图所示。

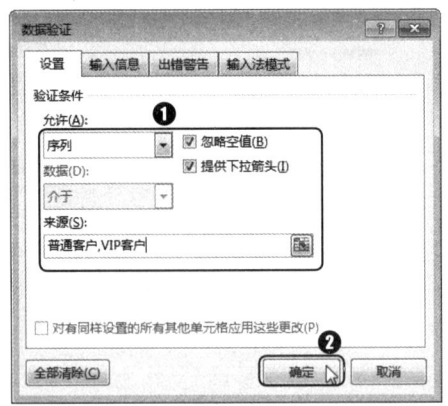

第3步 ❶ 将光标定位到"公司性质"右侧的单元格中,单击【数据】选项卡【数据工具】组中的【数据验证】按钮,打开【数据验证】对话框,在【设置】选项卡中设置【允许】为【序列】,【来源】为【国有企业,三资企业,集体企业,私营企业】;❷ 单击【确定】按钮,如下图所示。

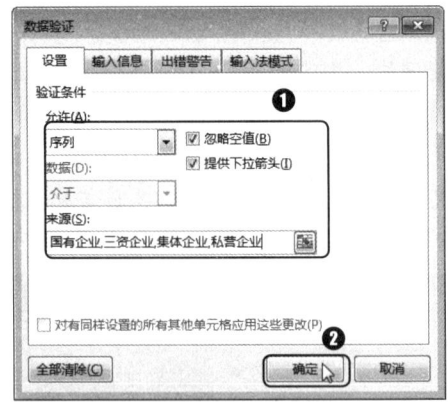

第4步 ❶ 将光标定位到"邮编"右侧的单元格中,单击【数据】选项卡【数据工具】组中的【数据验证】按钮,打开【数据验证】对话框,在【设置】选项卡中设置【允许】为【整数】,【最小值】为【100000】,【最大值】为【999999】;❷ 单击【确定】按钮,如下图所示。

第7章
公司客户管理

3. 添加自动编号公式

为了防止输入数据时单元格出现不必要的错误，可以针对部分有规则的单元格设置数据验证，操作方法如下。

在"客户信息表"中，填写的客户信息其编号应根据"客户信息总表"中的数据量进行编号，从而使新添加的编号与"客户信息总表"中的编号能连续。如果"客户信息总表"中已经有3条数据，那么新数据的自动编号数应为4。此时，可以使用自动编号由客户信息记录总数加1得到，操作方法如下。

步骤 将光标定位到"自动编号"右侧的单元格中，在编辑栏输入公式"=COUNT(总表[编号])+1"，如下图所示。

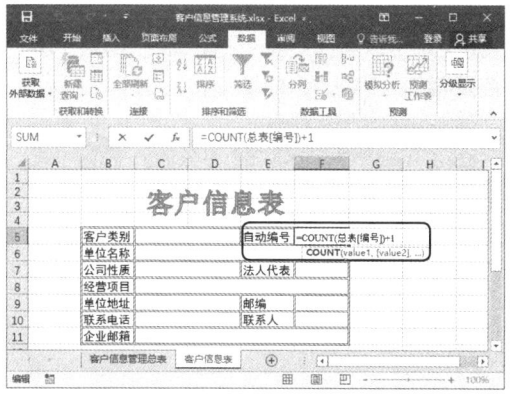

温馨提示

公式的意思为：统计表格"总表"中"编号"列中的数据个数并加1。

4. 添加公式检测表格的完整性

为了保证客户信息输入的完整性，可以添加公式对数据的完整性进行检测，具体操作步骤如下。

第1步 在表格下方的单元格中输入公式"=IF(AND(C5<>"",C6<>"",C7<>"",F7<>"",C8<>"",C9<>"",F9<>"",C10<>"",F10<>"",C11<>""),"客户信息填写完整","客户信息填写不完整")"，如下图所示。

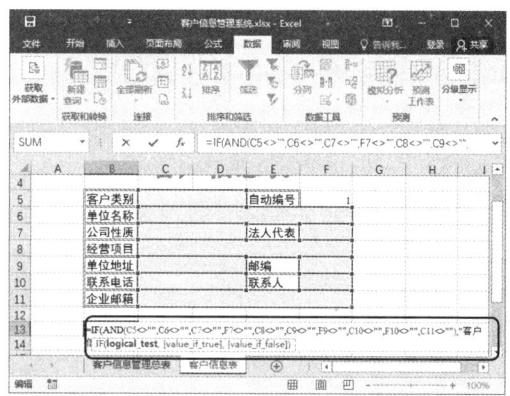

第2步 该公式可以对表格中需要输入数据的单元格是否为空进行判断，并显示相应结果，如下图所示。

7.2.3 录制宏命令

在客户信息表中录制宏命令可以快速录入数据和清除数据。

1. 录制自动录入数据的宏

为了实现自动将"客户信息表"中的数据输入到"客户信息总表"中,可以先将输入数据的过程录制为宏命令,具体操作步骤如下。

第1步 ❶ 为了录制宏命令,可以先在"客户信息表"中输入一些示例数据;❷ 单击状态栏中的【录制宏】按钮,如下图所示。

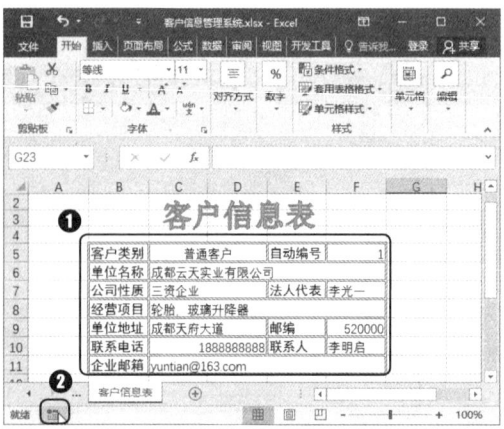

第2步 ❶ 打开【录制宏】对话框,在【宏名】文本框中输入"把数据录入表格";❷ 单击【确定】按钮开始录制宏,如下图所示。

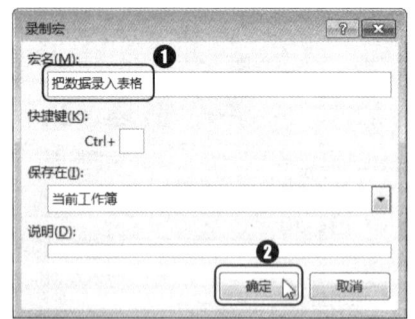

第3步 ❶ 选择"客户信息管理总表";❷ 单击【开始】选项卡【单元格】组中的【插入】按钮,如下图所示。

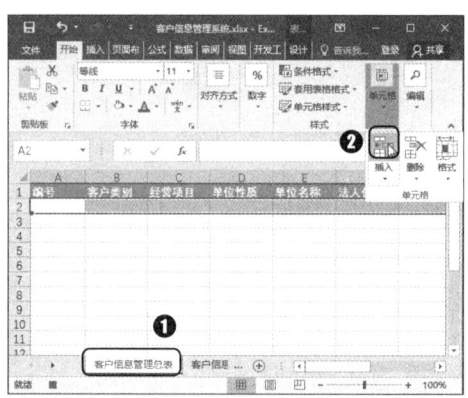

第4步 ❶ 复制"客户信息表中"的F5单元格,在"客户信息管理总表"工作表中单击【开始】选项卡【剪贴板】组中的【粘贴】下拉按钮;❷ 在弹出的下拉列表中选择【值】命令,如下图所示。

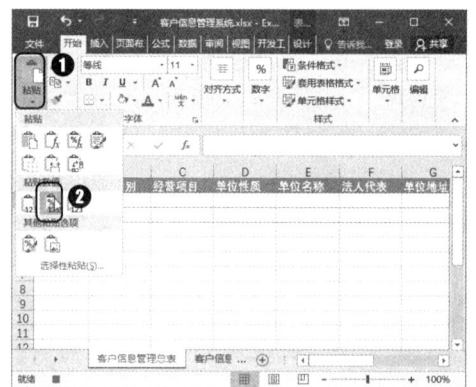

第5步 复制"客户信息表"中的C5单元格,使用相同的方法将复制的单元格粘贴到"客户信息管理总表"的B2单元格,如下图所示。

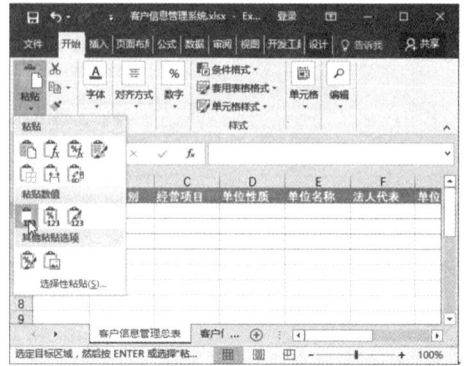

第7章
公司客户管理

第6步 ❶ 使用相同的方法复制"客户信息表"中需要录入到"客户信息管理总表"中的数据，并粘贴到"客户信息管理总表"中第2行的相应列中；❷ 所有数据复制完成后单击状态栏中的【停止录制】按钮，完成当前宏的录制，如下图所示。

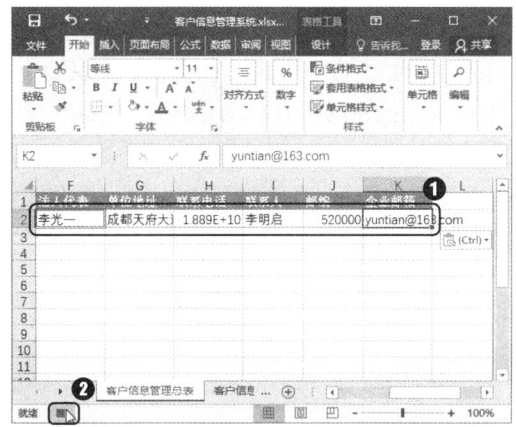

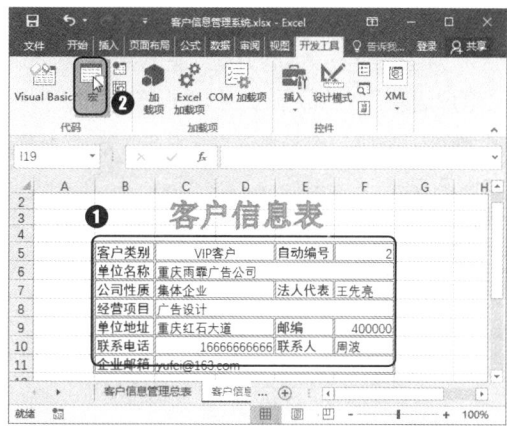

教您一招
处理执行宏命令时的错误
在录制宏命令的过程中，对工作表进行的操作都会被记录下来，如果在录制过程中出现错误操作或不合理的操作，都可能导致录制的宏在执行时出现错误。如果在录制过程中出现错误，可以在【宏】对话框中单击【删除】按钮，将该条宏命令删除，再重新录制。

2. 测试宏

当宏录制完成后，需要测试录制的宏的可执行性，具体操作步骤如下。

第1步 ❶ 更改"客户信息表"中的信息；❷ 单击【开发工具】选项卡【代码】组中的【宏】按钮，如下图所示。

第2步 ❶ 打开【宏】对话框，选择录制的宏；❷ 单击【执行】按钮，如下图所示。

第3步 当宏命令执行完成后，在"客户信息管理总表"中将自动添加一条数据，该条数据即为更改后的"客户信息表"中的数据，如下图所示。

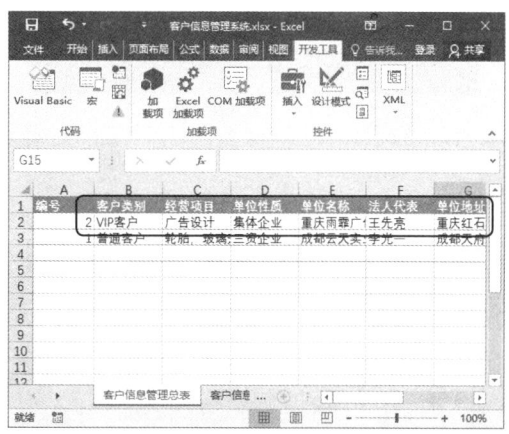

173

3. 录制清除数据的宏

为了方便输入新数据，还需要录制清除"客户信息表"的数据宏，具体操作步骤如下。

第1步 单击状态栏中的【录制宏】按钮，如下图所示。

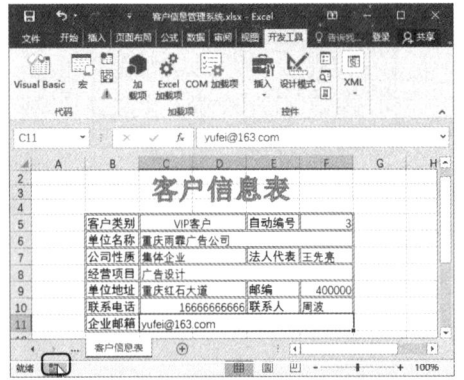

第2步 打开【录制宏】对话框，❶将【宏名】更改为【清除数据】；❷单击【确定】按钮，如下图所示。

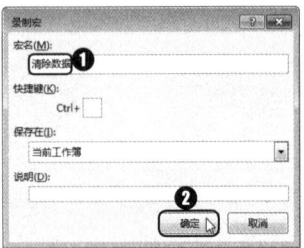

第3步 ❶删除客户信息表中需要手动填写的数据；❷单击状态栏中的【停止录制】按钮 ■ 完成宏命令的录制，如下图所示。

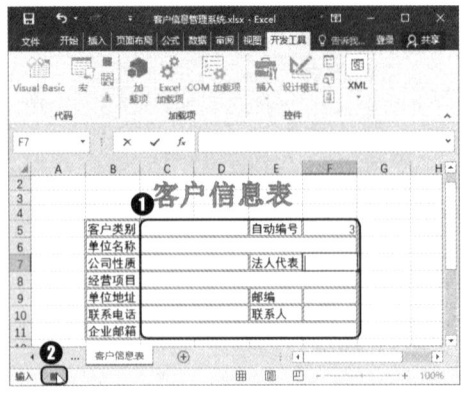

7.2.4 添加宏命令执行按钮

应用表单控件中的按钮控件，可以快速添加按钮，并为其设置功能。下面介绍添加【录入数据】按钮和【清除数据】按钮的操作步骤。

第1步 ❶单击【开发工具】选项卡【控件】组中的【插入】下拉按钮；❷在弹出的下拉列表中选择【按钮（窗体控件）】工具 □；❸在添加按钮的位置拖动鼠标绘制按钮，如下图所示。

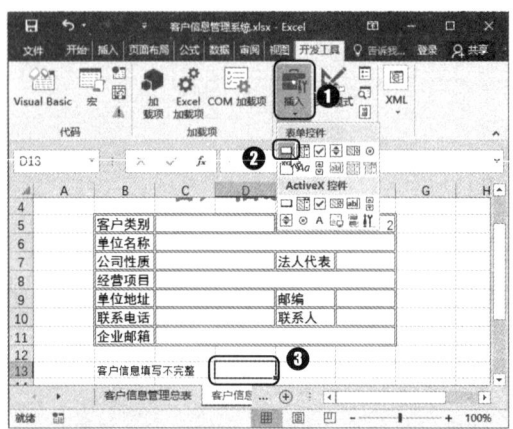

第2步 ❶打开【指定宏】对话框，选择【把数据录入到总表】宏命令；❷单击【确定】按钮，如下图所示。

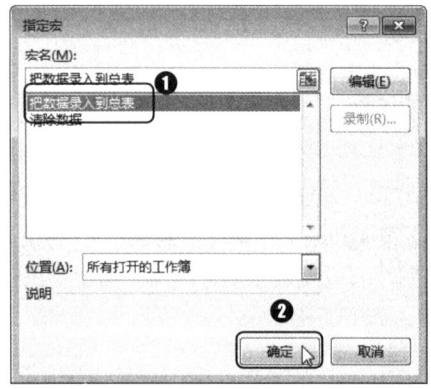

第3步 ❶在按钮上右击；❷在弹出的快捷菜单中选择【编辑文字】命令，如下图所示。

第7章
公司客户管理

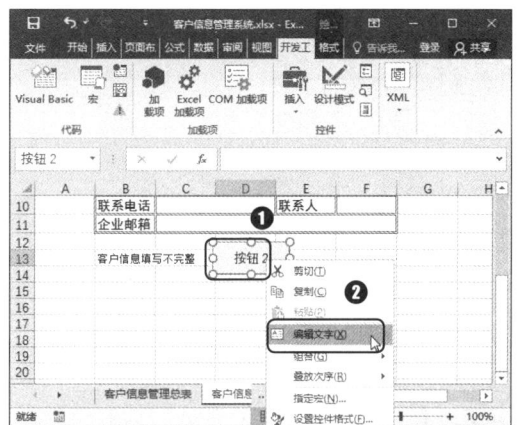

第4步 按钮呈可编辑状态,将按钮名称更改为【录入数据】,如下图所示。

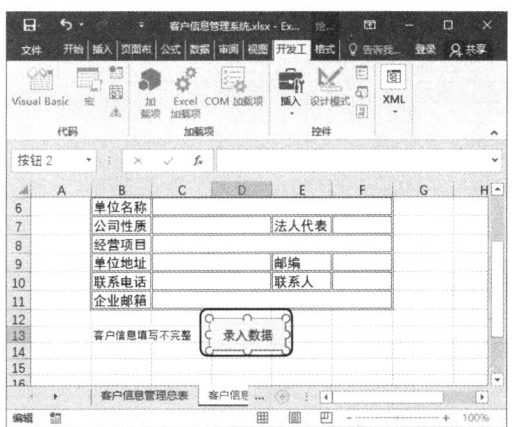

第5步 ❶使用相同的方法打开【指定宏】对话框,选择【清除数据】宏命令;❷单击【确定】按钮,如下图所示。

第6步 将【清除数据】宏命令按钮文字修改为【清除数据】,完成后的效果,如下图所示。

第7步 ❶单击【快速访问工具栏】中的【保存】按钮,打开【另存为】对话框,选择保存类型为【Excel启用宏的工作簿】;❷单击【保存】按钮即可,如下图所示。

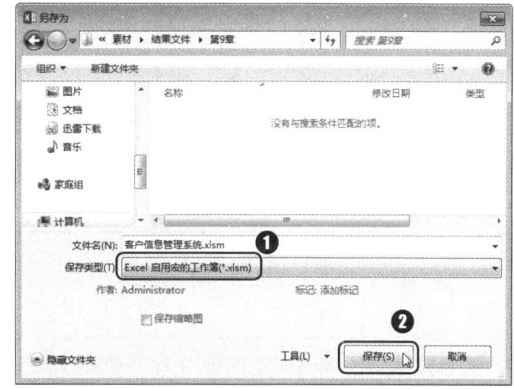

教您一招

显示【开发工具】选项卡

在Excel中显示【开发工具】选项卡与Word中的操作基本相同,切换到【文件】选项卡后,选择【选项】命令,在打开的【Excel选项】对话框中选择【自定义功能区】选项,在【主选项卡】列表框中选中【开发工具】复选框,然后单击【确定】按钮即可显示【开发工具】选项卡。

175

7.3 使用Excel制作客户月拜访计划表

案例背景

通过拜访客户可建立起与客户沟通的便捷渠道，增强合作交流。为了更加有效地展开客户拜访工作，营销部门需提前做好客户月拜访计划表，以保证客户拜访工作的顺利实施。

本例将制作客户月拜访计划表，制作完成后的效果如下图所示。实例最终效果见"光盘\结果文件\第7章\客户月拜访计划表.xlsx"文件。

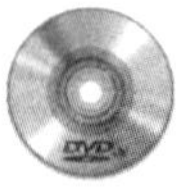 光盘文件	素材文件	无
	结果文件	光盘\结果文件\第7章\客户月拜访计划表.xlsx
	教学视频	光盘\视频文件\第7章\7.3客户月拜访计划表.mp4

7.3.1 文档的默认保存设置

在编辑表格的过程中，为了防止停电、死机等意外情况导致当前编辑的内容丢失，可以使用Excel 2016的自动保存功能，每隔一段时间自动保存一次文档，从而最大限度地避免文档内容的丢失。默认情况下，Excel文档的保存路径是"C：\Users\?\Documents"（其中"?"为当前登录系统的用户名），每隔10分钟自动保存一次文档，如果需要选择其他保存路径，或缩短间隔时间，可以在【Excel选项】对话框中进行更改，具体操作步骤如下。

第1步 新建一个名为"客户月拜访计划表"的工作簿，在【文件】选项卡中选择【选项】命令，如下图所示。

第7章
公司客户管理

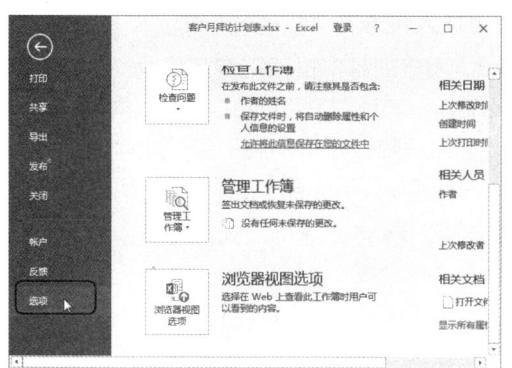

第2步 ❶ 弹出【Excel 选项】对话框，切换到【保存】选项卡；❷【保存自动恢复信息时间间隔】复选框默认为选中状态，此时只需在右侧的微调框中设置自动保存的时间间隔即可；❸ 在【默认本地文件位置】文本框中输入常用存储路径，如输入"D：/工作"；❹ 单击【确定】按钮，如下图所示。

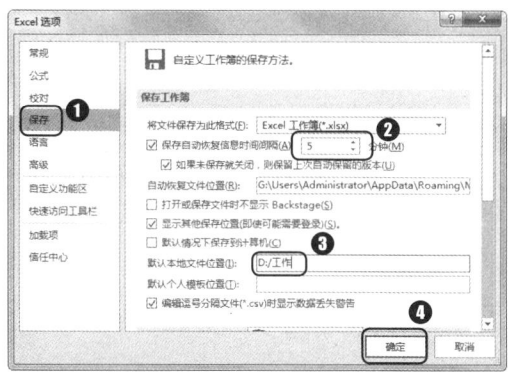

温馨提示

文档非正常关闭后再次启动Excel程序时，Excel窗口左侧将显示最近一次保存的文档，选择某个文档，会打开自动保存过的内容，此时可对其进行保存操作。

7.3.2 创建基本框架

制作客户月拜访计划表的第一步是输入基本信息，并适当设置表格格式，创建出基本框架。

1. 设置表格格式

月拜访计划表的表格需要包含拜访人、日期和拜访频率，内容输入完成后，还需要对表格进行相应的格式设置，以美化表格，具体操作步骤如下。

第1步 在工作表中输入基本数据内容，包含表格标题、客户名称、日期、合计等信息，如下图所示。

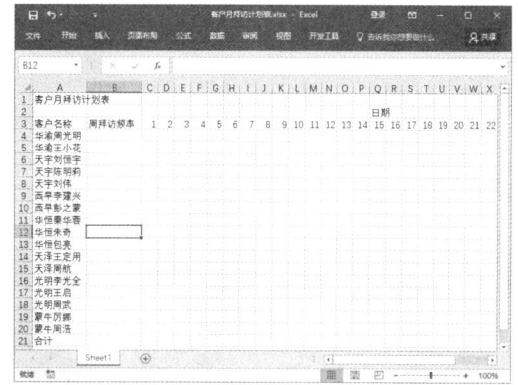

第2步 ❶ 选择 A1：AH1 单元格区域；❷ 在【开始】选项卡的【对齐方式】组中单击【合并后居中】按钮；❸ 在【字体】组中设置字体格式，如下图所示。

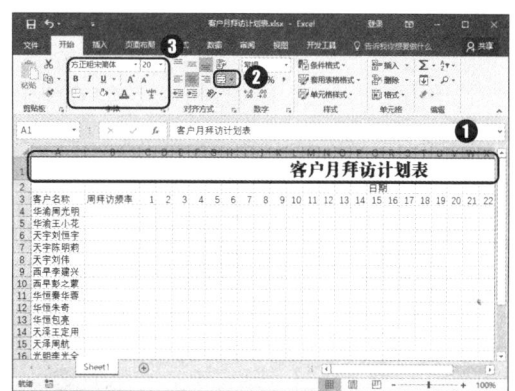

第3步 ❶ 按住【Ctrl】键选择 A3：AH3、A4：A21、B21：AH21 单元格区域；❷ 单击【开始】选项卡【样式】组中的【单元格样式】下拉按钮；❸ 在弹出的下拉列表中选择一种主题单元格样式，如下图所示。

| 177 |

2. 插入特殊符号

表格的基本框架制作完成后，就可以开始制作拜访计划。用户可以根据公司的实际需要，为拜访日期添加特殊符号，以明确拜访的时间和要拜访的客户，具体操作步骤如下。

第1步 ❶将光标定位到需要拜访的客户行和日期列交叉处的单元格；❷单击【插入】选项卡【符号】组中的【符号】按钮，如下图所示。

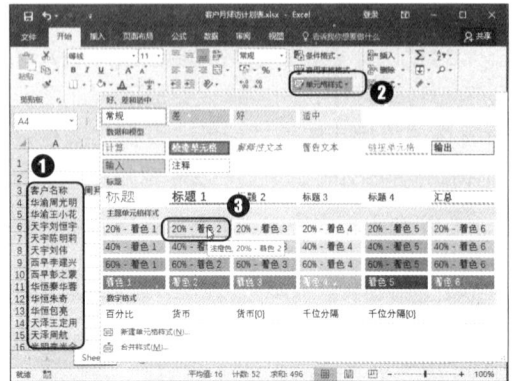

第4步 根据实际情况为日期是周六和周日的日期设置另一种单元格样式，如下图所示。

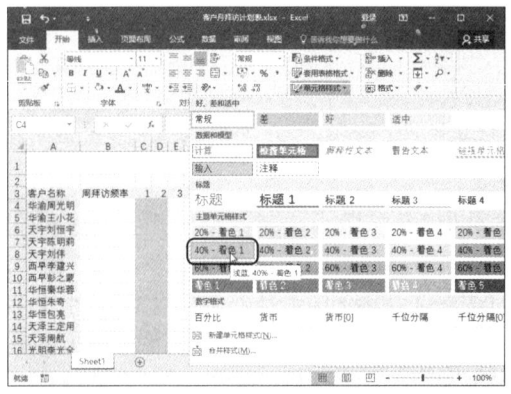

第5步 ❶输入制表日期；❷选择A3:AH21单元格区域；❸单击【开始】选项卡【字体】组中的【边框】下拉按钮 ▼；❹在弹出的下拉菜单中选择【所有框线】命令，如下图所示。

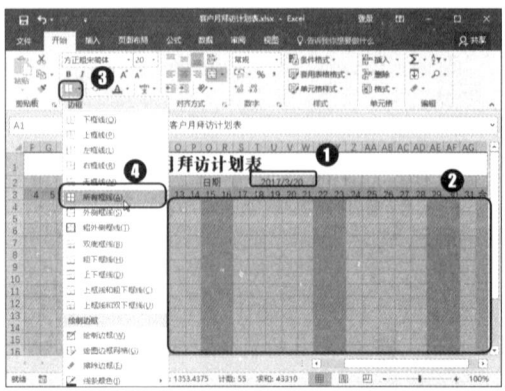

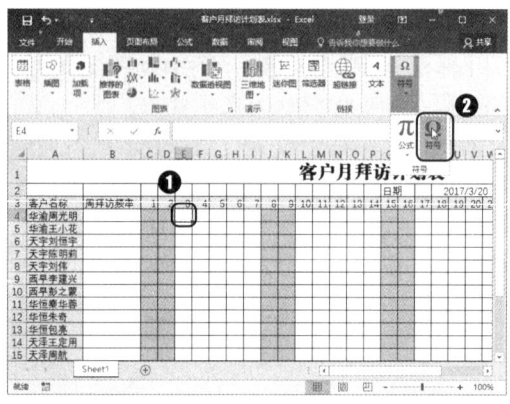

第2步 ❶打开【符号】对话框，选中要插入的符号；❷单击【插入】按钮，此时【取消】按钮变为【关闭】，单击该按钮关闭对话框，如下图所示。

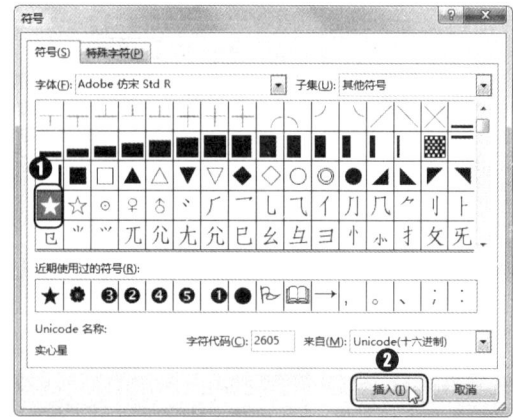

第3步 ❶在返回的工作表中，即可看到插入的符号，选中符号所在的单元格；❷在【开始】选项卡的【字体】组中单击【文字颜色】

第7章
公司客户管理

下拉按钮 ▲ ；❸ 在弹出的下拉列表中选择一种符号颜色，如下图所示。

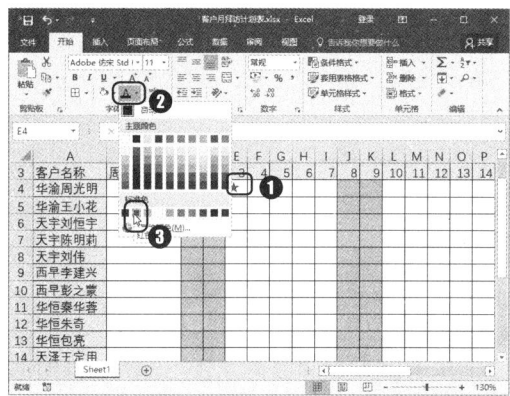

第4步 选中符号所在的单元格，按【Ctrl+C】组合键，复制符号，然后选中目标单元格，按【Ctrl+V】组合键，粘贴符号到目标单元格。通过复制粘贴，将设置好格式的符号复制到工作表中其他需要的单元格中，如下图所示。

3. 使用公式计算拜访信息

符号插入完成后，可以通过公式计算出客户的拜访合计和拜访频率，计算完成后，可以根据计算的结果合理地调整拜访计划，具体操作步骤如下。

第1步 ❶ 在 AH4 单元格中输入公式"=COUNTIF(C4：AG4," ★ ")"，按【Enter】键确认；❷ 选中 AH4 单元格，将鼠标指针指向单元格右下角，当鼠标指针呈 ✚ 形状时，按住鼠标左键拖动，到适当位置释放鼠标，使用填充柄功能复制公式，如下图所示。

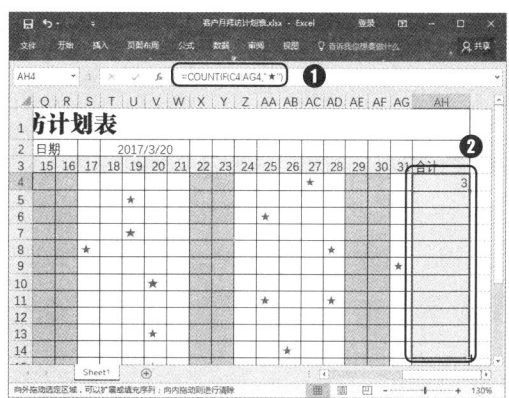

第2步 ❶ 在 C21 单元格中输入公式"=COUNTIF(C4：C20," ★ ")"，按【Enter】键确认；❷ 选中 C21 单元格，将鼠标指针指向单元格右下角，当鼠标指针呈 ✚ 形状时，按住鼠标左键拖动，到适当位置释放鼠标，使用填充柄功能复制公式，如下图所示。

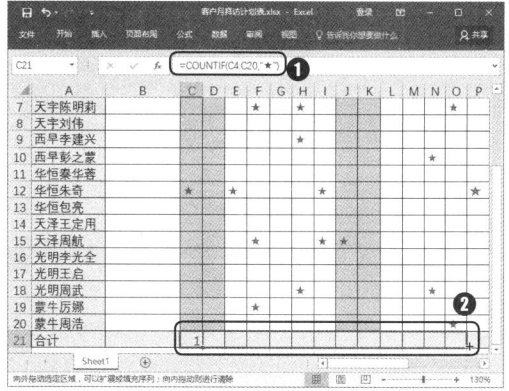

第3步 ❶ 在 B4 单元格中输入公式"=AH4/4.5"，按【Enter】键确认；❷ 选中 B4 单元格，将鼠标指针指向单元格右下角，当鼠标指针呈 ✚ 形状时，按住鼠标左键拖动，到适当位置释放鼠标，使用填充柄功能复制公式，如下图所示。

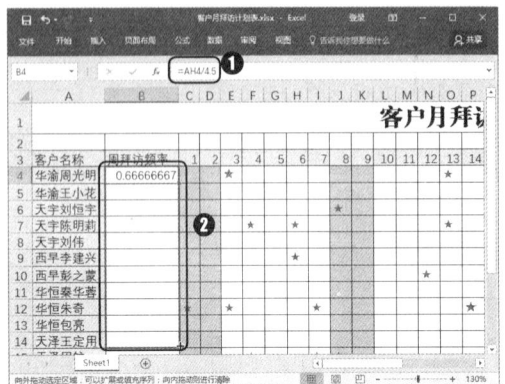

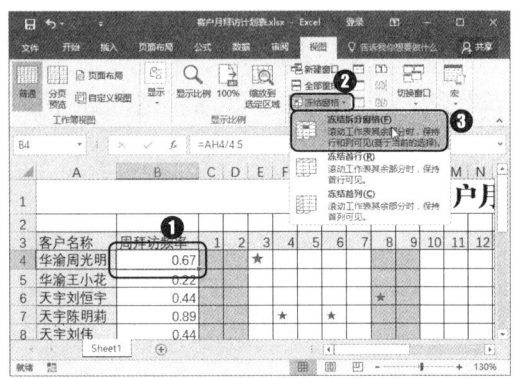

第4步 ❶ 选中B4：B20单元格区域；❷ 在【开始】选项卡的【数字】组中多次单击【减少小数位数】按钮，设置将小数位数保留2位即可，如下图所示。

第2步 此时拖动垂直与水平滚动条，可以看到工作表中A列和B列以及1行到3行的部分保持不变，如下图所示。

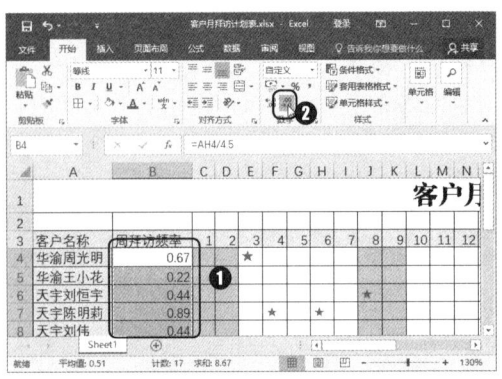

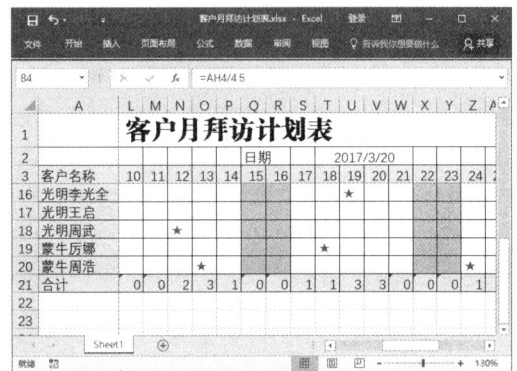

7.3.3 冻结窗格

当Excel工作表中含有大量的数据信息，窗口显示不便于用户查看时，可以拆分或冻结工作表窗格，具体操作步骤如下。

第1步 ❶ 选中B4单元格；❷ 在【视图】选项卡的【窗口】组中单击【冻结窗格】下拉按钮；❸ 在弹出的下拉列表中选择【冻结拆分窗格】命令，如下图所示。

> **温馨提示**
>
> 冻结窗格后，再次打开【冻结窗格】下拉列表，在其中选择【取消冻结窗格】命令，即可取消冻结。

7.3.4 添加与编辑批注

批注是附加在单元格中的，它是对单元格内容的注释。使用批注可以使工作表的内容更加清楚明了。

1. 添加批注

批注可以补充单元格的内容，添加批注的具体操作步骤如下。

第1步 ❶ 在工作表中，右击要添加批注的单元格；❷ 在弹出的快捷菜单中选择【插入批注】命令，如下图所示。

第7章
公司客户管理

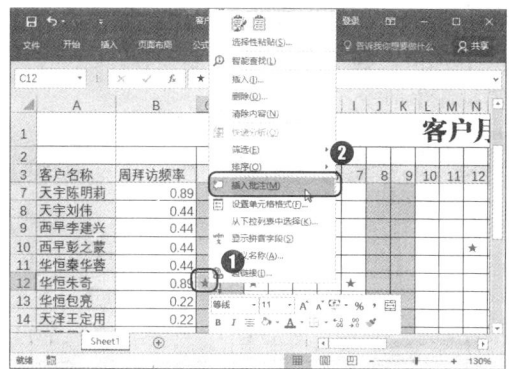

第2步 此时单元格中的批注框将显示出来，并处于可编辑状态，可根据需要输入批注内容进行编辑，如下图所示。

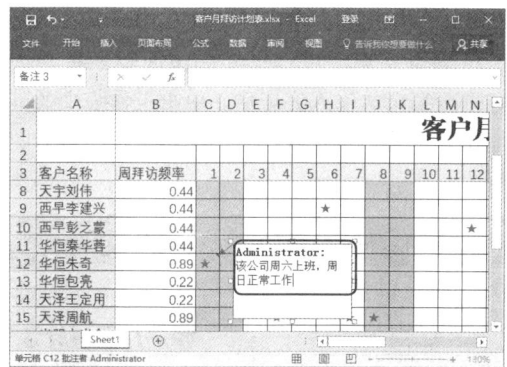

第3步 输入完毕后，单击工作表中的其他位置，即可退出批注的编辑状态。由于默认情况下批注为隐藏状态，在添加了批注的单元格的右上角会出现一个红色的小三角形，将鼠标指针指向单元格右上角的红色小三角形，可以查看被隐藏的批注，如下图所示。

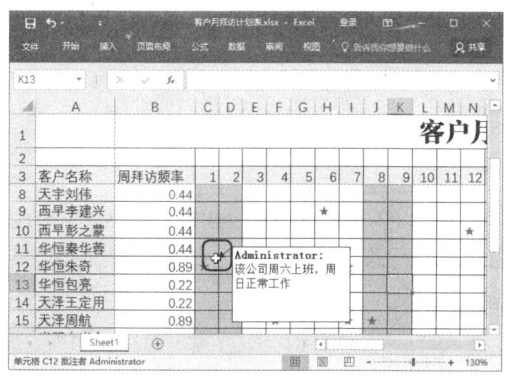

教您一招

显示批注

选中批注所在的单元格并右击，在弹出的快捷菜单中选择【显示/隐藏批注】命令，即可设置始终显示被隐藏的批注。

2. 复制批注

如果其他单元格也需要相同的批注，可以使用复制的方法复制批注，具体操作步骤如下。

第1步 ❶ 选中要复制的批注所在的单元格，如C12单元格，按【Ctrl+C】组合键复制批注；❷ 选中目标单元格，然后按【Ctrl+Alt+V】组合键，如下图所示。

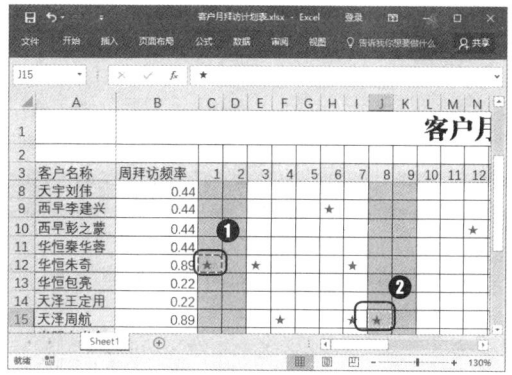

第2步 ❶ 弹出【选择性粘贴】对话框，在【粘贴】选项区域中选中【批注】单选按钮；❷ 单击【确定】按钮，如下图所示。

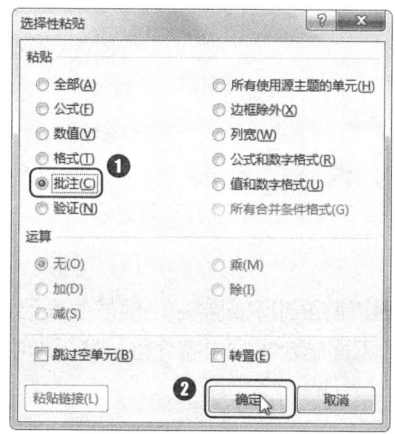

Word/Excel/PPT
在文秘与行政管理中的应用

教您一招

隐藏批注

设置显示批注后，选中批注所在的单元格并右击，在弹出的快捷菜单中选择【隐藏批注】命令，即可重新隐藏始终显示的批注。

第1步 ❶ 在工作表中，右击需要修改批注的单元格；❷ 在弹出的快捷菜单中选择【编辑批注】命令，如下图所示。

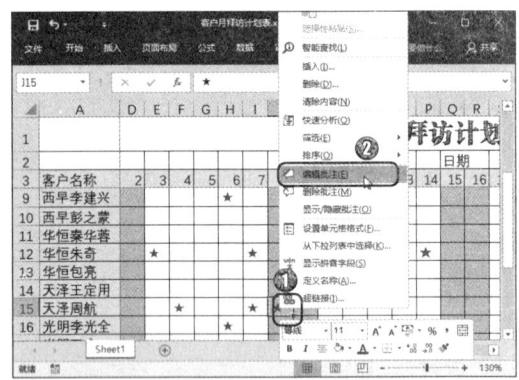

第3步 返回工作表，可以看到C12单元格中的批注被复制到了J15单元格中，如下图所示。

第2步 此时单元格中的批注显示出来，并处于可编辑状态，可根据实际情况输入批注内容进行编辑。输入完毕后，单击工作表中的其他位置，即可退出批注的编辑状态，如下图所示。

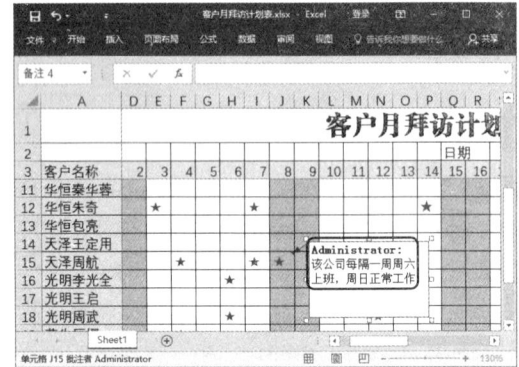

教您一招

删除批注

如果需要删除批注，右击需要删除批注的单元格，在弹出的快捷菜单中选择【删除批注】命令，即可删除单元格中的批注。

3. 编辑批注

如果对添加的批注不满意，也可以编辑批注，具体操作步骤如下。

大神支招

通过前面知识的学习，相信读者已经掌握了在文秘与行政工作中制作公司客户管理文档的方法。下面结合本章内容介绍一些工作中的实用经验与技巧。

第7章
公司客户管理

01 更改默认主题

🎬 视频文件：光盘\视频文件\第7章\01.mp4

在文秘与行政工作中，为了保证公司文档的统一性，需要使用同一主题。为公司文档新建了主题之后，可以将该主题设置为默认主题，以后在创建文档时，就会默认使用新建的主题，既统一又方便。

如果要更改默认主题，具体操作步骤如下。

第1步 打开"光盘\素材文件\第7章\默认主题文档.docx"文件，单击【设计】选项卡【文档格式】组中的【设为默认值】按钮，如下图所示。

第2步 在弹出的提示框中单击【是】按钮，即可将该主题设置为默认主题，如下图所示。

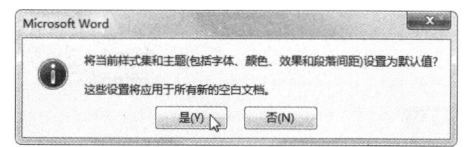

02 隐藏单元格零值数据

🎬 视频文件：光盘\视频文件\第7章\02.mp4

默认情况下，在工作表中输入"0"，或公式的计算结果为"0"时，单元格中都会显示零值，如下图所示。

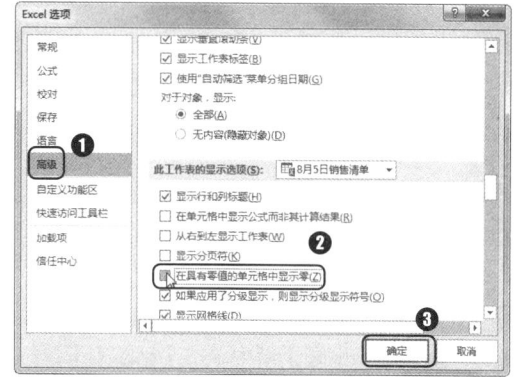

有时为了醒目和美观，需要将零值隐藏起来。例如，在"销售清单"的工作表中将零值数据隐藏起来，具体操作步骤如下。

第1步 打开"光盘\素材文件\第7章\销售清单.xlsx"文件，打开【Excel选项】对话框，❶切换到【高级】选项卡；❷在【此工作表的显示选项】选项区域中取消选中【在具有零值的单元格中显示零】复选框；❸单击【确定】按钮，如下图所示。

第2步 返回工作表，即可看到当前工作表中的所有零值隐藏起来了，如下图所示。

Word/Excel/PPT
在文秘与行政管理中的应用

03 复制单元格格式

🎬 视频文件：光盘\视频文件\第7章\03.mp4

在编辑工作表数据时，不仅可以复制单元格内容，还可以复制单元格格式，如文字的字体格式、单元格的边框与底纹等，从而避免了重新设置格式的操作，大大提高了工作效率。

例如，在"员工基本信息"的工作表中复制单元格格式，具体操作步骤如下。

第1步 打开"光盘\素材文件\第7章\员工信息登记表.xlsx"文件，选择设置了格式的单元格，如 A2 单元格，按【Ctrl+C】组合键进行复制，如下图所示。

第2步 选择目标单元格或单元格区域，如 A3：A11，❶ 在【剪贴板】组中单击【粘贴】下拉按钮 ，；❷ 在弹出的下拉列表中选择【格式】选项 ，即可完成格式的复制操作，如下图所示。

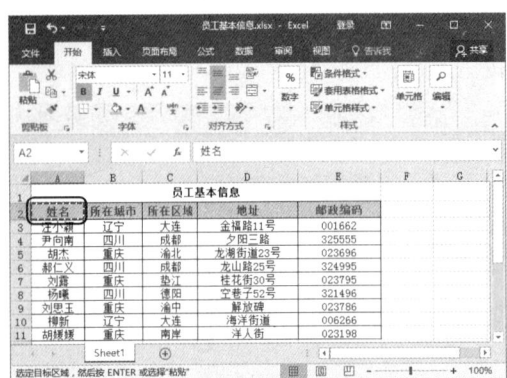

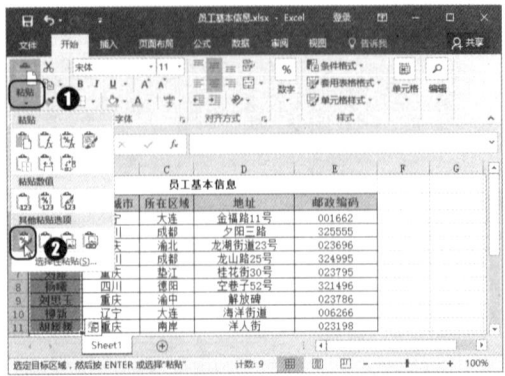

04 巧妙快速输入位数较多的员工编号

🎬 视频文件：光盘\视频文件\第7章\04.mp4

用户在编辑工作表的时候，经常会输入位数较多的员工编号、学号、证书编号，如 LYG2014001，LYG2014002，…，此时用户会发现编号的部分字符是相同的，若重复地输入会非常烦琐，且易出错，此时，可以通过自定义数据格式快速输入。

例如，在"员工信息登记表"的工作表中输入员工编号"LYG2014001"，具体操作步骤如下。

第1步 打开"光盘\素材文件\第7章\员工信息登记表.xlsx"文件，选中要输入员工编号的单元格区域 A3：A17，打开【设置单元格格式】对话框，❶ 在【数字】选项卡的【分类】列表框中选择【自定义】选项；❷ 在右侧【类型】文本框中输入""LYG2014"000"（""LYG2014""是重复固定不变的内容）；❸ 单击【确定】按钮，如下图所示。

第2步 返回工作表，在单元格区域中输入编号后的序号，如"1，2，…"，然后按【Enter】键确认，即可显示完整的编号，如下图所示。

第8章
办公用品管理

本章导读

办公物品虽然价格不贵，但是，长年累月地使用也是一笔不小的开支。因此，建立合理的办公用品管理制度必不可少。本章通过制作办公用品管理制度、办公用品申请单和物资采购明细表，介绍在办公用品管理工作中经常用到的文档的制作方法。

知识要点

- ❖ 插入书签和超链接
- ❖ 修订文档
- ❖ 添加批注
- ❖ 根据模板创建文档
- ❖ 新建表样式
- ❖ 分类汇总

8.1 使用Word制作办公用品管理条例

案例背景

办公用品管理制度是针对企事业单位办公用品的计划、采购、分发和保管及销毁的一项制度，目的在于规范办公用品的管理，减少铺张浪费，节约成本。办公用品管理制度中的办公用品通常包括书写工具系列、纸本系列、文具系列、名片与图文系列、办公生活用品系列、套餐系列、IT耗材系列等。

本例将使用Word制作办公用品管理条例，制作完成后的效果如下图所示。实例最终效果见"光盘\结果文件\第8章\办公用品管理条例.docx"文件。

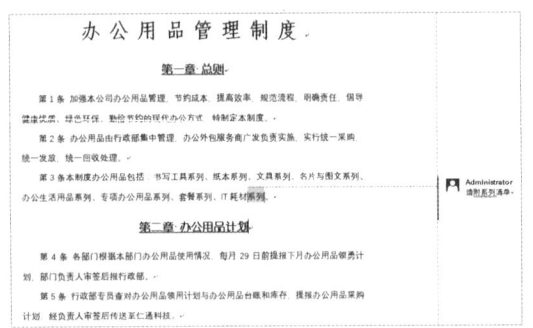

光盘文件	素材文件	光盘\素材文件\第8章\办公用品管理条例.docx
	结果文件	光盘\结果文件\第8章\办公用品管理条例.docx
	教学视频	光盘\视频文件\第8章\8.1使用Word制作办公用品管理条例.mp4

8.1.1 设置段落格式

设置了段落格式的文档不仅方便阅读，而且能美化文档。美化办公条例的具体操作步骤如下。

第1步 打开光盘\素材文件\第8章\办公用品管理条例.docx"文件，❶选中第1段段落；❷单击【开始】选项卡【字体】组中的对话框启动器，如下图所示。

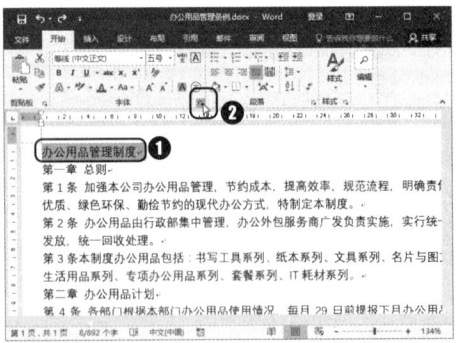

第2步 打开【字体】对话框，在【字体】选项卡设置中文字体、字形和字号，如下图所示。

第8章
办公用品管理

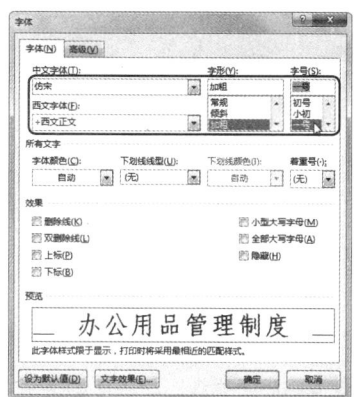

第3步 ❶ 切换到【高级】选项卡；❷ 在【字符间距】选项区域的【间距】下拉列表中选择【加宽】选项；❸ 在【磅值】微调框中设置磅值为【4磅】；❹ 单击【确定】按钮，如下图所示。

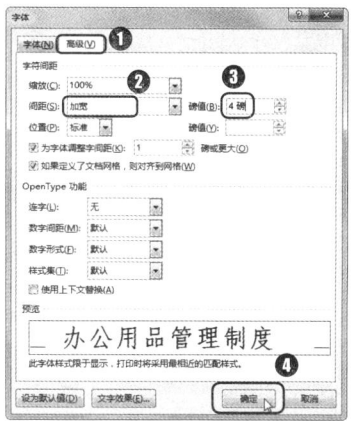

第4步 返回文档，单击【开始】选项卡【段落】组中的【居中】按钮 ≡，如下图所示。

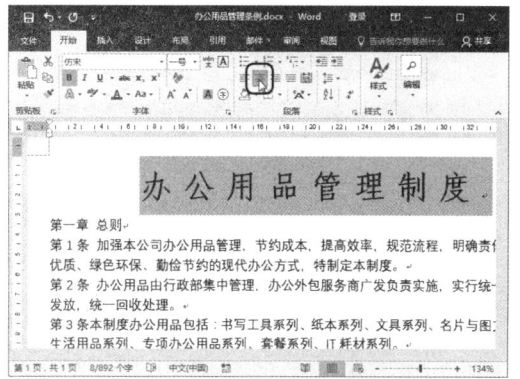

第5步 ❶ 选中"第一章 总则"文本；❷ 单击【开始】选项卡【段落】组中的对话框启动器 ，如下图所示。

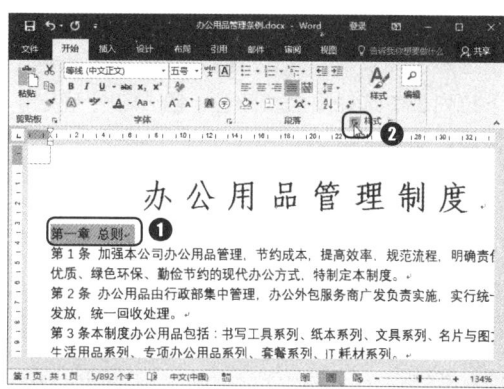

第6步 ❶ 打开【段落】对话框，在【缩进和间距】选项卡的【间距】选项区域中设置【段前】和【段后】为【0.5行】；❷ 单击【确定】按钮，如下图所示。

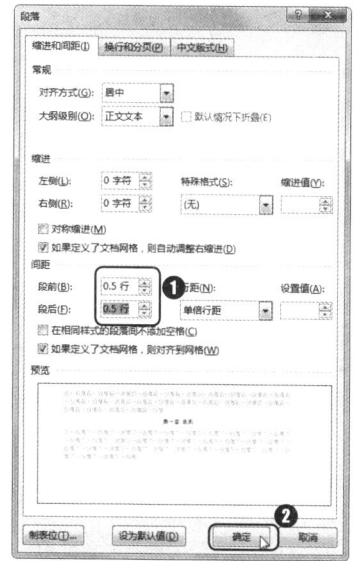

教您一招

快速设置行距

选择段落后，在【开始】选项卡的【段落】组中单击【行和段落间距】下拉按钮 ，在弹出的下拉列表中选择预设的距离选项，对行距进行调整。

第7步 ❶ 保持"第一章 总则"文本的选中状态，打开【字体】对话框，在【字体】选项卡中设置中文字体、字形和字号；❷ 在【所有文字】选项区域的【下画线线型】下拉列表中选择一种下画线样式；❸ 在【下画线颜色】下拉列表中选择下画线颜色；❹ 单击【确定】按钮，如下图所示。

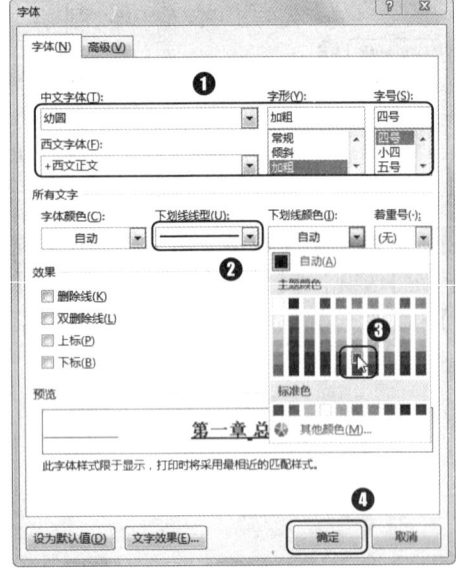

第8步 ❶ 返回文档，选择第2段段落；❷ 双击【开始】选项卡【剪贴板】组中的【格式刷】按钮锁定格式刷，如下图所示。

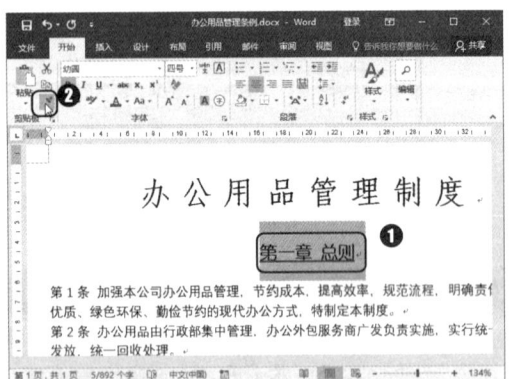

第9步 使用格式刷复制"第一章 总则"文本的样式到后文的"第 × 章"段落中，完成后按【Esc】键解除锁定，如下图所示。

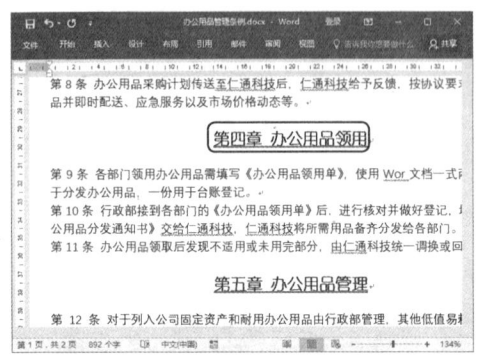

第10步 ❶ 选中"第一章"文本下方的段落，打开【段落】对话框，在【缩进和间距】选项卡的【缩进】选项区域中设置【特殊格式】为【首行缩进】，【缩进值】为【2字符】；❷ 在【间距】选项区域中设置【行距】为【1.5倍行距】；❸ 单击【确定】按钮，如下图所示。

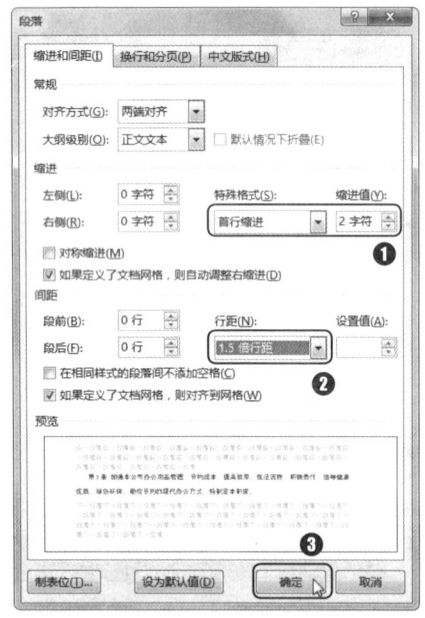

教您一招

快速设置字形

将文本加粗、倾斜和添加下画线的操作也可以通过快捷键来完成。按【Crtl+B】组合键可以加粗文本；按【Crtl+I】组合键可以倾斜文本；按【Crtl+U】组合键可以为文本添加单下画线。

第11步 使用格式刷将段落格式复制到其他"第 × 条"段落中，如下图所示。

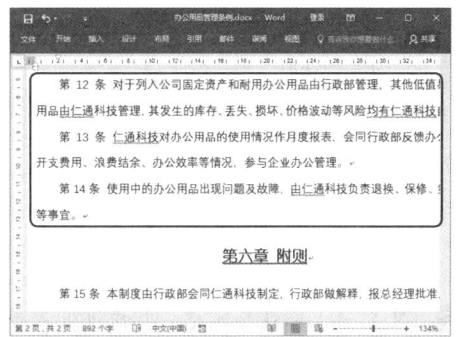

8.1.2 插入书签和超链接

通过在文档中插入书签和超链接，可以更加方便地浏览文档和中转文档内容，具体操作步骤如下。

第1步 ❶ 将光标定位到标题文本处；❷ 单击【插入】选项卡【链接】组中的【书签】按钮，如下图所示。

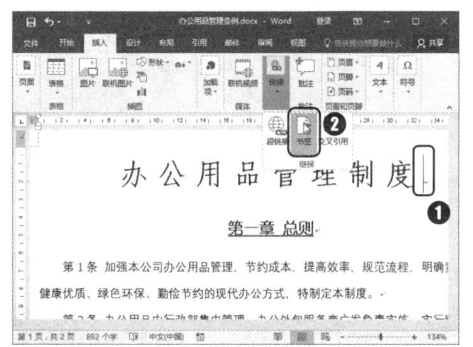

第2步 ❶ 打开【书签】对话框，在【书签名】文本框中输入书签名称；❷ 单击【添加】按钮；❸ 单击【关闭】按钮返回文档，如下图所示。

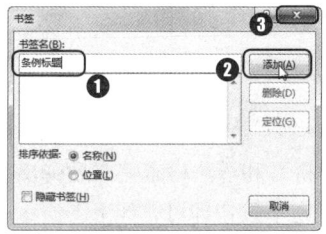

第3步 ❶ 将光标定位到文档的末尾处；❷ 单击【插入】选项卡【链接】组中的【超链接】按钮，如下图所示。

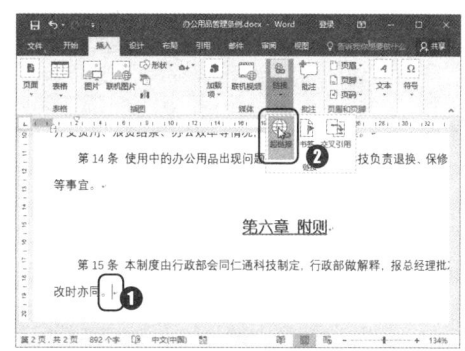

第4步 ❶ 打开【插入超链接】对话框，在【链接到】列表框中选择【本文档中的位置】选项；❷ 在【请选择文档中的位置】列表框中选择刚才设置的书签名，本例为【条例标题】；❸ 在【要显示的文字】文本框中输入"点击返回标题"；❹ 单击【确定】按钮，如下图所示。

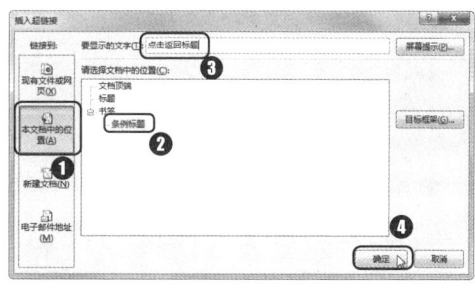

第5步 ❶ 返回文档，即可看到超链接已经插入，且文本下方会添加下画线；❷ 选择超链接文本，单击【开始】选项卡【字体】组中的【下画线】按钮 U 取消下画线，如下图所示。

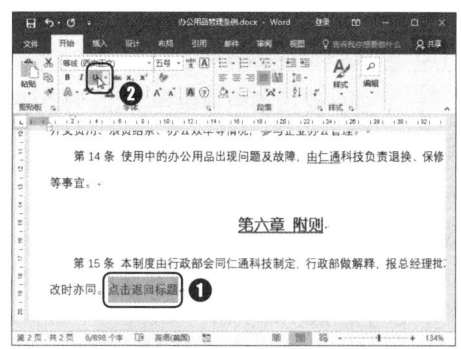

第6步 ❶ 单击【开始】选项卡【字体】组中的【字体颜色】下拉按钮；❷ 在弹出的下拉列表中选择一种主题颜色，如下图所示。

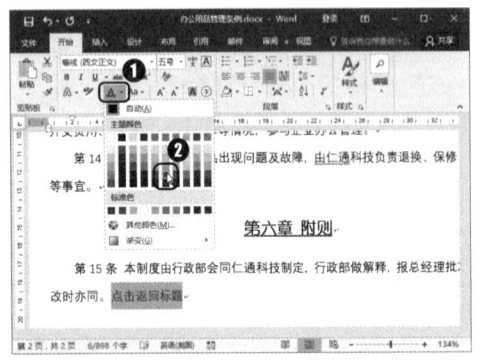

第7步 按住【Crtl】键，此时鼠标指针将变为 形状，单击超链接文本即可返回标题段落，如下图所示。

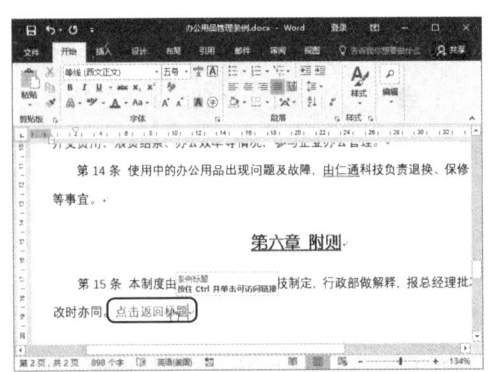

温馨提示

在Word文档内部创建超链接时，目标位置只能是应用了标题样式的文档顶端的段落或书签。

8.1.3 文档拼写语法校对

为了避免文档中出现错误，可以用Word的拼写和语法功能对文档内容进行全面检查，具体操作步骤如下。

第1步 ❶ 将光标定位到文档的开头处；❷ 单击【审阅】选项卡【校对】组中的【拼写和语法】按钮，如下图所示。

第2步 打开【语法】窗格，并自动搜索第一处错误，并提示错误的类型，如果此处的错误并不需要修改，可单击【忽略】按钮，如下图所示。

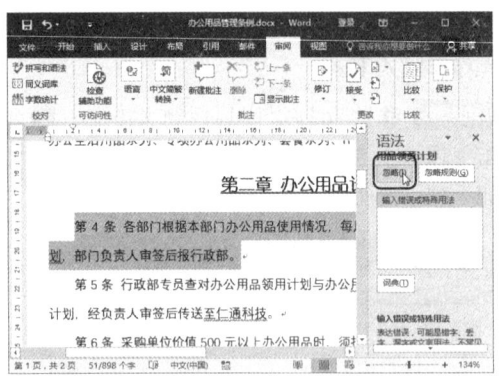

第3步 ❶ 自动跳转到下一处错误，在下方的列表框中显示系统认为的正确方案，选择正确的方案；❷ 单击【更改】按钮，如下图所示。

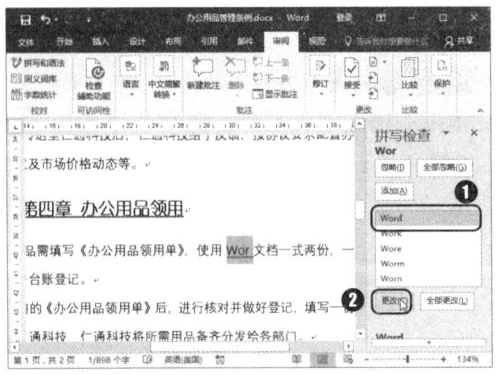

第4步 拼写和语法检查完成后弹出提示框，单击【确定】按钮即可，如下图所示。

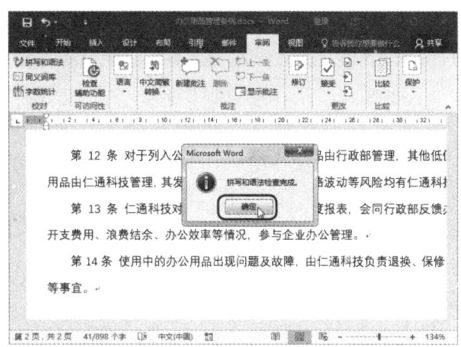

8.1.4 修订文档

对于制作好的文档，还可以通过修订文档的方式在文档中进行修改，并将修改情况用不同的颜色、删除线或下画线显示出来，具体操作步骤如下。

第1步 单击【审阅】选项卡【修订】组中的【修订】按钮，开启修订模式，如下图所示。

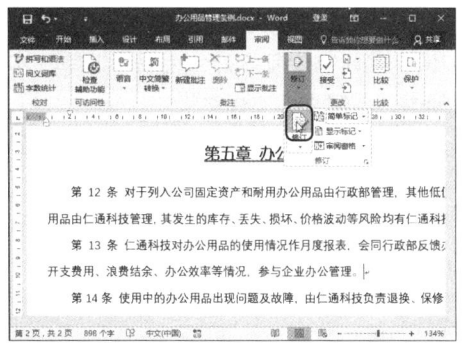

第2步 开启修订模式后，如果文档中增加或删除文本，均会在左侧显示红色竖线标识，如下图所示。

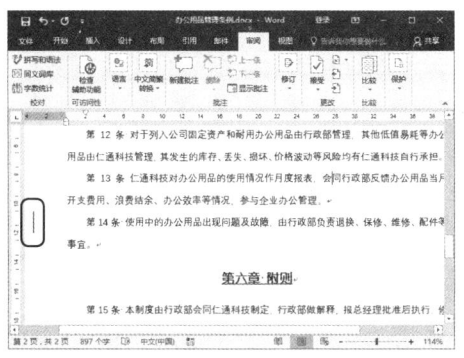

> **温馨提示**
>
> 文档修订完成后，再次单击【审阅】选项卡【修订】组中的【修订】按钮退出修订模式。

第3步 ❶ 如果要查看修订轨迹，可以单击【审阅】选项卡【修订】组中的【显示以供审阅】下拉按钮；❷ 在弹出的下拉菜单中选择【所有标记】命令，如下图所示。

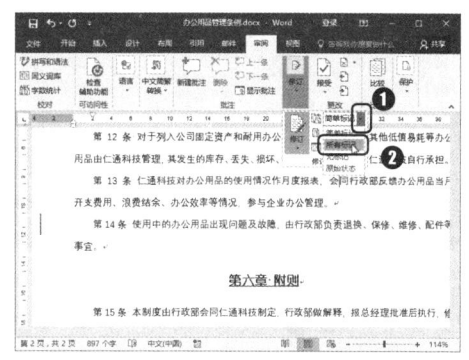

8.1.5 为文档添加批注

在给别人制作的文档提出意见和看法时，如果不方便直接在文档中修改，可以在文档中添加批注，以便文档制作者通过添加的批注来更改文档，具体操作步骤如下。

第1步 ❶ 将光标定位到需要添加批注的地方；❷ 单击【审阅】选项卡【批注】组中的【新建批注】按钮，如下图所示。

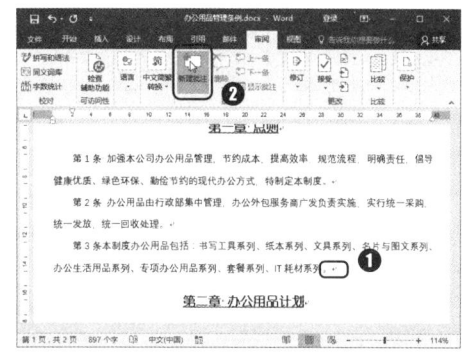

第2步 弹出【批注】窗口，在【批注】窗口直接输入批注内容，即可为文档添加批注，如下图所示。

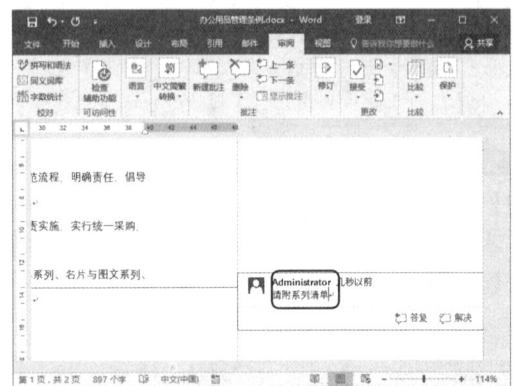

教您一招

删除批注

如果要删除批注，可以选择文档中要删除的批注框，然后单击【审阅】选项卡【批注】组中的【删除】下拉按钮，在弹出的下拉列表中选择【删除】命令。如果需要一次性删除文档中的所有批注，可以在单击【批注】组的【删除】下拉按钮后，在弹出的下拉列表中选择【删除文档中的所有批注】命令。

8.2 使用Excel制作办公用品申请单

案例背景

在文秘办公过程中，经常会使用到一些必需的办公用品，如档案袋、笔、纸张等。当现有的办公物品用完或不足时，就需要向相关部门提出申请，此时需要制作办公用品申请单。申请表的书写格式一般都是固定的，内容主要包括标题、称谓、正文、结尾和落款。

本例将制作一份办公用品申请单，再将其打印，制作完成后的效果如下图所示。实例最终效果见"光盘\结果文件\第8章\办公用品申请单.xlsx"文件。

光盘文件	素材文件	无
	结果文件	光盘\结果文件\第8章\办公用品申请单.xlsx、办公用品申请单.xltx
	教学视频	光盘\视频文件\第8章\8.2使用Excel制作办公用品申请单.mp4

8.2.1 制作申请表模板

本例将制作一个"办公用品申请表"模板,以方便日后申请办公用品时,可以直接调用模板并填写数据,提高办公效率。

1. 制作申请表框架

办公用品申请表包含部门、申请人、物品、数量等信息。制作申请表的具体操作步骤如下。

第1步 新建一个名为"办公用品申请单"的空白工作簿,输入如下图所示的申请单内容。

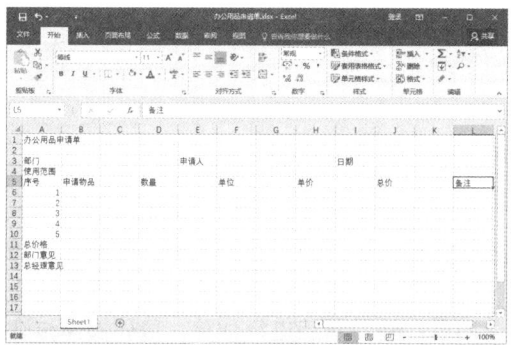

第2步 ❶ 选择 A1:L2 单元格区域;❷ 单击【开始】选项卡【对齐方式】组中的【合并后居中】按钮,并使用相同的方法合并其他单元格,如下图所示。

第3步 ❶ 选中 A3:B4 单元格区域;❷ 单击【开始】选项卡【对齐方式】组中的【合并后居中】下拉按钮;❸ 在弹出的下拉列表中选择【跨越合并】选项,并使用相同的方法合并其他单元格,如下图所示。

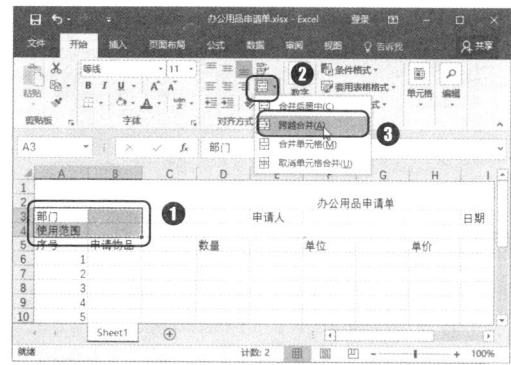

第4步 ❶ 选中 A1:L13 单元格区域,单击【开始】选项卡【字体】组中的【边框】下拉按钮;❷ 在弹出的下拉菜单中选择【所有框线】命令,如下图所示。

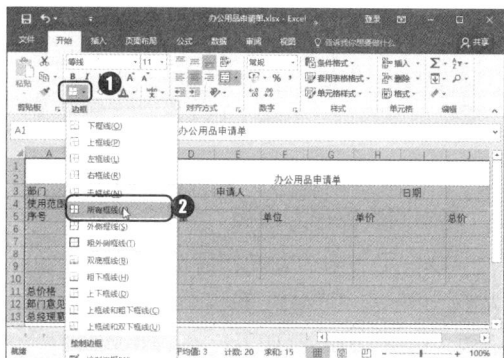

第5步 ❶ 选择 A3:L13 单元格区域;❷ 单击【开始】选项卡【对齐方式】组中的【居中】按钮,如下图所示。

> **温馨提示**
>
> 如果需要合并大量单元格,用户可以综合利用居中合并与跨越合并的方法,以提高合并效率。

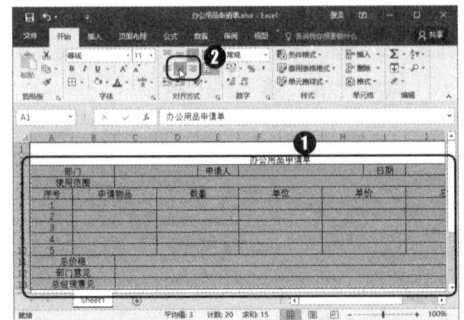

第6步 将标题字体设置为【楷体】，字号设置为【18】，将序号字号设置为【12】，将其余字号设置为【16】，如下图所示。

2. 将申请表保存为模板

办公用品申请表制作完成后，将其保存为Excel模板，可以快速地根据该模板创建申请表，具体操作步骤如下。

第1步 ❶选择【文件】选项卡中的【另存为】选项；❷单击【另存为】页面中的【浏览】按钮，如下图所示。

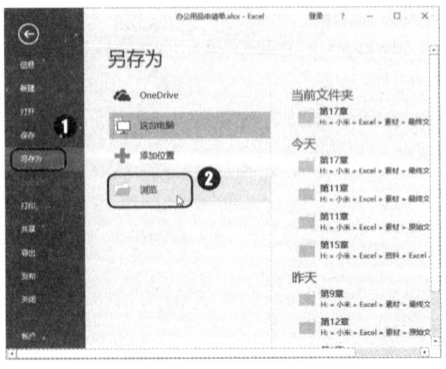

第2步 ❶打开【另存为】对话框，设置文件名和保存路径；❷在【保存类型】下拉列表中选择【Excel 模板】选项；❸单击【保存】按钮，如下图所示。

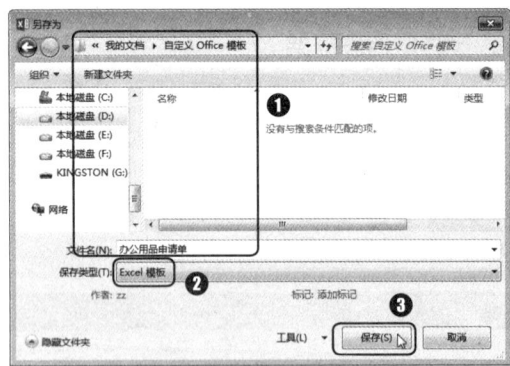

8.2.2 根据模板创建申请单

申请单模板制作完成后，就可以使用该模板创建一份办公用品申请单。在填写申请单时，可以通过插入单元格来创建完整的申请项目，并对费用进行估算，具体操作步骤如下。

第1步 打开新建的"办公用品申请单.xltx"模板文档，输入申请日期、部门、申请人等信息，如下图所示。

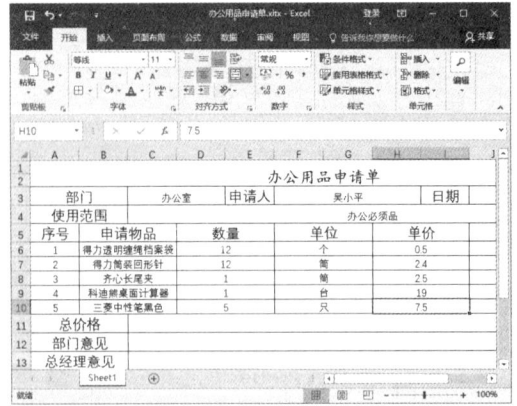

第2步 ❶选择 A10：L10 单元格区域，按【Ctrl+C】组合键复制；❷单击鼠标右键，在弹出的快捷菜单中选择【插入复制的单元格】

第8章
办公用品管理

命令，如下图所示。

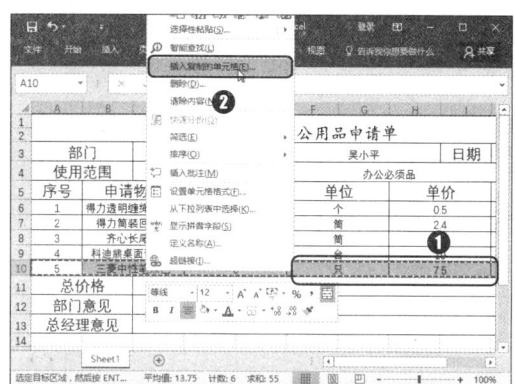

教您一招

快速插入多行

如果想要快速插入多行，可以在选择多行后，再执行【插入复制的单元格】命令。

第3步 ❶ 在弹出的【插入粘贴】对话框中选中【活动单元格下移】单选按钮；❷ 单击【确定】按钮，如下图所示。

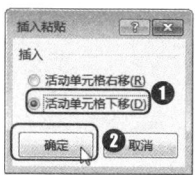

第4步 使用相同的方法，插入足够数量的要输入申请的办公用品的单元格，如下图所示。

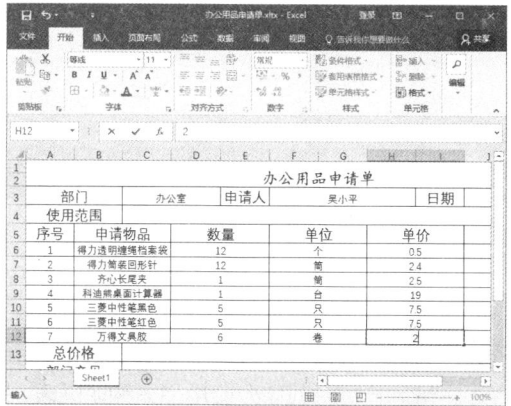

第5步 ❶ 选中 J6 单元格，在单元格中输入公式"=D6*H6"；❷ 单击【输入】按钮✓得

出计算结果，如下图所示。

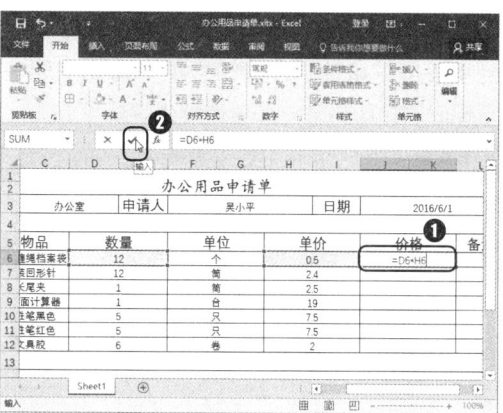

第6步 选择 J6 单元格，拖动填充柄向下填充公式，如下图所示。

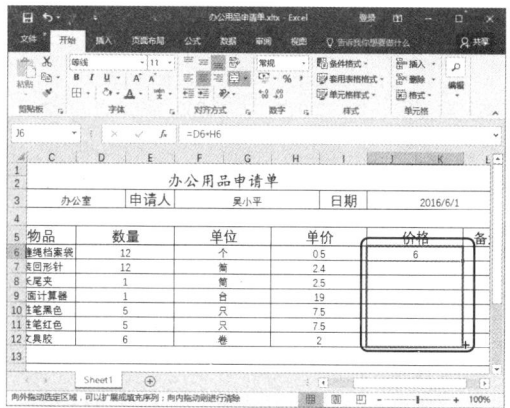

第7步 ❶ 选中 C13 单元格，在单元格中输入公式"=SUM(J6：K12)"；❷ 单击【输入】按钮✓得出计算结果，如下图所示。

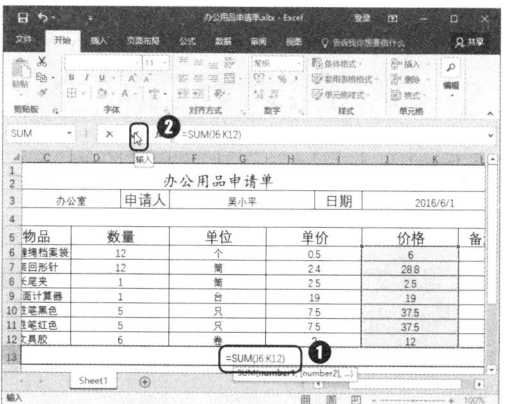

195

8.2.3 打印申请表

申请表填写完成后，需要打印出来，送到相关部门审批。在打印之前，首先需要设置相应的打印格式，具体操作步骤如下。

第1步 单击【页面布局】选项卡【页面设置】组中的对话框启动器，如下图所示。

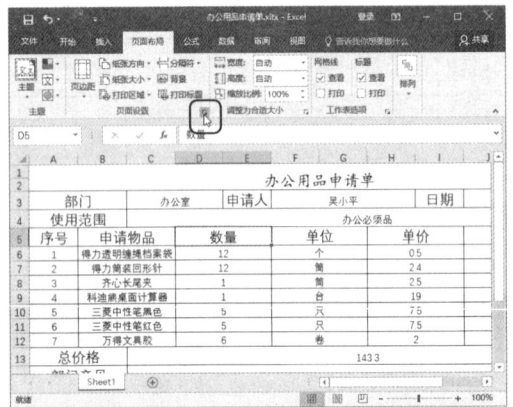

温馨提示

单击【快速访问工具栏】右侧的下拉按钮，在打开的下拉列表中选中【打印预览和打印】选项，将其添加到快速访问工具栏中之后，只要单击【快速访问工具栏】中的【打印预览和打印】按钮，即可预览打印效果。

第2步 ❶打开【页面设置】对话框，选中【页边距】选项卡【居中方式】选项区域中的【水平】和【垂直】复选框；❷单击【确定】按钮，如下图所示。

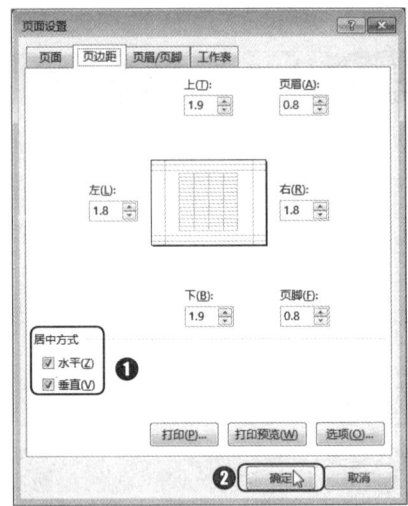

第3步 ❶选择【文件】选项卡中的【打印】选项；❷设置页面方向为【横向】；❸单击【打印】按钮，即可开始打印申请表，如下图所示。

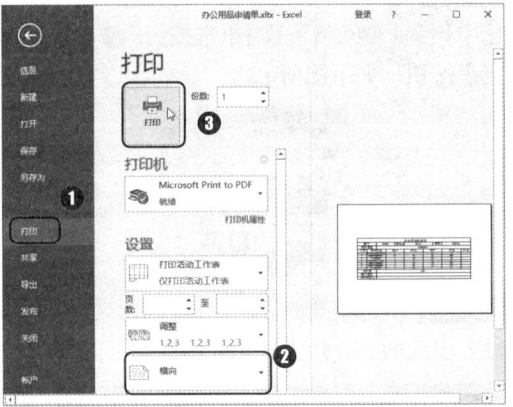

8.3 使用Excel制作物资采购明细表

案例背景

当需要采购一些办公用品时，为了方便采购者进行准确的采购，往往需要制作一份办公用品采购明细表，在其中将罗列出采购的物品、部门等信息。本例将制作办公用品采购明细表，通过该表格，可以查看需要采购的办公用品的部门、名称、数量和单价等，以节约成本，减少浪费。

第8章
办公用品管理

本例将制作一份办公用品采购表，制作完成后的效果如下图所示。实例最终效果见"光盘\结果文件\第8章\办公用品采购表.xlsx"文件。

光盘文件	素材文件	无
	结果文件	光盘\结果文件\第8章\办公用品采购表.xlsx
	教学视频	光盘\视频文件\第8章\8.3使用Excel制作物资采购明细表.mp4

8.3.1 创建办公用品采购表

办公用品采购表中包括了部门、名称、数量、单位及单价等信息，在创建办公用品采购表时，需要将各类信息填写到工作表中，并输入相应的数据，具体操作步骤如下。

第1步 ❶ 新建一个名为"办公用品采购表"的 Excel 工作簿，在 A1 单元格中输入标题，单击【开始】选项卡【对齐方式】组中的【合并后居中】按钮，然后在【字体】组中设置字体格式；❷ 在 A2：G2 单元格区域中输入表头内容，在【开始】选项卡的【字体】组中设置字体格式，如下图所示。

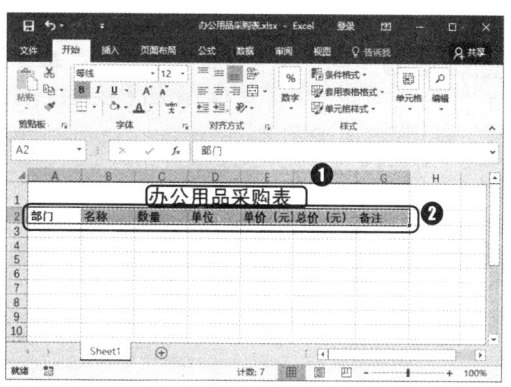

第2步 ❶ 在 A3：E51 单元格区域中输入采购信息；❷ 选中 A3：G51单元格区域，单击【开始】选项卡【对齐方式】组中的【左对齐】

Word/Excel/PPT
在文秘与行政管理中的应用

按钮 ≡，如下图所示。

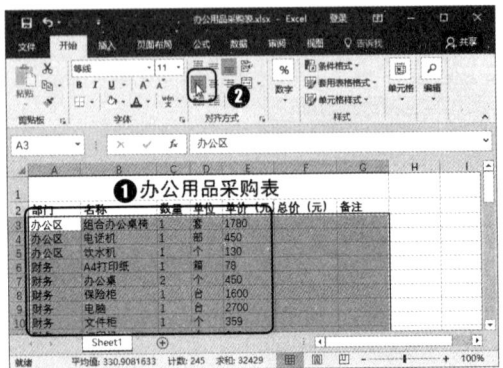

第3步 ❶ 选择 F3 单元格，输入公式"=E3*C3"，按【Enter】键计算出总价；❷ 向下填充 F4：F51 单元格区域，计算出所有物品的总价，如下图所示。

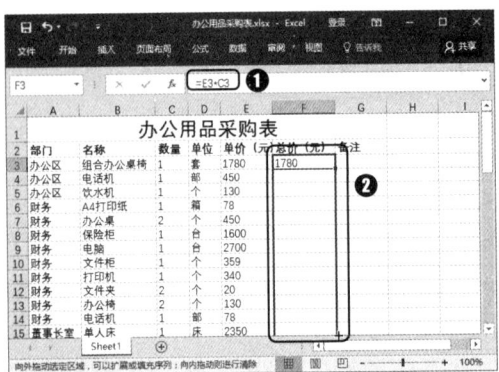

第4步 ❶ 选择 E3：F51 单元格区域；❷ 单击【开始】选项卡【数字】组中的【数字格式】下拉按钮 ；❸ 在弹出的下拉列表中选择【货币】选项，如下图所示。

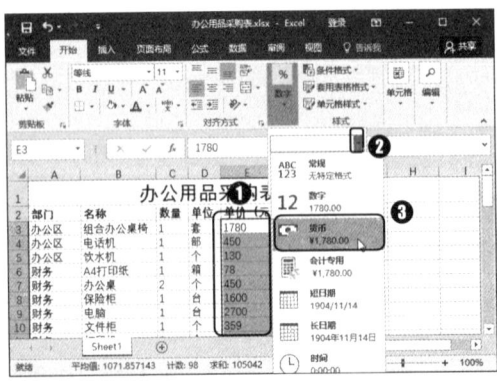

> **温馨提示**
> 使用公式计算出结果后，将鼠标指针定位到单元格的右下角，当鼠标指针变为 ✚ 形状时，双击也可向下填充公式。

第5步 单击【开始】选项卡【数字】组中的【减少小数位数】按钮，为数据设置一位数的小数点（默认为2位），如下图所示。

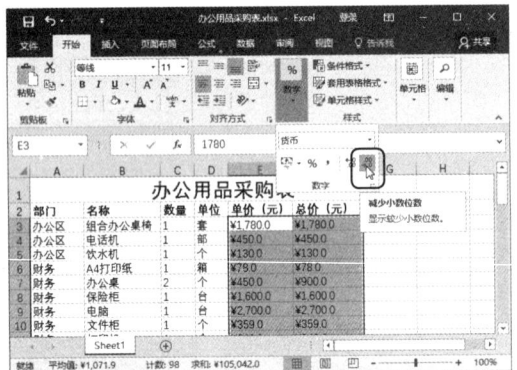

第6步 ❶ 选择 A1：G51 单元格区域，单击【开始】选项卡【字体】组中的【边框】下拉按钮 ；❷ 在弹出的下拉菜单中选择【所有框线】命令，如下图所示。

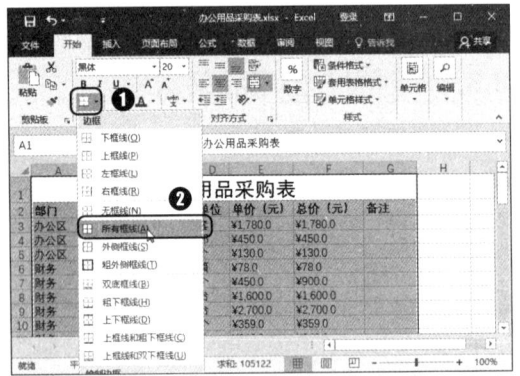

8.3.2 按名称排序

为了方便查看办公用品采购表的数据，可以将工作表中的数据按照一定的规律排序。本例以按"总价"排序为例，介绍排序的使用方法，具体操作步骤如下。

第8章
办公用品管理

第1步 ❶ 选择 A2：G51 单元格区域；❷ 单击【数据】选项卡【排序和筛选】组中的【排序】按钮，如下图所示。

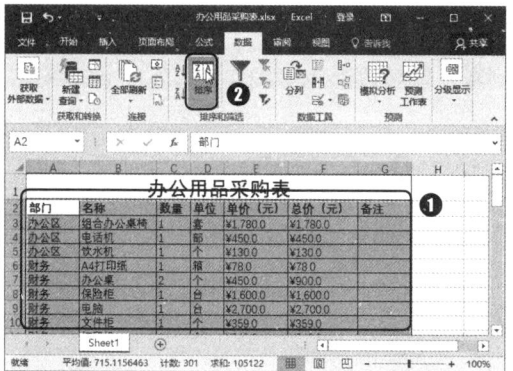

第2步 ❶ 打开【排序】对话框，选择【主要关键字】为【总价（元）】，【排序依据】为【数值】，【次序】为【升序】；❷ 单击【确定】按钮，如下图所示。

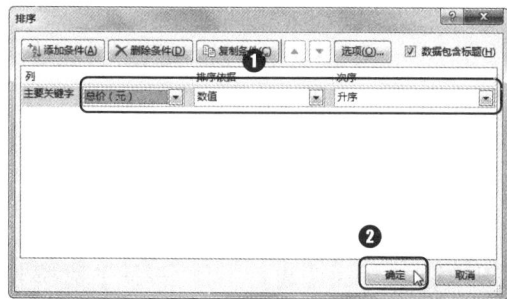

第3步 返回工作表，即可看到数据已经按总价从低到高排列，如下图所示。

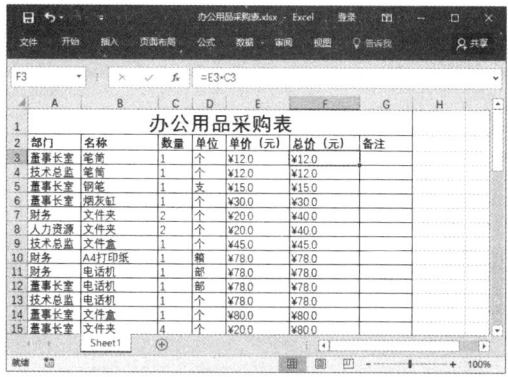

8.3.3 新建表样式

Excel内置了很多表格样式，用户可以快速为表格应用样式以美化工作表。如果对内置的表格样式不满意，也可以新建表样式，具体操作步骤如下。

第1步 ❶ 单击【开始】选项卡【样式】组中的【套用表格格式】下拉按钮；❷ 在弹出的下拉列表中选择【新建表格样式】选项，如下图所示。

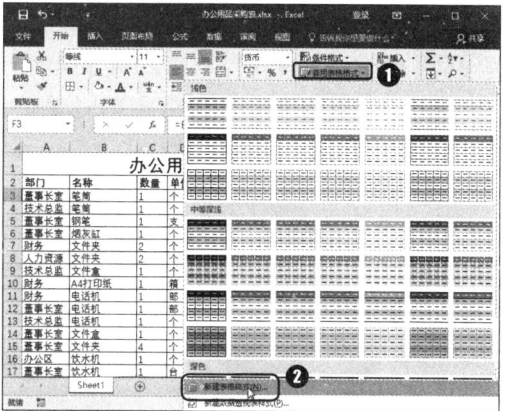

第2步 ❶ 打开【新建表样式】对话框，在【名称】文本框中输入新样式的名称；❷ 在【表元素】列表框中选择【第一行条纹】选项；❸ 单击【格式】按钮，如下图所示。

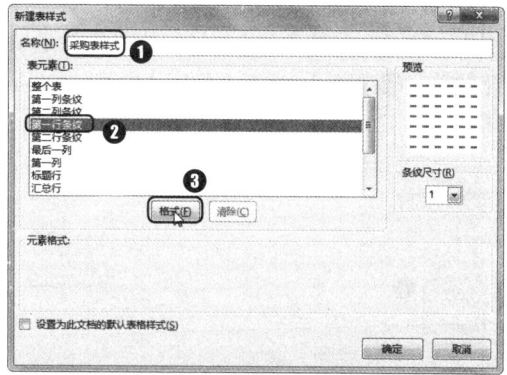

第3步 打开【设置单元格格式】对话框，在【填充】选项卡中选择背景色，如果没有合适的颜色，可以单击【其他颜色】按钮，如下图所示。

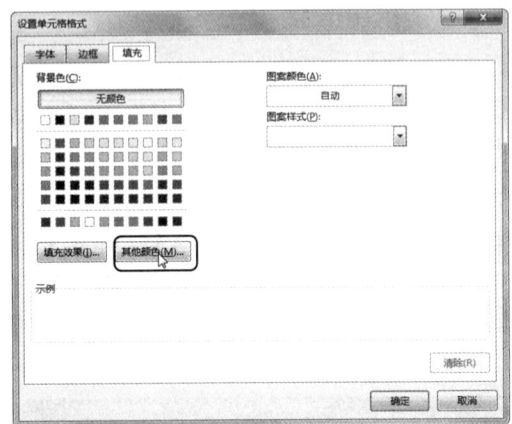

第6步 ❶ 选择 A2：G51 单元格区域；❷ 单击【开始】选项卡【样式】组中的【套用表格格式】下拉按钮；❸ 在弹出的下拉列表中选择【自定义】选项区域中的新样式，如下图所示。

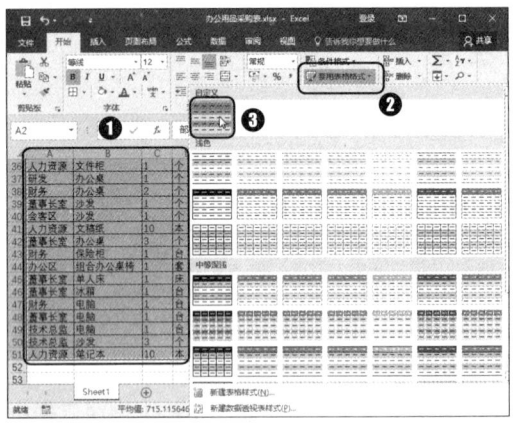

第4步 ❶ 打开【颜色】对话框，在【标准】选项卡中选择合适的颜色；❷ 依次单击【确定】按钮，如下图所示。

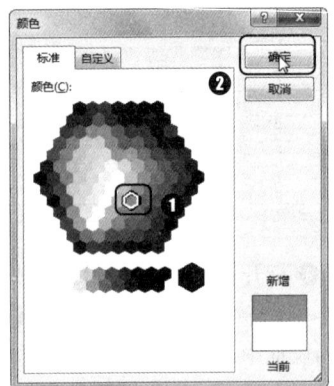

第7步 打开【套用表格式】对话框，保持【表数据的来源】文本框中的数据不变，单击【确定】按钮，如下图所示。

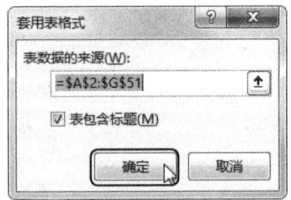

第5步 ❶ 返回【新建表样式】对话框，分别为【第二行条纹】和【标题行】设置背景填充颜色；❷ 完成后单击【确定】按钮，如下图所示。

第8步 ❶ 单击【表格工具/设计】选项卡【工具】组中的【转换为区域】按钮；❷ 在弹出的提示框中单击【是】按钮即可，如下图所示。

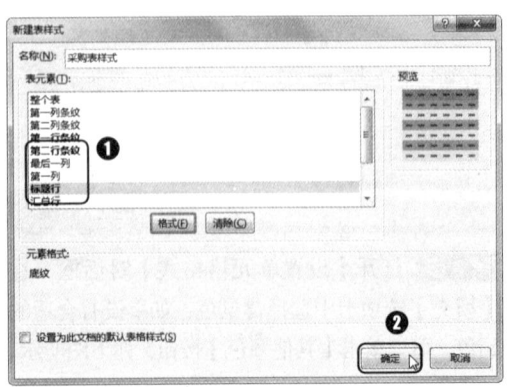

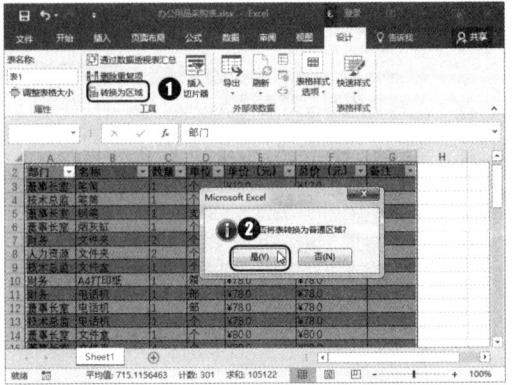

第8章
办公用品管理

8.3.4 按类别汇总总价金额

为了方便统计数据，有时候需要将采购表按类别对总计金额进行汇总统计，具体操作步骤如下。

第1步 ❶ 选择 A2：G51 单元格区域；❷ 单击【数据】选项卡【分级显示】组中的【分类汇总】按钮，如下图所示。

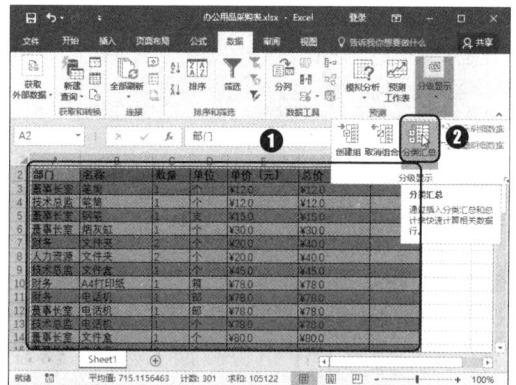

❷ 在【选定汇总项】列表框中选中【总价】复选框；❸ 单击【确定】按钮，如下图所示。

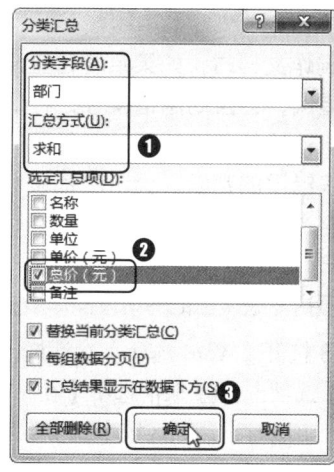

第3步 返回工作表，即可看到工作表已经按总价分类汇总，如下图所示。

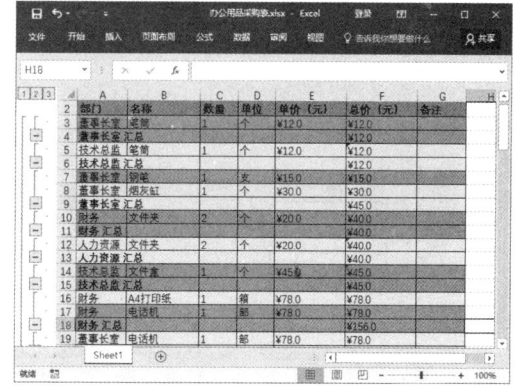

> **教您一招**
>
> **删除分类汇总的结果**
>
> 对表格中的数据进行分类汇总后，如果要删除分类汇总的结果，可以再次执行【分类汇总】命令，然后在【分类汇总】对话框中单击【全部删除】按钮即可。

第2步 ❶ 打开【分类汇总】对话框，设置【分类字段】为【部门】，【汇总方式】为【求和】；

大神支招

通过前面知识的学习，相信读者已经掌握了文秘与行政工作中办公用品管理类文档的相关操作。下面结合本章内容介绍一些工作中的实用经验与技巧。

01　隐藏拼写错误标记

🎬 视频文件：光盘\视频文件\第8章\01.mp4

在制作文档时，如果系统检查出文档中有语法错误，会自动用错误标记标识出来。但是，自动检查语法功能并不是万能的，会发生很多错误的判断，显示的错误标记会影响版面整洁。此时，用户可以选择隐藏拼写错误标记。

隐藏拼写错误标记的具体操作步骤如下。

步骤 ❶ 打开【Word 选项】对话框，切换到【校对】选项卡；❷ 取消选中【在 Word 中更正拼写和语法时】选项区域中需要隐藏的语法错误对应的复选框；❸ 单击【确定】按钮即可，如下图所示。

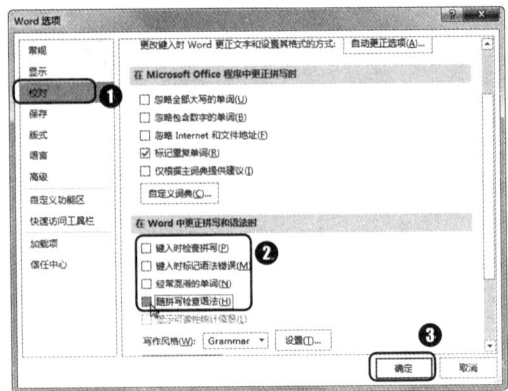

02　将汇总项显示在数据上方

🎬 视频文件：光盘\视频文件\第8章\02.mp4

默认情况下，对表格数据进行分类汇总后，汇总项显示在数据的下方。根据操作需要，可以将汇总项显示在数据的上方。

例如，在"家电销售情况.xlsx"中，以"销售日期"为分类字段，对销售额进行求和汇总，并将汇总项显示在数据上方，具体操作步骤如下。

第1步 打开"光盘\素材文件\第 8 章\家电销售情况.xlsx"文件，以"销售日期"为关键字，对表格数据进行升序排列，排序后的效果如下图所示。

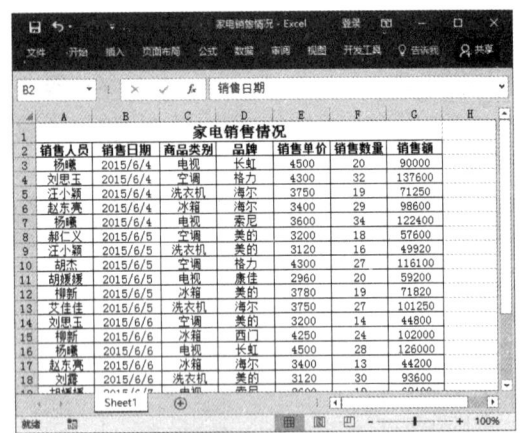

第2步 ❶ 选择数据区域中的任意单元格，打开【分类汇总】对话框，在【分类字段】下拉列表中选择【销售日期】选项；❷ 在【汇总方式】下拉列表中选择【求和】选项；❸ 在【选定汇总项】列表框中选中【销售额】复选框；❹ 取消选中【汇总结果显示在数据下方】复选框；❺ 单击【确定】按钮，如下图所示。

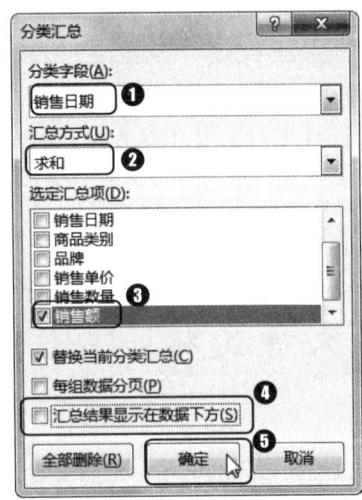

第3步 返回工作表，即可看到表格数据以"销售日期"为分类字段，对销售额进行了求和汇总，且汇总项显示在数据上方，如下图所示。

第8章
办公用品管理

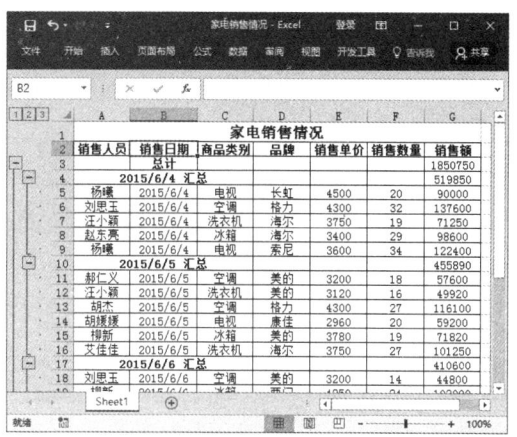

03 重复打印标题行

视频文件：光盘\视频文件\第8章\03.mp4

在打印大型表格时，为了使每一页都有表格的标题行，就需要设置打印标题。

例如，要对"销售清单.xlsx"中的工作表设置打印标题，具体操作步骤如下。

第1步 打开"光盘\素材文件\第8章\销售清单.xlsx"文件，❶ 在要打印的工作表中切换到【页面布局】选项卡；❷ 单击【页面设置】组中的【打印标题】按钮，如下图所示。

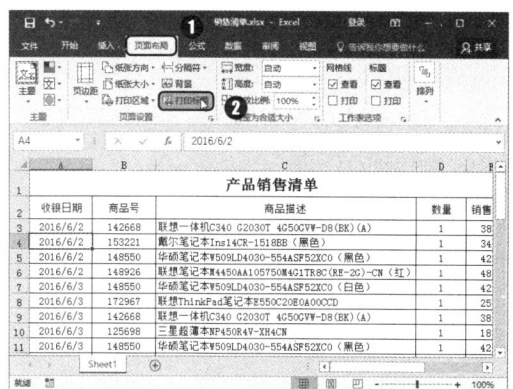

第2步 ❶ 弹出【页面设置】对话框，将光标插入点定位到【顶端标题行】文本框内，在工作表中单击标题行的行号，【顶端标题行】文本框中将自动显示标题行的信息；❷ 单击【确定】按钮，如下图所示。

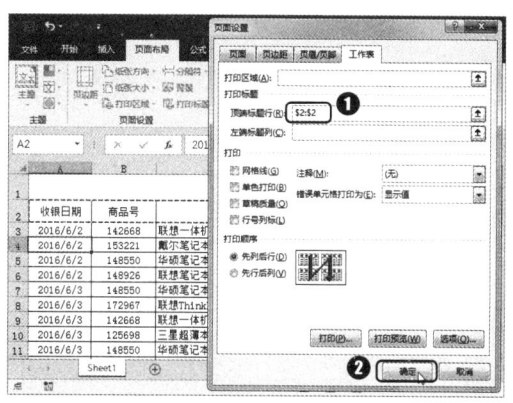

第3步 通过上述设置，在打印预览中，可看到每个页面都有标题行，如下图所示为第2页的打印预览效果，如下图所示。

第9章
市场营销管理

本章导读

在文秘与行政工作中,难免会接触到销售数据的管理、分析、推广等文档。本章通过制作公司销售管理制度、销售数据分析和年度销售报告文档,介绍在文秘与行政工作中销售数据管理相关文档的制作方法。

知识要点

- ❖ 在大纲视图中编辑
- ❖ 使用编号
- ❖ 插入图表
- ❖ 制作动态图表
- ❖ 设计幻灯片母版
- ❖ 绘制形状

第9章
市场营销管理

9.1 使用Word制作公司销售管理制度

案例背景

为了加强产品市场的开发及维护，行政部往往会制作各种制度，而合理的销售管理制度是规范销售流程、提高销量的保证。销售管理制度一般包括岗位职责、销售服务、客户服务等内容，可以让销售人员明确自己的责任。

本例将通过Word制作公司销售管理制度，制作完成后的效果如下图所示。实例最终效果见"光盘\结果文件\第9章\公司销售管理制度.docx"文件。

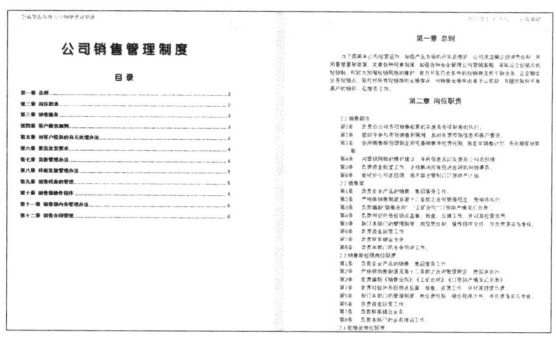

光盘文件	素材文件	光盘\素材文件\第9章\公司销售管理制度.docx
	结果文件	光盘\结果文件\第9章\公司销售管理制度.docx
	教学视频	光盘\视频文件\第9章\9.1使用Word制作公司销售管理制度.mp4

9.1.1 在大纲视图中编辑文档

由于销售管理制度的条款较多，因此，可以在大纲视图模式下检查制度的逻辑性问题。

1. 设置大纲级别

在使用大纲视图之前，首先需要为文档设置大纲级别，具体操作步骤如下。

第1步 打开"光盘\素材文件\第9章\公司销售管理制度.docx"文件，在【视图】选项卡中选中【显示】组中的【导航窗格】复选框，如下图所示。

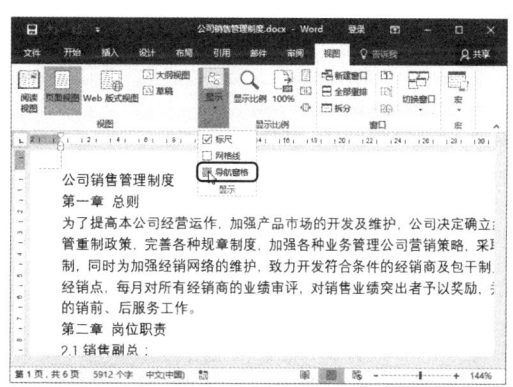

第2步 ❶打开【导航】窗格，选择【结果】选项卡；❷在文本框中输入"第"，然后按【Enter】键；❸选择窗格下方列表框中搜索出的"第一章 总则"文本；❹单击【开始】

选项卡【段落】组中的对话框启动器，如下图所示。

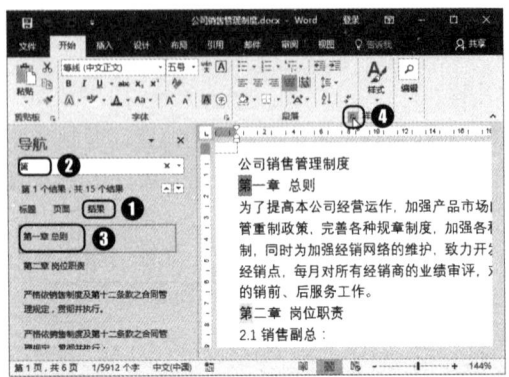

第3步 ❶打开【段落】对话框，在【缩进和间距】选项卡的【常规】选项区域中设置【大纲级别】为【1级】；❷单击【确定】按钮，如下图所示。

第4步 重新在【导航】窗格的文本框中将光标定位到"第"右侧，按【Enter】键，如下图所示。

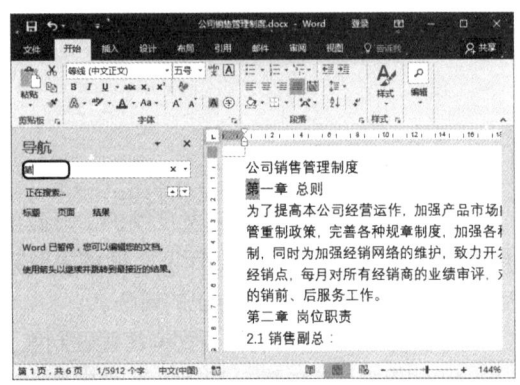

第5步 选择"第二章 岗位职责"文本，使用相同的方法为其设置大纲级别，并使用相同的方法设置所有章节的大纲级别，如下图所示。

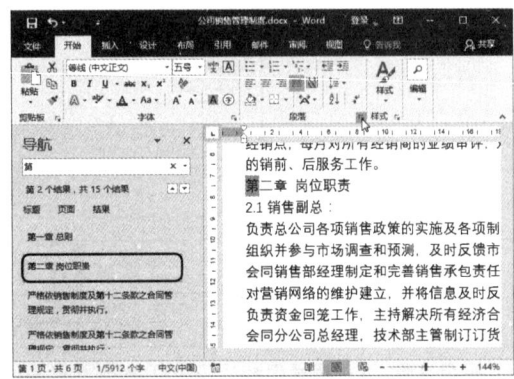

第6步 ❶在【导航】窗格中选择【标题】选项卡；❷此时可以按照各章名选项来快速定位到相应的位置，如下图所示。

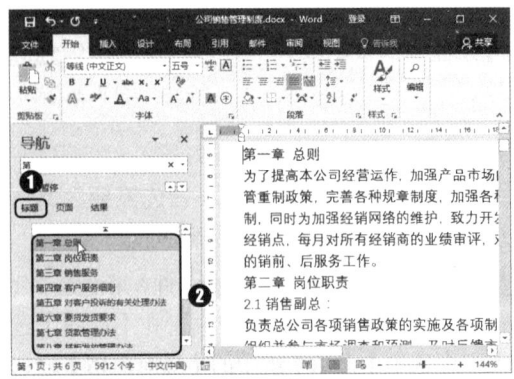

2. 在大纲视图中编辑

在大纲视图中可以查看文档结构，并调

整文档结构，具体操作步骤如下。

第1步 在【视图】选项卡中单击【视图】组中的【大纲视图】按钮，如下图所示。

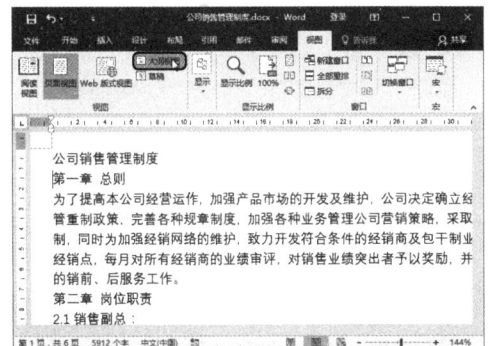

第2步 双击"第一章"左侧的⊕标记，此时该章下的所有制度内容将隐藏起来，仅显示章名，如下图所示。

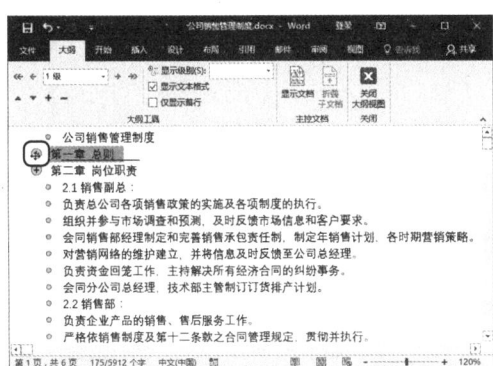

第3步 ❶使用相同的方法隐藏其他制度内容，可以发现"第四章"位置有误，选择"第四章"所在的段落；❷将其拖动到"第五章"的左侧，如下图所示。

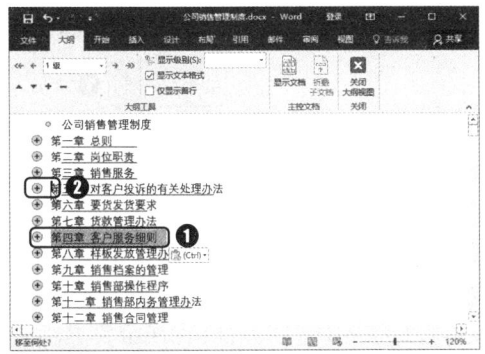

第4步 双击"第四章"左侧的⊕标记，可以看到不仅章名更换了位置，该章下的所有内容也一同调整到相应的位置，如下图所示。

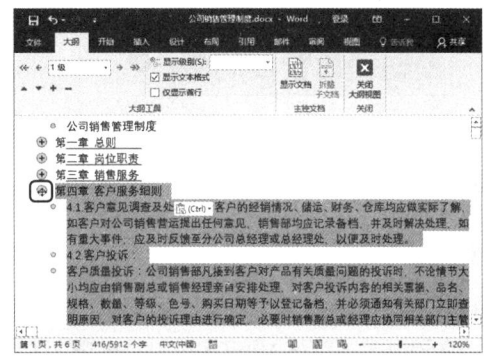

第5步 单击【大纲】选项卡【关闭】组中的【关闭大纲视图】按钮，即可退出大纲视图，如下图所示。

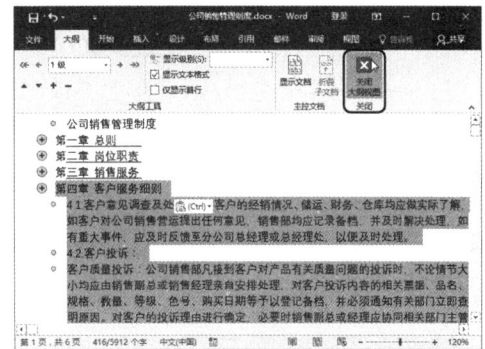

> **温馨提示**
>
> 在编辑长文档时，由于内容较多，可以先在大纲视图下对文档内容进行编辑和设置，一方面可以提高编辑速度，另一方面也能避免由于信息量大而出现错误的操作。

9.1.2 设置文档格式

在大纲模式下调整了文档结构之后，就可以开始设置文档格式了，具体操作步骤如下。

第1步 ❶选择文档的标题；❷在【开始】选项卡的【字体】组中设置字体格式为【方正粗圆简体，一号】；❸单击【字体】组中的对话框启动器，如下图所示。

Word/Excel/PPT
在文秘与行政管理中的应用

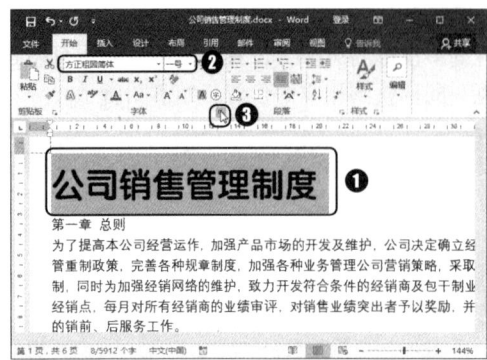

第2步 ❶打开【字体】对话框,在【高级】选项卡的【字符间距】选项区域中设置【间距】为【加宽】,【磅值】为【3磅】;❷单击【确定】按钮,如下图所示。

第3步 保持文字的选中状态,单击【开始】选项卡【段落】组中的对话框启动器,如下图所示。

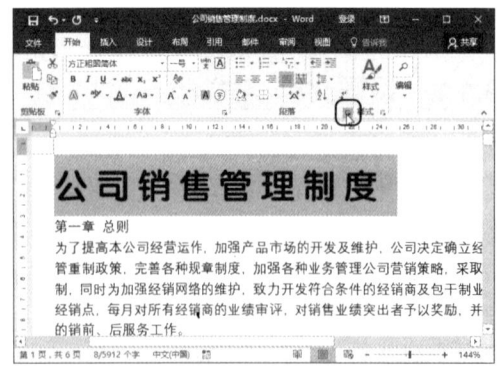

第4步 ❶打开【段落】对话框,在【缩进和间距】选项卡的【常规】选项区域中设置【对齐方式】为【居中】;❷在【间距】选项区域中设置【段前】为【1行】,【段后】为【0.5行】;❸单击【确定】按钮,如下图所示。

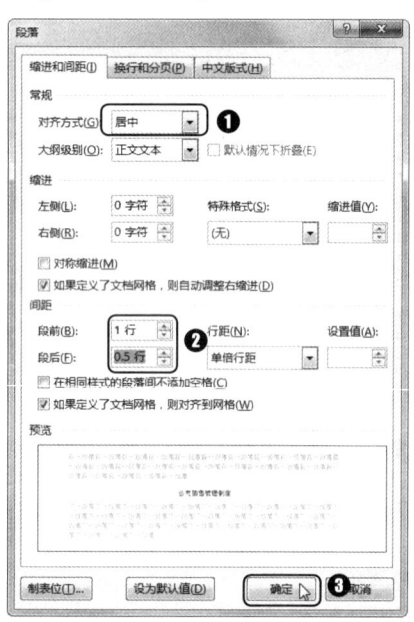

第5步 ❶选择"第一章 总则"文本;❷在【开始】选项卡的【字体】组中设置字体格式为【黑体,四号】;❸在【段落】组中单击【居中】按钮,如下图所示。

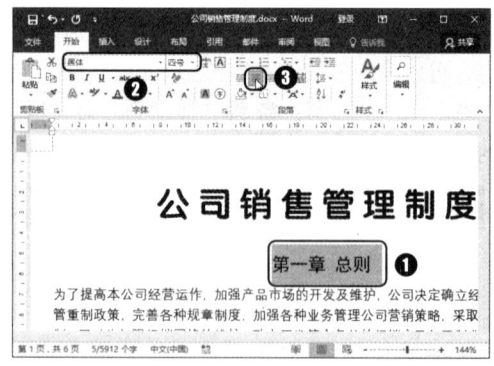

第6步 ❶保持文字的选中状态,单击【开始】选项卡【段落】组中的【行和段落间距】下拉按钮;❷在弹出的下拉列表中选择【增加段落后的空格】选项,如下图所示。

第9章
市场营销管理

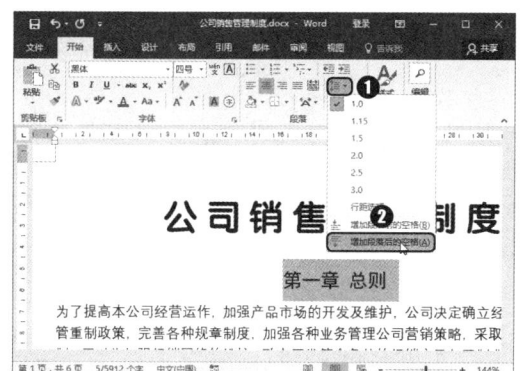

第7步 选中【视图】选项卡【显示】组中的【导航窗格】复选框，如下图所示。

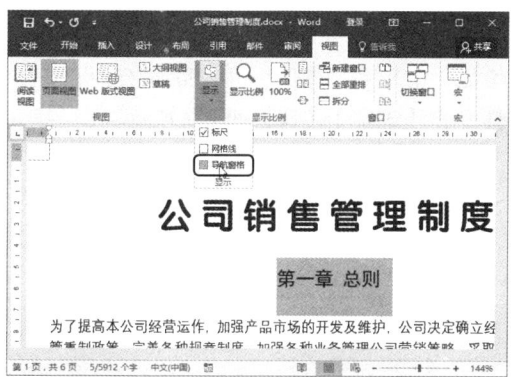

第8步 ❶ 打开【导航】窗格，在下方的列表中选中"第一章 总则"文本，光标将快速定位到第一章所在段落；❷ 双击【开始】选项卡【剪贴板】组中的【格式刷】按钮，如下图所示。

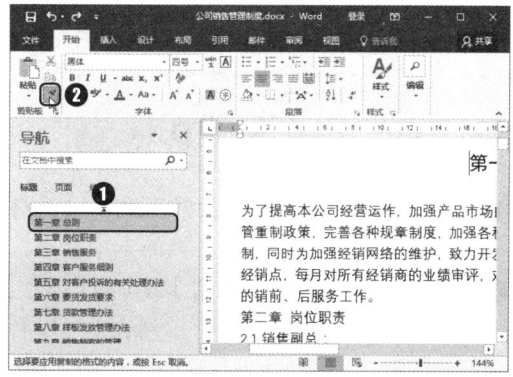

第9步 ❶ 在【导航】窗格中选择"第二章 岗位职责"文本，将指针定位到第二章所在段落；❷ 将鼠标指针移动到文档编辑区的第二章名称左侧，当鼠标指针变为形状时单击即可复制格式，如下图所示。

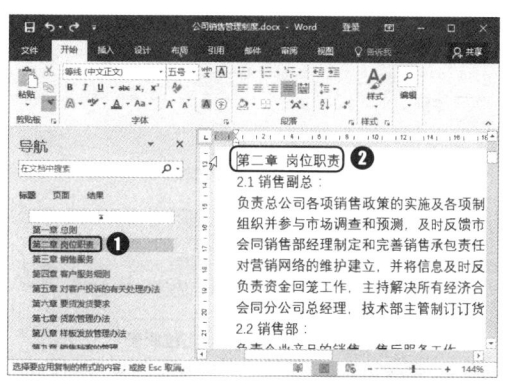

第10步 使用相同的方法将格式复制到其他章节段落中，然后按【Esc】键解除锁定格式刷，如下图所示。

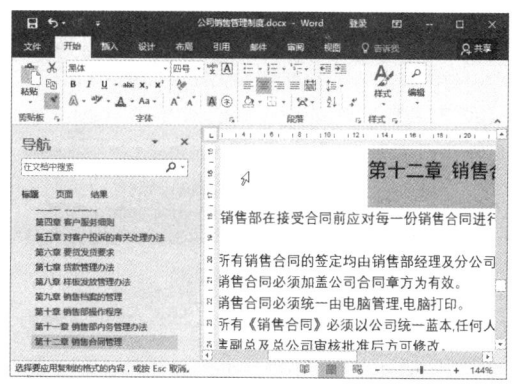

第11步 ❶ 将指针定位到"第一章"下方的正文处；❷ 拖动标尺上的【首行缩进】滑块到2字符，如下图所示。

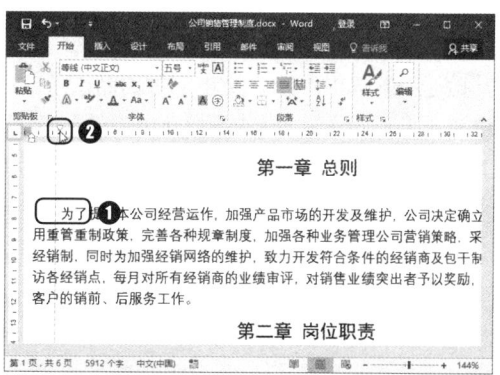

| 209 |

第12步 ❶ 选中第一章的正文文本；❷ 双击【开始】选项卡【剪贴板】组中的【格式刷】按钮，如下图所示。

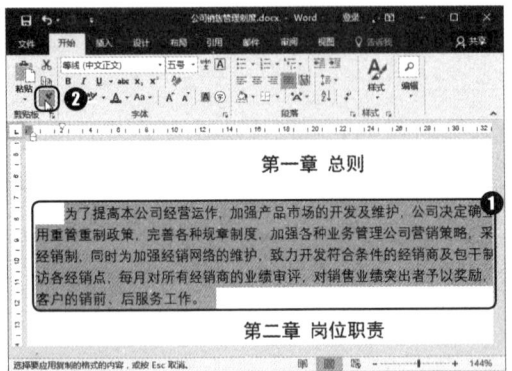

第13步 将文本格式复制到其他正文段落中，然后按【Esc】键解除锁定格式刷，如下图所示。

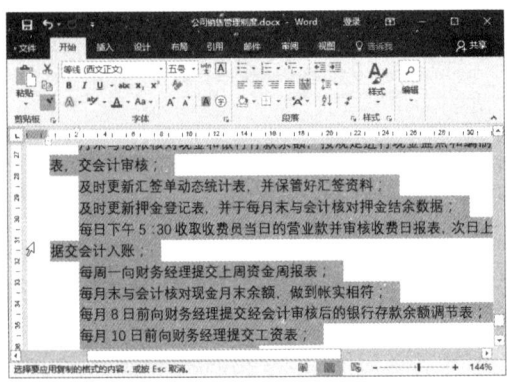

9.1.3 新建和使用编号

当文档中有多个制度条款时，可以使用编号让条款更加清晰，具体操作步骤如下。

第1步 ❶ 选中"2.1"文本下方的制度条款；❷ 单击【开始】选项卡【段落】组中的【编号】下拉按钮；❸ 在弹出的下拉列表中选择【定义新编号格式】选项，如下图所示。

第2步 ❶ 打开【定义新编号格式】对话框，在【编号样式】下拉列表中选择【1,2,3…】选项；❷ 在【编号格式】文本框的"1"前后添加"第"和"条"，并删除原有的".";❸ 单击【确定】按钮，如下图所示。

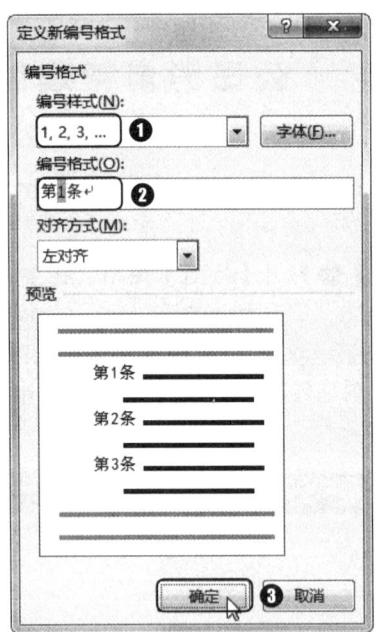

第3步 ❶ 返回文档中，会发现文档已经自动应用了其他编号，保持文档的选中状态；❷ 单击【开始】选项卡【段落】组中的【编号】下拉按钮；❸ 在弹出的下拉列表中可以看到新建的编号，选择该编号选项即可应用于文档中，如下图所示。

第9章
市场营销管理

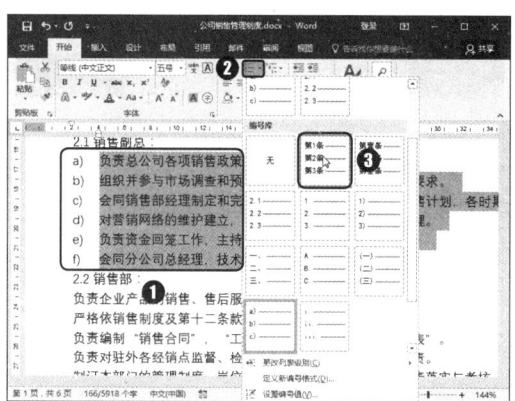

第4步 ❶ 选择 "2.2" 文本下方的制度条款；❷ 单击【开始】选项卡【段落】组中的【编号】按钮，使用前面介绍的方法为其他条款添加编号，如下图所示。

第2步 进入页眉页脚编辑模式，选中【页眉和页脚工具/设计】选项卡【选项】组中的【奇偶页不同】复选框，如下图所示。

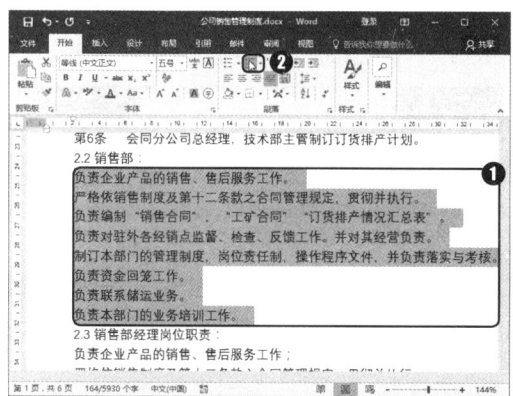

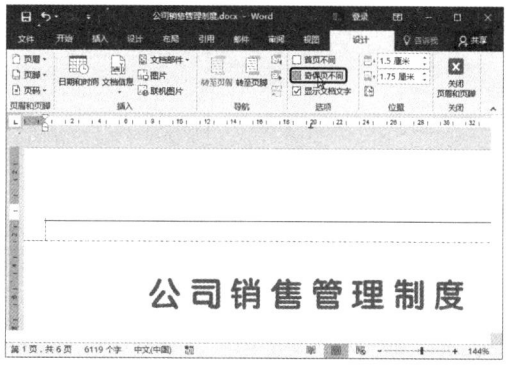

> **温馨提示**
> 因为上一步应用了新建的编号样式，此处只需要单击编号按钮，即可应用与上一步相同的编号样式。

第3步 ❶ 将光标定位到第1页的页眉处；❷ 单击【开始】选项卡【字体】组中的【清除所有格式】按钮，如下图所示。

9.1.4 制作文档的页眉和页脚

为了更多地显示辅助信息，可以分别对制度的奇数页和偶数页进行页眉和页脚的设置，具体操作步骤如下。

第1步 ❶ 单击【插入】选项卡【页眉和页脚】组中的【页眉】按钮；❷ 在弹出的下拉列表中选择【编辑页眉】选项，如下图所示。

第4步 在页眉处直接输入文本内容，如下图所示。

| 211 |

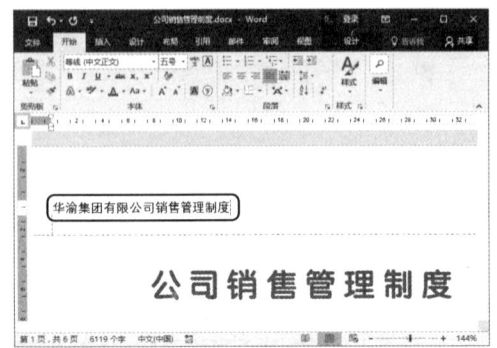

第5步 ❶将光标定位到第2页的页眉区域，单击【开始】选项卡【字体】组中的【清除所有格式】按钮；❷输入日期，如下图所示。

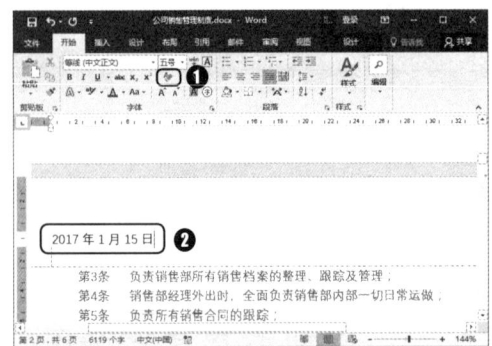

第6步 ❶按【Tab】键，然后输入"行政部制"文本；❷单击【开始】选项卡【段落】组中的【右对齐】按钮，如下图所示。

第7步 ❶将光标定位到第1页的页脚处；❷单击【页眉和页脚工具/设计】选项卡【页眉和页脚】组中的【页码】下拉按钮；❸在弹出的下拉列表中选择【页面底端】选项；❹在弹出的级联列表中选择一种页码样式，如选择【堆叠纸张1】选项，如下图所示。

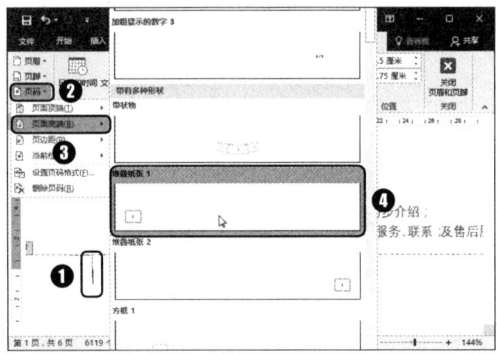

第8步 ❶将光标定位到第2页的页脚处；❷单击【页眉和页脚工具/设计】选项卡【页眉和页脚】组中的【页码】下拉按钮；❸在弹出的下拉列表中选择【页面底端】选项；❹在弹出的级联列表中选择一种页码样式，如选择【堆叠纸张2】选项，如下图所示。

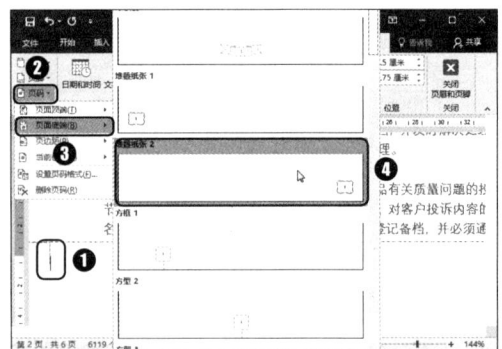

第9步 单击【页眉和页脚工具/设计】选项卡【关闭】组中的【关闭页眉和页脚】按钮，退出页眉和页脚编辑状态即可，如下图所示。

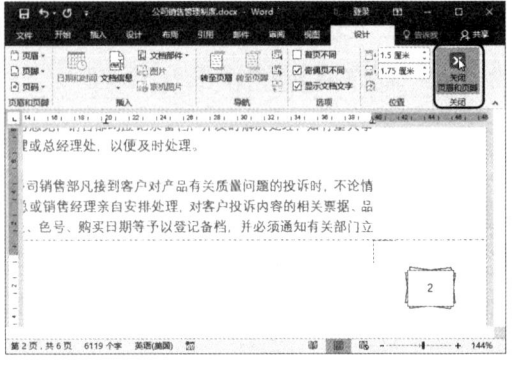

9.1.5 制作文档目录

在文档中插入目录可以方便浏览文档内容，具体操作步骤如下。

第1步 ❶在文档标题后按两次【Enter】键，然后单击【布局】选项卡【页面设置】组中的【分隔符】下拉按钮 ；❷在弹出的下拉菜单中选择【分页符】选项，如下图所示。

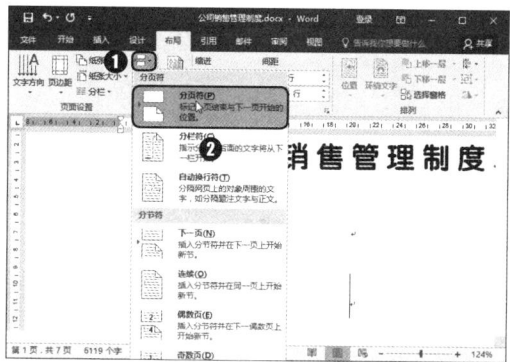

第2步 自动切换到第2页，按【Delete】键删除多余的段落标记，如下图所示。

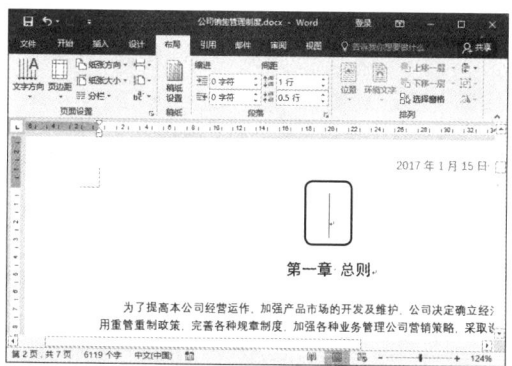

> **教您一招**
> **快速插入目录**
> 单击【引用】选项卡【目录】组中的【目录】下拉按钮，在弹出的下拉列表中选择一种内置目录样式，即可快速插入目录。

第3步 ❶将光标定位到文档标题下方的空行；❷单击【引用】选项卡【目录】组中的【目录】下拉按钮；❸在弹出的下拉列表中选择【自定义目录】选项，如下图所示。

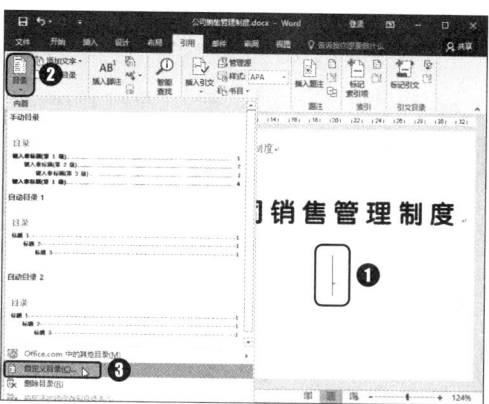

第4步 ❶打开【目录】对话框，在【常规】选项区域的【格式】下拉列表中选择【正式】选项；❷在【制表符前导符】下拉列表中选择一种前导符样式；❸单击【确定】按钮，如下图所示。

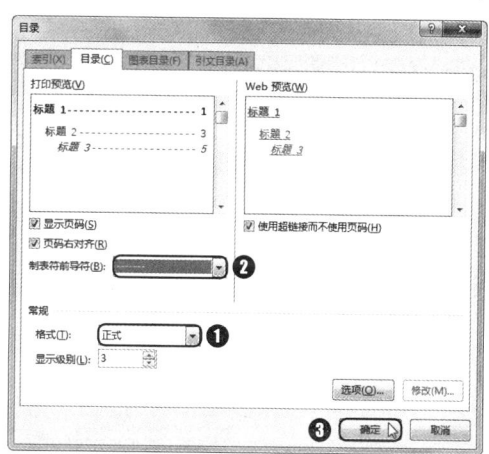

第5步 此时，将插入文档中大纲级别为1级的章节段落，如下图所示。

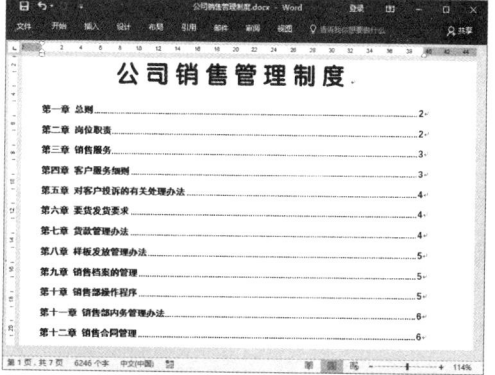

第6步 ❶在标题段落后按【Enter】键，输入"目录"文本；❷在【开始】选项卡的【字体】组中设置字号为【三号】，如下图所示。

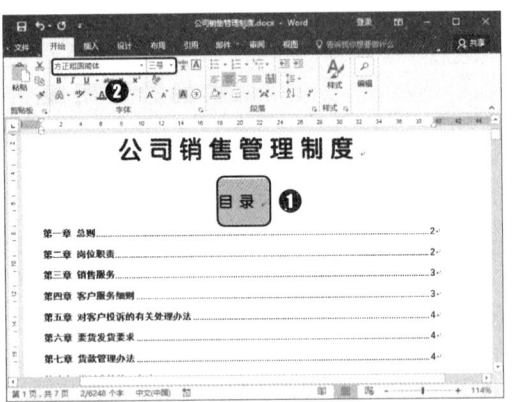

第7步 按住【Ctrl】键的同时单击目录中的某个章节，如下图所示。

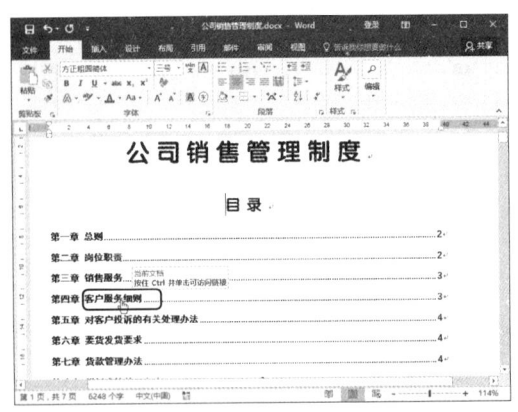

第8步 此时光标将快速定位到文档中的相应位置，如下图所示。

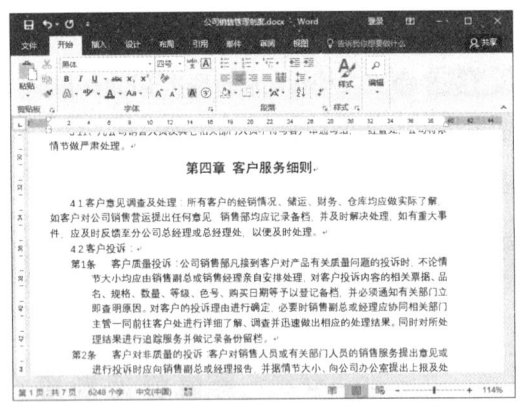

教您一招

更新目录

如果在文档中添加或删除内容后，目录内容或对应的页码就有可能发生改变。此时，可以在目录上右击，在弹出的快捷菜单中选择【更新域】命令，打开【更新目录】对话框，选中【更新整个目录】单选按钮，然后单击【确定】按钮，即可更新目录内容。

9.2 使用Excel制作销售数据分析表

案例背景

产品销售数据分析表用来记录和统计公司的产品在某一段时间内的销售情况，它将为销售部门掌握销售形势、处理销售数据提供依据。

本例将制作一份销售数据分析表，并运用柱形图和折线图来实现表格的分析。制作完成后的效果如下图所示。实例最终效果见"光盘\结果文件\第9章\销售数据分析表.xlsx"文件。

第9章
市场营销管理

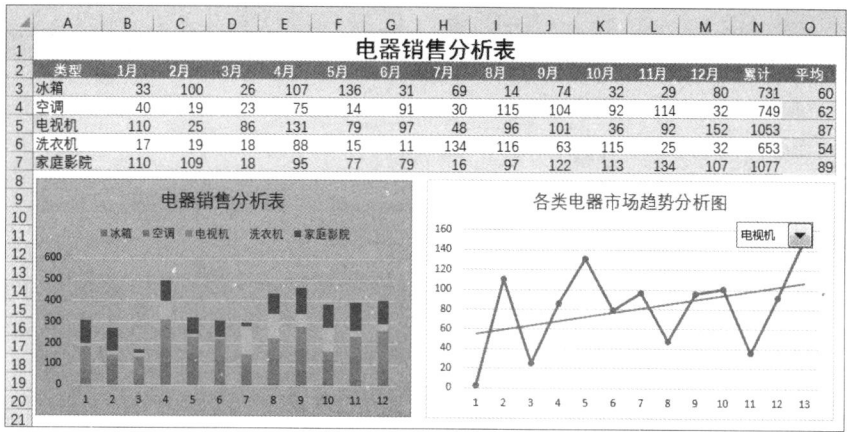

光盘文件	素材文件	无
	结果文件	光盘\结果文件\第9章\销售数据分析表.xlsx
	教学视频	光盘\视频文件\第9章\9.2使用Excel制作销售数据分析表

9.2.1 制作基本表格

在制作销售数据分析表之前，先制作销量表的基本表格，并利用函数对总销量和平均销量进行计算，具体操作步骤如下。

第1步 新建一个名为"销售数据分析表"的Excel表格，输入表格标题和数据，并设置合适的表格样式，如下图所示。

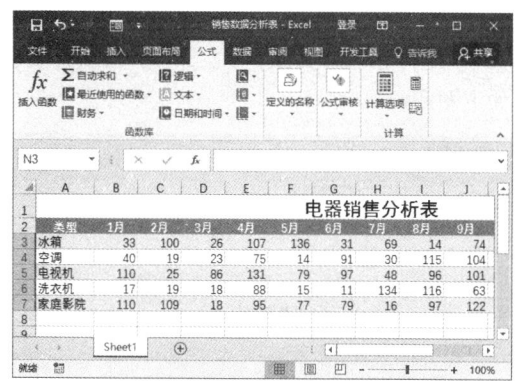

第2步 ❶ 选择N3：N7单元格区域；❷ 单击【公式】选项卡【函数库】组中的【自动求和】按钮即可计算出累计值，如下图所示。

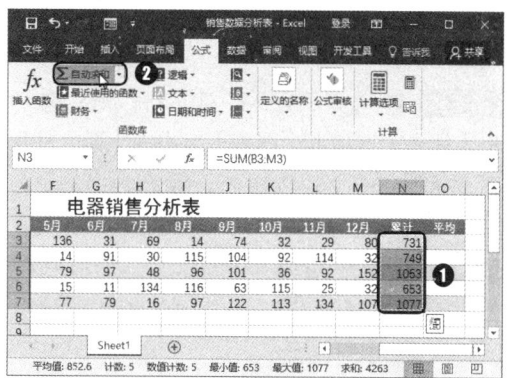

第3步 ❶ 选择O3单元格，在编辑栏中输入函数"=INT(AVERAGE(B3：M3))"，按【Enter】键计算出冰箱的平均销量；❷ 将公式填充到O4：O7单元格区域计算出其他电器的平均销量，如下图所示。

| 215

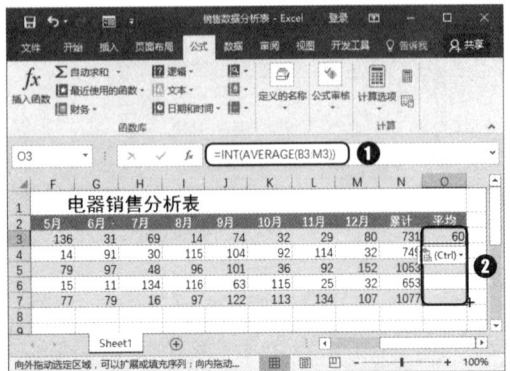

温馨提示

在计算平均销售量时，使用了INT函数嵌套AVERAGE函数。AVERAGE函数用于计算平均值，INT函数用于返回数值的整数。此时公式"=INT(AVERAGE(B3：M3))"的含义是指先对B3：M3单元格区域的数值求平均值，再对计算出的平均值求整。

9.2.2 插入图表

使用图表可以让数据更加直观，下面在销售数据分析工作表中插入图表，具体操作步骤如下。

第1步 ❶选择A3：M7单元格区域；❷单击【插入】选项卡【图表】组中的【插入柱形图或条形图】下拉按钮 ；❸在弹出的下拉列表中选择一种柱形图样式，如下图所示。

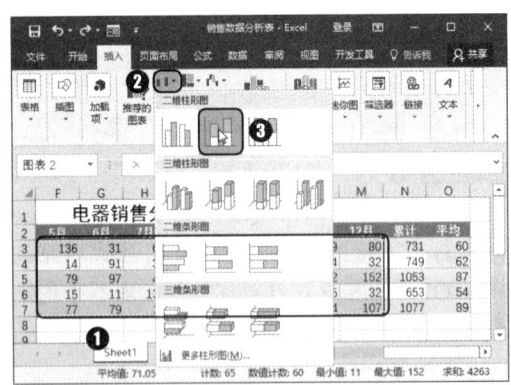

第2步 标题栏默认显示为"图表标题"，将标题更改为"电器销售分析表"，如下图所示。

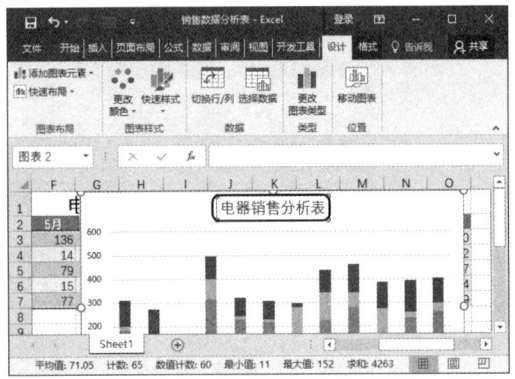

第3步 ❶单击【图表工具/设计】选项卡【图表布局】组中的【添加图表元素】下拉按钮；❷在弹出的下拉列表中选择【图例】选项；❸在弹出的级联列表中选择【顶部】选项，如下图所示。

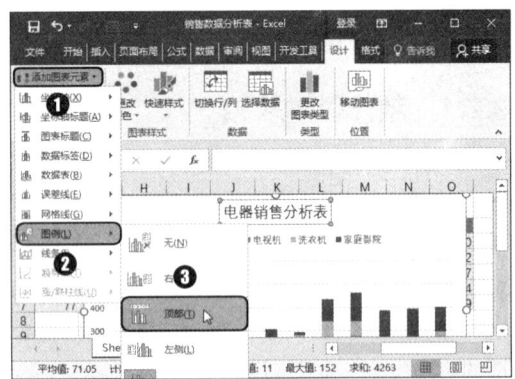

第4步 ❶选择图表；❷在【图表工具/格式】选项卡的【形状样式】组中选择一种形状样式，如下图所示。

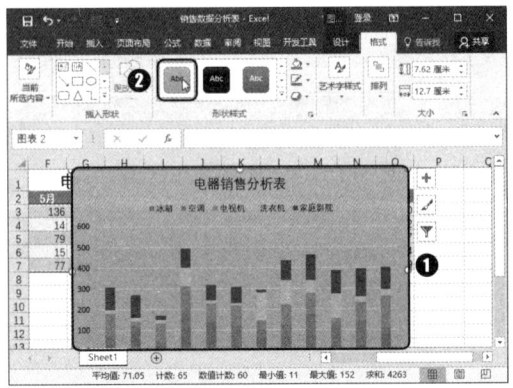

第9章
市场营销管理

第5步 ❶ 通过图表四周的控制点调整图表大小；❷ 将图表移动到工作表数据区域的下方，如下图所示。

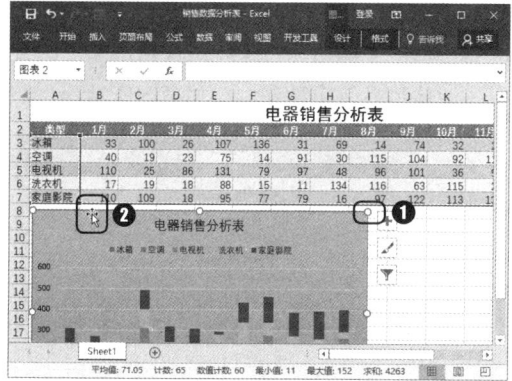

9.2.3 创建动态折线图

折线图可以直观地显示出不同类型的电器每月的销量走势，本例将利用控件创建动态折线图。

1. 插入折线图

在创建动态折线图之前，首先需要先创建一个折线图，具体操作步骤如下。

第1步 ❶ 选择 A27 单元格，输入"1"；❷ 选择 B27 单元格，输入函数"=INDEX(B3: B7,$A$27)"，按【Enter】键；❸ 将函数填充到 B27：M27 单元格区域，如下图所示。

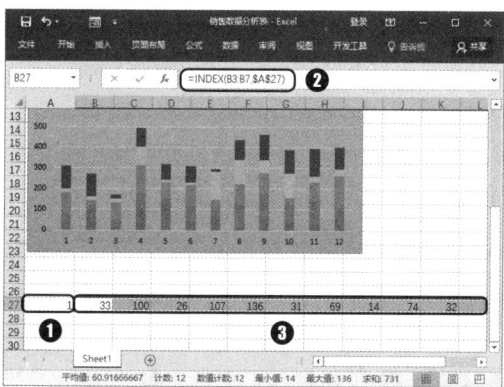

温馨提示

在引用单元格数据时，使用了INDEX函数。INDEX函数用于返回数组中指定的单元格或单元格数组的数值。公式"=INDEX(B3：B7,$A$27)"的含义是指单元格的值随A27单元格中指定的行数来引用B3：B7单元格区域的数据。

第2步 ❶ 选择 A27：M27 单元格区域；❷ 单击【插入】选项卡【图表】组中的【插入折线图或面积图】下拉按钮 ；❸ 在弹出的下拉列表中选择折线图样式，如下图所示。

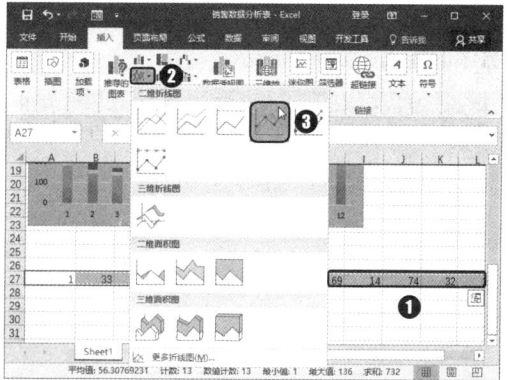

第3步 将标题更改为"各类电器市场趋势分析图"，如下图所示。

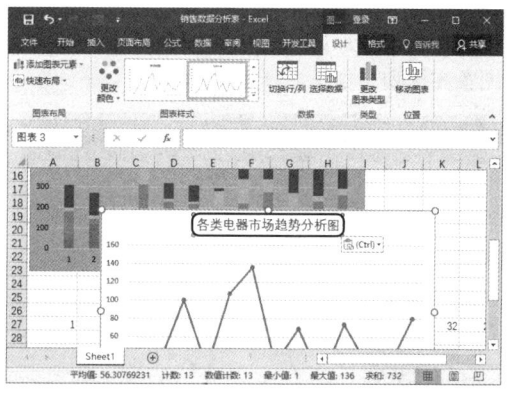

第4步 ❶ 选择图表；❷ 单击【图表工具/设计】选项卡【图表布局】组中的【添加图表元素】下拉按钮；❸ 在弹出的下拉列表中选择【趋势线】选项；❹ 在弹出的级联列表

中选择【线性】选项，如下图所示。

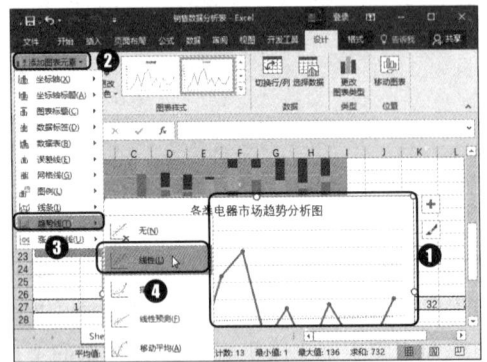

第5步 ❶ 选择添加的趋势线；❷ 在【图表工具/格式】选项卡【形状样式】组中设置趋势线的样式，如下图所示。

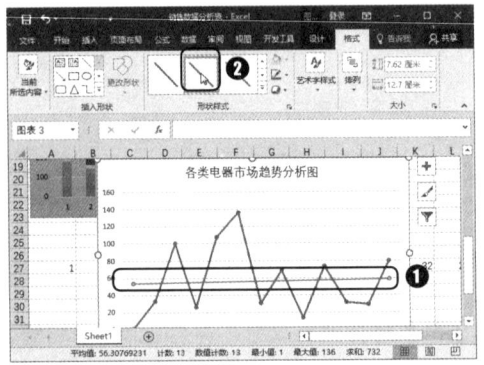

第6步 将折线图移动到柱形图右侧，并通过拖动图表控制点调整折线图大小，使其与柱形图整齐排列，如下图所示。

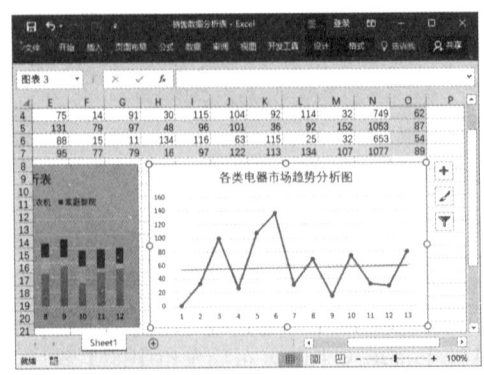

2. 插入组合框

折线图创建完成后，可以通过【开发工具】选项卡中的【组合框】控件创建动态折线图，具体操作步骤如下。

第1步 ❶ 单击【开发工具】选项卡【控件】组中的【插入】下拉按钮；❷ 在弹出的下拉列表中单击【表单控件】选项区域中的【组合框（窗体控件）】按钮，如下图所示。

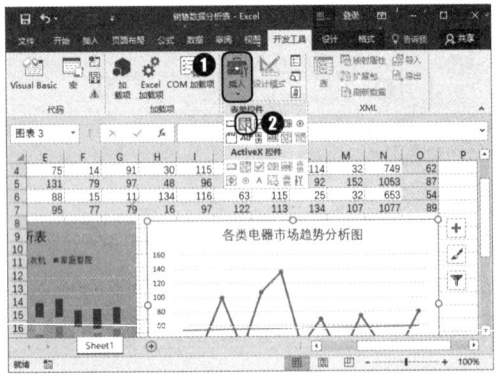

> **温馨提示**
>
> 如果窗口中没有显示【开发工具】选项卡，需要先将其显示。显示方法为：打开【Excel选项】对话框，在【自定义功能区】的【主选项卡】列表中选中【开发工具】，然后单击【确定】按钮即可。

第2步 将鼠标指针移到折线图右上角，沿单元格边框拖动鼠标，绘制下拉列表框，如下图所示。

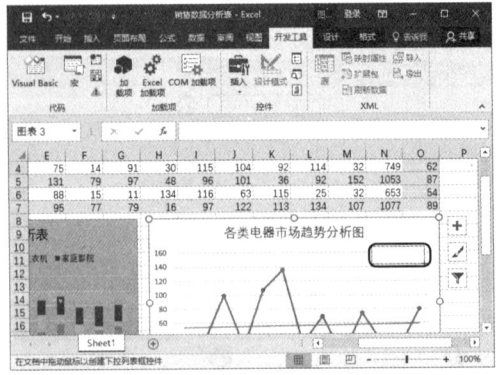

第3步 ❶ 在列表框上右击；❷ 在弹出的快捷菜单中选择【设置控件格式】命令，如下图所示。

第9章
市场营销管理

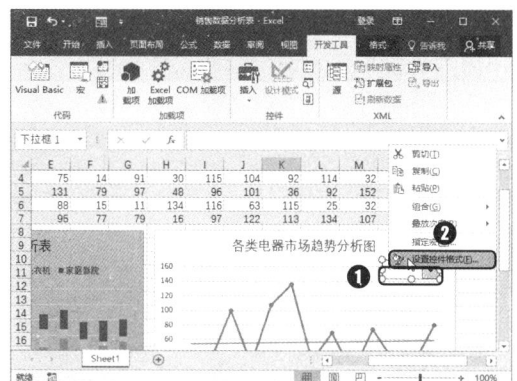

第4步 ❶打开【设置控件格式】对话框，在【控制】选项卡的【数据源区域】参数框中输入"$A$3：$A$7"，在【单元格链接】参数框中输入"$A$27"，在【下拉显示项数】文本框中输入"5"；❷单击【确定】按钮，如下图所示。

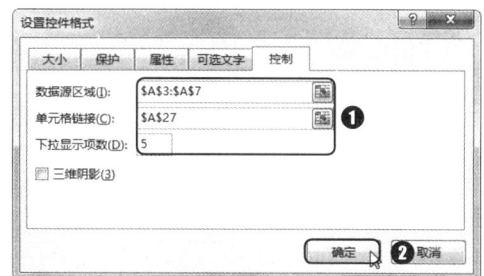

第5步 返回工作表，即可看到A27单元格的数值变为"0"，B27：M27单元格区域为乱码显示。将A27单元格的"0"修改为"1"即可使公式和图表正确显示，如下图所示。

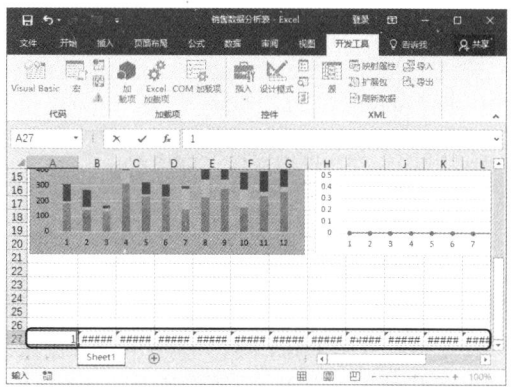

第6步 ❶单击下拉列表框右侧的下拉按钮；❷在弹出的下拉菜单中选择需要查看的类别即可查看该类数据的市场趋势，如下图所示。

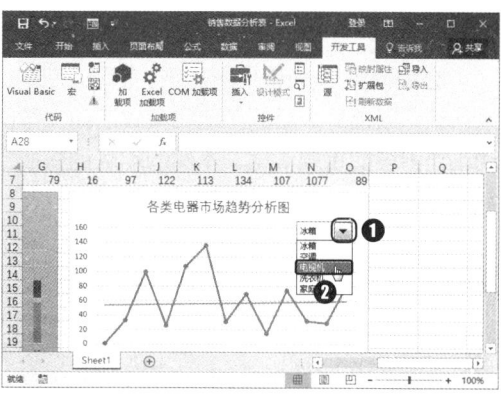

第7步 拖动鼠标，将27行的行高设置为1像素隐藏该行，如下图所示。

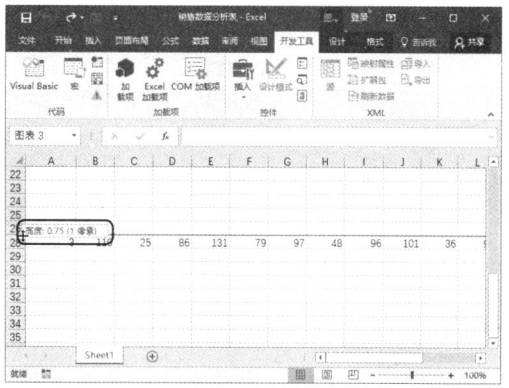

第8步 在【视图】选项卡的【显示】组中取消选中【网格线】复选框，如下图所示。

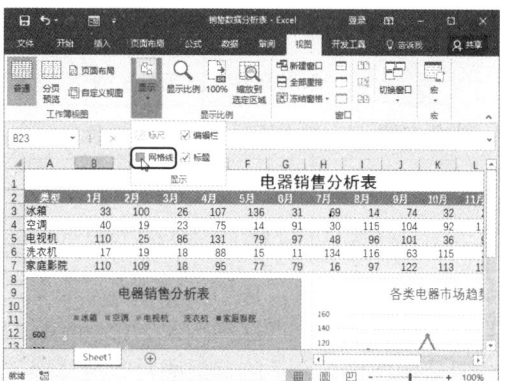

| 219

Word/Excel/PPT
在文秘与行政管理中的应用

9.3 使用PPT制作年度销售报告

案例背景

公司销售报告用于对公司在某段时间内的销量进行总结，从中吸取经验和教训，引出规律性认识，以指导今后的工作和实践活动。年度销售报告在生产活动中有非常重要的作用，是推动工作前进的重要依据。本例的年度销售报告用于对公司本年度的销售情况进行总结，并为来年的销售情况制定目标。

本例将使用PPT制作年度销售报告，制作完成后的效果如下图所示。实例最终效果见"光盘\结果文件\第9章\销售报告.pptx"文件。

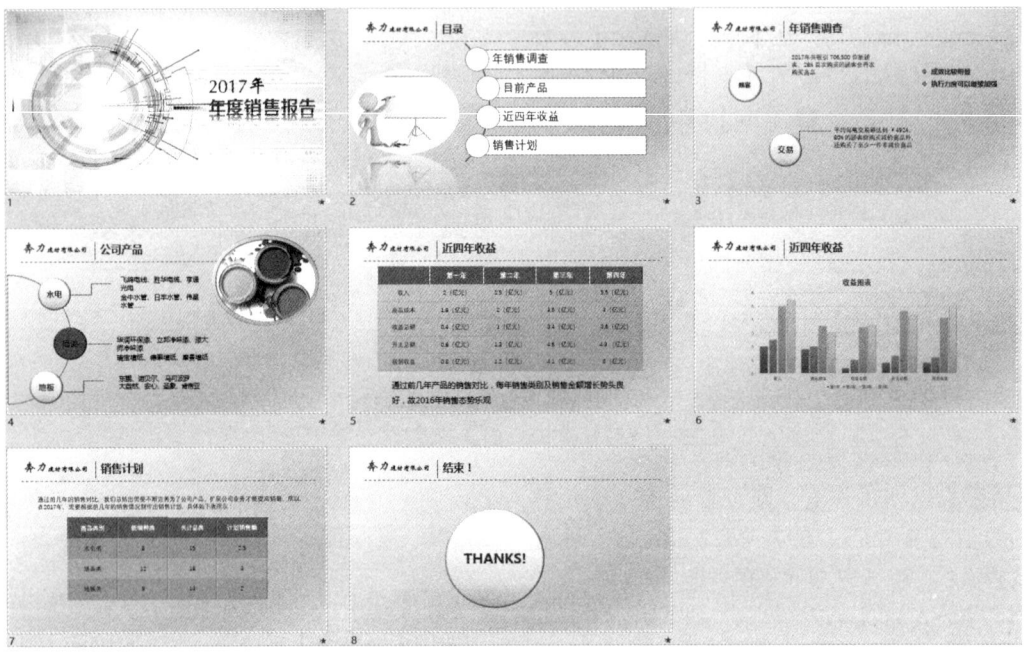

光盘文件	素材文件	光盘\素材文件\第9章\销售报告
	结果文件	光盘\结果文件\第9章\销售报告.pptx
	教学视频	光盘\视频文件\第9章\9.3使用PPT制作年度销售报告.mp4

9.3.1 在幻灯片母版中设计版式

在制作销售推广类PPT时，统一的背景可以加深观看者对产品的印象。本例将在幻灯片母版中插入合适的背景图片，具体操作步骤如下。

第1步 新建一个演示文稿，单击【视图】选项卡【母版视图】组中的【幻灯片母版】按钮，进入幻灯片母版视图，如下图所示。

第9章
市场营销管理

第2步 ❶ 在【空白版式】幻灯片上右击；❷ 在弹出的快捷菜单中选择【设置背景格式】命令，如下图所示。

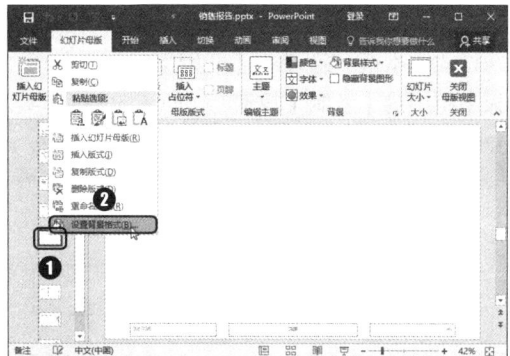

第3步 ❶ 打开【设置背景格式】窗格，选中【渐变填充】单选按钮；❷ 在【预设渐变】下拉列表中选择渐变颜色，如下图所示。

第4步 ❶ 在【方向】下拉列表中选择渐变方向；❷ 单击【关闭】按钮×关闭【设置背景格式】窗格，如下图所示。

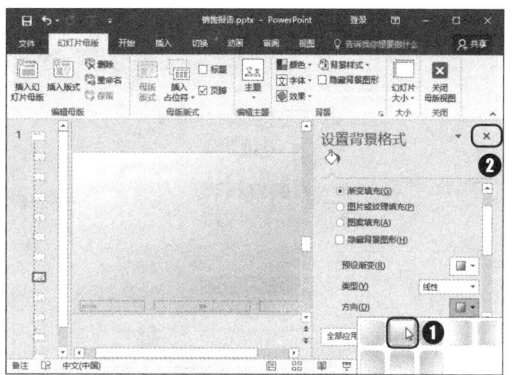

教您一招
母版的修改及应用

在演示文稿中，不同版式的幻灯片可以使用一个不同的幻灯片母版。在母版视图中，对幻灯片母版进行编辑修改时，如果要在应用该母版的幻灯片中添加一些相同的文字内容，应使用文本框或艺术字之类的元素进行添加，在占位符中添加内容不会对幻灯片中的内容产生影响。

第5步 ❶ 单击【插入】选项卡【插图】组中的【形状】下拉按钮；❷ 在弹出的下拉列表中选择【直线】工具＼，如下图所示。

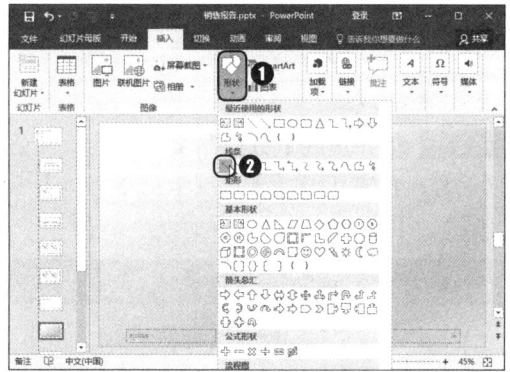

第6步 ❶ 在页面上方绘制一条直线；❷ 在【绘图工具/格式】选项卡【形状样式】组中单击【形状轮廓】下拉按钮 ；❸ 在弹出的下拉列表中选择【蓝色，个性色1】选项；❹ 再次单击【形状轮廓】下拉按钮 ，在弹出的下拉列表中选择【粗细】选项；❺ 在弹出的级联

| 221 |

列表中选择【2.25磅】选项，如下图所示。

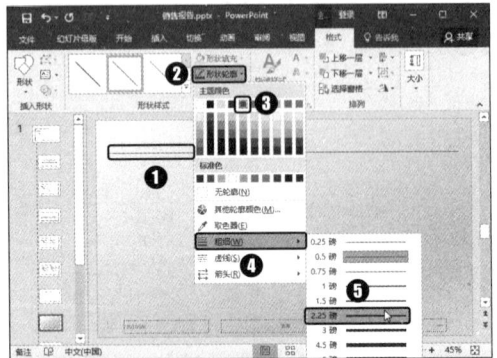

第7步 ❶在【绘图工具/格式】选项卡的【形状样式】组中单击【形状轮廓】下拉按钮；❷在弹出的下拉列表中选择【虚线】选项；❸在弹出的级联列表中选择虚线的样式，如下图所示。

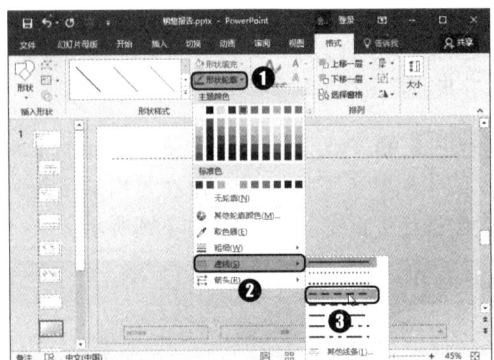

第8步 ❶在虚线上方绘制文本框，输入公司名称；❷在【开始】选项卡的【字体】组中设置字体格式，如下图所示。

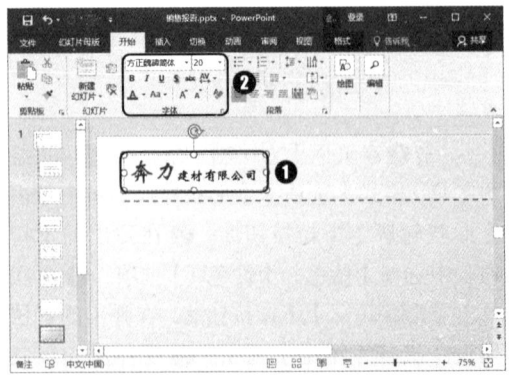

第9步 在公司名称右侧添加一条竖直线，将颜色和线条粗细设置为与虚线相同，如下图所示。

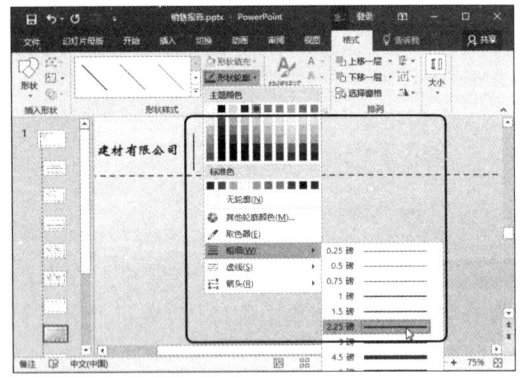

第10步 ❶切换到任意幻灯片，选中母版标题样式文本框；❷单击【开始】选项卡【剪贴板】组中的【复制】按钮，如下图所示。

第11步 将复制的文本框粘贴到空白版式中，如下图所示。

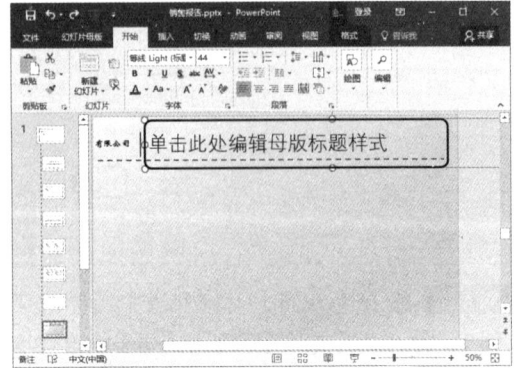

第12步 在【开始】选项卡的【字体】组中设置母版标题格式，完成后即可查看效果，如下图所示。

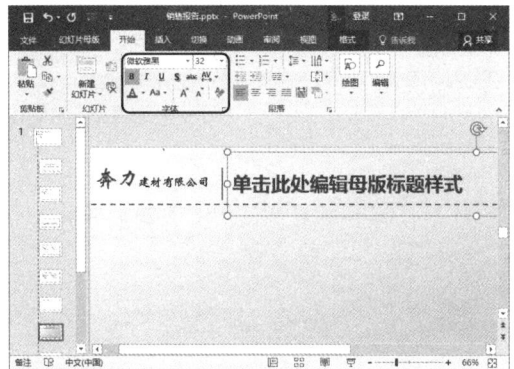

第13步 单击【幻灯片母版】选项卡【关闭】组中的【关闭母版视图】按钮，关闭母版视图，如下图所示。

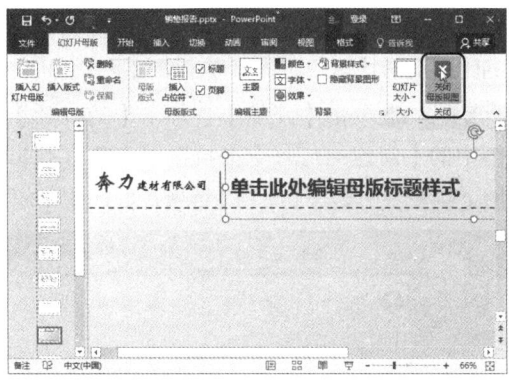

9.3.2 为封面幻灯片设置文本效果

在制作演示文稿的过程中，可以根据演示文稿的整体效果来编辑文字，如设置文字的特殊效果，具体操作步骤如下。

第1步 在幻灯片主界面中单击，默认添加一张标题幻灯片，如下图所示。

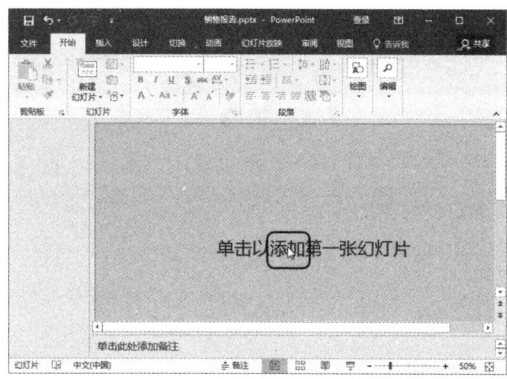

第2步 单击【插入】选项卡【图像】组中的【图片】按钮，如下图所示。

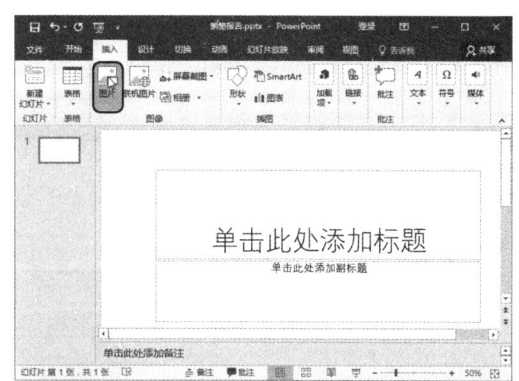

第3步 ❶打开【插入图片】对话框，选择"光盘\素材文件\第9章\销售报告\封面.jpg"图片文件；❷单击【插入】按钮，如下图所示。

第4步 ❶拖动图片四周的控制点调整图片大小；❷单击两次【图片工具/格式】选项卡【排列】组中的【下移一层】按钮，将标题占

位符显示出来，如下图所示。

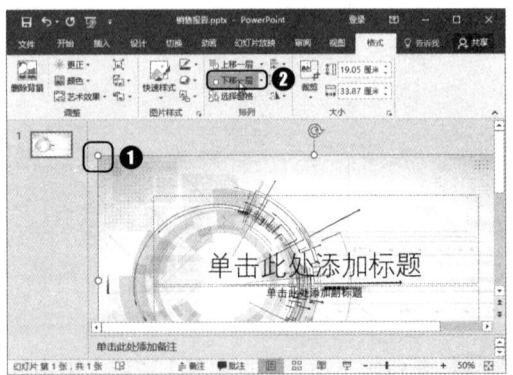

第5步 ❶ 删除副标题占位符，然后在标题占位符中输入文本；❷ 在【开始】选项卡的【字体】组中设置字体格式，如下图所示。

第6步 ❶ 选择"年度销售报告"文本；❷ 单击【绘图工具/格式】选项卡【艺术字样式】组中的【文本效果】下拉按钮；❸ 在弹出的下拉列表中选择【映像】选项；❹ 在弹出的级联列表中选择一种映像变体，如下图所示。

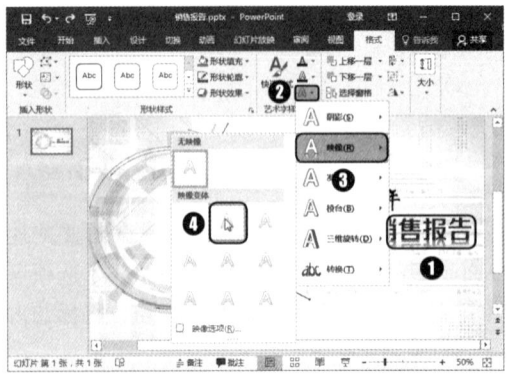

第7步 设置完成后即可查看效果，如下图所示。

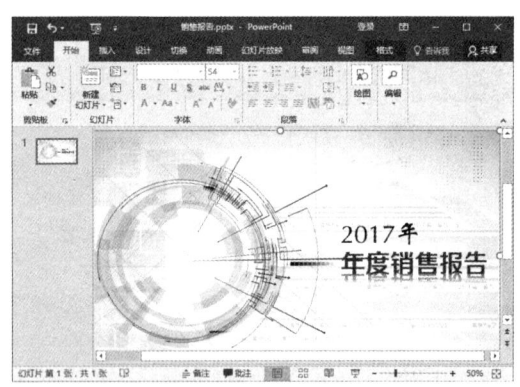

9.3.3 制作幻灯片目录

在制作幻灯片目录时，对于插入的图片可以进行各种裁剪。除了对图片设置自定义裁剪外，还可以根据需要将图片剪裁为合适的比例及形状等，具体操作步骤如下。

第1步 ❶ 单击【开始】选项卡【幻灯片】组中的【新建幻灯片】下拉按钮；❷ 在弹出的下拉列表中选择【空白】选项，如下图所示。

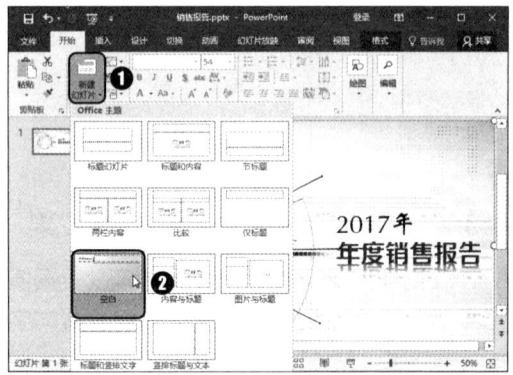

第2步 ❶ 在标题占位符中输入"目录"文本，插入"光盘\素材文件\第9章\销售报告\图片1.jpg"图片，并设置图片的大小和位置，然后单击【图片工具/格式】选项卡【大小】组中的【裁剪】下拉按钮；❷ 在弹出的下拉列表中选择【裁剪为形状】选项；❸ 在弹出的级联列表中选择【椭圆】工具○，如下图所示。

第9章
市场营销管理

> **温馨提示**
> 如果要将图片裁剪为圆形，可以在【裁剪】下拉列表中选择【纵横比】为【1∶1】。

第3步 ❶单击【图片工具/格式】选项卡【图片样式】组中的【图片效果】下拉按钮；❷在弹出的下拉列表中选择【映像】选项；❸在弹出的级联列表中选择一种映像变体，如下图所示。

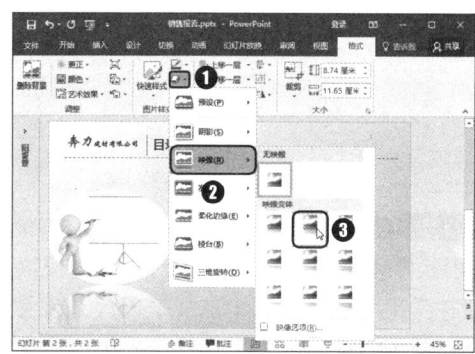

第4步 单击【插入】选项卡【插图】组中的【SmartArt】按钮，如下图所示。

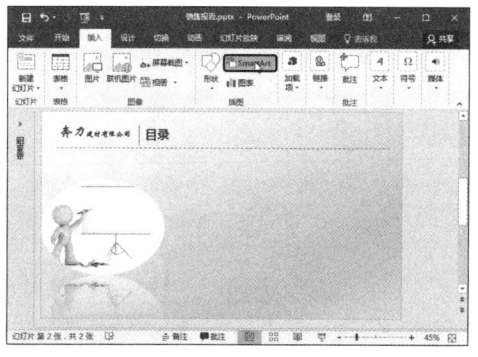

第5步 ❶打开【选择 SmartArt 图形】对话框，在左侧选择【列表】选项，在中间列表框中选择【垂直曲形列表】图形；❷单击【确定】按钮，如下图所示。

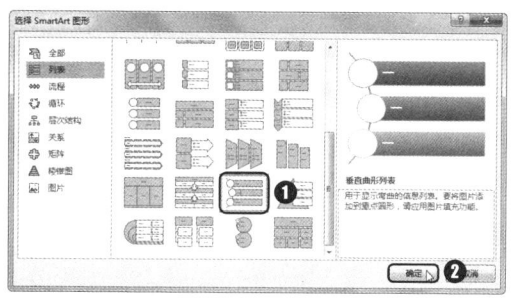

第6步 调整 SmartArt 图形的位置和大小，然后单击【SmartArt 工具/设计】选项卡【创建图形】组中的【添加形状】按钮，如下图所示。

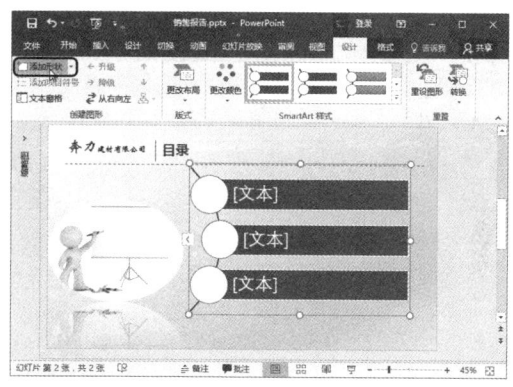

第7步 在文本占位符中输入目录内容，如下图所示。

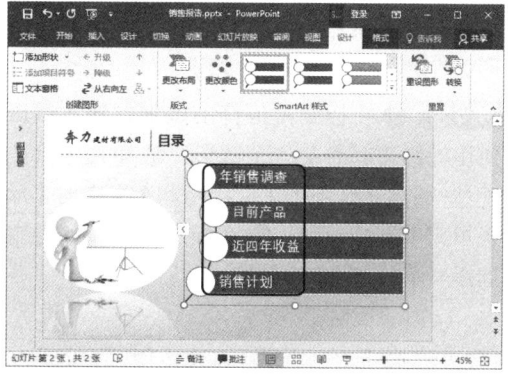

第8步 ❶ 单击【SmartArt工具/设计】选项卡【SmartArt样式】组中的【更改颜色】下拉按钮；❷ 在弹出的下拉列表中选择一种颜色，如下图所示。

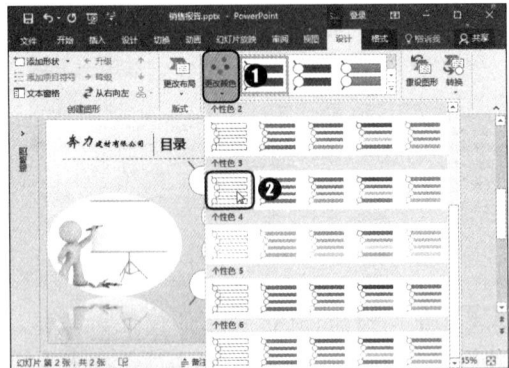

第9步 选择完成后，即可查看SmartArt图形的效果，如下图所示。

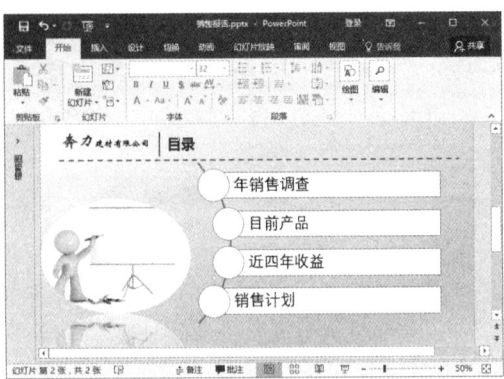

9.3.4 绘制形状制作幻灯片

在幻灯片中绘制形状之后，还可以设置形状效果，具体操作步骤如下。

第1步 ❶ 在标题占位符中添加标题，然后使用椭圆工具绘制一个圆形；❷ 单击【绘图工具/格式】选项卡【形状样式】组中的【形状填充】下拉按钮；❸ 在弹出的下拉列表中选择填充颜色，如下图所示。

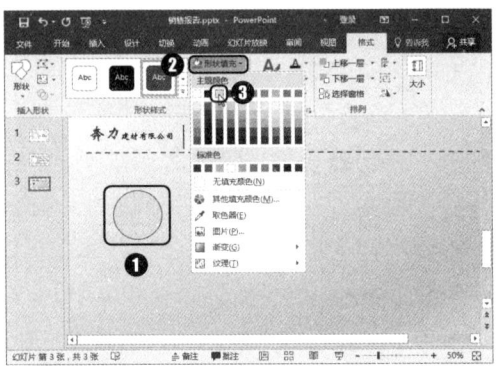

第2步 ❶ 单击【绘图工具/格式】选项卡【形状样式】组中的【形状轮廓】下拉按钮；❷ 在弹出的下拉列表中选择【无轮廓】选项，如下图所示。

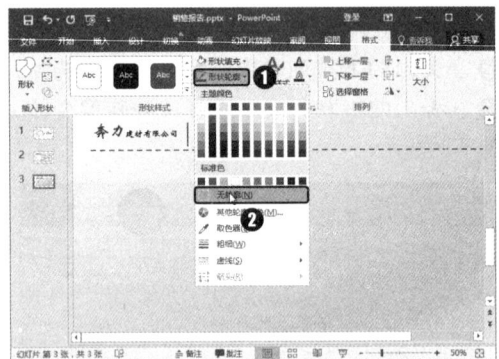

第3步 ❶ 单击【绘图工具/格式】选项卡【形状样式】组中的【形状效果】下拉按钮；❷ 在弹出的下拉列表中选择【棱台】选项；❸ 在弹出的级联列表中选择一种棱台样式，如下图所示。

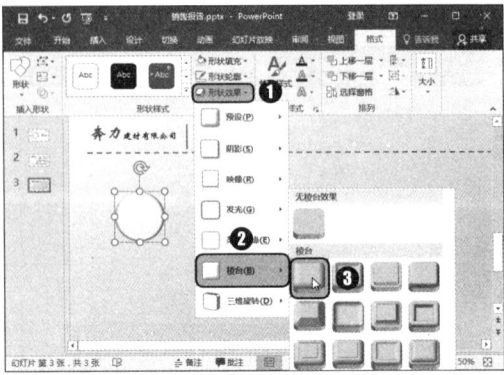

第9章
市场营销管理

第4步 ❶ 在形状上右击；❷ 在弹出的快捷菜单中选择【编辑文字】命令，如下图所示。

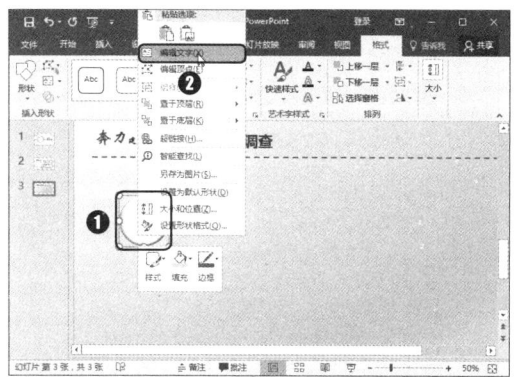

第5步 ❶ 在形状中输入文本内容；❷ 在【开始】选项卡的【字体】组中设置字体格式，如下图所示。

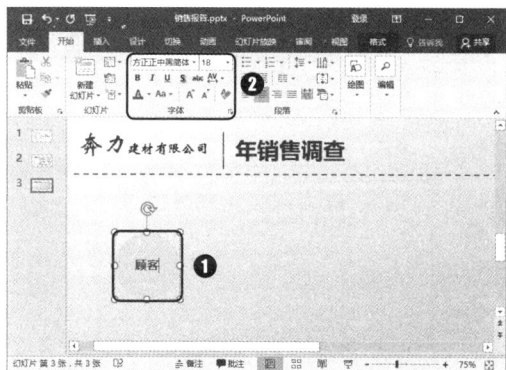

温馨提示

绘制文本框时如果选择【竖排文本框】选项，绘制文本框后，在其中输入文字时，文字将从右往左竖直排列。

第6步 ❶ 使用【连接符：肘形】工具绘制一条肘形线条；❷ 在【绘图工具/格式】选项卡的【形状样式】组中单击【形状轮廓】下拉按钮；❸ 在弹出的下拉列表中分别设置颜色和线条粗细，如下图所示。

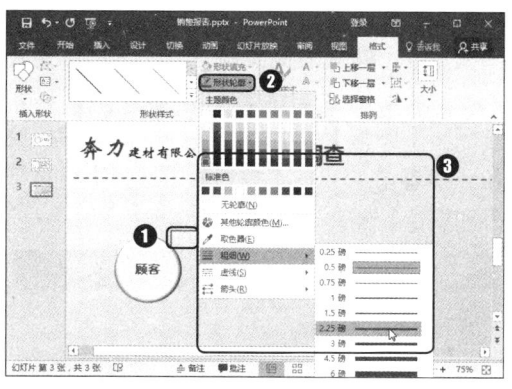

第7步 ❶ 在【绘图工具/格式】选项卡的【形状样式】组中单击【形状效果】下拉按钮；❷ 在弹出的下拉列表中选择【阴影】选项；❸ 在弹出的级联列表中选择一种阴影样式，如下图所示。

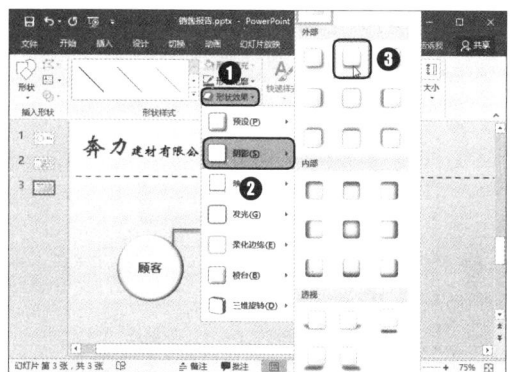

第8步 在线条的右侧添加文本框，输入文本内容，如下图所示。

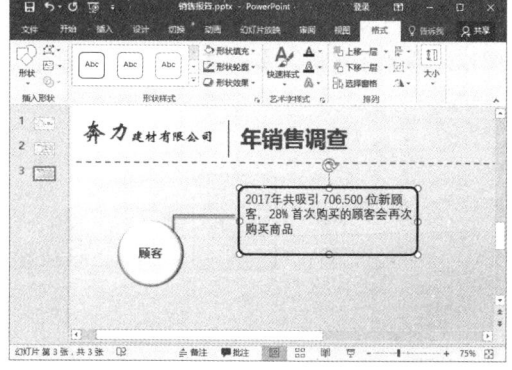

| 227 |

第9步 ❶使用相同的方法添加第二个形状和文本框；❷在右侧绘制一个文本框，输入调查结果文本，然后选中文本；❸单击【开始】选项卡【段落】组中的【项目符号】下拉按钮；❹在弹出的下拉列表中选择【项目符号和编号】选项，如下图所示。

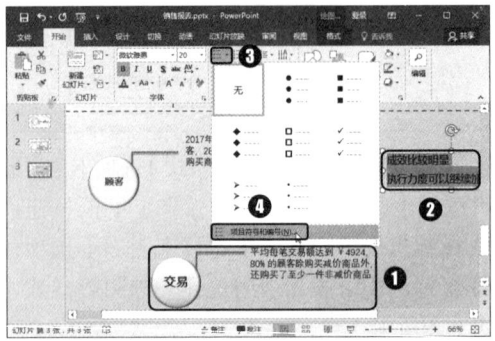

第10步 打开【项目符号和编号】对话框，单击【图片】按钮，如下图所示。

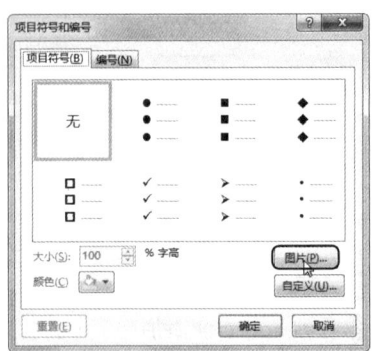

第11步 ❶打开【插入图片】对话框，选择"光盘\素材文件\第9章\销售报告\图标.jpg"图片；❷单击【插入】按钮，如下图所示。

第12步 返回幻灯片，即可看到使用图片作为项目符号的效果，如下图所示。

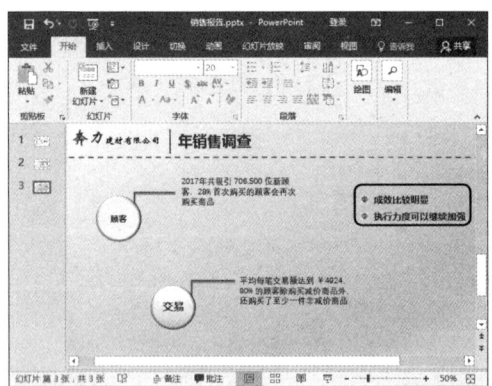

第13步 新建一张空白幻灯片，在标题占位符中输入标题，使用【弦形】工具绘制一个弦形，并调整弦形的大小和位置，如下图所示。

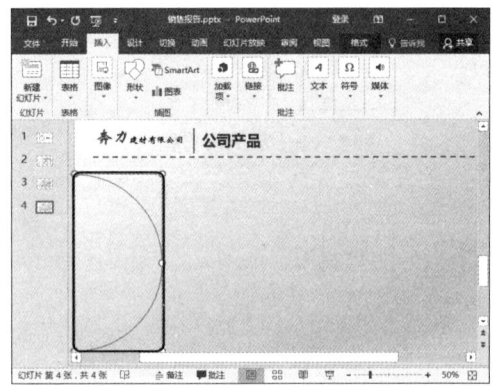

第14步 从第3张幻灯片复制形状，粘贴到第4张幻灯片，并根据需要更改形状的填充颜色，如下图所示。

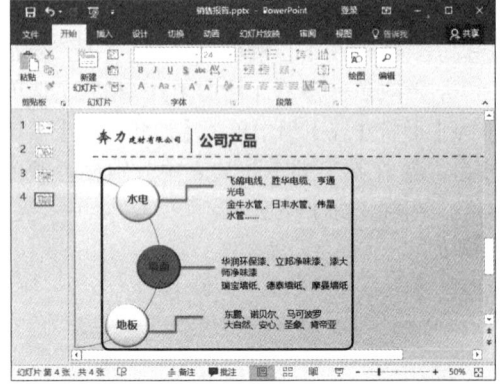

第15步 ❶选择图片"光盘\素材文件\第9章\销售报告\图片2.jpg";❷单击【图片工具/格式】选项卡【图片样式】组中的【快速样式】下拉按钮;❸在弹出的下拉列表中选择一种图片样式,如下图所示。

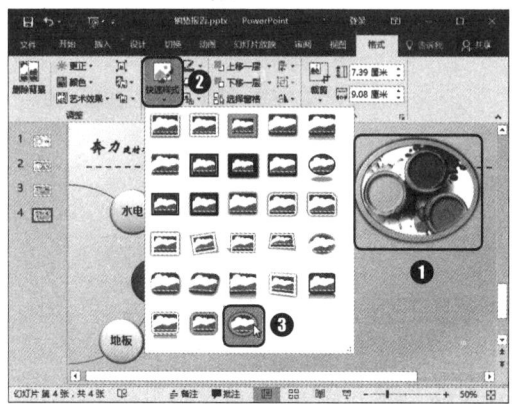

第16步 ❶单击【图片工具/格式】选项卡【调整】组中的【颜色】下拉按钮;❷在弹出的下拉列表中选择【灰度】选项,如下图所示。

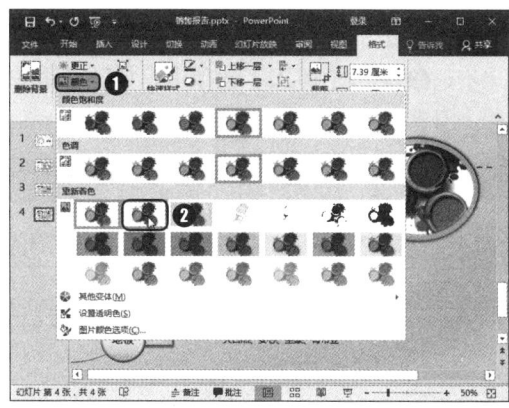

9.3.5 制作收益分析表格

在遇到需要使用数据来表达幻灯片内容时,就需要在幻灯片中插入表格。插入并编辑表格的具体操作步骤如下。

第1步 ❶新建一张空白幻灯片,输入标题文本;❷单击【插入】选项卡【表格】组中的【表格】下拉按钮;❸在弹出的下拉列表的表格区域中拖动鼠标选择5列6行的表格,如下图所示。

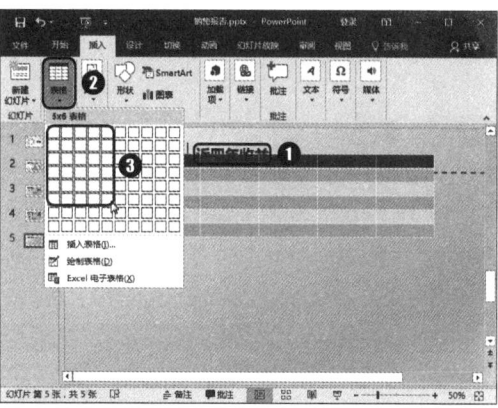

第2步 将表格移动到合适的位置,并调整表格的大小,然后输入表格数据,如下图所示。

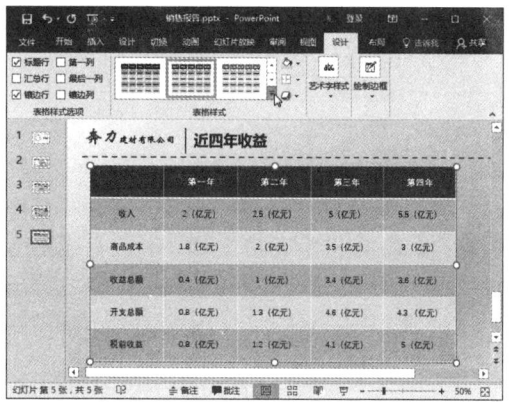

第3步 选中表格,在【表格工具/设计】选项卡的【表格样式】组中选择一种表格样式,如下图所示。

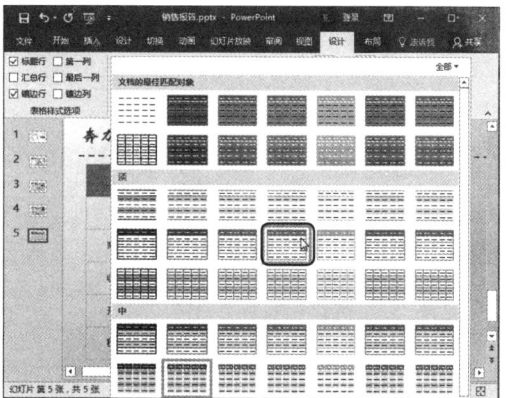

Word/Excel/PPT
在文秘与行政管理中的应用

温馨提示

在PowerPoint中插入表格的方法与在Word中插入表格相似,用户可以在【表格】下拉列表中根据情况自行选择。

第4步 ❶ 单击【表格工具/设计】选项卡【表格样式】组中的【效果】下拉按钮;❷ 在弹出的下拉列表中选择【单元格凹凸效果】选项;❸ 在弹出的级联列表中选择一种棱台样式,如下图所示。

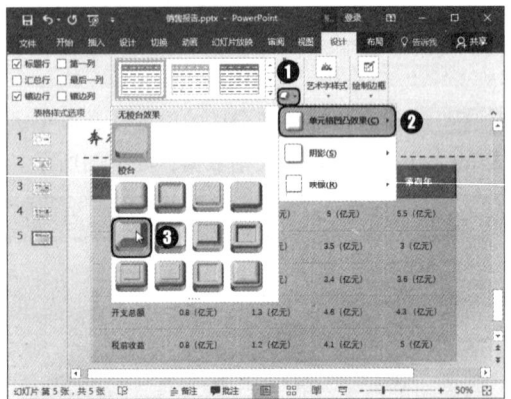

第5步 ❶ 单击【表格工具/布局】选项卡【排列】组中的【对齐】下拉按钮;❷ 在弹出的下拉列表中选择【水平居中】选项,如下图所示。

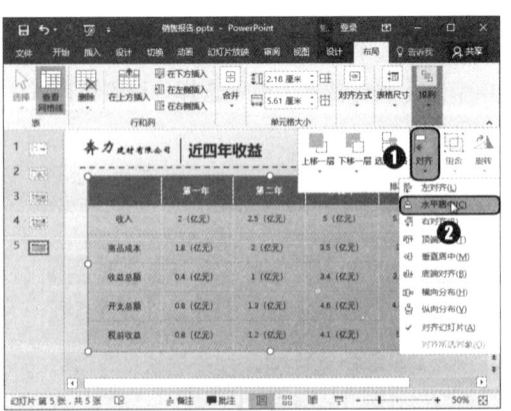

第6步 在表格下方添加文本框并输入文本,并在【开始】选项卡中设置文本格式,如下图所示。

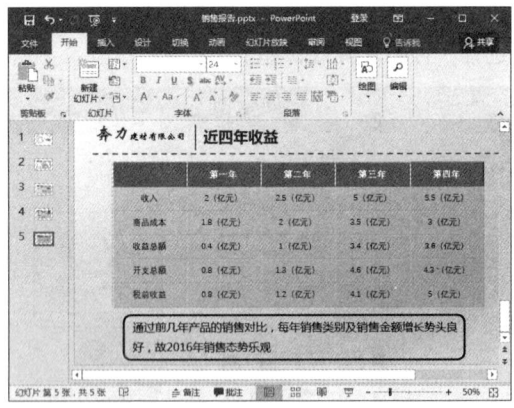

9.3.6 插入图表分析数据

使用图表不仅美观,还能更直观地展示数据,在幻灯片中插入图表的具体操作步骤如下。

第1步 ❶ 新建一张空白幻灯片,输入标题文本;❷ 单击【插入】选项卡【插图】组中的【图表】按钮,如下图所示。

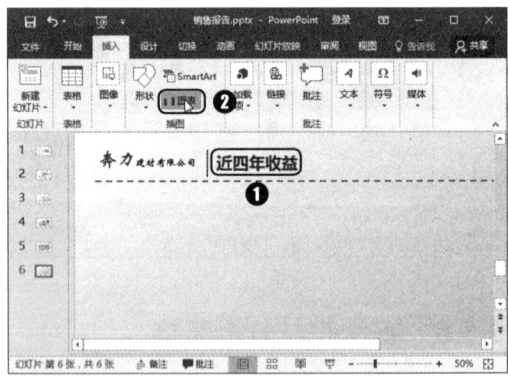

第2步 ❶ 打开【插入图表】对话框,在左侧选择【柱形图】选项;❷ 在右侧选择【簇状柱形图】选项;❸ 单击【确定】按钮,如下图所示。

第9章

市场营销管理

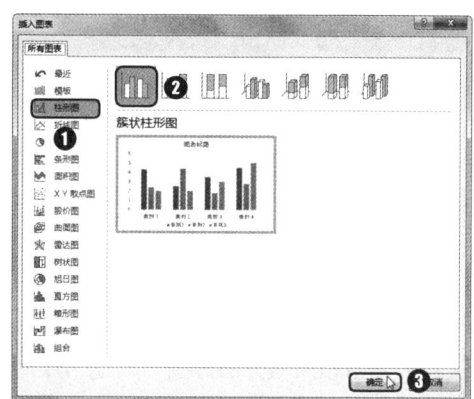

第3步 ❶打开 Excel 2016，在工作表中输入需要展示的数据；❷单击【关闭】按钮×关闭 Excel 2016，如下图所示。

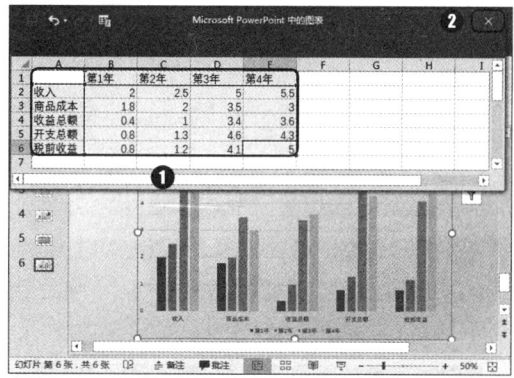

第4步 ❶删除图表标题内容，输入需要的标题；❷单击【图表工具/设计】选项卡【图表样式】组中的【更改颜色】下拉按钮；❸在弹出的下拉列表中选择一种图表颜色，如下图所示。

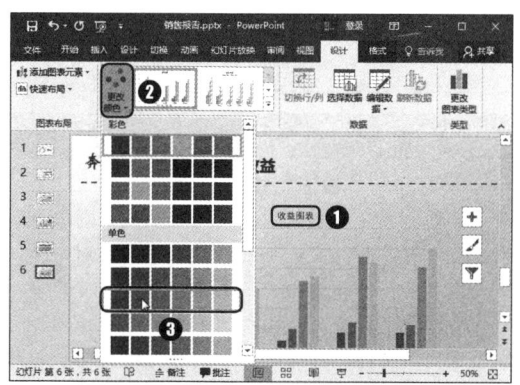

第5步 在【图表工具/设计】选项卡【图表样式】组中选择一种图表样式，如下图所示。

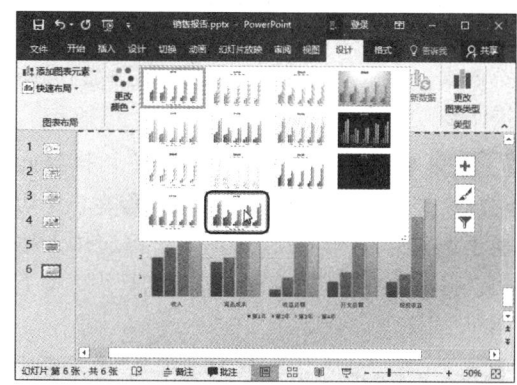

第6步 使用前文的方法制作第7张幻灯片，如下图所示。

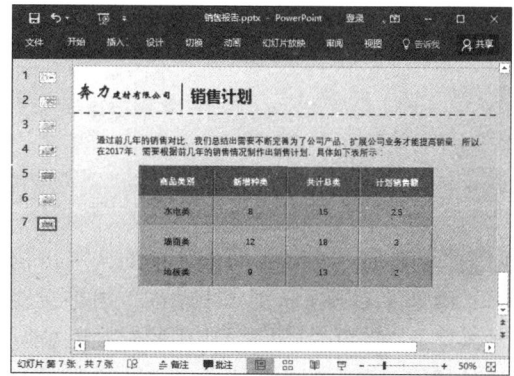

第7步 ❶新建一张空白幻灯片，在标题占位符中输入标题；❷将第3张幻灯片的圆形复制到结束页，并更改形状的大小和文字，如下图所示。

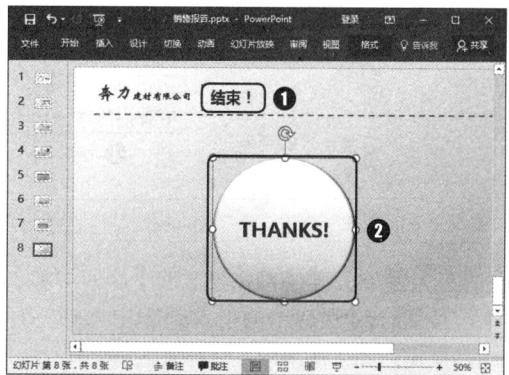

9.3.7 播放幻灯片

在幻灯片制作完成后,需要为幻灯片设置切换效果和动画效果,并播放幻灯片以预览效果,设置播放动画和预览幻灯片的具体操作步骤如下。

第1步 ❶ 在【切换】选项卡的【切换到此幻灯片】组中选择一种切换方式;❷ 单击【切换】选项卡【计时】组中的【全部应用】按钮,将所选切换方式应用到所有幻灯片,如下图所示。

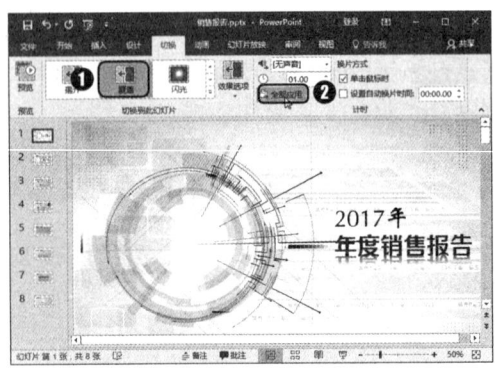

第2步 ❶ 选择第1张幻灯片中的文本占位符;❷ 在【动画】选项卡【动画】组中设置动画样式;❸ 单击【动画】组中的【效果选项】下拉按钮;❹ 在弹出的下拉列表中选择动画方向,如下图所示。

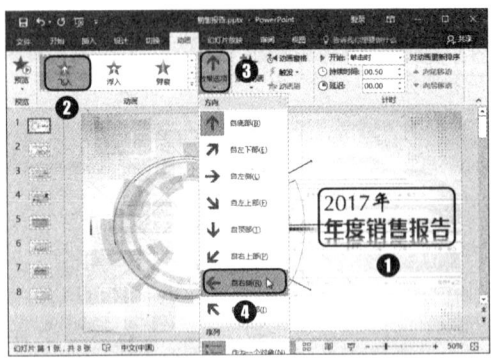

第3步 ❶ 单击【动画】组中的【添加动画】下拉按钮;❷ 在弹出的下拉列表中选择一种动画样式,如下图所示。

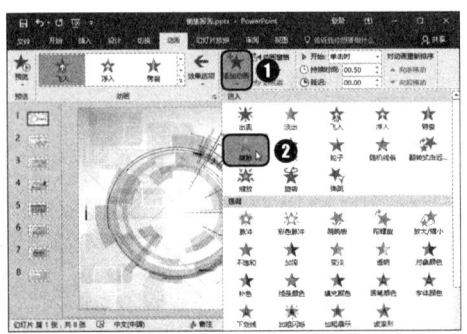

第4步 使用相同的方法分别为其他幻灯片设置动画效果,如下图所示。

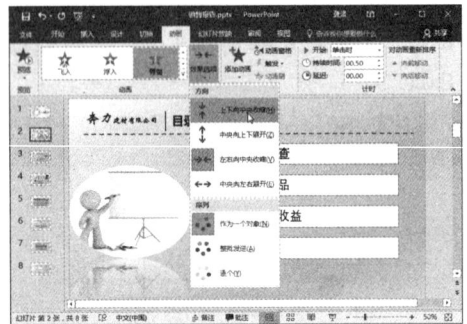

第5步 设置完成后,单击【快速访问工具栏】中的【从头开始】按钮播放幻灯片,如下图所示。

> **教您一招**
>
> **快速定位幻灯片**
>
> 播放演示文稿时,如果遇到需要跳转到某一张幻灯片的情况,可以在放映幻灯片时在页面上右击,在弹出的快捷菜单中选择【查看所有幻灯片】命令,此时所有幻灯片将呈缩略图显示,单击对应幻灯片即可进入指定页面。

第9章
市场营销管理

通过前面知识的学习，相信读者已经掌握了在销售数据管理中制作相关文档的操作方法。下面结合本章内容介绍一些工作中的实用经验与技巧。

01　让列表以指定的值重新开始编号

◎视频文件：光盘\视频文件\第9章\01.mp4

通常编号都是从1开始，但是，一些文档的起始内容由于紧接着其他文档，所以其起始值并不是"1"。遇到这种情况，需要更改编号起始值。设置编号起始值的具体操作步骤如下。

第1步　打开"光盘\素材文件\第9章\公司考勤制度.docx"文件，在要重新编号的数字上右击，在弹出的快捷菜单中选择【设置编号值】命令，如下图所示。

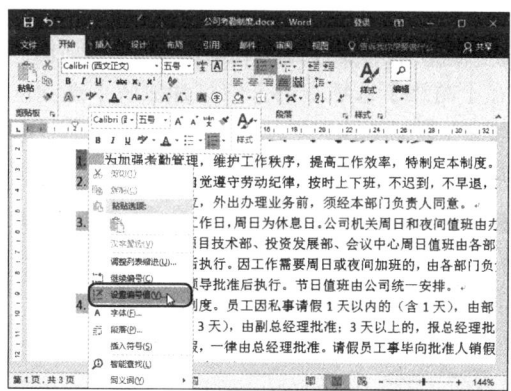

第2步　❶打开【起始编号】对话框，在【值设置为】微调框中设置起始编号；❷单击【确定】按钮即可重新开始编号，如下图所示。

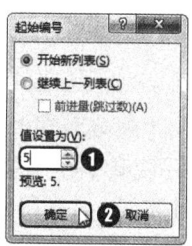

02　将隐藏的数据显示到图表中

◎视频文件：光盘\视频文件\第9章\02.mp4

在编辑工作表时，有时候会将部分数据隐藏，那么创建的图表也不会显示该数据。此时，可以通过设置让隐藏的工作表数据显示到图表中。

例如，在"东方佳人化妆品销售统计表.xlsx"的工作表中有隐藏的数据，需要将该数据显示到图表中，具体操作步骤如下。

第1步　❶打开"光盘\素材文件\第9章\东方佳人化妆品销售统计表.xlsx"文件，选中图表；❷单击【图表工具/设计】选项卡【数据】组中的【选择数据】按钮，如下图所示。

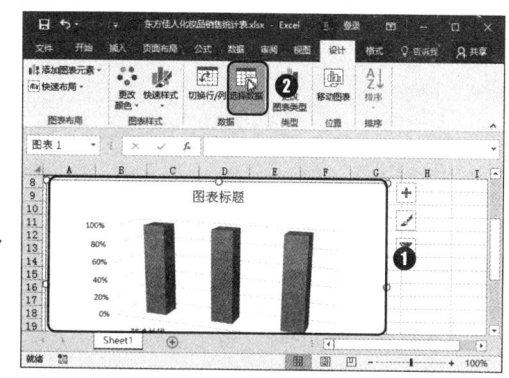

第2步 打开【选择数据源】对话框，单击【隐藏的单元格和空单元格】按钮，如下图所示。

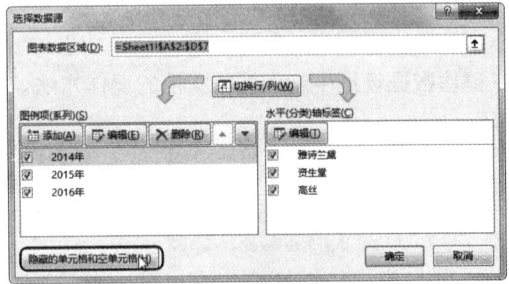

第3步 ❶弹出【隐藏和空单元格设置】对话框，选中【显示隐藏行列中的数据】复选框；❷单击【确定】按钮，如下图所示。

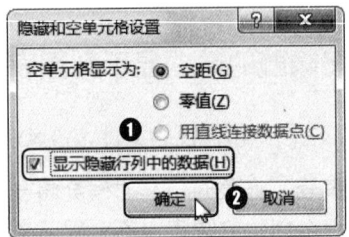

第4步 返回【选择数据源】对话框，单击【确定】按钮，返回工作表，即可看见图表中显示了隐藏的数据，如下图所示。

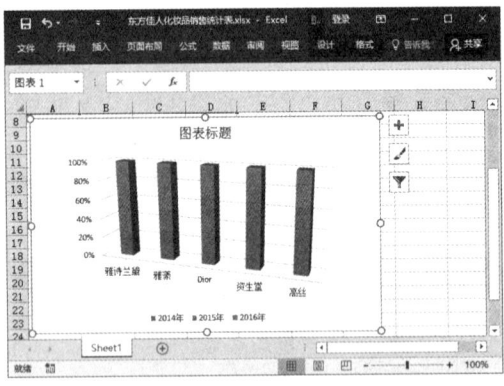

03 取消以黑屏幻灯片结束

🎬 视频文件：光盘\视频文件\第9章\03.mp4

在PowerPoint中放映幻灯片时，每次放映结束后，屏幕总显示为黑屏。若此时需继续放映下一组幻灯片，就非常影响观看效果。对于这种情况，可以使用下面的方法解决。

第1步 切换到【文件】选项卡，选择【选项】选项，如下图所示。

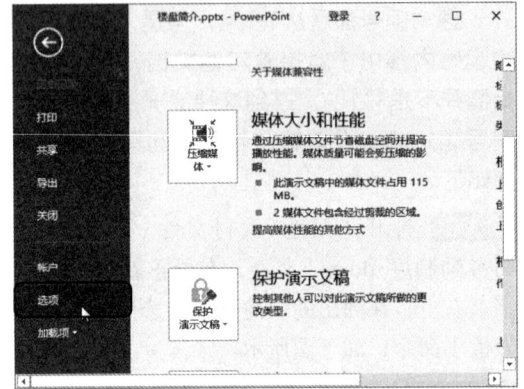

第2步 ❶弹出【PowerPoint选项】对话框，在【高级】选项卡的【幻灯片放映】选项区域中取消选中【以黑幻灯片结束】复选框；❷单击【确定】按钮，如下图所示。

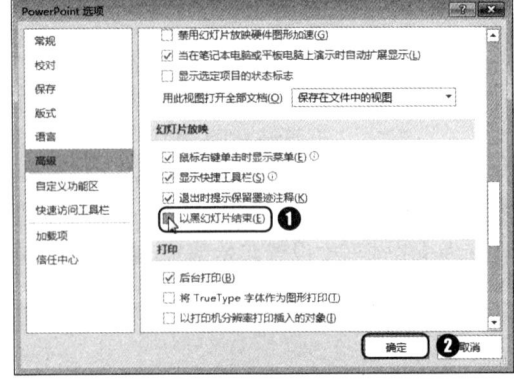

第 10 章
会议管理

本章导读

在日常工作中,策划与组织会议是文秘与行政工作中重要的职责。本章通过制作参会邀请函、会议议程安排表和工作分配方案文件,介绍在会议管理工作中常见文档的制作方法。

知识要点

- ❖ 使用邮件合并功能
- ❖ 设置打印参数
- ❖ 插入SmartArt图形
- ❖ 使用艺术字
- ❖ 编辑幻灯片母版
- ❖ 放映幻灯片

Word/Excel/PPT
在文秘与行政管理中的应用

10.1 使用Word制作参会邀请函

 案例背景

商务活动邀请函是活动主办方为了郑重邀请其合作伙伴参加其举办的商务活动而专门制作的一种书面函件，体现了主办方的盛情。

本例将通过Word制作参会邀请函，制作完成后的效果如下图所示。实例最终效果见"光盘\结果文件\第10章\参会邀请函.docx"文件。

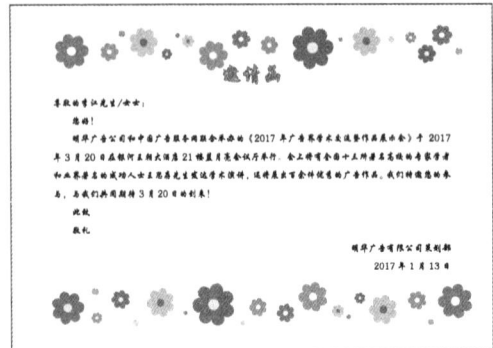
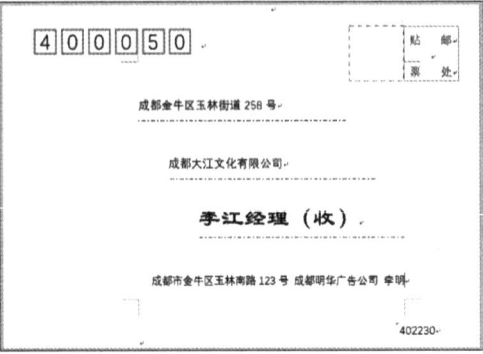

光盘文件	素材文件	光盘\素材文件\第10章\参会邀请函.docx
	结果文件	光盘\结果文件\第10章\参会邀请函.docx
	教学视频	光盘\视频文件\第10章\10.1使用Word制作参会邀请函.mp4

10.1.1 设置基本格式

很多邀请函都是以横向的页面格式制作，所以，本例的邀请函中包括设置纸张方向、设置文本格式和设置段落格式几个方面。

1. 设置纸张方向

因为Word文档的默认纸张方向为纵向，如果需要制作横向的文档，可以通过设置纸张方向来完成。设置纸张方向的具体操作步骤如下。

❶打开"光盘\素材文件\第10章\参会邀请函.docx"文件，切换到【布局】选项卡；❷单击【页面设置】组中的【纸张方向】下拉按钮；❸在弹出的下拉列表中选择【横

向】命令，如下图所示。

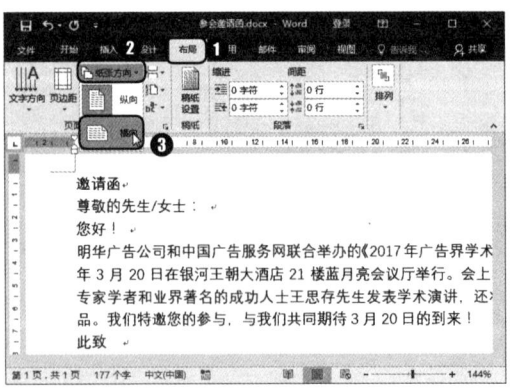

2. 设置字体格式和段落格式

邀请函有着与其他信函相同的格式，所以需要进行相应的段落设置。因为邀请函大

| 236

多需要发送给多人,所以在输入邀请函内容时,先不输入被邀请者的姓名,而使用后文中邮件合并的方法批量导入姓名。设置字体格式和段落格式的具体操作步骤如下。

第1步 ❶ 按【Crtl+A】组合键选择所有文本;❷ 在【开始】选项卡的【字体】组中设置字体为【方正行楷简体】,字号为【五号】,如下图所示。

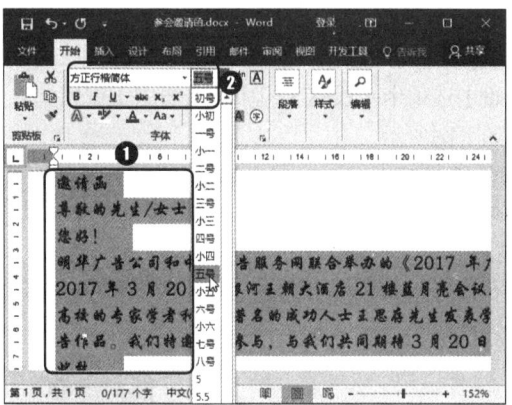

第2步 ❶ 选择称谓以下的正文文本;❷ 单击【开始】选项卡【段落】组中的对话框启动器,如下图所示。

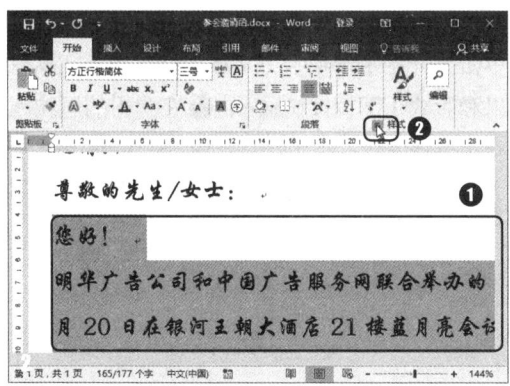

第3步 ❶ 打开【段落】对话框,在【缩进和间距】选项卡中设置【特殊格式】为【首行缩进】,【缩进值】为【2字符】;❷ 单击【确定】按钮,如下图所示。

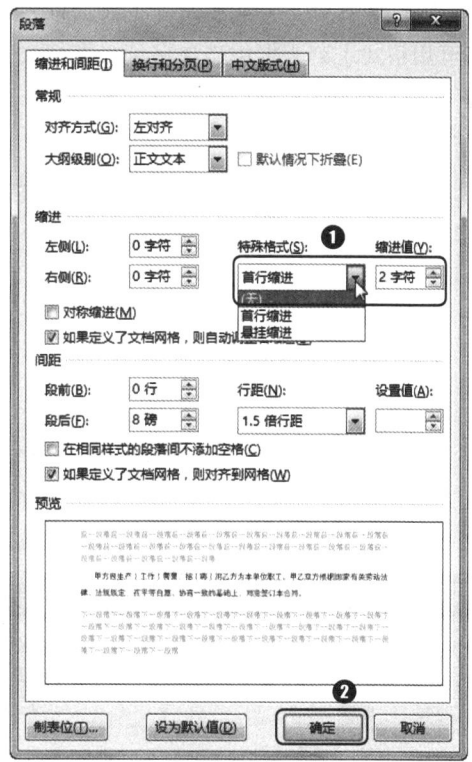

3. 插入日期和时间

在邀请函的末尾处,需要输入日期,除了手动输入之外,使用【日期和时间】功能可以快速插入当前日期,具体操作步骤如下。

第1步 ❶ 将光标定位到文档的末尾处;❷ 单击【插入】选项卡【文本】组中的【日期和时间】按钮,如下图所示。

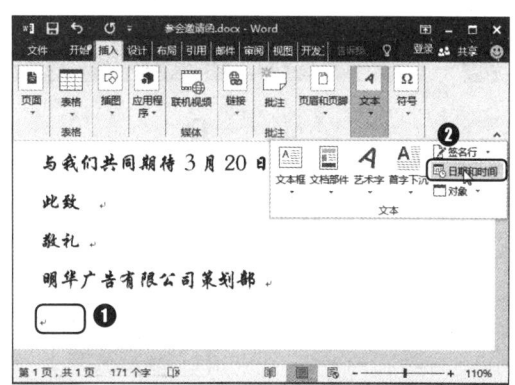

第2步 ❶打开【日期和时间】对话框，在【可用格式】列表框中选择一种日期格式；❷单击【确定】按钮即可插入当前日期，如下图所示。

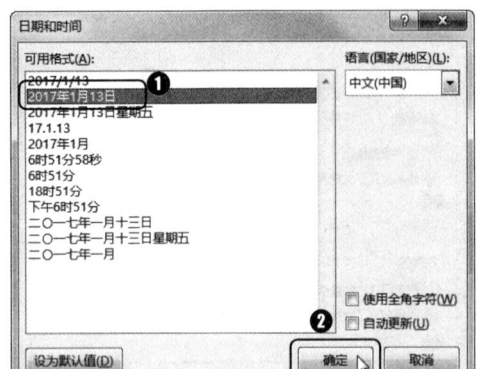

温馨提示

如果选中【日期和时间】对话框中的【自动更新】复选框，插入的日期会在打开文档时自动更新。

4. 设置对齐方式

信函的对齐方式与普通文本有所不同，在完成了邀请函的其他设置后，还需要设置文本的对齐方式。设置文本对齐方式的操作方法如下。

步骤 ❶选择公司落款名称和日期文本；❷单击【开始】选项卡【段落】组中的【右对齐】按钮，如下图所示。

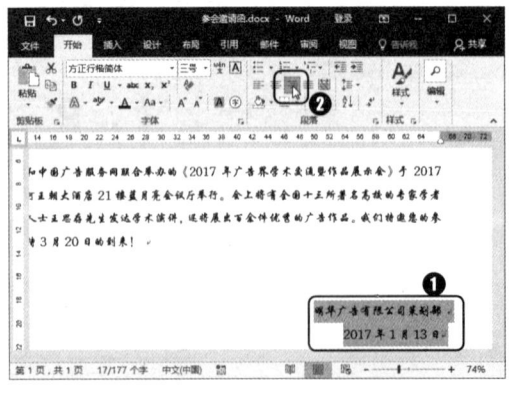

10.1.2 美化"参会邀请函"

输入了参会邀请函的内容之后，还可以对邀请函的文字进行美化，并插入图片，从而使邀请函更加美观。

1. 美化标题样式

艺术字的样式美观大方，直接使用【文本效果和版式】功能可以轻松将普通文字转换为艺术字，具体操作步骤如下。

第1步 ❶选择"邀请函"文本；❷单击【开始】选项卡【段落】组中的【居中】按钮，如下图所示。

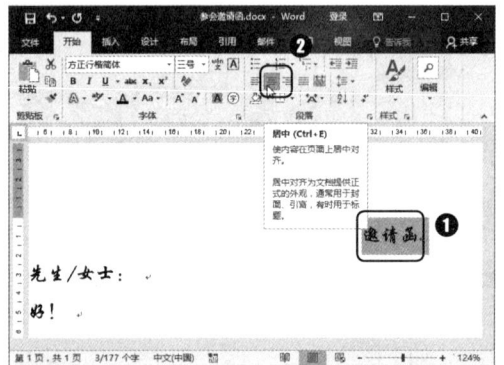

第2步 ❶保持"邀请函"文本的选中状态，单击【开始】选项卡【字体】组中的【文本效果和版式】下拉按钮；❷在弹出的下拉列表中选择一种艺术字样式，如下图所示。

第3步 ❶保持"邀请函"文本的选中状态，单击【开始】选项卡【字体】组中的【字号】下拉按钮；❷在弹出的下拉列表中选择【小

初】选项,如下图所示。

2. 插入背景图片

为邀请函插入背景图片,可以使邀请函更加美观。背景图片可以是本机图片,也可以搜索联机图片。插入背景图片的具体操作步骤如下。

第1步 在【插入】选项卡中单击【插图】组中的【联机图片】按钮,如下图所示。

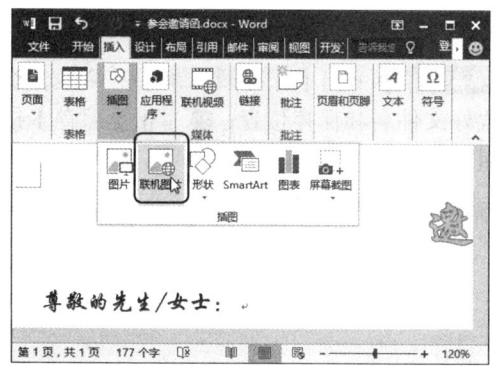

第2步 ❶打开【插入图片】对话框,在【必应图像搜索】文本框中输入关键字;❷单击【搜索】按钮,如下图所示。

> **温馨提示**
> 如果要使用联机图片,必须在计算机连接网络的情况下才可以使用。

第3步 ❶在搜索结果中选择一张图片;❷单击【插入】按钮,如下图所示。

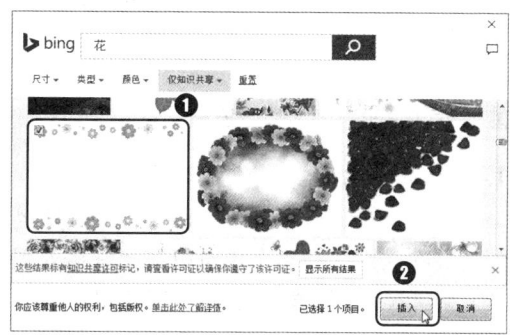

第4步 ❶单击【图片工具/格式】选项卡【排列】组中的【环绕文字】下拉按钮;❷在弹出的下拉列表中选择【衬于文字下方】选项,如下图所示。

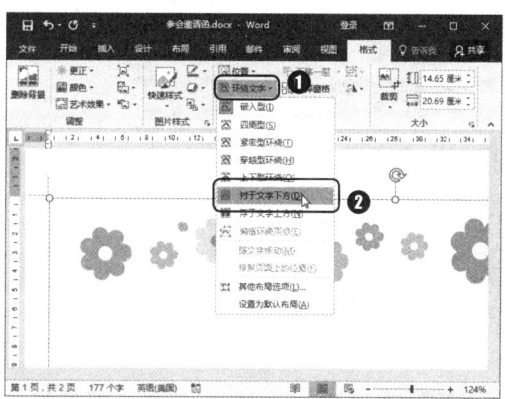

第5步 通过图片四周的控制点调整图片大小,并将图片移动到合适的位置即可,如下图所示。

10.1.3 使用邮件合并

邀请函一般是分发给多个不同参会人员的，所以需要制作出多张内容相同，但接收人不同的邀请函。使用Word 2016的合并功能，可以快速制作出多张邀请函。

1. 新建联系人列表

在使用邮件合并时，可以使用以前已经创建好的联系人列表，也可以新建联系人列表。新建联系人列表的具体操作步骤如下。

第1步 ❶ 在【邮件】选项卡中单击【开始邮件合并】组中的【选择收件人】下拉按钮；❷ 在弹出的下拉列表中选择【键入新列表】选项，如下图所示。

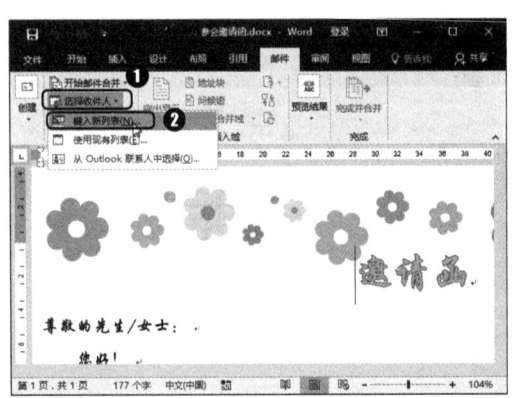

第2步 ❶ 打开【新建地址列表】对话框，在列表框中输入第一个收件人的相关信息；❷ 单击【新建条目】按钮，如下图所示。

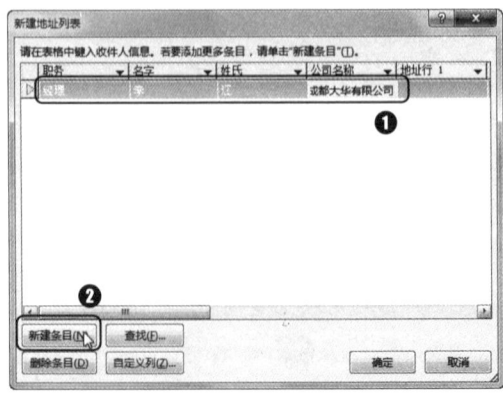

第3步 ❶ 按照同样的方法创建其他收件人的相关信息；❷ 单击【确定】按钮，如下图所示。

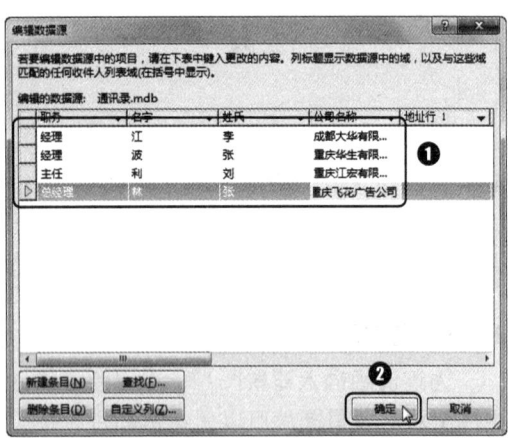

> **温馨提示**
>
> 在输入字段信息时，如果字段过长，在对话框中显示的内容将不完整。此时，可以拖动下面的滚动条查看未显示部分，并输入相应的信息即可。

第4步 ❶ 弹出【保存通讯录】对话框，设置好文件名和保存位置；❷ 单击【保存】按钮，如下图所示。

2. 插入姓名字段

新建了联系人列表后，就可以插入姓名字段，创建完整的邀请函了。插入姓名字段的具体操作步骤如下。

第1步 ❶ 将光标定位在要使用邮件合并

功能的位置，单击【邮件】选项卡【编写和插入域】组中的【插入合并域】下拉按钮；❷ 在弹出的下拉列表中选择【姓氏】选项，如下图所示。

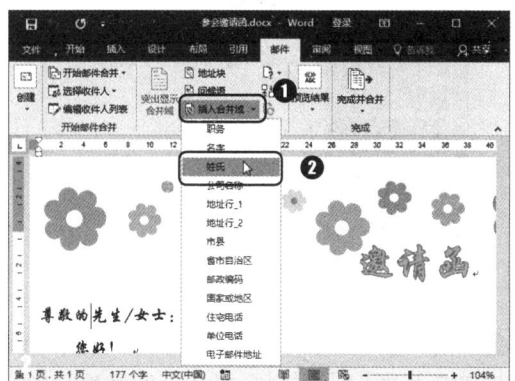

第2步 ❶ 将光标定位在插入的"姓氏"域后面，再次单击【邮件】选项卡【插入合并域】下拉按钮；❷ 在弹出的下拉列表中选择【名字】选项，如下图所示。

3. 预览并打印邀请函

插入了姓名字段后，并不会马上显示联系人的姓名，需要通过【预览结果】功能查看邀请函。如果确认邀请函没有错误，就可以打印出邀请函进行下一步的发放工作了。预览并打印邀请函的具体操作步骤如下。

第1步 ❶ 单击【邮件】选项卡【预览结果】组中的【预览结果】按钮；❷ 单击【预览信函】选项区域中的【上一条】 或【下一条】 按钮查看其他邀请函，如下图所示。

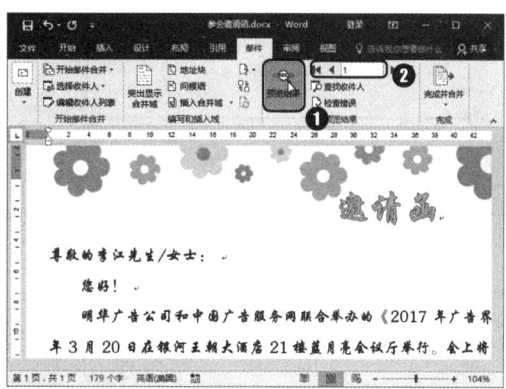

第2步 ❶ 确定邀请函无误后，单击【邮件】选项卡【完成】组中的【完成并合并】下拉按钮；❷ 在弹出的下拉菜单中选择【打印文档】命令，如下图所示。

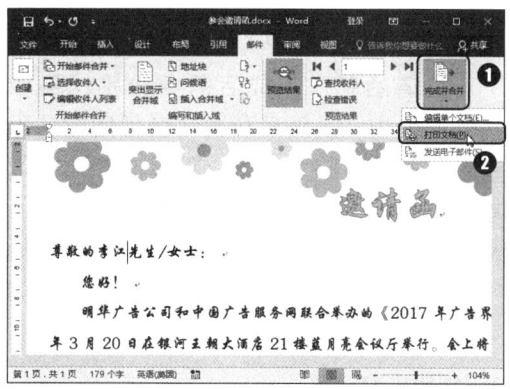

第3步 ❶ 打开【合并到打印机】对话框，选中【全部】单选按钮；❷ 单击【确定】按钮，如下图所示。

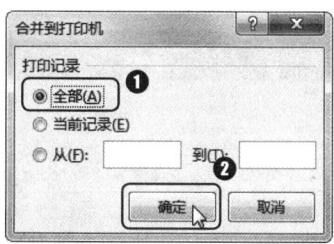

第4步 ❶ 打开【打印】对话框，设置相关的打印参数；❷ 单击【确定】按钮开始打印邀请函，如下图所示。

Word/Excel/PPT
在文秘与行政管理中的应用

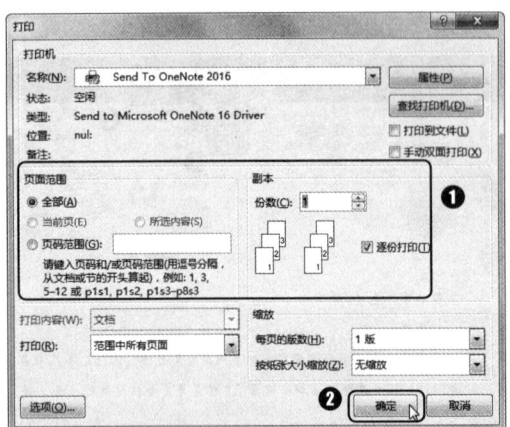

温馨提示

合并到打印机后，用户可以一次性打印多条记录，从而提高工作效率。

10.1.4 制作信封

邀请函制作完成后需要分别送到收件人的手中，虽然现在发送信件的方法很多，已经不局限于邮寄，但正式的邀请函还是需要通过邮寄的方式送出。而收件人较多时，手动填写信封不仅工作量大，还容易发生错误。此时可以通过邮件功能创建中文信封。

1. 创建中文信封

创建中文信封的操作步骤如下。

第1步 单击【邮件】选项卡【创建】组中的【中文信封】按钮，如下图所示。

第2步 弹出【信封制作向导】对话框，单击【下一步】按钮，如下图所示。

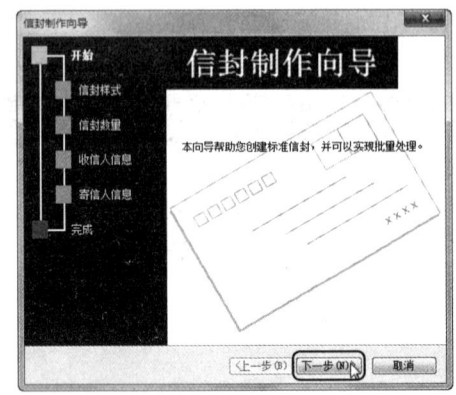

第3步 ❶ 在【选择信封样式】界面选择【信封样式】为【国内信封-ZL（230×120）】；❷ 单击【下一步】按钮，如下图所示。

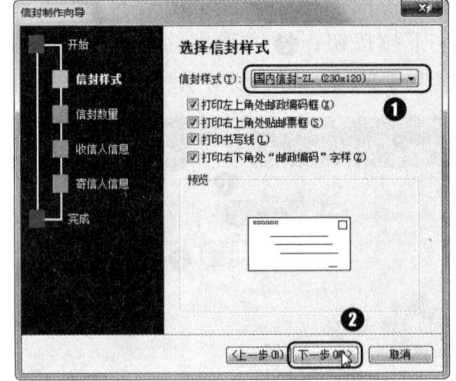

第4步 ❶ 在【选择生成信封的方式和数量】界面选中【键入收信人信息，生成单个信封】单选按钮；❷ 单击【下一步】按钮，如下图所示。

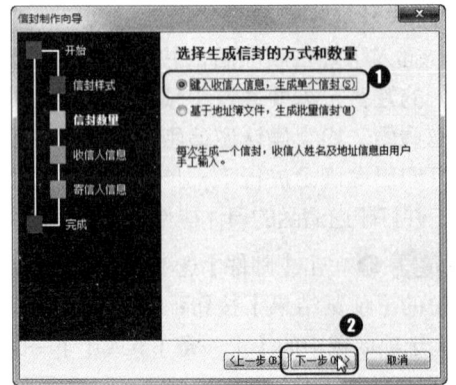

第 10 章
会议管理

第5步 打开【输入收信人信息】界面，因为本例需要引用联系人列表中的收件人信息，所以直接单击【下一步】按钮，如下图所示。

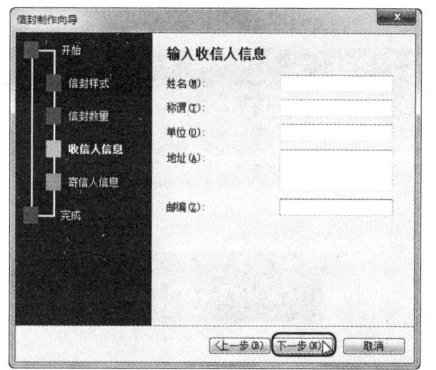

温馨提示

本例制作的信封是寄给不同客户的，每张信封的名称等信息都不一样。因此，此处并不需要输入收件人信息，以便于在后面插入域。

第6步 ❶ 在【输入寄信人信息】界面输入寄信人的姓名、单位、地址和邮编；❷ 单击【下一步】按钮，然后单击【完成】按钮退出信封制作向导，如下图所示。

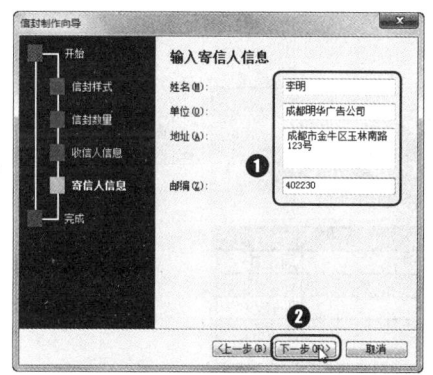

2. 导入联系人列表

导入联系人列表的具体操作步骤如下。

第1步 ❶ 单击【邮件】选项卡【开始邮件合并】组中的【选择收件人】按钮；❷ 在弹出的下拉菜单中选择【使用现有列表】命令，如下图所示。

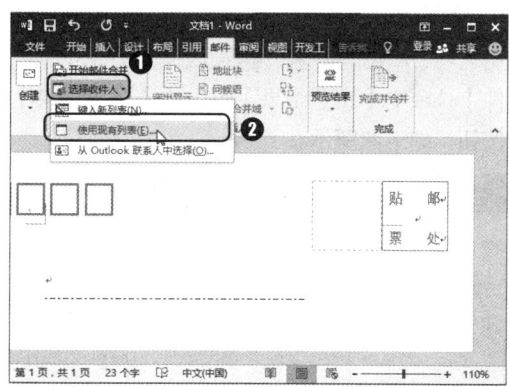

第2步 在弹出的【选取数据源】对话框中选择数据源位置（前文中设置的保存位置），❶ 选择要使用的通讯录名称；❷ 单击【打开】按钮，如下图所示。

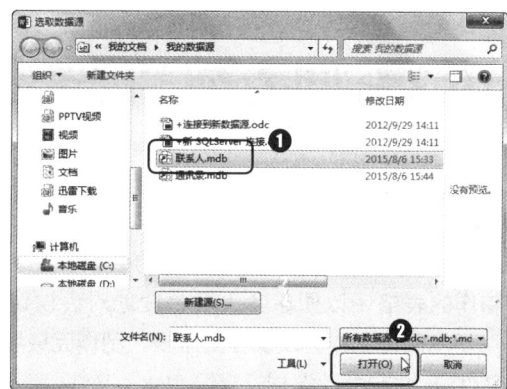

第3步 ❶ 将光标定位到需要插入邮政编码的位置；❷ 单击【邮件】选项卡【编写和插入域】组中的【插入合并域】下拉按钮；❸ 在弹出的下拉菜单中选择【邮政编码】命令，如下图所示。

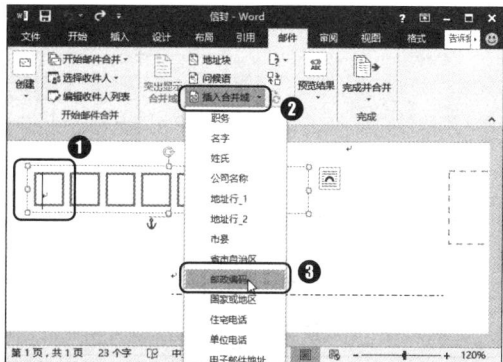

Word/Excel/PPT
在文秘与行政管理中的应用

第4步 ❶ 用同样的方法依次插入地址、公司名称、职位与姓名；❷ 插入完成后单击【邮件】选项卡【预览结果】组中的【预览结果】按钮，如下图所示。

第5步 ❶ 在姓名后输入"（收）"；❷ 选中收件人栏中的文本，将字体设置为【小一】。完成后保存该文档，并使用前文所学的方法打印信封即可，如下图所示。

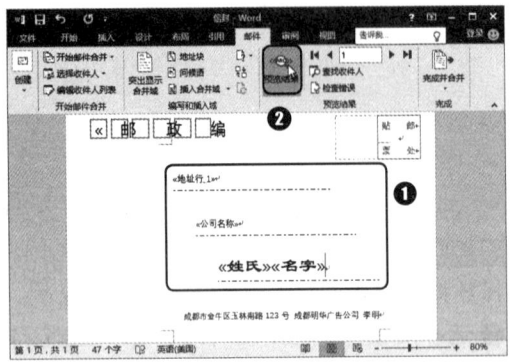 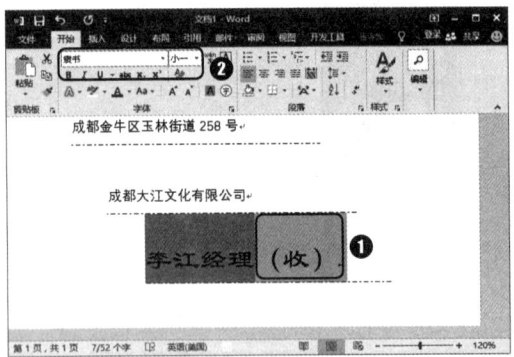

10.2 使用Excel制作会议议程安排表

案例背景

会议议程安排表是为了帮助会议主持人和开会人员能够提前知道会议的流程和内容而制作的表格，以便参会人员合理地对会议议程进行安排，使会议有条不紊地进行。

本例将制作会议议程安排表，制作完成后的效果如下图所示。实例最终效果见"光盘\结果文件\第10章\会议议程安排表.xlsx"文件。

	素材文件	无
光盘文件	结果文件	光盘\结果文件\第10章\会议议程安排表.xlsx
	教学视频	光盘\视频文件\第10章\10.2使用Excel制作会议议程安排表.mp4

第 10 章
会议管理

10.2.1 使用艺术字制作标题

使用艺术字可以快速插入美观大方的标题，所以，本例使用艺术字作为工作表的标题。

1. 插入艺术字

在Excel中插入艺术字的方法与在Word中插入艺术字的方法相同，具体操作步骤如下。

第1步 ❶ 新建一个名为"会议议程安排表.xlsx"的空白工作簿，单击【插入】选项卡【文本】组中的【艺术字】下拉按钮；❷ 在弹出的下拉列表中选择一种艺术字样式，如下图所示。

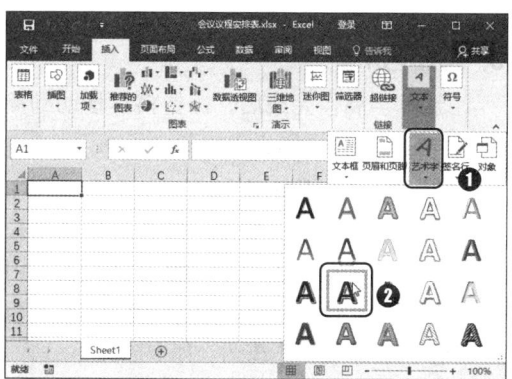

第2步 在工作表中会创建一个文本框，文本框中的"请在此放置您的文字"占位符呈选中状态，如下图所示。

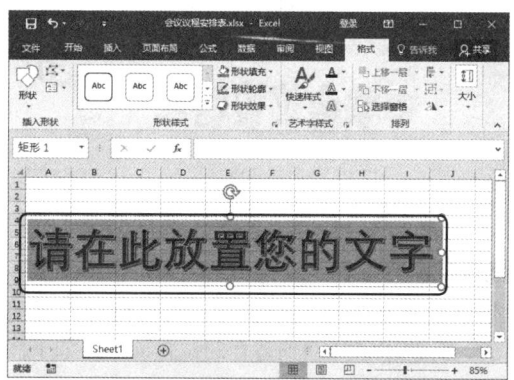

第3步 直接输入标题文本，如下图所示。

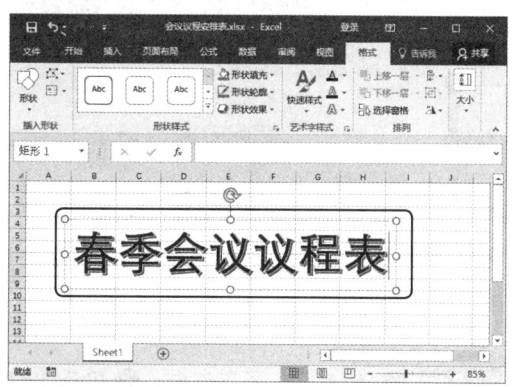

第4步 ❶ 选择艺术字文本；❷ 在【开始】选项卡的【字体】组中设置字体和字号，如下图所示。

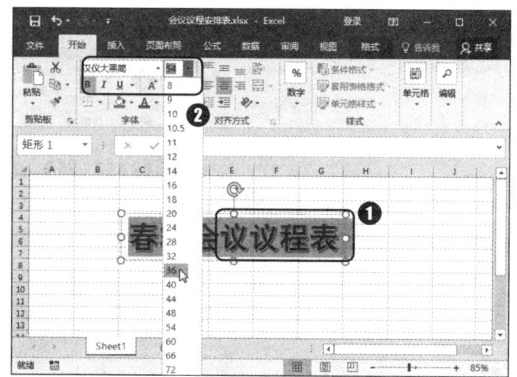

2. 使用主题美化艺术字

在Excel中使用Office主题样式，如果对默认主题样式的颜色、字体等样式不满意，可以更换主题，具体操作步骤如下。

第1步 ❶ 单击【页面布局】选项卡【主题】组中的【主题】下拉按钮；❷ 在弹出的下拉列表中选择一种主题样式，如下图所示。

> **温馨提示**
>
> Excel的主题是由颜色、字体及效果组成的，使用主题可以快速实现对工作簿表格的美化，让表格更美观，使用方法与Word类似。

第2步 ❶ 选择艺术字文本框；❷ 单击【绘图工具 / 格式】选项卡【艺术字样式】组中的【文本填充】下拉按钮；❸ 在弹出的下拉列表中选择一种主题颜色，如下图所示。

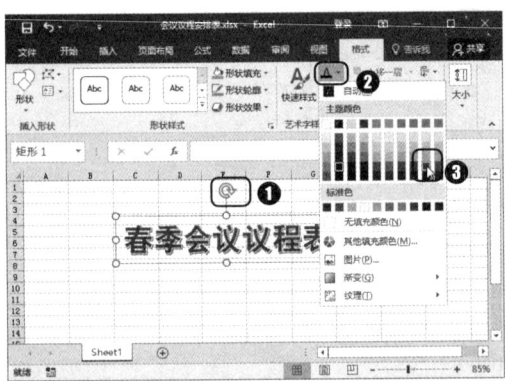

第3步 ❶ 单击【绘图工具 / 格式】选项卡【艺术字样式】组中的【文本轮廓】下拉按钮；❷ 在弹出的下拉列表中选择一种主题颜色，如下图所示。

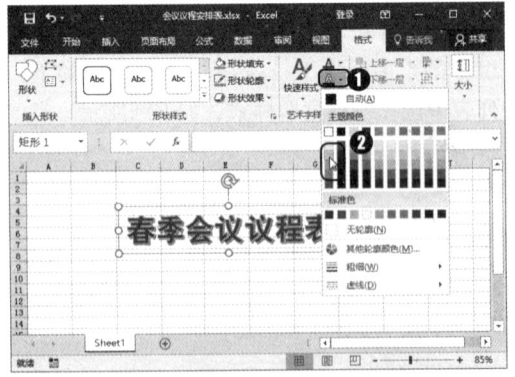

第4步 ❶ 单击【绘图工具 / 格式】选项卡【艺术字样式】组中的【文本效果】下拉按钮；❷ 在弹出的下拉列表中选择【转换】选项；❸ 在弹出的级联列表中选择一种弯曲样式，如下图所示。

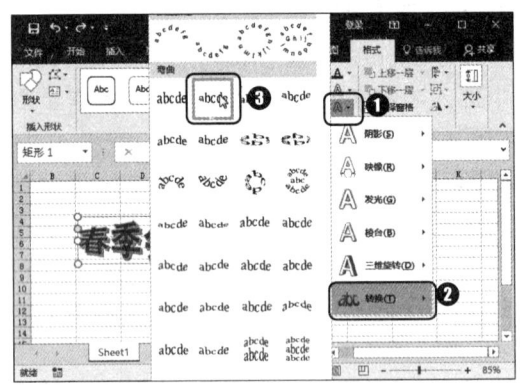

3. 移动艺术字

艺术字制作完成后，需要将其移动到需要的位置，具体操作步骤如下。

第1步 ❶ 单击【开始】选项卡【单元格】组中的【格式】下拉按钮；❷ 在弹出的下拉列表中选择【行高】命令；❸ 在弹出的【行高】对话框的【行高】文本框中输入需要的行高；❹ 单击【确定】按钮，如下图所示。

第2步 将鼠标指针移动到艺术字文本框上，当鼠标指针变为形状时，按住鼠标左键不放，将艺术字拖动到适合的位置即可，如下图所示。

第10章
会议管理

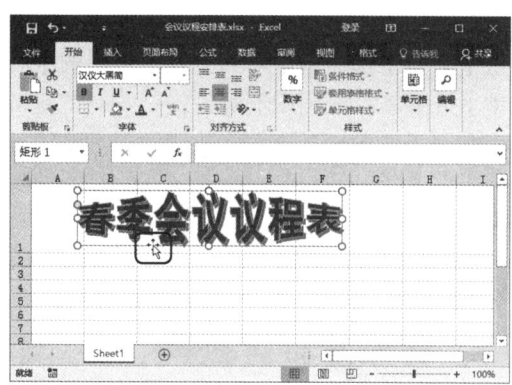

10.2.2 添加会议议程

制作好会议议程的标题之后，就可以开始制作会议议程了。

1. 输入工作表内容

会议议程的内容一般包括会议的时间、序号、会议议程等信息。输入会议议程内容并设置格式的具体操作步骤如下。

第1步 ❶ 在工作表中输入如图所示的内容；❷ 将鼠标指针移动到 C 列和 D 列之间，当鼠标指针变为 ✚ 形状时按下鼠标左键，然后向右拖动，调整到适合的列宽后松开鼠标左键，如下图所示。

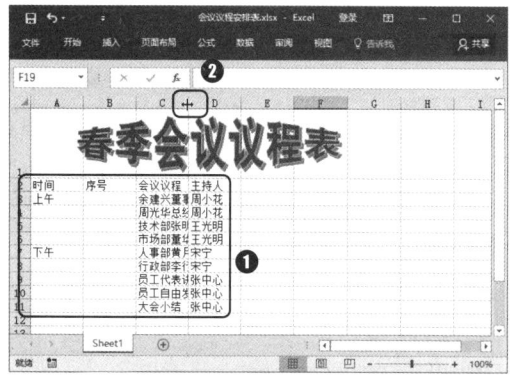

> **温馨提示**
> 将鼠标指针移动到列号与列号之间，鼠标指针变为 ✚ 形状时双击可以自动调整列宽。使用相同的方法也可以调整行高。

第2步 ❶ 在 B3 单元格中输入"1"；❷ 使用填充柄向下填充到 B11 单元格，如下图所示。

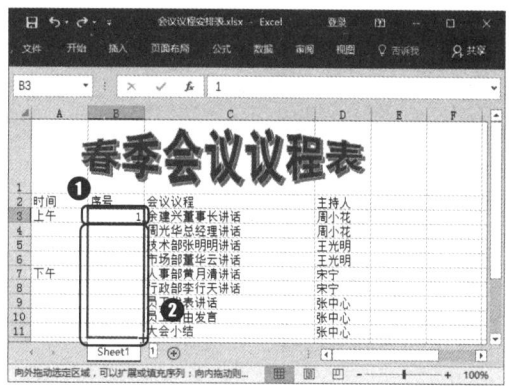

第3步 ❶ 单击【自动填充选项】浮动工具按钮；❷ 在弹出的下拉菜单中选中【填充序列】单选按钮，如下图所示。

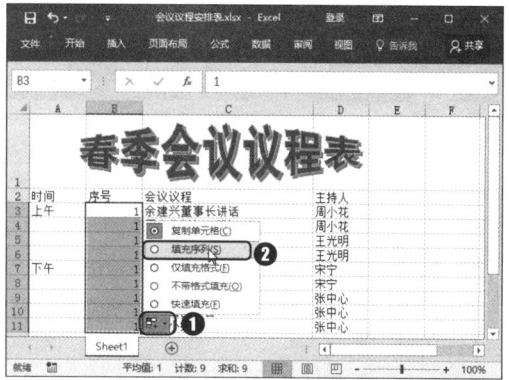

第4步 ❶ 选中 A3：A6 单元格区域；❷ 单击【开始】选项卡【对齐方式】组中的【合并后居中】按钮，如下图所示。

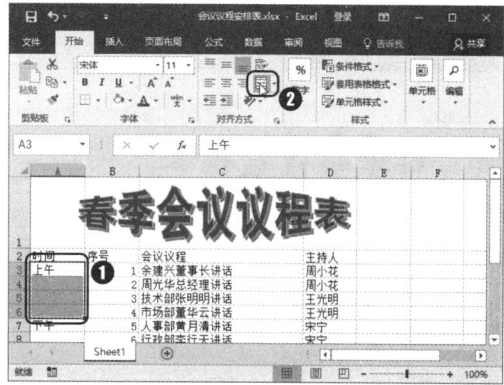

| 247 |

第5步 单击【开始】选项卡【对齐方式】组中的【垂直居中】按钮，如下图所示。

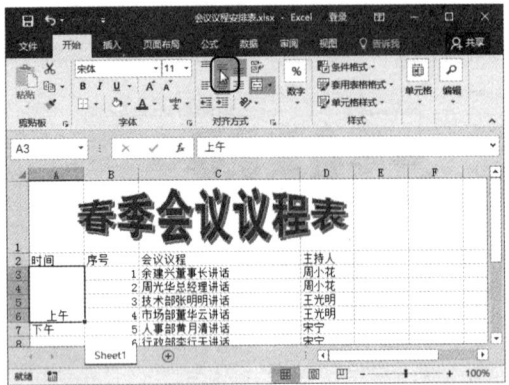

第6步 ❶单击【开始】选项卡【对齐方式】组中的【方向】下拉按钮；❷在弹出的下拉列表中选择【竖排文字】选项，如下图所示。

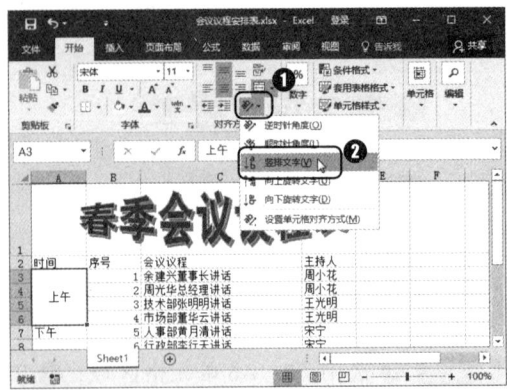

第7步 使用相同的方法对齐A7：A11单元格区域，如下图所示。

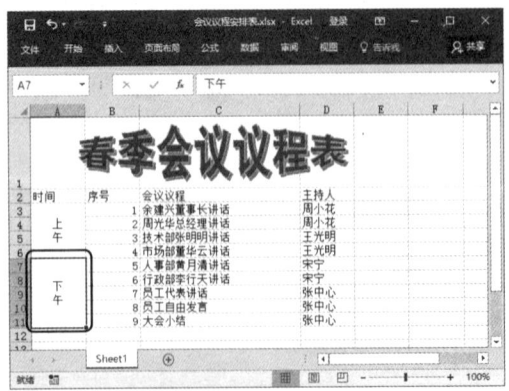

第8步 ❶选中B3：B11单元格区域；❷单击【开始】选项卡【对齐方式】组中的【居中】按钮，如下图所示。

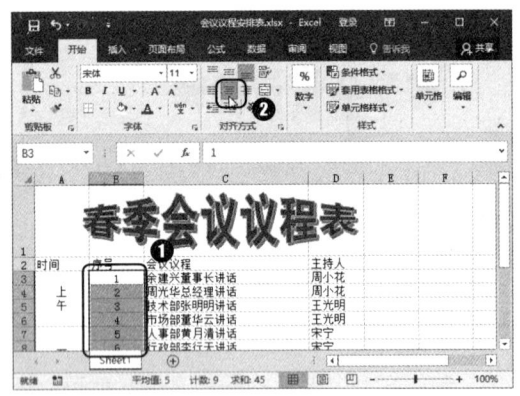

2. 美化工作表

为了让工作表看起来更加美观，可以使用单元格样式来美化工作表，具体操作步骤如下。

第1步 ❶选中A2：D2单元格区域；❷单击【开始】选项卡【样式】组中的【单元格样式】下拉按钮；❸在弹出的下拉列表中选择一种主题单元格样式，如下图所示。

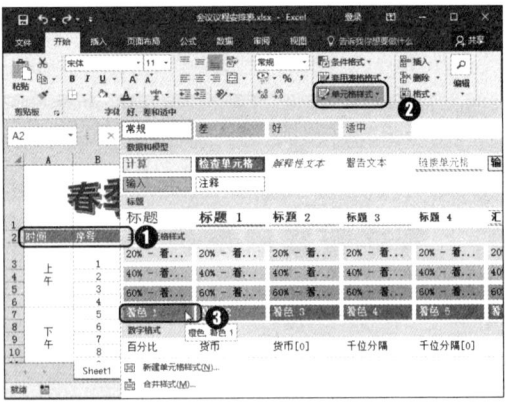

温馨提示

使用【套用表格格式】功能虽然可以更快地美化表格，但对于有合并区域的单元格来说，套用表格样式时容易发生错误，建议使用【单元格样式】功能美化表格。

第 10 章
会议管理

第2步 ❶ 按住【Ctrl】键后依次选中 B4：D4、B6：D6、B8：D8、B10：D10 单元格区域；❷ 单击【开始】选项卡【样式】组中的【单元格样式】下拉按钮；❸ 在弹出的下拉列表中选择一种主题单元格样式，如下图所示。

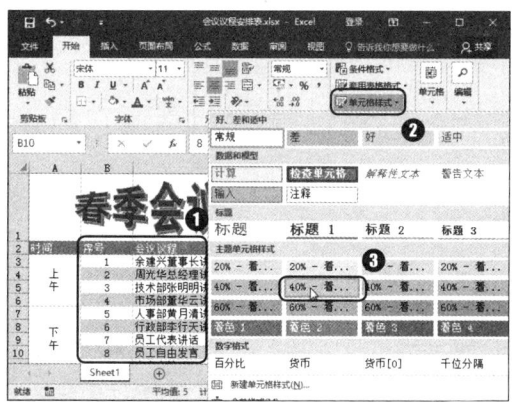

第3步 ❶ 选中 A2：D11 单元格区域；❷ 单击【开始】选项卡【字体】组中的对话框启动器，如下图所示。

第4步 ❶ 打开【设置单元格格式】对话框，在【边框】选项卡的【样式】列表框中设置边框的线条样式；❷ 在【预置】选项区域中选择【外边框】和【内部】选项；❸ 单击【确定】按钮，如下图所示。

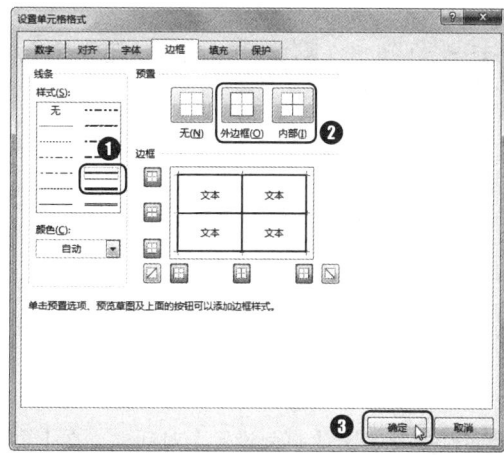

第5步 返回工作表，即可看到工作表应用了边框后的样式，如下图所示。

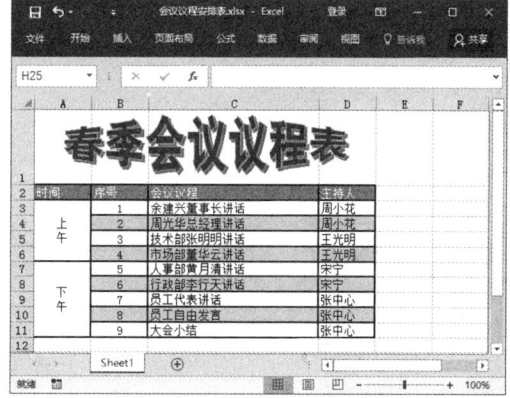

10.2.3 打印会议议程

会议议程制作完成后，需要打印出来分发给参会人员，具体操作步骤如下。

第1步 单击【页面布局】选项卡【页面设置】组中的对话框启动器，如下图所示。

第2步 ❶打开【页面设置】对话框，在【页面】选项卡的【方向】选项区域中选中【横向】单选按钮；❷在【缩放】选项区域中设置【缩放比例】为140%，如下图所示。

温馨提示

在【页面布局】选项卡的【页面设置】组中单击【纸张方向】下拉按钮，在弹出的下拉列表中也可以将纸张设置为横向显示。

第3步 ❶在【页边距】选项卡中选中【居中方式】选项区域中的【水平】和【垂直】复选框；❷单击【确定】按钮，如下图所示。

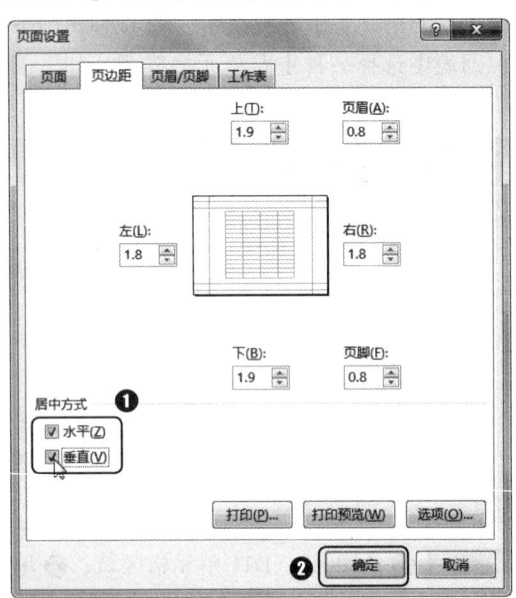

第4步 ❶返回工作表，切换到【文件】选项卡，选择【打印】选项；❷在右侧窗格可以看到工作表的预览效果；❸在中间窗格的【份数】微调框中设置打印份数；❹单击【打印】按钮即可打印工作表，如下图所示。

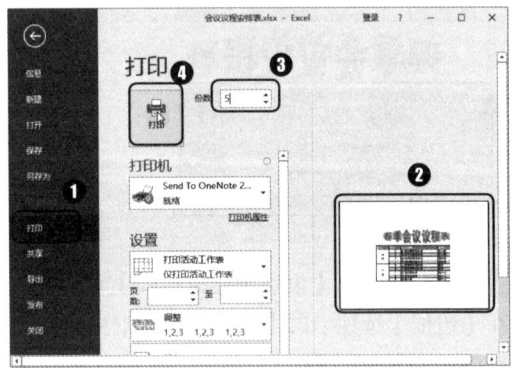

10.3 使用PPT制作工作分配方案

案例背景

工作分配一般用于企业在一段时间内对员工的工作任务进行分配，需要在工作会议中展示给员工的内容有工作目标、工作分配表及相关的分解图等。合理的工作分配方案可以让接下来的工作更加得心应手。

本例将制作工作分配方案，制作完成后的效果如下图所示。实例最终效果见"光盘\结果文件\第10章\工作分配方案.pptx"文件。

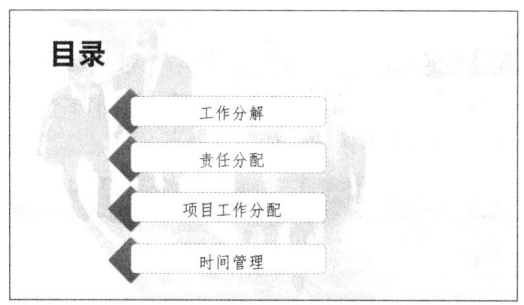
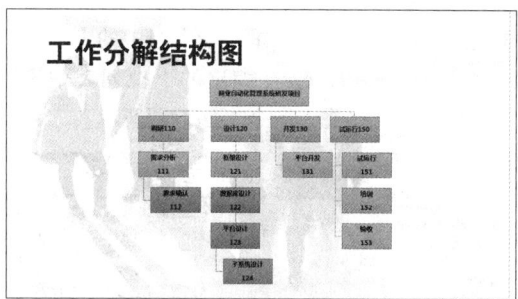
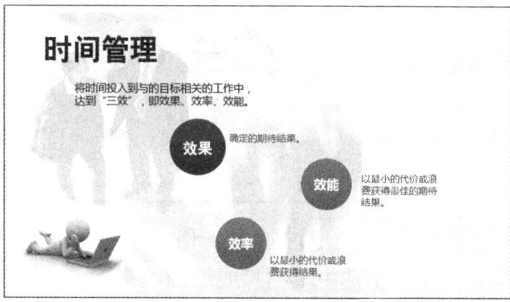

光盘文件	素材文件	光盘\素材文件\第10章\背景.jpg、背景2.jpg、思考.jpg
	结果文件	光盘\结果文件\第10章\工作分配方案.pptx
	教学视频	光盘\视频文件\第10章\10.3使用PPT制作工作分配方案.mp4

10.3.1 编辑母版幻灯片

在制作幻灯片之前，需要先对幻灯片的母版进行编辑，具体操作步骤如下。

第1步 新建一个名为"工作分配方案.pptx"的空白文稿，单击【视图】选项卡【母版视图】组中的【幻灯片母版】按钮，如下图所示。

Word/Excel/PPT
在文秘与行政管理中的应用

第2步 ❶ 进入幻灯片母版编辑模式，单击【幻灯片母版】选项卡【背景】组中的【背景样式】下拉按钮；❷ 在弹出的下拉列表中选择【设置背景格式】命令，如下图所示。

第3步 ❶ 打开【设置背景格式】窗格，在【填充】栏中选中【图片或纹理填充】单选按钮；❷ 单击【文件】按钮，如下图所示。

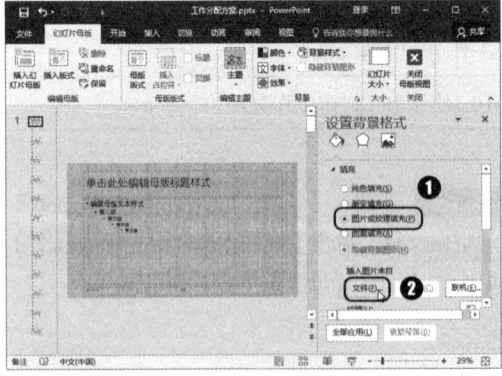

第4步 ❶ 打开【插入图片】对话框，选择"光盘\素材文件\第10章\背景.jpg"图片；❷ 单击【插入】按钮，如下图所示。

第5步 ❶ 在左侧窗格选择第3张幻灯片；❷ 在【设置背景格式】窗格的【填充】栏中单击【文件】按钮，如下图所示。

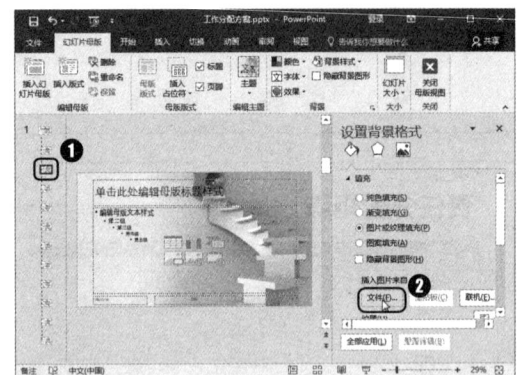

第6步 使用相同的方法插入"光盘\素材文件\第10章\背景2.jpg"图片，完成后单击【幻灯片母版】选项卡【关闭】组中的【关闭母版视图】按钮，如下图所示。

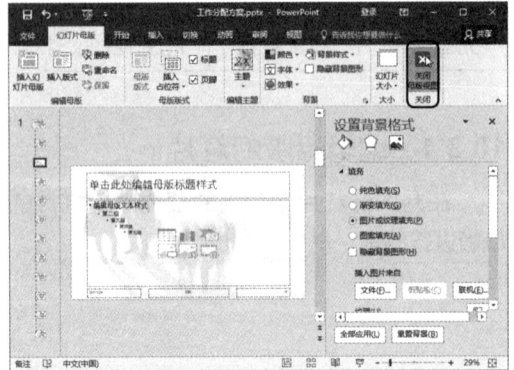

第 10 章
会议管理

> **温馨提示**
>
> 幻灯片母版中有5种占位符，分别是标题、文本、日期、幻灯片编号和页脚占位符。标题占位符用于放置幻灯片的标题；文本占位符用于放置幻灯片的正文；日期占位符用于在幻灯片中显示当前日期；幻灯片编号占位符用于显示幻灯片的页码；页脚占位符用于在幻灯片底部显示页脚。

10.3.2 编辑幻灯片

在母版视图中设置好母版样式后，就可以开始编辑幻灯片了。

1. 制作标题页

幻灯片的第一页大多是标题页，用于向他人显示幻灯片的主要内容。制作标题页的具体操作步骤如下。

第1步 ❶ 单击【开始】选项卡【幻灯片】组中的【新建幻灯片】下拉按钮；❷ 在弹出的下拉列表中选择【空白】选项，如下图所示。

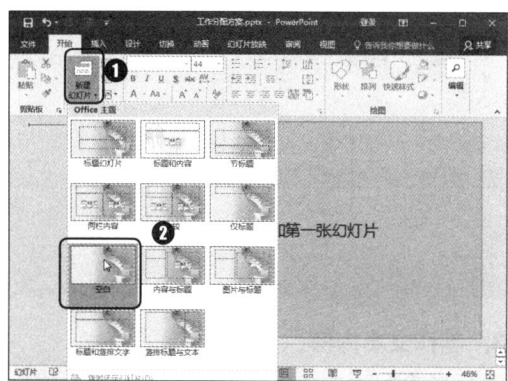

第2步 ❶ 单击【插入】选项卡【插图】组中的【形状】下拉按钮；❷ 在弹出的下拉列表中选择【文本框】选项，如下图所示。

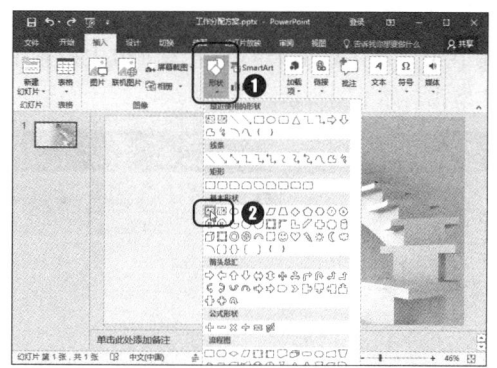

第3步 ❶ 在幻灯片中绘制一个文本框，输入标题文本；❷ 在【开始】选项卡的【字体】组中设置字体、字号和字体颜色，如下图所示。

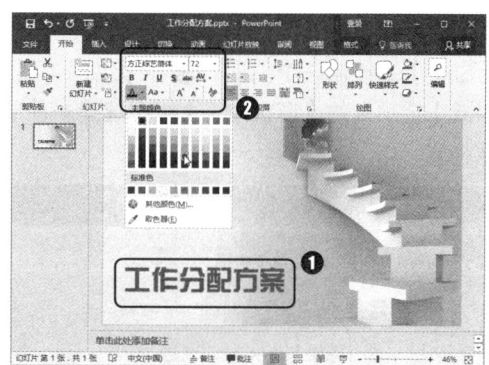

2. 使用形状制作目录

使用各种形状可以组合出各种奇特的图形，具体操作步骤如下。

第1步 ❶ 单击【开始】选项卡【幻灯片】组中的【新建幻灯片】下拉按钮；❷ 在弹出的下拉列表中选择【仅标题】选项，如下图所示。

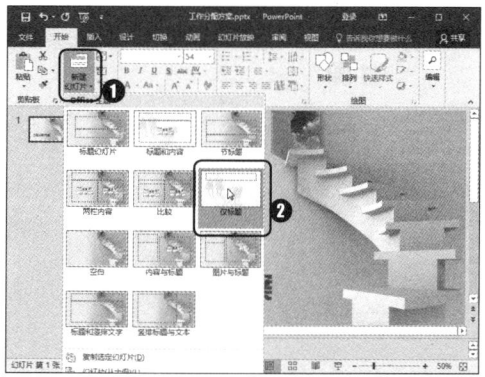

| 253

第2步 ❶在占位符中输入"目录"文本；❷在【开始】选项卡的【字体】组中设置字体格式，如下图所示。

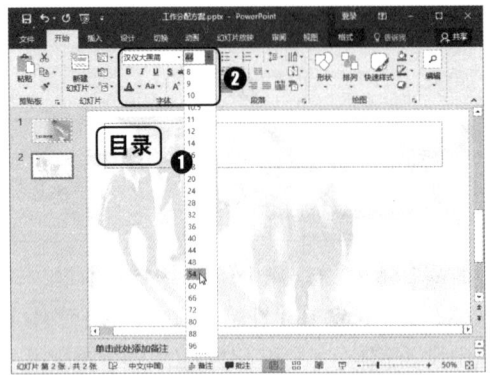

第3步 ❶选择【菱形】图形工具◇，按住【Shift】键绘制一个菱形；❷在【绘图工具/格式】选项卡的【形状样式】组中选择一种形状样式，如下图所示。

第4步 使用相同的方法，在菱形的旁边绘制一个圆角矩形，并使其部分重叠，如下图所示。

第5步 在圆角矩形中绘制一个文本框，输入目录内容，如下图所示。

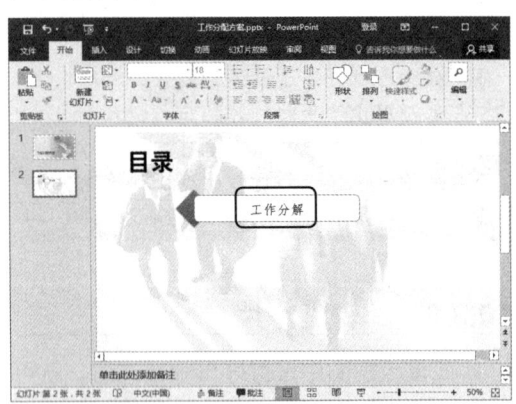

温馨提示

在【开始】选项卡的【绘图】组中选择【形状】下拉按钮，在弹出的下拉列表中也可以选择【文本框】工具。

第6步 复制形状，然后更改目录内容即可完成目录的制作，如下图所示。

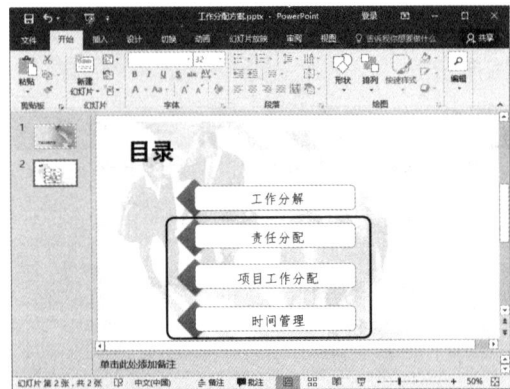

3. 制作文本内容

目录制作完成后，就可以开始制作文本内容了，具体操作步骤如下。

第1步 ❶单击【开始】选项卡【幻灯片】组中的【新建幻灯片】下拉按钮；❷在弹出的下拉列表中选择【标题和内容】选项，如下图所示。

第10章

会议管理

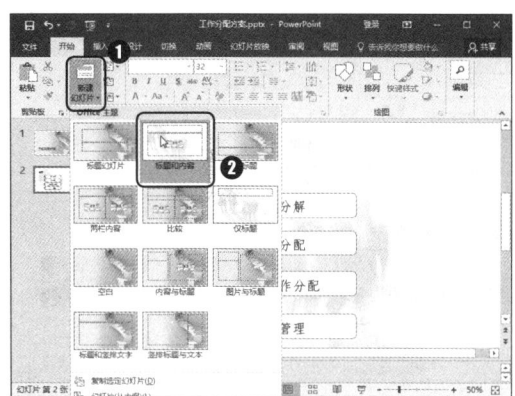

第2步 ❶ 在标题占位符中输入标题，并设置字体格式；❷ 在内容占位符中单击；❸ 单击【开始】选项卡【段落】组中的【项目符号】按钮，如下图所示。

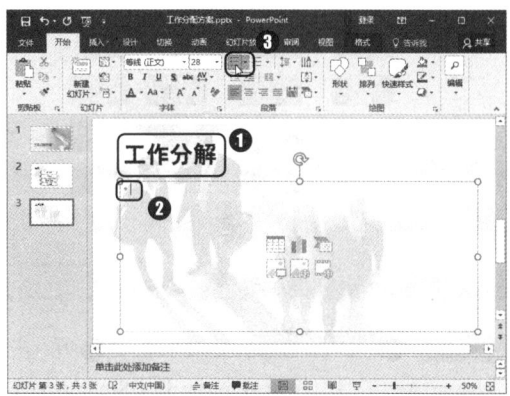

温馨提示

文本占位符默认添加了项目符号，如果不需要项目符号，要在编辑文本之前取消。

第3步 ❶ 输入内容文本；❷ 单击【开始】选项卡【段落】组中的对话框启动器；❸ 打开【段落】对话框，在【特殊格式】下拉列表中选择【首行缩进】选项，设置【度量值】为【2厘米】；❹ 单击【确定】按钮，如下图所示。

温馨提示

在PowerPoint中，【度量值】的大小是根据字号的大小来决定的，用户可以根据实际情况设置。

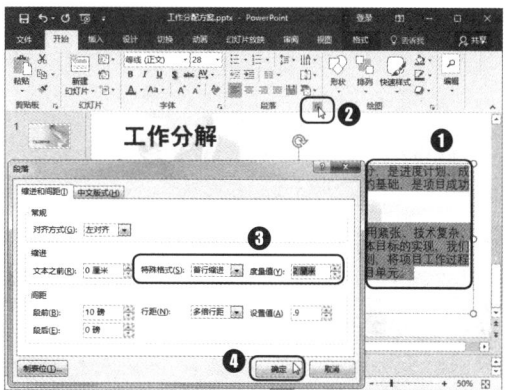

第4步 返回演示文稿，即可看到设置了段落格式后的效果，如下图所示。

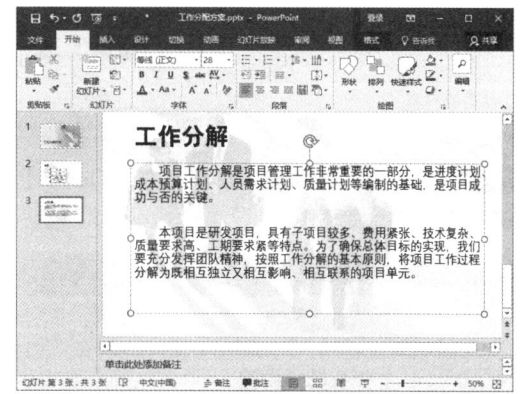

4. 使用SmartArt图形制作分解结构图

使用SmartArt图形可以方便地制作结构图形，具体操作步骤如下。

第1步 ❶ 新建一张【标题和内容】幻灯片，输入标题文字，并设置字体格式；❷ 单击内容占位符中的【插入SmartArt图形】按钮，如下图所示。

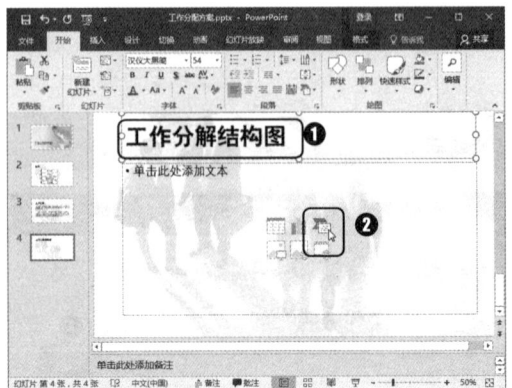

第2步 ❶打开【选择 SmartArt 图形】对话框，选择【层次结构】选项卡中的【组织结构图】选项；❷单击【确定】按钮，如下图所示。

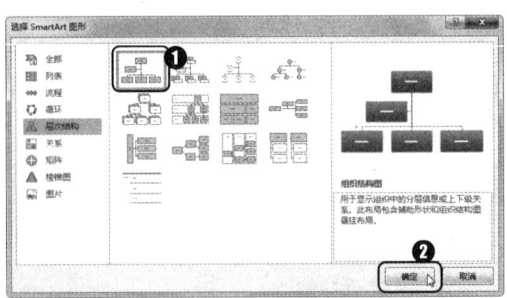

第3步 选择第二排中的形状，按【Delete】键删除形状，如下图所示。

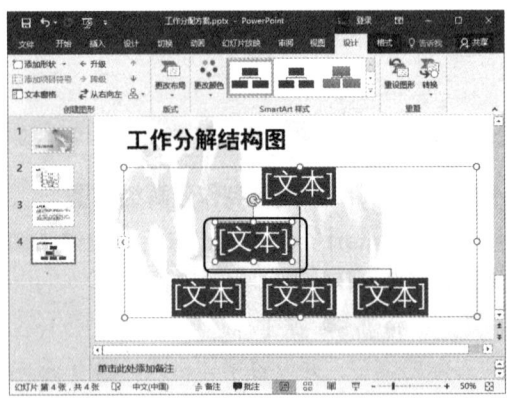

第4步 ❶选择第二排的第一个形状；❷单击【SmartArt 工具 / 设计】选项卡【创建图形】组中的【添加形状】下拉按钮；❸在弹出的下拉菜单中选择【在下方添加形状】命令，如下图所示。

第5步 使用相同的方法添加形状，并在形状中输入结构图的文字，如下图所示。

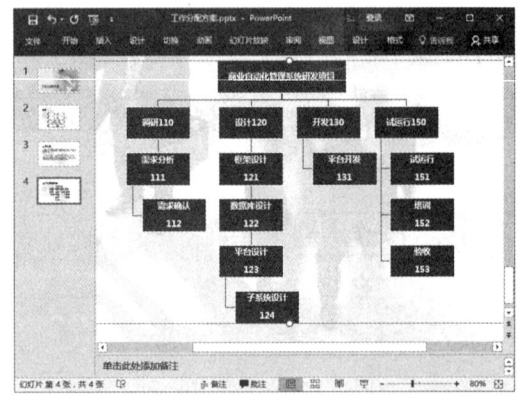

第6步 ❶选择 SmartArt 图形；❷单击【SmartArt 工具 / 设计】选项卡【SmartArt 样式】组中的【更改颜色】下拉按钮；❸在弹出的下拉列表中选择一种颜色方案，如下图所示。

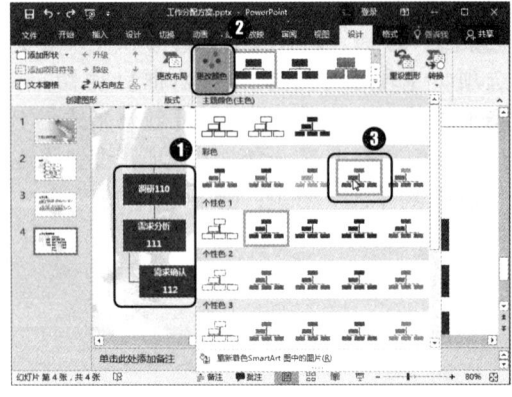

第7步 ❶ 单击【SmartArt 工具 / 设计】选项卡【SmartArt 样式】组中的【快速样式】下拉按钮；❷ 在弹出的下拉列表中选择一种快速样式，如下图所示。

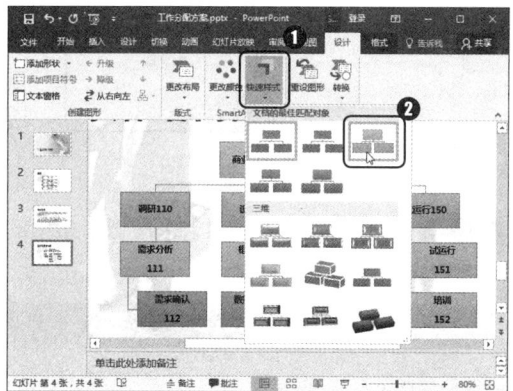

温馨提示

在【插入】选项卡的【表格】组中单击【表格】下拉按钮，在弹出的下拉列表中选择【插入表格】命令也可以弹出【插入表格】对话框。

第2步 ❶ 在表格中输入数据；❷ 在【表格工具 / 设计】选项卡【表格样式】组中选择一种表格样式，如下图所示。

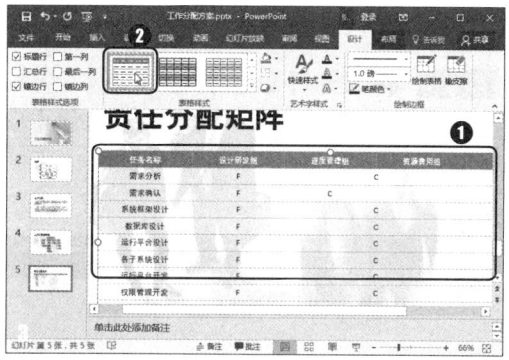

5. 插入表格内容

如果需要在幻灯片中展示规律的数据，可以使用表格。插入表格的具体操作步骤如下。

第1步 ❶ 新建一张【标题和内容】幻灯片，输入标题文字，并设置字体格式；❷ 单击内容占位符中的【插入表格】按钮；❸ 在弹出的【插入表格】对话框中设置【列数】为【5】，【行数】为【11】；❹ 单击【确定】按钮，如下图所示。

第3步 在表格下方添加一个文本框，补充表格说明，如下图所示。

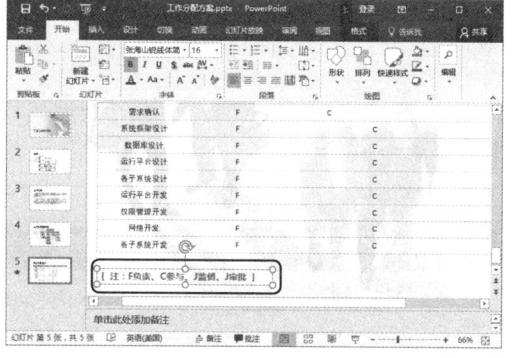

6. 制作"时间管理"页面

使用形状可以制作出规律的幻灯片，利用【椭圆】形状制作时间管理页面的具体操作步骤如下。

第1步 ❶ 新建一张【仅标题】幻灯片，输入标题文字，并使用文本框输入文字信息；❷ 单击【开始】选项卡【形状】组中的【形状】下拉按钮；❸ 在弹出的下拉列表中选择

【椭圆】形状○，如下图所示。

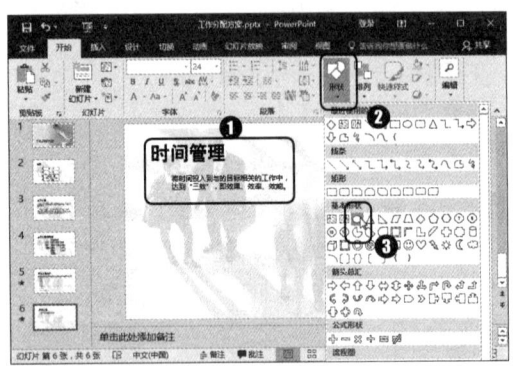

第2步 ❶按住【Shift】键绘制一个正圆；❷在【绘图工具/格式】选项卡的【形状样式】组中选择一种快速样式，如下图所示。

第3步 在圆形中添加一个文本框，输入文字后设置字体格式，如下图所示。

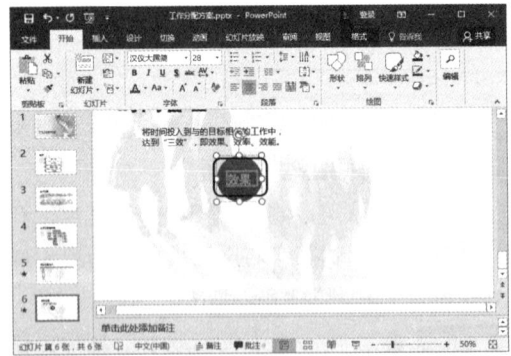

第4步 ❶在圆形右侧添加文本框，并输入文字；❷使用相同的方法制作其他内容，如下图所示。

第5步 单击【插入】选项卡【图像】组中的【图片】按钮，如下图所示。

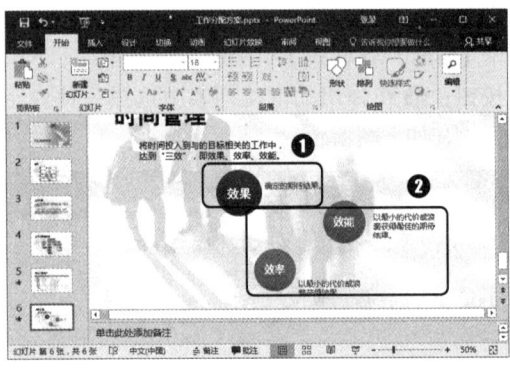

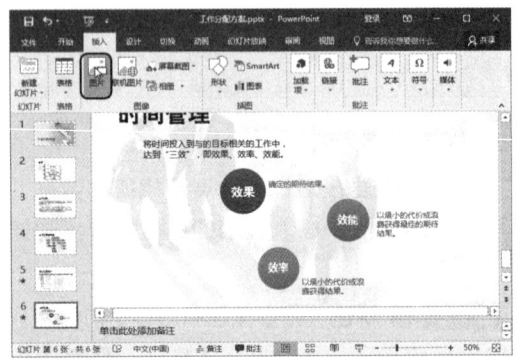

第6步 ❶在弹出的【插入图片】对话框中选择"光盘\素材文件\第10章\思考.jpg"图片；❷单击【插入】按钮，如下图所示。

温馨提示

在【插入图片】对话框中双击需要插入的图片，可快速将双击的图片插入文档中。

第7步 ❶ 调整图片大小,并将其拖动到合适的位置;❷ 在【图片工具/格式】选项卡的【快速样式】下拉列表中选择一种图片样式,如下图所示。

第8步 使用相同的方法制作其他幻灯片,如下图所示。

10.3.3 放映幻灯片

幻灯片制作完成后,就可以开始放映幻灯片了。在放映幻灯片之前,需要先设置幻灯片的切换动画,具体操作步骤如下。

第1步 ❶ 选择第一页的标题文本框,单击【动画】选项卡【动画】组中的【动画样式】下拉按钮;❷ 在弹出的下拉列表中选择一种动画样式,如下图所示。

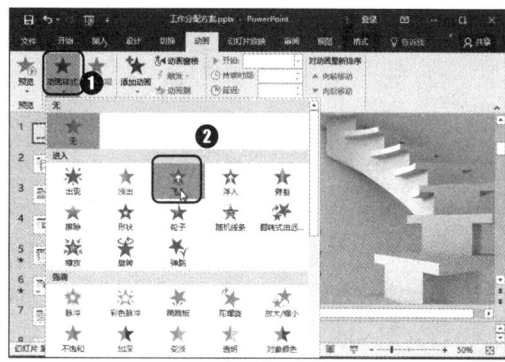

第2步 ❶ 在【计时】组中单击【开始】右侧的下拉按钮;❷ 在弹出的下拉菜单中选择【上一动画之后】选项,如下图所示。

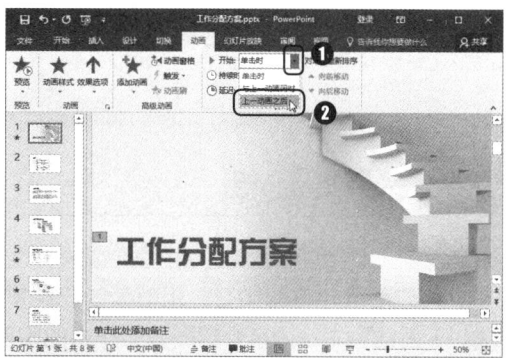

第3步 单击【切换】选项卡【切换到此幻灯片】组中的【其他】下拉按钮,如下图所示。

第4步 在弹出的下拉列表中选择一种切换样式,如下图所示。

Word/Excel/PPT
在文秘与行政管理中的应用

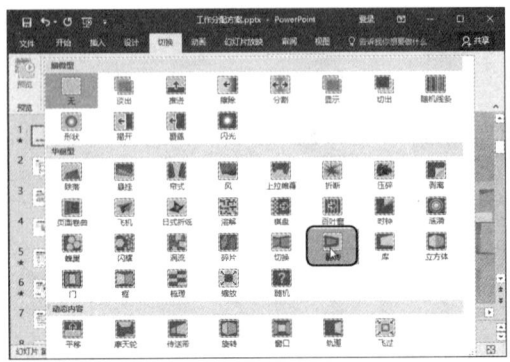

第5步 使用相同的方法为其他幻灯片设置切换样式，然后单击【快速访问工具栏】中的【从头开始】按钮，即可对各个幻灯片对象的动画效果进行查看。放映结束后，按【Esc】键即可退出放映状态，如下图所示。

温馨提示

幻灯片的切换动画很多，如果不知道如何选择幻灯片的切换动画，而又没有特殊的要求，可以选择【随机】选项。

大神支招

通过前面知识的学习，相信读者已经掌握了在文秘与行政工作中会议管理文档的编辑方法。下面结合本章内容介绍一些工作中的实用经验与技巧。

01 插入屏幕截图

📀 视频文件：光盘\视频文件\第10章\01.mp4

制作文档有时会遇到需要将屏幕上的内容插入文档中的情况。此时，可以直接使用屏幕截图功能截取屏幕上的内容，并插入文档中，具体操作步骤如下。

第1步 ❶打开"光盘\素材文件\第10章\会议通知.docx"文件，将光标定位到需要插入屏幕截图的位置；❷单击【插入】选项卡【插图】组中的【屏幕截图】下拉按钮；❸在弹出的下拉列表中将显示屏幕上的活动窗口，单击想要插入文档中的截图内容，如下图所示。

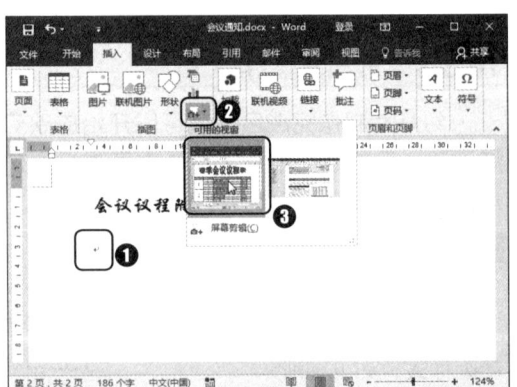

第 10 章
会议管理

第2步 程序将自动截取所选择的活动窗口，并插入到 Word 文档中，如下图所示。

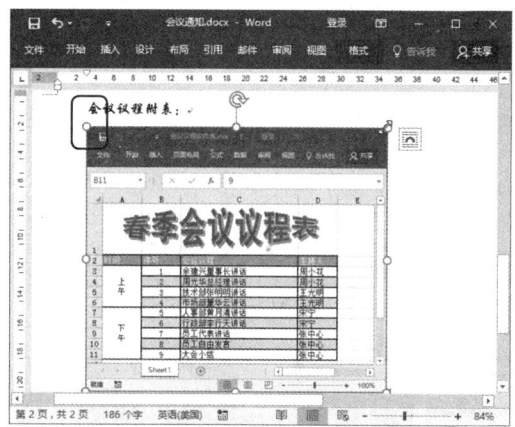

温馨提示

如果要截取部分屏幕内容，可以在【屏幕截图】下拉列表中选择【屏幕剪辑】选项，此时，Word 程序将最小化，并显示屏幕图像，当鼠标指针变为十字形状时，按住鼠标左键拖动以框选要插入的区域，然后松开鼠标左键即可将所选区域插入文档中。

02　避免打印工作表中的错误值

📀 视频文件：光盘\视频文件\第10章\02.mp4

在工作表中使用公式时，可能会因为数据空缺或数据不全等原因而导致返回错误值。在打印工作表时，为了不影响美观，可以通过设置避免打印错误值。

避免打印工作表中的错误值的具体操作步骤如下。

步骤 ❶ 在要进行操作的工作表中打开【页面设置】对话框，切换到【工作表】选项卡；❷ 在【错误单元格打印为】下拉列表中选择【〈空白〉】选项；❸ 单击【确定】按钮即可，如下图所示。

03　将演示文稿制作为视频文件

📀 视频文件：光盘\视频文件\第10章\03.mp4

在放映演示文稿时，为了让演示文稿的放映满足更多的需求，可以将演示文稿制作成视频文件。制作成为视频文件的演示文稿可以使用常用的播放软件进行播放，并能保留演示文稿中的动画、切换效果和多媒体等信息。

将演示文稿制作为视频文件的具体操作步骤如下。

第1步 打开"光盘\素材文件\第 10 章\市场占有率报告.pptx"文件，打开制作的演示文稿，❶ 在【文件】选项卡中单击【导出】→【创建视频】按钮；❷ 在右边页面中可以对将要发布的视频进行详细设置，包括视频大小、是否使用计时和旁白，以及每页幻灯片的播放时间等；❸ 完成后单击【创建视频】按钮，如下图所示。

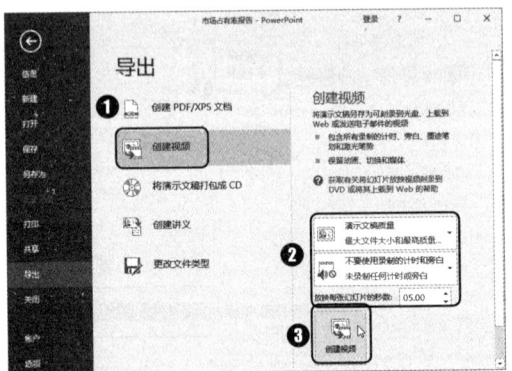

第2步 ❶弹出【另存为】对话框，默认的文件类型为【MPEG-4 视频】，设置文件名及保存路径；❷单击【保存】按钮，如下图所示。

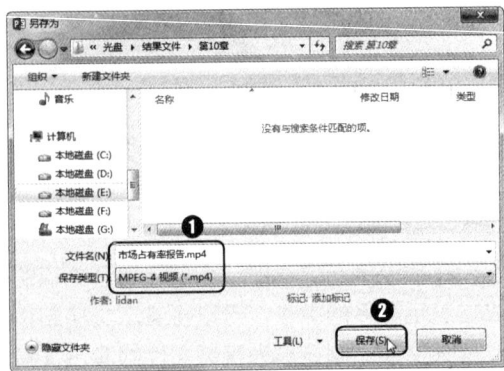

第3步 程序开始制作视频文件，在文档状态栏中可以看到制作进度，在制作过程中不要关闭演示文稿，如下图所示。

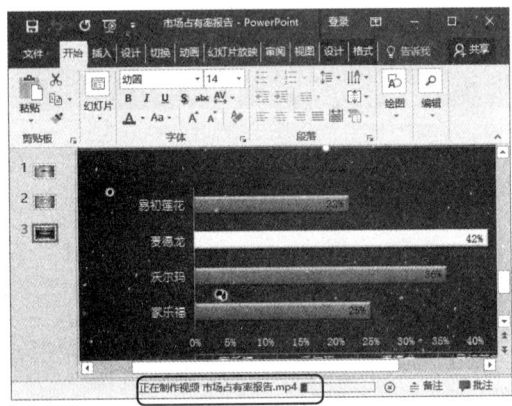

第4步 制作完成后，可以使用常用的视频播放软件进行播放，如 Windows Media Player、暴风影音等，如下图所示。

第 11 章
工作总结与报告

本章导读

在文秘与行政工作中，制作工作总结和报告是最常见的工作内容。本章通过制作市场调查报告、产品销量管理汇总表和年度工作总结与计划文档，介绍在文秘与行政工作中制作工作总结和报告文档的方法，帮助文秘与行政人员轻松、快速、高效地处理数据。

知识要点

- ❖ 使用样式规范文档
- ❖ 在Word中插入图表
- ❖ 插入数据透视表
- ❖ 插入切片器
- ❖ 在PPT中插入表格
- ❖ 在PPT中插入图表

11.1 使用Word制作市场调查报告

案例背景

市场调查报告是一种帮助公司决策的办公文档，是以科学的方法对市场的供求关系、购销状况及消费情况等进行深入细致的研究后，所写成的书面报告。市场调查报告具有较强的针对性，材料必须丰富翔实，以帮助企业了解市场的现状和趋势，增强企业在市场经济大潮中的应变能力和竞争能力，从而有效地促进管理水平的提高。

本例将通过Word制作市场调查报告，制作完成后的效果如下图所示。实例最终效果见"光盘\结果文件\第11章\市场调查报告.docx"文件。

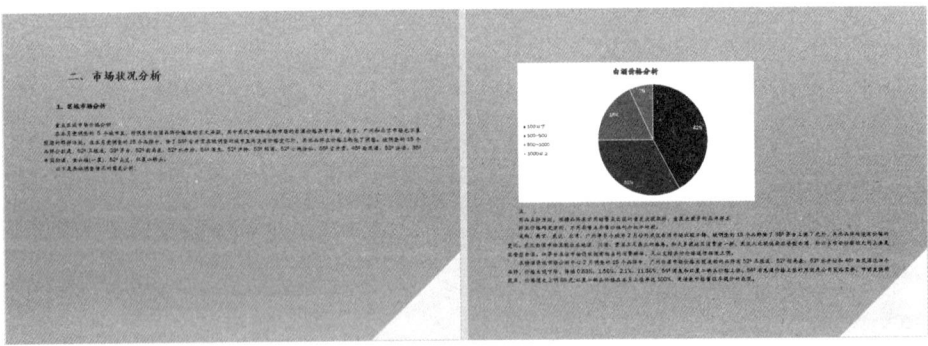

光盘文件	素材文件	光盘\素材文件\第11章\市场调查报告.docx、封面图片.jpg
	结果文件	光盘\结果文件\第11章\市场调查报告.docx
	教学视频	光盘\视频文件\第11章\11.1使用Word制作市场调查报告.mp4

11.1.1 设置报告页面样式

本例要为报告设置页面方向及页面渐变填充，再插入内置封面，具体操作步骤如下。

第 11 章
工作总结与报告

1. 设置纸张方向

在制作文档之前，可以根据需要先设置纸张方向，下面以设置横向页面为例，介绍设置纸张方向的方法。

步骤 ❶ 打开"光盘\素材文件\第 11 章\市场调查报告.docx"文件，在【布局】选项卡中单击【页面设置】组中的【纸张方向】下拉按钮；❷ 在弹出的下拉菜单中选择【横向】命令，如下图所示。

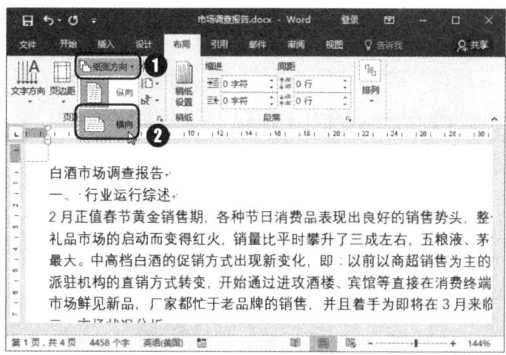

2. 设置渐变填充

根据文档的用途，用户可以为页面设置各种填充方式，如渐变、纹理、图案和图片等，下面以设置渐变填充为例，介绍设置页面颜色的方法。

第1步 ❶ 单击【设计】选项卡【页面背景】组中的【页面颜色】下拉按钮；❷ 在弹出的下拉列表中选择【填充效果】选项，如下图所示。

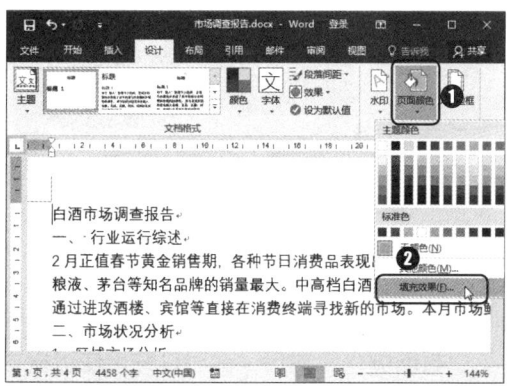

第2步 ❶ 弹出【填充效果】对话框，在【颜色】栏中选中【双色】单选按钮；❷ 在【颜色1】和【颜色2】下拉列表中分别设置需要的颜色；❸ 在【底纹样式】栏中选中【水平】单选按钮；❹ 在【变形】栏中选择一种渐变样式；❺ 单击【确定】按钮，如下图所示。

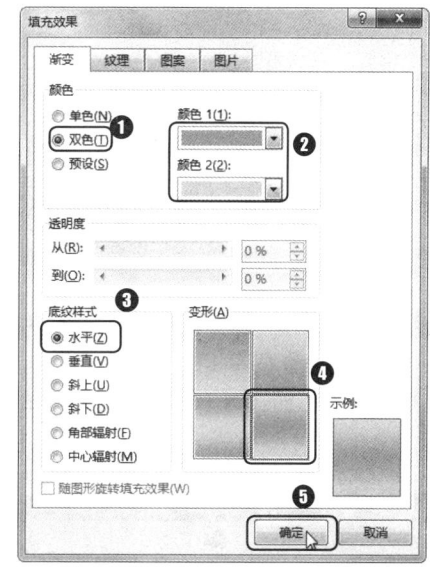

3. 插入封面

使用内置封面可以快速制作出专业、美观的封面，插入封面的具体操作步骤如下。

第1步 ❶ 单击【插入】选项卡【页面】组中的【封面】下拉按钮；❷ 在弹出的下拉列表中选择【运动型】选项，如下图所示。

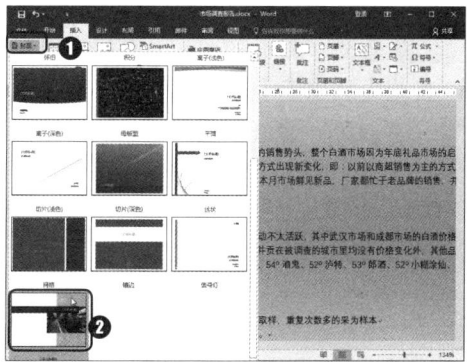

第2步 ❶单击【设计】选项卡【主题】组中的【主题】下拉按钮;❷在弹出的下拉列表中选择一种主题样式,如选择【切片】选项,如下图所示。

第3步 ❶在封面中,单击【年】文本右侧的下拉按钮;❷在弹出的下拉列表中选择制作报告的时间,如选择【今日】选项,如下图所示。

第4步 ❶选中封面的图片,单击【图片工具/格式】选项卡【调整】组中的【更改图片】下拉按钮;❷在弹出的下拉菜单中选择【来自文件】选项,如下图所示。

第5步 ❶弹出【插入图片】对话框,选择"光盘\素材文件\第11章\封面图片.jpg"文件;❷单击【插入】按钮,如下图所示。

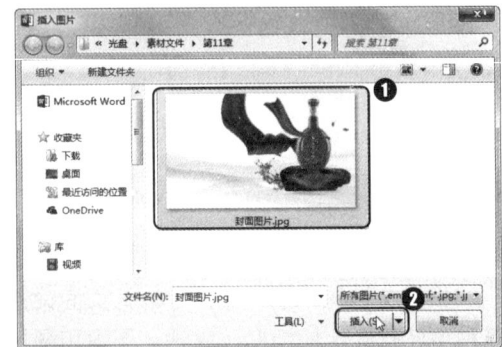

第6步 返回文档主界面,在图片下方输入制作人名称和公司名称即可,如下图所示。

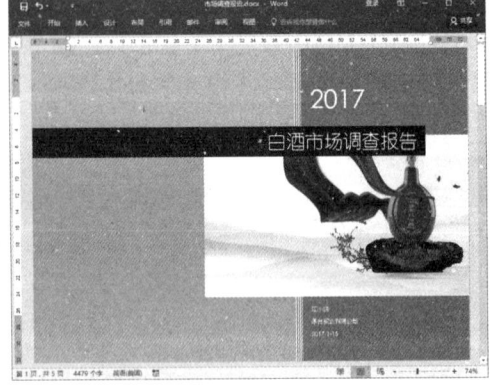

11.1.2 使用样式规范正文样式

封面制作完成后,就可以开始使用样式

第 11 章
工作总结与报告

规范正文的样式了,具体操作步骤如下。

第1步 单击【开始】选项卡【样式】组中的对话框启动器,如下图所示。

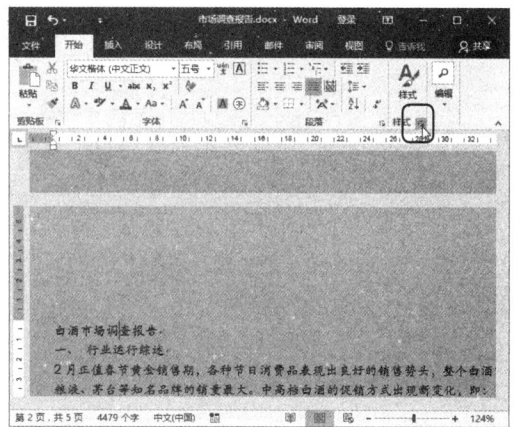

第2步 ❶ 打开【样式】窗格,单击【正文】右侧的下拉按钮;❷ 在弹出的下拉菜单中选择【修改】命令,如下图所示。

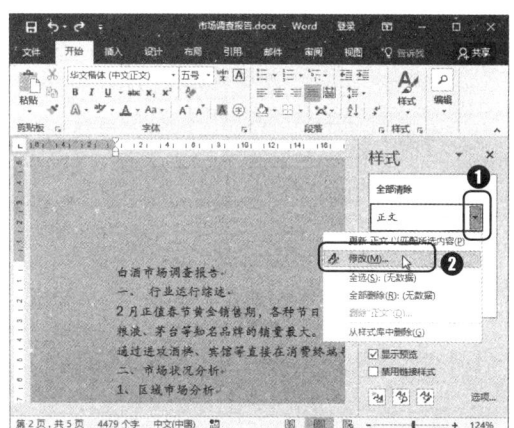

> **教您一招**
> **为样式设置快捷键**
> 在【修改样式】对话框的【格式】下拉列表中,选择【快捷键】命令,可以为样式设置快捷键。设置了快捷键的样式,在使用时只需要按下快捷键即可应用,可以提高工作效率。

第3步 ❶ 打开【修改样式】对话框,单击【格式】下拉按钮;❷ 在弹出的下拉菜单中选择【段落】命令,如下图所示。

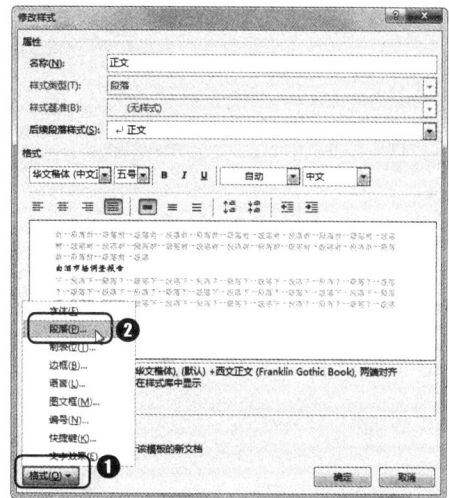

第4步 ❶ 打开【段落】对话框,在【缩进和间距】选项卡中设置【特殊格式】为【首行缩进】,【缩进值】为【2字符】;❷ 依次单击【确定】按钮退出【修改样式】对话框,如下图所示。

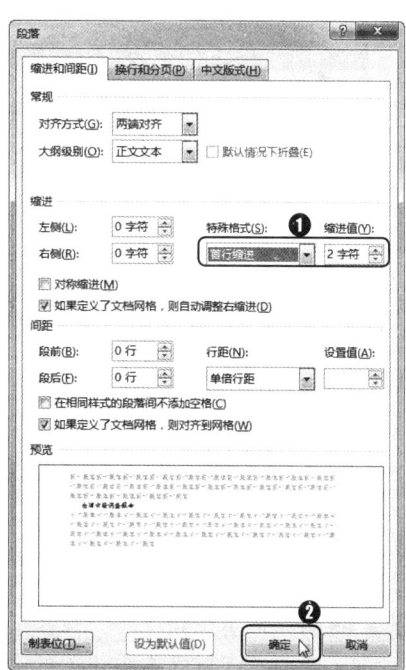

第5步 ❶ 使用相同的方法打开【标题2】的【修改样式】对话框,在【格式】栏中设置字

号为【小四】；❷单击【确定】按钮，如下图所示。

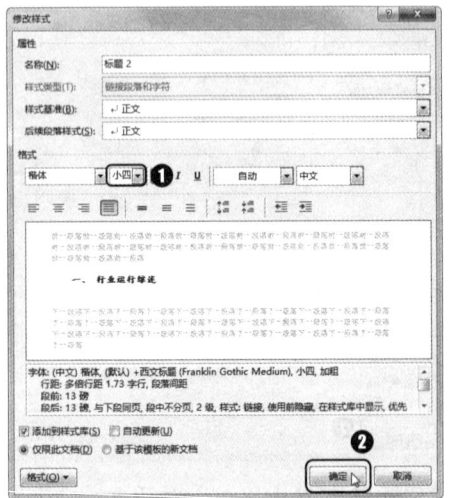

第6步 ❶返回文档中，将光标定位到标题段落；❷选择【样式】窗格中的【标题】选项，即可为标题段落应用该样式，如下图所示。

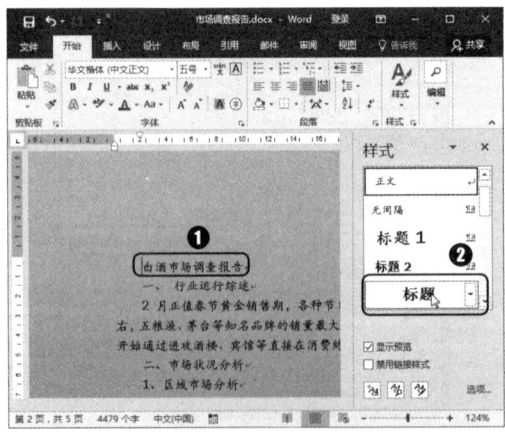

> **温馨提示**
> 正文样式已经在修改样式时为全文自动应用，不需要再重复操作。

第7步 ❶将光标定位到"一、行业运行综述"段落；❷选择【样式】窗格中的【标题1】选项，并为其他相似的段落应用该样式，如下图所示。

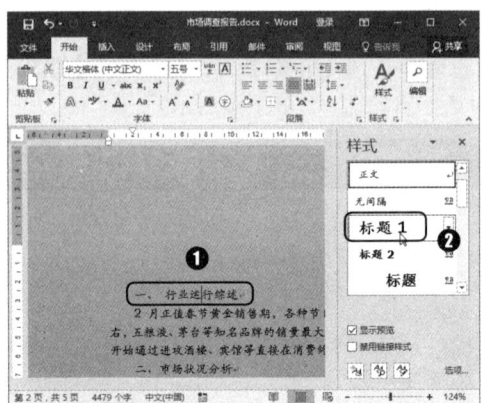

第8步 ❶将光标定位到"1、区域市场分析"段落；❷选择【样式】窗格中的【标题2】选项，并为其他相似的段落应用该样式，如下图所示。

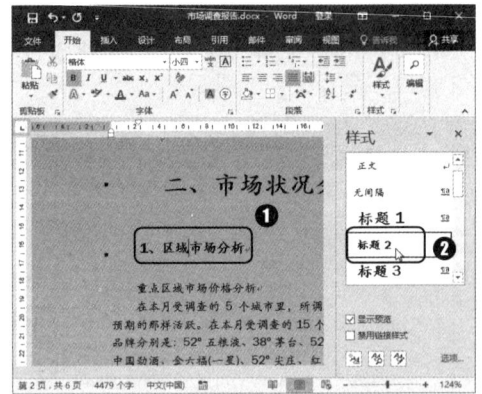

11.1.3 插入图表丰富文档

在市场调查报告中，文字描述固然重要，但插入图表可以让人一目了然地看清市场动态，很多人以为只有在Excel中才可以插入图表，其实Word中的图表也同样精彩。

1. 插入图表

为了让数据更加直接，可以在Word中插入图表，具体操作步骤如下。

第1步 ❶将光标定位到要插入图表的位置；❷单击【插入】选项卡【插图】组中的【图表】按钮，如下图所示。

第 11 章
工作总结与报告

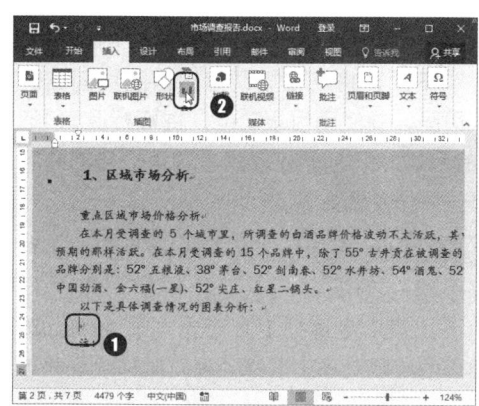

第2步 ❶ 打开【插入图表】对话框，选择一种图表样式，如选择【饼图】选项；❷ 单击【确定】按钮，如下图所示。

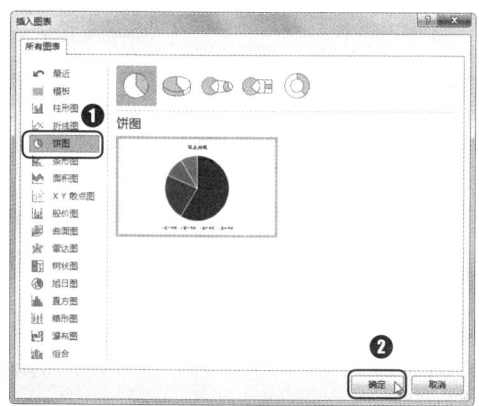

第3步 ❶ 自动启动 Excel 2016，在单元格中输入图表需要显示的数据；❷ 完成后单击【关闭】按钮×即可，如下图所示。

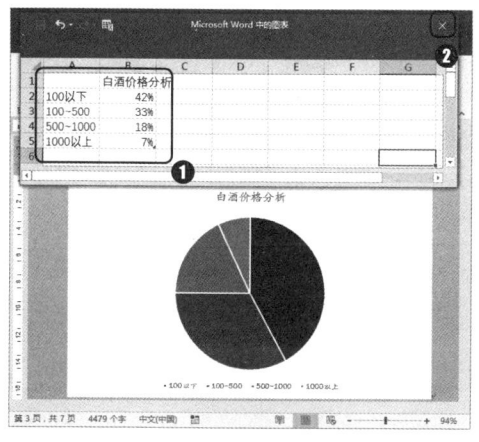

2. 美化图表

在Word中，不仅可以插入图表，还可以美化图表，美化图表的具体操作步骤如下。

第1步 ❶ 选中图表标题；❷ 在【图表工具/格式】选项卡【艺术字样式】组中选择一种艺术字样式，如下图所示。

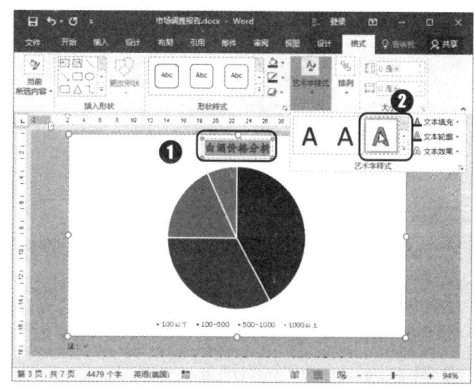

> **温馨提示**
>
> 如果要更改图表标题，也可以选中图表后在文本框中输入需要的标题。

第2步 ❶ 选中图表；❷ 单击【图表工具/设计】选项卡【图表布局】组中的【添加图表元素】下拉按钮；❸ 在弹出的下拉列表中选择【数据标签】选项；❹ 在弹出的级联菜单中选择【数据标签内】选项，如下图所示。

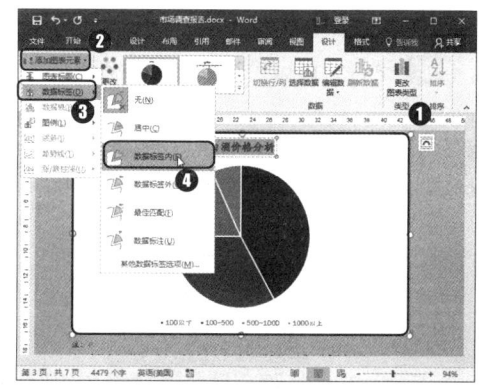

第3步 ❶ 选中图表标签；❷ 单击【开始】选项卡【字体】组中的【字体颜色】下拉按钮 A ▾；❸ 在弹出的下拉列表中选择【白色】

269

选项，如下图所示。

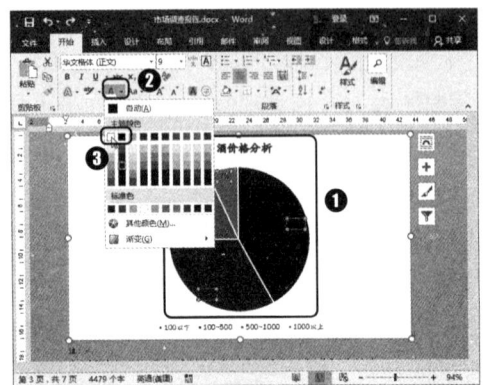

11.1.4 插入页码与目录

下面，将在市场调查报告的页面右侧插入页码，并使用目录功能，提取标题1和标题2的目录，以方便随意查看调查报告的内容。具体操作步骤如下。

第1步 ❶单击【插入】选项卡【页眉和页脚】组中的【页码】下拉按钮；❷在弹出的下拉菜单中选择【页面底端】选项；❸在弹出的级联菜单中选择一种页码样式，如下图所示。

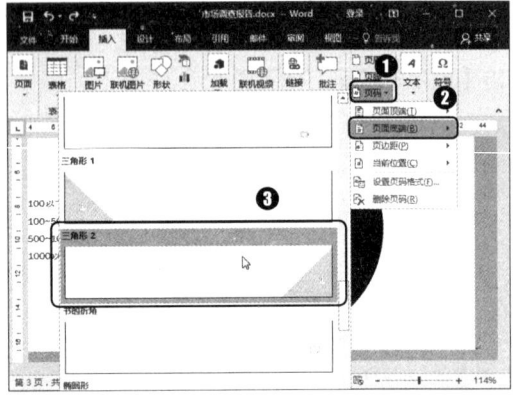

第4步 ❶选中图表，单击【图表工具/设计】选项卡【图表布局】组中的【添加图表元素】下拉按钮；❷在弹出的下拉列表中选择【图例】选项；❸在弹出的级联菜单中选择【左侧】选项，如下图所示。

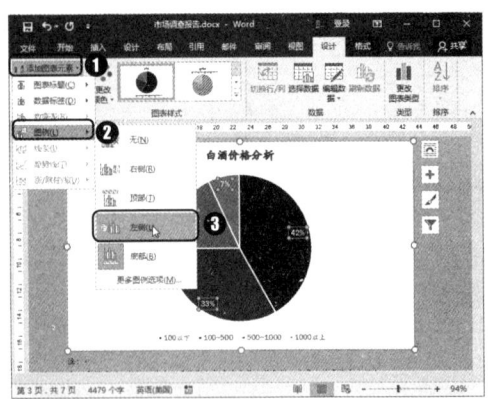

第2步 单击【页眉和页脚工具/设计】选项卡【关闭】组中的【关闭页眉和页脚】按钮，如下图所示。

第5步 设置完成后，图表的最终效果如下图所示。

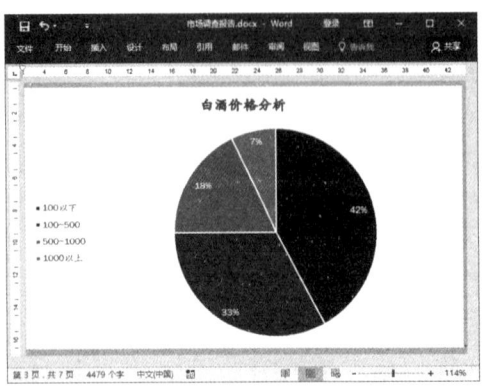

第 11 章
工作总结与报告

> **温馨提示**
> 在添加页码时，如果同时添加了页眉横线，可以将光标定位到页眉中，然后单击【开始】选项卡【字体】组中的【清除所有格式】按钮，即可去除页眉横线。

第3步 ❶ 将光标定位到标题的左侧；❷ 单击【引用】选项卡【目录】组中的【目录】下拉按钮；❸ 在弹出的下拉列表中选择一种内置目录样式，如下图所示。

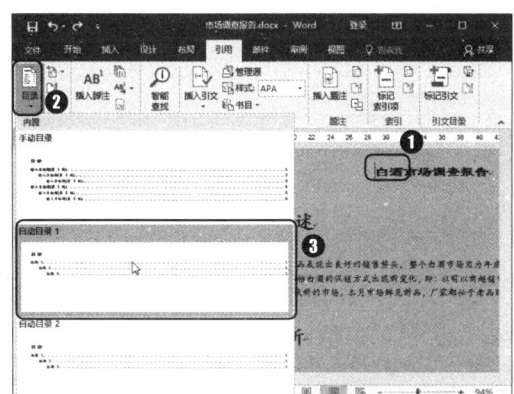

第4步 返回文档，即可查看到目录已经插入，如下图所示。

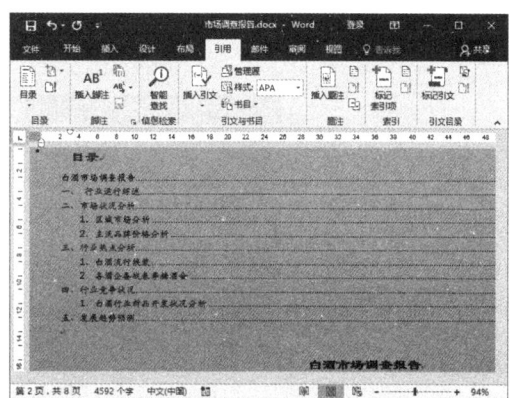

11.2 使用Excel制作产品销量管理汇总表

案例背景

产品销量管理汇总是一个简单汇总系统，用来对销售情况进行统计，并了解一段时间内各员工的总销售额和排名情况。产品销量管理汇总可以让管理者一目了然地查看过去一段时间内公司的销售状况，管理者可以凭借这些数据了解公司的销售业务、管理水平、节省销售人力成本等情况。

本例将制作销售汇总表，制作完成后的效果如下图所示。实例最终效果见"光盘\结果文件\第11章\产品销售管理系统.xlsx"文件。

271

Word/Excel/PPT
在文秘与行政管理中的应用

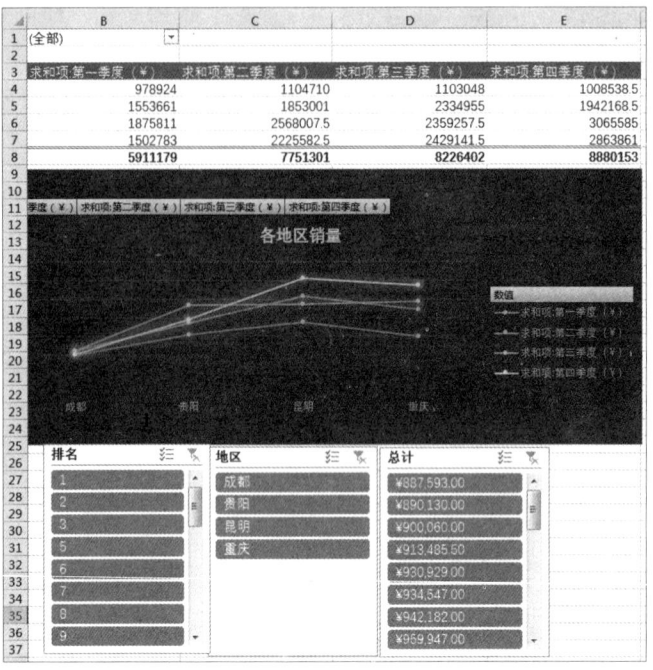

光盘文件	素材文件	无
	结果文件	光盘\结果文件\第11章\产品销售管理系统.xlsx
	教学视频	光盘\视频文件\第11章\11.2使用Excel制作产品销量管理汇总表.mp4

11.2.1 制作产品销售统计表

本例首先制作产品销售数据统计表，在输入数据后对数据进行求和和排序的操作，具体操作步骤如下。

第1步 ❶ 新建一个名为"产品销售管理系统"的工作簿，将【Sheet1】工作表命名为【产品销售统计表】；❷ 在工作表中输入数据，并对其单元格格式、字体、字号、行高、列宽、单元格样式等进行设置，如下图所示。

第2步 选择C3：F3 单元格区域，单击【开始】选项卡【编辑】组中的【自动求和】按钮Σ，计算出第一位员工一年的总销售额，然

后选择 G3 单元格，向下填充公式计算出其他员工的总销售额，如下图所示。

温馨提示

在按销售额排名的过程中，用到了 RANK.EQ 函数，这个函数用于返回某个数值在数字列表中的排位情况。因此，公式 "=RANK.EQ(G3,$G$3：$G$30)" 表示的含义是：对 G3：G30 单元格区域的数据进行排序。其中 G3 是指需要进行排序的单元格，$G$3：$G$30 是指绝对引用 G1：G30 单元格区域的数值列表。

第3步 选择 H3 单元格，在编辑栏中输入公式 "=RANK.EQ(G3,$G$3：$G$30)"，按【Enter】键计算出结果，然后将公式填充到 H4：H30 单元格区域，计算出其他员工的排名，如下图所示。

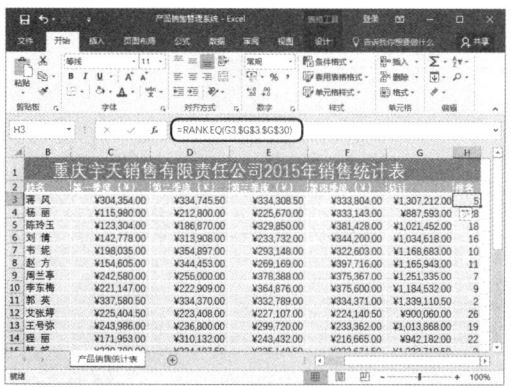

第4步 ❶选择 H3：H30 单元格区域，在【数据】选项卡【排序和筛选】组中单击【排序】按钮；❷在打开的【排序】对话框中设置【主要关键字】为【排名】，【排序依据】为【数值】，【次序】为【升序】；❸单击【确定】按钮，如下图所示。

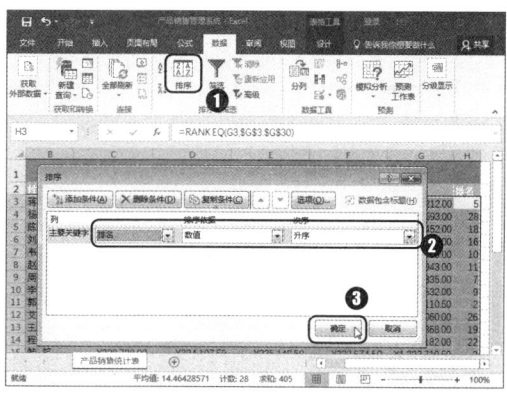

11.2.2 插入数据透视表汇总数据

创建数据透视表和数据透视图可以对产品销量统计表进行详细的分析，包括按地区分析和按季度进行分析，具体操作步骤如下。

第1步 ❶选择 A3：G30 单元格区域；❷单击【插入】选项卡【图表】组中的【数据透视图】按钮，如下图所示。

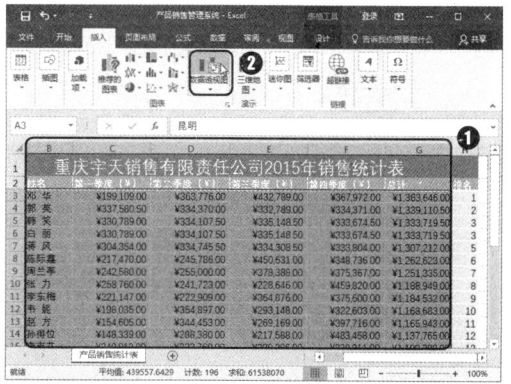

第2步 打开【创建数据透视图】对话框，保持默认设置不变，单击【确定】按钮，如下图所示。

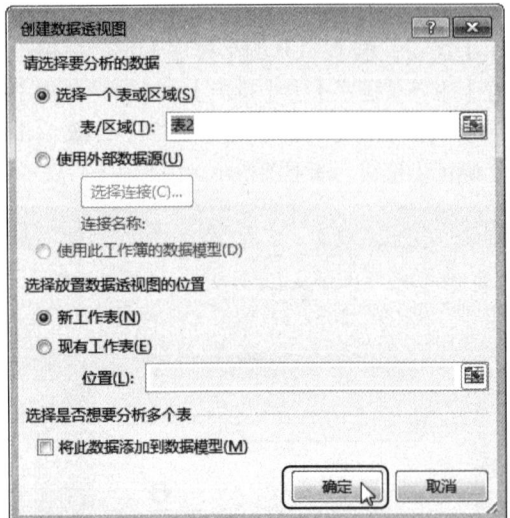

第3步 ❶将新建工作表命名为"产品销量数据透视图";❷将【选择要添加到报表的字段】中【姓名】复选框拖动到【在以下区域间拖动字段】栏中的【筛选】列表框中,如下图所示。

温馨提示

在数据透视表的【地区】行右击,在弹出的快捷菜单中选择【显示详细信息】命令,可以在新建的工作表中显示该地区的详细销售数据。

第4步 在【数据透视表字段】窗格中,选中【要添加到报表的字段】列表框中的地区和季度相关的复选框,数据将分别添加到【行】和【值】列表框,如下图所示。

第5步 ❶选择数据透视图;❷单击【数据透视图工具/设计】选项卡【类型】组中的【更改图表类型】按钮,如下图所示。

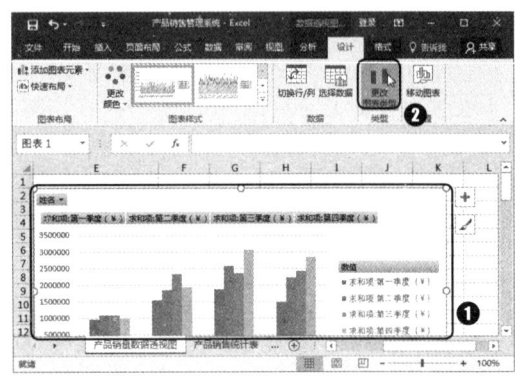

第6步 ❶打开【更改图表类型】对话框,在【折线图】选项卡中选择一种折线图样式;❷单击【确定】按钮,如下图所示。

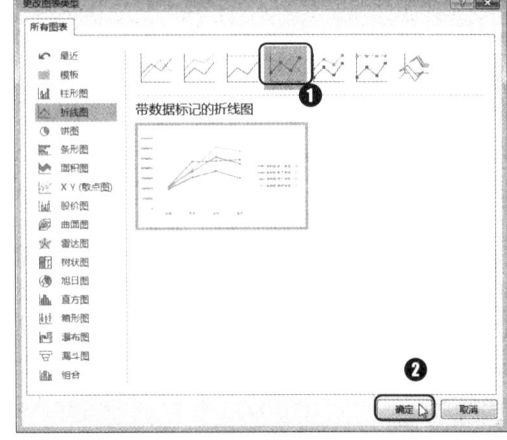

第 11 章
工作总结与报告

第7步 ❶选中图表；❷单击【数据透视图工具/设计】选项卡【图表布局】组中的【添加图表元素】下拉按钮；❸在弹出的下拉菜单中选择【图表标题】选项；❹在弹出的级联菜单中选择【图表上方】选项，如下图所示。

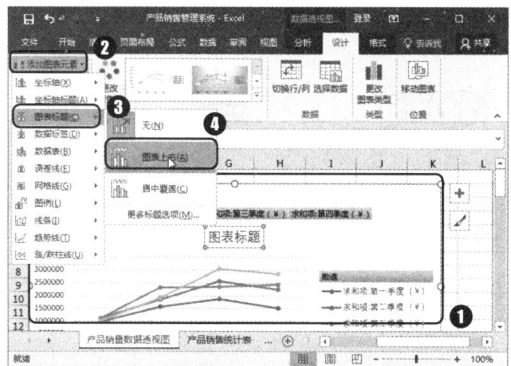

第8步 输入标题文本"各地区销量"，如下图所示。

第9步 ❶选中数据透视表任意单元格；❷在【数据透视图工具/设计】选项卡的【数据透视表样式】组中选择一种样式，如下图所示。

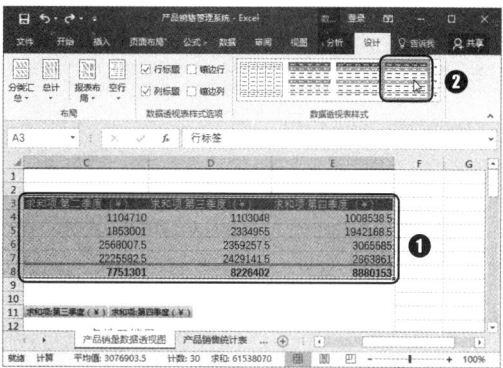

第10步 ❶选中图表；❷在【数据透视图工具/设计】选项卡的【图表样式】组中选择一种图表样式，如下图所示。

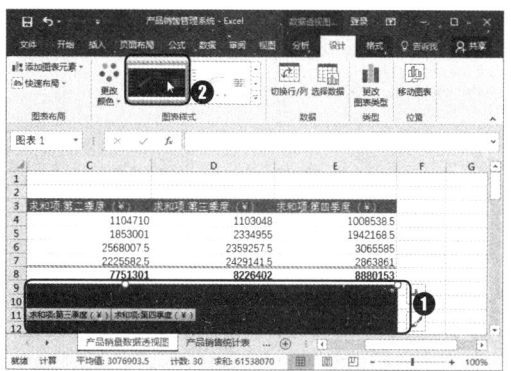

11.2.3 插入切片器

在数据透视表中使用切片器可以更快速地筛选数据，而且，切片器还会清晰地标记已应用的筛选器，提供详细的信息指示当前的筛选状态，从而便于其他用户能够轻松、准确地了解已筛选的数据透视表中所显示的内容，具体操作步骤如下。

第1步 ❶将鼠标光标定位到数据透视表的任意单元格中；❷单击【数据透视表/分析】选项卡【筛选】组中的【插入切片器】按钮，如下图所示。

| 275 |

Word/Excel/PPT
在文秘与行政管理中的应用

第2步 打开【插入切片器】对话框，❶ 选中【地区】【总计】【排名】复选框；❷ 单击【确定】按钮，如下图所示。

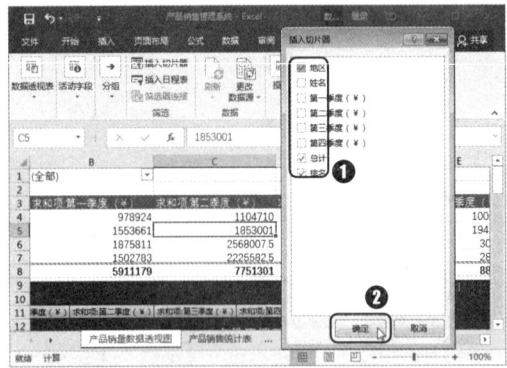

> **教您一招**
>
> **快速插入切片器**
> 　　选中数据透视表中的任意单元格后，单击【插入】选项卡【筛选器】组中的【切片器】按钮，也可插入切片器。

第3步 ❶ 按住【Ctrl】键不放，选择所有创建的切片器；❷ 在【切片器工具/选项】选项卡的【切片器样式】组中设置切片器样式，如下图所示。

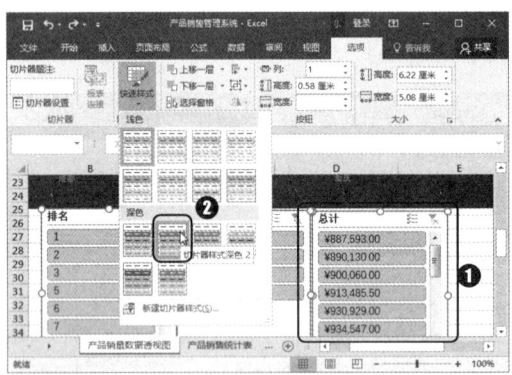

第4步 在"地区"切片器中选择相关选项，在数据透视图和数据透视表中显示相关的数据，如下图所示。

11.3 使用PPT制作年度工作总结与计划

案例背景

　　工作总结与计划是商务行政活动中使用范围很广的一种公文，机关、团体、企事业单位的各级机构，对一定时期的工作预告做出安排和打算时，都要制订工作计划。对于规模较大的企业来说，人员多、部门多，所存在的问题也多，常常出现沟通不及时的情况，此时，计划的重要性就体现出来了。

第 11 章
工作总结与报告

本例将制作年度工作总结与计划，制作完成后的效果如下图所示。实例最终效果见"光盘\结果文件\第11章\年度工作总结.pptx"文件。

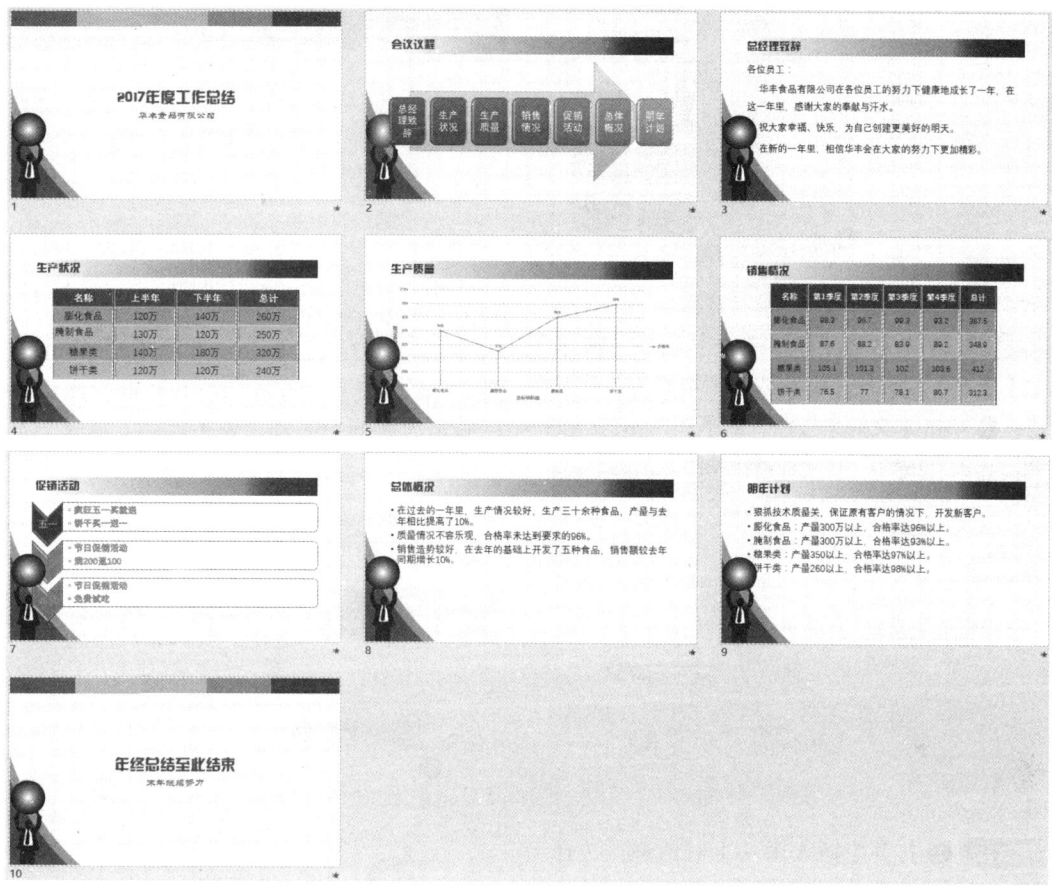

光盘文件	素材文件	光盘\素材文件\第11章\背景.jpg
	结果文件	光盘\结果文件\第11章\年度工作总结.pptx
	教学视频	光盘\视频文件\第11章\11.3使用PPT制作年度工作总结与计划.mp4

11.3.1 编辑幻灯片母版

为了统一格式，本例首先要设置幻灯片母版的背景图片，然后再统一标题文本的样式，具体操作步骤如下。

第1步 ❶ 新建一个名为"年度工作总结"的演示文稿，切换到【幻灯片母版】视图，在【幻灯片母版】选项卡中单击【背景】组中的【背景样式】下拉按钮；❷ 在弹出的下拉列表中选择【设置背景格式】选项，如下图所示。

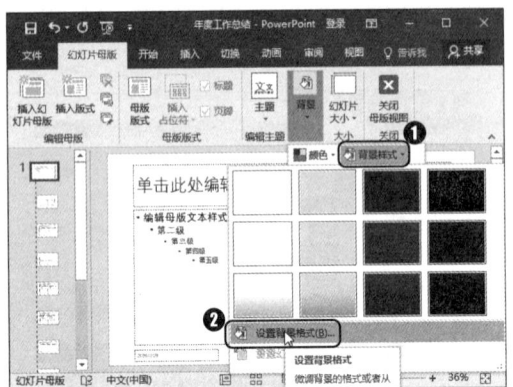

第2步 打开【设置背景格式】窗格，❶选中【填充】栏中的【图片或纹理填充】单选按钮；❷单击【文件】按钮，如下图所示。

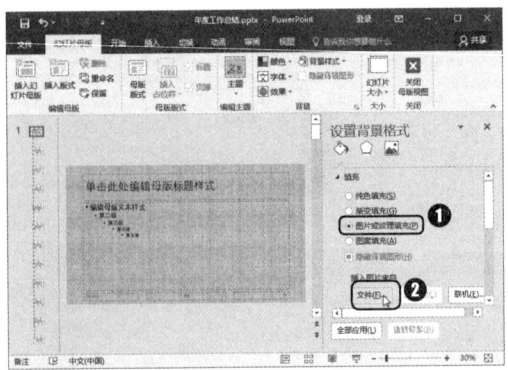

第3步 ❶打开【插入图片】对话框，选择"光盘\素材文件\第11章\背景.jpg"文件；❷单击【插入】按钮，如下图所示。

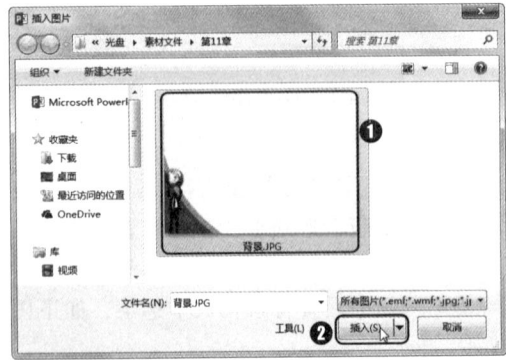

第4步 ❶返回【设置背景格式】窗格，单击【全部应用】按钮，将背景应用到所有幻灯片母版中；❷单击【关闭】按钮，关闭【设置背景格式】窗格，如下图所示。

第5步 ❶选择第2张幻灯片母版；❷选中标题和副标题文本框，在【开始】选项卡的【字体】组中设置字体格式；❸使用【矩形】工具在页面上方绘制如图所示的矩形，并设置形状样式，如下图所示。

第6步 使用相同的方法绘制其他矩形，并分别设置矩形的形状样式，如下图所示。

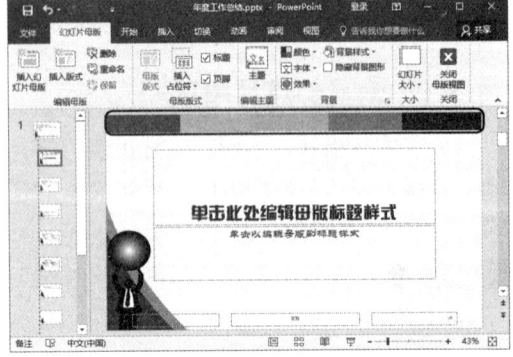

第 11 章
工作总结与报告

第7步 ❶ 选择第 3 张幻灯片母版；❷ 在标题文本框上右击；❸ 在弹出的快捷菜单中选择【设置形状格式】命令，如下图所示。

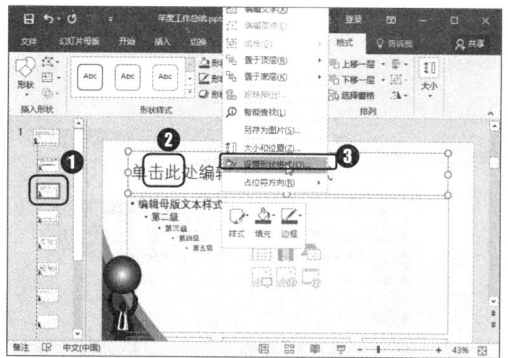

第8步 ❶ 打开【设置形状格式】窗格，在【填充】栏中选中【渐变填充】单选按钮；❷ 在【方向】下拉列表中选择渐变方向，如下图所示。

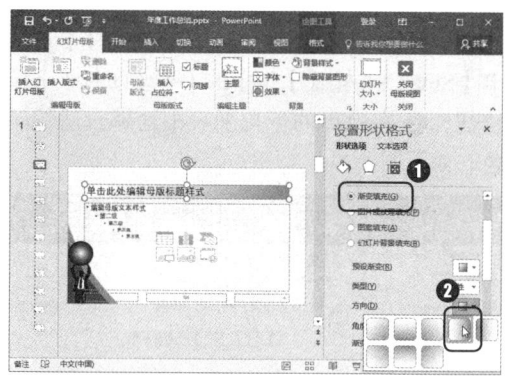

第9步 分别选择渐变光圈中的滑块设置渐变填充的颜色，如下图所示。

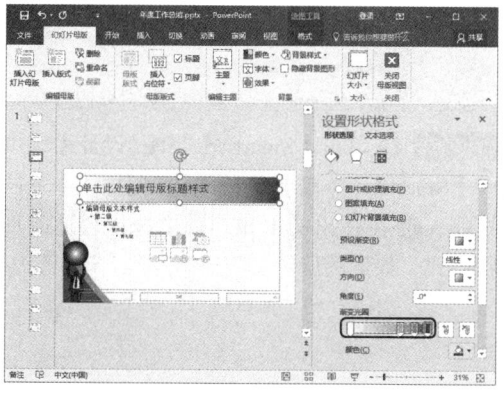

第10步 在【开始】选项卡的【字体】组中设置标题的字体样式，完成后关闭幻灯片母版视图即可，如下图所示。

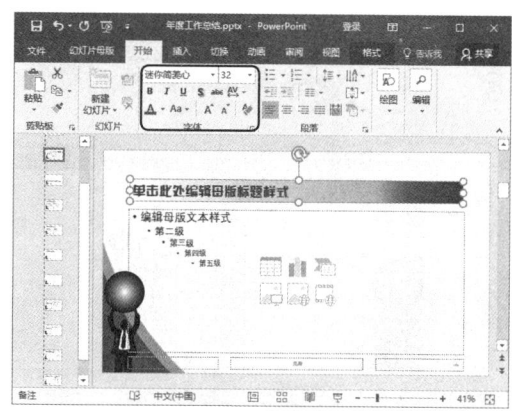

11.3.2 插入SmartArt图形制作目录页

使用SmartArt图形可以快速制作出样式美观的目录页。

1. 插入SmartArt图形

下面介绍在幻灯片中插入SmartArt图形并编辑文本内容的方法，具体操作步骤如下。

第1步 在封面页输入标题和副标题，如下图所示。

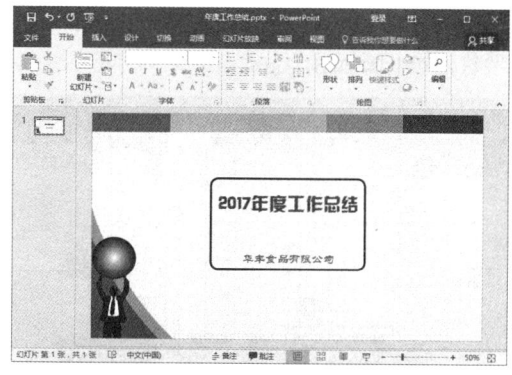

第2步 ❶ 选择第 1 张幻灯片，按【Enter】键新建一张幻灯片，默认格式为【标题和内

279

容】版式；❷输入标题文本；❸单击内容占位符中的【插入 SmartArt 图形】按钮，如下图所示。

第3步 ❶打开【选择 SmartArt 图形】对话框，在列表框中选择【连续块状流程】选项；❷单击【确定】按钮，如下图所示。

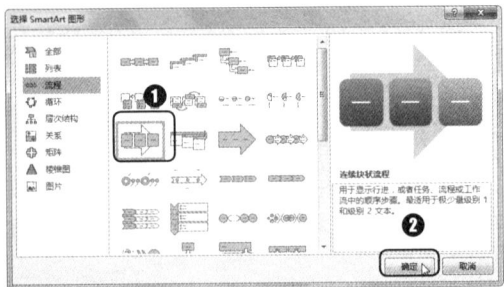

第4步 ❶选择其中的一个形状；❷连续单击【SmartArt 工具/设计】选项卡【创建图形】组中的【添加形状】按钮4次，添加4个形状，如下图所示。

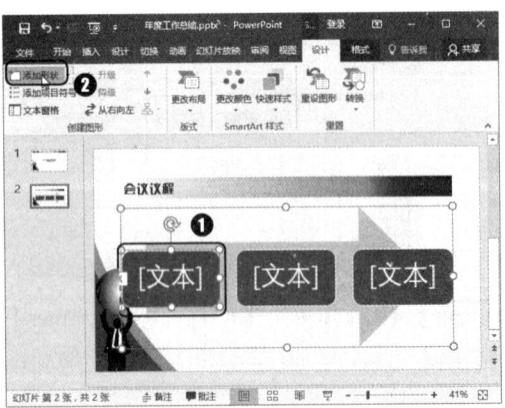

第5步 在 SmartArt 图形中输入文本内容，如下图所示。

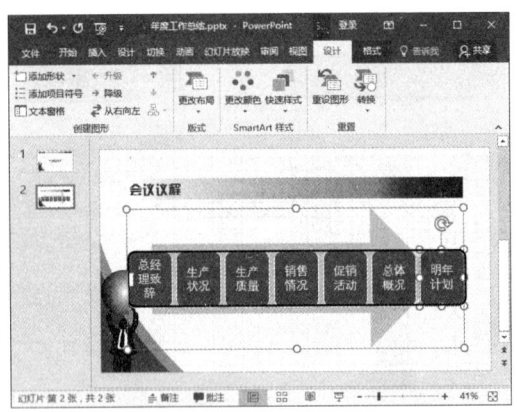

2. 美化SmartArt图形

SmartArt图形中的文本内容编辑完成后，可以使用快速样式美化图形，具体操作步骤如下。

第1步 ❶单击【SmartArt 工具/设计】选项卡【SmartArt 样式】组中的【更改颜色】下拉按钮；❷在弹出的下拉列表中选择合适的颜色，如下图所示。

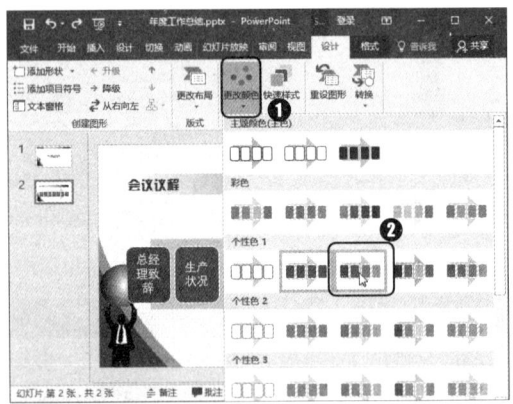

第2步 ❶单击【SmartArt 工具/设计】选项卡【SmartArt 样式】组中的【快速样式】下拉按钮；❷在弹出的下拉列表中选择合适的形状样式，如下图所示。

第 11 章
工作总结与报告

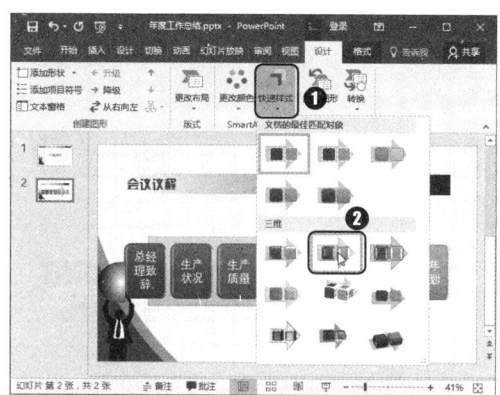

第3步 设置完成后,效果如下图所示。

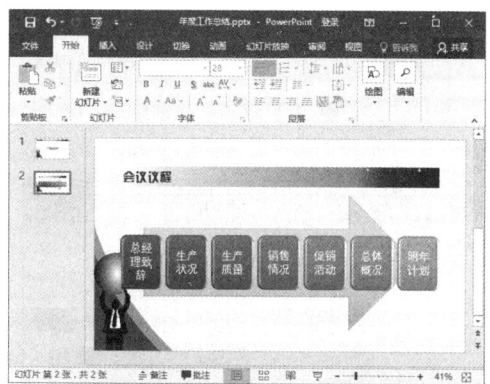

温馨提示

利用"SmartArt图形"可以很快地制作这种树形结构,若格式设置得当,能够做出非常专业的效果。但是利用"SmartArt图形"制作树形结构图时也有其局限性,那就是不能制作结构太复杂的图形,若层次结构过于复杂,建议使用"Microsoft Visio"软件进行绘制。

11.3.3 插入表格

表格可以直观地向观看者展示数据,将数据分门别类地放置在表格中,可以使表格数据一目了然,在工作总结中插入表格的具体操作步骤如下。

第1步 ❶新建一张"标题和内容"版式的幻灯片;❷在占位符中输入标题和内容;

❸单击【开始】选项卡【段落】组中的【项目符号】按钮,取消自动添加的项目符号,如下图所示。

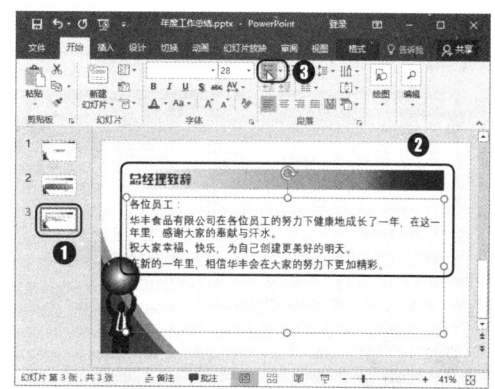

第2步 ❶选中内容文本中除第一行的其他文本;❷单击【开始】选项卡【段落】组中的对话框启动器,如下图所示。

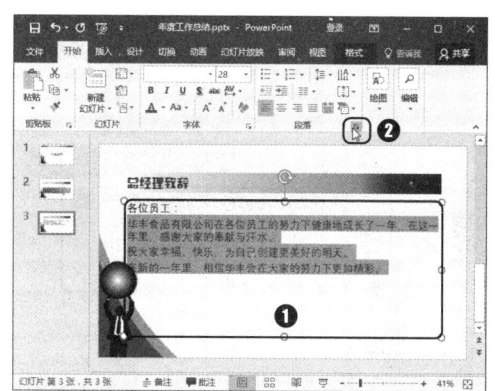

第3步 ❶打开【段落】对话框,设置【特殊格式】为【首行缩进】,【度量值】为默认;❷设置【行距】为【1.5倍行距】;❸单击【确定】按钮,如下图所示。

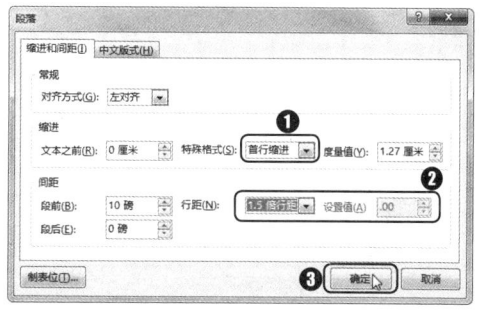

Word/Excel/PPT
在文秘与行政管理中的应用

第4步 ❶ 新建一张"仅标题"版式的幻灯片，输入标题内容；❷ 单击内容占位符中的【插入表格】按钮；❸ 在弹出的【插入表格】对话框中设置【列数】为【4】，【行数】为【5】。单击【确定】按钮，如下图所示。

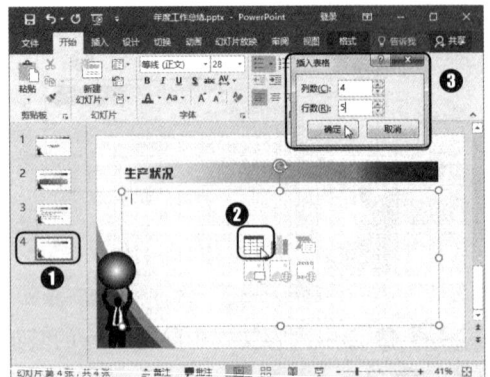

第5步 在表格中输入数据内容，如下图所示。

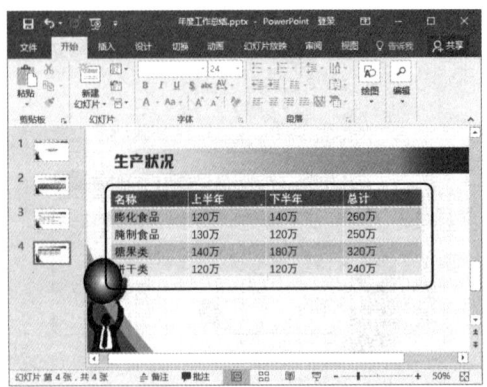

第6步 拖动表格四周的控制点，调整表格的大小，如下图所示。

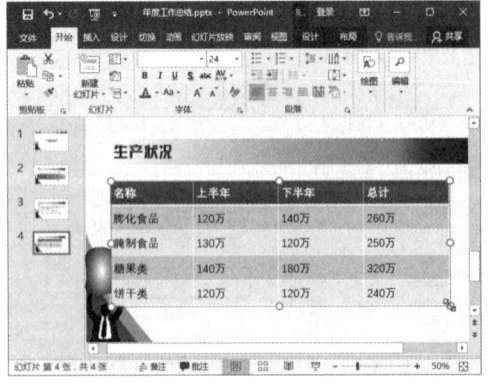

第7步 在【开始】选项卡的【字体】组中分别设置第一行和第2~5行的字体格式，如下图所示。

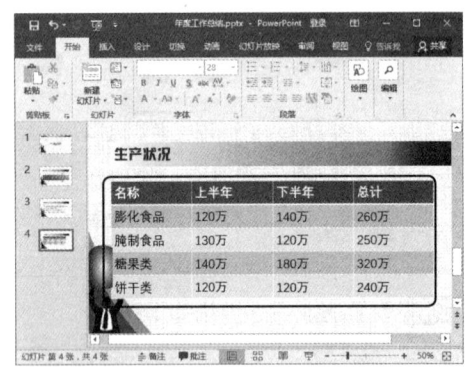

第8步 ❶ 选择所有表格内容；❷ 单击【表格工具/布局】选项卡【对齐方式】组中的【居中】按钮和【垂直居中】按钮，如下图所示。

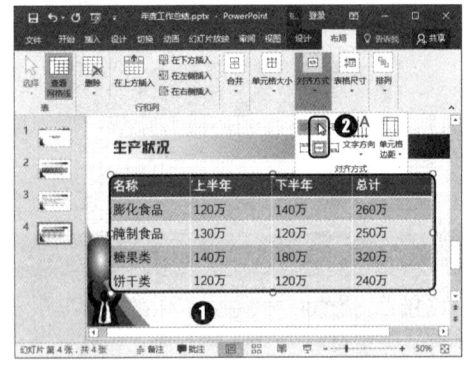

第9步 ❶ 单击【表格工具/布局】选项卡的【排列】组中的【对齐】下拉按钮；❷ 在弹出的下拉菜单中选择【水平居中】选项，如下图所示。

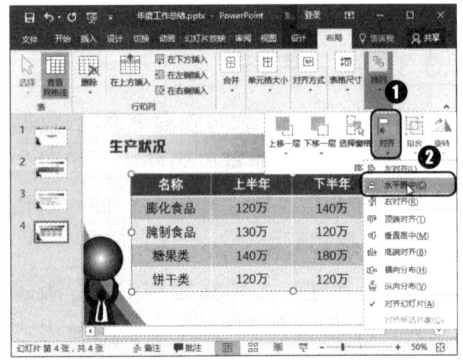

| 282 |

第 11 章
工作总结与报告

第10步 ❶ 在【表格工具 / 设计】选项卡的【表格样式】组中单击【效果】下拉按钮；❷ 在弹出的下拉菜单中选择【单元格凹凸效果】选项；❸ 在弹出的级联菜单中选择一种棱台样式，如下图所示。

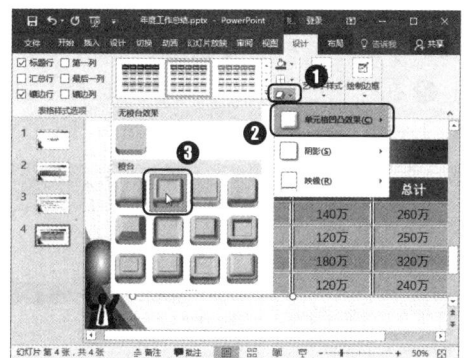

温馨提示

为表格设置了棱台样式之后，可以发现表格看起来会更加立体。

11.3.4 制作图表幻灯片

图表是以数据对比的方式来显示数据的，可以轻松地表现数据之间的关系，对于抽象的表格数据来说，图表显示更加直观。制作图表的具体操作步骤如下。

第1步 ❶ 新建一张"标题和内容"版式的幻灯片，在标题文本框中输入标题文本；❷ 单击内容占位符中的【插入图表】按钮，如下图所示。

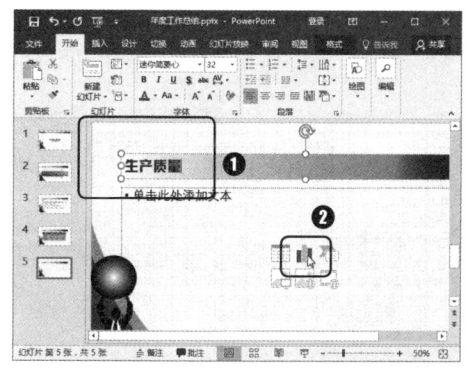

第2步 ❶ 打开【插入图表】对话框，选择图表类型；❷ 单击【确定】按钮，如下图所示。

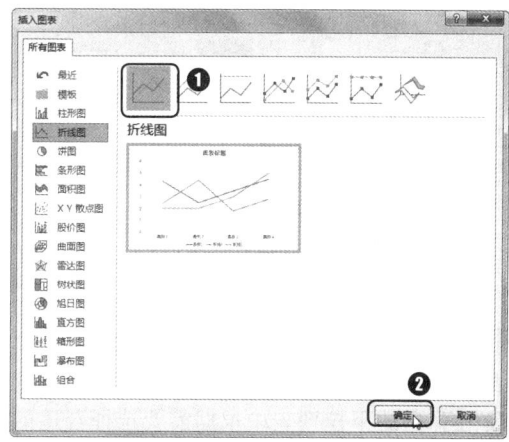

第3步 ❶ 系统自动启动 Excel 2016，在单元格中输入数据；❷ 选中不需要的单元格区域并右击；❸ 在弹出的快捷菜单中选择【删除】→【表列】命令；❹ 完成后单击【关闭】按钮，退出 Excel 2016，如下图所示。

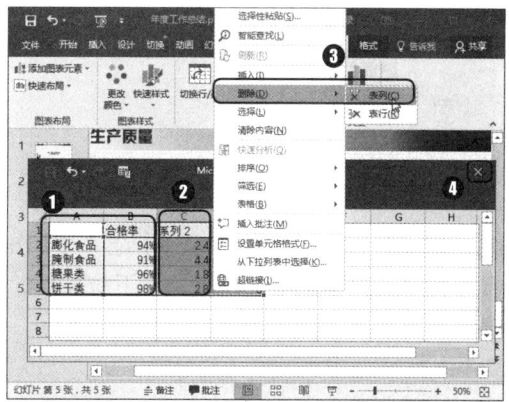

第4步 ❶ 返回幻灯片编辑页面，选择图表；❷ 在【图表工具 / 设计】选项卡【图表样式】组中单击【快速样式】下拉按钮；❸ 在弹出的下拉列表中根据需要选择合适的图表样式，如下图所示。

| 283 |

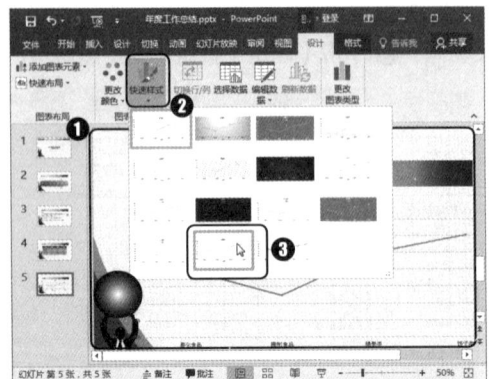

第5步 ❶ 在【图表工具/设计】选项卡【图表样式】组中单击【更改颜色】下拉按钮；❷ 在弹出的下拉列表中根据需要选择合适的颜色样式，如下图所示。

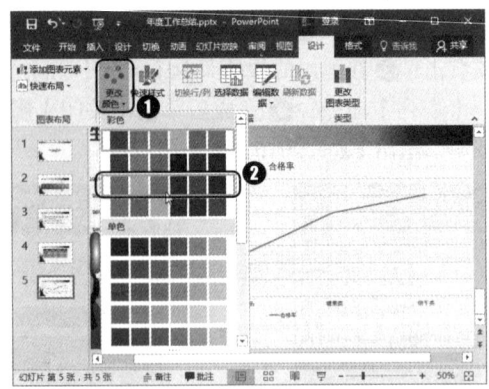

第6步 ❶ 在【图表工具/设计】选项卡【图表布局】组中单击【快速布局】下拉按钮；❷ 在弹出的下拉列表中选择一种图表布局，如下图所示。

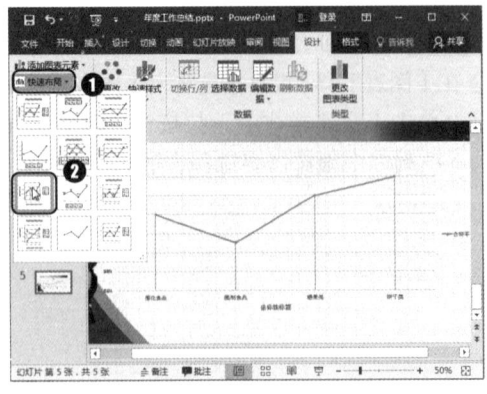

> **温馨提示**
>
> 在美化图表时，根据实际情况，设置得简洁、美观、大方就可以了，切忌过度追求完美，否则会耗费过多的精力与时间。

第7步 ❶ 在【图表工具/设计】选项卡【图表布局】组中单击【添加图表元素】下拉按钮；❷ 在弹出的下拉列表中依次选择【数据标签】→【上方】选项，如下图所示。

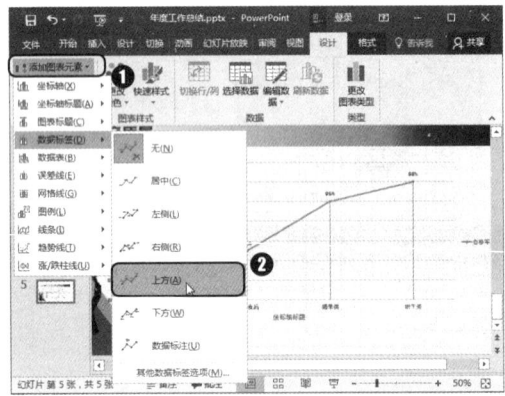

11.3.5 制作其他幻灯片和结束页

幻灯片文档内容制作完成后，还需要为文档设置封底效果。封底和封面的效果在设计上应该和谐统一，本例的封底效果也比较简单，具体操作步骤如下。

第1步 使用前文所学的方法新建一张幻灯片，并制作"销售情况"表格，如下图所示。

第 11 章
工作总结与报告

第2步 新建幻灯片,插入 SmartArt 图形并设置快速样式,如下图所示。

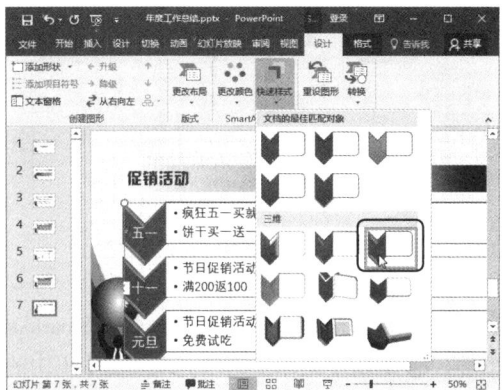

第3步 为 SmartArt 图形设置主题颜色,如下图所示。

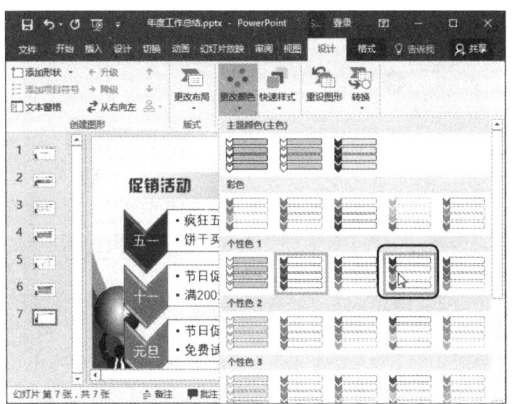

第4步 在【SmartArt 工具/格式】选项卡的【艺术字样式】组中设置艺术字样式,如下图所示。

第5步 新建一张"标题和内容"版式的幻灯片,在占位符中输入"总体概况"标题和内容文本,如下图所示。

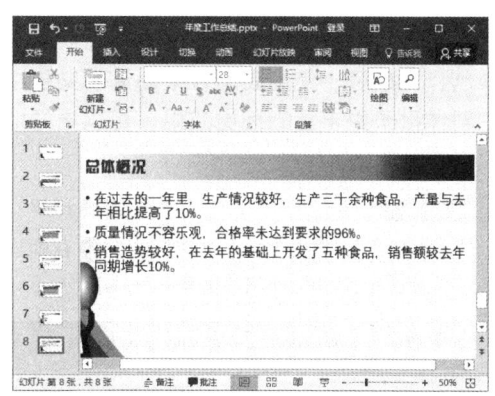

第6步 新建一张"标题和内容"版式的幻灯片,在占位符中输入"明年计划"标题和内容文本,如下图所示。

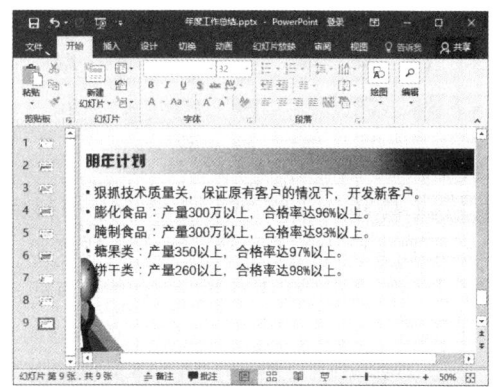

第7步 新建一张"标题幻灯片"版式的幻灯片,在占位符中输入结束页的内容,如下图所示。

11.3.6 设置切换和播放效果

一个好的演示文稿，除了有丰富的文本内容之外，还要有合理的排版设计、鲜明的色彩搭配，以及得体的动画效果。在演示文稿制作完成后，使用动画效果为演示文稿中的对象赋予更丰富的视觉效果，可以更好地吸引观看者，具体操作步骤如下。

第1步 ❶ 单击【切换】选项卡【切换到此幻灯片】组中的【切换效果】下拉按钮；❷ 在弹出的下拉列表中选择一种切换效果，如下图所示。

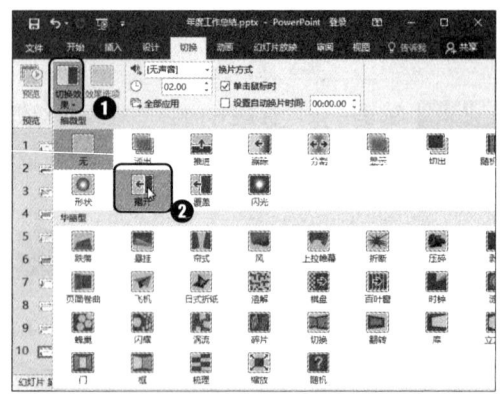

第2步 ❶ 单击【切换】选项卡【切换到此幻灯片】组中的【效果选项】下拉按钮；❷ 在弹出的下拉菜单中选择切换效果的方向，如下图所示。

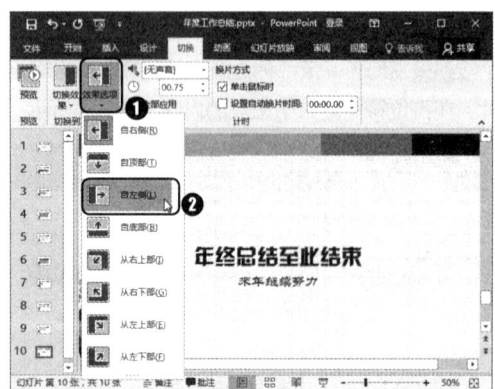

第3步 ❶ 在【切换】选项卡【计时】组中的【声音】列表中选择切换时的声音；❷ 单击【全部应用】按钮，如下图所示。

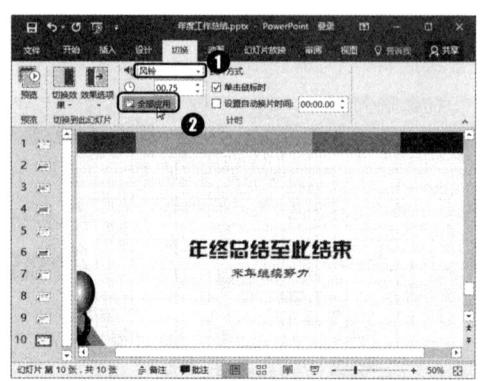

第4步 ❶ 选择第2张幻灯片，选中SmartArt图形；❷ 单击【动画】选项卡【动画】组中的【动画样式】下拉按钮；❸ 在弹出的下拉列表中选择【更多进入效果】选项，如下图所示。

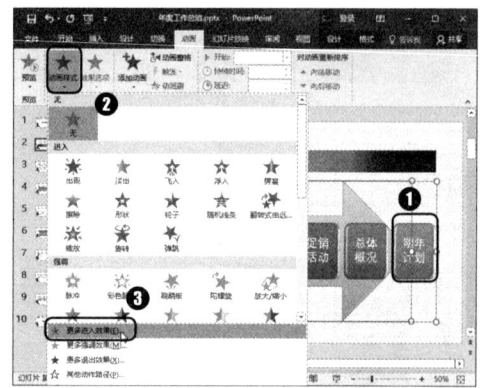

第5步 打开【更改进入效果】对话框，❶ 在列表框中选择动画效果；❷ 单击【确定】按钮，如下图所示。

第11章
工作总结与报告

第6步 ❶单击【动画】选项卡【动画】组中的【效果选项】下拉按钮；❷在弹出的下拉列表中选择【逐个】选项，如下图所示。

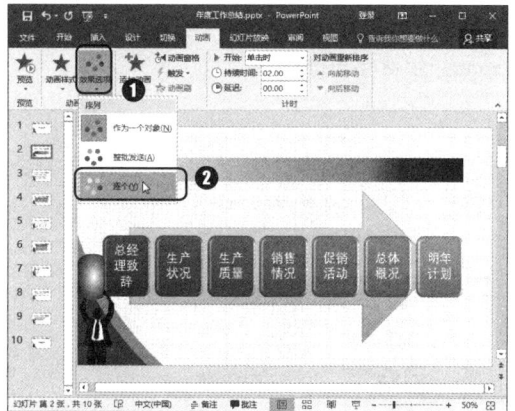

第7步 ❶选择第7张幻灯片中的SmartArt图形；❷单击【动画】选项卡【动画】组中的【动画样式】下拉按钮；❸在弹出的下拉列表中选择一种进入动画样式，如下图所示。

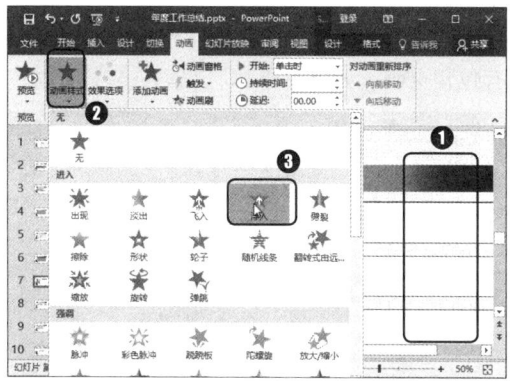

第8步 ❶单击【动画】选项卡【动画】组中的【效果选项】下拉按钮；❷在弹出的下拉列表中选择【逐个】选项，如下图所示。

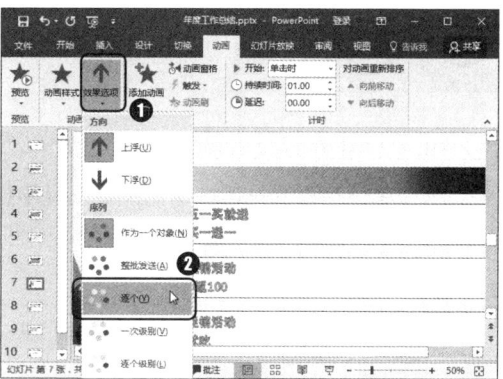

第9步 ❶单击【动画】选项卡【高级动画】组中的【添加动画】下拉按钮；❷在弹出的下拉列表中选择一种退出样式，如下图所示。

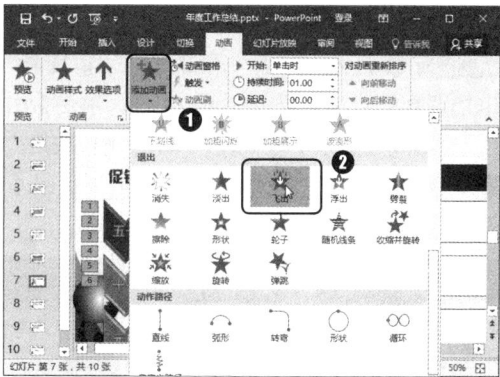

第10步 单击【幻灯片放映】选项卡【开始放映幻灯片】组中的【从头开始】按钮，开始放映幻灯片，如下图所示。

Word/Excel/PPT
在文秘与行政管理中的应用

通过前面知识的学习，相信读者已经掌握了在文秘与行政工作中制作工作总结与报告相关文档的操作方法。下面结合本章内容介绍一些工作中的实用经验与技巧。

01 设置提取目录时不要提取页码

视频文件：光盘\视频文件\第11章\01.mp4

默认情况下，在提取目录时会同时提取页码，但是在工作中并不是所有的文档在提取目录时都需要页码。此时，可以通过以下的方法来设置。

第1步 ❶打开"光盘\素材文件\第 11 章\市场调查报告（页码）.docx"文件，单击【引用】选项卡【目录】组中的【目录】下拉按钮；❷在弹出的下拉菜单中选择【自定义目录】选项，如下图所示。

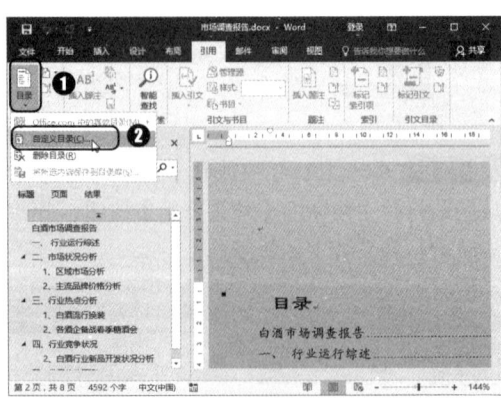

第2步 ❶打开【目录】对话框，取消选中【显示页码】复选框；❷单击【确定】按钮，如下图所示。

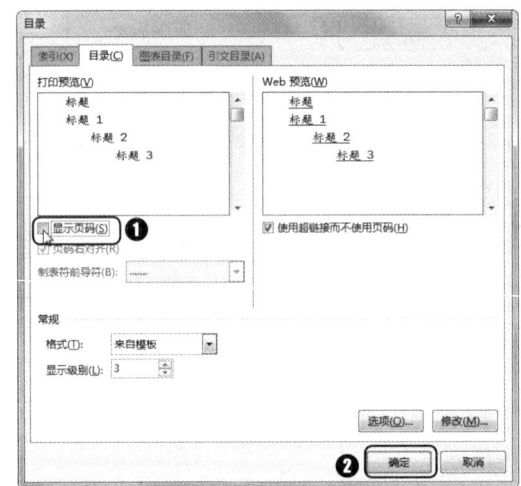

第3步 返回文档，即可查看到提取的目录没有包含页码，如下图所示。

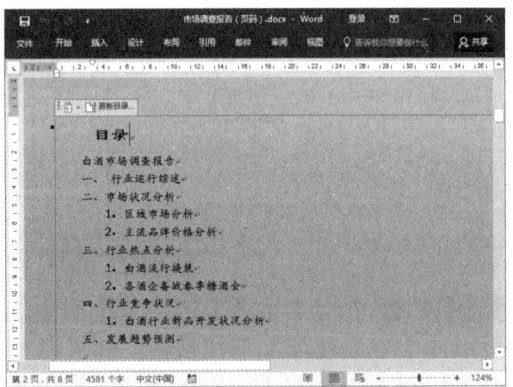

02 隐藏饼状图中接近 0% 的数据

📀 视频文件：光盘\视频文件\第11章\02.mp4

在制作饼图时，如果某个数据本身靠近零值，那么在饼图中不能显示色块，但会显示一个"0%"的标签，如下图所示。

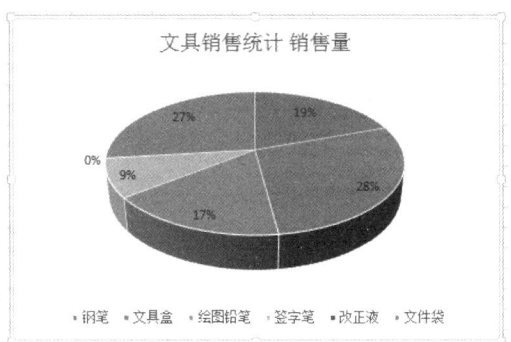

在操作过程中，即使将这个零值标签删除掉，如果再次更改图表中的数据，这个标签又会自动出现，为了使图表更加美观，可通过设置让接近0%的数据彻底隐藏起来。

隐藏饼状图中接近0%的数据的具体操作步骤如下。

第1步 ❶ 打开"光盘\素材文件\第 11 章\文具销售统计 .xlsx"文件，选中数据标签并右击；❷ 在弹出的快捷菜单中选择【设置数据标签格式】命令，如下图所示。

第2步 ❶ 打开【设置数据标签格式】窗格，

在【标签选项】选项卡的【数字】栏中的【类别】下拉列表中选择【自定义】选项；❷ 在【格式代码】文本框中输入"[＜0.01]"";0%"；❸ 单击【添加】按钮；❹ 单击【关闭】按钮×关闭该窗口，如下图所示。

温馨提示

在本例中输入的代码"[＜0.01]"";0%"，表示当数值小于0.01时不显示。

第3步 返回工作表，即可看到图表中接近0%的数据自动隐藏起来了，如下图所示。

03 切换图表的行和列

📀 视频文件：光盘\视频文件\第11章\03.mp4

在图表制作完成后，有时候需要将图表的行和列交换，此时可以选择切换图表的行和列功能，而不需要重新制作，具体操作步骤如下。

第1步 ❶打开"光盘\素材文件\第11章\市场调研.pptx"演示文稿，选中图表；❷单击【图表工具/设计】选项卡【数据】组中的【选择数据】按钮，如下图所示。

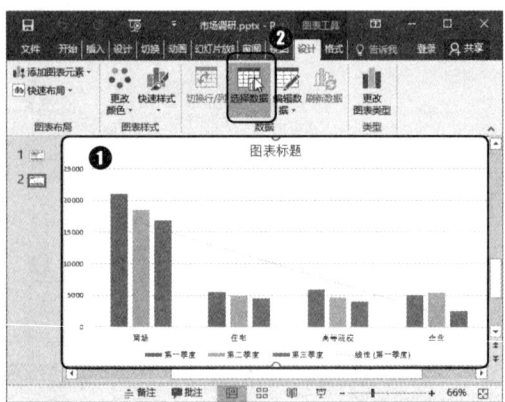

第2步 弹出 Excel 工作表和【选择数据源】对话框，单击【选择数据源】对话框中的【切换行/列】按钮，如下图所示。

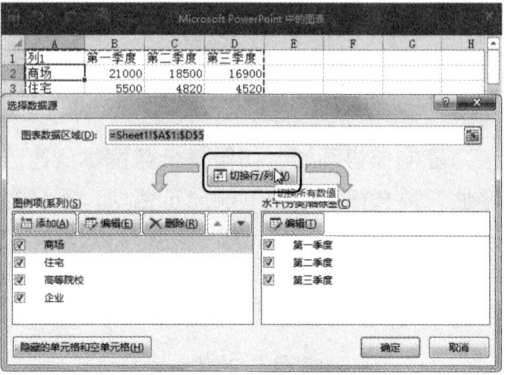

第3步 返回幻灯片，即可查看到行列切换后的效果，如下图所示。

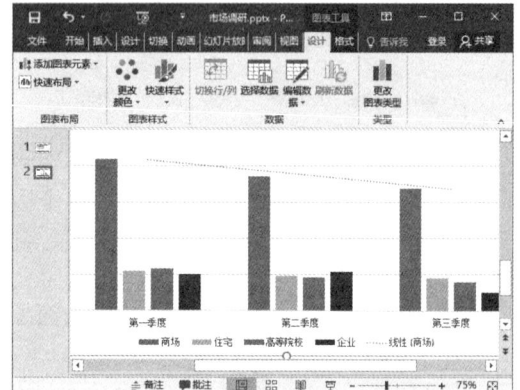

第 12 章
公司宣传与活动策划

本章导读

在各种活动中,经常会遇到制作公司宣传与活动策划文档。本章通过制作促销海报、新产品调查问卷和投资策划方案文档,介绍制作公司宣传与活动策划文档的方法。

知识要点

- ❖ 插入并美化图片
- ❖ 插入并美化形状
- ❖ 插入与编辑表单控件
- ❖ 保护工作表
- ❖ 绘制立体图形
- ❖ 为演示文稿设置密码

Word/Excel/PPT
在文秘与行政管理中的应用

12.1 使用Word制作促销海报

案例背景

促销海报属于宣传类文书，主要是面向消费群体或组织单位的一种周期性文本，其使用范围可以是本单位内部，也可以面向外部对象。海报具有宣传性、商业性的特点，属于一种广告，主要以图片表达为主，文字表达为辅。制作一份突出产品特色的促销海报，可以吸引顾客前来购买。在本例的促销海报中，主要涉及图片的编辑与图形绘制，以及文字的特殊排版方式。

本例将通过Word制作一份促销海报，制作完成后的效果如右图所示。实例最终效果见"光盘\结果文件\第12章\促销海报.docx"文件。

光盘文件	素材文件	光盘\素材文件\第12章\咖啡1.jpg、咖啡2.jpg、咖啡3.jpg
	结果文件	光盘\结果文件\第12章\促销海报.docx
	教学视频	光盘\视频文件\第12章\12.1使用Word制作促销海报.mp4

12.1.1 制作海报版面

海报的版面设计决定了是否能第一时间吸引他人的注意，本例将制作海报的大致版面，包括绘制形状作为页面背景，插入图片和文本框等操作。

1. 使用形状制作背景

促销海报需要添加多个促销信息，如果使用图片制作海报背景难免杂乱，使用形状制作背景可以更好地突出促销信息，具体操作步骤如下。

第1步 ❶新建一个名为"促销海报.docx"的 Word 文档，单击【插入】选项卡【插图】组中的【形状】下拉按钮；❷在弹出的下拉列表中选择【圆角矩形】工具□，如下图所示。

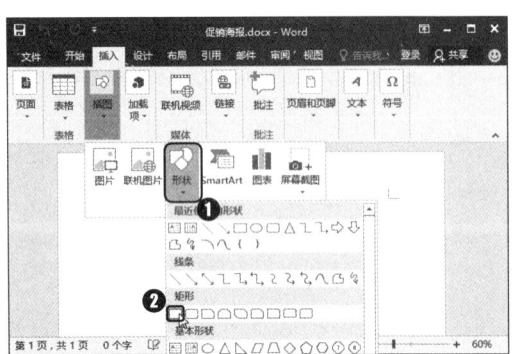

第 12 章
公司宣传与活动策划

第2步 ❶ 在页面上拖动鼠标左键绘制形状，单击【绘图工具/格式】选项卡【形状样式】组中的【形状填充】下拉按钮；❷ 在弹出的下拉列表中选择【渐变】选项；❸ 在弹出的级联列表中选择【其他渐变】选项，如下图所示。

第3步 打开【设置形状格式】窗格并自动选中【填充】栏的【渐变填充】单选按钮，分别设置【渐变光圈】下方的滑块颜色，如下图所示。

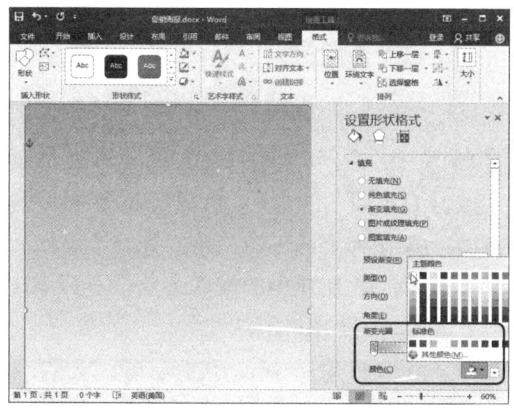

第4步 ❶ 在形状上右击，在弹出的快捷菜单中选择【置于底层】命令；❷ 在弹出的级联菜单中选择【置于底层】选项，如下图所示。

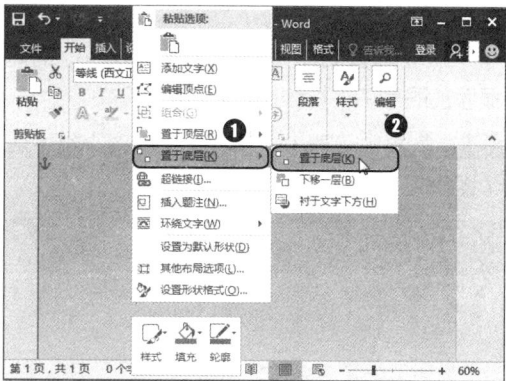

第5步 ❶ 选择【圆角矩形标注】形状，在页面绘制如图所示的形状；❷ 在【绘图工具/格式】选项卡的【形状样式】组中设置形状样式为【彩色轮廓，绿色，强调颜色6】，如下图所示。

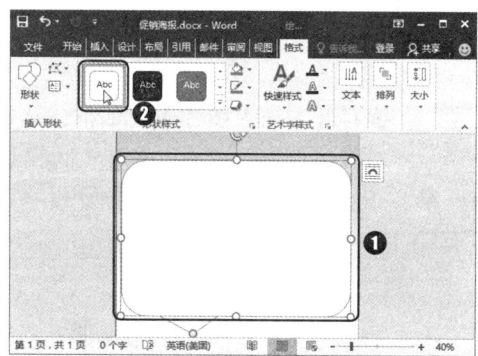

第6步 ❶ 单击【绘图工具/格式】选项卡【形状样式】组中的【形状效果】下拉按钮；❷ 在弹出的下拉菜单中选择【映像】选项；❸ 在弹出的级联菜单中选择一种映像变体，如下图所示。

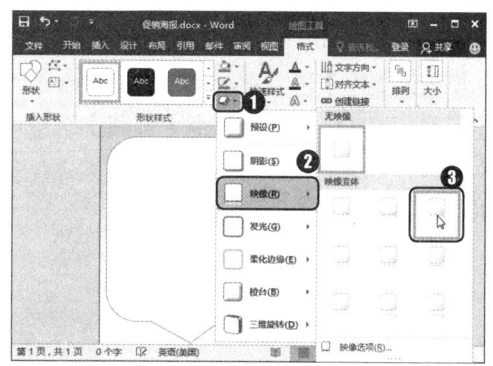

2. 插入图片

版面形状制作完成后，就可以为促销海报添加图片了，具体操作步骤如下。

第1步 单击【插入】选项卡【插图】组中的【图片】按钮，如下图所示。

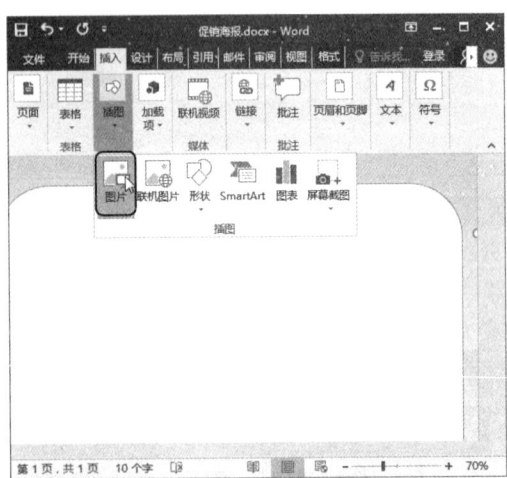

第2步 ❶打开【插入图片】对话框，选择"光盘\素材文件\第12章\咖啡3.jpg"图片；❷单击【插入】按钮，如下图所示。

第3步 ❶选中图片，在【图片工具/格式】选项卡【大小】组中更改图片大小；❷单击【图片工具/格式】选项卡【排列】组中的【环绕文字】下拉按钮；❸在弹出的下拉菜单中选择【四周型】选项，如下图所示。

第4步 ❶选择图片，单击【图片工具/格式】选项卡【调整】组中的【颜色】下拉按钮；❷在弹出的下拉列表中选择一种颜色模式，如下图所示。

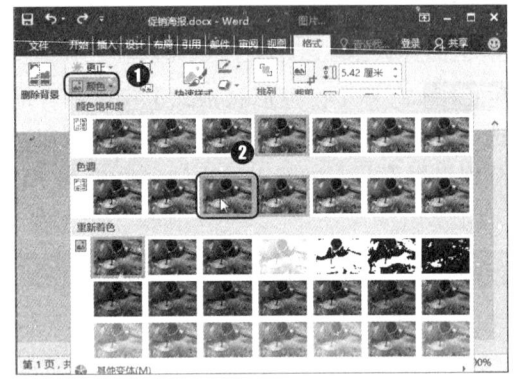

第5步 ❶单击【图片工具/格式】选项卡【图片样式】组中的【图片效果】下拉按钮；❷在弹出的下拉菜单中选择【柔化边缘】选项；❸在弹出的级联菜单中选择【10磅】选项，如下图所示。

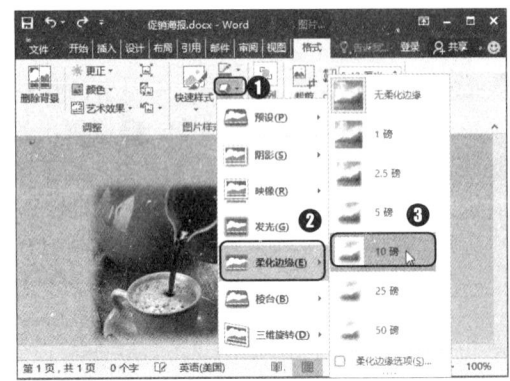

第 12 章
公司宣传与活动策划

3. 插入文本框并设置格式

在促销海报中,需要在不同的地方插入不同字体格式的文字,此时,最方便的方法是使用文本框制作文字块,具体操作步骤如下。

第1步 ❶ 单击【插入】选项卡【插图】组中的【形状】下拉按钮;❷ 在弹出的下拉列表中选择【基本形状】栏的【文本框】工具,如下图所示。

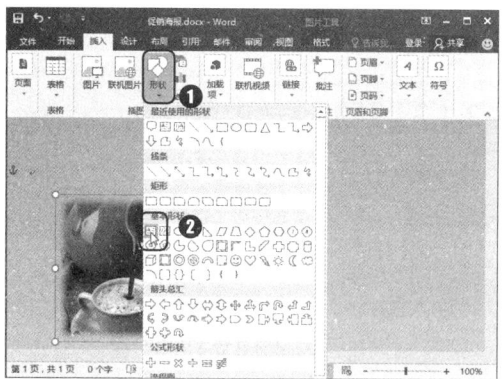

第2步 ❶ 在页面中需要添加文字的地方拖动鼠标左键,绘制一个文本框;❷ 选择文本框,单击【绘图工具/格式】选项卡【形状样式】组中的【形状填充】下拉按钮;❸ 在弹出的下拉列表中选择【无填充颜色】选项,如下图所示。

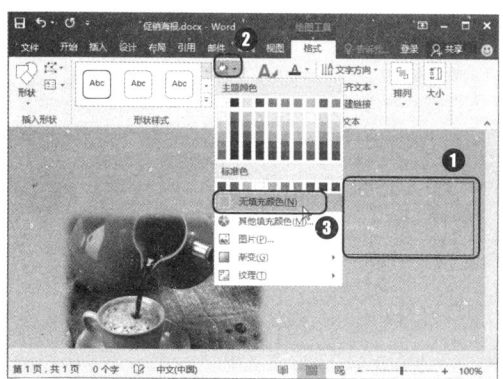

第3步 ❶ 选择文本框,单击【绘图工具/格式】选项卡【形状样式】组中的【形状轮廓】下拉按钮;❷ 在弹出的下拉列表中选择【无轮廓】选项,如下图所示。

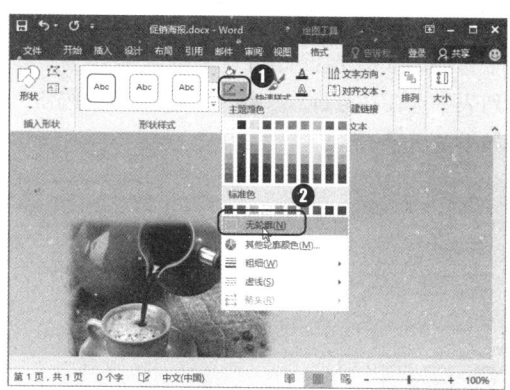

4. 设置双行合一

通过中文版式命令,可以为文字设置多种格式,如纵横混排、字符缩放、双行合一等特殊格式,具体操作步骤如下。

第1步 ❶ 插入一个无填充、无边框的文本框,在其中输入文字;❷ 设置字体为【华文行楷】,【字号】为【初号】;❸ 选择文字,单击【开始】选项卡【段落】组中的【中文版式】下拉按钮;❹ 在弹出的下拉菜单中选择【双行合一】选项,如下图所示。

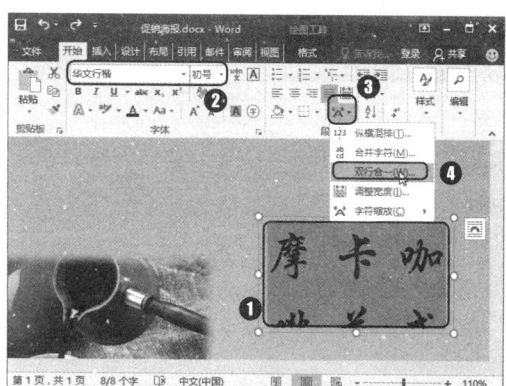

> **教您一招**
>
> **更改文本框的形状**
>
> 文本框是另一种形式的自选图形,如果要更改文本框的形状,可以在选中文本框后,单击【绘图工具/格式】选项卡【插入形状】组中的【编辑形状】下拉按钮,在弹出的下拉菜单中选择一种形状样式即可。

第2步 ❶打开【双行合一】对话框，选中【带括号】复选框；❷在【括号样式】下拉列表中选择括号样式；❸单击【确定】按钮，如下图所示。

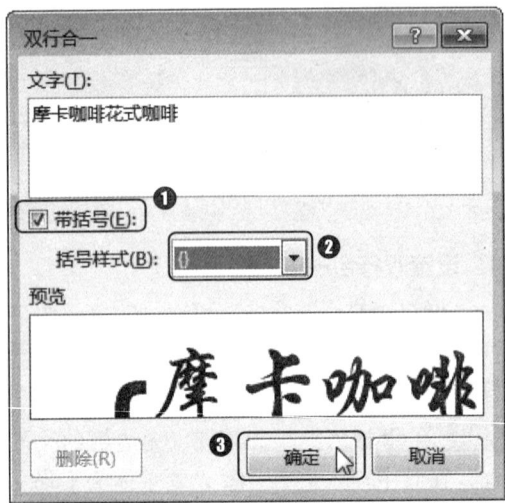

第3步 ❶选择文字，单击【绘图工具/格式】选项卡【艺术字样式】组中的【快速样式】下拉按钮；❷在弹出的下拉列表中选择一种艺术字样式，如下图所示。

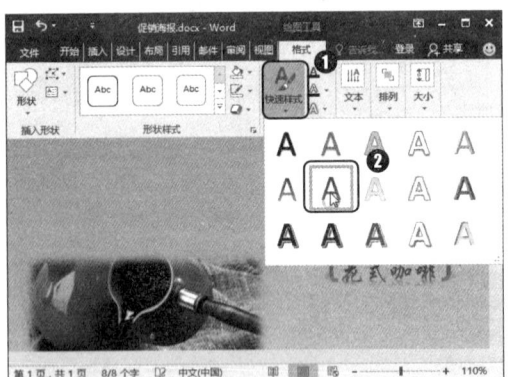

第4步 ❶使用相同的方法在下方添加另一个文本框，在文本框中输入"Gourmet coffee"；❷设置字体为【华文琥珀】，【字号】为【小三】，【字体颜色】为【浅蓝】，如下图所示。

12.1.2 添加促销内容

促销内容包括促销海报的促销商品图片、文字、价格等信息，图文并茂的促销信息可以吸引更多的眼球。

1. 插入图片

促销海报一定要图文并茂才能达到吸引眼球的目的，插入商品的图片的具体操作步骤如下。

第1步 ❶单击【插入】选项卡【插图】组中的【图片】按钮；❷在弹出的【插入图片】对话框中双击"光盘\素材文件\第12章\咖啡1.jpg"图片，如下图所示。

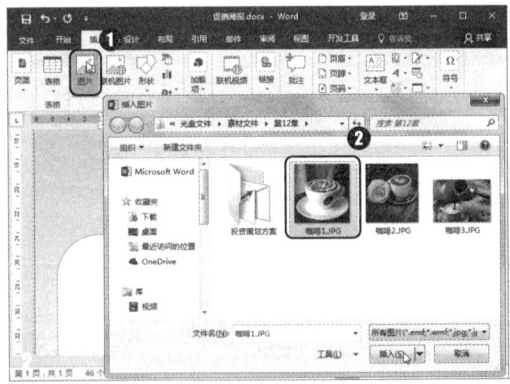

第2步 ❶在插入的图片上右击，在弹出的快捷菜单中选择【环绕文字】命令；❷在弹出的级联菜单中选择【四周型】选项，如下图所示。

第 12 章
公司宣传与活动策划

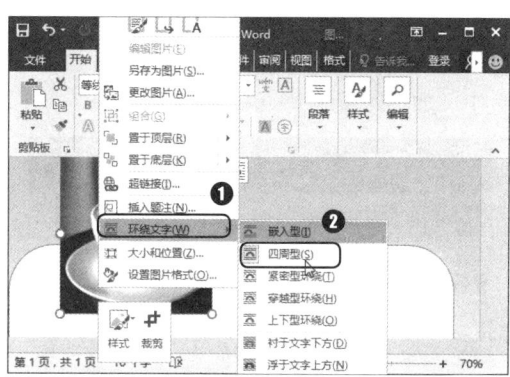

教您一招
设置图片默认插入为嵌入型

先将图片设置为四周环绕型，然后单击【图片工具/格式】选项卡【排列】组中的【自动换行】下拉按钮，在弹出的下拉菜单中选择【设置为默认布局】选项即可。

第3步 ❶ 选中图片，单击【图片工具/格式】选项卡【大小】组中的【裁剪】按钮；❷ 将鼠标指针移至图片上方的边线上，按住鼠标左键向下拖动，将多余的部分裁掉，按【Enter】键完成裁剪，如下图所示。

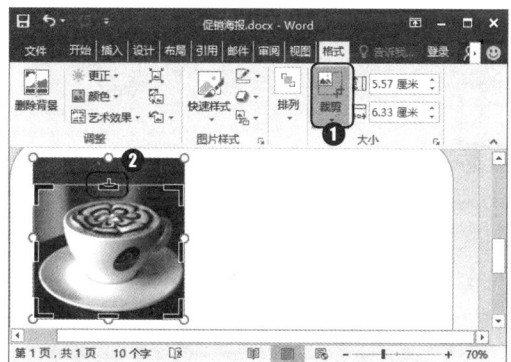

第4步 ❶ 使用相同的方法插入"光盘\素材文件\第 12 章\咖啡 2.jpg"图片，并进行环绕设置，单击【图片工具/格式】选项卡【大小】组中的【裁剪】下拉按钮；❷ 在弹出的下拉菜单中选择【裁剪为形状】选项；❸ 在弹出的级联菜单中选择【心形】选项，如下图所示。

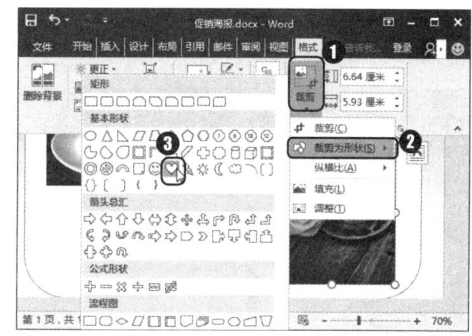

第5步 将鼠标指针移至图片下方的边线上，按住鼠标左键向上拖动，将多余的部分裁掉，按【Enter】键完成裁剪，如下图所示。

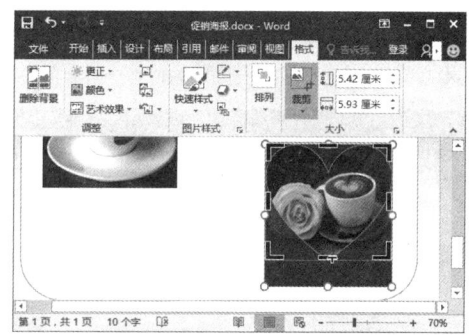

2. 添加促销文字

促销商品的价格标题和价格需要具有醒目的特点，让人一目了然地了解商品的折扣价格，刺激顾客的购买欲。添加促销文字的具体操作步骤如下。

第1步 ❶ 在图片下方添加无填充无轮廓的文本框，输入商品名称和价格，然后选择商品名称；❷ 在【绘图工具/格式】选项卡【艺术字】组中设置艺术字样式，如下图所示。

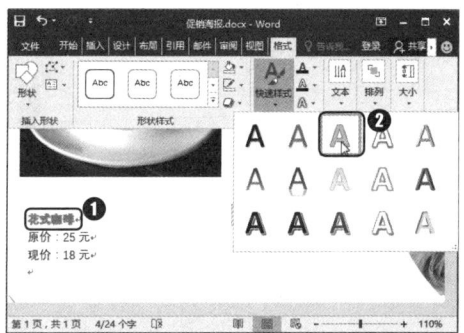

第2步 选择商品名称,设置字体格式为【华文琥珀,二号,加粗】,如下图所示。

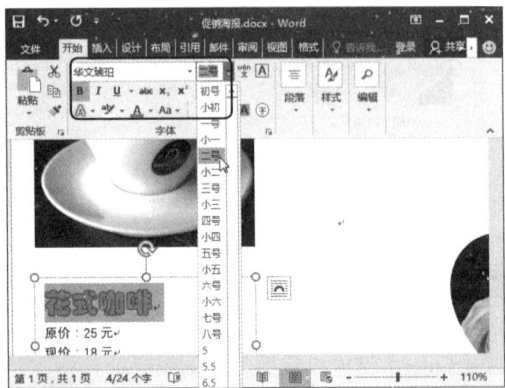

第3步 选择商品价格,设置字体格式为【华文隶书,四号】,如下图所示。

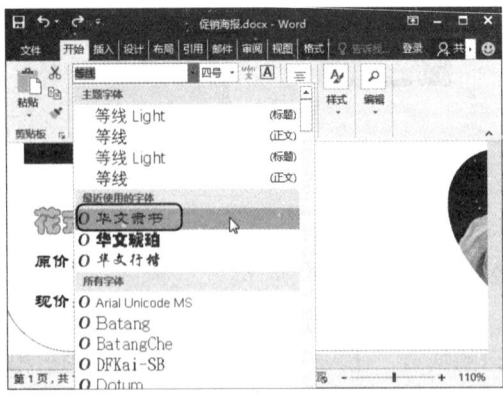

第4步 ❶选择"原价"后的价格文本;❷单击【开始】选项卡【字体】组中的【删除线】按钮 abc,如下图所示。

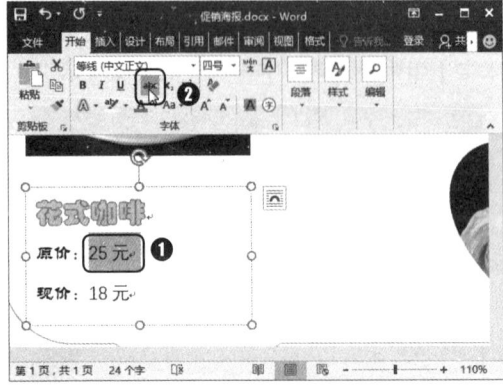

第5步 ❶选择"现价"后的价格文本;❷设置字体格式为【方正姚体,小二,红色】,如下图所示。

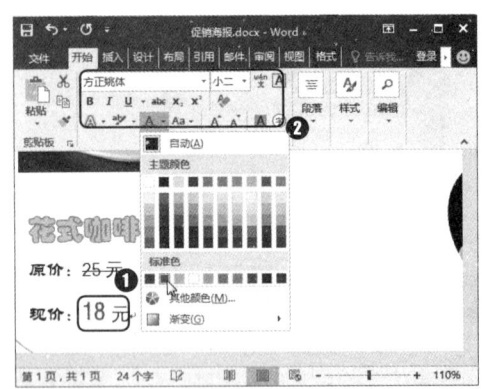

第6步 将文本框复制到另一张图片的上方,修改商品名称和价格,如下图所示。

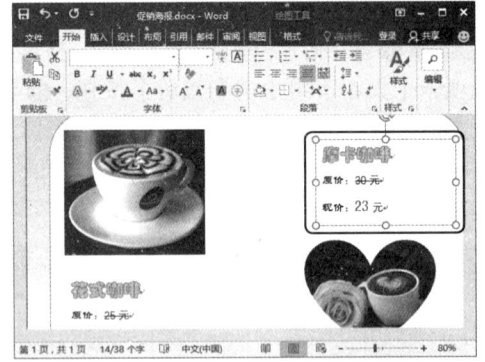

第7步 ❶在页面下方添加文本框,设置格式为无填充和无轮廓样式;❷输入促销时间文本,设置文本格式为【黑体,四号,蓝色】,如下图所示。

第 12 章
公司宣传与活动策划

教您一招

设置文本框的默认样式

如果需要长期使用某一格式的文本框，可以在需要设置为默认格式的文本框上右击，在弹出的快捷菜单中选择【设置为默认文本框】命令即可。

12.1.3 插入形状

促销海报上通常会有一些小标签突出显示，不仅是对促销海报的补充说明，还能起到美化促销海报的作用。通常，使用形状可以快速地制作这些小标签，具体操作步骤如下。

第1步 ❶ 选择【椭圆】形状○绘制椭圆；❷ 在【绘图工具/格式】选项卡中设置形状样式，如下图所示。

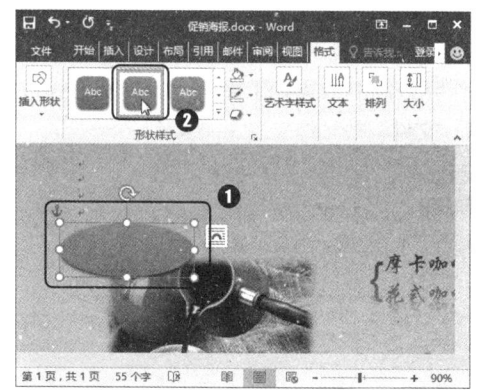

第2步 ❶ 在椭圆形中绘制一个文本框，取消文本框的轮廓与填充，在其中输入文本；❷ 设置字体格式为【华文隶书，二号，白色】，如下图所示。

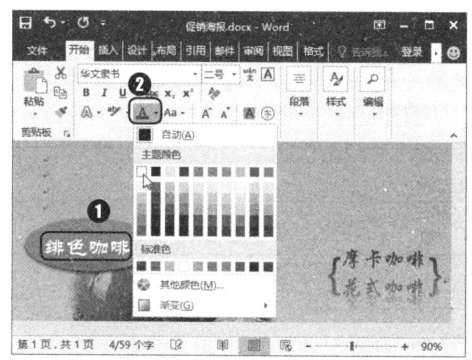

第3步 ❶ 选择椭圆形状，按住【Shift】键绘制一个正圆形，并设置与椭圆形相同的形状样式；❷ 在圆形中绘制一个文本框，取消文本框的轮廓与填充，在其中输入"限时促销"文本，并设置字体格式；❸ 拖动文字文本框上方的旋转控制点，旋转文本框，如下图所示。

第4步 ❶ 在第一张图片的左上角绘制【爆炸】图形；❷ 在【绘图工具/格式】选项卡中设置形状样式，如下图所示。

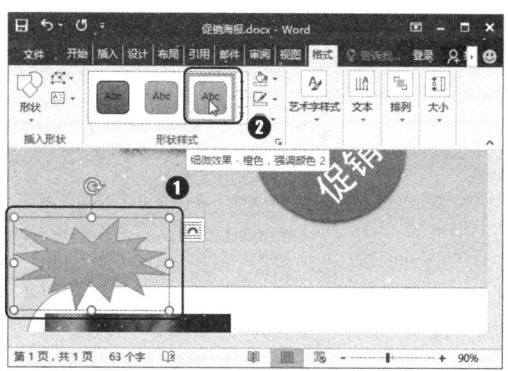

第5步 ❶ 在爆炸形状中间绘制文本框，取消文本框的轮廓和填充，输入"热卖"文本；❷ 选择文本，单击【开始】选项卡【字体】组中的【文本效果和版式】下拉按钮 A；❸ 在弹出的下拉列表中选择一种艺术字样式，如下图所示。

Word/Excel/PPT
在文秘与行政管理中的应用

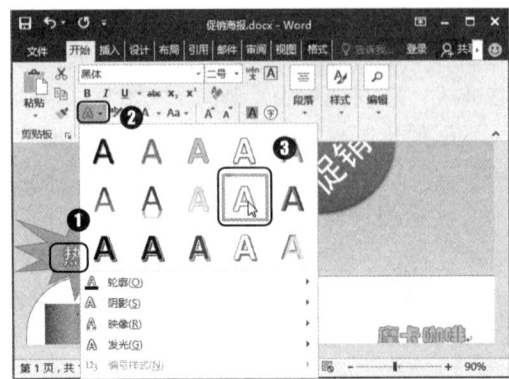

教您一招

制等比例的形状

在Word中绘制形状时，按住【Ctrl】键拖动鼠标左键绘制形状，可以使鼠标指针位置为图形的中心点；按住【Shift】键拖动鼠标左键绘制形状，可以绘制出固定长宽比的形状。例如，要绘制一个正方形，先选择矩形工具，然后按住【Shift】键拖动鼠标左键即可。

12.2 使用Excel制作新产品调查问卷

 案例背景

新产品市场调查问卷的用处在于收集客户信息以获取新产品的市场反响，从而掌握市场对新产品的接受能力。

本例将使用Excel制作新产品市场调查问卷，制作完成后的效果如下图所示。实例最终效果见"光盘\结果文件\第12章\新产品市场调查问卷.xlsx"文件。

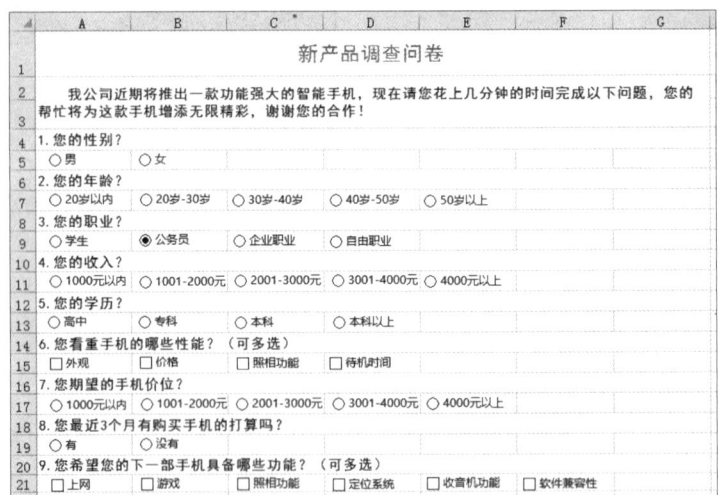

光盘文件	素材文件	无
	结果文件	光盘\结果文件\第12章\新产品市场调查问卷.xlsx
	教学视频	光盘\视频文件\第12章\12.2使用Excel制作新产品调查问卷.mp4

12.2.1 自定义功能区

在默认情况下，Excel功能区中没有显示出【开发工具】选项卡。如果需要使用宏等功能，需要用到该选项卡。此时，用户可以自定义功能区，将【开发工具】选项卡显示出来。具体操作步骤如下。

第1步 ❶ 新建一个名为"新产品市场调查问卷"的工作簿，将【Sheet1】工作表重命名为【新产品调查问卷】；❷ 在工作表中输入基本数据内容，并设置表格格式等，如下图所示。

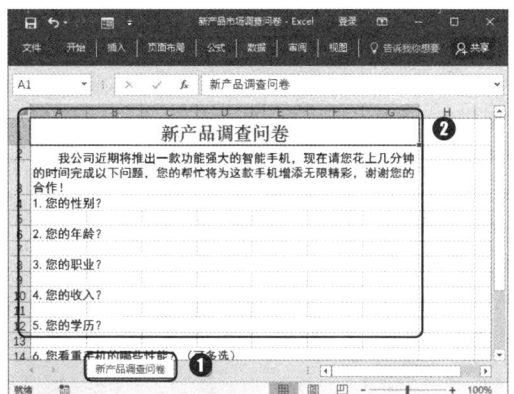

第2步 切换到【文件】选项卡，选择【选项】选项，如下图所示。

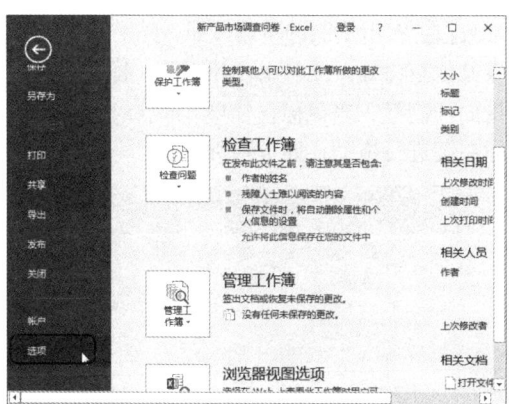

第3步 ❶ 弹出【Excel 选项】对话框，切换到【自定义功能区】选项卡；❷ 在右侧的【自定义功能区】下拉列表中选择【主选项卡】选项；❸ 在下方的列表框中，选中【开发工具】复选框；❹ 单击【确定】按钮，如下图所示。

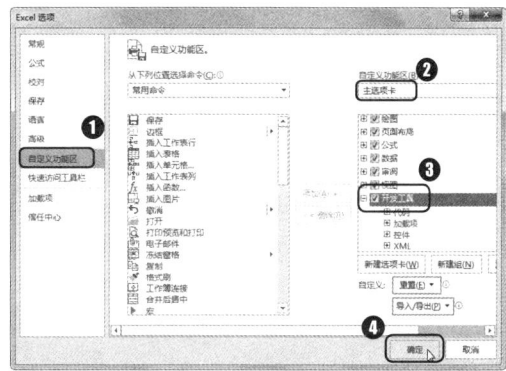

第4步 返回工作表，可以看到功能区中出现了【开发工具】选项卡，如下图所示。

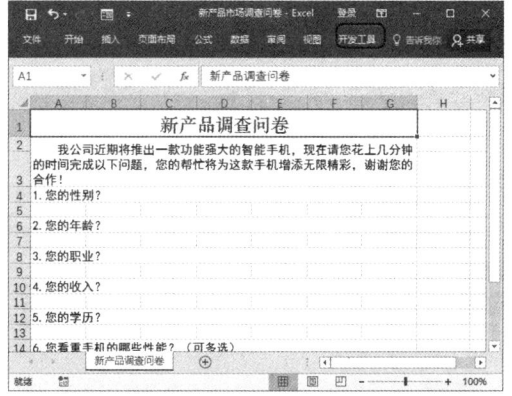

温馨提示

如果有需要，用户也可以在【自定义功能区】中新建选项卡，将常用的功能放置到该选项卡中。

12.2.2 插入与编辑表单控件

控件即添加在窗体上的一些图形对象，用户可以操作该对象来执行某一行为。本例需要在调查问卷中插入单选按钮和复选框。具体操作步骤如下。

第1步 ❶ 切换到【开发工具】选项卡，在【控件】组中单击【插入】下拉按钮；❷ 在打开的下拉列表中单击【表单控件】栏的【单选按钮】按钮◉，如下图所示。

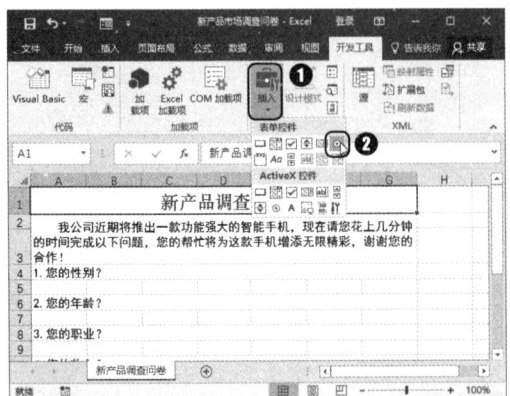

第2步 此时光标呈十字形状，在工作表中按住鼠标左键并拖动，到合适位置后释放鼠标，即可绘制一个单选按钮，如图所示。

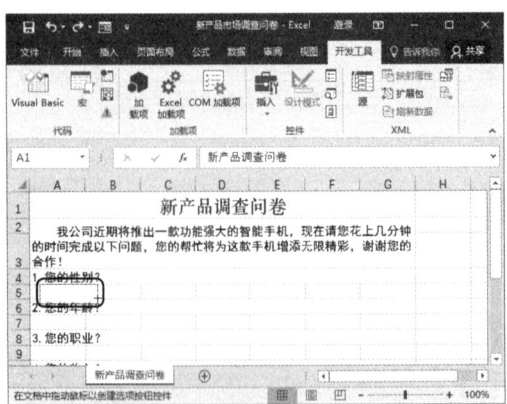

温馨提示

在Excel工作表中，如果需要在工作表中录制所有的宏并指定控件，又想在VBA中编写或更改任何一个宏代码，可以使用表单控件。但表单控件不能控制事件，在Web页中也不能用表单控件运行Web脚本。

第3步 ❶ 右击绘制的单选按钮；❷ 在弹出的快捷菜单中选择【编辑文字】命令，如下图所示。

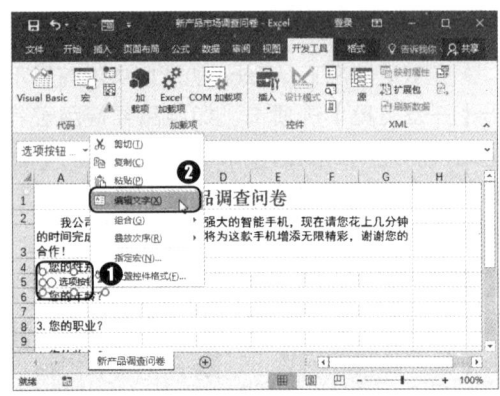

第4步 ❶ 此时单选按钮呈可编辑状态，删除单选按钮的名称，输入需要的内容，这里输入"男"；❷ 单击工作表其他位置即可退出编辑状态，如下图所示。

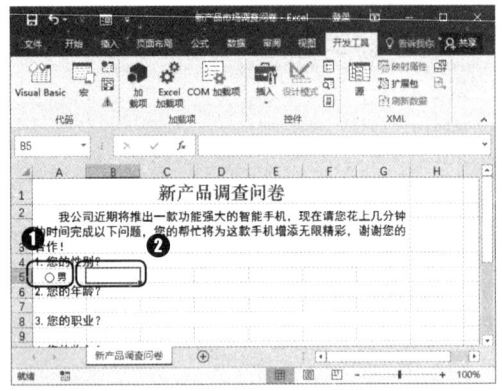

第5步 右击绘制的单选按钮，然后单击工作表其他空白处，此时出现控制框，将鼠标指针指向控制框，当鼠标指针呈形状时，按住鼠标左键进行拖动，如下图所示。

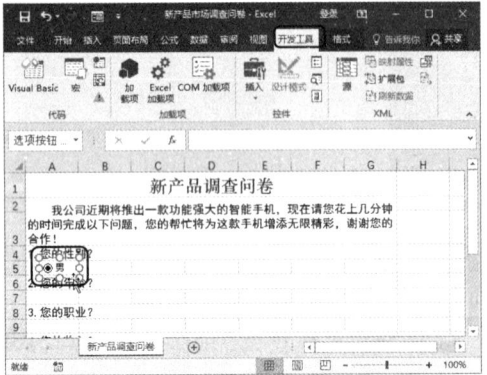

第 12 章
公司宣传与活动策划

第6步 ❶右击单选按钮；❷在弹出的快捷菜单中选择【复制】命令，复制单选按钮，如下图所示。

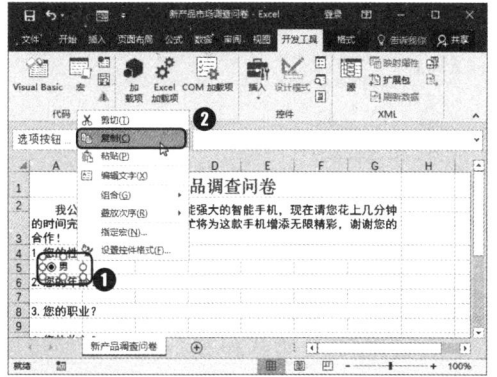

第7步 ❶在工作表合适位置右击；❷在弹出的快捷菜单中选择【粘贴】命令，如下图所示。

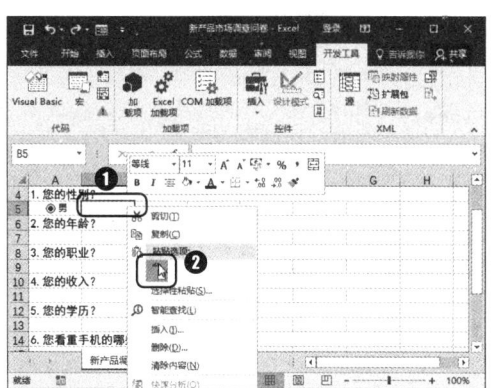

第8步 ❶右击刚复制的单选按钮；❷在弹出的快捷菜单中选择【编辑文字】命令，如下图所示。

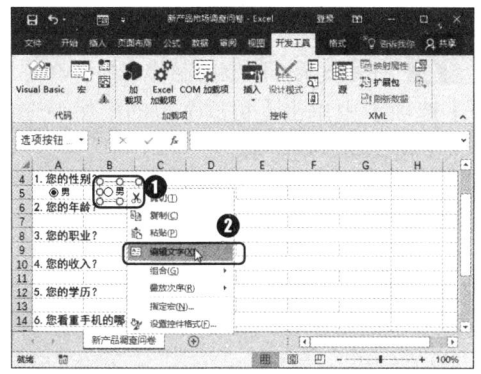

第9步 ❶此时单选按钮呈可编辑状态，删除单选按钮的名称，输入需要的内容，这里输入"女"；❷单击工作表其他位置即可退出编辑状态，如下图所示。

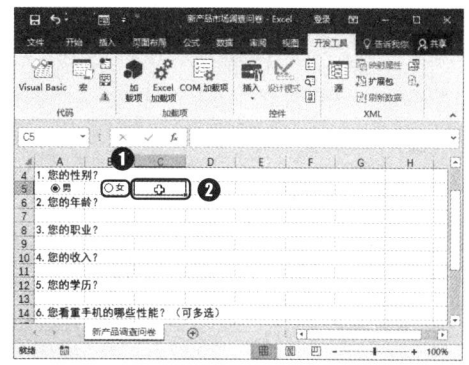

第10步 按照上面的方法添加其他单选按钮，设置后的效果如下图所示。

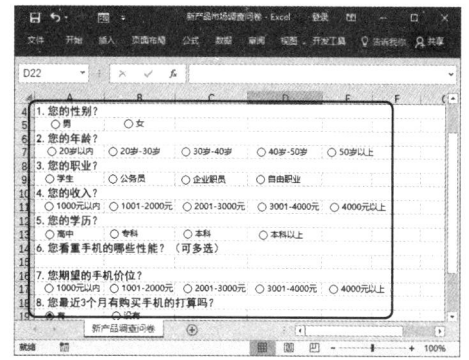

第11步 ❶切换到【开发工具】选项卡，在【控件】组中单击【插入】下拉按钮；❷在打开的下拉列表中单击【表单控件】栏的【复选框】按钮☑，如下图所示。

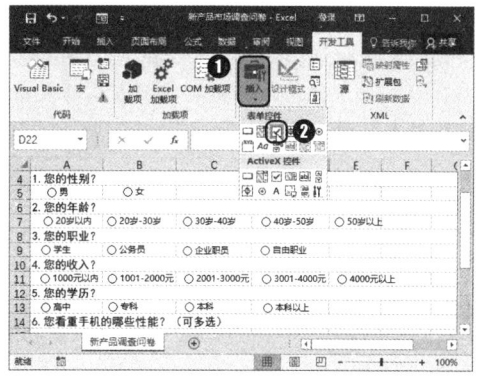

Word/Excel/PPT
在文秘与行政管理中的应用

第12步 此时鼠标指针呈十字形状，在工作表中按住鼠标左键并拖动，到合适位置后释放鼠标，即可绘制一个复选框，如下图所示。

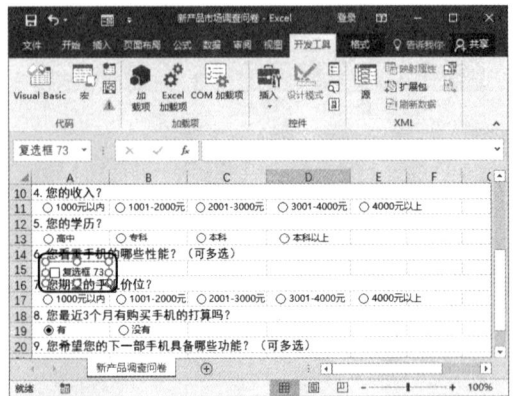

第13步 ❶ 右击绘制的复选框；❷ 在弹出的快捷菜单中选择【编辑文字】命令，如下图所示。

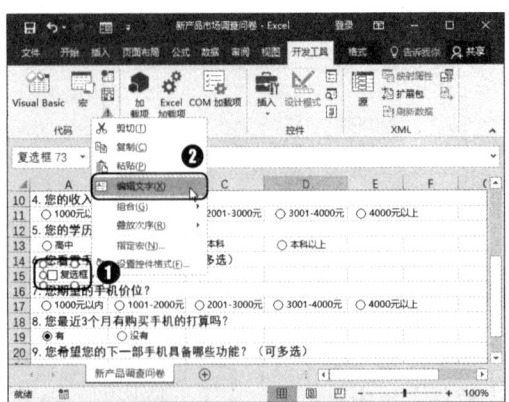

> **温馨提示**
>
> ActiveX控件可以控制事件并有一个属性列表，在Excel工作表和VBA编辑器中都可以使用该类型控件，也可以在Web页上的Excel窗体和数据中使用，但不能在图表工作表中使用该类型控件。

第14步 ❶ 此时复选框呈可编辑状态，删除复选框的名称，输入需要的内容，这里输入"外观"；❷ 单击工作表其他位置即可退出编辑状态，如下图所示。

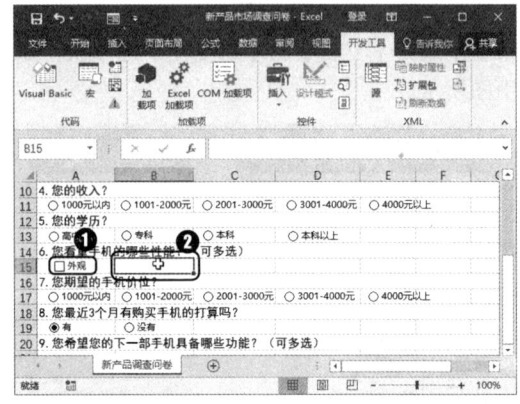

第15步 按照前面的方法，通过复制和粘贴的方式继续添加其他复选框，根据需要修改复制的复选框名称，完成后效果如下图所示。

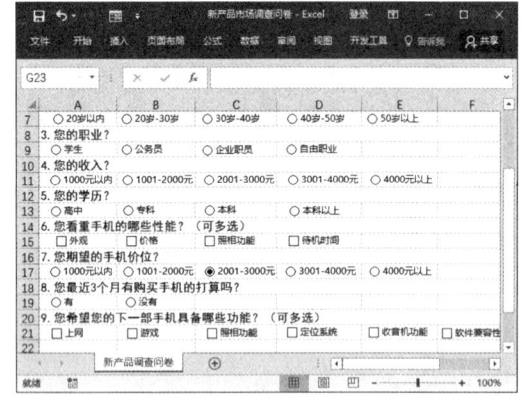

12.2.3 保护工作表

在制作完成新产品市场调查问卷之后，可以设置密码保护工作表，使其无法被修改和破坏。具体操作步骤如下。

第1步 在完成调查问卷的制作之后，在【审阅】选项卡中单击【更改】组的【保护工作表】按钮，如下图所示。

第 12 章
公司宣传与活动策划

第2步 ❶ 弹出【保护工作表】对话框，默认情况下，选中【保护工作表及锁定的单元格内容】【选定锁定单元格】【选定未锁定的单元格】3 个复选框，保持其选中状态；❷ 在文本框中输入密码，本例输入"123"；❸ 单击【确定】按钮，如下图所示。

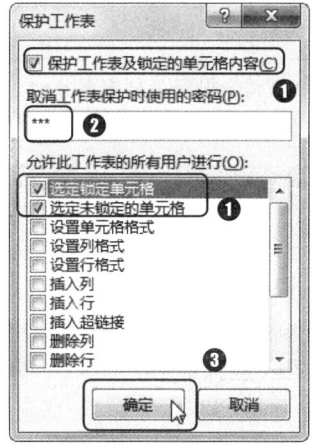

第3步 弹出【确认密码】对话框，❶ 在文本框中再次输入密码；❷ 单击【确定】按钮，如下图所示。

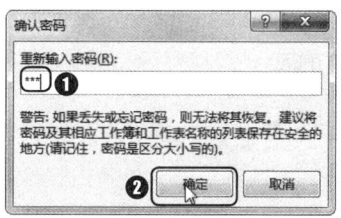

> **教您一招**
>
> **撤销工作表保护的方法**
>
> 在【更改】组中单击【撤销工作表保护】按钮，在弹出【撤销工作表保护】对话框的【密码】文本框中，输入设置保护工作表时设定的密码，然后单击【确定】按钮即可。

第4步 按照上述方法保护工作表后，试图修改工作表中的内容时，将拒绝修改，并弹出提示对话框，单击【确定】按钮，即可关闭该对话框，如下图所示。

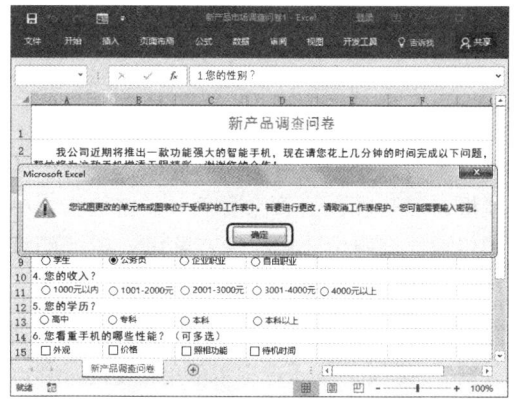

12.3 使用 PPT 制作投资策划方案

案例背景

策划方案是公司根据一定格式的内容和要求，编辑整理出的一个全面展示公司状况的材料，本例将制作该类演示文稿，目的是让投资人对公司当前现状、地位、价值成本等有一个基

Word/Excel/PPT
在文秘与行政管理中的应用

本的了解,以便更好地进行项目定位。

本例将使用PowerPoint制作市场调研报告,制作完成后的效果如下图所示。实例最终效果见"光盘\结果文件\第12章\投资策划方案.pptx"文件。

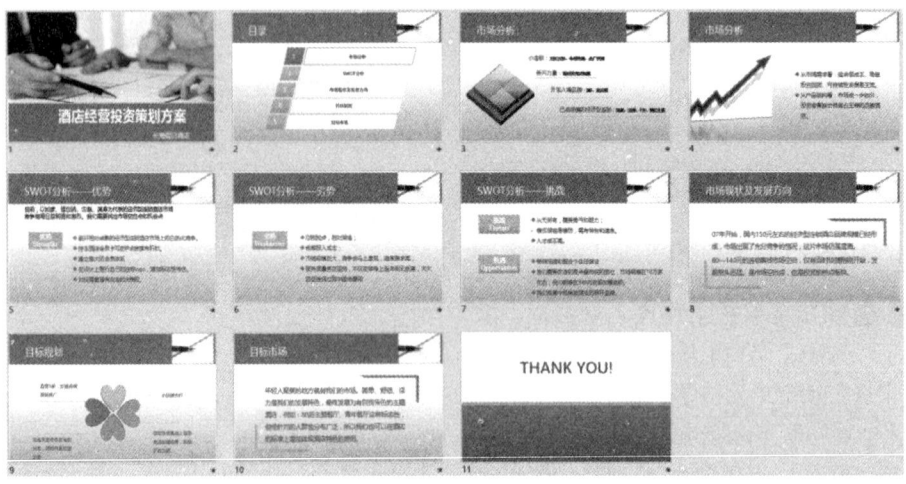

	素材文件	光盘\素材文件\第12章\投资策划方案
光盘文件	结果文件	光盘\结果文件\第12章\投资策划方案.pptx
	教学视频	光盘\视频文件\第12章\12.3使用 PPT制作投资策划方案.mp4

12.3.1 在母版中设计幻灯片版式

幻灯片母版是用于存储模板信息的设计模板,这些模板信息包括字形、占位符大小和位置、背景设计和配色方案等,设计幻灯片版式的具体操作步骤如下。

第1步 新建并将演示文稿另存为"投资策划方案",在【视图】选项卡下单击【幻灯片母版】按钮,如下图所示。

第2步 ❶ 选中【仅标题】版式;❷ 使用【矩形】工具□在页面上方绘制一个矩形;❸ 在【绘图工具/格式】选项卡的【形状样式】组中设置形状样式,如下图所示。

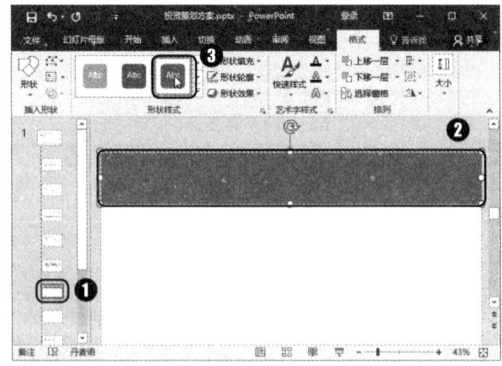

第3步 ❶ 单击【绘图工具/格式】选项卡【排列】组中的【下移一层】下拉按钮;❷ 在弹出的下拉菜单中选择【置于底层】命令,如下图所示。

| 306 |

第 12 章

公司宣传与活动策划

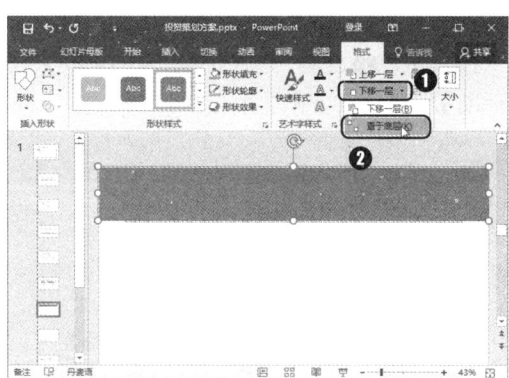

第 4 步 在页面中插入"光盘\素材文件\第 12 章\投资策划方案\图片 1.jpg"图片，更改图片大小，并移至矩形右侧，如下图所示。

第 5 步 在【开始】选项卡的【字体】组中设置标题文本框内文字格式，如下图所示。

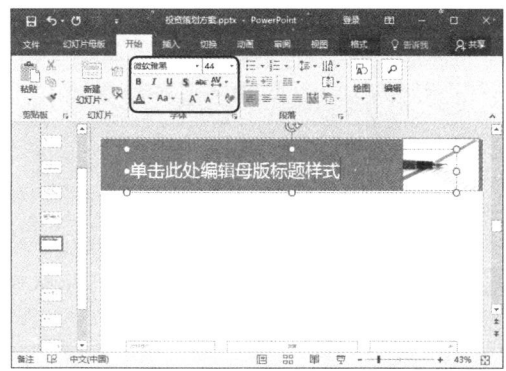

第 6 步 ❶ 单击【幻灯片母版】选项卡【背景】组中的【背景样式】下拉按钮；❷ 在弹出的下拉列表中选择一种背景颜色，如下图所示。

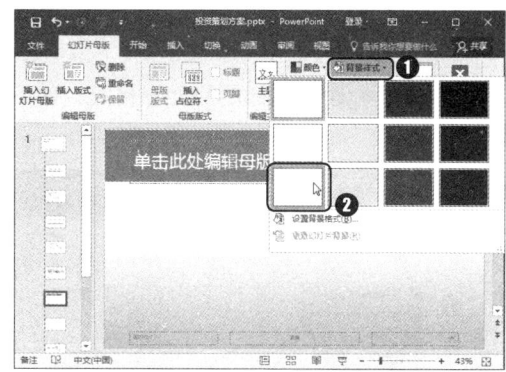

第 7 步 ❶ 选中【标题幻灯片】版式；❷ 插入"光盘\素材文件\第 12 章\投资策划方案\封面.jpg"图片，并将图片裁剪至合适的大小，如下图所示。

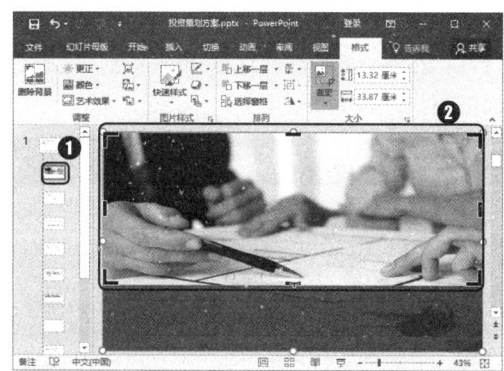

第 8 步 ❶ 选中图片，单击【图片工具/格式】选项卡【排列】组中的【下移一层】下拉按钮；❷ 在弹出的下拉菜单中选择【置于底层】命令，如下图所示。

| 307 |

第9步 ❶复制【仅标题】版式中的矩形到【标题幻灯片】版式中，并调整矩形的大小；❷分别设置标题和副标题的文字格式，如下图所示。

第10步 退出幻灯片母版，新建一张标题幻灯片，在占位符中输入标题和副标题，完成封面的制作，如下图所示。

12.3.2 绘制形状制作目录

目录是幻灯片的总要概况，简单明了地向观看者表达幻灯片中的内容，本例使用形状来制作目录，具体操作步骤如下。

第1步 ❶默认选择第1张幻灯片，单击【开始】选项卡【幻灯片】组中的【新建幻灯片】下拉按钮；❷在弹出的下拉列表中选择【仅标题】选项，如下图所示。

第2步 ❶在标题占位符中输入"目录"文本；❷单击【开始】选项卡【绘图】组中的【其他】下拉按钮，在弹出的下拉列表中选择【平行四边形】选项，如下图所示。

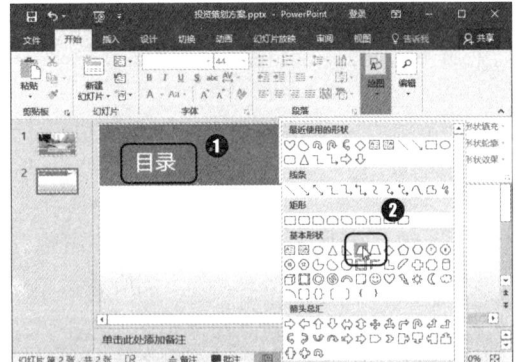

> **温馨提示**
> 虽然在形状中可以直接输入文字，但如果需要对文字进行排版，最好使用文本框，这样在形状上才能更加灵活地添加文字。

第3步 在页面中绘制一个平行四边形形状并设置合适的主题填充，如下图所示。

第12章
公司宣传与活动策划

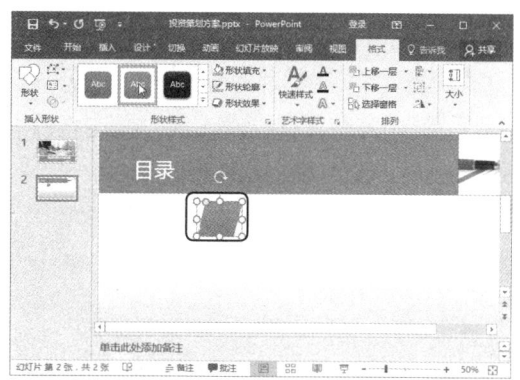

第4步 再次执行插入【平行四边形】形状操作，在绘制的平行四边形旁绘制一个新的平行四边形，设置填充色为【无填充】，填充轮廓与上一步骤的颜色相同，如下图所示。

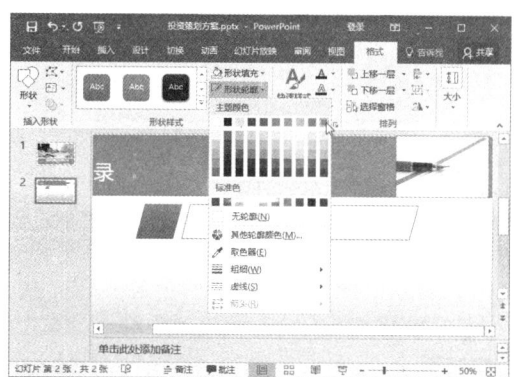

第5步 使用相同的方法绘制更多的平行四边形，并为其设置形状样式，然后在形状中添加目录内容。完成后效果如下图所示。

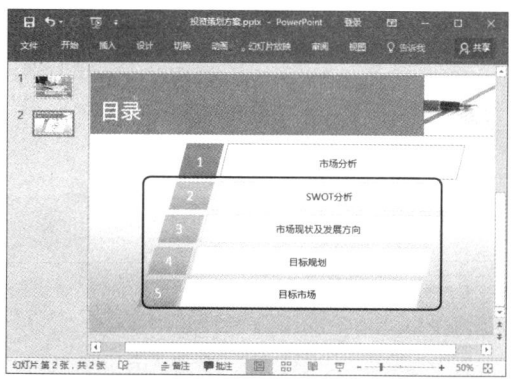

12.3.3 绘制立体图形

在制作演示文稿中，为了使整个演示文稿更具视觉感，需要使用概念图表，即形状组合而成的各种立体图形，具体操作步骤如下。

第1步 ❶ 新建一张仅标题幻灯片，在标题占位符中输入文本；❷ 绘制一个菱形，将填充颜色设置为与幻灯片主题相同，设置形状轮廓为【无轮廓】，如下图所示。

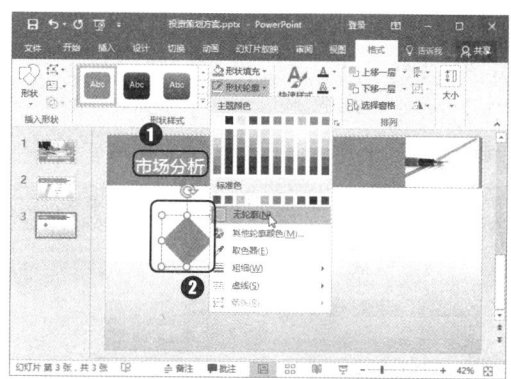

第2步 ❶ 在形状上右击；❷ 在弹出的快捷菜单中选择【设置形状格式】命令，如下图所示。

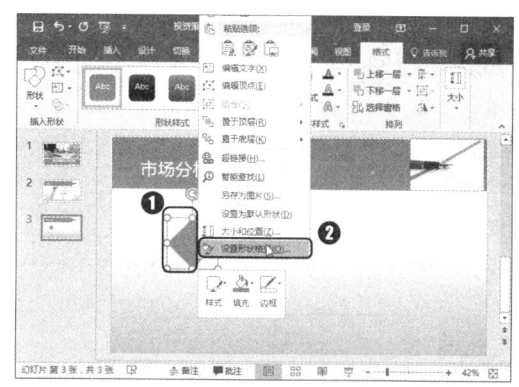

第3步 ❶ 打开【设置形状格式】窗格，在【效果】选项卡的【三维格式】栏设置【顶部棱台】为【圆形】；❷ 设置【深度】为【20】；❸ 设置【光源】角度为【100】，如下图所示。

| 309

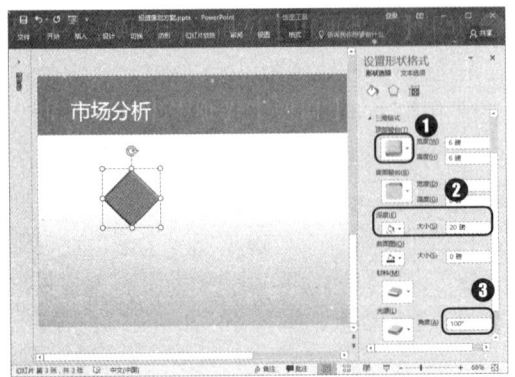

第4步 ❶ 在【三维旋转】栏设置【Y 旋转】为【320º】；❷ 单击【关闭】按钮关闭【设置形状格式】窗格，如下图所示。

第5步 复制 3 个相同大小的菱形，并将其排列在一起，如下图所示。

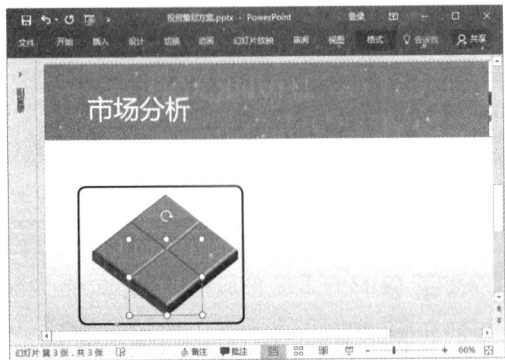

第6步 再次复制一个菱形，按住【Shift】键将其缩小，并放置在已有菱形上，如下图所示。

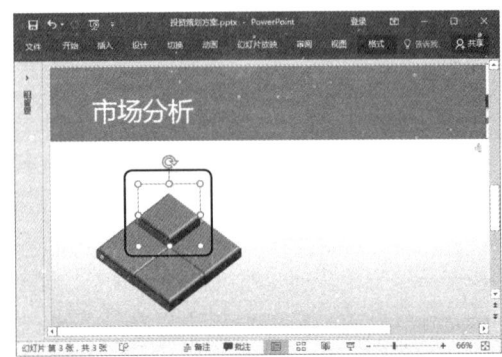

第7步 ❶ 复制 3 个较小的菱形，并将其排列在底层的菱形上，然后选中置于上层的菱形并右击；❷ 在弹出的快捷菜单中选择【置于底层】→【下移一层】命令，如下图所示。

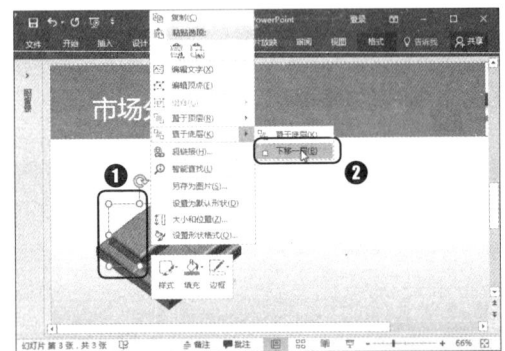

第8步 ❶ 选中一个菱形，打开【设置形状格式】窗格；❷ 在【填充与线条】选项卡的【填充】栏选中【渐变填充】单选按钮；❸ 分别设置【渐变光圈】下方滑块的渐变色，如下图所示。

第9步 使用相同的方法设置其他 3 个菱形的

第12章
公司宣传与活动策划

渐变色，如下图所示。

第10步 选中绘制的所有形状并右击，在弹出的快捷菜单中依次选择【组合】→【组合】命令，如下图所示。

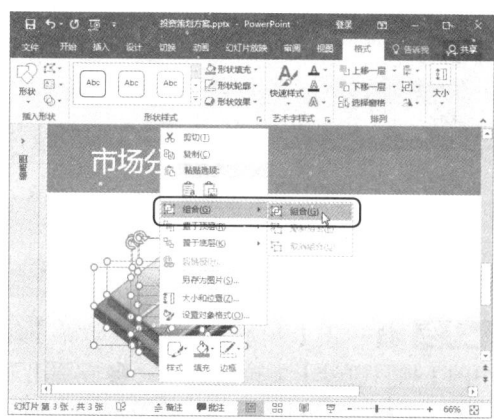

第11步 绘制的形状将组合成一个整体，选中该组合形状，拖动形状四周的控制点调整形状的大小，如下图所示。

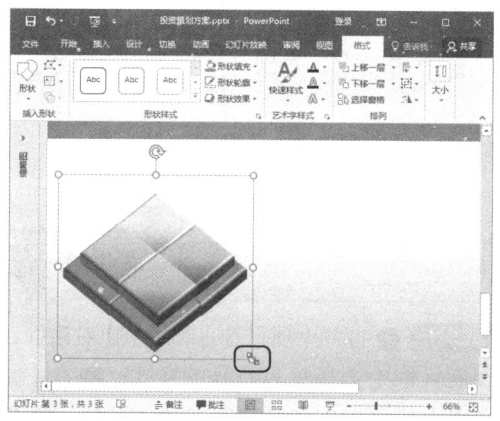

第12步 ❶插入横排文本框输入幻灯片的内容文本，并设置文本格式；❷使用【直线】工具在文本下方绘制一条直线；❸选中直线，在【绘图工具/格式】选项卡的【形状样式】组中设置直线的颜色和粗细，如下图所示。

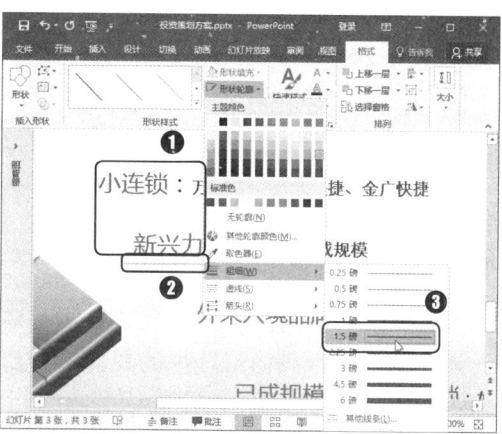

第13步 ❶选中直线，在【绘图工具/格式】选项卡的【形状样式组】中单击【形状轮廓】下拉按钮；❷在弹出的下拉列表中选择【虚线】选项；❸在弹出的级联菜单中选择一种虚线样式，如下图所示。

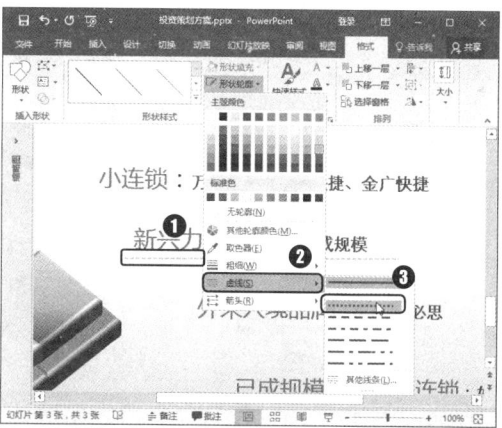

> **温馨提示**
> 在绘制形状时，按住【Shift】键可以等比例缩放形状的大小。

第14步 复制虚线到其他文本下方，并根据需要调整虚线的长度，如下图所示。

311

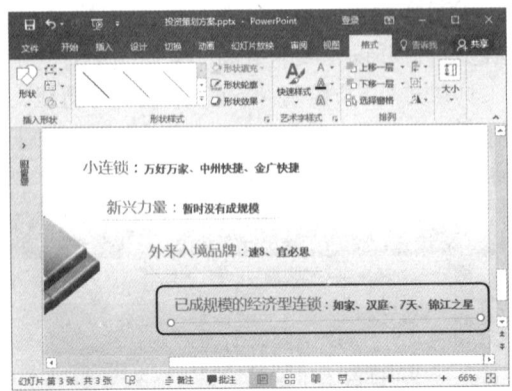

12.3.4 制作其他幻灯片

幻灯片大多由图形、形状、文本框等元素构成，制作其他幻灯片的具体操作步骤如下。

第1步 ❶ 插入"光盘\素材文件\第12章\投资策划方案\图片2.jpg"图片；❷ 在【图片工具/格式】选项卡【图片样式】组中单击【快速样式】下拉按钮；❸ 在弹出的下拉列表中选择一种图片样式，如下图所示。

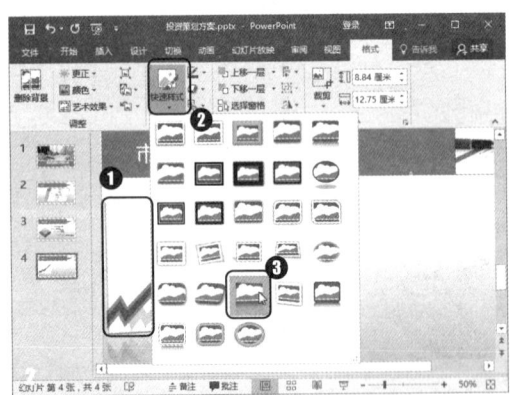

第2步 ❶ 插入横排文本框，输入幻灯片内容，并设置文本格式；❷ 单击【开始】选项卡【段落】组中的对话框启动器，如下图所示。

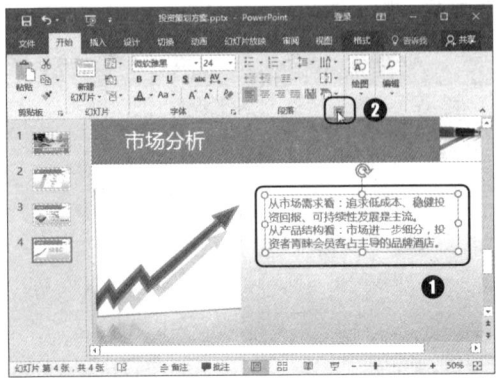

第3步 ❶ 打开【段落】对话框，在【缩进和间距】选项卡中设置【行距】为【1.5倍行距】；❷ 单击【确定】按钮，如下图所示。

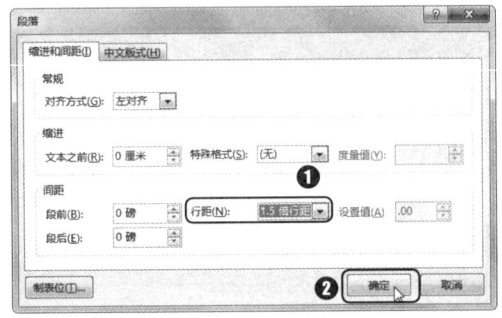

第4步 ❶ 单击【开始】选项卡【段落】组中的【项目符号】下拉按钮；❷ 在弹出下拉列表中选择【项目符号和编号】选项，如下图所示。

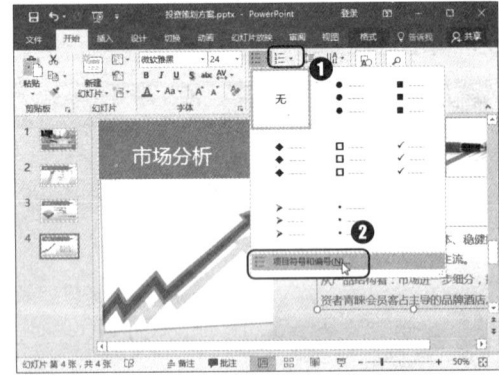

第5步 ❶ 打开【项目符号和编号】对话框，在列表框中选择项目符号的样式；❷ 在【颜色】下拉菜单中选择项目符号的颜色；❸ 单

第 12 章
公司宣传与活动策划

击【确定】按钮,如下图所示。

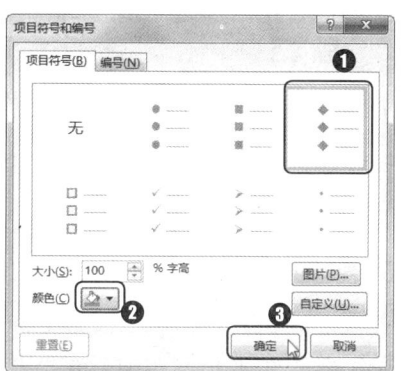

第6步 返回幻灯片,即可查看到项目符号已经插入,如下图所示。

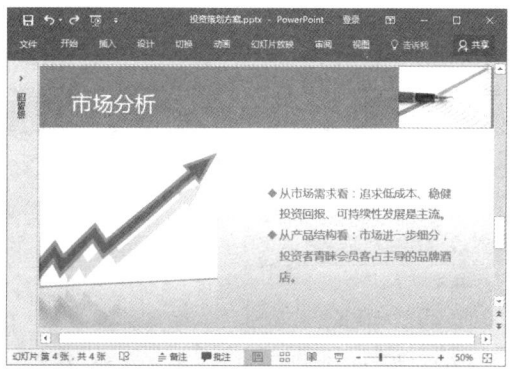

第7步 ❶ 新建一张仅标题幻灯片,并输入目录文本和内容文本;❷ 插入矩形形状,在形状中添加文字,并设置文本格式,如下图所示。

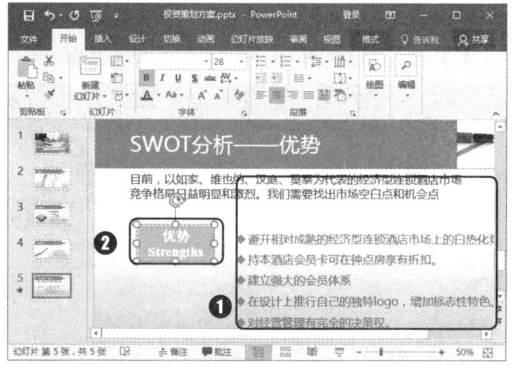

第8步 使用相同的方法制作第5~7张幻灯片,如下图所示。

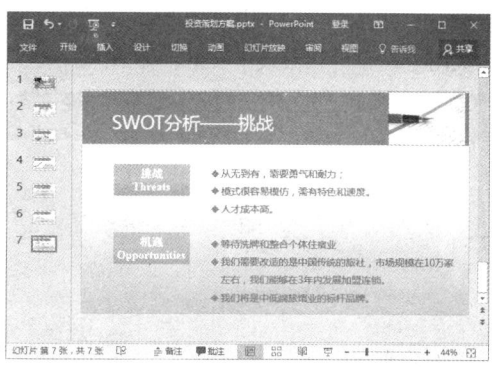

第9步 ❶ 新建第8张幻灯片,输入标题和内容文本;❷ 使用【半闭框】形状工具绘制一个如图所示的形状,并设置形状样式,如下图所示。

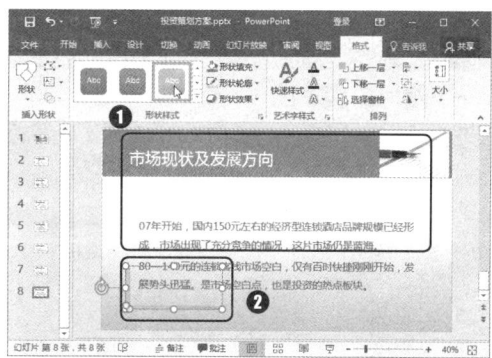

第10步 ❶ 复制一个形状,单击【绘图工具/格式】选项卡【排列】组中的【旋转对象】下拉按钮;❷ 在弹出的下拉菜单中选择【其他旋转选项】选项,如下图所示。

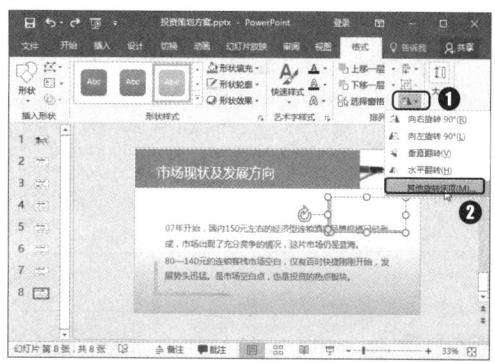

第11步 ❶ 打开【设置形状格式】窗格,在【大小与属性】选项卡的【大小】组中设置

| 313

【旋转】角度为【450º】；❷ 单击【关闭】按钮关闭【设置形状格式】窗格，如下图所示。

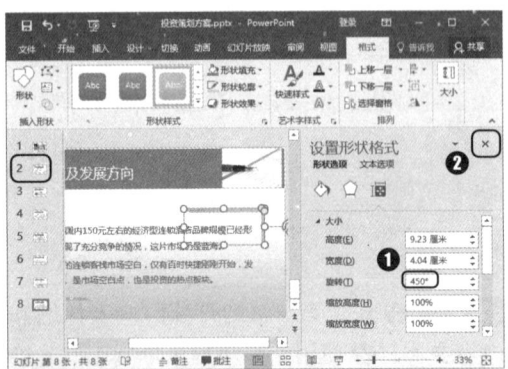

第 12 步 在【绘图工具 / 格式】选项卡的【形状样式】组中设置形状样式，如下图所示。

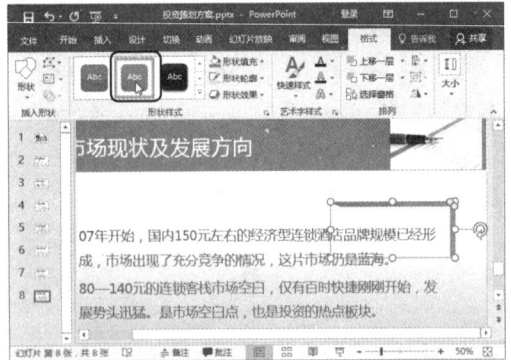

第 13 步 使用相同的方法制作第 9 张幻灯片，如下图所示。

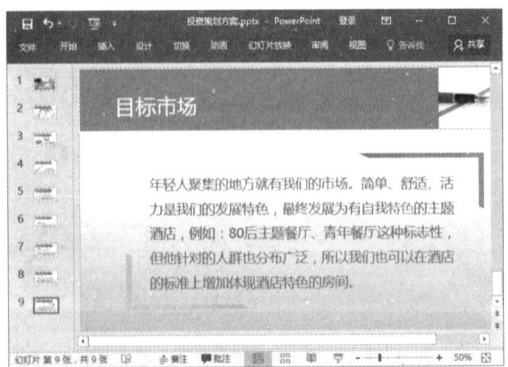

第 14 步 ❶ 在第 8 张幻灯片后插入一张【仅标题】版式幻灯片；❷ 使用【心形】工具绘制一个心形，并设置形状样式，如下图所示。

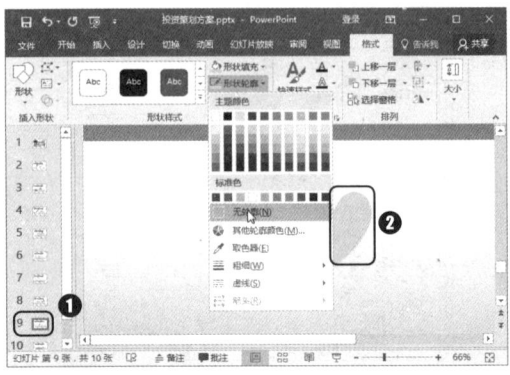

第 15 步 ❶ 单击【绘图工具 / 格式】选项卡【形状样式】组中的【形状效果】下拉按钮 ；❷ 在弹出的下拉列表中选择【预设】选项；❸ 在弹出的级联列表中选择【预设 1】选项，如下图所示。

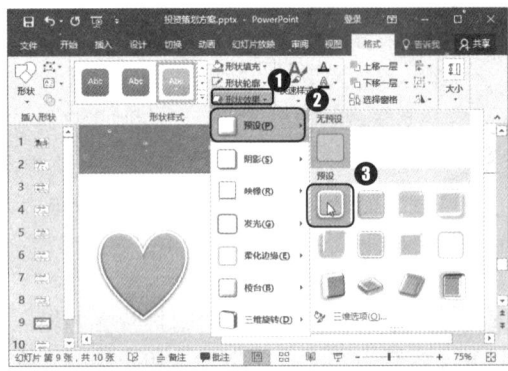

第 16 步 ❶ 复制一个心形形状；❷ 单击【绘图工具 / 格式】选项卡【排列】组中的【旋转对象】下拉按钮 ；❸ 在弹出的下拉菜单中选择【向右旋转 90º】命令，如下图所示。

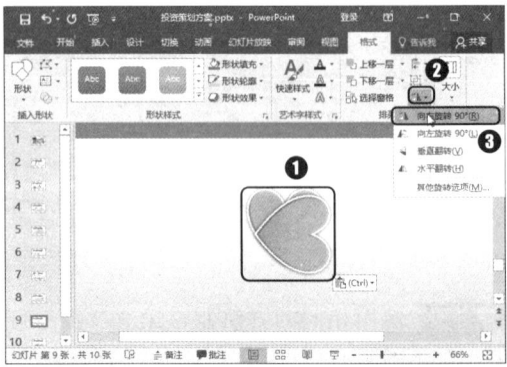

第 12 章

公司宣传与活动策划

第17步 拖动形状到合适的位置，并更改形状的填充颜色，如下图所示。

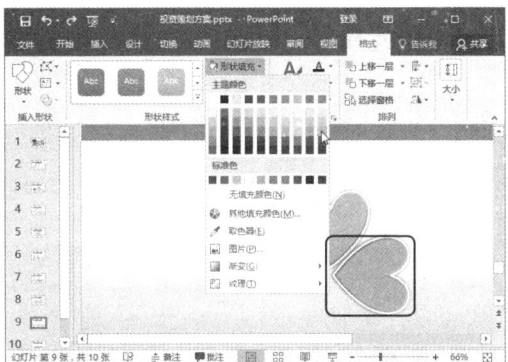

第18步 ❶ 使用相同的方法制作两个心形形状，完成后选中所有形状并右击；❷ 在弹出的快捷菜单中依次选择【组合】→【组合】命令，如下图所示。

第19步 在形状四周绘制文本框输入文本内容，并绘制直线连接形状与文本内容，如下图所示。

第20步 新建一张幻灯片制作结束页，插入多个形状，并设置形状样式；插入文本框输入结束语即可完成幻灯片的制作，如下图所示。

12.3.5 播放幻灯片

在幻灯片制作完成后，需要为其设置播放动画，具体操作步骤如下。

第1步 ❶ 单击【切换】选项卡【切换到此幻灯片】组中的【切换效果】下拉按钮；❷ 在弹出的下拉列表中选择一种切换动画，如下图所示。

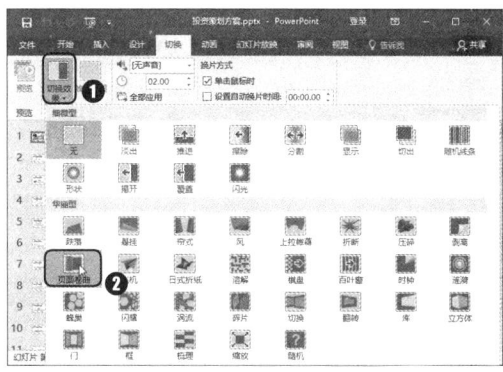

第2步 ❶ 在【切换】选项卡【计时】组中的【声音】下拉列表中选择一种切换声音；❷ 单击【全部应用】按钮，将切换声音设置应用于所有幻灯片，如下图所示。

第3步 ❶选择第2张幻灯片,选中第一条目录中的所有对象并右击;❷在弹出的快捷菜单中依次选择【组合】→【组合】命令,并使用相同的方法组合其他目录,如下图所示。

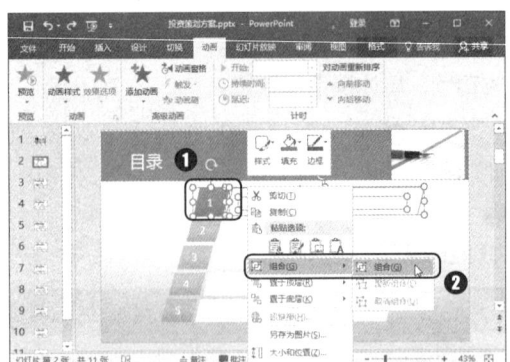

第4步 ❶选择第一条目录;❷单击【动画】选项卡的【动画】组中的【动画样式】下拉按钮;❸在弹出的下拉列表中选择一种动画样式,如下图所示。

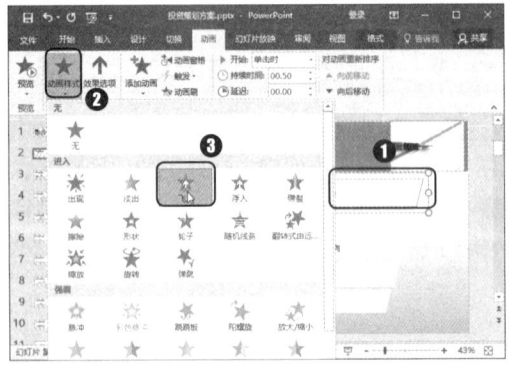

第5步 使用相同的方法依次为其他目录设置动画效果,如下图所示。

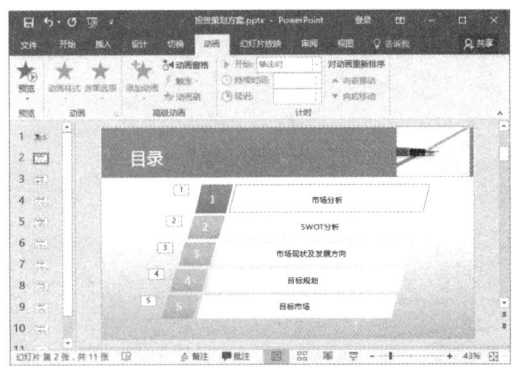

第6步 为所有幻灯片设置了动画效果后,单击快速访问工具栏中的【从头开始】按钮,预览幻灯片,如下图所示。

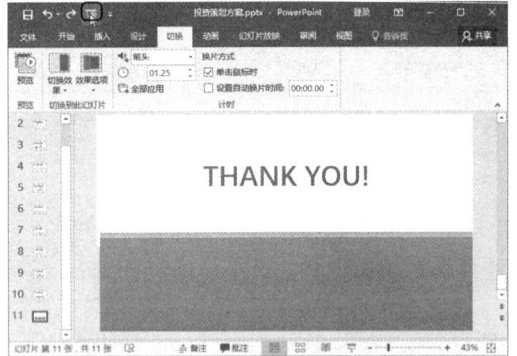

12.3.6 为演示文稿设置打开密码

对于商业性比较强的演示文稿,为了防止内容被任意删改,可以为演示文稿设置打开密码,这样只有输入正确密码才可以打开该演示文稿。为演示文稿设置打开密码的具体操作步骤如下。

第1步 ❶在【文件】选项卡内选择【信息】→【保护演示文稿】选项;❷在打开的下拉菜单中选择【用密码进行加密】选项,如下图所示。

第12章
公司宣传与活动策划

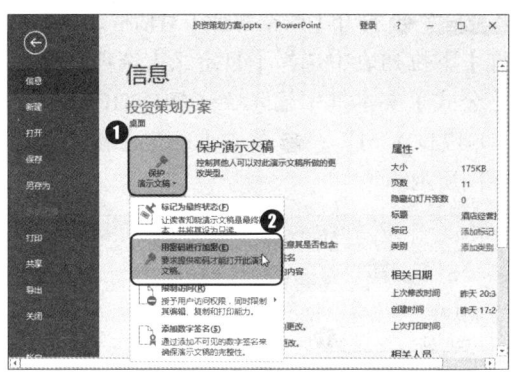

第2步 ❶ 弹出【加密文档】对话框，在文本框中输入要设置的密码，如输入"123"；❷ 单击【确定】按钮，如下图所示。

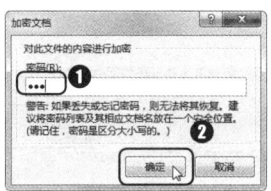

第3步 ❶ 在接下来的【确认密码】对话框中再次输入密码"123"；❷ 单击【确定】按钮，如下图所示。

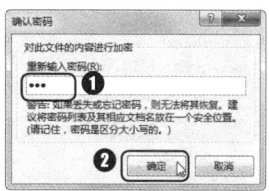

第4步 ❶ 为演示文稿加密后，再次打开该演示文稿时会自动打开【密码】对话框，在【密码】文本框中输入密码"123"；❷ 单击【确定】按钮即可打开演示文稿，如下图所示。

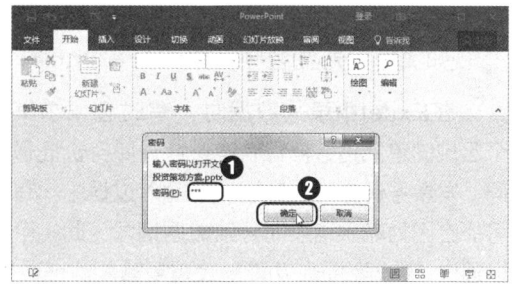

大神支招

通过前面知识的学习，相信读者已经掌握了在文秘与行政工作中，制作公司宣传与活动策划相关文档的方法。下面结合本章内容介绍一些工作中的实用经验与技巧。

01 将字体嵌入文件

📀 视频文件：光盘\视频文件\第12章\01.mp4

在制作了文档之后，经常需要把文档发送给领导或其他同事查看。如果该文档中使用的字体他人的计算机中并没有安装，就会发生字体不正常、版式混乱的情况。为了避免这种情况发生，可以将字体嵌入文件。

把字体嵌入文件的具体操作步骤如下。

步骤 ❶ 打开【Word 选项】对话框，切换到【保存】选项卡；❷ 选中【将字体嵌入文件】复选框；❸ 单击【确定】按钮即可。

02 限制重复数据的输入

视频文件：光盘\视频文件\第12章\02.mp4

在Excel中录入数据时，有时会要求某个区域的单元格数据具有唯一性，如身份证号码、发票号码之类的数据。在输入过程中，有可能会因为输入错误而导致数据相同，此时可以通过"数据验证"功能防止重复输入。

例如，要在"员工信息登记表.xlsx"的工作表中设置防止重复输入，具体操作步骤如下。

第1步 ❶打开"光盘\素材文件\第12章\员工信息登记表.xlsx"文件，选中要设置防止重复输入的单元格区域，如D3：D17；❷单击【数据】选项卡【数据工具】组中的【数据验证】按钮，如下图所示。

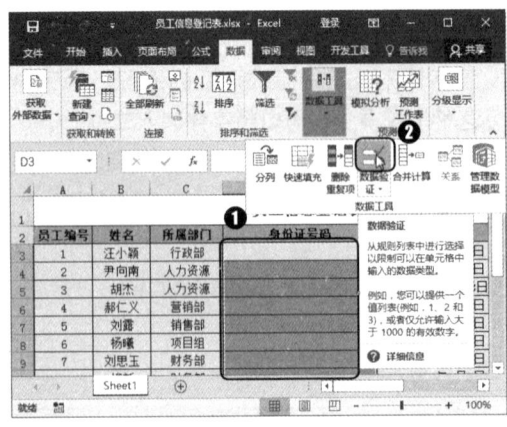

第2步 ❶打开【数据验证】对话框，在【允许】下拉列表中选择【自定义】选项；❷在【公式】文本框中输入"=COUNTIF($D$3:$D$17,D3)<=1"；❸单击【确定】按钮，如下图所示。

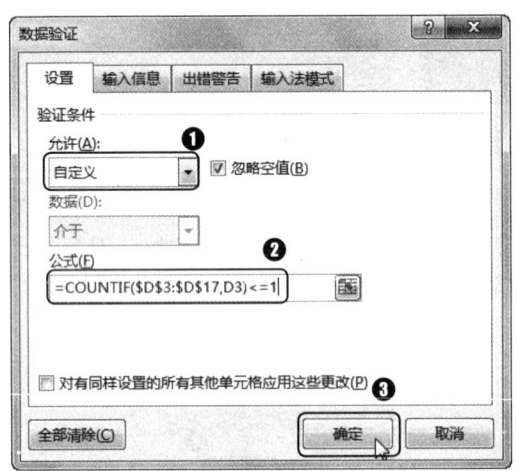

第3步 通过上述操作后，当在D3：D17单元格区域中输入重复数据时，就会出现错误提示的警告，如下图所示。

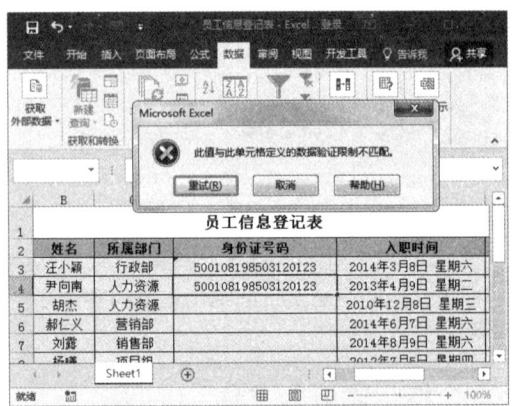

03 让文字在放映时逐行显示

视频文件：光盘\视频文件\第12章\03.mp4

在放映演示文稿时，为了方便讲解，可以让幻灯片中的文字逐行显示，具体操作步骤如下。

第1步 打开"光盘\素材文件\第12章\商

第 12 章
公司宣传与活动策划

务咨询方案.pptx"演示文稿，❶选中需要设置逐行显示的文字；❷单击【动画】选项卡【动画】组中的【动画样式】下拉按钮；❸在弹出的下拉列表中选择一种进入式动画，如下图所示。

中的【预览】按钮即可查看动画效果，如下图所示。

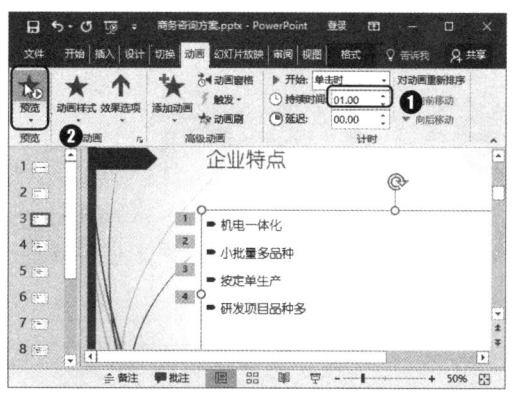

第2步 通过以上设置，每行文字都将分别添加一个动画效果，❶在【计时】组中设置持续时间；❷单击【动画】选项卡【预览】组

温馨提示

在PowerPoint 2016中选中文本框添加动画效果后，文本框内的段落（一行的段落）便会逐行显示，若没有逐行显示，可进行设置，其方法为：在【动画】组中单击【效果选项】按钮，在弹出的下拉列表中选择【按段落】选项即可。

第 13 章
公司外部商务管理

本章导读

在文秘与行政工作中,经常会遇到需要制作面向公司外部的商务文档,如公函、展会宣传文档等。本章通过制作贺信、通讯费年度计划表和楼盘营销宣传文档,介绍公司外部商务文档制作的方法。

知识要点

- ❖ 定制宏按钮
- ❖ 录制和使用宏
- ❖ 保护并共享工作簿
- ❖ 修订共享工作簿
- ❖ 设置幻灯片母版样式
- ❖ 设置演示文稿的动画效果

第 13 章
公司外部商务管理

13.1 使用 Word 制作贺信

案例背景

贺信是对某单位或个人所取得的成就表示祝贺的专用书信，常用于隆重的会议或喜庆的仪式上。上下级之间、平级单位之间都可以互发贺信。现在的贺信已成为表彰、赞扬、庆贺对方在某个方面所做贡献的一种常用形式，同时兼有表示慰问和赞扬的功能。

本例将通过 Word 制作一封贺信，制作完成后的效果如下图所示。实例最终效果见"光盘\结果文件\第13章\华渝集团贺信.docx"文件。

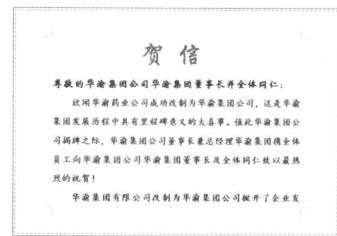 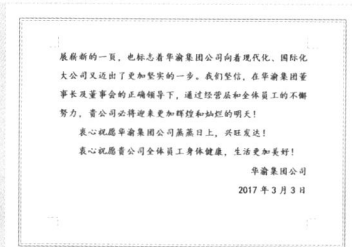

光盘文件	素材文件	光盘\素材文件\第13章\华渝集团贺信.docx
	结果文件	光盘\结果文件\第13章\华渝集团贺信.docx
	教学视频	光盘\视频文件\第13章\13.1使用Word 制作贺信.mp4

13.1.1 定制宏按钮

录制宏可以将各种操作记录下来，然后通过运用宏便能快速实现录制宏时执行的一系列操作，实现自动化效果。下面利用宏功能来定制各种贺信格式按钮。

1. 创建"贺信页面"按钮

公司发出的贺信最好使用相同的页面大小和页面边框，设置页面大小和页面边框的操作录制成宏，并将宏创建成按钮的具体操作步骤如下。

第1步 ❶ 新建一个空白文档，在文档中输入"标题""称谓""正文""落款"文本；❷ 单击【开发工具】选项卡【代码】组中的【录制宏】按钮，如下图所示。

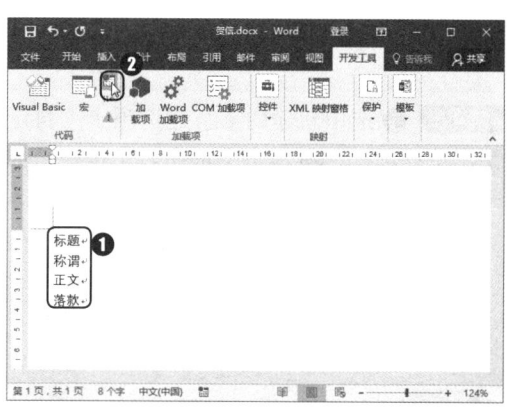

> **温馨提示**
>
> 如果在【录制宏】对话框的【将宏指定到】栏中单击【键盘】按钮，可以为宏设置快捷键。

| 321 |

第2步 ❶打开【录制宏】对话框,在【宏名】文本框中输入"贺信页面"文本;❷单击【按钮】按钮,如下图所示。

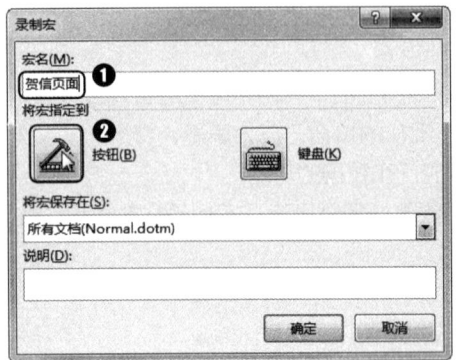

第3步 ❶打开【Word 选项】对话框,选择【自定义功能区】选项卡;❷在右侧列表框的下方单击【新建选项卡】按钮,如下图所示。

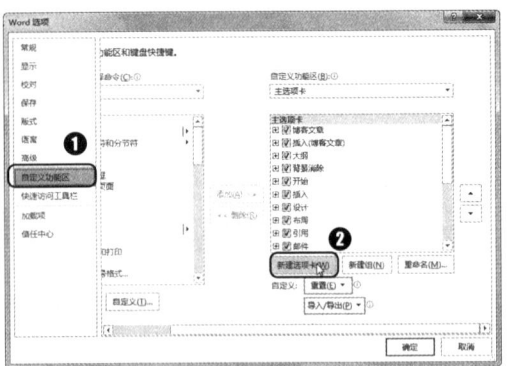

第4步 ❶选中新建的【新建选项卡(自定义)】复选框;❷单击【重命名】按钮,如下图所示。

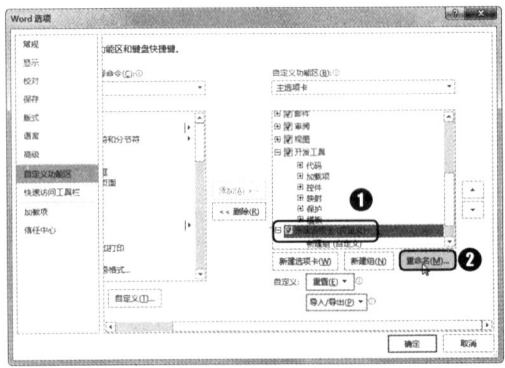

第5步 ❶打开【重命名】对话框,在【显示名称】文本框中输入"贺信专用"文本;❷单击【确定】按钮,如下图所示。

第6步 ❶选择【新建组(自定义)】选项;❷单击【重命名】按钮,如下图所示。

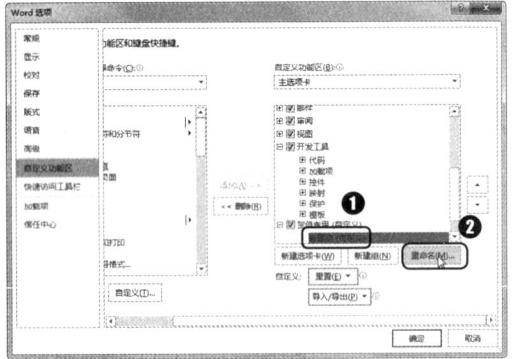

第7步 ❶打开【重命名】对话框,在【显示名称】文本框中输入"格式"文本;❷单击【确定】按钮,如下图所示。

第8步 在【从下列位置选择命令】下拉列表中选择【宏】选项,如下图所示。

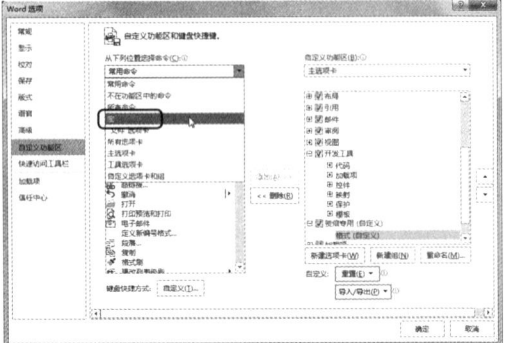

第13章
公司外部商务管理

第9步 ❶在左侧的列表框中选择前面设置的宏选项；❷在右侧的列表框中选择【格式（自定义）】选项；❸单击【添加】按钮，如下图所示。

第10步 ❶选择右侧列表中刚添加的宏选项；❷单击【重命名】按钮，如下图所示。

第11步 ❶打开【重命名】对话框，在【符号】列表框中选择一种符号；❷在【显示名称】文本框中输入"贺信页面"文本；❸单击【确定】按钮，如下图所示。

第12步 返回【Word 选项】对话框，单击【确定】按钮，如下图所示。

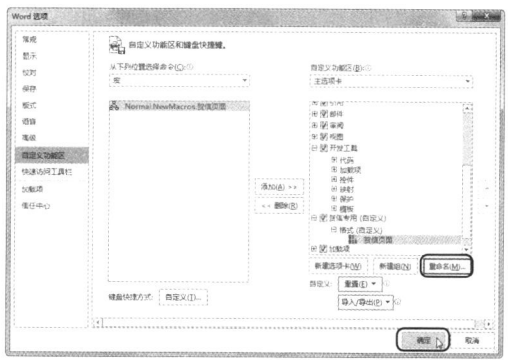

第13步 ❶返回文档主编辑区，此时鼠标指针变为 形状，表示正处于录制宏的状态。单击【布局】选项卡【页面设置】组中的【纸张大小】下拉按钮；❷在弹出的下拉列表中选择【其他纸张大小】选项，如下图所示。

教您一招

删除自定义选项卡

如果新建的自定义选项卡创建错误，或者不再需要该选项卡，也可以删除自定义选项卡，操作方法是：在要删除的选项卡上右击，在弹出的快捷菜单中选择【删除】命令即可。

Word/Excel/PPT
在文秘与行政管理中的应用

第14步 ❶打开【页面设置】对话框，在【纸张】选项卡的【纸张大小】栏中设置【宽度】为【21厘米】，【高度】为【15厘米】；❷单击【确定】按钮，如下图所示。

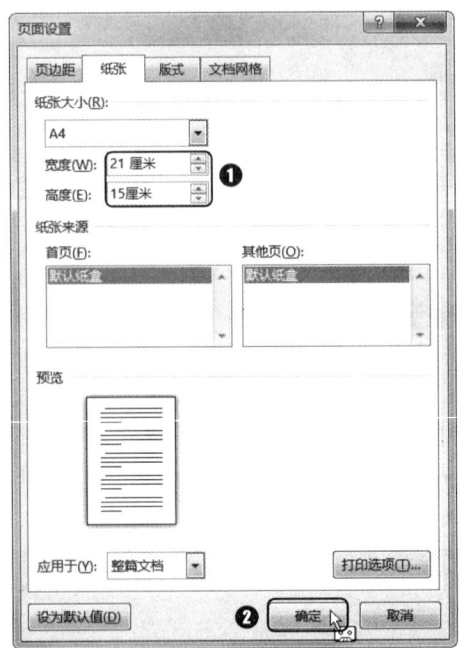

第15步 单击【设计】选项卡【页面背景】组中的【页面边框】按钮，如下图所示。

第16步 ❶打开【边框和底纹】对话框，在【样式】列表框中设置边框样式；❷在【颜色】下拉列表中选择【红色】选项；❸单击【确定】按钮，如下图所示。

第17步 返回文档主编辑区，单击【开发工具】选项卡【代码】组中的【停止录制】按钮■，完成宏的录制，如下图所示。

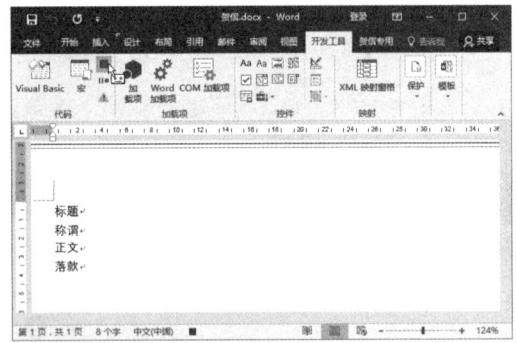

2. 创建"贺信标题"按钮

下面为贺信标题设置文档格式，并将操作录制成宏，并将宏创建成按钮，具体操作步骤如下。

第1步 ❶选择"标题"文本；❷单击【开发工具】选项卡【代码】组中的【录制宏】按钮，如下图所示。

> **温馨提示**
>
> 在状态栏中单击【录制宏】按钮，也可以开始宏的录制。

第13章
公司外部商务管理

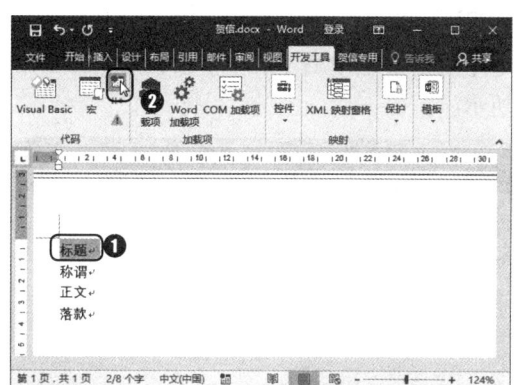

第2步 ❶ 打开【录制宏】对话框,在【宏名】文本框中输入"贺信标题"文本;❷ 单击【按钮】按钮,如下图所示。

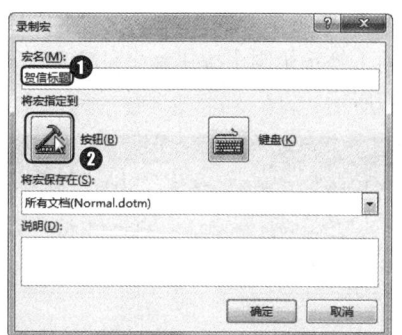

第3步 ❶ 打开【Word 选项】对话框,选择【自定义功能区】选项卡;❷ 在【从下列位置选择命令】下拉列表中选择【宏】选项;❸ 在下方的列表框中选择贺信标题对应的选项;❹ 在右侧的列表框中选择【格式(自定义)】选项;❺ 单击【添加】按钮,如下图所示。

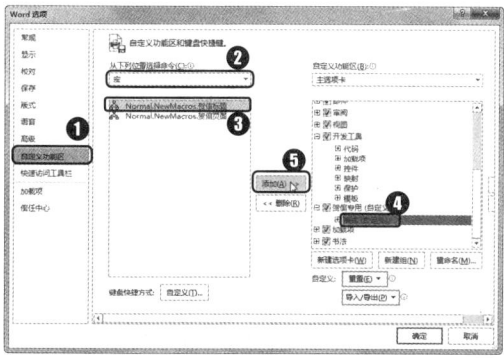

第4步 ❶ 选择添加的宏按钮;❷ 单击【重命名】按钮,如下图所示。

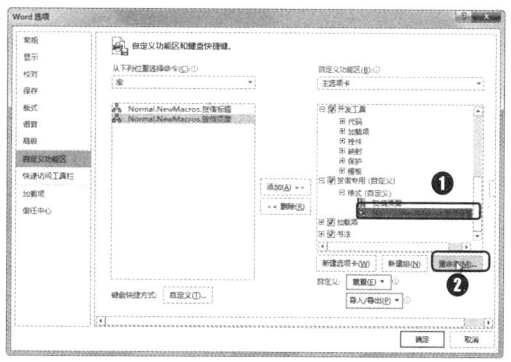

第5步 ❶ 打开【重命名】对话框,在【符号】列表中选择符号;❷ 在【显示名称】文本框中输入"贺信标题"文本;❸ 单击【确定】按钮,如下图所示。

第6步 返回【Word 选项】对话框,单击【确定】按钮,如下图所示。

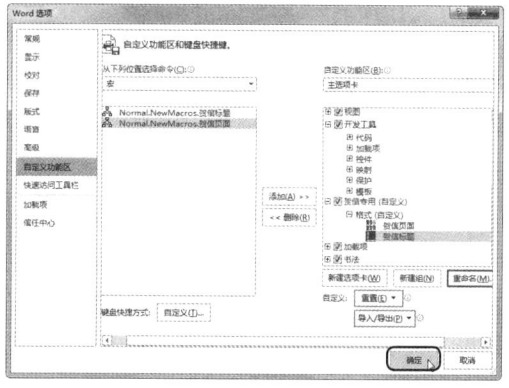

第7步 返回文档编辑区,打开【字体】对话框,在【字体】选项卡中设置字体格式为【中

文-华文行楷，西文-Times New Roman，初号，红色】，如下图所示。

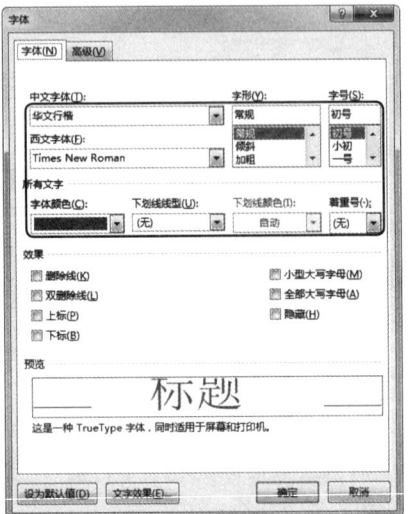

> **温馨提示**
>
> 按【Crtl+D】组合键可以快速打开【字体】对话框。

第8步 ❶切换到【高级】选项卡；❷在【字符间距】栏的【间距】下拉列表中选择【加宽】选项；❸设置【磅值】为【10磅】；❹单击【确定】按钮，如下图所示。

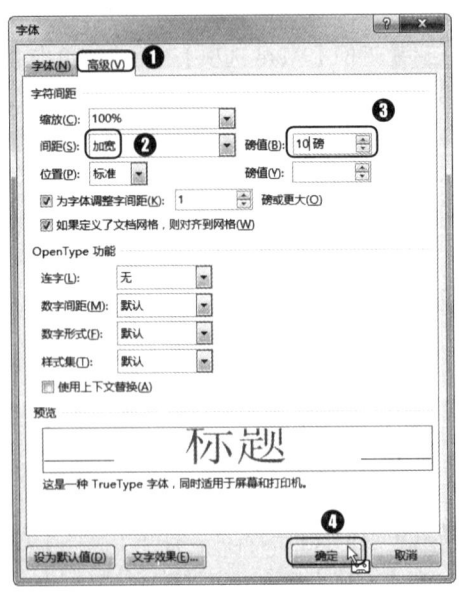

第9步 返回文档编辑区，单击【开始】选项卡【段落】组中的【居中】按钮，如下图所示。

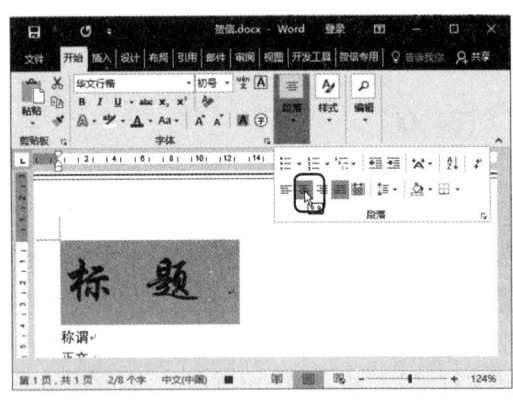

第10步 单击【开发工具】选项卡【代码】组中的【停止录制】按钮，完成宏的录制，如下图所示。

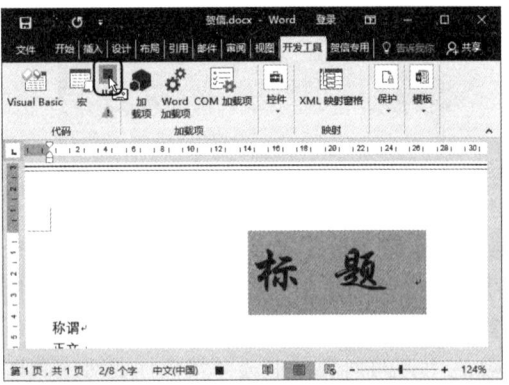

第11步 单击【开发工具】选项卡【代码】组中的【宏】按钮，如下图所示。

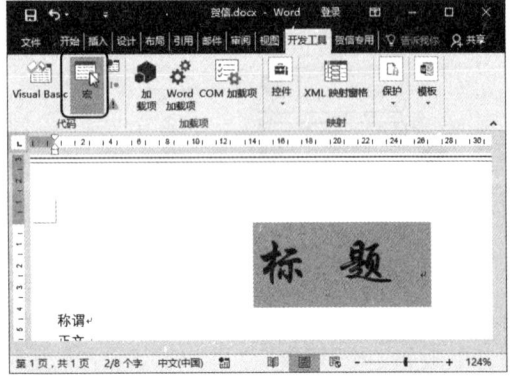

第13章
公司外部商务管理

> **温馨提示**
>
> 在录制宏的过程中，如果需要暂停宏的录制，可以单击【开发工具】选项卡【代码】组中的【暂停录制】按钮 ❙❙● 暂停录制；如果想要继续录制，则再次单击该按钮，重新开始录制。

第12步 ❶ 打开【宏】对话框，在【宏名】列表框中选择【贺信标题】选项；❷ 单击【编辑】按钮，如下图所示。

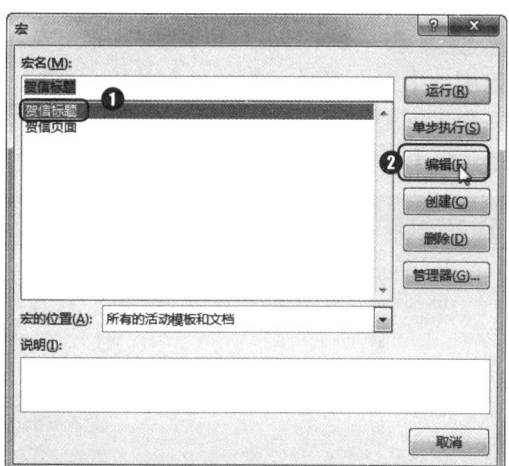

第13步 打开代码窗口，拖动鼠标选择"+中文正文"文本，如下图所示。

第14步 将所选文本修改为"华文行楷"，然后按【Ctrl+S】组合键保存修改并关闭窗口即可，如下图所示。

3. 创建其他贺信格式

按照相同的方法，还可以创建【贺信称谓】【贺信正文】和【贺信落款】等格式按钮，具体操作步骤如下。

第1步 ❶ 选中"称谓"文本；❷ 单击【录制宏】按钮；❸ 打开【录制宏】对话框，在【宏名】文本框中输入"贺信称谓"文本；❹ 单击【按钮】按钮，如下图所示。

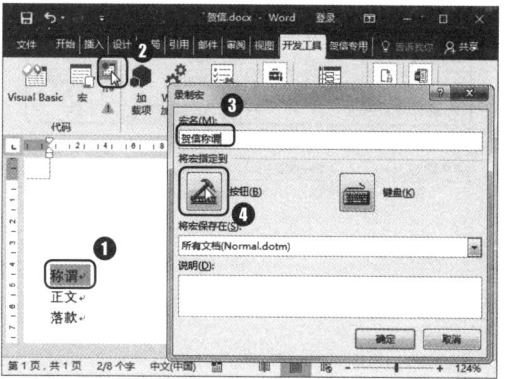

第2步 ❶ 使用前面的方法将宏对应的命令添加到【贺信专用（自定义）】选项卡的【格式】组中，并为其设置符号和名称；❷ 连续单击【确定】按钮，如下图所示。

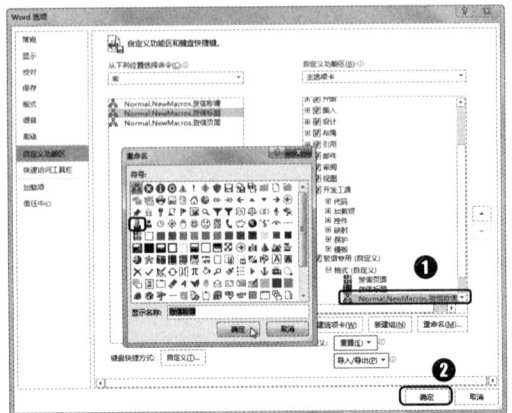

第3步 ❶返回文档编辑区，打开【字体】对话框，在【字体】选项卡中设置字体格式为【中文 - 华文新魏，西文 - Times New Roman，加粗，小二】；❷单击【确定】按钮，如下图所示。

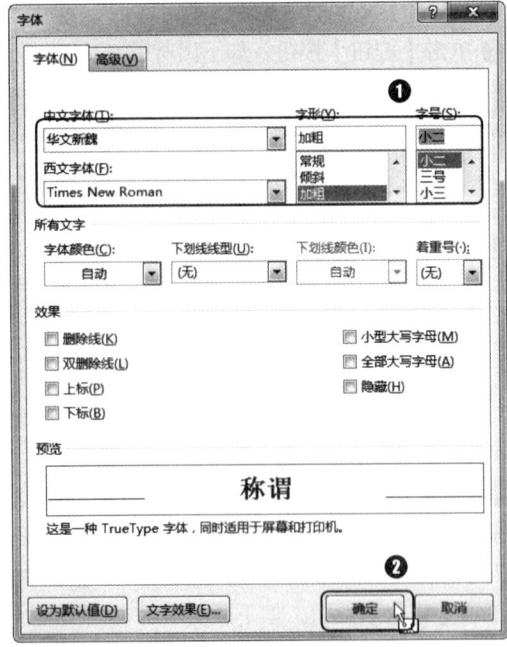

第4步 单击【开发工具】选项卡【代码】组中的【停止录制】按钮■，完成宏的录制，如下图所示。

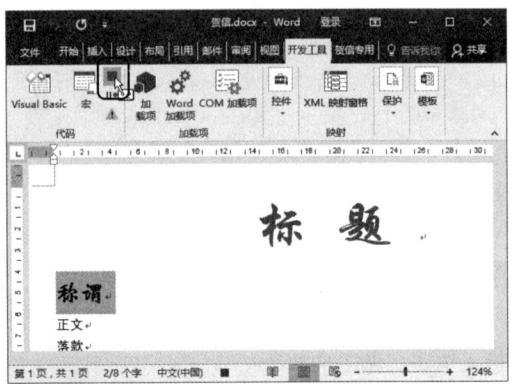

第5步 ❶单击【开发工具】选项卡【代码】组中的【宏】按钮；❷打开【宏】对话框，在列表框中选择【贺信称谓】选项；❸单击【编辑】按钮，如下图所示。

第6步 打开代码窗口，将"+中文正文"文本修改为"华文新魏"，然后按【Ctrl+S】组合键保存修改并关闭窗口即可，如下图所示。

第13章
公司外部商务管理

第7步 ❶选中"正文"文本；❷单击【录制宏】按钮；❸打开【录制宏】对话框，在【宏名】文本框中输入"贺信正文"文本；❹单击【按钮】按钮，如下图所示。

第8步 ❶使用前面所述的方法将宏对应的命令添加到【贺信专用（自定义）】选项卡的【格式】组中，并为其设置符号和名称；❷连续单击【确定】按钮，如下图所示。

第9步 ❶返回文档编辑区，打开【字体】对话框，在【字体】选项卡中设置字体格式为【中文 - 楷体，西文 - Times New Roman，加粗，三号】；❷单击【确定】按钮，如下图所示。

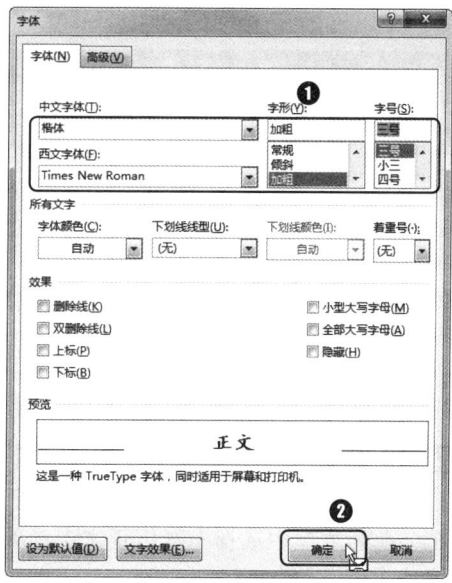

第10步 ❶打开【段落】对话框，在【缩进和间距】选项卡的【缩进】栏中设置【特殊格式】为【首行缩进】，【缩进值】为【2字符】；❷单击【确定】按钮，如下图所示。

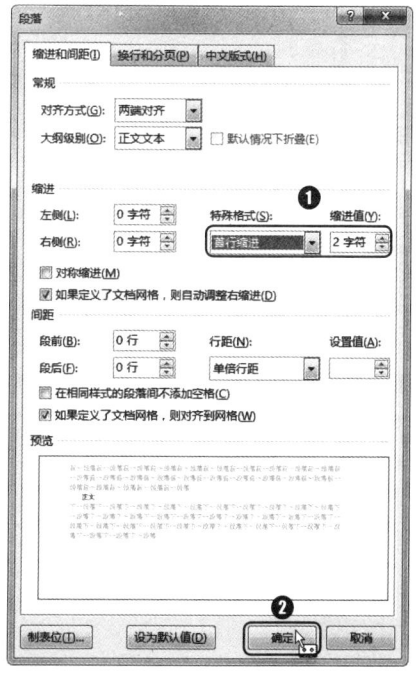

第11步 单击【开发工具】选项卡【代码】组中的【停止录制】按钮，完成宏的录制，

| 329 |

如下图所示。

第12步 ❶单击【开发工具】选项卡【代码】组中的【宏】按钮；❷打开【宏】对话框，在列表框中选择【贺信正文】选项；❸单击【编辑】按钮，如下图所示。

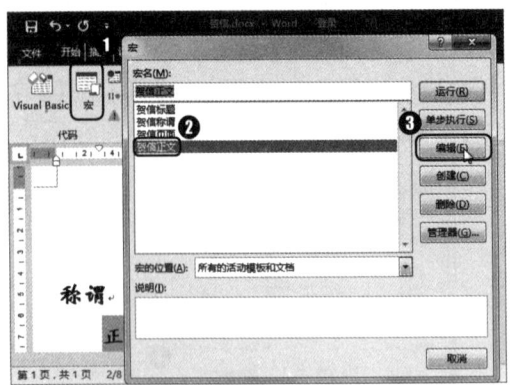

第13步 打开代码窗口，将"+ 中文正文"文本修改为"楷体"，然后按【Ctrl+S】组合键保存修改并关闭窗口即可，如下图所示。

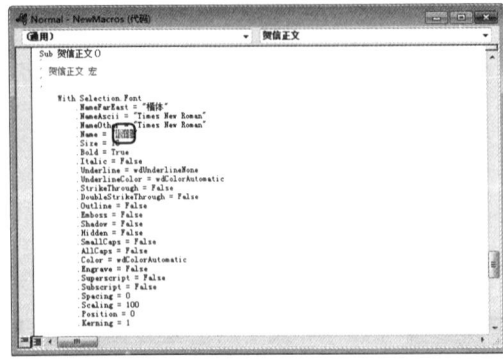

第14步 ❶选中"落款"文本；❷单击【录制宏】按钮；❸打开【录制宏】对话框，在【宏名】文本框中输入"贺信落款"文本；❹单击【按钮】按钮，如下图所示。

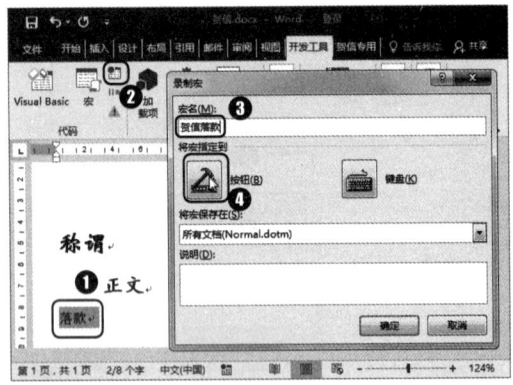

第15步 ❶使用前面所述的方法将宏对应的命令添加到【贺信专用（自定义）】选项卡的【格式】组中，并为其设置符号和名称；❷连续单击【确定】按钮，如下图所示。

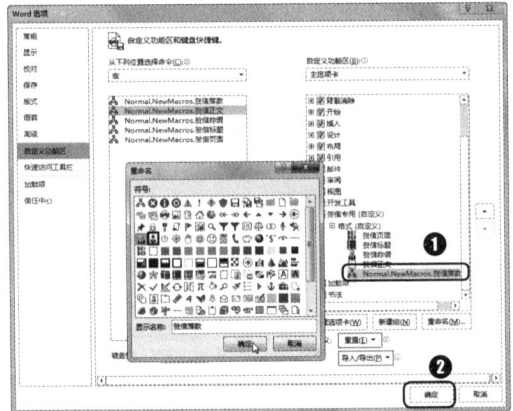

第16步 ❶返回文档编辑区，打开【字体】对话框，在【字体】选项卡中设置字体格式为【中文 - 楷体，西文 - Times New Roman，加粗，三号】；❷单击【确定】按钮，如下图所示。

第 13 章
公司外部商务管理

13.1.2 输入并编辑贺信

完成宏的录制和按钮的创建后,就可以使用制作的各种按钮快速设置贺信了,具体操作步骤如下。

第1步 打开"光盘\素材文件\第13章\华渝集团贺信.docx"文件,单击【贺信专用】选项卡【格式】组中的【贺信页面】按钮,如下图所示。

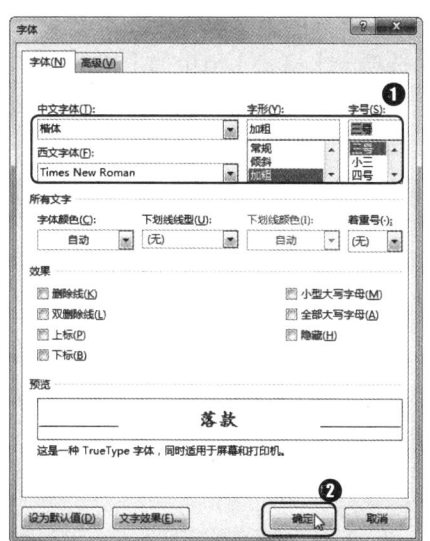

第17步 在【开始】选项卡的【段落】组中单击【右对齐】按钮,如下图所示。

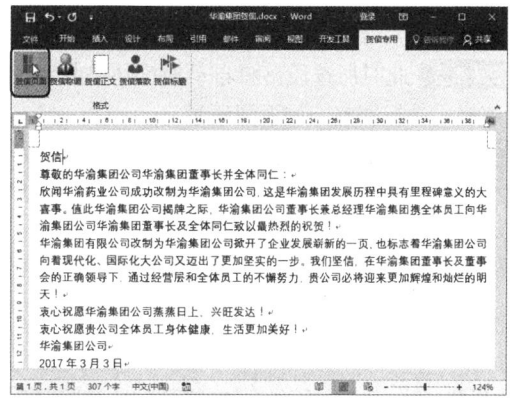

第2步 此时文档页面将自动调整大小,并添加边框效果,如下图所示。

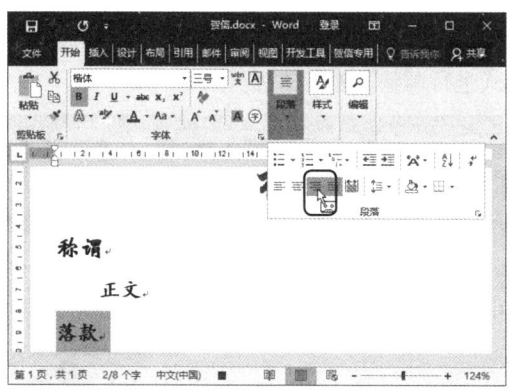

第18步 打开代码窗口,将"+ 中文正文"文本修改为"楷体",然后按【Ctrl+S】组合键保存修改并关闭窗口即可,如下图所示。

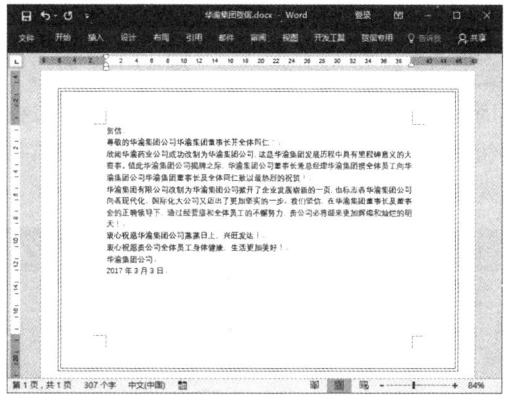

第3步 ❶ 选中"贺信"文本;❷ 单击【贺信专用】选项卡【格式】组中的【贺信标题】按钮,如下图所示。

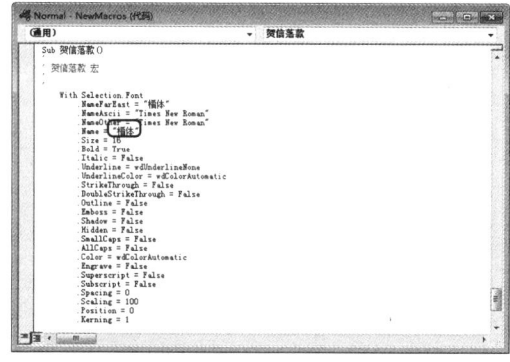

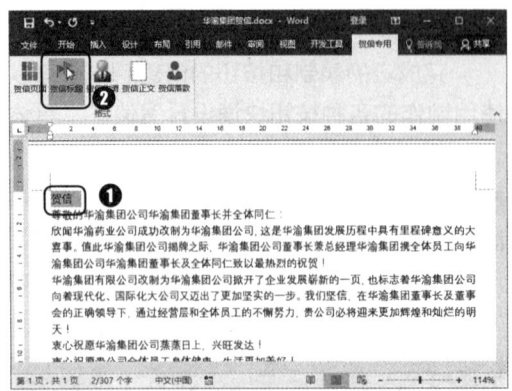

第4步 此时所选段落将自动对字体格式和段落格式进行调整，如下图所示。

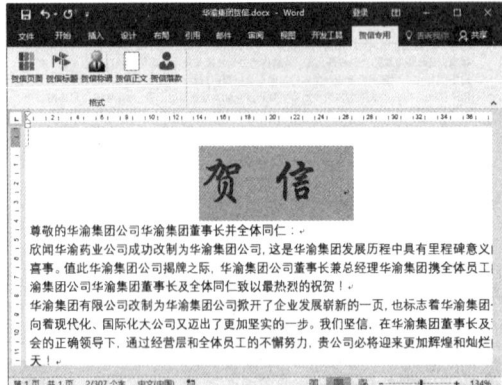

第5步 ❶ 选中称谓文本；❷ 单击【贺信专用】选项卡【格式】组中的【贺信称谓】按钮，此时所选段落将自动对字体格式和段落格式进行调整，如下图所示。

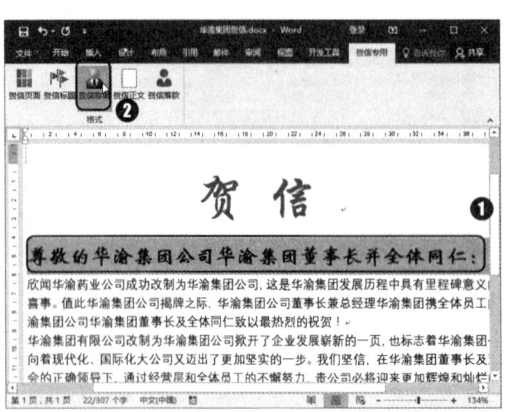

第6步 ❶ 选中正文文本；❷ 单击【贺信专用】选项卡【格式】组中的【贺信正文】按钮，此时所选段落将自动对字体格式和段落格式进行调整，如下图所示。

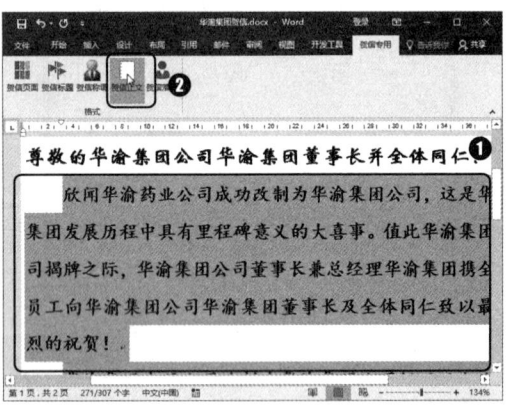

第7步 ❶ 选中落款文本；❷ 单击【贺信专用】选项卡【格式】组中的【贺信落款】按钮，此时所选段落将自动对字体格式和段落格式进行调整，如下图所示。

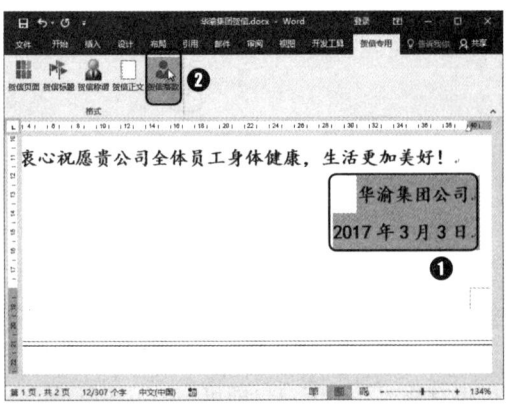

第8步 格式应用完成后，最终效果如下图所示。

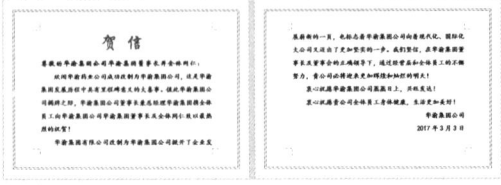

第 13 章
公司外部商务管理

13.2 使用Excel制作通讯费年度计划表

 案例背景

在文秘与行政工作中，经常会制作一些文档对外发送，让他人阅读并修改。而制作者则需要对修改情况进行追踪反馈。例如，要制作一个通讯费年度计划表，在计划表中允许各部门主管对各员工的通讯费用进行适当的修改和调整，将该工作簿进行共享，并演示不同的用户对工作簿进行编辑和修订的操作。

本例将制作通讯费年度计划表，制作完成后的效果如右图所示。实例最终效果见"光盘\结果文件\第13章\通讯年费计划表.xlsx"文件。

	素材文件	光盘\素材文件\第13章\通讯费年度计划表.xlsx
光盘文件	结果文件	光盘\结果文件\第13章\通讯费年度计划表.xlsx
	教学视频	光盘\视频文件\第13章\13.2使用Excel制作通讯费年度计划表.mp4

13.2.1 保护并共享工作簿

要使多个用户同时编辑一个工作簿，可以将工作簿进行共享。但为了防止其他用户对一些固定数据进行更改，在共享工作簿前应对工作表进行保护。

第1步 打开"光盘\素材文件\第 13 章\通讯费年度计划表 .xlsx"文件，单击【审阅】选项卡【更改】组中的【允许用户编辑区域】按钮，如下图所示。

第2步 打开【允许用户编辑区域】对话框，单击【新建】按钮，如下图所示。

333

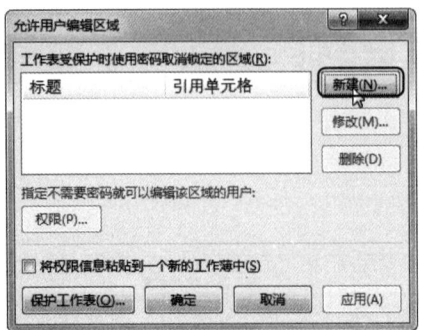

第3步 ❶打开【新区域】对话框,在【标题】文本框中输入"可编辑区域";❷在【引用单元格】引用框中引用"E3：E25,G3：G25"单元格区域;❸单击【确定】按钮,如下图所示。

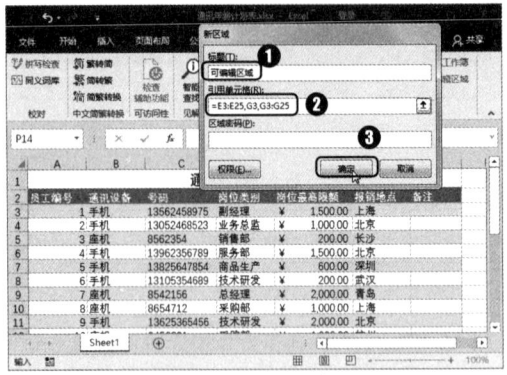

第4步 返回【允许用户编辑区域】对话框,单击【保护工作表】按钮,如下图所示。

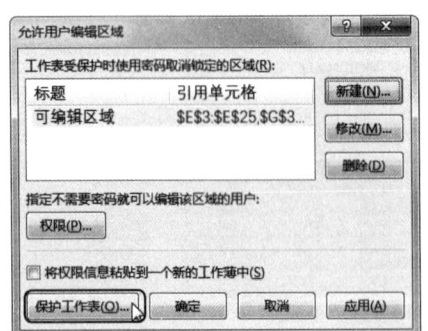

第5步 ❶打开【保护工作表】对话框,在【取消工作表保护时使用的密码】文本框中输入密码（本例密码均为123）;❷单击【确定】按钮,如下图所示。

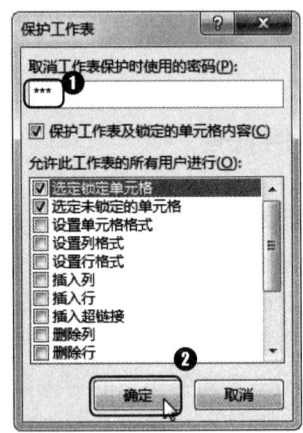

第6步 ❶打开【确认密码】对话框,再次输入密码;❷单击【确定】按钮,如下图所示。

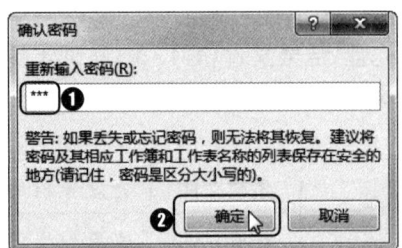

第7步 返回工作表,单击【审阅】选项卡【更改】组中的【保护并共享工作簿】按钮,如下图所示。

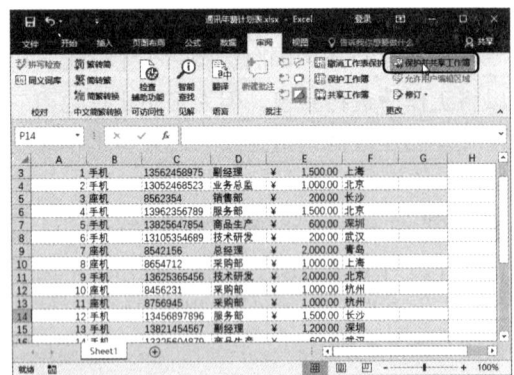

第8步 ❶打开【保护共享工作簿】对话框,在密码框中输入密码;❷单击【确定】按钮,如下图所示。

第13章
公司外部商务管理

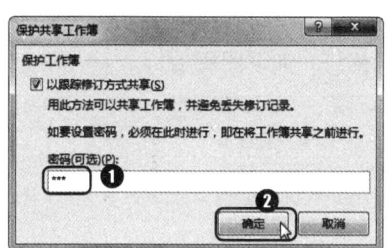

第9步 ❶在打开的【确认密码】对话框中再次输入密码；❷单击【确定】按钮即可，如下图所示。

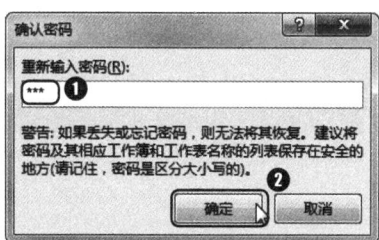

13.2.2 修订共享工作簿

当工作簿完成修订，并利用网络共享等共享功能将文件进行共享后，工作簿即可同时被多个不同的用户打开并在允许编辑的区域中进行修改。当其他用户对数据进行修改后，单元格的左上角将出现蓝色的三角符号，鼠标指针指向该单元格时将显示相应的修订记录信息。修订工作簿的具体操作步骤如下。

第1步 ❶单击【审阅】选项卡【更改】组中的【修订】下拉按钮；❷在弹出的下拉菜单中选择【突出显示修订】选项，如下图所示。

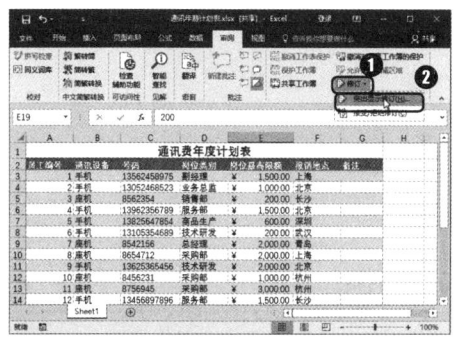

第2步 ❶打开【突出显示修订】对话框，

将【时间】设置为【全部】；❷单击【确定】按钮，如下图所示。

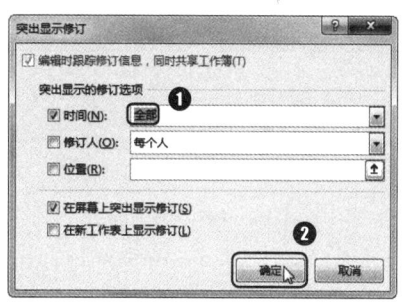

第3步 ❶返回工作表，即可显示出其他用户修改过的单元格，单击【审阅】选项卡【更改】组中的【修订】下拉按钮；❷在弹出的下拉菜单中选择【接受/拒绝修订】命令，如下图所示。

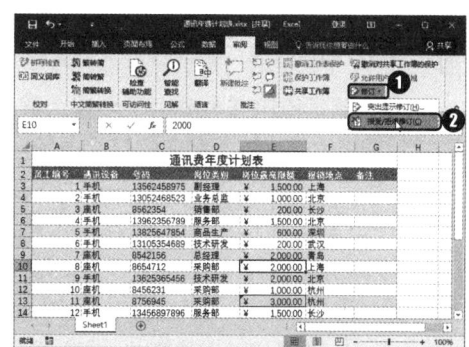

> **温馨提示**
>
> 如果对修订后的所有内容没有意见，可以在【接受或拒绝修订】对话框中单击【全部接受】按钮，接受所有修订结果。如果完全不接受修订后的内容，可以在【接受或拒绝修订】对话框中单击【全部拒绝】按钮拒绝所有修订结果。

第4步 打开【接受或拒绝修订】对话框，单击【确定】按钮，如下图所示。

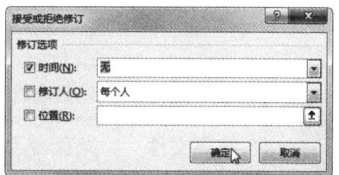

第5步 此时，表格中将自动选择第一个被修

订后的单元格，单击【接受】或【拒绝】按钮，即可接受或拒绝该单元格的修订，如下图所示。

第6步 使用相同的方法接受或拒绝其他单元格中的修订，如下图所示。

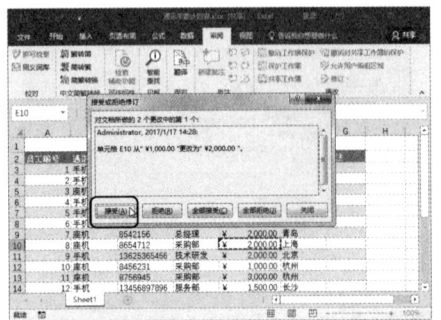
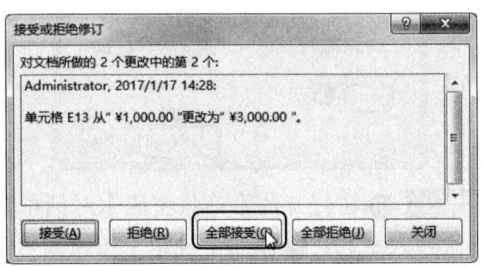

13.3 使用PPT制作楼盘营销宣传

案例背景

产品营销宣传PPT大多用于会议、展览和大型集体活动时播放，参展宣传的效果好坏直接影响到最终效果。本例制作的产品营销宣传演示文稿，主要是用于会展时向观展人员进行宣传，此类宣传多为产品展示，一般较为重视产品的特点和优势。在本例中，将着重对产品的形象进行展示，并为演示文稿设置合理的动画。

本例将制作楼盘营销宣传PPT，制作完成后的效果如下图所示。实例最终效果见"光盘\结果文件\第13章\楼盘营销宣传.pptx"文件。

光盘文件	素材文件	光盘\素材文件\第13章\产品宣传
	结果文件	光盘\结果文件\第13章\楼盘营销宣传.pptx
	教学视频	光盘\视频文件\第13章\13.3使用PPT制作楼盘营销宣传.mp4

13.3.1 设置幻灯片母版样式

在演示文稿中幻灯片的各个页面外观需要保持一致，所以在母版中快速地统一幻灯片版式是非常实用的。在演示文稿中使用主题并设置幻灯片母版的具体操作步骤如下。

第1步 新建一个名为"楼盘营销宣传.pptx"的演示文稿，单击【设计】选项卡【主题】组中的【其他】按钮，在弹出的下拉列表中选择【木头类型】主题样式，如下图所示。

第2步 单击【视图】选项卡【母版视图】组中的【幻灯片母版】按钮，进入母版视图，如下图所示。

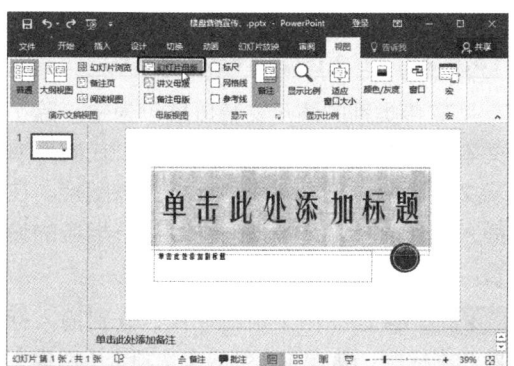

第3步 ❶选择第1张母版幻灯片；❷单击【幻灯片母版】选项卡【背景】组中的【背景样式】下拉按钮；❸在弹出的下拉列表中选择【设置背景格式】选项，如下图所示。

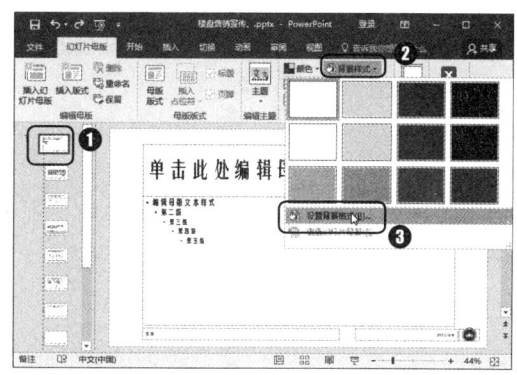

第4步 ❶打开【设置背景格式】窗格，选择【图片或纹理填充】单选按钮；❷单击【文件】按钮，如下图所示。

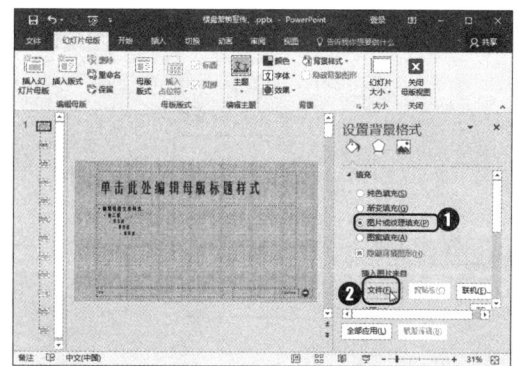

第5步 ❶打开【插入图片】对话框，选择"光盘\素材文件\第13章\产品宣传\背景.jpg"图片；❷单击【插入】按钮，如下图所示。

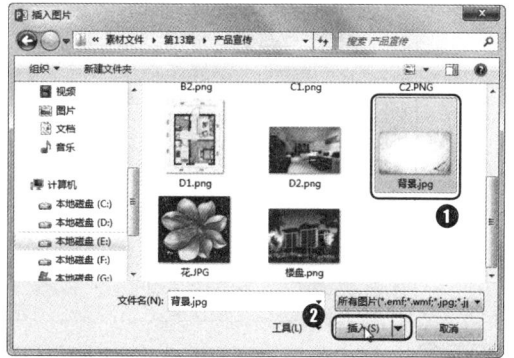

第6步 单击【全部应用】按钮，即可将背景应用于所有幻灯片母版中，如下图所示。

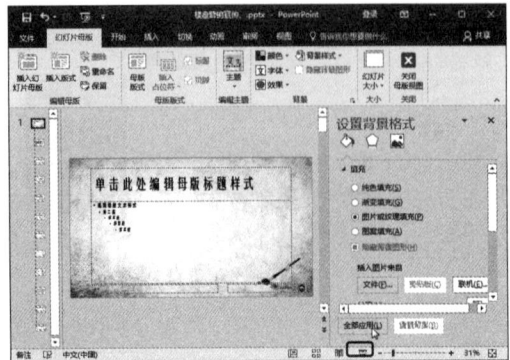

第7步 ❶选择【内容与标题】版式；❷选中内容占位符，按【Delete】键删除占位符，如下图所示。

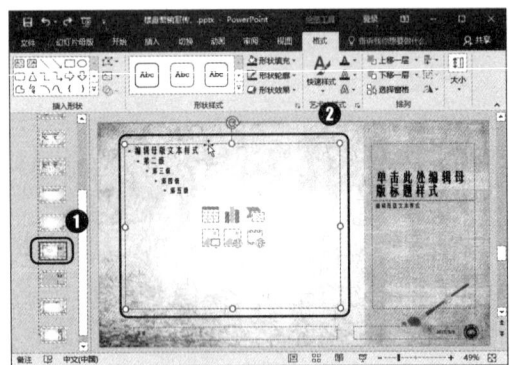

第8步 ❶使用矩形工具绘制矩形；❷单击【绘图工具/格式】选项卡【形状样式】组中的【其他】按钮，如下图所示。

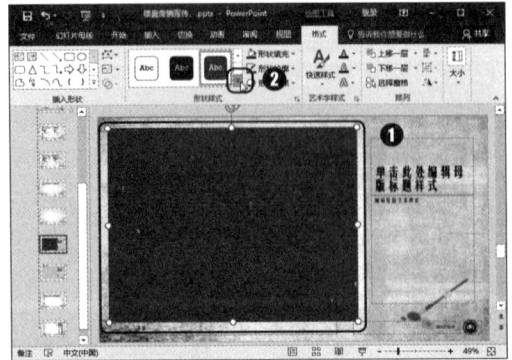

第9步 在弹出的下拉列表中选择一种形状样式，如下图所示。

第10步 单击【幻灯片母版】选项卡【关闭】组中的【关闭母版视图】按钮，返回普通视图即可，如下图所示。

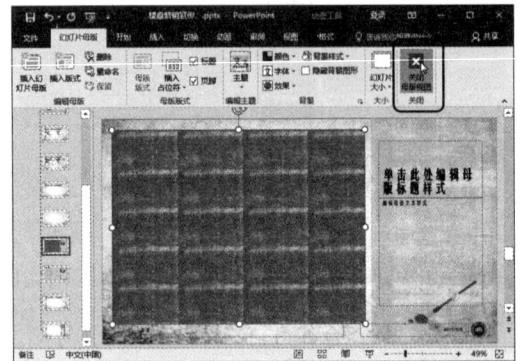

13.3.2 插入图片并设置格式

宣传类别的演示文稿以展示为主，除了文本外，图片是必不可少的，所以在制作演示文稿之前，需要收集与此相关的图片。在插入图片之后，还需要对图片进行相应的设置，具体操作步骤如下。

第1步 ❶选择第1张幻灯片，分别输入标题和副标题；❷单击【插入】选项卡【图像】组中的【图片】按钮，如下图所示。

第 13 章
公司外部商务管理

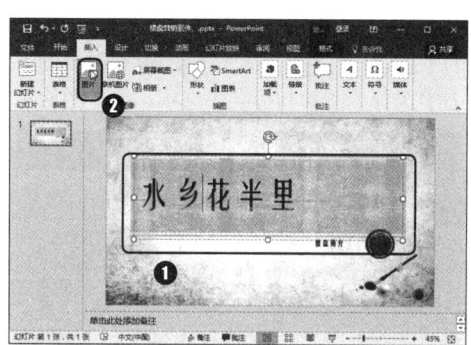

第2步 插入"光盘\素材文件\第 13 章\产品宣传\花.jpg"图片,并将其拖动到合适的位置,如下图所示。

第3步 ❶选择第 1 张幻灯片,然后按【Enter】键,默认创建一张【标题和内容】幻灯片,在该幻灯片上右击;❷在弹出的快捷菜单中选择【版式】命令;❸在弹出的级联菜单中选择【竖排标题与文本】选项,如下图所示。

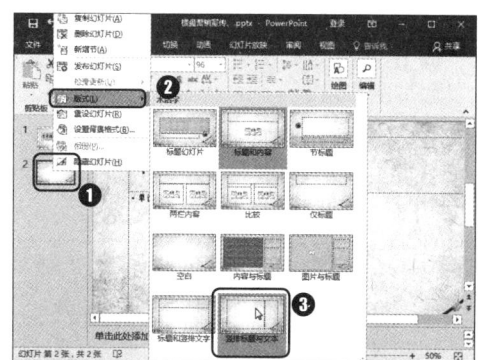

第4步 ❶输入标题和正文内容;❷单击【插入】选项卡【图像】组中的【图片】按钮,如下图所示。

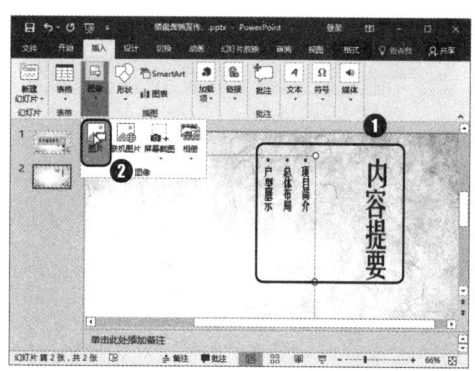

第5步 ❶插入"光盘\素材文件\第 13 章\产品宣传\楼盘.png"图片,在图片上右击;❷在弹出的快捷菜单中选择【置于底层】命令;❸在弹出的级联菜单中选择【置于底层】命令,如下图所示。

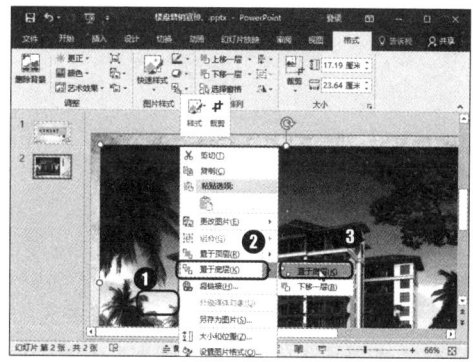

第6步 ❶选中图片;❷单击【图片工具/格式】选项卡【调整】组中的【颜色】下拉按钮;❸在弹出的下拉列表中选择【冲蚀】选项,如下图所示。

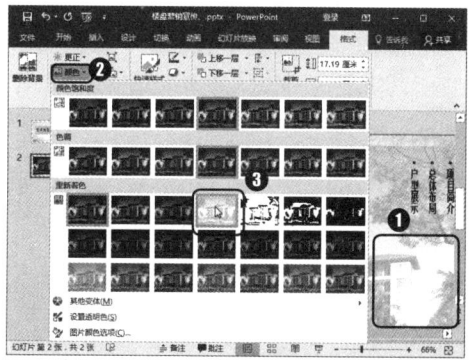

第7步 拖动标题文本框四周的控制按钮调整文本框的大小，如下图所示。

第8步 ❶ 单击【绘图工具/格式】选项卡【形状样式】组中的【形状轮廓】下拉按钮；❷ 在弹出的下拉列表中选择轮廓颜色，如下图所示。

第9步 ❶ 单击【绘图工具/格式】选项卡【形状样式】组中的【形状轮廓】下拉按钮；❷ 在弹出的下拉列表中选择【粗细】选项；❸ 在弹出的级联列表中选择【3磅】选项，如下图所示。

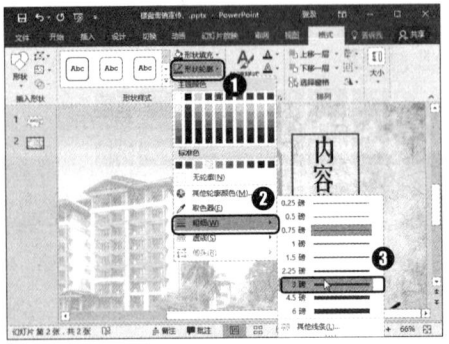

第10步 ❶ 单击【开始】选项卡【幻灯片】组中的【新建幻灯片】下拉按钮；❷ 在弹出的下拉列表中选择【图片与标题】选项，如下图所示。

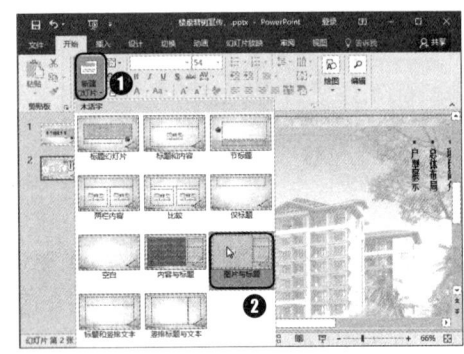

第11步 ❶ 在幻灯片中输入相应的文本标题和内容；❷ 单击【图片】图标，如下图所示。

第12步 ❶ 插入"光盘\素材文件\第13章\产品宣传\项目简介.jpg"图片，选择图片；❷ 单击【图片工具/格式】选项卡【图片样式】组中的【图片效果】下拉按钮；❸ 在弹出的下拉菜单中选择【柔化边缘】选项；❹ 在弹出的级联菜单中选择一种柔化样式，如下图所示。

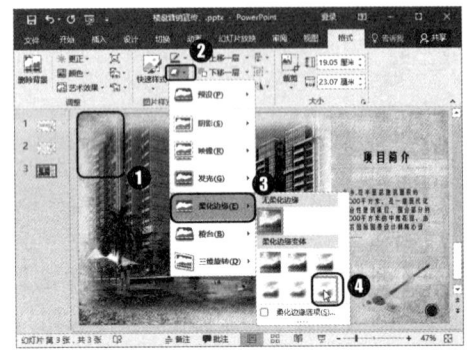

第 13 章
公司外部商务管理

第13步 ❶ 单击【开始】选项卡【幻灯片】组中的【新建幻灯片】下拉按钮；❷ 在弹出的下拉列表中选择【内容与标题】选项，如下图所示。

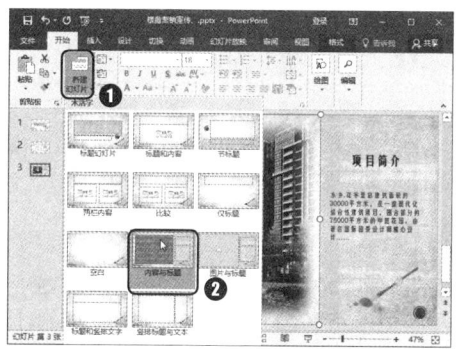

第14步 ❶ 在右侧添加标题和内容文本；❷ 在左侧分别插入图片"光盘\素材文件\第13章\产品宣传\A1.png""光盘\素材文件\第13章\产品宣传\A2.png"，并调整图片的大小和位置，如下图所示。

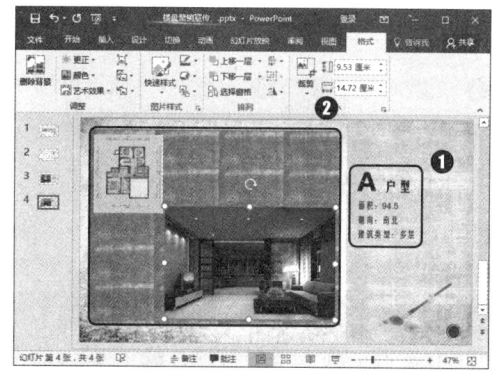

第15步 使用相同的方法制作其他幻灯片，如下图所示。

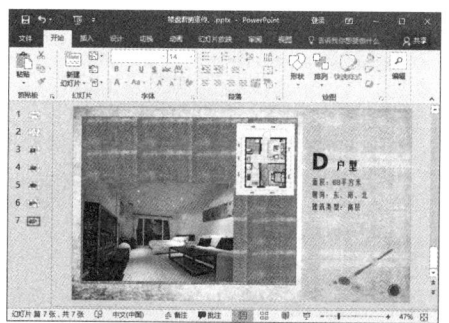

第16步 新建一张标题幻灯片，删除副标题占位符，然后在标题占位符中输入结束语即可，如下图所示。

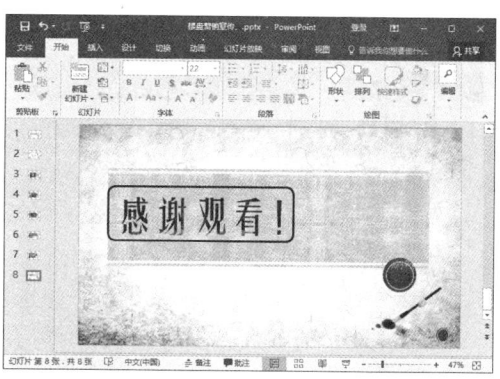

13.3.3 设置演示文稿的动画效果

幻灯片的主体制作完成后，为了让幻灯片的播放更能吸引观看者的眼球，可以为其设置切换效果和动画效果，具体操作步骤如下。

第1步 ❶ 单击【切换】选项卡【切换到此幻灯片】组中的【切换效果】下拉按钮；❷ 在弹出的下拉列表中选择一种切换样式，如下图所示。

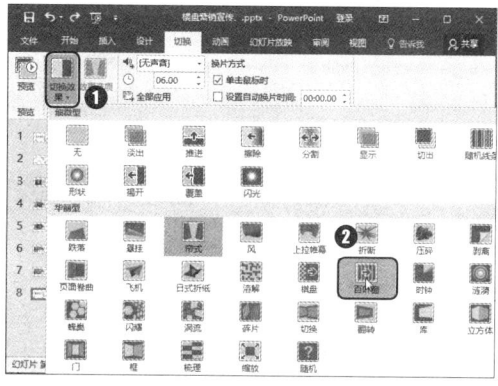

> **温馨提示**
>
> 在【切换】选项卡的【计时】组中同时选中【单击鼠标时】和【设置自动换片时间】复选框，则表示满足两者中任意一个条件时，都可以切换到下一张幻灯片并进行放映。

第2步 ❶ 单击【切换】选项卡【切换到此幻灯片】组中的【效果选项】下拉按钮；❷ 在弹出的下拉菜单中选择切换效果，如下图所示。

第3步 ❶ 选中【切换】选项卡【计时】组中的【设置自动换片时间】复选框；❷ 在微调框中设置自动换片的时间；❸ 单击【全部应用】按钮，如下图所示。

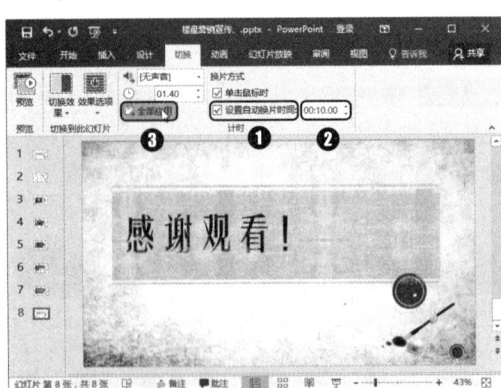

教您一招

为对象添加多个动画效果

在添加动画效果时，同一对象可以添加多个动画效果，方法是：选中已添加了动画效果的某个对象，在【动画】选项卡的【高级动画】组中单击【添加动画】按钮，在弹出的下拉列表中选择需要添加的第2个动画效果即可。

第4步 ❶ 选择第1张幻灯片；❷ 单击【切换】选项卡【切换到此幻灯片】组中的【切换效果】下拉按钮；❸ 在弹出的下拉列表中选择【华丽型】栏中的切换样式，如下图所示。

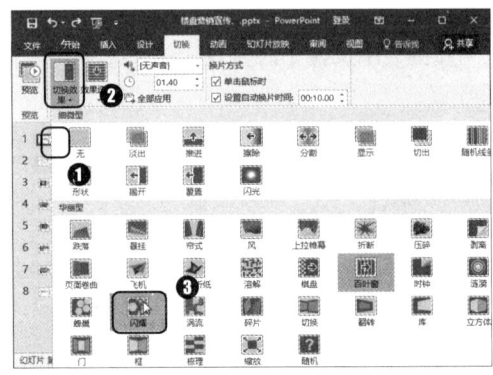

第5步 ❶ 选择第2张幻灯片，然后选中目录内容文本框；❷ 单击【动画】选项卡【动画】组中的【动画样式】下拉按钮；❸ 在弹出的下拉列表中选择一种进入动画样式，如下图所示。

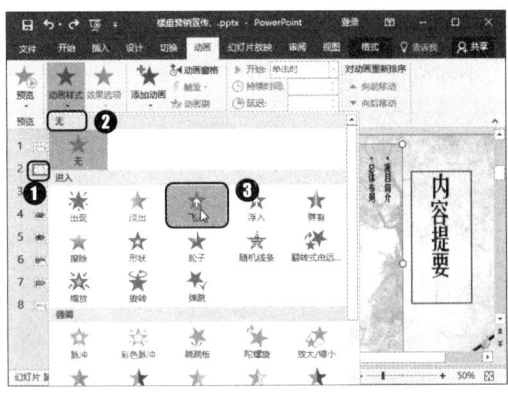

第6步 ❶ 单击【动画】选项卡【动画】组中的【效果选项】下拉按钮；❷ 在弹出的下拉列表中选择动画的方向，如下图所示。

第 13 章
公司外部商务管理

第7步 ❶单击【动画】选项卡【高级动画】组中的【添加动画】下拉按钮；❷在弹出的下拉列表中选择一种退出动画样式，如下图所示。

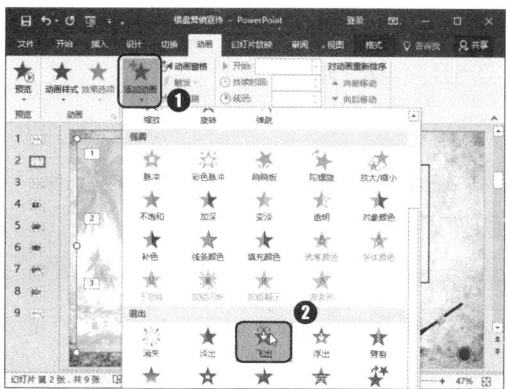

13.3.4 放映演示文稿

因为宣传营销类PPT大多会在展会上放映，所以在放映前需要进行相应的放映设置，然后再进行放映，具体操作步骤如下。

第1步 单击【幻灯片放映】选项卡【设置】组中的【排练计时】按钮，如下图所示。

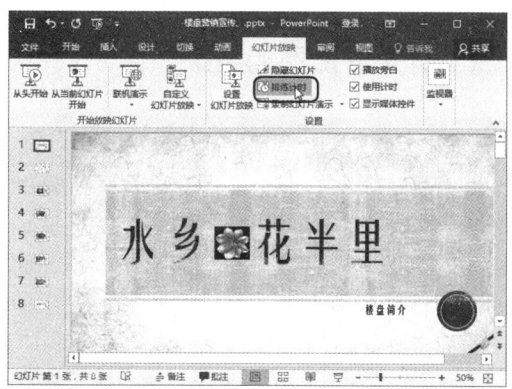

第2步 单击该按钮后，将会出现幻灯片放映视图，同时出现【录制】工具栏，当放映时间达到预订时间后，单击【下一项】按钮➡，切换到下一张幻灯片，重复此操作，如下图所示。

第3步 到达幻灯片末尾时，出现信息提示框，单击【是】按钮，以保留排练时间，下次播放时按照记录的时间自动播放幻灯片，如下图所示。

第4步 单击【幻灯片放映】选项卡【开始放映幻灯片】组中的【从头开始】按钮，开始放映幻灯片，如下图所示。

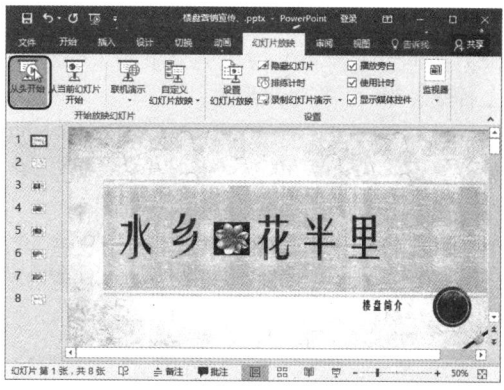

温馨提示

按【F5】键可以从头开始播放幻灯片；按【Shift+F5】组合键可以从选中的当前幻灯片开始播放幻灯片。

343

Word/Excel/PPT
在文秘与行政管理中的应用

通过前面知识的学习,相信读者已经掌握了在文秘与行政工作中公司外部商务管理各文档的相关操作。下面结合本章内容介绍一些工作中的实用经验与技巧。

01 一次性删除文档中的所有空白行

视频文件:光盘\视频文件\第13章\01.mp4

在输入文档时,有时候会不小心输入多个段落标记,形成一个个空白行,如果逐一删除会耗费很多时间。这时可以使用替换功能一次性删除文档中的所有空白行。

一次性删除文档中的所有空白行的具体操作步骤如下。

第1步 打开"光盘\素材文件\第13章\业务员提成方案.docx"文件,将光标定位到文本前,单击【开始】选项卡【编辑】组中的【替换】按钮,如下图所示。

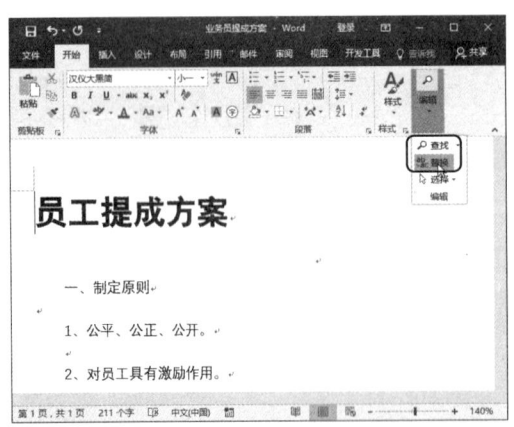

第2步 ❶打开【查找和替换】对话框,在【查找内容】文本框中输入"[^13]{2}";❷在【替换为】文本框中输入"^13";❸单击【<<更多】按钮(单击后该按钮会变为更少);❹选中【使用通配符】复选

框;❺单击【全部替换】按钮即可,如下图所示。

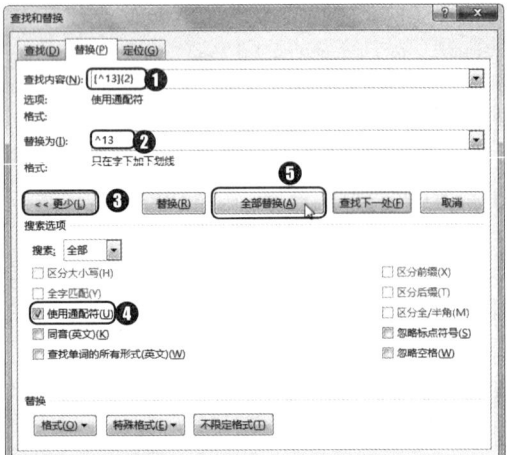

02 分离饼形图的扇区

视频文件:光盘\视频文件\第13章\02.mp4

在工作表中创建饼形图表后,所有的数据系列都是一个整体。可是,在某些场合中,有时需要将某一个扇区突出显示,此时,可以将饼图中的某扇区分离出来,以便突出显示该数据。

例如,为"高丝"数据创建饼图类型的图表后,将2016年的销售情况分离出来,具体操作步骤如下。

第1步 打开"光盘\素材文件\第13章\东方佳人化妆品销售统计表.xlsx"文件,在图表中选择要分离的扇区,本例中选择【2016】数据系列,然后按住鼠标左键不放并进行拖

第 13 章
公司外部商务管理

动,拖动至目标位置后,释放鼠标左键,即可实现该扇区的分离,如下图所示。

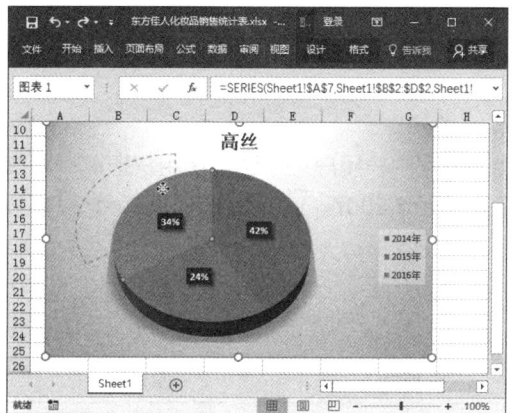

第2步 操作完成后,效果如下图所示。

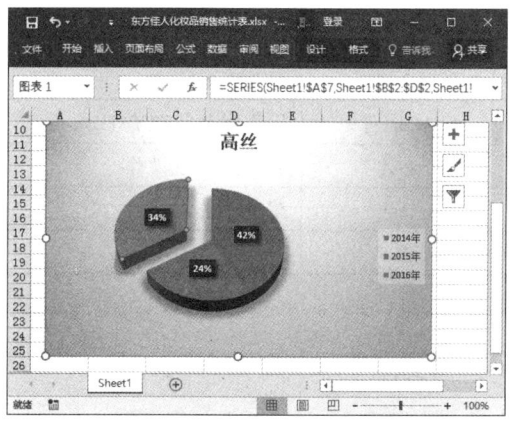

温馨提示

如果要取消饼图的扇区分离,使用相同的方法将扇区拖动回饼图即可。

03 使用动画刷快速设置动画效果

视频文件:光盘\视频文件\第13章\03.mp4

在日常工作中,为幻灯片设置好动画效果后,如果想为其他的某一张幻灯片也设置同样的效果,不需要重新设置,可以使用动画刷快速设置动画效果。

PowerPoint 2016内的"动画刷"功能与设置格式的"格式刷"功能类似,"格式刷"是复制文字格式,而"动画刷"则是复制设置好的动画效果,具体操作步骤如下。

第1步 ❶ 打开"光盘\素材文件\第13章\年终总结报告.pptx"演示文稿,选中单元格区域,选中已设置动画效果的对象;❷ 在【动画】选项卡的【高级动画】组中单击【动画刷】按钮,如下图所示。

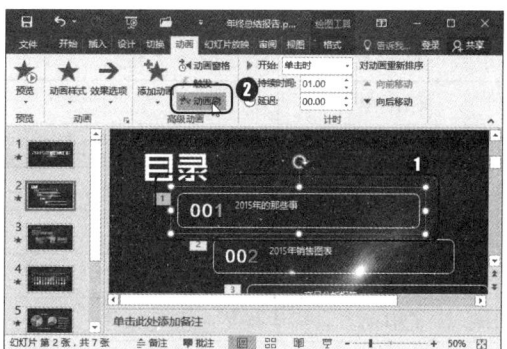

第2步 这时鼠标指针将会显示为一个带刷子的指针,选择需要应用相同动画的对象即可,如下图所示。

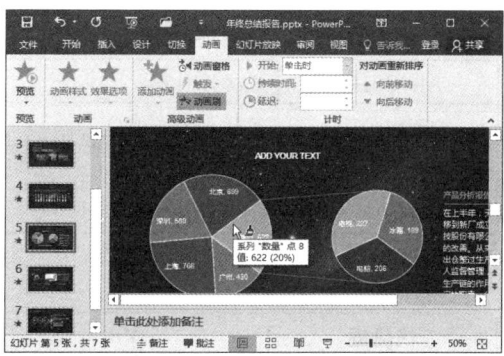

附录 A　Word、Excel、PPT 十大必备快捷键

一、Word 十大必备快捷操作

为了提高工作效率，在用Word制作办公文档的过程中，用户可以通过使用快捷键来完成各种操作。以下所有Word快捷键适用于Word 2003、Word 2007、Word 2010、Word 2013、Word 2016等版本。

1. Word文档基本操作快捷键

快捷键	作用	快捷键	作用
Ctrl+N	创建空白文档	Ctrl+O	打开文档
Ctrl+W	关闭文档	Ctrl+S	保存文档
F12	打开【另存为】对话框	Ctrl+F12	打开【打开】对话框
Ctrl+Shift+F12	选择【打印】命令	F1	打开Word帮助
Ctrl+P	打印文档	Alt+Ctrl+I	切换到打印预览
Esc	取消当前操作	Ctrl+Z	取消上一步操作
Ctrl+Y	恢复或重复操作	Delete	删除所选对象
Ctrl+F10	将文档窗口最大化	Alt+F5	还原窗口大小

2. 复制、移动和选择快捷键

快捷键	作用	快捷键	作用
Ctrl+C	复制文本或对象	Ctrl+V	粘贴文本或对象
Alt+Ctrl+V	选择性粘贴	Ctrl+F3	剪切至"图文场"
Ctrl+X	剪切文本或对象	Ctrl+Shift+C	格式复制
Ctrl+Shift+V	格式粘贴	Ctrl+Shift+F3	粘贴"图文场"的内容
Ctrl+A	全选对象		

3. 查找、替换和浏览快捷键

快捷键	作用	快捷键	作用
Ctrl+F	打开【查找】导航窗格	Ctrl+H	替换文字、特定格式和特殊项
Alt+Ctrl+Y	重复查找（在关闭【查找和替换】对话框之后）	Ctrl+G	定位至页、书签、脚注、注释、图形或其他位置
Shift+F4	重复【查找】或【定位】操作		

附录 A
Word、Excel、PPT 十大必备快捷键

4. 字体格式设置快捷键

快捷键	作用	快捷键	作用
Ctrl+Shift+F	打开【字体】对话框更改字体	Ctrl+Shift+>	将字号增大一个值
Ctrl+Shift+<	将字号减小一个值	Ctrl+]	逐磅增大字号
Ctrl+[	逐磅减小字号	Ctrl+B	应用加粗格式
Ctrl+U	应用下画线	Ctrl+Shift+D	给文字添加双下画线
Ctrl+I	应用倾斜格式	Ctrl+D	打开【字体】对话框，更改字符格式
Ctrl+Shift++	应用上标格式	Ctrl+=	应用下标格式
Shift+F3	切换字母大小写	Ctrl+Shift+A	将所选字母设为大写
Ctrl+Shift+H	应用隐藏格式		

5. 段落格式设置快捷键

快捷键	作用	快捷键	作用
Enter	分段	Ctrl+L	使段落左对齐
Ctrl+E	使段落居中对齐	Ctrl+R	使段落右对齐
Ctrl+J	使段落两端对齐	Ctrl+Shift+J	使段落分散对齐
Ctrl+T	创建悬挂缩进	Ctrl+Shift+T	减小悬挂缩进量
Ctrl+M	左侧段落缩进	Ctrl+空格键	删除段落或字符格式
Ctrl+1	单倍行距	Ctrl+2	双倍行距
Ctrl+5	1.5 倍行距	Ctrl+0	添加或删除一行间距

6. 特殊字符插入快捷键

快捷键	作用	快捷键	作用
Ctrl+F9	域	Shift+Enter	换行符
Ctrl+Enter	分页符	Ctrl+Shift+Enter	分栏符
Alt+Ctrl+减号	长破折号	Ctrl+减号	短破折号
Ctrl+Shift+空格键	不间断空格	Alt+Ctrl+C	版权符号
Alt+Ctrl+R	注册商标符号	Alt+Ctrl+T	商标符号
Alt+Ctrl+句号	省略号		

7. 应用样式的快捷键

快捷键	作用	快捷键	作用
Ctrl+Shift+S	打开【应用样式】任务窗格	Alt+Ctrl+shift+S	打开【样式】任务窗格
Alt+Ctrl+K	启动【自动套用格式】	Ctrl+Shift+N	应用【正文】样式
Alt+Ctrl+1	应用【标题1】样式	Alt+Ctrl+2	应用【标题2】样式
Alt+Ctrl+3	应用【标题3】样式		

8. 在大纲视图中操作的快捷键

快捷键	作用	快捷键	作用
Alt+Shift+←	提升段落级别	Alt+Shift+→	降低段落级别
Alt+Shift+N	降级为正文	Alt+Shift+↑	上移所选段落
Alt+Shift+↓	下移所选段落	Alt+Shift++	扩展标题下的文本
Alt+Shift+ -	折叠标题下的文本	Alt+Shift+A	扩展或折叠所有文本或标题
Alt+Shift+L	只显示首行正文或显示全部正文	Alt+Shift+1	显示所有具有【标题1】样式的标题
Ctrl+Tab	插入制表符		

9. 审阅和修订快捷键

快捷键	作用	快捷键	作用
F7	拼写检查文档内容	Ctrl+Shift+G	打开【字数统计】对话框
Alt+Ctrl+M	插入批注	Home	定位至批注开始处
End	定位至批注结尾处	Ctrl+Home	定位至一组批注的起始处
Ctrl+ End	定位至一组批注的结尾处	Ctrl+Shift+G	修订
Ctrl+Shift+E	打开或关闭修订	Alt+Shift+C	如果【审阅窗格】打开，则将其关闭

10. 邮件合并快捷键

快捷键	作用	快捷键	作用
Alt+Shift+K	预览邮件合并	Alt+Shift+N	合并文档
Alt+Shift+M	打印已合并的文档	Alt+Shift+E	编辑邮件合并数据文档
Alt+Shift+F	插入邮件合并域		

二、Excel 十大必备快捷操作

以下是制作Excel表格的常用快捷键，适用于Excel 2003、Excel 2007、Excel 2010、Excel 2013、Excel 2016等版本。

附录 A

Word、Excel、PPT 十大必备快捷键

1. 操作工作表的快捷键

快捷键	作用	快捷键	作用
Shift+F1 或 Alt+Shift+F1	插入新工作表	Ctrl+PageDown	移动到工作簿中的下一张工作表
Ctrl+PageUp	移动到工作簿中的上一张工作表	Shift+Ctrl+PageDown	选定当前工作表和下一张工作表
Ctrl+ PageDown	取消选定多张工作表	Ctrl+PageUp	选定其他的工作表
Shift+Ctrl+PageUp	选定当前工作表和上一张工作表	Alt+O H R	对当前工作表重命名
Alt+E M	移动或复制当前工作表	Alt+E L	删除当前工作表

2. 选择单元格、行或列的快捷键

快捷键	作用	快捷键	作用
Ctrl+空格键	选定整列	Shift+空格键	选定整行
Ctrl+A	选择工作表中的所有单元格	Shift+Backspace	在选定了多个单元格的情况下，只选定活动单元格
Ctrl+Shift+*（星号）	选定活动单元格周围的当前区域	Ctrl+/	选定包含活动单元格的数组
Ctrl+Shift+O	选定含有批注的所有单元格	Alt+;	选取当前选定区域中的可见单元格

3. 单元格插入、复制和粘贴操作快捷键

快捷键	作用	快捷键	作用
Ctrl+Shift+ +	插入空白单元格	Ctrl+ -	删除选定的单元格
Delete	清除选定单元格的内容	Ctrl+Shift+=	插入单元格
Ctrl+X	剪切选定的单元格	Ctrl+V	粘贴复制的单元格
Ctrl+C	复制选定的单元格		

4. 通过【边框】对话框设置边框的快捷键

快捷键	作用	快捷键	作用
Alt+T	应用或取消上框线	Alt+B	应用或取消下框线
Alt+L	应用或取消左框线	Alt+R	应用或取消右框线
Alt+H	如果选定了多行中的单元格，则应用或取消水平分隔线	Alt+V	如果选定了多列中的单元格，则应用或取消垂直分隔线
Alt+D	应用或取消下对角框线	Alt+U	应用或取消上对角框线

5. 数字格式设置快捷键

快捷键	作用	快捷键	作用
Ctrl+1	打开【设置单元格格式】对话框	Ctrl+Shift+~	应用【常规】数字格式

快捷键	作用	快捷键	作用
Ctrl+Shift+$	应用带有两个小数位的"货币"格式（负数放在括号中）	Ctrl+Shift+%	应用不带小数位的"百分比"格式
Ctrl+Shift+^	应用带两位小数位的"科学记数"数字格式	Ctrl+Shift+#	应用含有年、月、日的"日期"格式
Ctrl+Shift+@	应用含小时和分钟并标明上午（AM）或下午（PM）的"时间"格式	Ctrl+Shift+!	应用带两位小数位、使用千位分隔符且负数用负号(–)表示的"数字"格式

6. 输入并计算公式的快捷键

快捷键	作用	快捷键	作用
=	输入公式	F2	关闭单元格的编辑状态后，将插入点移动到编辑栏内
Enter	在单元格或编辑栏中完成单元格输入	Ctrl+Shift+Enter	将公式作为数组公式输入
Shift+F3	在公式中，打开【插入函数】对话框	Ctrl+A	当插入点位于公式中公式名称的右侧时，打开【函数参数】对话框
Ctrl+Shift+A	当插入点位于公式中函数名称的右侧时，插入参数名和括号	F3	将定义的名称粘贴到公式中
Alt+=	用SUM函数插入"自动求和"公式	Ctrl+'	将活动单元格上方单元格中的公式复制到当前单元格或编辑栏
Ctrl+`（重音符）	在显示单元格值和显示公式之间切换	F9	计算所有打开的工作簿中的所有工作表
Shift+F9	计算活动工作表	Ctrl+Alt+Shift+F9	重新检查公式，计算打开的工作簿中的所有单元格，包括未标记而需要计算的单元格

7. 输入与编辑数据的快捷键

快捷键	作用	快捷键	作用
Ctrl+;（分号）	输入日期	Ctrl+Shift+:（冒号）	输入时间
Ctrl+D	向下填充	Ctrl+R	向右填充
Ctrl+K	插入超链接	Ctrl+F3	定义名称
Alt+Enter	在单元格中换行	Ctrl+Delete	删除插入点到行末的文本

8. 创建图表和选定图表元素的快捷键

快捷键	作用	快捷键	作用
F11 或 Alt+F1	创建当前区域中数据的图表	Shift+F10+v	移动图表
↓	选定图表中的上一组元素	↑	选择图表中的下一组元素
←	选择分组中的上一个元素	→	选择分组中的下一个元素
Ctrl + PageDown	选择工作簿中的下一张工作表	Ctrl +Page Up	选择工作簿中的上一个工作表

附录 A
Word、Excel、PPT 十大必备快捷键

9. 筛选操作快捷键

快捷键	作用	快捷键	作用
Ctrl+Shift+L	添加筛选下拉箭头	Alt+↓	在包含下拉箭头的单元格中，显示当前列的【自动筛选】列表
↓	选择【自动筛选】列表中的下一项	↑	选择【自动筛选】列表中的上一项
Alt+↑	关闭当前列的【自动筛选】列表	Home	选择【自动筛选】列表中的第一项（"全部"）
End	选择【自动筛选】列表中的最后一项	Enter	根据【自动筛选】列表中的选项筛选区域

10. 显示、隐藏和分级显示数据的快捷键

快捷键	作用	快捷键	作用
Alt+Shift+→	对行或列分组	Alt+Shift+←	取消行或列分组
Ctrl+8	显示或隐藏分级显示符号	Ctrl+9	隐藏选定的行
Ctrl+Shift+(	取消选定区域内的所有隐藏行的隐藏状态	Ctrl+0（零）	隐藏选定的列
Ctrl+Shift+)	取消选定区域内的所有隐藏列的隐藏状态		

三、PowerPoint 十大必备快捷操作

熟练掌握 PowerPoint 快捷键可以更快速地制作幻灯片，大大节约时间成本。以下常用的 PowerPoint 快捷键适用于 PowerPoint 2003、PowerPoint 2007、PowerPoint 2010、PowerPoint 2013、PowerPoint 2016 等版本。

1. 幻灯片操作快捷键

快捷键	作用	快捷键	作用
Enter 或 Ctrl+M	新建幻灯片	Delete	删除选择的幻灯片
Ctrl+D	复制选定的幻灯片	Shift+F10+H	隐藏或取消隐藏幻灯片
Shift+F10+A	新增幻灯片节	Shift+F10+S	发布幻灯片

2. 幻灯片编辑快捷键

快捷键	作用	快捷键	作用
Ctrl+T	在句子小写或大写之间更改字符格式	Shift+F3	更改字母大小写
Ctrl+B	应用粗体格式	Ctrl+U	应用下画线
Ctrl+I	应用斜体格式	Ctrl+=	应用上标格式
Ctrl+Shift++	应用下标格式	Ctrl+E	居中对齐段落
Ctrl+J	使段落两端对齐	Ctrl+L	使段落左对齐
Ctrl+R	使段落右对齐		

3. 在幻灯片文本或单元格中移动的快捷键

快捷键	作用	快捷键	作用
←	向左移动一个字符	→	向右移动一个字符
↑	向上移动一行	↓	向下移动一行
Ctrl+←	向左移动一个字词	Ctrl+→	向右移动一个字词
End	移至行尾	Home	移至行首
Ctrl+↑	向上移动一个段落	Ctrl+↓	向下移动一个段落
Ctrl+End	移至文本框的末尾	Ctrl+Home	移至文本框的开头

4. 幻灯片对象排列的快捷键

快捷键	作用	快捷键	作用
Ctrl+G	组合选择的多个对象	Shift+F10+R+Enter	将选择的对象置于顶层
Shift+F10+F+Enter	将选择的对象上移一层	Shift+F10+K+Enter	将选择的对象置于底层
Shift+F10+B+Enter	将选择的对象下移一层	Shift+F10+S	将所选对象另存为图片

5. 调整SmartArt图形中的形状

快捷键	作用	快捷键	作用
Tab	选择SmartArt图形中的下一个元素	Shift+Tab	选择SmartArt图形中的上一个元素
↑	向上微移所选的形状	↓	向下微移所选的形状
←	向左微移所选的形状	→	向右微移所选的形状
Enter或F2	编辑所选形状中的文字	Delete或Backpace	删除所选的形状
Ctrl+→	水平放大所选的形状	Ctrl+←	水平缩小所选的形状
Shift+↑	垂直放大所选的形状	Shift+↓	垂直缩小所选的形状
Alt+→	向右旋转所选的形状	Alt+←	向左旋转所选的形状

6. 显示辅助工具和功能区快捷键

快捷键	作用	快捷键	作用
Ctrl+F1	折叠功能区	Shift+F9	显示/隐藏网格线
Alt+F9	显示/隐藏参考线	Alt+F10	显示选择窗格
Alt+F5	显示演示者视图	F10	显示功能区标签快捷键

7. 浏览 Web 演示文稿的快捷键

快捷键	作用	快捷键	作用
Tab	在Web演示文稿中的超链接、地址栏和链接栏之间进行正向切换	Shift+Tab	在Web演示文稿中的超链接、地址栏和链接栏之间进行反向切换
Enter	对所选的超链接执行【单击】操作	空格键	转到下一张幻灯片

附录 A

Word、Excel、PPT 十大必备快捷键

8. 多媒体操作快捷键

快捷键	作用	快捷键	作用
Alt+Q	停止媒体播放	Alt+P	在播放和暂停之间切换
Alt+End	转到下一个书签	Alt+Home	转到上一个书签
Alt+Up	提高声音音量	Alt+↓	降低声音音量
Alt+U	静音		

9. 幻灯片放映快捷键

快捷键	作用	快捷键	作用
F5	从头开始放映演示文稿	Shift + F5	从当前幻灯片开始放映
Ctrl+F5	联机演示演示文稿	Esc	结束演示文稿放映

10. 控制幻灯片放映的快捷键

快捷键	作用	快捷键	作用
N、Enter、Page Down、向右键、向下键或空格键	执行下一个动画或前进到下一张幻灯片	P、Page Up、向左键、向上键或空格键 number+Enter	执行上一个动画或返回到上一张幻灯片 转到幻灯片 number
B 或句号	显示空白的黑色幻灯片，或者从空白的黑色幻灯片返回到演示文稿	W 或逗号	显示空白的白色幻灯片，或者从空白的白色幻灯片返回到演示文稿
E	擦除屏幕上的注释	H	转到下一张隐藏的幻灯片
T	排练时设置新的排练时间	O	排练时使用原排练时间
M	排练时通过单击前进	R	重新记录幻灯片旁白和计时
A 或 =	显示或隐藏箭头指针	Ctrl+P	将鼠标指针更改为笔
Ctrl+A	将指针更改为箭头	Ctrl+E	将鼠标指针更改为橡皮擦
Ctrl+M	显示或隐藏墨迹标记	Ctrl+H	立即隐藏鼠标指针和导航按钮

附录B 索引

一、Word 功能索引

1. 文档设置与编辑操作

文档基本操作
- 显示【开发工具】选项卡 ………… 107
- 根据模板新建Word文档 ………… 114
- 保护文档 ………… 114
- 打印文档 ………… 241

文档的输入与编辑
- 插入日期和时间 ………… 85
- 插入符号 ………… 50
- 插入书签和超链接 ………… 189
- 替换文档空白行 ………… 344

文档格式设置
- 设置段落格式 ………… 133
- 添加编号 ………… 135
- 创建多级列表 ………… 134
- 定义新编号格式 ………… 210
- 设置对齐方式 ………… 238
- 设置双行合一 ………… 295

添加页眉和页脚
- 设置页眉页脚 ………… 7
- 自定义页眉 ………… 107
- 自定义页脚 ………… 109
- 插入页码 ………… 270
- 清除页眉横线 ………… 135

页面设置
- 自定义页面大小 ………… 10
- 设置页边距 ………… 54
- 设置纸张方向 ………… 236
- 页面背景设置 ………… 47
- 添加水印图片 ………… 110

2. 文档对象的使用

文本框和图片
- 插入文本框 ………… 295
- 插入图片 ………… 11
- 通过邮件共享文档 ………… 87

表格和图表
- 插入表格 ………… 137
- 调整表格 ………… 33
- 打印表格 ………… 34
- 插入图表 ………… 138
- 编辑和美化图表 ………… 139

形状和SmartArt图形
- 绘制形状 ………… 299
- 插入SmartArt图形 ………… 279
- 在SmartArt图形中添加形状 ………… 72
- 应用SmartArt样式 ………… 89

3. 轻松处理长文档

文档封面和目录
- 插入封面 ………… 2
- 插入图片 ………… 3
- 提取目录 ………… 6
- 自定义目录 ………… 213

样式和主题的使用
- 新建样式 ………… 4
- 修改样式 ………… 113
- 新建主题颜色 ………… 159
- 新建主题字体 ………… 160
- 设置主题效果 ………… 161
- 应用主题美化文档 ………… 162

附录 B
索引

在大纲视图中编辑长文档
设置大纲级别……………………… 205
查看文档结构……………………… 206

4. 文档的邮件合并与审阅

邮件合并
创建数据源列表…………………… 15
插入合并域………………………… 241
执行邮件合并……………………… 15
创建中文信封……………………… 242
导入联系人列表…………………… 243

文档审阅
拼写和语法检查…………………… 190
修订文档…………………………… 191
添加批注…………………………… 191

二、Excel功能索引

1. 表格的编辑与制作

基本操作
新建工作簿………………………… 35
保护工作表………………………… 43
共享工作簿………………………… 333
修订共享工作簿…………………… 335
保存为模板………………………… 194
冻结窗格…………………………… 180
打印表格…………………………… 34
重复打印标题行…………………… 203

数据录入与编辑
导入文本数据……………………… 59
使用记录单输入数据……………… 80
插入特殊符号……………………… 91
输入特殊数据……………………… 142
填充数据…………………………… 91
剪切和粘贴数据…………………… 62
选择性粘贴………………………… 103

单元格格式设置
合并单元格………………………… 21
调整行高和列宽…………………… 33
设置字体格式和对齐方式………… 22
设置数据有效性…………………… 120
设置日期和时间格式……………… 40
设置文本数字格式………………… 28
自定义数字格式…………………… 28

美化表格
插入艺术字………………………… 245
单元格样式………………………… 248
设置边框和底纹…………………… 63
添加内置边框……………………… 93
添加页眉和页脚…………………… 95
套用表格格式……………………… 168
新建表样式………………………… 199
突出显示单元格规则……………… 38
新建规则…………………………… 122
使用主题…………………………… 245

审阅表格
添加批注…………………………… 180
复制批注…………………………… 181
编辑批注…………………………… 182

2. 函数的使用

统计函数
COUNTA函数……………………… 24
COUNTIF函数……………………… 25
COUNT函数………………………… 171
RANK.EQ函数……………………… 273

时间和日期函数
TEXT函数…………………………… 122
MONTH函数………………………… 122
DATE函数…………………………… 122
TODAY函数………………………… 125

逻辑函数
IF函数……………………………… 125

| 355 |

Word/Excel/PPT
在文秘与行政管理中的应用

AND函数 ·················· 171

查找和引用函数
VLOOKUP函数 ·················· 144
HLOOKUP函数 ·················· 144
OFFSET函数 ·················· 154
INDEX函数 ·················· 217

数学和三角函数
SUM函数 ·················· 152
AVERAGE函数 ·················· 215
INT函数 ·················· 215

3. 数据分析

数据排序和分类汇总
简单排序 ·················· 38
按多个条件排序 ·················· 147
按名称排序 ·················· 198
分类汇总 ·················· 201

Excel图表
插入图表 ·················· 216
插入数据透视表和数据透视图 ·················· 273
更改图表类型 ·················· 274
应用数据透视表样式 ·················· 275
插入切片器 ·················· 275

4. 宏和控件的使用
录制宏 ·················· 172
测试宏 ·················· 173
添加宏命令按钮 ·················· 174
表单控件的使用 ·················· 301

三、PowerPoint 功能索引

1. 演示文稿的制作与编辑

基本操作
新建空白演示文稿 ·················· 64
根据模板新建演示文稿 ·················· 97
保存演示文稿 ·················· 65
保护演示文稿 ·················· 316
新建幻灯片 ·················· 69
选择窗格选择对象 ·················· 81

设计幻灯片
应用主题 ·················· 162
设置幻灯片版式 ·················· 306
设置背景样式 ·················· 65

对象的添加与编辑
将图片裁剪为形状 ·················· 70
绘制形状 ·················· 226
编辑形状 ·················· 69
添加或删除栏 ·················· 99
插入图片 ·················· 100
添加图片项目符号 ·················· 104
插入SmartArt图形 ·················· 72
美化SmartArt图形 ·················· 280
插入表格 ·················· 281
插入图表 ·················· 283
插入屏幕截图 ·················· 260

3. 动画的添加与演示文稿的放映输出

切换动画
添加切换效果 ·················· 78
设置换片时间 ·················· 78

对象动画
添加动画 ·················· 232
设置动画方向 ·················· 232
使用动画刷复制动画效果 ·················· 345

幻灯片的放映输出
取消以黑屏幻灯片结束 ·················· 234
排练计时 ·················· 343
导出为视频文件 ·················· 261